全国高校考研学子的明智选择

考研专业课真题必练
（含关键考点点评）
——自动控制原理
（第2版）

张明君　梅彦平　主编

北京邮电大学出版社
www.buptpress.com

内 容 简 介

本书针对硕士研究生入学考试"自动控制原理"课程复习指导的需求,精选40所高校考研真题,对主要知识考点归纳整理,按照先分析讲解,后训练提升的思路编写。

本书内容涵盖经典控制理论、非线性系统分析、现代控制理论三部分,内容包括:自动控制原理基本概念、系统数学建模、系统稳定性和时域分析法、根轨迹法、频域分析法、系统校正、离散控制系统、非线性系统、状态空间法、考研真题套题训练及参考答案,共10章。

本书具有如下特点:考点归类解析,复习成体系;经典型题破解,针对性强;名校真题详解,直通考研试卷;真题配套训练,讲练结合效果突出。

本书适合于高校自动化、电气工程及自动化、机电一体化等相关专业本科学生硕士研究生入学考试复习用书,也可供高等院校教学参考使用。

图书在版编目(CIP)数据

考研专业课真题必练:含关键考点点评.自动控制原理 / 张明君,梅彦平主编. -- 2版. -- 北京:北京邮电大学出版社,2025. -- ISBN 978-7-5635-7523-7

Ⅰ.G643-44;TP13-44

中国国家版本馆 CIP 数据核字第 2025S2Q878 号

策划编辑:姚 顺 刘纳新		责任编辑:满志文		责任校对:张会良		封面设计:七星博纳	

出版发行:北京邮电大学出版社
社　　址:北京市海淀区西土城路 10 号
邮政编码:100876
发 行 部:电话:010-62282185　传真:010-62283578
E-mail:publish@bupt.edu.cn
经　　销:各地新华书店
印　　刷:保定市中画美凯印刷有限公司
开　　本:787 mm×1 092 mm　1/16
印　　张:26.75
字　　数:736 千字
版　　次:2021 年 6 月第 1 版　2025 年 5 月第 2 版
印　　次:2025 年 6 月第 1 次印刷

ISBN 978-7-5635-7523-7　　　　　　　　　　　　　　　　定 价:88.00 元

・如有印装质量问题,请与北京邮电大学出版社发行部联系・

前 言

自动控制原理是自动化等相关专业硕士研究生入学考试的必考内容。作者在帮助历届考生复习自动控制原理课程的过程中,总结了30多年课程教学及考研指导经验,系统归纳了各高校自动控制原理考研试卷考点,收集整理了各大高校的历届真题,以经典题型分析和重要考点归类讲解为特色,2021年编写出版了《考研专业课真题必练(含关键考点点评)——自动控制原理》,得到广大考生和同学的认可,多次印刷。

2025年,应广大读者反馈要求,作者再次修改完善2021版的试题,加入近年来的考研真题套题及参考答案,包括双一流高校、普通本科高校等各层次大学的考研套题,出版《考研专业课真题必练(含关键考点点评)——自动控制原理》(第2版)。

本书突破传统习题集的编写思路,针对自动控制原理课程考研指导的需求,对自动控制原理课程中主要考点归纳整理,精选40所高校考研真题,对经典型题有针对性地进行解析,并通过名校真题详解和真题训练,达到考研实战指导的目的。

全书按照讲练结合的原则,按照自动控制原理的知识结构分为10章,第2~9章由主要知识点、考点归类解析与例题详解,真题强化训练及答案四大模块构成。针对每个考点,先分析讲解(在考点归类解析与例题详解模块配有至少一道真题及详解),后训练提升(在真题强化训练模块配有相同考点的真题训练题)。全书编写具有如下特点:

(1)考点归类解析,复习成体系;
(2)经典型题破解,针对性强;
(3)名校真题详解,直通考研试卷;
(4)真题配套训练,讲练结合效果突出。

本书所引用的考研试卷真题已在题中标注高校名称和年份,书中所用符号以通用符号为主,并未保持真题原貌。试题及答案中使用的符号与相应高校的教材保持一致,全书未统一符号。

全书第1~3、5、6章由张明君、梅彦平共同编写,第4、7~9章由张明君编写,第10章由梅彦平编写。书中引用了部分高校期末考试题及硕士研究生入学考试题,因来源广泛,无法一一核实,在此一并表示感谢! 同时对本书编写过程中给予帮助的北京邮电大学出版社的编辑们表示诚挚的谢意,谢谢你们的辛勤劳动,保证了本书的出版质量!

由于题量较大,解答中难免出现错误和遗漏,敬请读者批评指正。

编 者

目 录

第1章 自动控制原理基本概念 …………………………………………………… (1)
- 1.1 基本知识要点训练 …………………………………………………… (1)
- 1.2 真题强化训练 ………………………………………………………… (9)
- 1.3 基本知识要点训练答案 ……………………………………………… (16)
- 1.4 真题强化训练答案 …………………………………………………… (21)

第2章 系统数学建模 …………………………………………………………… (26)
- 2.1 主要知识点 …………………………………………………………… (26)
- 2.2 考点归类解析与例题详解 …………………………………………… (26)
- 2.3 真题强化训练 ………………………………………………………… (49)
- 2.4 真题强化训练答案 …………………………………………………… (54)

第3章 系统稳定性和时域分析法 ……………………………………………… (61)
- 3.1 主要知识点 …………………………………………………………… (61)
- 3.2 考点归类解析与例题详解 …………………………………………… (61)
- 3.3 真题强化训练 ………………………………………………………… (87)
- 3.4 真题强化训练答案 …………………………………………………… (91)

第4章 根轨迹法 ………………………………………………………………… (103)
- 4.1 主要知识点 …………………………………………………………… (103)
- 4.2 考点归类解析与例题详解 …………………………………………… (103)
- 4.3 真题强化训练 ………………………………………………………… (128)
- 4.4 真题强化训练答案 …………………………………………………… (132)

第5章 频域分析法 ……………………………………………………………… (147)
- 5.1 主要知识点 …………………………………………………………… (147)
- 5.2 考点归类解析与例题详解 …………………………………………… (147)
- 5.3 真题强化训练 ………………………………………………………… (174)
- 5.4 真题强化训练答案 …………………………………………………… (183)

第6章 系统校正 ………………………………………………………………… (199)
- 6.1 主要知识点 …………………………………………………………… (199)
- 6.2 考点归类解析与例题详解 …………………………………………… (199)
- 6.3 真题强化训练 ………………………………………………………… (216)
- 6.4 真题强化训练答案 …………………………………………………… (221)

第 7 章 离散控制系统 ·· (232)
7.1 主要知识点 ·· (232)
7.2 考点归类解析与例题详解 ··· (232)
7.3 真题强化训练 ··· (245)
7.4 真题强化训练答案 ··· (248)

第 8 章 非线性系统 ·· (252)
8.1 基本知识要点 ··· (252)
8.2 考点归类解析与例题详解 ··· (256)
8.3 真题强化训练 ··· (282)
8.4 真题强化训练答案 ··· (287)

第 9 章 状态空间法 ·· (297)
9.1 主要知识点 ·· (297)
9.2 考点归类解析与例题详解 ··· (297)
9.3 真题强化训练 ··· (340)
9.4 真题强化训练答案 ··· (349)

第 10 章 考研真题套题训练及参考答案 ·· (376)

参考文献 ·· (422)

第1章 自动控制原理基本概念

1.1 基本知识要点训练

本章采用填空、选择、判断等习题形式进行基本概念训练，涵盖自动控制原理各章节的基本概念。

一、填空题

1. 反馈控制的本质是_____。
2. 对控制系统的基本的要求有：_____、_____、_____三方面。
3. z 变换是对连续信号的采样序列进行变换，因此，z 变换与其原连续时间函数并非_____对应。如果两个连续时间函数的采样信号序列是相同的，则它们的 z 变换函数是_____的；然而，这两个时间函数却不一定是_____的。
4. z 域到 w 域的线性变换，使 z 平面上的单位圆_____区域，映射成 w 平面上的_____半平面，这种坐标变换被称为_____变换。
5. 采样器和保持器不影响开环脉冲传递函数的_____点，仅影响开环脉冲传递函数的_____点。
6. 如果系统所有状态变量的运动都可以由输入来影响和控制，而由任意的初态达到原点，则称系统是_____。如果系统所有状态变量的任意形式的运动均可由输出完全反映，则称系统是_____。
7. s 右半平面对应于 z 平面上的_____，s 左半平面对应于 z 平面上的_____，s 平面的虚轴对应于 z 平面上的_____。
8. 奇点为系统运动的_____和_____同时为零的点。
9. 单变量、线性、因果和 t_0 时刻松弛系统的输入输出关系描述为_____。
10. 要使采样信号 $x^*(t)$ 不失真地复现出 $x(t)$，采样频率 ω_s 和连续信号 $x(t)$ 频谱中最高频率 ω_{max} 必须满足_____。
11. 根轨迹起于开环_____，终于开环_____，如果零点数 m 少于极点数 n，则有_____条根轨迹终止于无穷远处。
12. 什么是 I 型系统？_____。
13. 状态空间表达式由_____和组成_____。

14. 串联超前校正使系统的幅值穿越频率 ω_c _____,带宽 ω_b _____,响应速度 _____。

15. 当闭环复数极点位于 z 平面上单位圆内时,动态响应为 _____ 脉冲序形式。当闭环复数极点位于 z 平面上单位圆外时,动态响应为 _____ 脉冲序形式。复数极点越靠近原点,振荡收敛得越 _____。

16. 在线性系统中,系统的稳定性只取决于 _____ 和 _____。而对于非线性系统,系统的稳定性还与 _____、_____ 有关。

17. 被控系统 _____,则全维状态观测器满足其存在条件。

18. 极限环是非线性系统中特有现象,可分为 3 种类型:_____、_____、_____。

19. 状态反馈的引入不改变系统的 _____,但可能改变系统的 _____。

20. _____ 和 _____ 都是采样系统的数学模型。

21. 对于高阶系统,如果能找到一对(或一个) _____,则高阶系统可近似二阶(或一阶)系统进行分析。

22. 在三频段理论中,低频段决定系统的 _____,中频段决定系统的 _____,高频段决定系统的 _____。

23. 在反馈控制系统中,_____ 或 _____ 可以消除或减小稳态误差。

24. 当系统的输入信号为单位斜坡函数时,_____ 型以上的系统,才能使系统的稳态误差为零。

二、填空选择题

1. 一阶惯性环节 $\frac{K}{Ts+1}$ 中的 K、T 的物理意义是从 _____ 得到的;时间常数 T 越大,则响应越 _____,跟踪过程误差越 _____。(A.脉冲响应 B.斜坡响应 C.阶跃响应)

2. 对于二阶系统的超调量 $\sigma\%$ _____;过阻尼状态时,系统呈现 _____ 特性,临界阻尼状态时,系统呈现 _____ 特性。(A.与 ξ 有关,而与 ω_n 无关 B.与 ξ 和 ω_n 都无关 C.与 ξ 无关,而与 ω_n 有关 D.与这两个参数关系不确定)

3. _____ 的输出响应可以从每个输入响应的叠加求得;线性控制系统对于输入信号积分的响应,等于系统 _____。(A.线性控制系统 B.非线性控制系统)

4. 连续系统稳定的充要条件是系统闭环特征方程的所有根 _____;而 $[z]$ 平面上离散系统稳定的充要条件是 _____。(A.位于 $[s]$ 平面的右半平面 B.位于 $[s]$ 平面的左半平面 C.都有正的实部)

5. 相角稳定裕度 γ 和幅值稳定裕量 h 越大,系统越 _____;_____ 频段反映了系统的稳态性能;_____ 频段反映了系统的动态性能。(A.无影响 B.不稳定 C.稳定)

6. 闭环根轨迹是起于开环 _____,终于开环 _____。

7. 在欠阻尼二阶系统单位阶跃响应中,当 ω_n 不变,而 ξ 增大时,调节时间 t _____;最佳阻尼比 $\xi=$ _____。(A. 减小 B. 不变 C. 增大)

三、选择题

1. 开环系统的特征是( )。
   A. 系统无执行元件 B. 系统无控制器
   C. 系统无放大元件 D. 系统无反馈元件

2. 试判断下列用微分方程描述的系统是线性系统还是非线性系统。

A. $\dfrac{d^2 y}{dt^2}+3\dfrac{dy}{dt}+4y=e(t)$ B. $\dfrac{du}{dt}+u^2+u=\sin^2\omega t$

C. $3\dfrac{d^2 y}{dt^2}+y\dfrac{dy}{dt}+2y=5t^2$ D. $t\dfrac{d^2 y}{dt^2}+5\dfrac{dy}{dt}+t^2 y=e^{-t}$

3. 下面是4个系统的微分方程数学模型,其中 $r(t)$ 为系统的输入,$c(t)$ 为系统的输出,它们中是线性系统的是(   )。

A. $c(t)=25\dfrac{d^3 r(t)}{dt^3}+\dfrac{d^2 r(t)}{dt^2}-6r(t)$

B. $c(t)=25\dfrac{d^3 r(t)}{dt^3}+\dfrac{d^2 r(t)}{dt^2}+5\dfrac{dr(t)}{dt}-6r(t)+1$

C. $c(t)=25\dfrac{d^3 r(t)}{dt^3}+\dfrac{d^2 r(t)}{dt^2}-6r(t)+1$

D. $c(t)=25\dfrac{d^3 r(t)}{dt^3}+\dfrac{d^2 r(t)}{dt^2}-6r^2(t)$

理论链接

(1) 线性系统微分方程的一般式:
$$c^{(n)}(t)+a_1 c^{(n-1)}(t)+a_2 c^{(n-2)}(t)+\cdots+a_n c(t)=r^{(m)}(t)+b_1 r^{(m-1)}(t)+b_2 r^{(m-2)}(t)+\cdots+b_m r(t)$$

式中的每一项均与 $c(t)$、$r(t)$ 或其导数有关,但不含常数项,也不含一次以上的项。如果每项的系数与时间有关,则称为时变系统,如果所有系数都与时间无关则称为定常系统。

(2) 线性系统满足齐次性和叠加性。含有常数项的微分方程不满足叠加性,不是线性系统。

4. 系统的传递函数(   )。
A. 与输入信号有关,与系统结构和参数有关
B. 与输入信号无关,与系统结构和参数有关
C. 与输入信号有关,与系统结构和参数无关
D. 与系统结构无关,与系统参数有关

5. 已知系统的单位阶跃响应为 $C(t)=1-2e^{-t}+e^{-2t}$,则该系统的闭环传递函数为(   )。

A. $\dfrac{s^2+2s+2}{(s+1)(s+2)}$ B. $\dfrac{s^2+2s+2}{s(s+1)(s+2)}$

C. $\dfrac{2}{(s+1)(s+2)}$ D. $\dfrac{2}{s(s+1)(s+2)}$

理论链接

(1) 系统的脉冲响应的拉普拉斯变换即为其闭环传递函数。

(2) 负反馈系统的传递函数关系:闭环传函 $\Phi(s)=\dfrac{G(s)}{1+G(s)H(s)}$,其中,$G(s)$ 为开环传函,$H(s)$ 为反馈通道传送函数。

6. 设系统的开环传递函数 $G(s)$ 分母的阶次为 n，分子的阶次为 m，而且 $n>m$，则 $D(s)=1+G(s)$ 的（　　）。
   A. 零点数等于极点数
   B. 零点数小于极点数
   C. 零点数大于极点数
   D. 零点数等于、小于或大于极点数

7. 单位反馈系统的开环传递函数为 $G(s)=\dfrac{20}{0.4s(s+5)}$，其开环增益和时间常数分别为（　　）。
   A. 20,5
   B. 50,0.2
   C. 10,5
   D. 10,0.2

8. 某控制系统的开环传递函数为 $G(s)H(s)=\dfrac{10(s+0.5)}{s(0.5s+1)(s^2+2s+2)}$，那么该系统的开环增益 $K=$（　　）。
   A. 0.5
   B. 2.5
   C. 5.0
   D. 10

9. 某系统如图 1.1 所示，已知：$\dfrac{\mathrm{d}c(t)}{\mathrm{d}t}+5c(t)=3r(t)$，试确定 $\dfrac{C(s)}{R(s)}$ 和 $\dfrac{E(s)}{R(s)}$。

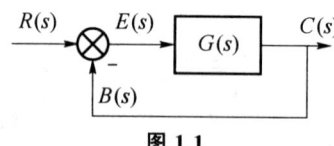

图 1.1

10. 二阶振荡环节 $G(s)=\dfrac{\omega_n^2}{s^2+2\xi\omega_n s+\omega_n^2}$（$0\leqslant\xi<1$）中，3 个有定义的频率：$\omega_n$ 为无阻尼自然频率；ω_d 为有阻尼自然频率；ω_r 为谐振频率，它们之间的大小关系为（　　）。
    A. $\omega_n>\omega_r>\omega_d$
    B. $\omega_n>\omega_d>\omega_r$
    C. $\omega_n>\omega_d=\omega_r$
    D. $\omega_r=\omega_n>\omega_d$

11. 闭环传递系统为 $\varPhi(s)=\dfrac{1}{Ts+1}$，其单位脉冲响应曲线 $g(t)$ 在 $t=0$ 处的值为（　　）。
    A. T
    B. $\dfrac{1}{T}$
    C. $\dfrac{1}{T^2}$
    D. 0

12. 线性定常系统对某输入信号的响应已知，则求该系统对输入信号导数的响应，可通过把系统对该输入信号响应的_____来求取；而求系统对该信号的积分的响应，可通过系统对该输入信号响应的_____来求取。
    A. 导数，导数
    B. 积分，积分
    C. 导数，积分
    D. 积分，导数

13. 对高阶系统常用主导极点的概念和偶极子的方法进行简化，进而简化计算过程。下面是几个简化的式子，正确的是（　　）。
    A. $\varPhi(s)=\dfrac{200}{(s+3)(s^2+2s+5)(s+40)}\approx\dfrac{200}{(s+3)(s^2+2s+5)}$
    B. $\varPhi(s)=\dfrac{200}{(s+3)(s^2+2s+5)(s+40)}\approx\dfrac{5}{(s+3)(s^2+2s+5)}$
    C. $\varPhi(s)=\dfrac{200(s+2)(s+0.01)}{(s+3)(s^2+2s+5)(s+0.1)}\approx\dfrac{200(s+2)}{(s+3)(s^2+2s+5)}$

14. 下面函数中最小相位的传递函数是( )。

A. $G(s) = \dfrac{s+5}{s^2(s-3)}$　　　　　　B. $G(s) = \dfrac{(s-8)(s+1)}{s^2+5s+1}$

C. $G(s) = \dfrac{(s+5)}{(s^2-4s+12)(s+3)}$　　　D. $G(s) = \dfrac{-2}{s(s+8)(s^2+6s+9)}$

15. 系统的截止角频率越高,( )。

A. 相对稳定性越好　　　B. 对高频噪声滤除效果越好　　　C. 上升时间越短

D. 快速性越好　　　　　E. 稳态误差越小　　　　　　　　F. 相对稳定性越差

G. 上升时间越长　　　　H. 对高频噪声滤除效果越差

I. 快速性越差　　　　　J. 稳态误差越大

16. 观察开环系统频率特性的( )可以判断系统的型别。

A. 高频段　　　　　　　　　　　B. 中频段

C. 低频段　　　　　　　　　　　D. 无法判断

17. 若系统的 Bode 图已知,其低频段幅频特性的渐近线是一条斜率为 -20 dB/dec 的直线,且穿越 0 分贝线时的 $\omega = 15$ rad/s,则该系统( )。

A. 有一个积分环节　　　　　　　B. 有两个积分环节

C. 开环放大倍数为 $\sqrt{15}$　　　　　D. 开环放大倍数是 225

E. 开环放大倍数是 15　　　　　　F. 没有纯积分环节

18. 系统开环传递函数为 $\dfrac{10(2s^5+3s^2+1)}{s^2(s^6+7)}$,则系统都在高频段,$\omega \to \infty$ 渐近线为( )。

A. 0 dB/dec　　　　　　　　　　B. -2 dB/dec

C. -40 dB/dec　　　　　　　　 D. 以上均不是

19. 闭环控制系统有效地控制( )中的扰动影响。

A. 给定通道　　　B. 前向通道　　　C. 反馈通道　　　D. 测量通道

20. 满足根轨迹相角条件的点( )。

A. 一定在根轨迹上　　　　　　　B. 不一定在根轨迹上

C. 不一定满足幅值条件　　　　　D. 不一定满足闭环特征方程式

21. 自动控制系统根轨迹确定后,如果开环传递函数增加一个极点,则( )。

A. 根轨迹由左向右移动

B. 根轨迹由右向左移动

C. 根轨迹的位置不变

22. 已知系统开环传递函数的分母阶数比分子阶数高 2 阶,系统开环极点为 $-3, -2\pm j$,若已知系统的闭环极点包括一对共轭复数根为 $-1\pm 2j$,则另一个闭环极点为( )。

A. -4　　　　　B. -5　　　　　C. -6　　　　　D. 以上皆不是

23. 如果一个控制系统开环不稳定,则闭环系统也不稳定。

A. 此说法正确　　　　　　　　　B. 此说法错误

24. 如果离散系统闭环脉冲传递函数的所有极点位于 z 平面的左半平面,则离散系统稳定。

A. 此说法正确　　　　　　　　　B. 此说法错误

四、问答题

1. 画出负反馈控制系统的组成框图,并说明各环节的作用。

2. 电冰箱的制冷系统原理如图 1.2 所示。继电器的输出电压 U_R 为压缩机上的工作电压。绘制控制系统框图,简述工作原理。若出现压缩机频繁启动,请提出相应的改进措施。

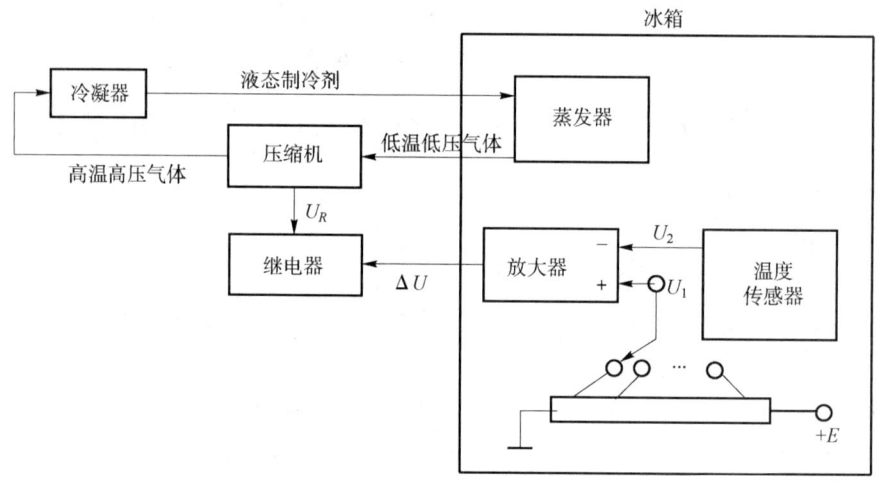

图 1.2 电冰箱的制冷系统原理

3. 系统在输入信号 $r(t)=1(t)+t \cdot 1(t)$ 作用下,测得响应 $c(t)=(t+0.9)-0.9e^{-10t}$,又知系统的初始状态均为零状态,试求系统的传递函数。

4. 列举反映系统动态性能的 5 项指标。如果单纯增大反馈控制系统的开环增益,这些指标将如何变化?

5. 为什么二阶欠阻尼系统中的阻尼比 ξ 通常选择在 $0.4\sim0.8$ 范围内工作。

6. 已知两个欠阻尼二阶系统 A、B 的闭环极点分布如图 1.3 所示,则系统 A 超调量比系统 B 的超调量小,此说法是否正确?请说明。

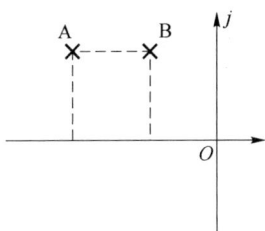

图 1.3 闭环极点分布图

7. 试写出微分方程、传递函数和频率特性这 3 种数学模型之间的关系。

8. 何谓系统的频宽？随动系统和低通滤波器对频宽各有什么要求？为什么？下面是某系统的闭环传递函数，求系统的频宽。

$$G_b(s) = \frac{1000}{s^2 + 10s + 100}$$

9. 对控制系统进行校正时，在什么情况下，不宜采用串联超前校正？为什么？

10. 对于超前、滞后、滞后-超前三类校正装置。
(1) 分别阐述其校正功能。
(2) 对于 PI 控制、PID 控制、PD 控制，分别属于上述三类校正装置的哪一类？为什么？
(3) 对于高通滤波器、中频滤波器、低通滤波器，分别属于上述三类校正装置的哪一类？

11. 增大控制器的比例控制系数对闭环系统输出有何影响？为什么加入滞后校正环节可以提高稳态精度，而又基本上不影响暂态性能？

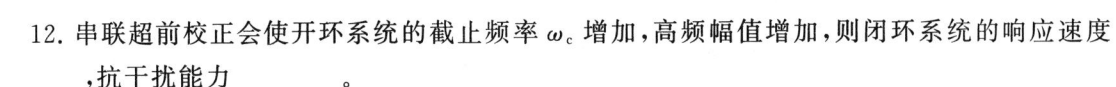

12. 串联超前校正会使开环系统的截止频率 ω_c 增加，高频幅值增加，则闭环系统的响应速度_____，抗干扰能力_____。

13. 传递函数为 $G(s)=\dfrac{1+\tau s}{1+Ts}$ 的环节，当 $\tau>T$，其属于相位_____校正环节，主要是用来改善系统的_____态性能。

14. 传递函数为 $G(s)=K_p\left(1+\dfrac{1}{Ts}+\tau s\right)$ 的控制器具有那种控制规律？其参数选择一般有什么特点？加入系统后，对系统的性能有哪些改善？

15. 已知线性定常离散系统的闭环脉冲传递函数为 $\Phi(z)=\dfrac{z+0.136}{z^2+2.31z+3}$，分析系统的稳定性。

1.2 真题强化训练

一、填空题

(江南大学 2014 年)

1. 已知系统阶跃响应 $c(t)=1-e^{-t}$，则其脉冲响应为_____。

2. 已知一单位反馈系统的开环传递函数为 $H(s)=\dfrac{1}{2s}$，则在误差带为 2% 时的调节时间 $t_s=$ _____。

3. 已知一单位负反馈系统的开环传递函数为 $G(s)=\dfrac{1}{0.25s^2+2s}$，则系统的超调量为 _____。

4. 已知一单位反馈系统的开环传递函数 $G(s)=\dfrac{1}{s^2+3s+6}$，则其单位斜坡的稳态误差为 _____。

5. 惯性环节引入比例负反馈有利于提高系统的 _____ 性能。

二、选择题

(杭州电子科技大学 2014 年)

1. 设 $c(t)$ 为输出，$r(t)$ 为输入，动态方程 $c(t)=2\sin(\omega t)\cdot r(t)+4\int_{-\infty}^{4}r(\tau)\mathrm{d}\tau$ 属于（　）系统。

　　A. 线性定常　　B. 线性时变　　C. 非线性定常　　D. 非线性时变

2. 某一阶系统的闭环传递函数 $G(s)=\dfrac{1}{Ts+1}$，其单位阶跃响应曲线在 $t=0$ 处的切线斜率为 0.25，其时间常数 T 等于（　）。

　　A. 0.25　　B. 0.5　　C. 2　　D. 4

3. 开环传递函数 $G(s)=\dfrac{5(2s+1)}{s^2(s+4)}$ 的系统属于（　）系统。

　　A. Ⅱ型三阶　　B. Ⅰ型三阶　　C. Ⅱ型二阶　　D. Ⅰ型二阶。

4. 已知一个四阶系统的特征方程 $1+\dfrac{K(s+1)}{s(s+2)(s+4)^2}=0$，$K>0$，其实轴上的根轨迹存在的区间为（　）。

　　A. $(-4,-2),(-1,0)$　　　　　　B. $(-\infty,-4),(-4,-2)$
　　C. $(-\infty,-4),(-4,-2),(-1,0)$　　D. $(-\infty,-4),(-1,0)$

5. 当输入 $r(t)=2\sin 2t$ 时，系统的稳态输出 $c_{ss}(t)=2\sin(2t-45°)$，则该系统的相频特性 $\varphi(2)$ 等于（　）。

　　A. $-90°$　　B. $-45°$　　C. $-22.5°$　　D. $0°$

6. 闭环系统对数频率稳定判据的充要条件是，若系统开环不稳定极点数目为 P，当 ω 由 0 变到 ∞ 时，在开环幅频特性 $L(\omega)\geqslant 0$ 的频段内，相频特性 $\varphi(\omega)$ 穿越 $-180°$ 线的次数为（　）。

　　A. 0　　B. $P/2$　　C. P　　D. $2P$

7. 已知非线性系统的 $G(j\omega)$ 曲线与负倒特性 $-1/N$ 曲线相交，则 A 点代表（　）。

　　A. 稳定极限环　　　　　　B. 不稳定极限环
　　C. 极限环稳定与否取决于 ω　　D. 上述都不对

8. 有状态反馈构成的闭环系统能够保持反馈引入前系统的（　）。

　　A. 可观性　　　　　　B. 可观性与可控性
　　C. 可控性　　　　　　D. 上述都不对

9. 对于 SISO 系统(A,B,C),极点任意配置的充要条件是( )。
   A. 完全可观　　　　　　　　　　　B. 完全可控且可观
   C. 完全可控　　　　　　　　　　　D. 上述都不对

10. 根据香农采样定理,如果被采样的连续信号 $e(t)$ 的频谱为有限宽,且频谱最大宽度为 ω_m,为了不失真地恢复连续信号,采样角频率 ω_s 需要满足的条件是( )。
    A. $\omega_s \leqslant \omega_m$　　　B. $\omega_s \leqslant 2\omega_m$　　　C. $\omega_s \geqslant \omega_m$　　　D. $\omega_s \geqslant 2\omega_m$

(杭州电子科技大学 2016 年)

1. 温度计系统可以看作是一个惯性环节 $\dfrac{1}{Ts+1}$,用其测量水温,1分钟才能显示出该温度98%的数值,则该惯性环节的时间常数 T 大约为( )。
   A. 15 s　　　　B. 20 s　　　　C. 25 s　　　　D. 30 s

2. 假设上题的时间常数 T 大约为20 s,若加热容器使水温按 6 ℃/min 的速度均匀上升,则温度计的稳态指示误差为( )。
   A. 1.5 ℃　　　B. 2.0 ℃　　　C. 2.5 ℃　　　D. 3.0 ℃

3. 二阶系统的传递函数为 $G(s)=\dfrac{1}{4s^2+2s+1}$,则其阻尼比 ξ 是( )。
   A. 0.2　　　　B. 0.25　　　　C. 0.5　　　　D. 以上都不对

4. 设单位反馈控制系统的开环传递函数为 $G(s)=\dfrac{K}{s(s+a)}$,其中 $K>0,a>0$,则关于闭环控制系统的稳定性,下列说法正确的是( )。
   A. 仅与 K 值大小有关　　　　　　B. 仅与 a 值大小有关
   C. 与 K 和 a 值大小无关　　　　D. 与 K 和 a 值大小都有关

5. 某单位负反馈系统的开环传递函数为 $G(s)=\dfrac{10}{s(s+2)}$,则当输入为 $r(t)=4+5t+5t^2$ 时,闭环系统的稳态误差为( )。
   A. 10　　　　B. 2.5　　　　C. 2　　　　D. 以上都不正确

6. 如果最小相位系统的开环增益越大,那么( )。
   A. 振荡次数越多　　　　　　　　　B. 稳定裕度越大
   C. 稳定裕度越小　　　　　　　　　D. 稳态误差越小

7. 下列串联校正装置的传递函数中,能在 $\omega_c=1$ 处提供最大相位迟后角的是( )。
   A. $\dfrac{10s+1}{s+1}$　　B. $\dfrac{10s+1}{0.1s+1}$　　C. $\dfrac{2s+1}{0.5s+1}$　　D. $\dfrac{0.1s+1}{10s+1}$

8. 假设3个非线性系统具有相同的非线性环节,而线性环节分别为 $G_1(s)=\dfrac{1}{s(0.1s+1)}$,$G_2(s)=\dfrac{2}{s(s+1)}$,$G_3(s)=\dfrac{2(1.5s+1)}{s(s+1)(0.1s+1)}$,则在应用描述函数法分析时,分析准确度较高的系统是( )。
   A. 第一个　　　B. 第二个　　　C. 第三个　　　D. 第一个和第二个

9. $f(t)=\sin \omega t$ 的 z 变换是( )。
   A. $\dfrac{z\sin \omega t}{z^2-2z\cos \omega t+1}$　　　　B. $\dfrac{z\sin \omega t}{z^2-2z+1}$
   C. $\dfrac{z\sin \omega t}{z^2-2z\sin \omega t+1}$　　　　D. $\dfrac{z\sin \omega t}{z^2+2z\sin \omega t+1}$

10. 给定系统 $x = \begin{bmatrix} -1 & 0 \\ 0 & -1 \end{bmatrix} x + \begin{bmatrix} 1 \\ 1 \end{bmatrix} u$; $x(0) = \begin{bmatrix} 2 \\ 3 \end{bmatrix}$,输入为单位阶跃函数时的状态响应为（　）。

A. $\begin{bmatrix} 1-e^{-t} \\ \frac{1}{2} + \frac{5}{2}e^{-2t} \end{bmatrix}$
B. $\begin{bmatrix} 1+e^{-t} \\ \frac{1}{2} - \frac{5}{2}e^{-2t} \end{bmatrix}$
C. $\begin{bmatrix} 1+e^{-t} \\ \frac{1}{2} + \frac{5}{2}e^{-2t} \end{bmatrix}$
D. $\begin{bmatrix} 1-e^{-t} \\ \frac{1}{2} - \frac{5}{2}e^{-2t} \end{bmatrix}$

三、判断题

(杭州电子科技大学 2014 年)

1. 传递函数的物理意义是系统输出量与输入量之比的拉普拉斯变换。（　）
2. 伺服系统的输入信号是恒定值,系统任务是使被控量保持与输入量一致。（　）
3. 线性定常系统对输入信号导数的响应,等于该系统对该输入信号响应的导数。（　）
4. 含有反馈校正的系统对于受控对象参数的变化敏感度低。（　）
5. 在运用劳斯判据分析系统的稳定性时,若某一行全为0,则意味着该系统存在共轭虚根。（　）
6. 幅值条件是绘制根轨迹的充要条件。（　）
7. 系统带宽越大,暂态响应速度越快。（　）
8. PD 控制器在系统中增加了一个位于原点开环极点,同时也增加了一个开环零点。（　）
9. 描述函数反映的是非线性系统正弦响应中一次谐波分量的幅值和相位相对于输入信号的变化,是输入信号幅值的函数。（　）
10. 单输入线性定常系统若完全可控,则可通过线性非奇异变换将其变为可控标准型。（　）

(杭州电子科技大学 2016 年)

1. 在水箱液位控制系统中,控制量为液位高度。（　）
2. 过阻尼系统因存在振荡,将造成系统反应迟钝,因此一般控制系统应避免设计成过阻尼系统。（　）
3. 如果保持二阶系统的阻尼比不变,减小 ω_n,则将增大上升时间和峰值时间。（　）
4. 根轨迹起始于开环极点,终止于开环零点。（　）
5. 稳定系统的闭环幅相频率特性靠近$(-1, j0)$点的程度代表了系统的相对稳定性,距离$(-1, j0)$点越远,则闭环系统相对稳定性就越高。（　）
6. 开环频域性能指标中的相角裕度 γ,对应于时域系统性能指标中的稳态误差 e_{ss}。（　）
7. 相位迟后校正利用高频幅值衰减作用,使剪切频率减小,从而具有较大的稳定裕度。（　）
8. 在采样控制系统中,如果离散信号直接作用于被控对象,将得到离散的输出信号,所以需要在被控对象前引入保持器。（　）
9. 采样过程从物理上可以理解为脉冲调制过程。（　）

四、简答题

(上海理工大学 2008 年)

1. 反馈控制系统有哪些基本组成部分？对自动控制系统的基本要求是什么？

2.线性定常系统的传递函数是如何定义的？与单位脉冲响应有何关系？

3.线性系统稳定的充分必要条件是什么？如何由劳斯判据求方程的正实部根的数目？

4.什么是主导极点？偶极子是闭环的还是开环的？

(上海大学专硕 2015 年)
1.叙述何为闭环控制系统？举例说明。

2.说明比例环节、积分环节、微分环节对系统有何影响？

3.说明系统的频率特性研究的条件和工况。

4.试说明根轨迹的含义。

5.叙述可控可观的含义。

6.阐述李雅普诺夫意义下的稳定、渐进稳定和大范围渐进稳定的概念。

(江南大学 2015 年)
1.试分析二阶欠阻尼系统在无阻尼自然振荡角频率 ω_n 不变时，增大阻尼比 ξ 对系统性能的影响。

2.试分析奈奎斯特稳定判据是如何判断系统稳定性的？

3. 系统开环传递函数 $G(s)=\dfrac{K}{s^2(Ts+1)}$,求系统稳定时,$K$、$T$ 满足的要求,并求此时的截止频率 ω_c。

4. 简述香农采样定理。采样系统的稳态误差与哪些因素有关?

5. 列举离散控制系统与连续控制系统至少 3 个不同特征,简述两个系统稳定的充要条件。

(中国海洋大学 2015 年)

1. 为什么说物理性质不同的系统,其传递函数可能相同,请举例说明。

2. 如何用实验的方法求取系统的频率特性函数?

3. 为什么说经典控制理论不适用解决时变系统的分析与设计问题?

4. 描述典型非线性环节中的滞环特性。

5. 有源校正装置与无源校正装置有何不同特点？在实现校正规律时,它们的作用是否相同？

6. 3种经典的设计最优控制系统的方法是什么？

7. 研究参数根轨迹的意义是什么？

8. 简述现代控制理论中的状态观测器与状态 Kalman 滤波器的关系。

五、分析题

1.（上海大学学硕2016年）画出如图 1.4 所示晶体管稳压电源电路的控制框图,并指出给定量、被控量、反馈量和扰动量。

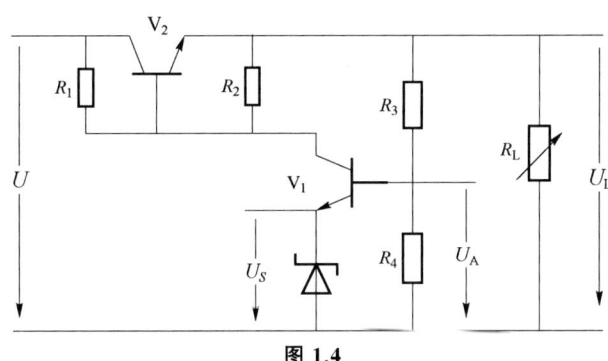

图 1.4

2.（中国海洋大学 2014 年）开关某大门的自动控制系统如图 1.5 所示，请分析该系统的工作原理，绘制系统的框图，指出各实际元件的功能以及输入、输出量。

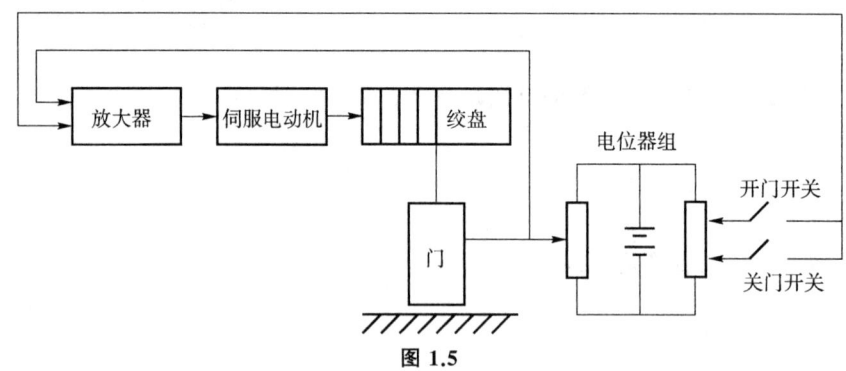

图 1.5

1.3 基本知识要点训练答案

一、填空题

1. 利用偏差信号实现的闭环控制。
2. 稳定、准确、动态性能好。
3. 一一；相同(等)；相等。
4. 内；w 左；双线性。
5. 极；零。
6. 完全能控的；完全能观测的。

7. 单位圆外；单位圆内；单位圆。
8. $\dot{x}$；$\ddot{x}=f(x,\dot{x})$
9. 状态空间表达式（内部）、传递函数（外部）。

注：

松弛性：若系统的输出由输入唯一确定，则称系统在 t_0 时刻松弛。

因果性：若系统在 t 时刻的输出仅取决于在 t 时刻和 t 前的输入，而与时刻之后的输入无关。

10. $\omega_s \geqslant 2\omega_{\max}$。
11. 极点；零点；$n-m$。
12. 开环传函中含有一个积分环节的系统。
13. 状态方程；输出方程。
14. 增大；增大；加快。
15. 幅值振荡衰减；幅值振荡发散；快。
16. 系统结构；参数；输入信号；初态。
17. 完全能观。
18. 稳定；不稳定；半稳定。
19. 能控性；可观性。
20. 差分方程；脉冲传递函数。
21. 闭环主导极点。
22. 稳态性能，动态性能，抗干扰性能。
23. 增大开环增益，提升系统型次。
24. I。

二、填空选择题

1. C；慢；大。
2. A；单调；单调上升。
3. A；对该输入信号响应的积分。
4. B；所有根在单位圆内。
5. C；低；中。
6. 极点；零点。
7. A；0.707。

三、选择题

1. D。
2. A.线性系统；B.非线性系统；C.非线性系统；D.非线性系统。
3. A。
4. 本题考查传递函数性质。答案为 B。
5. C。
6. 本题考查开环传递函数和闭环传递函数之间的关系。$D(s)=1+G(s)$ 的次数由极点决定，所以选 A。
7. 将传递函数改写成如下标准形式（尾 1 式）：$G(s)=\dfrac{10}{s(0.2s+1)}$，开环增益和时间常数分别为 10 和 0.2，答案为 D。

8. 由题意 $G(s)H(s) = \dfrac{10(s+0.5)}{s(0.5s+1)(s^2+2s+2)} = \dfrac{2.5(2s+1)}{s(0.5s+1)\left(\dfrac{s^2}{2}+s+1\right)}$，答案为 B。

9. 由 $\dfrac{\mathrm{d}c(t)}{\mathrm{d}t} + 5c(t) = 3r(t)$，在零初始条件下，两边同时拉普拉斯变换并整理得 $\dfrac{C(s)}{R(s)} = \dfrac{3}{s+5}$，$\dfrac{E(s)}{R(s)} = 1 - \dfrac{C(s)}{R(s)} = \dfrac{s+2}{s+5}$。

10. $\omega_\mathrm{d} = \omega_n\sqrt{1-\xi^2}$，$\omega_\mathrm{r} = \omega_n\sqrt{1-2\xi^2}$，显然，$\omega_n > \omega_\mathrm{d} > \omega_\mathrm{r}$，故选 B。

11. $g(t) = \mathscr{L}^{-1}(\Phi(s)) = \mathscr{L}^{-1}\left(\dfrac{1}{Ts+1}\right) = \dfrac{1}{T}\mathrm{e}^{-\frac{t}{T}}$，所以当 $t=0$ 时 $g(0) = \dfrac{1}{T}$，故选 B。

12. C。

13. 利用闭环主导极点和偶极子对系统进行化简时应该保证系统的开环增益不变，故选 B。

14. C 中 $s^2 - 4s + 12 = 0$ 的解 $s = \dfrac{4 \pm \sqrt{16-4\times12}}{2} = 2 \pm 2\sqrt{2}\mathrm{j}$ 有正实部，不稳定的根，非最小相位传递函数只有 D 是。

15. CDH。

16. C。

17. AE。

18. 传递函数分母与分子的阶数相差为 3，故选择 D。

设系统的开环传递函数为 $G(s)H(s) = \dfrac{K\prod\limits_{iz=1}^{n_1}(s+z_{iz})\prod\limits_{jz=1}^{n_2}\left(\dfrac{s^2}{\omega_{jz}^2}+\dfrac{2\xi_{jk}}{\omega_{jz}}s+1\right)}{s^v\prod\limits_{ip=1}^{m_1}(s+p_{ip})\prod\limits_{jp=1}^{m_2}\left(\dfrac{s^2}{\omega_{jp}^2}+\dfrac{2\xi_{jp}}{\omega_{jp}}s+1\right)}$，式中 v 表示系统的型次。

19. 通过前馈补偿，闭环控制系统能够有效消除前向通道中的扰动，答案为 B。

20. 相角条件是根轨迹的充分必要条件，故选择 A。

21. 本题考查增加开环极点对系统根轨迹形状的影响。正确答案是 A。

22. 考查 $n-m \geqslant 2$ 的条件下，开环极点之和等于闭环极点之和的关系。由 $-3 + (-2+\mathrm{j}) + (-2-\mathrm{j}) = P + (-1+2\mathrm{j}) + (-1-2\mathrm{j})$，得 $P = -5$，B 正确。

23. 系统开环不稳定，闭环可能稳定，所以这种说法是错误的，选 B。

24. 选 B。

四、问答题

1. 解答： 负反馈控制系统的组成框图如图 1.6 所示。

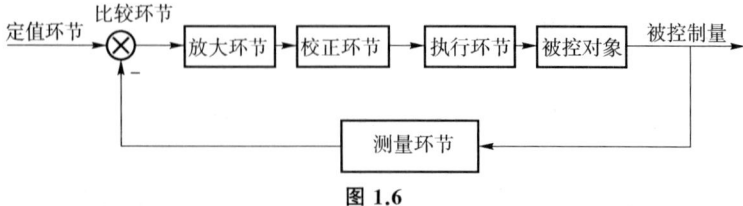

图 1.6

定值环节：产生参考输入或设定值。

比较环节：产生偏差信号。
放大环节：使偏差信号有足够大的幅值和功率。
校正环节：改善控制系统的性能，使系统能正常工作。
执行环节：偏差的控制作用驱动被控对象。
测量环节：测量被控量和控制量。

2. **解答**：控制系统框图如图1.7所示。

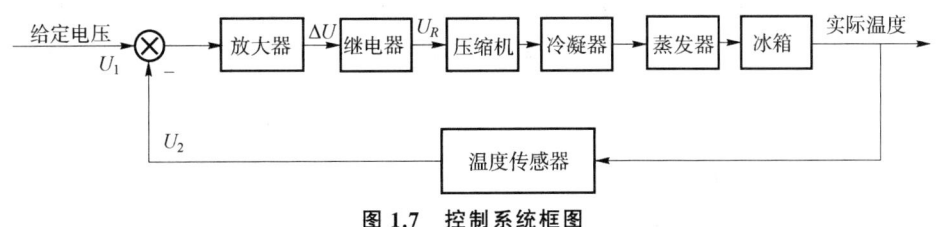

图1.7 控制系统框图

其工作原理：设定温度 U_1 与温度传感器反馈回的温度 U_2 进行比较，偏差 ΔU 经放大器放大后传送给继电器。若偏差信号放大后能够使继电器闭合，则压缩机启动，驱动冷凝器进行制冷，温度传感器接受到的温度降低，直到压缩机停止工作，从而保证实际温度总在设定温度的范围内。

若出现压缩机频繁启动，说明实际温度与设定温度的很小偏差都会使继电器闭合。可以采取两个改进措施：一是减小放大器的增益，二是增加继电器的闭环门限值。

3. **解答**：由题意，$R(s)=\dfrac{1}{s}+\dfrac{1}{s^2}=\dfrac{s+1}{s^2}$，$C(s)=\dfrac{1}{s^2}+\dfrac{0.9}{s}-\dfrac{0.9}{s+10}$，

$$G(s)=\frac{C(s)}{R(s)}=\frac{10}{s+10}$$

4. **解答**：本题考查基本概念和开环增益对系统性能指标的影响。增大开环增益后自然振荡频率增大，阻尼比减小，但阻尼比与自然振荡频率的乘积保持不变，动态响应变快，上升时间和峰值时间变小，超调量变大，振荡次数变大，调节时间保持不变。

5. **解答**：因为如果系统阻尼比过小，系统反应迅速，超调量大；如果阻尼比过大，虽然超调量小，但系统反应缓慢，阻尼比选择在 0.4～0.8 基本能保证快速性和超调量不太大的要求。

6. **解答**：由图可以看出，A 的 $\xi\omega_n$ 值近似等于 B 的 $\xi\omega_n$ 值两倍，但 ω_{nA} 与 ω_{nB} 近似相等，所以 $\xi_A > \xi_B$，故 A 的超调量小于 B 的超调量，此说法是正确的。

7. **解答**：本题考查微分方程、传递函数和频率特性之间的联系。微分方程、传递函数和频率特性都是对系统本质特征的描述，传递函数是基于微分方程的，是微分方程在零初始条件下拉普拉斯变换后输出关于输入的比；频率特性表示出系统跟踪信号的快慢，是假设系统正弦信号输入条件下，输出信号与输入正弦信号的复数比，该复数即为在系统传递函数中令 $s=j\omega$ 代入整理得到的复数。

8. **解答**：频宽是指闭环频率特性中高频时对应幅值为 $0.707A(0)$ 时的频率 ω_b，随动系统要求有较大的频宽，因为随动系统要求快速性好，频宽越大，系统的快速性越好；而低通滤波器则有要求较小的频宽，较小的频宽可以滤掉高频噪声。

题中 $\omega_n=10,\xi=0.5$，由公式可得频宽 $\omega_b=\omega_n\sqrt{1-2\xi^2+\sqrt{2-4\xi^2+4\xi^4}}$，代入可得 $\omega_b\approx 12.7$。

9. **解答**：考查串联超前校正的特点及使用场合。因为超前校正在改善系统的快速性的同时也

会使系统的稳定性变差,在系统的快速性已远远满足要求而稳定性不满足要求,或在穿越频率附近有多次转折,导致相角很小,远远不能满足稳定性要求时不宜采用超前校正;还因为超前校正会抬高系统高频段幅频值,使高频噪声信号放大,有高频噪声信号时亦不宜使用。

10. **解答:**(1) 滞后-超前校正装置综合了超前校正装置和滞后校正装置的特点,当系统的动态性和稳定性都达不到要求时,可以考虑使用滞后超前校正装置。

(2) PI 属于滞后校正装置,因为它具有相位滞后作用;PD 属于超前校正装置,因为它可以提高超前相角;PID 属于滞后超前校正装置,因为其在低频段具有滞后效应,在中频段具有超前效应。

(3) 高通滤波器为超前校正装置、中频滤波器为滞后-超前校正装置、低通滤波器为滞后校正装置。

11. **解答:**增大控制器的比例控制系数使系统的带宽增加,系统反应变快、超调量增加、稳态精度提高,但抗高频干扰能力降低。

滞后校正具有高频衰减特性,如果在滞后校正环节前面串联一增益,可以使滞后环节对中、高频没有影响,而使系统的低频段提高,系统的稳态精度变好,系统的动态性能是由系统的中频段决定的,中频段不变,即对其暂态性没有影响。

12. **解答:**变快,变差。

13. **解答:**超前,动态。

14. **解答:**传递函数为 $G(s)=K_p\left(1+\dfrac{1}{Ts}+\tau s\right)$ 的控制器为 PID 控制器,在低频段其具有改变低频段的起始高度(P 作用)及系统低频特性的斜率(I 作用);在中频段,其可以改变剪切频率,从而改变中频段的长度,影响系统的快速性(D 作用);在高频段,其能改变高频段的斜率,增加系统的抗高频噪声干扰的能力。

比例(P)调节作用及参数选择:是按比例值的大小调节系统的偏差,系统一旦出了偏差,比例调节立即产生调节作用以减少偏差。比例越大,调节越快速,误差减少的速度越快,比例值体现调节的强度。但是比例过大,使系统的稳定性下降,甚至造成系统的不稳定。

积分(I)调节作用及参数选择:是使系统消除稳态误差,提高无差率。只要有误差,积分调节就增加调节值,直至无误差,积分调节停止,积分调节输出一常值。积分作用的强弱取决于积分时间常数 T。T 越小,积分作用就越强;反之 T 大则积分作用弱。积分调节作用可以消除稳态误差使系统控制准确,但也同时使系统稳定性下降、动态响应变慢,因此积分作用常与另外两种调节规律结合,组成 PI 调节器或 PID 调节器。

微分(D)调节作用及参数选择:是反映系统偏差信号的变化率,能预见偏差变化的趋势。因此,在系统偏差还没有形成之前,可以被微分调节作用消除,微分(D)调节能产生超前的控制作用,改善系统的动态性能。在微分时间选择合适的情况下,可以减少超调,减少调节时间。微分反应的是变化率,当输入没有变化时,微分作用输出为零。微分作用不能单独使用,需要与另外两种调节规律相结合,组成 PD 或 PID 控制器。此外,微分作用对变化的噪声干扰有放大作用,因此过强的微分调节,对系统抗干扰不利。

如果 PID 控制器的参数选择恰当的话,可以改善系统的稳态误差,动态特性和高频抗噪能力。

15. **解答:**该系统为二阶系统,可以直接进行求根判断。系统的特征方程为 $D(z)=z^2+2.31z+3=0$,求解可以得到 $z_{1,2}=-1.155\pm1.291$j,显然 $|z_{1,2}|>1$,系统不稳定。

第1章 自动控制原理基本概念

1.4 真题强化训练答案

一、填空题
(江南大学 2014 年)

1. e^{-t}。脉冲响应为阶跃响应的导数。

2. 8 s。

由题得闭环传递函数为 $\Phi(s)=\dfrac{1}{2s+1}$,则一阶系统的时间 $T=2$,取 $t_s=4T=8$。

3. 0。

由题 $G(s)=\dfrac{4}{s(s+8)}$,则 $\xi=2>1$,其阶跃响应为单调过阻尼,无超调。

4. 无穷。由题 $K_v=\lim\limits_{n\to\infty}s\cdot G(s)=0$,则 $e_{ss}=\dfrac{1}{k_v}=\infty$。

5. 响应的快速性。因为引入比例负反馈后闭环传递函数的时间常数减小,因此快速性变好。

二、选择题
(杭州电子科技大学 2014 年)

1. C。

2. D。

解析:一阶系统的单位阶跃响应曲线,在 $t=0$ 处的切线与 $c(t)=1$ 的交点对应的时间 $t=T$,所以有 $\dfrac{1}{T}=0.25$,则 $T=4$。

3. A。

解析:型次对应于开环传递函数的"尾1"型,即时间常数形式,其中积分环节的次数就是系统的型次。阶次为变量 s 的幂次,本题为三阶系统。

4. C。

解析:根据特征方程,得到开环传递函数为 $G(s)H(s)=\dfrac{K(s+1)}{s(s+2)(s+4)^2}$,再找实轴上的根轨迹,注意 -4 这个点,有两个开环极点。

5. B。

解析:由 $c_{ss}(t)=2\sin(2t-45°)$ 可知,$\omega=2$ 时,$\varphi(\omega)=-45°$。

6. B。

解析:根据奈奎斯特对数稳定判据,$P=2(N_+-N_-)=2N$,所以有 $N=\dfrac{P}{2}$。

7. D。

8. C。

9. C。

10. D。

(杭州电子科技大学 2016 年)

1. A。

解析:由题可知有:$4T=60$ s,则 $T=15$ s。

2. B。

解析：由题 $r(t)=0.1t$ ℃/s,则 $R(s)=0.1/s^2$, $E(s)=R(s)-R(s)\cdot G(s)$, $e_{ss}=\lim_{n\to\infty}s\cdot E(s)=2$。

3. C。

解析：把传递函数化成标准的"首1"型后,再找 ω_n 和 ξ。

4. C。

解析：写出特征方程,并用劳斯判据进行判断。

5. D。

解析：Ⅰ型系统,加速度输入信号的稳态误差∞。

6. D。

解析：开环增益反映在波特图的低频段,其值越大,系统控制精度越高,稳态误差越小。

7. D。

解析：A、B、C均为超前校正,D为滞后校正。

8. B。

解析：系统中线性环节的低通性能越好,应用描述函数法分析时,分析准确度越高。因此,需要判断系统中的线性环节的低通性能,画出3个线性环节的频率特性草图进行对比。

9. A。

10. C。

三、判断题

(杭州电子科技大学2014年)

1. ×。

解析：少了零初始条件下,且为拉普拉斯变换之比。

2. ×。

解析：伺服系统的输入信号是不断变化的,任务是使被控量能够始终跟随或复现输入量。

3. √。

4. √。

5. √。

6. ×。

解析：相角条件是充要条件,幅值条件是必要条件。

7. ×。

解析：带宽越大,稳定性越好；截止频率越大,响应速度越快。

8. ×。

解析：没有增加开环极点,其传递函数为 $G(s)=K_P+K_D\cdot s$。

9. √。

10. √。

(杭州电子科技大学2016年)

1. ×。

解析：被控量是液位高度。

2. ×。

解析：过阻尼系统的阶跃响应是单调的,其上升时间比较长,系统响应比较慢。

3. √。

解析:阻尼比不变时,上升时间和峰值时间与 ω_n 成反比。典型二阶系统阶跃响应的性能指标的公式要记清楚。

4. ×。

解析:终止于开环零点或无穷远处。

5. ×。

6. ×。

解析:相角裕度代表的是相对稳定性,稳态误差反映系统的控制精度。

7. √。

8. ×。

解析:被控对象的控制信号一般是连续信号,所以要在被控对象前引入保持器,将采样系统产生的离散控制信号,转换成连续信号。

9. √。

解析:用单位脉冲信号对连续信号进行调制。

四、简答题

(上海理工大学 2008 年)

1. 解答:比较环节、控制器、被控对象、反馈环节。
稳定性、控制精度、动态性能。

2. 解答:传递函数是零初始条件下,系统输出量的拉普拉斯变换与输入量拉普拉斯变换之比。其单位脉冲响应的形式与其传递函数一样。

3. 解答:充分必要条件是,特征方程的根全部位于 s 平面的左半平面,或特征方程的根全部具有负实部。根据特征方程列出劳斯表,当第一列系数的符号发生变化时,系统有正实部的根,符号变化几次就有几个正实部的根。

4. 解答:主导极点是在系统闭环传递函数中,距离虚轴最近,且其他闭环极点实部的绝对值比它实部的绝对值大 5 倍,或 2~3 倍以上,并且其附近没有其他闭环零点。这样的闭环极点称为主导极点。

偶极子是指闭环的。

(上海大学专硕 2015 年)

1. 解答:具有反馈环节的控制系统。例如空调控制。

2. 解答:比例环节:提高控制精度,但稳定性下降。

积分环节:提高系统控制精度,但稳定性、快速性下降。

微分环节:提高系统响应的快速性,但抗干扰能力下降。

3. 解答:当系统的输入信号为正弦信号时,一般采用其频率特性来研究系统的性能。

4. 解答:当线性定常系统的开环根轨迹增益 K 从 0 到 ∞ 变化时,其特征根方程的根变化形成的轨迹。可根据系统的开环零极点的分布,得到闭环极点的变化轨迹。

5. 解答:若存在一个连续的输入,能在有限时间区间内将系统从任意初始状态转移到原点,则称系统是状态完全能控的。如果通过对输出有限时间的测量,能唯一的确定系统在初始时刻的状态,则称状态是能观测的。

6. 略。

(江南大学 2015 年)

1. 解答:本题考查二阶系统性能指标与阻尼比的关系。ω_n 不变时,增大阻尼比 ξ,上升时间、峰值时间增加,超调减小,调整时间减小,则系统的稳定性变好,快速性变差。

2. 解答: 首先根据线性定常系统的开环传递函数绘制系统的奈奎斯特曲线,再根据奈奎斯特曲线逆时针包围极坐标轴上(−1,j0)点的圈数 N,如果与系统开环不稳定极点的个数 P 相等,则系统稳定,不等则系统不稳定,奈奎斯特曲线刚好经过(−1,j0)点,则系统临界稳定。

3. 解答: 根据特征方程可以看出,系统的特征方程缺项,因此无论 K、T 取什么值,系统都不能稳定。

4. 解答: 香农采样定理是要不失真地将离散信号恢复为原来的连续信号,采样信号的角频率应大于等于系统最高谐波角频率的 2 倍。

采样系统的稳态误差,与系统的结构、参数、输入信号的形式,以及采样周期有关。

5. 解答: 离散控制系统中至少包含一个离散信号,连续控制系统中无离散信号;离散控制系统中包含采样开关,连续控制系统中不包含采样开关;描述离散控制系统的数学模型是差分方程或脉冲传递函数,连续控制系统是微分方程或传递函数。

离散控制系统稳定的充要条件是:系统闭环特征根均位于 Z 平面的单位圆内。

连续控制系统稳定的充要条件是:系统闭环特征根均位于 S 平面的左半平面。

(中国海洋大学 2015 年)

1. 解答: 传递函数描述的是系统输出量和输入量之间的关系,不能表明系统的物理特性和物理结构,所以物理性质不同的系统,可以有相同的传递函数。例如,用运算放大器可以构成比例环节,测速发电机的输入角频率和输出的电压也是可以构成比例环节,它们有相同的传递函数。

2. 解答: 给系统一个幅值和频率已知的正弦信号,用示波器观察其输出信号波形,对比输入输出信号波形,其频率是相等的,输出信号的幅值和相位发生变化。输出信号幅值和相位的变化是频率的函数,且与系统数学模型相关。定义输出信号幅值与输入信号幅值之比为幅频特性,相位之差为相频特性,合称频率特性。

3. 解答: 经典控制理论主要限于处理单输入单输出的单变量线性定常系统,数学上归为单变量的常系数微分方程问题,因此不适于解决时变系统的分析与设计问题。

4. 解答: 如图 1.8 所示,具有滞环的继电器特性,其数学描述为

$$y = \begin{cases} b \cdot \mathrm{sign}(x) & |x| \geq a \\ b & \dot{x} < 0 \\ -b & \dot{x} > 0 \end{cases}$$

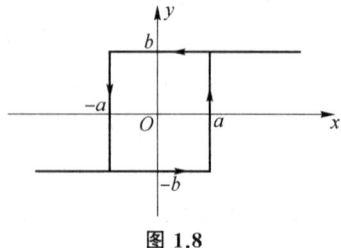

图 1.8

5. 解答: 无源校正装置由阻容元件组成,有负载效应;有源校正装置由阻容电路和线性集成运算放大器构成,由于运放的存在,可以克服负载效应,补偿幅值衰减,且其参数可以随意调整,因而效果优于无源校正装置。

在实现校正规律时,有源校正优于无源校正。

6. 解答:变分法,最小值原理,线性二次型最优控制方法。

7. 解答:参数根轨迹是以非开环增益为可变参数绘制的根轨迹。用参数根轨迹,可以分析对于给定的开环增益,如果系统中某个参数发生变化时,对系统性能会产生影响。

8. 解答:卡尔曼滤波就是一种观测器,称为 Riccati 观测器。Kalman 滤波器增益是在驱动噪声或观测噪声存在的情况下使状态误差方差最小的观测器增益,通过求解 continuous Riccati equation 得到的。

五、分析题

1. **解析**:电路的控制框图如图 1.9 所示,其中,V_1 起放大和比较作用,U_s 为比较电压,R_3 和 R_4 组成分压器起测量作用,V_2 是调整管,当输入电压 U 发生变化或负载 R_L 发生变化时,调整 R_3 两端的电压,使输出保持不变。给定量是给定电压 U,被控量是输出电压 U_L,扰动量是可调负载 R_L,反馈量是 V_2 两端电压。

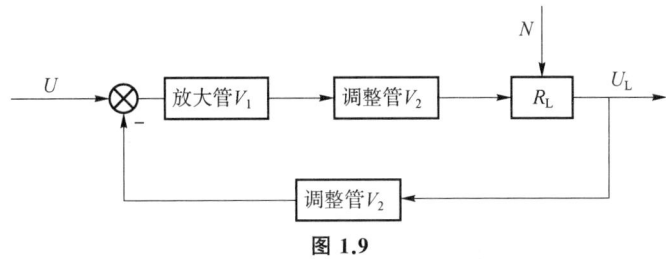

图 1.9

2. **解析**:工作原理:假设初始状态为大门关闭,当开门开关闭合时,电位器组电路提供一个开门电压,该电压送到放大器输入端,与由电位器组提供的、大门处于关闭位置的电压信号进行比较。开门电压小于当前门电压,则输出正电压信号给伺服电动机,使电动机正转,带动绞盘旋转,使大门打开,当两个电压相等时,大门停止;当关门开关闭合时,关门电压大于当前门位置电压,放大器输出反向电压信号给伺服电动机,使电动机反转,带动绞盘旋转使大门关闭。

电位器组:开关状态和门位置状态检测环节,放大器比较控制环节,伺服电动机和绞盘是执行机构,门是被控对象。输入量是开关的状态,输出量是门的位置。

系统的框图如图 1.10 所示。

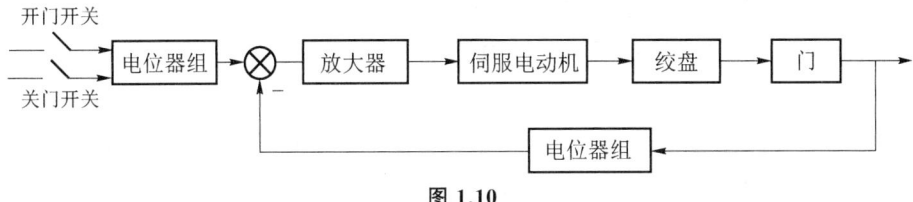

图 1.10

第 2 章 系统数学建模

2.1 主要知识点

（1）几种典型环节、物理系统微分方程建立 →求得传递函数；

力学系统（弹簧）、电路环节、调速系统、随动系统、流量系统、飞行器系统。

（2）传递函数定义，系统结构→求得传递函数；

调速系统，随动系统（逆：已知传递函数，构造电路）。

（3）结构图化简（比较点、引出点移动、串并联、反馈化简）。

（4）信号流图绘制、梅森（Mason）公式化简。

2.2 考点归类解析与例题详解

 考点 1 电路环节（RCL 网络、运放电路）

知识点：等效复阻抗法

（1）用 R、$\dfrac{1}{Cs}$、Ls 分别表示电阻、电容、电感；

（2）运算放大器：用虚短、虚断原理列写关系式；

（3）等效阻抗 = $\begin{cases} 串联：阻抗相加\ Z_总 = Z_1 + Z_2 \\ 并联：Z_总 = \dfrac{Z_1 \cdot Z_2}{Z_1 + Z_2} \end{cases}$ 。

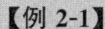 

电路结构如图 2.1 所示,求 $\dfrac{U_o(s)}{U_i(s)}$。

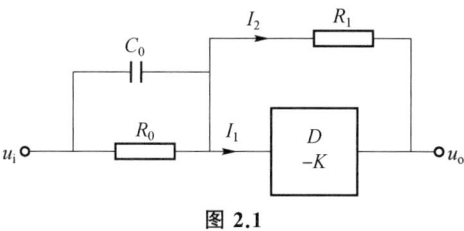

图 2.1

解答:

输入电流＝反馈电流,即 $\dfrac{U_o(s)-0}{R_1}=\dfrac{0-U_i(s)}{\dfrac{R_0\dfrac{1}{C_0s}}{R_0+\dfrac{1}{C_0s}}}$

$$\dfrac{U_o(s)}{U_i(s)}=-\dfrac{R_1}{\dfrac{R_0\dfrac{1}{C_0s}}{R_0+\dfrac{1}{C_0s}}}=-\dfrac{R_1}{R_0}(R_0C_0s+1)$$

(大连理工大学 2004 年)求图 2.2 所示电路的传递函数。

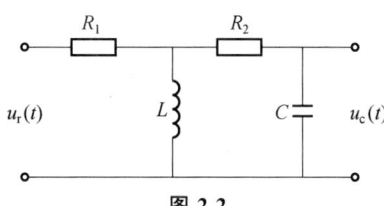

图 2.2

解答:

设电感两端的电压为 u,列写电流等式

$$\dfrac{U_c(s)}{\dfrac{1}{Cs}}=\dfrac{U(s)}{\dfrac{1}{Cs}+R_2} \tag{1}$$

$$\dfrac{U_r(s)-U(s)}{R_1}=\dfrac{U(s)}{Ls}+\dfrac{U(s)-U_c(s)}{R_2} \tag{2}$$

由式(1)得 $U(s)=(1+R_2Cs)U_c(s)$,带入式(2) 得

$$\dfrac{U_c(s)}{U_r(s)}=\dfrac{Ls}{(R_1+R_2)CLs^2+(R_1R_2C+L)s+R_1}$$

知识点：典型环节结构和传递函数

1. 比例环节

$$G_1(s) = -\frac{R_2}{R_1}$$

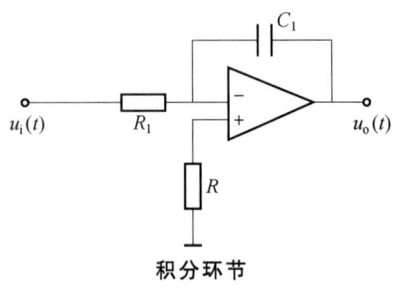

比例

2. 积分环节

$$G_2(s) = -\frac{\dfrac{1}{C_1 s}}{R_1} = -\frac{1}{R_1 C_1 s}$$

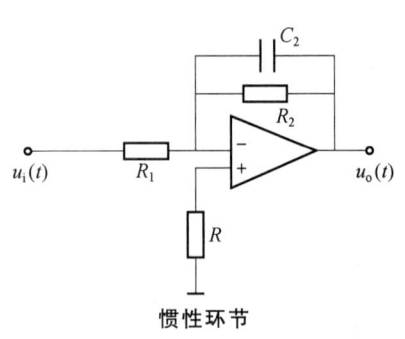

积分环节

3. 惯性环节

$$G_3(s) = -\frac{R_2 \times \dfrac{1}{C_2 s}}{R_2 + \dfrac{1}{C_2 s}} \bigg/ R_1 = -\frac{R_2}{R_1} \times \frac{1}{R_2 C_2 s + 1}$$

惯性环节

 考点 2　建模的逆问题（已知数学模型、构造系统）

【例 2-3】

（大连理工大学 2002 年）系统传递函数为 $\dfrac{C(s)}{R(s)} = \dfrac{10}{s(0.1s+1)}$，如果用电阻、电容、运放元件构成此装置，试画出电路原理图，并计算电阻、电容参数值。

解答：首先分解传递函数，$\dfrac{C(s)}{R(s)} = \dfrac{1}{s} \times \dfrac{1}{0.1s+1} \times 10$，包含积分、惯性、比例环节。如果采用 3 个环节，会出现负号，需要再加一个反相器才能保证为正的传递函数。实际中，可以省略比例器，将比例系数并入积分环节中，采用两个运放构成此装置。

$$G(s) = \frac{C(s)}{R(s)} = \frac{1}{R_1 C_1 s} \times \frac{R_2}{R_1} \times \frac{1}{R_2 C_2 s + 1} \Rightarrow \begin{cases} \dfrac{1}{R_1 C_1} = 10 \Rightarrow C_1 = 100\ \mu\text{F} \\ R_2 C_2 = 0.1 \Rightarrow C_2 = 100\ \mu\text{F} \end{cases}$$

不妨取 $R_1 = R_2 = R = 1\ \text{k}\Omega$。

系统电路图如图2.3所示。

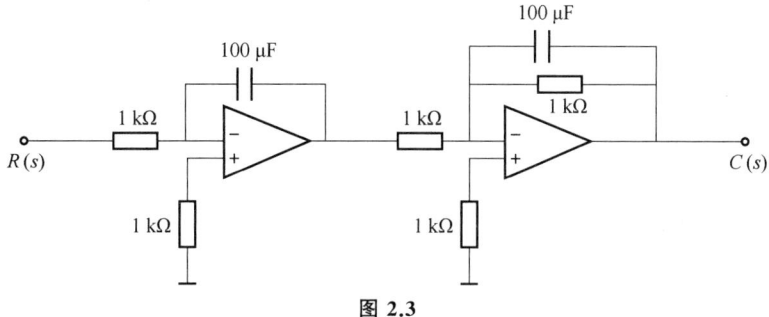

图 2.3

考点 3　力学系统建模

1. 力学系统典型元件受力

> **知识点：**
> $\begin{cases} \text{牛顿第二定律：刚性物体受力 } f(t)=ma, m \text{ 质量}、a \text{ 加速度。} \\ \text{阻尼器阻力：} f(t)=Bv=B\dfrac{\mathrm{d}y(t)}{\mathrm{d}t}, y(t) \text{ 位移}、v \text{ 速度}、B \text{ 阻尼系数。} \\ \text{弹簧：} f_2(t)=Ky(t), y(t) \text{ 位移}、K \text{ 弹性系数。} \end{cases}$

【例 2-4】

如图 2.4 所示，忽略重力作用，外力 $f(t)$ 为输入，位移 $y(t)$ 为输出，列写微分方程。

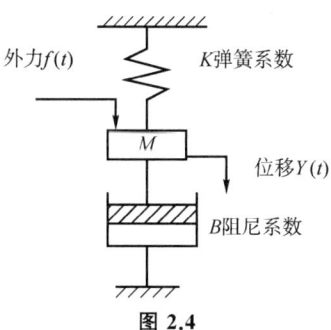

图 2.4

解答：

$$f(t)-f_1(t)-f_2(t)=M\dfrac{\mathrm{d}^2 y}{\mathrm{d}t^2}$$

$$M\dfrac{\mathrm{d}^2 y}{\mathrm{d}t^2}+f_1(t)+f_2(t)=f(t)$$

$$M\dfrac{\mathrm{d}^2 y}{\mathrm{d}t^2}+B\dfrac{\mathrm{d}y}{\mathrm{d}t}+Ky(t)=f(t)$$

2. 非刚性物体力传递

> **知识点：非刚性物体力传递关系**
> $$\begin{cases} 串联：力相等，位移相减。\\ 并联：位移相等，非刚性受力相加之和(关系式)。\end{cases}$$

> **知识点：函数导数的拉普拉斯变换**
> $$（零初始条件下）\begin{cases} x_1(t) \to X_1(s) \\ \dfrac{\mathrm{d}x_1(t)}{\mathrm{d}t} \to s \cdot X_1(s) \\ \dfrac{\mathrm{d}x_1^2(t)}{\mathrm{d}t} \to s^2 \cdot X_1(s) \end{cases}$$

> **知识点：相对位移的计算**
> 首先找主动的作用力，纯位移＝作用点位移－另一个端位移

【例 2-5】

如图 2.5 所示，忽略重力作用，已知位移 $x_r(t)$ 为输入，图中位移 $x_c(t)$ 为输出，B 为阻尼系数。求 $\dfrac{X_c(s)}{X_r(s)}$。

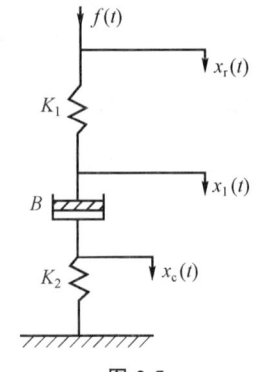

图 2.5

解答：

① 设外力为 $f(t)$，中间变量为 $x_1(t)$。

$$\begin{cases} K_1[x_r(t)-x_1(t)]=f(t) \\ B\dfrac{\mathrm{d}[x_1(t)-x_c(t)]}{\mathrm{d}t}=f(t) \\ K_2 x_c(t)=f(t) \\ x_r(t)=[x_r(t)-x_1(t)]+[x_1(t)-x_c(t)]+x_c(t) \end{cases}$$

方法 1：在零初始条件下，对方程组进行拉普拉斯变换。

$$\begin{cases} K_1[X_r(s)-X_1(s)]=F(s) \\ Bs[X_1(s)-X_c(s)]=F(s) \\ K_2 X_c(s)=F(s) \\ X_r(s)=[X_r(s)-X_1(s)]+[X_1(s)-X_c(s)]+X_c(s) \end{cases}$$

整理得

$$\frac{X_c(s)}{X_r(s)}=\frac{1}{\dfrac{K_2}{K_1}+\dfrac{K_2}{Bs}+1}=\frac{BK_1 s}{B(K_1+K_2)s+K_1 K_2}$$

方法 2：(简便) 消去 $f(t)$，取拉普拉斯变换。

$$\begin{cases} K_1[X_r(s)-X_1(s)]=K_2 X_c(s) & (1) \\ Bs[X_1(s)-X_c(s)]=K_2 X_c(s) & (2) \end{cases}$$

由式(1)得 $X_1(s) = X_r(s) - \dfrac{K_2}{K_1} X_c(s)$，代入式(2)得

$$\dfrac{X_c(s)}{X_r(s)} = \dfrac{BK_1 s}{B(K_1+K_2)s + K_1 K_2}$$

知识点

系统中存在刚性物体时的变量关系式。

一般情况下，系统中存在刚性物体时，各量代入等式 $f(t) = ma$。

【例 2-6】

(武汉大学 2006 年)证明如图 2.6 所示的两个环节有相同的数学模型(不计重力作用)。

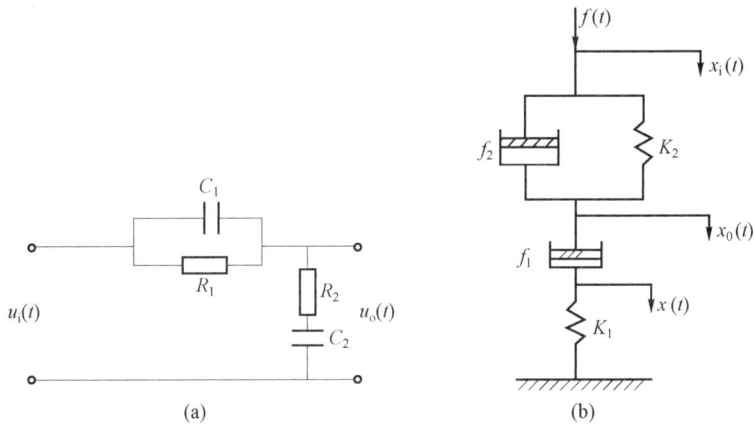

图 2.6

解答：

(1) 图 2.6(a)传递函数

$$G_a(s) = \dfrac{U_o(s)}{U_i(s)} = \dfrac{R_2 + \dfrac{1}{C_2 s}}{R_1 /\!/ \dfrac{1}{C_1 s} + R_2 + \dfrac{1}{C_2 s}} = \dfrac{R_2 + \dfrac{1}{C_2 s}}{\dfrac{R_1 \dfrac{1}{C_1 s}}{R_1 + \dfrac{1}{C_1 s}} + R_2 + \dfrac{1}{C_2 s}}$$

$$= \dfrac{R_1 R_2 C_1 C_2 s^2 + (R_1 C_1 + R_2 C_2)s + 1}{R_1 R_2 C_1 C_2 s^2 + (R_1 C_1 + R_2 C_2 + R_1 C_2)s + 1}$$

(2) 图 2.6(b)传递函数(不计重力作用)

$$\begin{cases} K_2(x_i - x_0) + f_2(\dot{x}_i - \dot{x}_0) = f_1(\dot{x}_0 - \dot{x}) = f(t) & (1) \\ K_1 x = f_1(\dot{x}_0 - \dot{x}) = f(t) & (2) \end{cases}$$

零初始条件下，对式(1)取拉普拉斯变换

$$\{K_2 X_i(s) - K_2 X_0(s) + f_2 s X_i(s) - f_2 s X_0(s) = f_1 s X_0(s) - f_1 s X(s)$$

由式(2)得 $X(s) = \dfrac{f_1 s}{K_1 + f_1 s} X_0(s)$，带入式(1)得

$$(K_2+f_2s)X_i(s)=\left(K_2+f_2s+\frac{K_1f_1s}{K_1+f_1s}\right)X_0(s)$$

$$G_b(s)=\frac{X_0(s)}{X_i(s)}=\frac{f_1f_2s^2+(K_1f_2+K_2f_1)s+K_1K_2}{f_1f_2s^2+(K_1f_2+K_2f_1+K_1f_1)s+K_1K_2}$$

$$=\frac{\dfrac{f_1f_2}{K_1K_2}s^2+\left(\dfrac{f_1}{K_1}+\dfrac{f_2}{K_2}\right)s+1}{\dfrac{f_1f_2}{K_1K_2}s^2+\left(\dfrac{f_1}{K_1}+\dfrac{f_2}{K_2}+\dfrac{f_1}{K_2}\right)s+1}$$

可见,图 2.6(a)传递函数传函与图 2.6(b)传递函数表达式结构相同,即两个环节有相同的数学模型。

【例 2-7】

(大连理工大学 2000 年)求图 2.7 所示系统的微分方程,其中外作用力 $u(t)$ 为输入量,小车位移 $x_1(t)$ 为输出量。

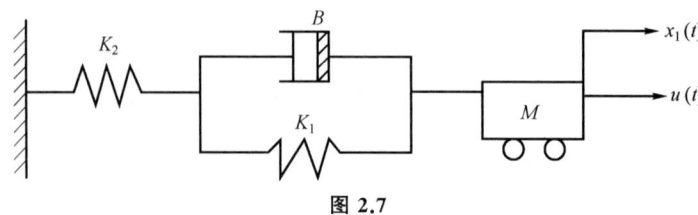

图 2.7

解答:
设弹簧右端的位移量为 $x_2(t)$

$$\begin{cases} M\ddot{x}_1(t)=u(t)-K_2x_2(t) & (1) \\ K_2x_2(t)=B[\dot{x}_1(t)-\dot{x}_2(t)]+K_1[x_1(t)-x_2(t)] & (2) \end{cases}$$

由式(1)解出 x_2,代入式(2) 得

$$BM\dddot{x}_1+(K_1+K_2)M\ddot{x}_1+K_2B\dot{x}_1+K_1K_2x_1=B\dot{u}+(K_1+K_2)u$$

【例 2-8】

(清华大学 2001 年)如图 2.8 所示,$f_i(t)$ 为车头动力,B_1 为阻尼系数,B_2 为摩擦系数,求:
(1) $y_1(t)$ 位移作 $y_0(t)$ 输出的传递函数;
(2) $y_2(t)$ 位移作 $y_0(t)$ 输出的传递函数。

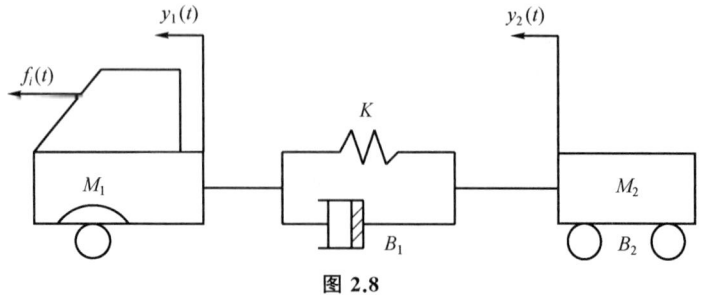

图 2.8

解答：

（1）对 M_2 受力分析

$$M_2\ddot{y}_2 = B_1(\dot{y}_1-\dot{y}_2)+K(y_1-y_2)-B_2\dot{y}_2$$

（2）M_1 受力分析

$$M_1\ddot{y}_1 = f_i - B_1(\dot{y}_1-\dot{y}_2)-K(y_1-y_2)$$

上两式零初始条件下，拉普拉斯变换

$$\begin{cases}(M_2s^2+B_1s+B_2s+K)Y_2(s)=(B_1s+K)Y_1(s)\\(M_1s^2+B_1s+K)Y_1(s)=F_i(s)+(B_1s+K)Y_2(s)\end{cases}$$

消去 $Y_2(s)$ 得

$$\frac{Y_1(s)}{F_i(s)}=\frac{M_2s^2+(B_1+B_2)s+K}{M_1M_2s^4+(B_1M_1+B_2M_1+B_1M_2)s^3+(KM_1+B_1B_2+KM_2)s^2+KB_2s}$$

消去 $Y_1(s)$ 得

$$\frac{Y_2(s)}{F_i(s)}=\frac{B_1s+K}{M_1M_2s^4+(B_1M_1+B_2M_1+B_1M_2)s^3+(KM_1+B_1B_2+KM_2)s^2+KB_2s}$$

考点 4　电气控制闭环系统建模

> **知识点**
>
> （1）多输入运放的传递函数，如图 2.9 所示。
>
>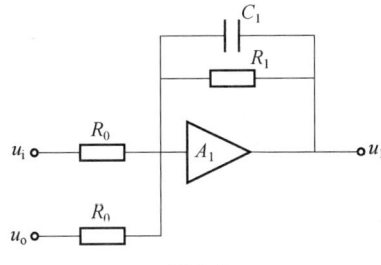
>
> 图 2.9
>
> $$\frac{U_i(s)+U_o(s)}{R_0}=\frac{0-U_1(s)}{R_1//\frac{1}{C_1s}}=\frac{-U_1(s)}{\dfrac{R_1\dfrac{1}{C_1s}}{R_1+\dfrac{1}{C_1s}}} \Rightarrow \frac{U_1(s)}{U_i(s)+U_o(s)}=-\frac{R_1}{R_0}\frac{1}{(R_1C_1s+1)}$$
>
> （2）求传递函数时，符号包含在表达式中，例如上式。

（中国科学院 2007 年）系统结构如图 2.10 所示，求闭环传递函数 $\dfrac{U_o(s)}{U_i(s)}$。

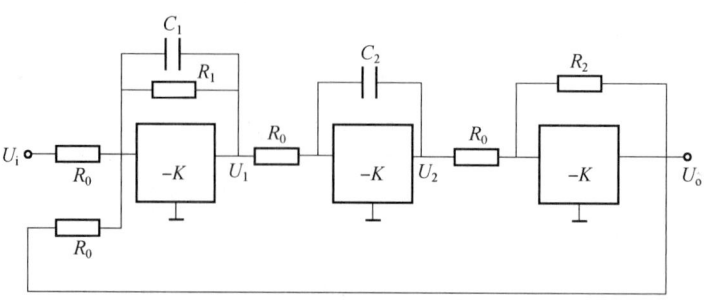

图 2.10

解答:

第一个运放
$$U_1(s) = -\frac{R_1}{R_0}\frac{1}{(R_1C_1s+1)}(U_i(s)+U_o(s)) \qquad (1)$$

第二个运放
$$\frac{U_1(s)}{R_0} = \frac{0-U_2(s)}{\frac{1}{C_2s}} \Rightarrow U_1(s) = -R_0C_2sU_2(s) \qquad (2)$$

第三个运放
$$U_2(s) = -\frac{R_0}{R_2}U_o(s) \qquad (3)$$

式(3)代入式(2)得
$$U_1(s) = +R_0C_2s\frac{R_0}{R_2}U_o(s) \qquad (4)$$

式(4)代入式(1)得 $-\dfrac{R_1}{R_0}\dfrac{1}{R_1C_1s+1}(U_i(s)+U_o(s)) = \dfrac{R_0^2C_2s}{R_2}U_o(s)$

$$\frac{U_o(s)}{U_i(s)} = -\frac{R_1R_2}{R_0^3C_2s(R_1C_1s+1)+R_1R_2}$$

知识点:归纳直流电动机相关公式

$$\begin{cases}电枢电动势:E_a = C_e\phi n, C_e \text{ 为电动势常数。}\\ 电磁转矩:T_e = C_t\phi I_a, C_t \text{ 为转矩常数。}\\ 电枢回路:u_a(t) = E_a + I_aR_a + L\dfrac{dI_a}{dt}。\\ 转矩方程:T_e - T_l = \dfrac{GD^2}{375}\dfrac{dn}{dt}, GD^2 \text{ 为飞转矩}, n(\text{r/min})\text{ 为转速}。\\ \qquad\qquad\quad = J\dfrac{d\Omega}{dt}, \Omega \text{ 为角速度}, J \text{ 为转动惯量。}\end{cases}$$

知识点:转速与角速度关系

$n \to \Omega$ 转换: 角速度 $\Omega = \dfrac{2n\pi}{60}(\text{rad/s})$

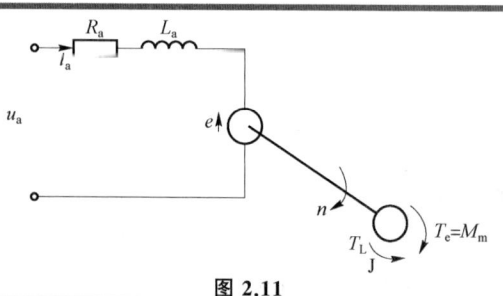

图 2.11

【例 2-10】

画出直流电动机的结构图,求 $\dfrac{\Omega_m(s)}{u_a(s)}$、$\dfrac{\Omega_m(s)}{M_m(s)}$ 表达式。

解答: 直流电动机各量关系式。

$$\begin{cases} 电枢:u_a(t)=L_a\dfrac{di_a(t)}{dt}+R_ai_a(t)+C_e\omega_m(t)\leftarrow E_a=C_e\omega_m(t) \\ 电磁转矩:M_m(t)=C_mi_a(t) \\ 转矩:M_m(t)-M_c(t)=J_m\dfrac{d\omega_m(t)}{dt}+f_m\omega_m(t) \end{cases}$$

在零初始条件下,对上式取拉普拉斯变换,整理如下:

$$\begin{cases} u_a(s)-C_e\Omega_m(s)=(L_as+R_a)I_a(s) & \Rightarrow I_a(s)=\dfrac{1}{L_as+R_a}(u_a(s)-C_e\Omega_m(s)) \\ M_m(s)=C_mI_a(s) & \Rightarrow M_m(s)=C_m\dfrac{1}{L_as+R_a}(u_a(s)-C_e\Omega_m(s)) \\ M_m(s)-M_c(s)=(J_ms+f_m)\Omega_m(s) & \Rightarrow \Omega_m(s)=\dfrac{1}{J_ms+f_m}(M_m(s)-M_c(s)) \end{cases}$$

根据上式,绘制 $u_a(s)$ 为输入、$\Omega_m(s)$ 为输出的系统结构图如图 2.12 所示。

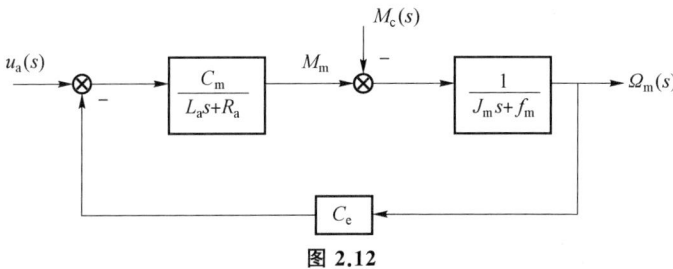

图 2.12

(1) 简化 $f_m \approx 0$,如图 2.13 所示。

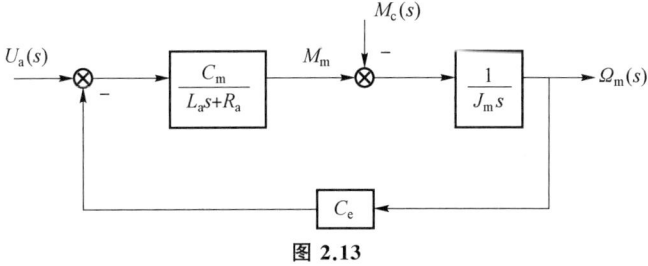

图 2.13

(2) 当 $M_C = 0$ 时:

$$\dfrac{\Omega(s)}{U_a(s)} = \dfrac{C_m}{L_aJ_ms^2+R_aJ_ms+C_mC_e}$$

(3) 当忽略电感时:

$$G(s)=\dfrac{C_m}{R_aJ_ms+C_mC_e}=\dfrac{K_n}{T_ms+1}$$

$$\frac{\Omega_m(s)}{U_a(s)} = \frac{\dfrac{C_m}{(L_a s + R)(J_m s + f)}}{1 + \dfrac{C_m C_e}{(L_a s + R_a)(J_m s) + f}} = \frac{C_m}{L_a J_m s^2 + (L_a f_m + J_m R_a)s + (f_m R_a + C_m C_e)}$$

$$\frac{\Omega_m(s)}{M_m(s)} = \frac{L_a s + R_a}{L_a J_m s^2 + (L_a f_m + J_m R_a)s + f_m R_a + C_m C_e}$$

知识点：直流电动机阶次、传递函数

(1) 直流电动机是二阶系统；

(2) 若忽略电感和黏性系数的影响，$L_a = 0$，$f_m = 0$ 则系统降阶为一阶系统。

$$\frac{\Omega_m(s)}{U_a(s)} = \frac{C_m}{J_m R_a + C_m C_e} = \frac{\dfrac{1}{C_e}}{\dfrac{J_m R_a}{C_m C_e} + 1} = \frac{K_m}{T_m s + 1}$$

$$\frac{\Omega_m(s)}{M_m(s)} = \frac{R_a}{J_m R_a s + C_m C_e}$$

知识点：各种典型控制装置的传递函数

(1) 测速机 $\dfrac{U(s)}{\Omega(s)} = K_t$ 或 α（比例关系）。

(2) 电位箱（角度）系数 $K_0 = \dfrac{E}{\theta_m}$ 或 $u_0 = K_0(\theta_i - \theta_0)$。

(3) 变速箱 $\dfrac{\theta_c}{\theta_m} = \dfrac{z_1}{z_2} = \dfrac{1}{i}$（$i$ 为减速比）（反比例）。

(4) 比较环节：$\Delta u = u_a - u_f$。

　　比例环节：$u_c = K \cdot u = \dfrac{R_f}{K_0} u$。

(5) 调压器 $\dfrac{K_m}{T_m s + 1}$。

(6) 电流互感器 $\dfrac{U_{Ia}(s)}{I_a(s)} = K$。

【例 2-11】

位置随动系统如图 2.14 所示，某一直电位器最大工作角度 $\theta_m = 330°$，功率放大系数 K_3，（忽略电枢电感，轴黏性影响）已知电动机 SM 参数 T_m（惯性），K_m（传递函数系数）。求：

(1) 分别求出电位器传递系数 K_0、K_1 和 K_2；

(2) 画出系统结构图；

(3) 简化结构图，求 $\dfrac{\theta_o(s)}{\theta_i(s)}$。

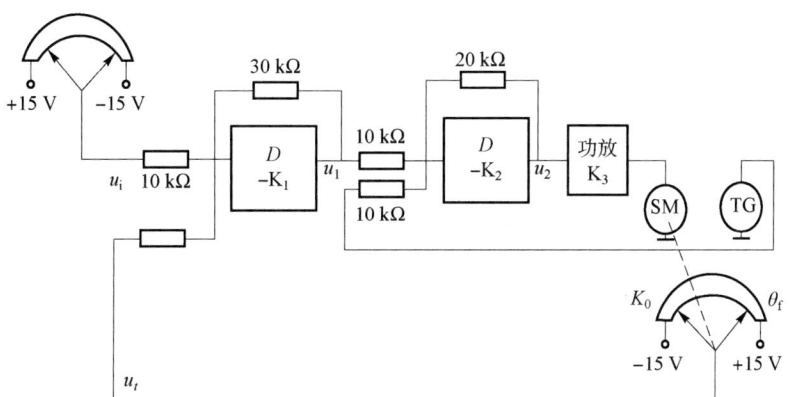

图 2.14

解答:

(1) 求 K_0、K_1、K_2:

$$K_0 = \frac{E}{\theta_m} = \frac{30}{330° \cdot \frac{\pi}{180°}} = \frac{180}{11\pi}(\text{v/rad}) = 5.2(\text{v/rad}) = \frac{u_i(s)}{\theta_f(s)}$$

$$-K_1 = -\frac{30 \cdot 10^3}{10 \cdot 10^3} = -3 = \frac{u_1(s)}{u_i(s) + u_f(s)}$$

$$-K_2 = -\frac{20 \cdot 10^3}{10 \cdot 10^3} = -2 = \frac{u_2(s)}{u_1(s) + u_t(s)}$$

(2) $\begin{cases} \text{电动机}: \dfrac{\Omega(s)}{u_a(s)} = \dfrac{K_m}{T_m s + 1} \\ \text{测速机}: \dfrac{u_t(s)}{\Omega(s)} = K_t \end{cases}$

$\Omega(s)$ 转速: $\dot{\theta}_o = \Omega(t), s\theta_o(s) = \Omega(s), \theta_o = \dfrac{1}{s}\Omega(s)$。

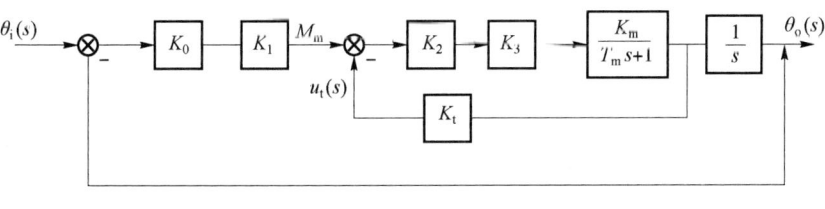

⇩

注意: 接收电位器的电位值与发送的符号相反,产生负反馈 $-u_t$。

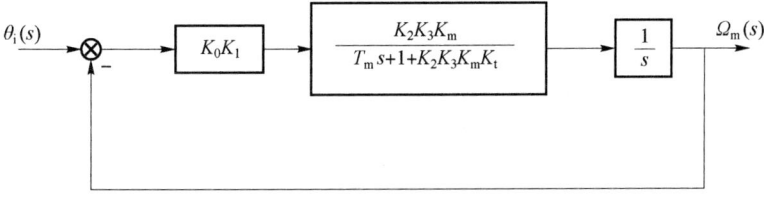

图 2.15

$$\frac{\theta_o(s)}{\theta_i(s)} = \frac{K_0 K_1 K_2 K_3 K_m}{T_m s^2 + (1 + K_2 K_3 K_m K_t)s + K_0 K_1 K_2 K_3 K_m}$$

【例 2-12】

(东北大学 2003 年、西安交通大学 2005 年)如图 2.16 所示的系统,假设发电机转速恒定,励磁电流 I_f 与 ϕ 线性关系,$I_f \propto \phi \propto u_d$,求 $\dfrac{u_c(s)}{u_r(s)}$。

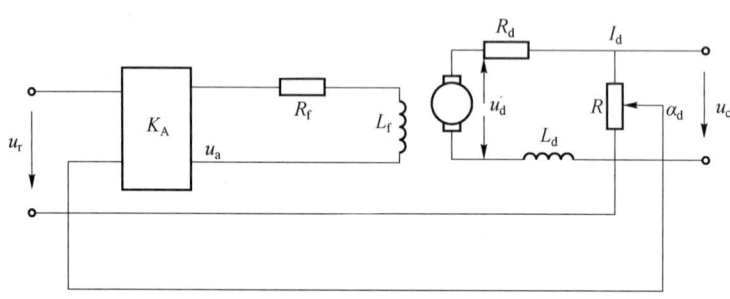

图 2.16

解答: 首先求各环节的传递函数。

(1) 输入:u_r 与 u_f 相顶 $u_a(s) = K_A(u_r(s) - u_f(s))$。

(2) 励磁回路:$u_a(s) = R_f I_f(s) + L_f s I_f(s) = (R_f + L_f s) I_f(s)$

$$\frac{I_f(s)}{u_a(s)} = \frac{1}{R_f + I_f s}$$

(3) 电动机:$u_d = I_f K_f$(设 K_f 为线性系数)

$$u_d(s) = (R_d + R + L_d s) I_d(s)$$

(4) 发电机回路:$I_d(s) = \dfrac{1}{R_d + R + L_d s} u_d(s)$

$$u_c(s) = R I_d(s) = \frac{R}{R_d + R + L_d s} u_d(s)$$

(5) 反馈电压:$u_f(s) = \dfrac{\alpha R}{R} u_c(s) = \alpha u_c(s)$

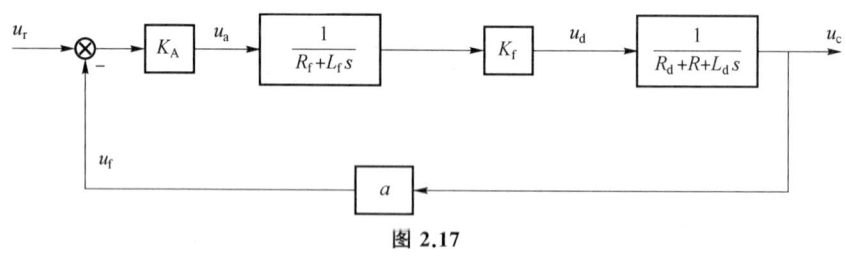

图 2.17

知识点:电压量的处理

观察两个电压量 $\begin{cases} \text{头尾相连} \rightarrow \text{叠加关系 } u_1 + u_2 \\ \text{头头相连,尾尾相连} \rightarrow \text{相减关系 } u_1 - u_2 \end{cases}$

考点 5　结构图变换，求系统的传递函数

基本方法：
(1) 串联 G_1G_2；
(2) 并联 G_1+G_2；
(3) 反馈 $\dfrac{G(s)}{1+G(s)H(s)}$。

原则：
(1) 变换前后的输入/输出信号之间的关系不变；
(2) 避免引出点和比较点交换。

化简方法：
(1) 分清各个闭环回路，找出串并联关系，找到交叉回路；
(2) 移动引出点、比较点，把各个回路交叉部分打开；
(3) 多个输入量时，根据线性系统的叠加原理，分别求各个输入单独作用时的输出量，再用叠加原理，求出总输出。

【例 2-13】

化简如图 2.18 所示的系统结构，求传递函数。

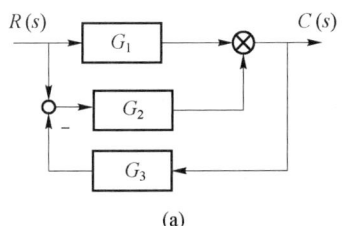
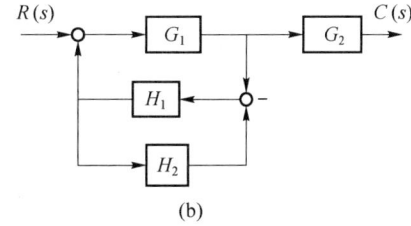

(a)　　　　　　　　　　　　　　(b)

图 2.18

解答：

(1)
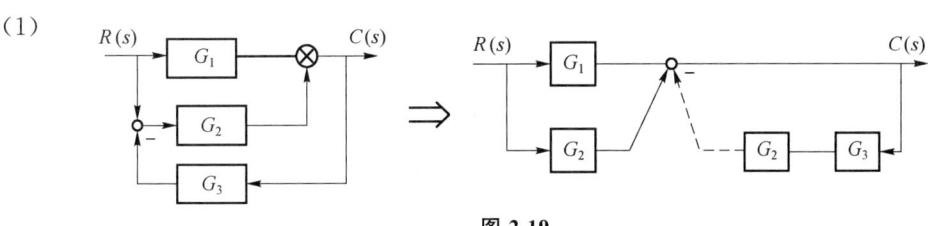

图 2.19

由图 2.18(a) 得 $\dfrac{C(s)}{R(s)}=\dfrac{G_1+G_2}{1+G_2G_3}$。

(2) 图 2.18(b)，首先化简下部反馈通道传递函数，把 H_1 看作前向通道，H_2 看作局部反馈。

化简：$\dfrac{C(s)}{R(s)}=\dfrac{G_1G_2(1+H_1H_2)}{1+H_1H_2-G_1H_1}$。

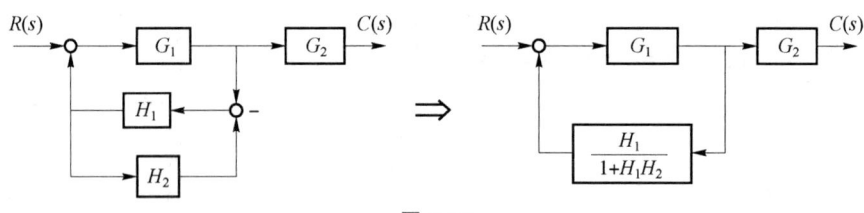

图 2.20

【例 2-14】

如图 2.21 所示,分别求 $\dfrac{C(s)}{R(s)}$、$\dfrac{C(s)}{N(s)}$ 以及系统总输出 $C(s)$。

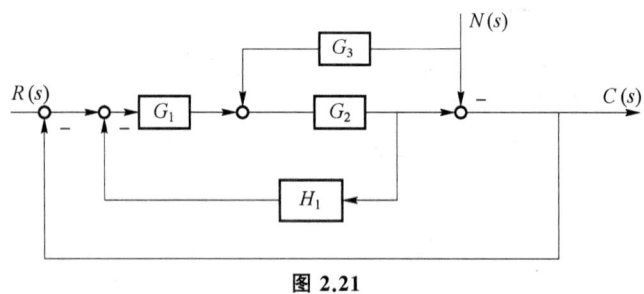

图 2.21

解答:

(1) $R(s)$ 单独作用时,$N(s)=0$,系统结构图变换如图 2.22 所示。

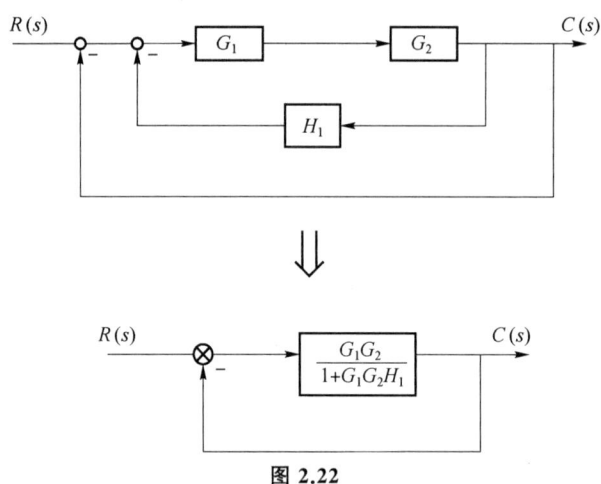

图 2.22

$$\dfrac{C(s)}{R(s)}=\dfrac{\dfrac{G_1G_2}{1+G_1G_2H_1}}{1+\dfrac{G_1G_2}{1+G_1G_2H_1}}=\dfrac{G_1G_2}{1+G_1G_2+G_1G_2H_1}$$

(2) $N(s)$ 单独作用时,$R(s)=0$,系统结构图变换如图 2.23 所示。

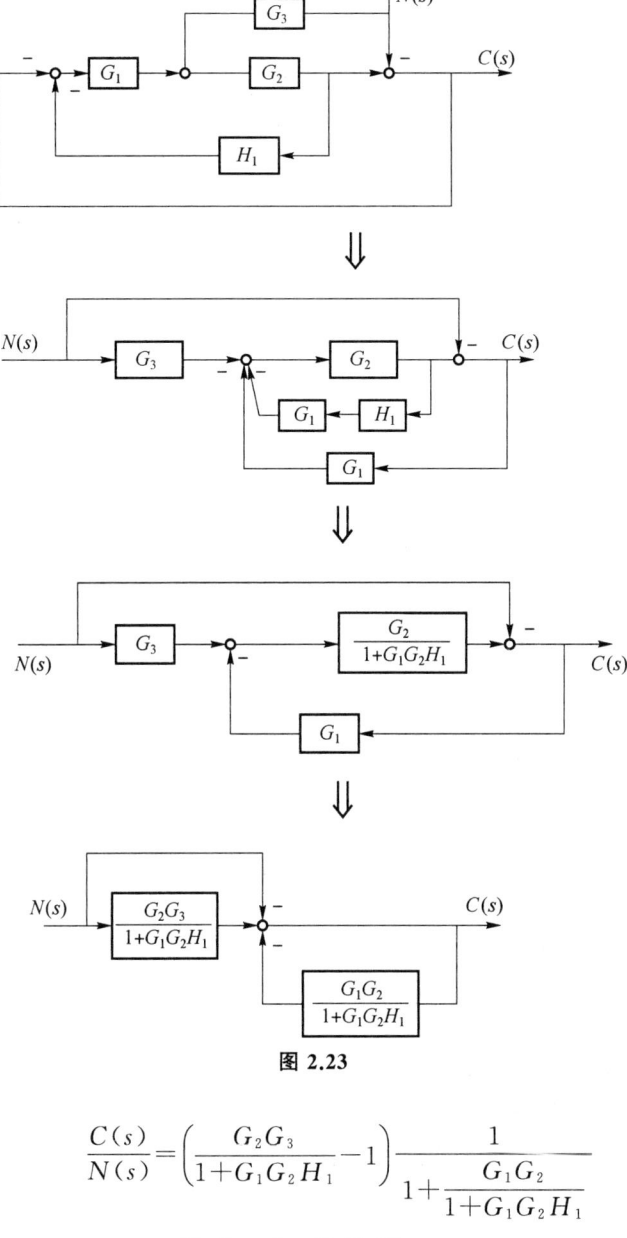

图 2.23

$$\frac{C(s)}{N(s)} = \left(\frac{G_2 G_3}{1+G_1 G_2 H_1} - 1\right) \frac{1}{1+\dfrac{G_1 G_2}{1+G_1 G_2 H_1}}$$

$$= \frac{G_2 G_3 - 1 - G_1 G_2 H_1}{1+G_1 G_2 + G_1 G_2 H_1}$$

(3) 线性系统应用叠加原理求得系统总输出，$C(s) = C_R(s) + C_N(s)$

$$C(s) = \frac{G_1 G_2}{1+G_1 G_2 + G_1 G_2 H_1} R(s) + \frac{G_2 G_3 - 1 - G_1 G_2 H_1}{1+G_1 G_2 + G_1 G_2 H_1} N(s)$$

【例 2-15】

（大连理工大学 2000 年）如图 2.24 所示，求系统的 $\dfrac{C(s)}{R(s)}$。

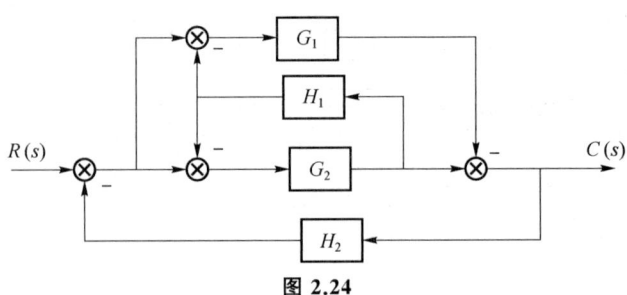

图 2.24

解答：

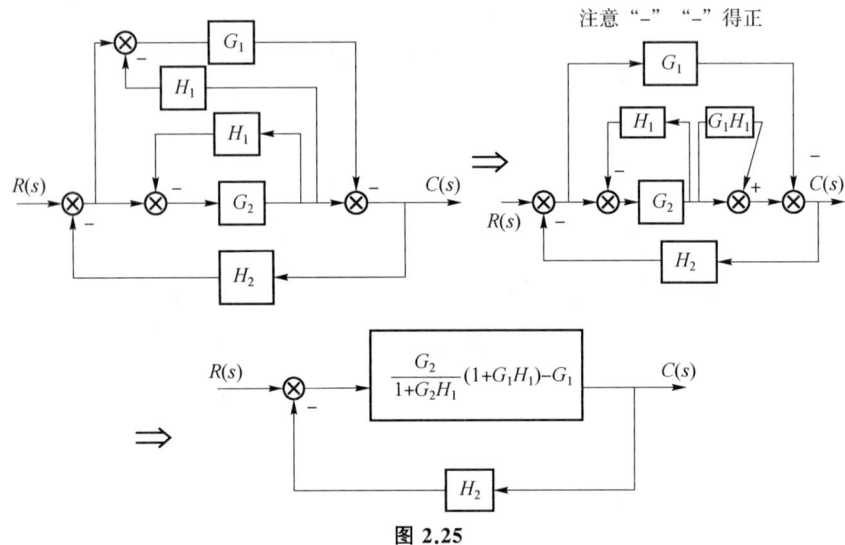

图 2.25

其中，$\dfrac{G_2}{1+G_2H_1}(1+G_1H_1)-G_1 = \dfrac{G_2-G_1}{1+G_2H_1}$。

得到系统传递函数：$\dfrac{C(s)}{R(s)} = \dfrac{G_2-G_1}{1+G_2H_1+(G_2-G_1)H_2}$。

考点 6　信号流图法，用梅森(Mason)公式求传递函数

知识点：

1. 信号流图

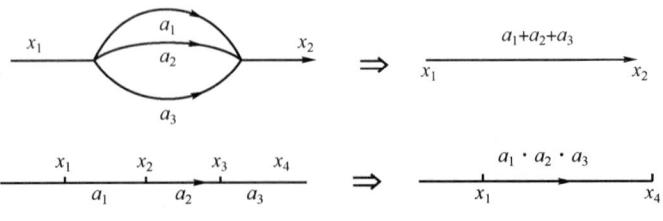

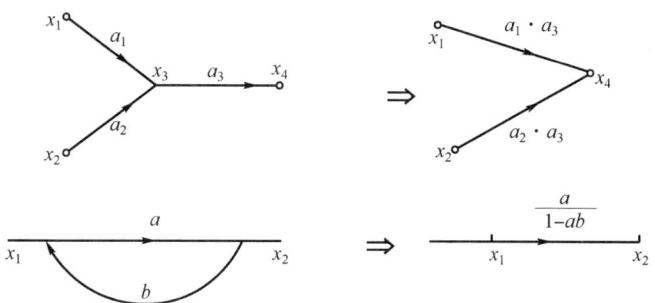

2. 梅森(Mason)公式

$$T = \frac{x_c}{x_r} = \frac{\sum P_k \Delta_k}{\Delta}$$

式中：

P_k——第 k 条前向通道的增益或传递函数；

Δ——信号流图的特征值，$\Delta = 1 - \sum L_1 + \sum L_2 - \sum L_3 + \cdots$

$\sum L_1$——所有不同回路增益之和；

$\sum L_2$——所有两两互不接触回路增益乘积之和；

$\sum L_3$——所有 3 个互不接触回路增益乘积之和；

Δ_k——第 k 条前向通道特征余子式，即在 Δ 中除去第 k 条前向通道相接触的各回路增益（即将其置零）。

3. 应用步骤

(1) 找到所有前向通道，写出表达式 P_k。
(2) 找所有回环 L_k 以及互不接触的回环。
(3) 找与各前向通道互不接触的回环，写出 Δ_k。
(4) 最后带入公式。

【例 2-16】

系统信号流图如图 2.26 所示，求其传递函数。

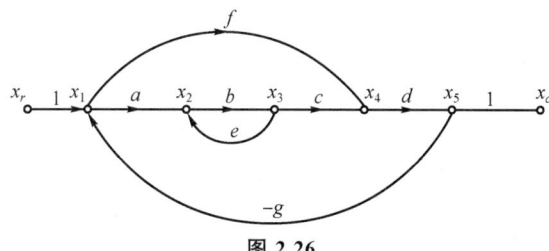

图 2.26

(1) 前项通道：

$P_1 = abcd$

$P_2 = fd$

(2) 回环 $\begin{cases} L_a = be \\ L_b = -abcdg \\ L_c = -fdg \end{cases}$ L_a 与 L_c 不接触，L_b 与 L_a、L_c 都接触

$$\begin{aligned} \Delta &= 1 - (L_a + L_b + L_c) + L_a L_c \\ &= 1 - be + abcdg + fdg - befdg \\ &= 1 - be + (f + abc - bef)dg \end{aligned}$$

(3) P_1 与 $L_a L_b L_c$ 均接触，$\Delta_1 = 1$

P_2 与 L_a 不接触，$\Delta_2 = 1 - L_a = 1 - be$

(4) 传递函数 $T = \dfrac{P_1 \Delta_1 + P_2 \Delta_2}{\Delta} = \dfrac{abcd + fd(1 - be)}{1 - be + (f + abc - bef)dg}$

知识点：确定前向通道、回路的方法

(1) 首先把反馈通道标上颜色或加粗，便于查找回路。

(2) 前向通道找法——由前到后，每遇到一个输出分支点可能就有一个通道，须判断通道是否重复。如果与前向通道重复分路就删除（在同一通道中不能有重复点、交叉点、重复一段路），否则，存在一个通道。

(3) 回环：先找反向支路，沿反向支路，每遇到一个分支点就有可能有一个回环，须判断路径是否重复。如果与前面的回环重复分路就删除（在同一回环中不能有重复点、交叉点、重复一段路），否则，存在一个回环。

【例 2-17】

系统信号流图如图 2.27 所示，求 $\dfrac{C(s)}{R(s)}$。

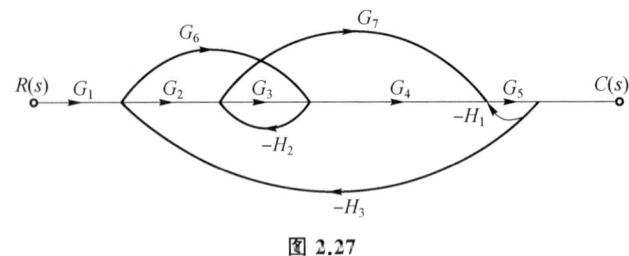

图 2.27

解答： 4 条前向通道：

$P_1 = G_1 G_2 G_3 G_4 G_5$，$\Delta_1 = 1$

$P_2 = G_1 G_6 G_4 G_5$，$\Delta_2 = 1$

$P_3 = G_1 G_2 G_7 G_5$，$\Delta_3 = 1$

$P_4 = -G_1 G_6 H_2 G_7 G_5$，$\Delta_4 = 1$

6个单回环:其中L_1L_2两个互不接触。
$L_1=-G_3H_2$
$L_2=-G_5H_1$
$L_3=-G_2G_3G_4G_5H_3$
$L_4=-G_6G_4G_5H_3$
$L_5=-G_2G_7G_5H_3$
$L_6=G_5H_3G_6H_2G_7$
特征值 $\Delta=1-(L_1+L_2+L_3+L_4+L_5+L_6)+L_1L_2$

$$\frac{C(s)}{R(s)}=\frac{G_1G_2G_3G_4G_5+G_1G_6G_4G_5+G_1G_2G_7G_5-G_1G_5G_6G_7H_2}{1+G_3H_2+G_5H_1+G_2G_3G_4G_5H_3+G_6G_4G_5H_3+G_2G_7G_5H_3-G_5G_6G_7H_2H_3+G_3G_5H_1H_2}$$

【例2-18】

系统信号流图如图2.28所示,求$G(s)$。

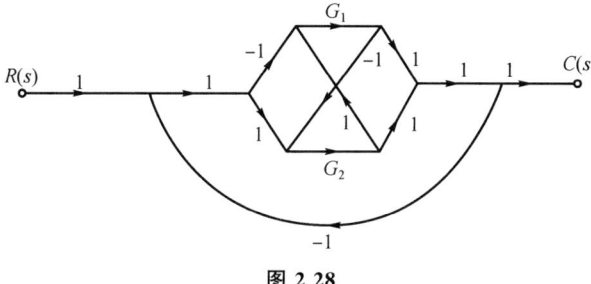

图 2.28

解答:

4条前向通道:

$$\begin{cases} P_1=-G_1, \Delta_1=1 \\ P_2=G_2, \Delta_2=1 \\ P_3=G_1G_2, \Delta_3=1 \\ P_4=G_1G_2, \Delta_4=1 \end{cases}$$

有5个单回环,均相互接触:

$$\begin{cases} L_1=G_1 \\ L_2=-G_2 \\ L_3=-G_1G_2 \\ L_4=-G_1G_2 \\ L_5=-G_1G_2 \end{cases}$$

特征值 $\Delta=1-\sum_{i=1}^{5}L_i=1-G_1+G_2+3G_1G_2$

传递函数 $G(s)=\dfrac{C(s)}{R(s)}=\dfrac{-G_1+G_2+2G_1G_2}{1-G_1+G_2+3G_1G_2}$。

知识点:由结构图绘制信号流图的方法

(1) 每个节点(包括输入点、比较点、引出点、输出点)均用"。"表示,节点之间的信号流用有方向的线段表示,方向一般用箭头标注,其增益标注在线段上或下。

(2) 结构图中,当比较点与引出点之间传递函数为 1 时,转换为信号流图时不要合并为一点,否则在找回路时易出错。例如下题中,G_1 与 E 之间有一个比较点、一个引出点,不要合并。

【例 2-19】

(大连理工大学 1999 年)已知系统如图 2.29 所示,求 $\dfrac{C(s)}{R(s)}$、$\dfrac{E(s)}{R(s)}$。

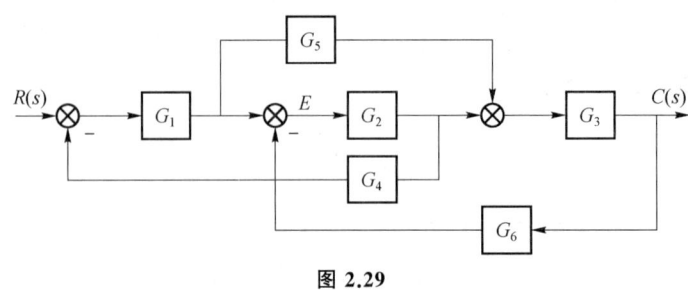

图 2.29

解答:由系统结构图简化得系统信号流图如图 2.30 所示。

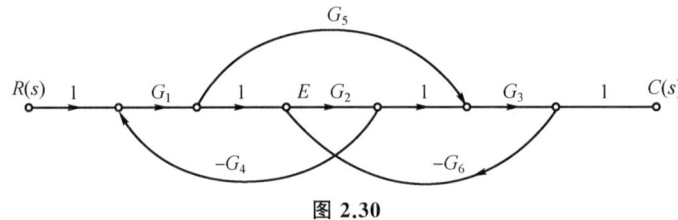

图 2.30

注意:

(1) 负反馈时要把符号写在传递函数表达式中;

(2) 结构图中,当引出点和比较点是间隔的位置时,不易交换移动,用梅森公式则是最好的方法。

① 前向通道 2 条:

$$P_1 = G_1 G_2 G_3, \Delta_1 = 1$$
$$P_2 = G_1 G_5 G_3, \Delta_2 = 1$$

回路 3 个:

$$L_1 = G_1 G_2 (-G_4)$$
$$L_2 = G_2 G_3 (-G_6)$$
$$L_3 = G_1 G_5 G_3 (-G_6) G_2 (-G_4)$$

特征值 $\Delta = 1 + G_1 G_2 G_4 + G_2 G_3 G_6 - G_1 G_5 G_3 G_6 G_2 G_4$

$$\frac{C(s)}{R(s)} = \frac{G_1 G_2 G_3 + G_1 G_5 G_3}{1 + G_1 G_2 G_4 + G_2 G_3 G_6 - G_1 G_5 G_3 G_6 G_2 G_4}$$

② 应用梅森公式求 $\dfrac{E(s)}{R(s)}$。

前向通道2条：
$$P_1 = G_1, \Delta_1 = 1$$
$$P_2 = G_1 G_5 G_3 (-G_6), \Delta_2 = 1$$

回路同上，特征值不变，$\Delta = 1 + G_1 G_2 G_4 + G_2 G_3 G_6 - G_1 G_5 G_3 G_6 G_2 G_4$

$$\dfrac{E(s)}{R(s)} = \dfrac{G_1 - G_1 G_5 G_3 G_6}{1 + G_1 G_2 G_4 + G_2 G_3 G_6 - G_1 G_5 G_3 G_6 G_2 G_4}$$

【例 2-20】

（上海交通大学 2005 年）已知系统如图 2.31 所示，求：

(1) 画出其信号流图；(2) $\dfrac{Y(s)}{X(s)}$；(3) $\dfrac{Y(s)}{F(s)}$。

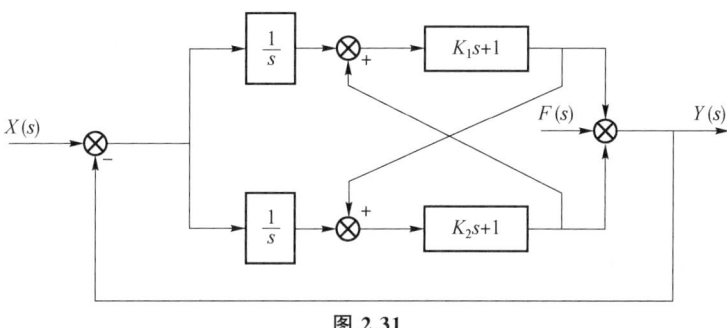

图 2.31

解答：

(1) 其信号流图（增益为1的支路省略增益标注），如图 2.32 所示。

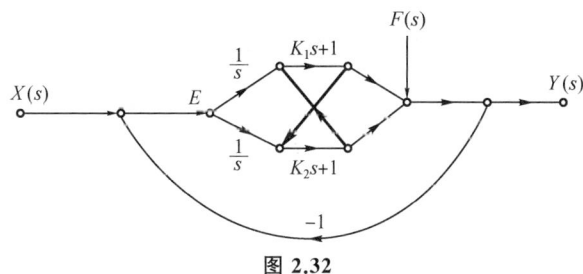

图 2.32

(2) 梅森公式

前向通道4条 $\begin{cases} P_1 = \dfrac{1}{s}(K_1 s + 1), & \Delta_1 = 1 \\ P_2 = \dfrac{1}{s}(K_1 s + 1)(K_2 s + 1), & \Delta_2 = 1 \\ P_3 = \dfrac{1}{s}(K_2 s + 1), & \Delta_3 = 1 \\ P_4 = \dfrac{1}{s}(K_2 s + 1)(K_1 s + 1), & \Delta_4 = 1 \end{cases}$

5 条回路,相互接触 $\begin{cases} L_1 = -P_1 \\ L_2 = -P_2 \\ L_3 = -P_3 \\ L_4 = -P_4 \\ L_5 = (K_1s+1)(K_2+1), \text{图中加粗的回路} \end{cases}$

$$\frac{Y(s)}{X(s)} = \frac{\sum_{i=1}^{4} p_i \Delta_i}{\Delta} = \frac{\frac{1}{s}(K_1s+1) + \frac{1}{s}(K_1s+1)(K_2s+1) + \frac{1}{s}(K_2s+1) + \frac{1}{s}(K_1s+1)(K_2s+1)}{1 + \frac{1}{s}(K_1s+1) + \frac{1}{s}(K_1s+1)(K_2s+1) + \frac{1}{s}(K_2s+1) - (K_2s+1)(K_1s+1)}$$

$$= \frac{2K_1K_2s^2 + 3K_1s + 3K_2s + 4}{-s^3 K_1 K_2 - (K_1+K_2)s^2 + 2K_1K_2s^2 + 3(K_1+K_2)s + 4}$$

(3) 求 $\frac{Y(s)}{F(s)}$ 时,前向通道 1 条 $P_1 = 1$,$\Delta_1 = 1 - L_5$

$$\frac{Y(s)}{F(s)} = \frac{P_1 \Delta_1}{\Delta} = \frac{1 - (K_1s+1)(K_2s+1)}{1 + \frac{1}{s}(K_1s+1) + \frac{1}{s}(K_1s+1)(K_2s+1) + \frac{1}{s}(K_2s+1) - (K_2s+1)(K_1s+1)}$$

$$= \frac{K_1K_2s^3 + (K_1+K_2)s^2}{K_1K_2s^3 + (K_1+K_2)s^2 - 2K_1K_2s^2 - 3(K_1+K_2)s - 4}$$

另法:代数法——设中间变量、联立方程组、消元。

设中间变量 x_1、x_2,如图 2.33 所示,联立方程组。

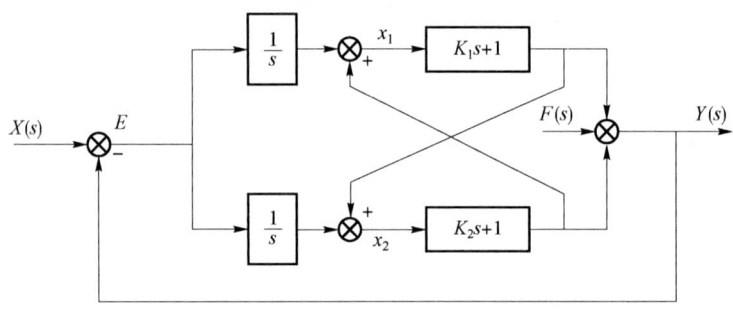

图 2.33

$\begin{cases} E\frac{1}{s} + x_2(K_2s+1) = x_1 \\ E\frac{1}{s} + x_1(K_1s+1) = x_2 \\ x_1(K_1s+1) + x_2(K_2s+1) = Y \end{cases}$ $\Rightarrow \frac{Y(s)}{E(s)} = -\frac{2K_1K_2s^2 + 3K_1s + 3K_2s + 4}{s^2(K_1K_2s + K_1 + K_2)}$

$\frac{Y(s)}{E(s)} = G$

$\frac{Y(s)}{F(s)} = \frac{1}{1+G}$

即 $\frac{Y(s)}{F(s)} = \frac{1}{1+\frac{Y}{E}}$

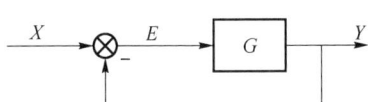

$$\frac{Y}{X} = \frac{G}{1+G} = \frac{\dfrac{Y}{E}}{1+\dfrac{Y}{E}}$$

2.3 真题强化训练

【题 2-1】

（西安电子科技 2004 年）如图 2.34 所示，求 $\dfrac{u_\text{o}(s)}{u_\text{i}(s)}$。

【题 2-2】

（西安电子科技 2005 年）如图 2.35 所示，求 $\dfrac{u_\text{o}(s)}{u_\text{i}(s)}$。

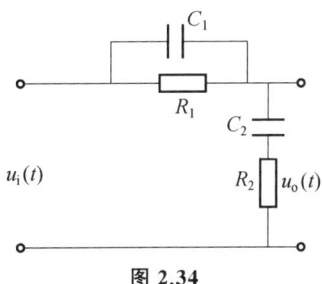

图 2.34

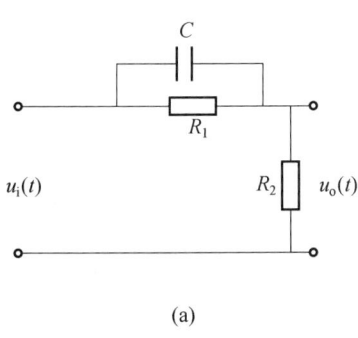

(a)

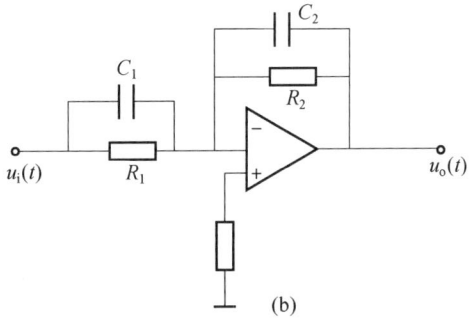

(b)

图 2.35

【题 2-3】

（浙江大学 2003 年）如图 2.36 所示，已知初态为零，求 $\dfrac{u_\text{r}(s)}{u_\text{o}(s)}$。

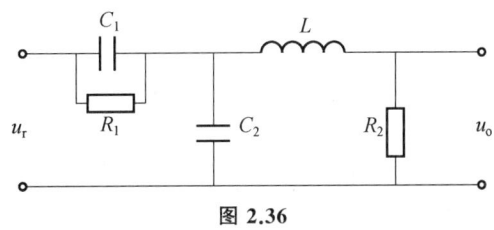

图 2.36

电路结构如图 2.37 所示,求 $\dfrac{u_{\mathrm{o}}(s)}{u_{\mathrm{i}}(s)}$。

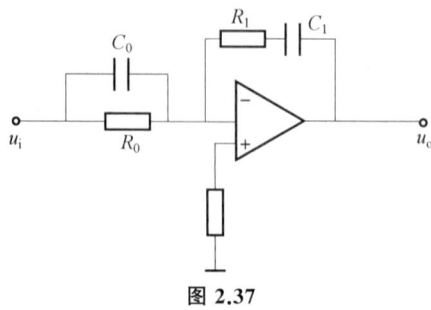

图 2.37

电路结构如图 2.38 所示,求 $\dfrac{u_{\mathrm{o}}(s)}{u_{\mathrm{i}}(s)}$。

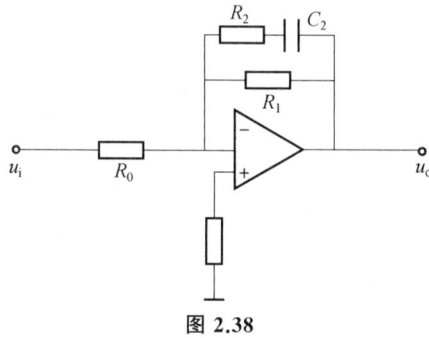

图 2.38

如图 2.39 所示,忽略重力作用,求 $\dfrac{X_{\mathrm{c}}(s)}{X_{\mathrm{r}}(s)}$。

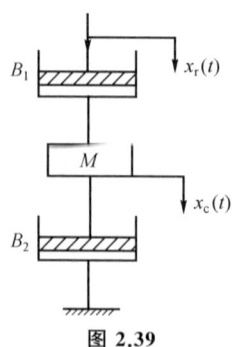

图 2.39

【题 2-7】

如图 2.40 所示，忽略重力作用，求 $\dfrac{X_2(s)}{X_1(s)}$。

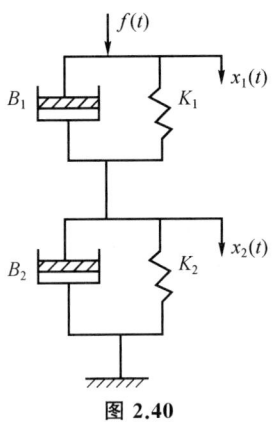

图 2.40

【题 2-8】

（大连理工大学 2003 年）系统如图 2.41 所示，已知弹簧系数分别为 K_1、K_2，阻尼系数为 B，外力为 $f(t)$，求 $\dfrac{F(s)}{Y_1(s)}$。

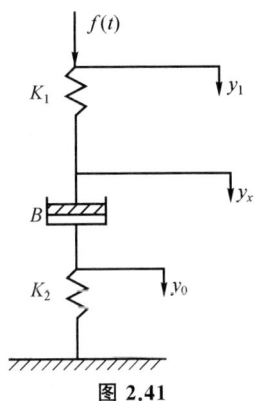

图 2.41

【题 2-9】

（南开大学 2003 年）系统如图 2.42 所示，已知 $f(t)$ 为外力，x_1、x_2 位移，列写系统微分方程。

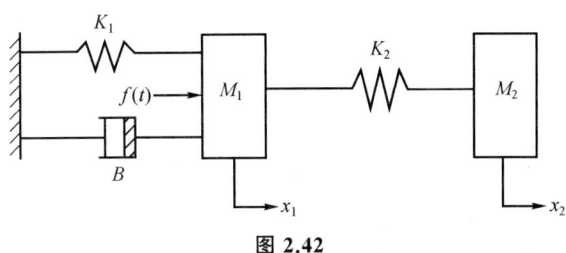

图 2.42

【题 2-10】

(上海交通大学 2006 年)已知系统如图 2.43 所示,小车位移 $u(t)$ 是输入量,位移 $y(t)$ 为输出量,求系统传递函数。

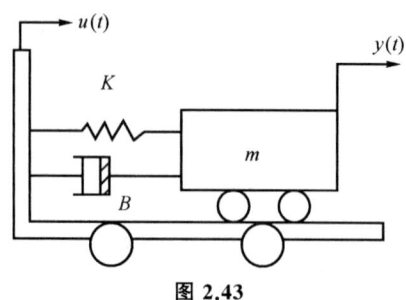

图 2.43

【题 2-11】

系统结构如图 2.44 所示,求闭环传递函数 $\dfrac{C(s)}{R(s)}$。

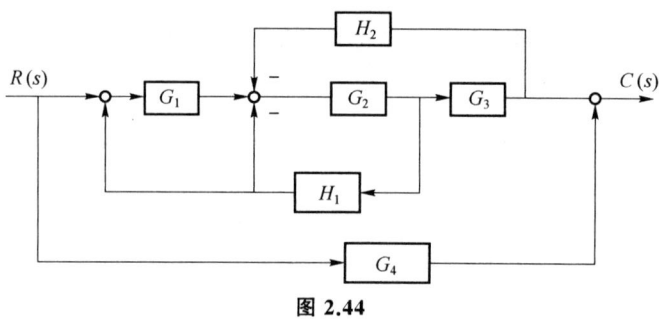

图 2.44

【题 2-12】

(华中科技大学 2006 年)系统结构如图 2.45 所示,求闭环传递函数 $\dfrac{U_c(s)}{U_r(s)}$。

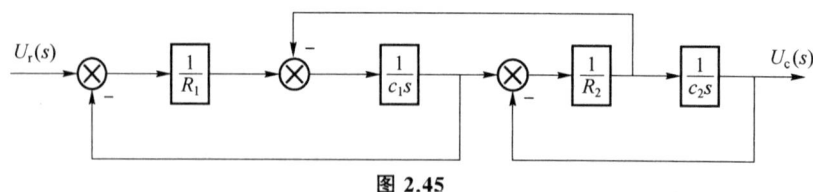

图 2.45

【题 2-13】

(浙江大学 2005 年)如图 2.46 所示,将图(a)等效拉普拉斯变换成图(b)和图(c)结构,并求 $H(s)$ 和 $G(s)$ 的表达式。

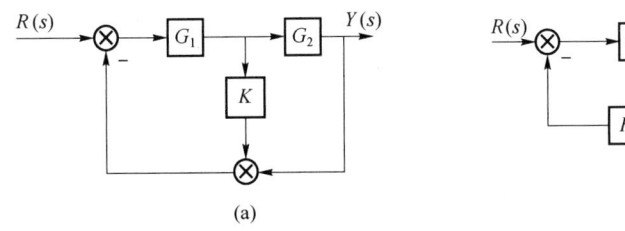

图 2.46

【题 2-14】

（华南理工大学 2006 年）系统结构图如图 2.47 所示，请用信号流图法求 $\dfrac{C(s)}{R(s)}$。

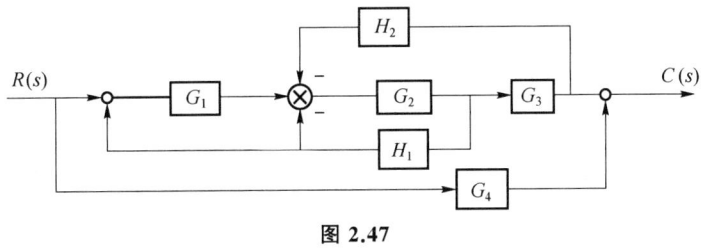

图 2.47

【题 2-15】

（东北大学 2005 年）系统结构图如图 2.48 所示，画出系统的信号流图，并用梅森公式求 $\dfrac{X_{c1}(s)}{X_{r1}(s)}$、$\dfrac{X_{c2}(s)}{X_{r2}(s)}$。

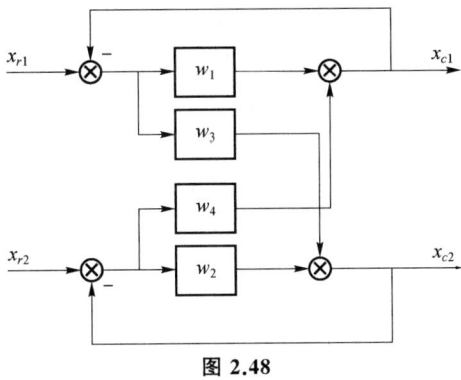

图 2.48

【题 2-16】

（上海大学学硕 2018 年）热交换系统的微分方程为

$$\begin{cases} 10\dfrac{\mathrm{d}^2 r}{\mathrm{d}t^2}+4\dfrac{\mathrm{d}r}{\mathrm{d}t}-6r=t \\ 2\dfrac{\mathrm{d}^2 b}{\mathrm{d}t^2}+4\dfrac{\mathrm{d}b}{\mathrm{d}t}-6b=r \end{cases}$$

且系统的框图如图 2.49 所示。

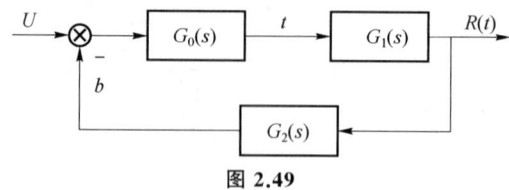

图 2.49

试求：(1) 画出系统的框图(要求写出具体的函数求解过程)。

(2) 若 $G_0(s)=1$，求 $\dfrac{R(s)}{U(s)}$。

【题 2-17】

(南京航空航天大学 2016 年)某系统结构如图 2.50(a)所示。

(1) 确定系统的传递函数 $\dfrac{Y(s)}{R(s)}$。

(2) 如果用图(b)所示的结构图来描述图(a)的系统，试确定当 $G(s)=K_2$ 时，图(b)中的传递函数 $T_1(s)$、$T_2(s)$、$T_3(s)$ 和 $T_4(s)$。

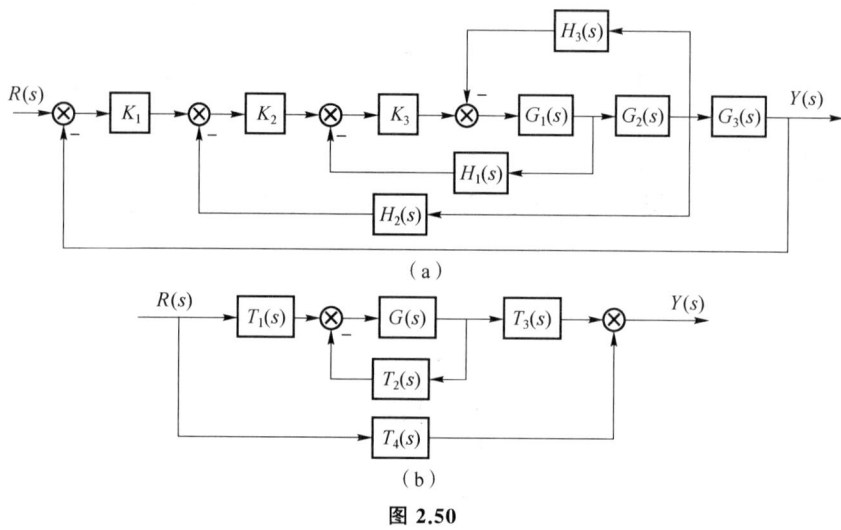

图 2.50

2.4 真题强化训练答案

【题 2-1】

答案：$\dfrac{(R_1C_1s+1)(R_2C_2s+1)}{(R_1C_1s+1)(R_2C_2s+1)+R_1C_2s}$

【题 2-2】

答案：(a) $\dfrac{u_o(s)}{u_i(s)}=\dfrac{R_2(R_1Cs+1)}{R_1R_2Cs+R_1+R_2}$

(b) $\dfrac{u_o(s)}{u_i(s)}=\dfrac{-R_2(R_1C_1s+1)}{R_1(R_2C_2s+1)}$

【题 2-3】

答案: 设 C_2 电压 u

$$\begin{cases} \dfrac{u_r(s)-u(s)}{R_1}+\dfrac{u_r(s)-u(s)}{\dfrac{1}{C_1s}}=\dfrac{u(s)}{\dfrac{1}{C_2s}}+\dfrac{u(s)-u_o(s)}{Ls} \\ \dfrac{u(s)-u_o(s)}{Ls}=\dfrac{u_o(s)}{R_2} \end{cases}$$

消去中间量 $u(s)$ 得 $\dfrac{u_o(s)}{u_r(s)}=\dfrac{R_2(R_1C_1s+1)}{R_1L(C_1+C_2)s^2+(R_1R_2C_1+R_1R_2C_2+L)s+R_1+R_2}$

【题 2-4】

答案: $\dfrac{u_o(s)}{u_i(s)}=-\dfrac{R_1+\dfrac{1}{C_1s}}{\dfrac{R_0\dfrac{1}{C_0s}}{R_0+\dfrac{1}{C_0s}}}=-\dfrac{R_1C_1R_0C_0s^2+(R_1C_1+R_0C_0)s+1}{R_0C_1s}$

【题 2-5】

答案:

$$\dfrac{u_o(s)}{u_i(s)}=-\dfrac{\dfrac{R_1\left(R_2+\dfrac{1}{C_2s}\right)}{R_1+\left(R_2+\dfrac{1}{C_2s}\right)}}{R_0}=-\dfrac{R_1}{R_0}\dfrac{R_2C_2s+1}{(R_1+R_2)C_2s+1}$$

【题 2-6】

答案:

$\begin{cases} 上部\ f(t)=B_1(\dot{x}_r-\dot{x}_c) \\ 下部\ f(t)-B_2\dot{x}_c=m\ddot{x}_c \end{cases}$ 所以 $B_1(\dot{x}_r-\dot{x}_c)-B_2\dot{x}_c=m\ddot{x}_c$

零初始条件下,拉普拉斯变换。

$\begin{cases} F(s)=B_1s[X_r(s)-X_c(s)] \\ F(s)-B_2sX_c(s)=ms^2X_c(s) \end{cases}$

$B_1s[X_r(s)-X_c(s)]-B_2sX_c(s)=ms^2X_c(s)$

$B_1sX_r(s)=X_c(s)[B_1s+B_2s+ms^2]$

$\dfrac{X_c(s)}{X_r(s)}=\dfrac{B_1s}{s[ms+B_1+B_2]}$

【题 2-7】

答案:

$\begin{cases} F(s)=B_1s[X_1(s)-X_2(s)]+K_1[X_1(s)-X_2(s)] \\ F(s)=B_2sX_2(s)+K_2X_2(s) \end{cases}$

$B_1sX_1(s)-B_1sX_2(s)+K_1X_1(s)-K_1X_2(s)=B_2sX_2(s)+K_2X_2(s)$

$$\frac{X_2(s)}{X_1(s)} = \frac{B_1 s + K_1}{(B_1+B_2)s+(K_1+K_2)}$$

【题 2-8】
答案：

力的关系
$$\begin{cases} K_1(y_1 - y_x) = f(t) \\ B\dfrac{d(y_x - y_0)}{dt} = f(t) \\ K_2 y_0 = f(t) \\ y_1 = (y_1 - y_x) + (y_x - y_0) + y_0 \end{cases}$$

在零初始状态下，进行拉普拉斯变换。

$$\begin{cases} K_1[Y_1(s) - Y_x(s)] = F(s) \\ Bs[Y_x(s) - Y_0(s)] = F(s) \\ K_2 Y_0(s) = F(s) \\ Y_1(s) = (Y_1 - Y_x) + (Y_x - Y_0) + Y_0 \end{cases}$$

$$Y_1(s) = \frac{F(s)}{K_1} + \frac{F(s)}{Bs} + \frac{F(s)}{K_2}$$

$$\frac{Y_1(s)}{F(s)} = \frac{1}{K_1} + \frac{1}{Bs} + \frac{1}{K_2}$$

$$\frac{F(s)}{Y_1(s)} = \frac{1}{\dfrac{1}{K_1} + \dfrac{1}{Bs} + \dfrac{1}{K_2}} = \frac{K_1 K_2 Bs}{Bs(K_1 + K_2) + K_1 K_2}$$

【题 2-9】
答案：

M_1 受力：$M_1 \ddot{x}_1 = f - K_1 x_1 - B\dot{x}_1 - K_2(x_1 - x_2)$。

M_2 受力：$M_2 \ddot{x}_2 = K_2(x_1 - x_2)$。

【题 2-10】
答案：

$$\begin{cases} \text{弹簧力 } K(u(t) - y(t)) \text{ 方向向右} \\ \text{阻尼力 } B(\dot{u}(t) - \dot{y}(t)) \text{ 方向向右} \end{cases}$$

动态微分方程：$m\ddot{y} = K(u(t) - y(t)) + B(\dot{u}(t) - \dot{y}(t))$ (1)

$$m\ddot{y} + B\dot{y} + Ky = B\dot{u} + Ku \tag{2}$$

在零初始条件下，用拉普拉斯变换求传递函数。

$$ms^2 Y(s) + BsY(s) + KY(s) = BsU(s) + KU(s)$$

$$(ms^2 + Bs + K)Y(s) = (Bs + K)U(s)$$

$$\frac{Y(s)}{U(s)} = \frac{Bs + K}{ms^2 + Bs + K}$$

【题 2-11】
答案： 如图 2.51 所示。

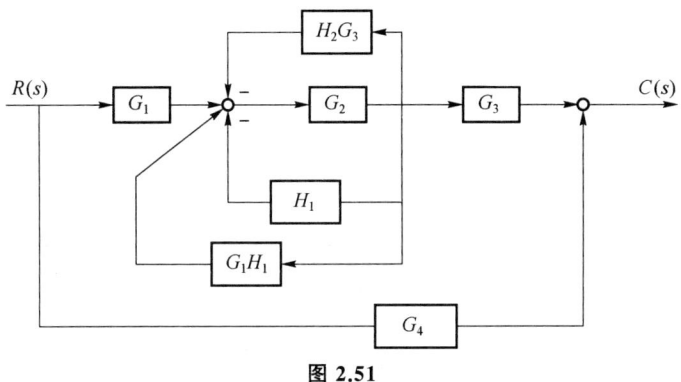

图 2.51

注意：反馈回路合并时的正负号。

取负反馈，反馈部分 $=H_1+H_2G_3-G_1H_1$

$$\frac{C(s)}{R(s)}=\frac{G_1G_2G_3}{1+G_2(H_1+G_3H_2-G_1H_1)}+G_4$$

【题 2-12】

答案：结构图变换如图 2.52 所示。

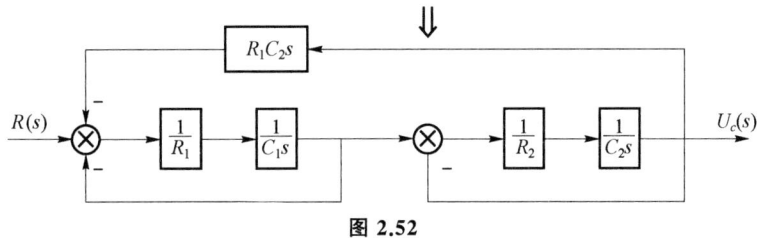

图 2.52

$$\frac{U_c(s)}{U_r(s)}=\frac{\dfrac{1}{(R_1C_1s+1)(R_2C_2s+1)}}{1+\dfrac{R_1C_2s}{(R_1C_1s+1)(R_2C_2s+1)}}=\frac{1}{R_1C_1R_2C_2s^2+(R_1C_1+R_2C_2+R_1C_2)s+1}$$

【题 2-13】

答案：

原图(a)结构变换为图(b)。

原图(a)结构变换图(c)。

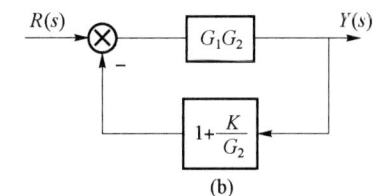
(b)

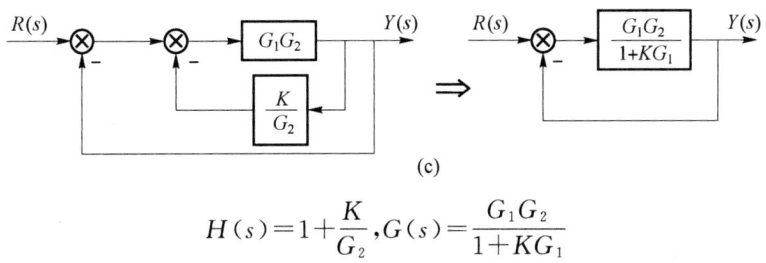
(c)

$$H(s)=1+\frac{K}{G_2},\ G(s)=\frac{G_1G_2}{1+KG_1}$$

【题 2-14】
答案：
由系统结构图简化得系统信号流图如图 2.53 所示。

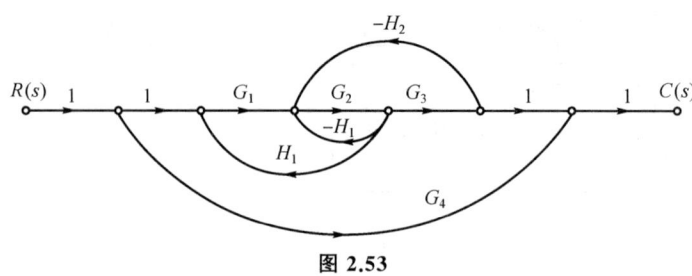

图 2.53

两条前向通道：$P_1 = G_1 G_2 G_3$，$\Delta_1 = 1$　与 $L_1 - L_3$ 均接触
　　　　　　$P_2 = G_4$，$\Delta_1 = \Delta$　与 $L_1 - L_3$ 都不接触
三条单独回路，相互接触：$L_1 = -G_2 H_1$
　　　　　　　　　　　　$L_2 = G_1 G_2 H_1$
　　　　　　　　　　　　$L_3 = -G_2 G_3 H_2$
特征值 $\Delta = 1 - (L_1 + L_2 + L_3) = 1 + G_2 H_1 + G_2 G_3 H_2 - G_1 G_2 H_1$

$$G(s) = \frac{1}{\Delta}(P_1 \Delta_1 + P_2 \Delta_2) = P_2 + \frac{P_1}{\Delta} = G_4 + \frac{G_1 G_2 G_3}{1 + G_2 H_1 + G_2 G_3 H_2 - G_1 G_2 H_1}$$

【题 2-15】
答案：
(1) 信号流图如图 2.54 所示。

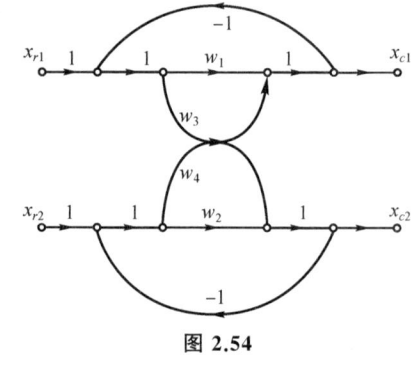

图 2.54

(2) 令 $x_{r2} = 0$

前向通道 $\begin{cases} P_1 = W_1, \Delta_1 = 1 + W_2 \\ P_2 = -W_3 W_4, \Delta_2 = 1 \end{cases}$

三个回环 $\begin{cases} L_a = -W_1 \\ L_b = -W_2, \text{其中 } L_a, L_b \text{ 互不接触} \\ L_c = W_3 W_4 \end{cases}$

特征值 $\Delta = 1 - L_a + L_b + L_c + L_a L_b = 1 + W_1 + W_2 - W_3 W_4 + W_1 W_2$

所以得 $\dfrac{X_{c1}(s)}{X_{r1}(s)} = \dfrac{W_1(1 + W_2) - W_3 W_4}{1 + W_1 + W_2 + W_1 W_2 - W_3 W_4}$

结构图变换法验证，结构图如图 2.55 所示。

(3) 令 $x_{r1} = 0$

前向通道 $\begin{cases} P_1 = W_2, \Delta_1 = 1 + W_1 \\ P_2 = -W_3 W_4, \Delta_2 = 1 \end{cases}$

特征值 $\Delta = 1 + W_1 + W_2 + W_1 W_2 - W_3 W_4$

由图化简得 $G = \dfrac{W_2(1 + W_1) - W_3 W_4}{1 + W_1 + W_2 + W_1 W_2 - W_3 W_4}$

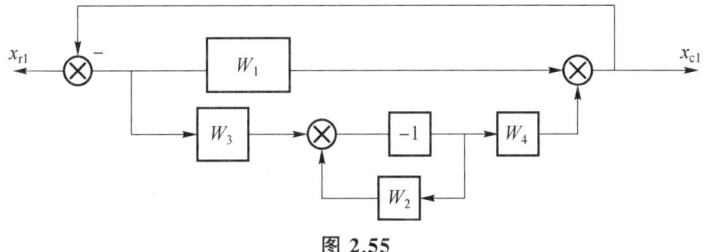

图 2.55

【题 2-16】

答案：

(1) 对微分方程两边取零初始条件下的拉普拉斯变换得

$$\begin{cases} 10s^2 \cdot R(s) + 4s \cdot R(s) - 6R(s) = T(s) \\ 2s^2 \cdot B(s) + 4s \cdot B(s) - 6B(s) = R(s) \end{cases}$$

由系统框图可知：

$$\begin{cases} G_1(s) = \dfrac{R(s)}{T(s)} = \dfrac{1}{10s^2 + 4s - 6} = \dfrac{1}{2(5s-3)(s+1)} \\ G_2(s) = \dfrac{B(s)}{R(s)} = \dfrac{1}{2s^2 + 4s - 6} = \dfrac{1}{2(s+3)(s-1)} \end{cases}$$

则系统框图如图 2.56 所示。

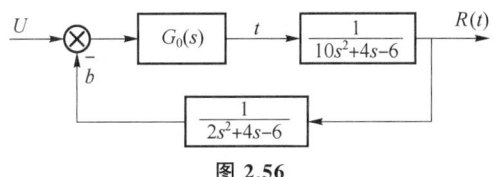

图 2.56

(2) 若 $G_0(s) = 1$，由框图可知：

$$\frac{R(s)}{U(s)} = \frac{G_0(s) \cdot G_1(s)}{1 + G_0(s) \cdot G_1(s) \cdot G_2(s)} = \frac{2s^2 + 4s - 6}{20s^4 + 48s^3 - 56s^2 - 48s + 37}$$

【题 2-17】

答案：

(1) 由图画系统的信号流图如图 2.57 所示。

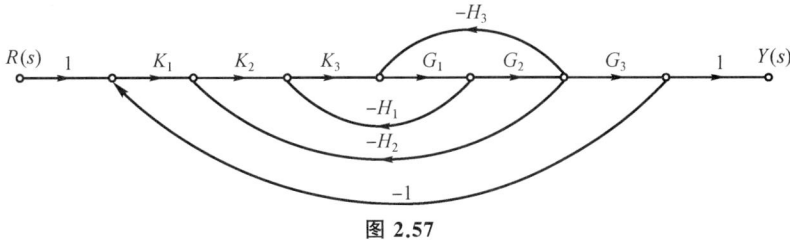

图 2.57

回路 4 条：$L_1 = -K_3 G_1 H_1$ $L_2 = -G_1 G_2 H_3$
$L_3 = -K_2 K_3 G_1 G_2 H_2$ $L_4 = -K_1 K_2 K_3 G_1 G_2 G_3$

特征值为 $\Delta = 1-(L_1+L_2+L_3+L_4)$
$$= 1+K_3G_1H_1+G_1G_2H_3+K_2K_3G_1G_2H_2+K_1K_2K_3G_1G_2G_3$$

前向通路 1 条：$P_1=K_1K_2K_3G_1G_2G_3$

$\Delta_1=1$

$$\frac{Y(s)}{R(s)}=\frac{K_1K_2K_3G_1G_2G_3}{1+K_3G_1H_1+G_1G_2H_3+K_2K_3G_1G_2H_2+K_1K_2K_3G_1G_2G_3}$$

（2）由图 2.50(a)经过结构图化简得图 2.58。

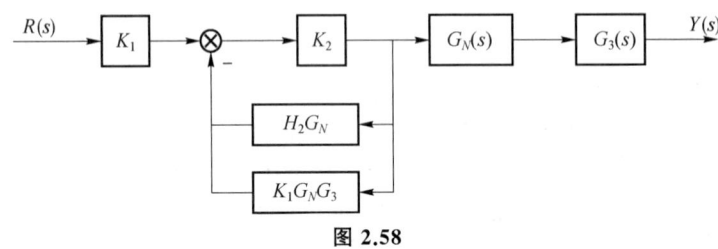

图 2.58

其中 $G_N(s)=\dfrac{K_3G_1G_2}{1+K_3G_1H_1+G_1G_2H_3}$。

与图 2.50(b)对照，可得

$T_4(s)=0$ $T_1(s)=K_1$

$T_3(s)=G_NG_3=\dfrac{K_3G_1G_2G_3}{1+K_3G_1H_1+G_1G_2H_3}$

$T_2(s)=H_2G_N+K_1G_NG_3=-\dfrac{K_3G_1G_2H_2+K_1K_3G_1G_2G_3}{1+K_3G_1H_1+G_1G_2H_3}$

注：本题 T_1 和 T_3 的答案不唯一。

第 3 章 系统稳定性和时域分析法

3.1 主要知识点

（1）拉普拉斯变换性质及应用；
（2）稳定性问题，劳斯（Routh）判据；
（3）稳态误差 e_{ss} 的计算及系统稳态精度的改善措施；
（4）一二阶系统时域响应分析：求解系统性能指标，引入反馈改善系统性能，已知系统响应曲线确定系统传递函数；
（5）高阶系统的主导极点降阶法，求性能指标。

3.2 考点归类解析与例题详解

考点1 应用拉普拉斯变换的微分定理，求解初态不为零的系统响应

> **知识点：拉普拉斯变换微分公式（定理）**
> 已知 $\mathscr{L}[f(t)]=F(s)$，则 $\mathscr{L}\left[\dfrac{\mathrm{d}^n f(t)}{\mathrm{d}t^n}\right]=s^n F(s)-s^{n-1}f(0)-s^{n-2}f'(0)\cdots f^{(n-1)}(0)$，
> 式中，$f(0)f'(0)\cdots f^{(n-1)}(0)$ 为 $f(t)$ 及其各阶导数在 $t=0$ 时的值。

【例 3-1】

已知 $\Phi(s)=\dfrac{C(s)}{R(s)}=\dfrac{2}{s^2+3s+2}$，$r(t)=1$，求 $\begin{cases}① \text{零初态 } c(t) \\ ② c(0)=-1, c'(0)=0 \text{ 时的 } c(t)\end{cases}$。

解答：

(1) 零初态，$r(t)=1, R(s)=\dfrac{1}{s}$

$$C(s)=\dfrac{2}{s^2+3s+2} \cdot \dfrac{1}{s}=\dfrac{2}{s(s+1)(s+2)}=\dfrac{1}{s}-\dfrac{2}{s+1}+\dfrac{1}{s+2}$$

$$c(t)=1-2e^{-t}+e^{-2t}$$

(2) 非零初态 $c(0)=-1, \dot{c}(0)=0, R(s)=\dfrac{1}{s}$

$$(s^2+3s+2)C(s)-sc(0)-\dot{c}(0)-3c(0)=2R(s)$$

$$(s^2+3s+2)C(s)=\dfrac{2}{s}+sc(0)+\dot{c}(0)+3c(0)=\dfrac{2}{s}-s+0-3=\dfrac{2-s^2-3s}{s}$$

所以
$$C(s)=\dfrac{-s^2-3s+2}{s(s+1)(s+2)}=\dfrac{1}{s}-\dfrac{4}{s+1}+\dfrac{2}{s+2}$$

$$c(t)=1-4e^{-t}+2e^{-2t}$$

所示，初态为零与非零状态条件下，$c(t)$的模态都相同，$c(t)$表达式系数不同，即 $c(t)=1-ae^{-t}+be^{-2t}$，ab 不同。

知识点：拉普拉斯反变换留数法

$$\mathscr{L}[f(t)]=F(s)=\sum \dfrac{K}{s-s_i}$$

(1) 单根：$K=(s-s_i)F(s)|_{s=s_i}$

(2) n 重根：

$$F(s)=\dfrac{K_{11}}{(s-s_1)^n}+\dfrac{K_{12}}{(s-s_1)^{n-1}}+\dfrac{K_{13}}{(s-s_1)^{n-2}}+\cdots （注意顺序）$$

$K_{11}=(s-s_1)^n F(s)|_{s=s_1}$

$K_{12}=\dfrac{\mathrm{d}}{\mathrm{d}s}[(s-s_1)^n F(s)]|_{s=s_1}$

$K_{13}=\dfrac{1}{2!}\dfrac{\mathrm{d}^2}{\mathrm{d}s^2}[(s-s_1)^n F(s)]|_{s=s_1}$

通式：$K=\dfrac{1}{(n-1)!}\dfrac{\mathrm{d}^{(n-1)}}{\mathrm{d}s^{n-1}}[(s-s_1)^n F(s)]|_{s=s_1}$

知识点：函数的变换

(1) $\Phi(s) \rightarrow$ 微分方程

(2) 微分方程 $\xrightarrow[\text{初态输入}]{\text{拉普拉斯变换}} C(s)$

(3) $C(s) \xrightarrow{\text{反拉普拉斯变换}} C(t)$

知识点：微分方程的初态与拉普拉斯变换关系

(1) 开环 $G(s)H(s) \rightarrow \Phi(s) = \dfrac{C(s)}{R(s)} \xrightarrow{\text{交叉相乘}}_{\mathscr{L}^{-1}} $ 微分方程。

(2) 微分方程 $\xrightarrow[\text{代入初态}]{\text{取拉普拉斯变换}} C(s) = \Phi(s)R(s) + \dfrac{M(s)}{D(s)} \leftarrow$ 初态和输入 $R(s)$ 决定的多项式。

(3) $C(s)$ 取反拉普拉斯变换 $\rightarrow C(t)$。

【例 3-2】

设单位反馈系统开环传递函数 $G(s) = \dfrac{12.5}{s(0.2s+1)}$，求系统在误差初态条件 $e(0)=10, e'(0)=1$ 作用下的时间响应。

解答：

(1) $e(t) = r(t) - c(t) \Rightarrow c(t) = r(t) - e(t)$

初态 $\begin{cases} c(0) = r(0) - e(0) = 0 - 10 = -10 \\ c'(0) = r'(0) - e'(0) = 0 - 1 = -1 \end{cases}$ （确定初态）

(2) 闭环 $\Phi(s) = \dfrac{G(s)}{1+G(s)} = \dfrac{62.5}{s^2 + 5s + 62.5}$

(3) 当 $r(t) = 0$ 时，由 $\Phi(s)$ 知系统微分方程：

$$c''(t) + 5c'(t) + 62.5c(t) = 0$$

考虑初态，应用拉普拉斯变换微分定理

$$[s^2 C(s) - sc(0) - \dot{c}(0)] + 5[sC(s) - c(0)] + 62.5C(s) = 0$$

整理 $(s^2 + 5s + 62.5)C(s) = (s+5)c(0) + \dot{c}(0)$

代入初始条件

$$C(s) = \dfrac{-10s - 51}{s^2 + 5s + 62.5} = -\dfrac{10(s+2.5) + 26}{(s+2.5)^2 + 7.5^2}$$

$$= -10 \dfrac{(s+2.5)}{(s+2.5)^2 + 7.5^2} - 3.47 \dfrac{7.5}{(s+2.5)^2 + 7.5^2}$$

(4) 系统响应 $c(t) = -10 e^{-2.5t} \cos 7.5t - 3.47 e^{-2.5t} \sin 7.5t$

$\qquad\qquad\quad = -10.6 e^{-2.5t} \sin(7.5t + 70.8°)$

知识点：记忆公式

$$\dfrac{s+a}{(s+a)^2 + \omega^2} \xRightarrow{\mathscr{L}^{-1}} e^{-at} \cos(\omega t)$$

$$\dfrac{\omega}{(s+a)^2 + \omega^2} \xRightarrow{\mathscr{L}^{-1}} e^{-at} \sin(\omega t)$$

【例 3-3】

已知 $F(s) = \dfrac{1}{s(s+3)(s+2)^3}$，求函数 $f(t)$。

解答:

$$F(s)=\frac{K_{11}}{(s+2)^3}+\frac{K_{12}}{(s+2)^2}+\frac{K_{13}}{(s+2)}+\frac{K_2}{s}+\frac{K_3}{(s+3)}$$

$$K_{11}=[(s+2)^3 F(s)]\big|_{s=-2}=\frac{1}{s(s+3)}\bigg|_{s=-2}=-\frac{1}{2}$$

$$K_{12}=\frac{\mathrm{d}}{\mathrm{d}s}[(s+2)^3 F(s)]\big|_{s=-2}=\frac{\mathrm{d}}{\mathrm{d}s}\left[\frac{1}{s(s+3)}\right]=\frac{1}{4}$$

$$K_{13}=\frac{1}{2!}\frac{\mathrm{d}^2}{\mathrm{d}s^2}[(s+2)^3 F(s)]\big|_{s=-2}=-\frac{3}{8}$$

$$K_2=s F(s)\big|_{s=0}=\frac{1}{24}$$

$$K_3=(s+3)F(s)\big|_{s=-3}=\frac{1}{3}$$

所以 $f(t)=-\frac{1}{4}t^2\mathrm{e}^{-2t}+\frac{1}{4}t\mathrm{e}^{-2t}-\frac{3}{8}\mathrm{e}^{-2t}+\frac{1}{24}+\frac{1}{3}\mathrm{e}^{-3t}$

【例 3-4】

已知方程 $y''(t)+3y'(t)+2y(t)=\mathrm{e}^{-3t}1(t)$,且初态 $y(0)=1,\dot{y}(0)=2$ 求 $y(t)$。

解答:

设 $\mathscr{L}[y(t)]=Y(s)$,取拉普拉斯变换:

$$[s^2 Y(s)-sy(0)-\dot{y}(0)]+[3sY(s)-3y(0)]+2Y(s)=\frac{1}{s+3}$$

$$(s^2+3s+2)Y(s)=(s+2)+3+\frac{1}{s+3}=\frac{(s+3)(s+5)+1}{s+3}$$

所以

$$Y(s)=\frac{s^2+8s+16}{(s+3)(s+2)(s+1)}=\frac{A}{s+1}+\frac{B}{s+2}+\frac{C}{s+3}$$

留数法得 $\begin{cases} A=(s+1)Y(s)\big|_{s=-1}=\frac{9}{2} \\ B=(s+2)Y(s)\big|_{s=-2}=-4 \\ C=(s+3)Y(s)\big|_{s=-3}=\frac{1}{2} \end{cases}$

所以

$$Y(s)=\frac{4.5}{s+1}+\frac{-4}{s+2}+\frac{0.5}{s+3}$$

$$y(t)=4.5\mathrm{e}^{-t}-4\mathrm{e}^{-2t}+0.5\mathrm{e}^{-3t}$$

考点 2　稳定性问题,劳斯判据

基本知识要点

1. 线性系统稳定充要条件

系统特征根均具有负实部,即均在 S 复平面的左半平面上。

判别方法:(1) 求出特征根,看实部是否为负。
(2) 在 s 平面上画出根位置,在 s 左半平面上系统稳定。

2. 劳斯判据

$$\Phi(s)=\frac{b_0 s^m+b_1 s^{m-1}+\cdots+b_m}{a_0 s^n+a_1 s^{n-1}+\cdots+a_n}=\frac{N(s)}{D(s)}$$

$D(s)=a_0 s^n+a_1 s^{n-1}+\cdots+a_{n-1}s+a_n=0$ 闭环特征方程

s^n	a_0	a_2	a_4	a_6	……
s^{n-1}	a_1	a_3	a_5	a_7	
s^{n-2}	$b_1=\dfrac{a_1 a_2-a_0 a_3}{a_1}$	$b_2=\dfrac{a_1 a_4-a_0 a_5}{a_1}$	$b_3=\dfrac{a_1 a_6-a_0 a_7}{a_1}$		
s^{n-3}	$\dfrac{b_1 a_3-a_1 b_2}{b_1}$	$\dfrac{b_1 a_5-a_1 b_3}{b_1}$	……		
⋮					

(1) 稳定的充要条件
① 各项系数 $a_0,a_1,\cdots,a_n$ 均大于零(符号相同);
② 第一列元素均大于零(正号)。
(2) 判别结果
① 满足充要条件,闭环系统稳定;
② 不满足充要条件,则劳斯表第一列元素变号次数等于不稳定根个数。
(3) 特殊情况处理及判别,即系统不稳定了(有虚根或不稳定根)
1) 某一行出现零元素 ⇒ 用无穷小正数 ε 代替,继续劳斯表,判别式求极限。
2) 全零行(奇次行) ⇒ 用上一行(偶次行)的元素构成辅助多项式 $P(s)$,求导 $P'(s)$ 系数代替全零行。
3) $P(s)$ 作用。
① $P'(s)$ 元素系数代替全零行;
② $P(s)=0$ 求解临界状态(等幅振荡)的特征根 ω_n;
③ $D(s)=P(s)\theta(s)=0$,长除法求出 $\theta(s)=0$ 解出全根。
(4) 常见错误
① $D(s)=0$ 为闭环特征方程→取开环传递函数分母;
② $P(s)=0$ 解出临界值→$P'(s)=0$ 解根;
③ 出现特殊情况系统不再稳定(可能临界稳定或不稳定)→还认为稳定;
④ 不理解 $P(s)=0$ 是 $D(s)=0$ 的因式。

3. 题型:已知系统 $G(s)$、$\Phi(s)$、$D(s)$,或结构图的条件下

(1) 确定系统稳定时,参数 K 值范围。
(2) 判断有几个特征根在 $s=-\sigma$ 的右侧,或在某一区间是否有特征根?
$\begin{cases}用稳定裕量定义 ⇒ 反向题型:要求全部根在 s=-\sigma。\\ 垂线的左侧,K=? ⇒ 方法:s=z-\sigma 代入 D(s)=0 中。\end{cases}$

(3) 当系统阶跃响应等幅振荡时(有共轭虚根时,临界稳定时),确定参数值,求振荡频率 ω_n。

(4) 判稳,并求全部特征根[一般都用 $P(s)=0$ 再求 $\theta(s)$]。

【例3-5】

(大连理工大学2003年)系统如图3.1所示,试求:

(1) 确定使系统稳定的 K 值的取值范围;

(2) 如果要使系统的特征根全部在 $s=-2$ 的左侧,求 K 的取值范围。

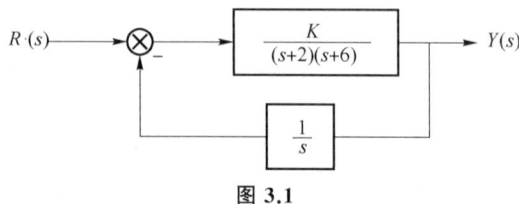

图 3.1

解答:

(1) 系统闭环传递函数:

$$\Phi(s) = \cfrac{\cfrac{K}{(s+2)(s+6)}}{1+\cfrac{K}{s(s+2)(s+6)}} = \frac{Ks}{s^3+8s^2+12s+K}$$

特征方程:$D(s)=s^3+8s^2+12s+K=0$,列写劳斯表:

$$\begin{array}{c|cc}
s^3 & 1 & 12 \\
s^2 & 8 & K \\
s^1 & 12-\dfrac{K}{8} & \\
s^0 & K &
\end{array}$$

若闭环系统稳定,则 $\begin{cases} K>0 \\ 12-\dfrac{K}{8}>0 \end{cases} \Rightarrow K<96$,所以 $0<K<96$。

(2) 将 $s=z-2$ 代入特征方程:

$$D(z)=(z-2)^3+8(z-2)^2+12(z-2)+K=0$$

整理为 $\qquad D(z)=z^3+2z^2-8z+K=0$

系数有负值,所以系统不稳定 $\Rightarrow$ 不存在 K 值,能使系统在 $s=-2$ 左边。

注意:此题考基本概念,有负系数不必做劳斯表,即可判断系统不稳定。校验:

$D(s)=s^5+5s^4+9s^3+11s^2+8s+6$

$$\begin{array}{c|ccc}
s^5 & 1 & 9 & 8 \\
s^4 & 5 & 11 & 6 \\
s^3 & \dfrac{45-11}{5}=\dfrac{34}{5} & \dfrac{34}{5} & \\
s^3 & (0)\,20\;10 & (0)\,22\;11 &
\end{array}$$

$P(s)=5s^4+11s^2+6$

$P'(s)=20s^3+22s$

s^2	$\dfrac{11}{2}$	0	
s^1	$\dfrac{109}{11}$		
s^0	6		

$$P(s)=5s^4+11s^2+6$$
$$=5(s^4+s^2)+6(s^2+1)$$
$$=(5s^2+6)(s^2+1)$$
$$s^2=-\frac{6}{5}\Rightarrow s_{1,2}=\pm\mathrm{j}\frac{\sqrt{6}}{\sqrt{5}}$$
$$s^2=-1\Rightarrow s_{3,4}=\pm\mathrm{j}$$

系统不稳定,存在虚根 $\pm\mathrm{j}\sqrt{\dfrac{6}{5}}$,$\pm\mathrm{j}$。

【例 3-6】

系统如图 3.2 所示,$G_\mathrm{r}(s)=as^2+bs$,$G(s)=\dfrac{10}{s(1+0.1s)(1+0.02s)}$,试确定 a、b 的值,使系统由 Ⅰ 型变为 Ⅲ 型。

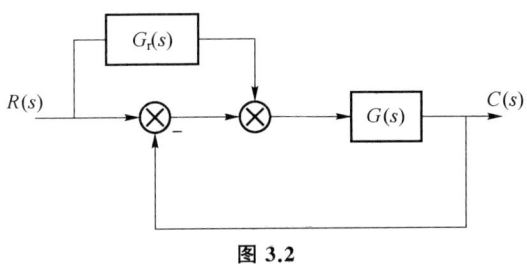

图 3.2

解答:

(1) $\Phi(s)=\dfrac{G(1+G_\mathrm{r})}{1+G}=\dfrac{10(as^2+bs+1)}{s(1+0.1s)(1+0.02s)+10}$

(2) $D(s)=0.002s^3+0.12s^2+s+10=0$

s^3	0.002	1
s^2	0.12	10
s^1	$\dfrac{0.1}{0.12}$	
s^0	10	

$\Rightarrow$ $D_2=0.12-0.02=0.1>0$

所以系统稳定

(3) 求等效单位反馈系统开环传递函数(负反馈)

$$\Phi(s)=\dfrac{G'}{1+G'}\Rightarrow G'(s)=\dfrac{\Phi(s)}{1-\Phi(s)}$$

所以

$$G'(s)=\dfrac{10(as^2+bs+1)}{(0.002s^3+0.12s^2+s+10)-10(as^2+bs+1)}$$
$$=\dfrac{10(as^2+bs+1)}{0.002s^3+(0.12-10a)s^2+(1-10b)s}$$

如果 $\begin{cases}0.12-10a=0\\1-10b=0\end{cases} \Rightarrow$ 即 $\begin{cases}a=0.012\\b=0.1\end{cases}$，所以 $G'(s)=\dfrac{5000(0.012s^2+0.1s+1)}{s^3}$，

即选择 $\begin{cases}a=0.012\\b=0.1\end{cases}$，系统改为Ⅲ型。

【例 3-7】

系统特征方程为 $s^3+10s^2+12s+120=0$，判别系统稳定性，求出系统全部的根。

解答：系统的劳斯表为

$$
\begin{array}{lll}
s^3 & 1 & 12 \\
s^2 & 10 & 120 \quad P(s)=10s^2+120\\
s^1 & 0\ 20 & \quad\quad\quad P'(s)=20s \\
s^0 & 120
\end{array}
$$

没变号，说明系统为临界稳定，$P(s)=10s^2+120=0 \quad s_{1,2}=\pm j2\sqrt{3}$

求另一根 $\theta(s)=D(s)/P(s)=s+10$，$s_3=-10$ 稳定根。

$$
\begin{array}{r}
0.1s+1 \\
10s^2+120\overline{)s^3+10s^2+12s+120} \\
\underline{s^3\quad\quad +12s} \\
10s^2\quad +120 \\
\underline{10s^2\quad +120} \\
0
\end{array}
$$

$s^3+10s^2+12+120=(10s^2+120)(0.1s+1)=(s^2+12)(s+10)$

系统特征根为 $s_{1,2}=\pm j2\sqrt{3}$，$s_3=-10$。

【例 3-8】

系统特征方程 $s^3+8s^2+15s+20=0$，问有几个根在 $s=-1$ 右边？

解答：

令 $s=z-1$ 代入 $D(s)=0$ 得

$(z-1)^3+8(z-1)^2+15(z-1)+20=0$

$(z^3-3z^2+3z-1)+8(z^2-2z+1)+15z-15+20=0$

整理：

$z^3+5z^2+2z+12=0$

$$
\begin{array}{ll}
z^3 & 1 \quad\quad 2 \\
z^2 & 5 \quad\quad 12 \quad\text{第一列元素变号两次，有两个根在 } s=-1 \text{ 右边，}\\
z^1 & -\dfrac{2}{5} \quad\quad\quad \text{稳定裕量达不到 1。}\\
z^0 & 12
\end{array}
$$

【例 3-9】

(华中科技大学 2005 年) 已知闭环系统特征方程为 $D(s)=as^3+2s^2+s+2=0$，求系统等幅振荡时，a 和 ω_n 的值。

解答：

方法1：列劳斯表

$$\begin{array}{lll} s^3 & a & 1 \\ s^2 & 2 & 2 \quad P(s)=2s^2+2=0 \\ s^1 & 1-a & 0 \\ s^0 & 0 & \end{array}$$

等幅振荡出现全零行，所以令 $1-a=0$，得 $a=1$

$$P(s)=2(s^2+1)=0$$
$$s_{1,2}=\pm \mathrm{j}, \omega_n=1 \text{ rad/s}$$

方法2：利用特征方程

令 $s_{1,2}=\mathrm{j}\omega_n$ 代入 $D(s)=0$
$$-a\omega_n^3\mathrm{j}-2\omega_n^2+\omega_n\mathrm{j}+2=0$$
$$\begin{cases} 2-2\omega_n^2=0 \Rightarrow \omega_n=1 \text{ rad/s} \\ \omega_n-a\omega_n^3=0 \Rightarrow a=1 \end{cases}$$

【例3-10】

（电子科技大学2007年）已知反馈控制系统的开环控制传递函数 $G(s)H(s)=\dfrac{K}{(s^2+2s+1)(s^2+2s+5)}$ $(K>0)$，但反馈极性未知，欲保证闭环稳定，试确定 K 的范围。

解答： 反馈系统可能为负反馈或正反馈，需分情况讨论。

（1）反馈极性为负时，闭环特征方程为

$D(s)=(s^2+2s+1)(s^2+2s+5)+K=s^4+4s^3+10s^2+12s+K+5=0$

$$\begin{array}{lll} s^4 & 1 & 10 \quad 5+K \\ s^3 & 4 & 12 \\ s^2 & 7 & 5+K \\ s^1 & \dfrac{64-4K}{7} & \\ s^0 & 5+K & \end{array}$$

因为系统稳定，所以 $\begin{cases} 5+K>0 \Rightarrow K>-5 \\ 64-4K>0 \end{cases}$

即 $-5<K<16$ 时系统稳定

（2）反馈极性为正时，闭环特征方程为

$D(s)=s^4+4s^3+10s^2+12s-K+5=0$

$$\begin{array}{lll} s^4 & 1 & 10 \quad 5-K \\ s^3 & 4 & 12 \\ s^2 & 7 & 5-K \\ s^1 & \dfrac{64+4K}{7} & \\ s^0 & 5-K & \end{array}$$

$5-K>0$，即 $K<5$ 时系统稳定

结论： 欲保证闭环系统稳定，必须保证正负反馈时都稳定，即 $0<K<5$。

【例 3-11】

(大连海事大学 2013 年)控制系统如图 3.3 所示,试在分析的基础上以 k_P 为纵轴和以 k_D 为横轴的平面上画出:稳定区域,不稳定区域,过阻尼区域,欠阻尼区域和临界阻尼区域的轨线,并求抛物线误差系数 $k_a=40$ 的轨迹,无阻尼 $\omega_n=40$ rad/s 的轨迹。

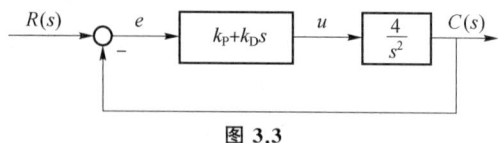

图 3.3

解:系统闭环传递函数为

$$\Phi(s)=\frac{4(k_P+k_Ds)/s^2}{1+4(k_P+k_Ds)/s^2}=\frac{4(k_P+k_Ds)}{s^2+4k_Ds+4k_P}$$

特征方程为

$$D(s)=s^2+4k_Ds+4k_P=s^2+2\xi\omega_n s+\omega_n^2=0$$

(1) 稳定域:系统稳定的充要条件为特征多项式的各项系数同号,所以要求:$k_D>0$ 且 $k_P>0$,即以 k_P 为纵轴和以 k_D 为横轴的参数平面的第一象限,不包括坐标轴,如图 3.14(a) 所示。

(2) 不稳定区域:$k_D\leq 0$ 或 $k_P\leq 0$,即参数平面的第二、三、四象限(含坐标轴),如图 3.4(a) 所示。

(3) 临界阻尼:即 $D(s)=0$ 出现重根时

$$(4k_D)^2-4\times 4k_P=0$$

即 $k_D^2=k_P$ 抛物线(纵轴为对称轴的抛物线)。

(4) 过阻尼区域:$k_D^2-k_P>0$,抛物线外侧区域。

(5) 欠阻尼区域:$k_D^2-k_P<0$,抛物线内侧区域。

(6) 求抛物线误差系数 $k_a=40$ 的轨迹为

令

$$k_a=\lim_{s\to 0}s^2 G(s)=\lim_{s\to 0}s^2\frac{4(k_P+k_Ds)}{s^2}=4k_P=40$$

所以 $k_P=10$,即 $k_a=40$ 的轨迹为纵轴截距 $k_P=10$ 的水平线。

(7) 求无阻尼 $\omega_n=40$ rad/s 的轨迹为

由特征方程可得

$$\omega_n=\sqrt{4k_P}=40 \Rightarrow k_P=\frac{40^2}{4}=400$$

所以 $\omega_n=40$ rad/s 的轨迹为纵轴截距为 $k_P=400$ 的水平线,如图 3.4(b) 所示。

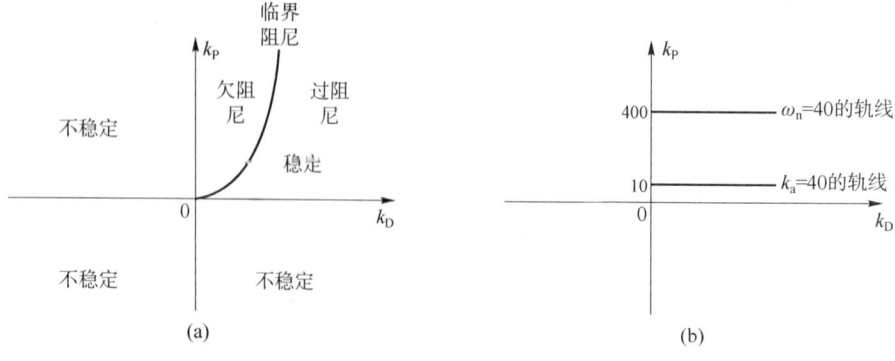

图 3.4

【例 3-12】

（上海理工大学）假设闭环系统传递函数为 $\dfrac{\omega_n^2}{s^2+2\xi\omega_n s+\omega_n^2}$ 的二阶系统，在单位阶跃函数作用下的输出响应为 $c(t)=1-1.25e^{-1.2t}\sin(1.6t+53.1°)$，试计算系统参数 ξ、ω_n，并通过 ξ、ω_n 计算给出系统的调整时间和超调量（$\Delta=0.05$ s）。

解答：这是已知系统响应，反求参数的反向解题。

由欠阻尼二阶系统的单位阶跃输出响应表达式为

$$c(t)=1-\dfrac{1}{\sqrt{1-\xi^2}}e^{-\xi\omega_n t}\sin(\omega_n\sqrt{1-\xi^2}\,t+\beta)\quad (t\geqslant 0)$$

所以 $\begin{cases}\dfrac{1}{\sqrt{1-\xi^2}}=1.25\\ \xi\omega_n=1.2\end{cases}\Rightarrow\begin{cases}\xi=0.6\\ \omega_n=2\end{cases}$

系统的超调量和调整时间为

$$\sigma\%=e^{-\frac{\xi\pi}{\sqrt{1-\xi^2}}}=9.5\%,\ t_s\approx\dfrac{3}{\xi\omega_n}=2.5\text{ s}$$

考点 3 稳态误差 e_{ss} 的计算及系统稳态精度改善措施

基本知识要点

1. 稳态误差定义

输入端定义：$e(t)=r(t)-b(t)$ 单位负反馈：$e(t)=r(t)-c(t)$

输出端定义：$e'(t)=c_r(t)-c(t)$（$c_r(t)$ 为输出期望值），实际物理上不易找到此差值。

工程中更多采用输入端定义：$E(s)=R(s)-B(s)=R(s)-G(s)H(s)E(s)$

$$E(s)=\dfrac{1}{1+G(s)H(s)}R(s)=\Phi_{er}(s)R(s)$$

$$e_{ss}=\lim_{t\to\infty}e(t)=\lim_{s\to 0}sE(s)$$

结论：① e_{ss} 与 $r(t)$ 形式有关；② e_{ss} 与系统结构参数 $G(s)H(s)$ 有关。

2. 求 e_{ss} 值

$$G(s)H(s)=\dfrac{K(\tau_1 s+1)\cdots(\tau_m s+1)}{s^v(T_1 s+1)(T_2 s+1)\cdots(T_{n-v}s+1)}\quad (v-型)$$

（1）系数法

输入为典型信号组合 $R(s)=A\cdot 1(t)+Bt+C\dfrac{1}{2}t^2$

$$e_{ss}=\dfrac{A}{1+K_p}+\dfrac{B}{K_v}+\dfrac{C}{K_a}$$

$\begin{cases}K_p=\lim\limits_{s\to 0}G(s)H(s) & \text{Ⅰ型及以上系统，}e_{ss}=0,0\text{ 型 }e_{ss}=\dfrac{1}{1+K}\\ K_v=\lim\limits_{s\to 0}sG(s)H(s) & \text{Ⅱ型及以上系统，}e_{ss}=0\\ K_a=\lim\limits_{s\to 0}s^2 G(s)H(s) & \text{Ⅲ型及以上系统，}e_{ss}=0\end{cases}$

(2) 图解法

第一步：在图中沿着信号流的逆向，反推出 $E(s)$ 表达式：
$$E(s)=R(s)-B(s)=R(s)-C(s)H(s) \Rightarrow 推出 E(s)$$

第二步：应用终值定理 $e_{ss}=\lim_{s\to 0}sE(s)$

(3) 当 $R(s)$ 和 $N(s)$ 同时作用时，可分别求 $E_R(s)$ 和 $E_n(s)$，再用叠加原理 $E(s)=E_R(s)+E_n(s)$，最后应用终值定理 $e_{ss}=\lim_{s\to 0}sE(s)=\lim_{s\to 0}s[E_R(s)+E_n(s)]$。

3. 改善途径

(1) 提高 $v\uparrow$，$K\uparrow$（稳定性↓）；

(2) 误差信号与扰动点之间前向开环 $K\uparrow$，$v\uparrow$，使 $e_{ssn}\downarrow$；

(3) 采用：扰动前馈+反馈，给定信号顺馈+反馈。

【例 3-13】

(大连理工大学 2003 年) 已知系统结构如图 3.5 所示，$K_1=2K_2=1$，$T_2=0.25\,\text{s}$，$K_2K_3=1$，求 $r(t)=1+t+\dfrac{t^2}{2}$ 时 e_{ss} 值。

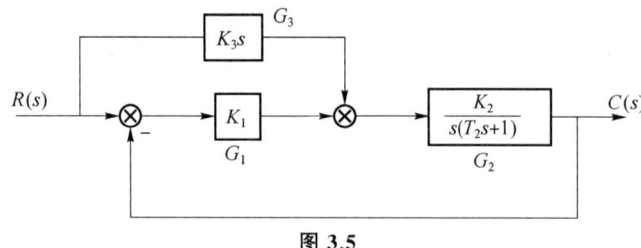

图 3.5

解答：此题 $r(t)$ 为标准型输入信号，但系统结构图不标准，适合用图解法。

由图得 $E(s)=R(s)-B(s)=R(s)-G_2[G_1E(s)+G_3R(s)]$，整理：

$$E(s)=\frac{1-G_2G_3}{1+G_1G_2}R(s)=\frac{0.25s^2}{0.25s^2+s+0.5}R(s)=\frac{s^2}{s^2+4s+2}R(s)$$

$$e_{ss}=\lim_{s\to 0}s\frac{s^2}{s^2+4s+2}\left(\frac{1}{s}+\frac{1}{s^2}+\frac{1}{s^3}\right)=\lim_{s\to 0}\frac{\cancel{s^3}}{s^2+4s+2}\times\frac{s^2+s+1}{\cancel{s^3}}=\frac{1}{2}$$

【例 3-14】

(东华大学 2005 年) 证明一个 v 型系统跟踪输入信号 $r(t)=[a_0+a_1t+\cdots+a_{v-1}t^{v-1}]\times 1(t)$ 时的稳态误差 $e_{ss}=0$。

证明：

设系统的开环传递函数 $G(s)H(s)=\dfrac{N(s)}{s^vD(s)}$，其中 $D(s)N(s)$ 为多项式，$D(s)\neq 0$，$N(s)\neq 0$，则

$$\frac{E(s)}{R(s)}=\frac{1}{1+G(s)H(s)}=\frac{s^vD(s)}{s^vD(s)+N(s)}$$

由线性系统叠加原理，$r(t)=[a_0+a_1t+\cdots+a_{v-1}t^{v-1}]\cdot 1(t)$ 取拉普拉斯变换：

即 $R(s)=\dfrac{a_0}{s}+\dfrac{a_1}{s^2}+\dfrac{2!a_2}{s^3}+\cdots+\dfrac{(v-1)!a_{v-1}}{s^v}$，代入 $E(s)$ 得

$$e_{ss} = \lim_{s \to 0} sE(s) = \lim_{s \to 0} s \frac{s^v D(s)}{s^v D(s) + N(s)} \left[\frac{a_0}{s} + \frac{a_1}{s^2} + \cdots + \frac{(v-1)!a_{v-1}}{s^v} \right]$$

$$= \lim_{s \to 0} s \frac{D(s)}{s^v D(s) + N(s)} [s^{v-1} a_0 + s^{v-2} a_1 + \cdots + (v-1)! a_{v-1}]$$

$$= 0$$

【例 3-15】

(哈尔滨工业大学 2003 年)系统结构如图 3.6 所示。

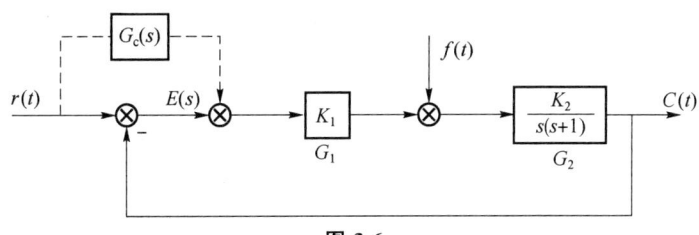

图 3.6

(1) 若要减少 $f(t) = 1(t)$ 扰动引起的 e_{ss}，应提高 K_1、K_2 哪个量？为什么？
(2) 当 $r(t) = 1(t) + 2t$，$f(t) = 1(t)$，而且无前馈(顺馈)时，求 e_{ss} 表达式。
(3) 试设计 $G_c(s)$，使 $r(t) = 1(t) + 2t$ 引起的稳态误差 $e_{ss} = 0$。

解答：

(1) 由结构图得 $E(s) = 0 - \frac{K_1 K_2}{s(s+1)} E(s) - \frac{K_2}{s(s+1)} F(s) = -G_1 G_2 E(s) - G_2 F(s)$

即 $\left[1 + \frac{K_1 K_2}{s(s+1)} \right] E(s) = -\frac{K_2}{s(s+1)} F(s)$，整理得 $E(s) = -\frac{K_2}{s^2 + s + K_1 K_2} F(s)$

$$e_{ssf} = \lim_{s \to 0} sE(s) = \lim_{s \to 0} \left[-\frac{K_2}{s^2 + s + K_1 K_2} \right] = -\frac{K_2}{K_1 K_2} = -\frac{1}{K_1}$$

$e_{ss} \downarrow \Rightarrow K_1 \uparrow$ 增加扰动点之前的增益

(2) 由结构图得 $\frac{E(s)}{R(s)} = \frac{1}{1 + \frac{K_1 K_2}{s(s+1)}} = \frac{s(s+1)}{s^2 + s + K_1 K_2}$

当 $r(t) = 1(t) + 2t$ 时，即 $R(s) = \frac{1}{s} + \frac{2}{s^2}$；$f(t) = 1(t)$，即 $F(s) = \frac{1}{s}$

$$e_{ssf} = \lim_{s \to 0} s \frac{1}{s} \left(-\frac{K_2}{s^2 + s + K_1 K_2} \right) = -\frac{1}{K_1}$$

$$e_{ssr} = \lim_{s \to 0} s \frac{s+2}{s^2} \left(\frac{s(s+1)}{s^2 + s + K_1 K_2} \right) = \frac{2}{K_1 K_2}$$

$$e_{ss} = e_{ssr} + e_{ssf} = \frac{2}{K_1 K_2} - \frac{1}{K_1} = \frac{2 - K_2}{K_1 K_2}$$

(3) 加入 $G_c(s)$ 后：$E(s) = R(s) - G_1 G_2 [E(s) + G_c(s) R(s)]$

$$E(s) = \frac{1 - G_1 G_2 G_c}{1 + G_1 G_2} R(s) = \frac{s^2 + s - K_1 K_2 G_c(s)}{s^2 + s + K_1 K_2} R(s)$$

当 $R(s) = \frac{1}{s} + \frac{2}{s^2} = \frac{s+2}{s^2}$ 时，令 $e_{ssr} = \lim_{s \to 0} s \frac{s+2}{s^2} \cdot \frac{s^2 + s - K_1 K_2 G_c(s)}{s^2 + s + K_1 K_2} = 0$

确认$G_c(s)$结构:可取$G_c(s)$中含有s,则分子$=s\left[s+1-K_1K_2\dfrac{G_c(s)}{s}\right]$

确定$G_c(s)$参数:当$s\to 0$时,$1-K_1K_2G'_c(s)=0$

$G'_c(s)=\dfrac{1}{K_1K_2}=\dfrac{G'_c(s)}{s}$,即$G_c(s)=\dfrac{s}{K_1K_2}$

考点4 一二阶系统时域响应分析,求解性能指标

基本知识要点

1. 一阶系统响应及指标

（1）传递函数

$$W(s)=\dfrac{C(s)}{R(s)}=\dfrac{1}{Ts+1}$$

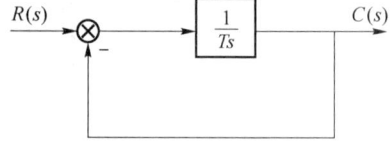

（2）单位阶跃响应

$$C(s)=W(s)R(s)=\dfrac{1}{Ts+1}\cdot\dfrac{1}{s}=\dfrac{1}{s}-\dfrac{1}{s+\dfrac{1}{T}}$$

$$c(t)=1-e^{-\frac{1}{T}t}$$

（3）性能指标

$$t_s=3T(5\%),4T(2\%)$$

（4）单位脉冲响应

$$C(s)=\dfrac{1}{Ts+1}=\dfrac{\dfrac{1}{T}}{s+\dfrac{1}{T}},\ c(t)=\dfrac{1}{T}e^{-\frac{1}{T}t},(t\geq 0)$$

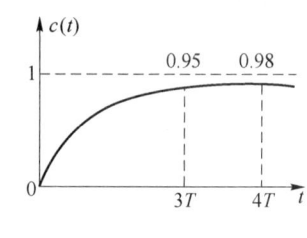

2. 二阶系统响应及指标

（1）传递函数

$$W(s)=\dfrac{C(s)}{R(s)}=\dfrac{\omega_n^2}{s^2+2\xi\omega_n s+\omega_n^2}$$

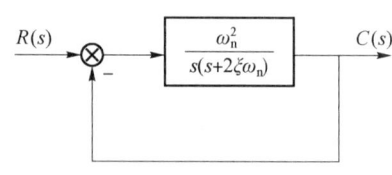

（2）单位阶跃响应

$$C(s)=\dfrac{\omega_n^2}{s(s^2+2\xi\omega_n s+\omega_n^2)}=\dfrac{\omega_n^2}{s(s-s_1)(s-s_2)}$$

$$s_{1,2}=-\xi\omega_n\pm\omega_n\sqrt{\xi^2-1}\text{（必须记住）}$$

① $0<\xi<1$ 欠阻尼:共轭复根 $s_{1,2}=-\xi\omega_n\pm\omega_n\sqrt{\xi^2-1}=-\xi\omega_n\pm j\omega_d,\ \omega_d=\omega_n\sqrt{1-\xi^2}$

$$C(s)=\dfrac{1}{s}-\dfrac{s+\xi\omega_n}{(s+\xi\omega_n)^2+\omega_d^2}-\dfrac{\xi\omega_n}{(s+\xi\omega_n)^2+\omega_d^2}$$

$$c(t)=1-\dfrac{1}{\sqrt{1-\xi^2}}e^{-\xi\omega_n t}\sin\left(\omega_n\sqrt{1-\xi^2}t+\tan^{-1}\dfrac{\sqrt{1-\xi^2}}{\xi}\right)\text{（必须记住）}$$

$$=1-\dfrac{1}{\sqrt{1-\xi^2}}e^{-\xi\omega_n t}\sin(\omega_d t+\beta)$$

$0<\xi<1$ 欠阻尼时系统根的分布情况如下图所示，$c(t)$响应为衰减震荡曲线。

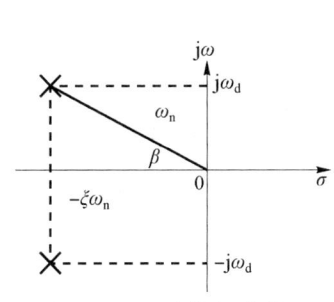
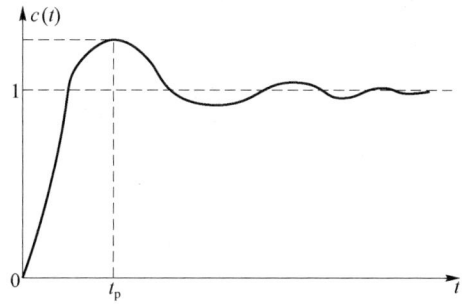

② $\xi=0$ 无阻尼（一对共轭虚根）

$s_{1,2}=\pm j\omega_n$，$c(t)=1-\cos\omega_n t$，$c(t)$响应为等幅震荡曲线。

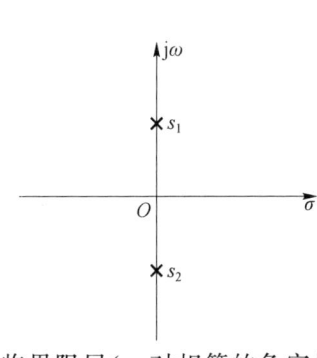
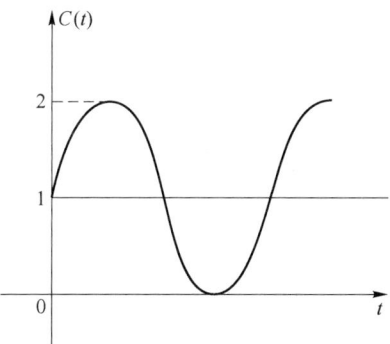

③ $\xi=1$ 临界阻尼（一对相等的负实根）：$s_{1,2}=-\omega_n$

$$C(s)=\frac{\omega_n^2}{(s+\omega_n)^2}\cdot\frac{1}{s}=\frac{1}{s}-\frac{\omega_n}{(s+\omega_n)^2}-\frac{1}{s+\omega_n}$$

$c(t)=1-e^{-\omega_n t}(1+\omega_n t)$ 为单调上升曲线。

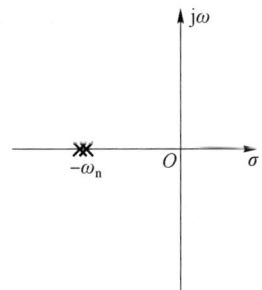
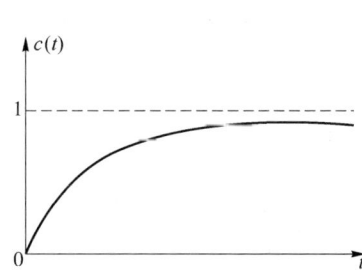

④ $\xi>1$ 过阻尼（两个不相等的负实数根）

$$s_{1,2}=-\xi\omega_n\pm\omega_n\sqrt{\xi^2-1}$$

$c(t)$为无超调量的单调上升曲线，比上一个曲线慢一些。

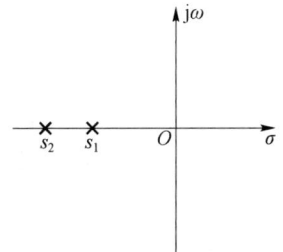
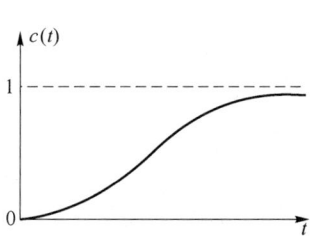

⑤ $\xi<0$ 负阻尼

$s_{1,2}$ 为正实根,$c(t)$ 为发散曲线。

(3) 脉冲响应

$$c(t)=g(t)=\mathscr{L}^{-1}[W(s)]=\mathscr{L}^{-1}\left[\frac{\omega_n^2}{s^2+2\xi\omega_n s+\omega_n^2}\right]$$ (不用记)

$$=\frac{\omega_n}{\sqrt{1-\xi^2}}e^{-\xi\omega_n t}\sin(\omega_n t\sqrt{1-\xi^2})$$

(4) 二阶系统的性能指标(欠阻尼)

上升时间: $t_r = \dfrac{\pi-\beta}{\omega_d} = \dfrac{\pi-\beta}{\omega_n\sqrt{1-\xi^2}}$

峰值时间: $t_p = \dfrac{\pi}{\omega_d} = \dfrac{\pi}{\omega_n\sqrt{1-\xi^2}}$

最大超调量: $M_p = \dfrac{c(t_p)-c(\infty)}{c(\infty)} = e^{-\frac{\xi\pi}{\sqrt{1-\xi^2}}} \cdot 100\%$

调节时间: $t_s = \dfrac{3\sim 4}{\xi\omega_n}(2\%\sim 5\%)$

(5) 工程最佳参数

$$\xi=\frac{\sqrt{2}}{2}=0.707 \quad M_p=4.3\%=e^{-\pi}$$

3. 高阶系统的响应

(1) 主导极点:离虚轴最近的,对瞬间过程性能影响最大的极点。

判断:其他极点的实部绝对值>主导极点的实部绝对值的5倍。

(2) 偶极子:一对靠得很近的闭环零极点,两点距离差小于本身模的一个数量级。

$$G(s)=\frac{K\prod\limits_{i=1}^{m}(s-z_i)}{\prod\limits_{j=1}^{n}(s-p_j)}$$ 中,分子和分母中可以近似相消的因式。

【例 3-16】

(华东理工大学 2017 年)某单位负反馈系统在阶跃作用下的输出响应为 $c(t)=1(t)+t\cdot e^{-t}-e^{-t}$。

(1) 求系统的开环传递函数和闭环传递函数。

(2) 求 $t_r,t_p,\sigma\%$。

解答: (1) 由题知:$R(s)=\dfrac{1}{s}$,零初始条件下,对输出响应方程两端取拉普拉斯变换得

$$C(s)=\frac{2s+1}{s(s+1)^2}$$

则系统的闭环传递函数为

$$\Phi(s)=\frac{C(s)}{R(s)}=\frac{2s+1}{(s+1)^2}$$

开环传递函数为

$$G(s)=\frac{\Phi(s)}{1-\Phi(s)}=\frac{2s+1}{s^2}$$

(2) 由 $c(t)=1(t)+t\cdot e^{-t}-e^{-t}$:

有 $c(t_r)=1+t_r\cdot e^{-t_r}-e^{-t_r}=1$，则 $t_r=1$ s

又由 $\dfrac{dc(t_p)}{dt_p}=(2-t_p)e^{-t_p}=0$，则 $t_p=2$ s

由超调量 $\sigma\%$ 的定义得：$\sigma\%=\dfrac{c(t_p)-c(\infty)}{c(\infty)}=\dfrac{1.135-1}{1}=13.5\%$

综上所述，$t_r=1$ s，$t_p=2$ s，$\sigma\%=13.5\%$。

注意：本题考查的是二阶系统性能指标的定义。因为不是典型的二阶系统，不容易直接求出 ω_n 和 ξ，不能直接带性能指标公式进行计算，只能根据指标的定义进行计算。

考点 5 已知系统响应曲线，确定传递函数或系统参数 K、ξ、ω_n

知识点：已知系统响应曲线，确定传递函数时经常使用的公式

$$\begin{cases} 超调：M_p=e^{-\frac{\xi\pi}{\sqrt{1-\xi^2}}}=\dfrac{c(t_p)-c(\infty)}{c(\infty)} \\ 峰值时间：t_p=\dfrac{\pi}{\omega_n\sqrt{1-\xi^2}} \end{cases}$$

【例 3-17】

（大连理工大学 2001 年）单位负反馈二阶系统的单位阶跃响应曲线如图 3.7 所示，试确定系统的开环传递函数。

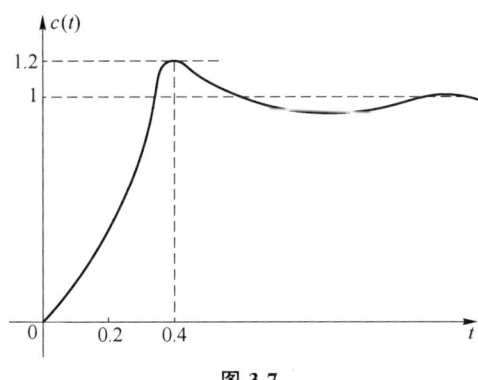

图 3.7

解答：由图可知 $M_p=\dfrac{1.2-1}{1}=0.2=e^{-\frac{\xi\pi}{\sqrt{1-\xi^2}}} \Rightarrow \xi=0.456$

$$t_p=\dfrac{\pi}{\omega_n\sqrt{1-\xi^2}}=0.4s \Rightarrow \omega_n=8.8 \text{ rad/s}$$

$$G(s)=\dfrac{\omega_n^2}{s^2+2\xi\omega_n}=\dfrac{77.44}{s(s+8)}(2\xi\omega_n\approx 8)$$

【例 3-18】

(杭州电子科技大学 2006 年)设图 3.8(a)所示系统的单位阶跃响应如图 3.8(b)所示,试确定参数 K_1、K_2 和 T 值。

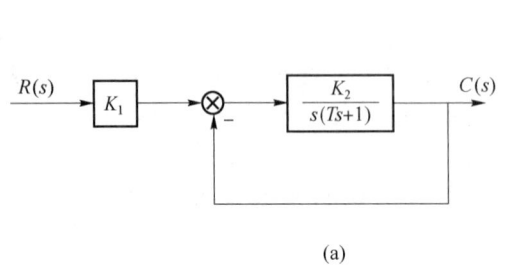
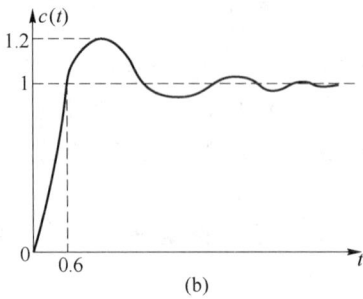

(a)　　　　　　　　　　　　　　　(b)

图 3.8

解答:

由图得
$$\begin{cases} \sigma\% = \dfrac{1.2-1}{1} = 20\% = e^{-\frac{\xi\pi}{\sqrt{1-\xi^2}}}\% \\ t_r = \dfrac{\pi-\beta}{\omega_n\sqrt{1-\xi^2}} = 0.6 \text{ s} \end{cases} \Rightarrow \begin{cases} \xi = 0.46 \\ \omega_n = 3.9 \end{cases}$$

$$\Phi(s) = \dfrac{\dfrac{K_1 K_2}{T}}{s^2 + \dfrac{1}{T}s + \dfrac{K_2}{T}} \quad c(\infty) = \lim_{s\to 0} s\Phi(s)R(s) = K_1 = 1$$

$\dfrac{K_2}{T} = 15.2$, $\dfrac{1}{T} = 3.7$, $T = 0.27$, $K_2 = 4.1$

答: $K_1 = 1$, $K_2 = 4.1$, $T = 0.27$。

【例 3-19】

(哈尔滨工业大学)系统框图如图 3.9(a)所示,其单位阶跃响应如图 3.9(b)所示,$e_{ss}(\infty) = 0$,求 K、v 和 T。

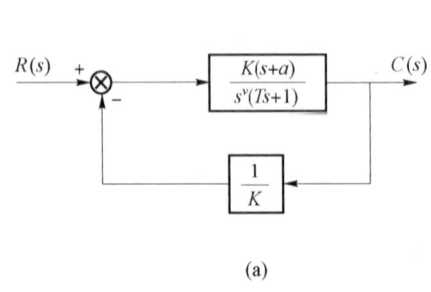
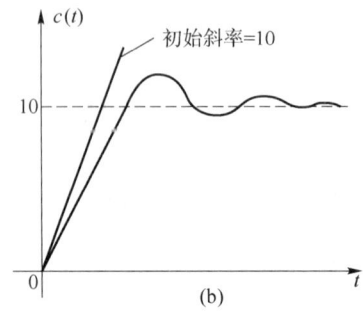

(a)　　　　　　　　　　　　　　　(b)

图 3.9

解答：

此题为难题，考生对题的条件常常看不完整。

$$\Phi(s) = \frac{C(s)}{R(s)} = \frac{K(s+a)}{Ts^{v+1}+s^v+s+a}$$

因为 $e_{ss}(\infty)=0$，所以 $v \geqslant 1$（因为 $c(t)$ 图形知，$v \neq 0$）

条件 1： 由图知单位阶跃响应是收敛的，因此系统是稳定的。

特征方程 $Ts^{v+1}+s^v+s+a=0$ 不应缺项，故 $v \leqslant 2$。

条件 2： 设 $v=1$，则有 $C(\infty)=10=\lim\limits_{s \to 0} s \cdot \Phi(s) \cdot \frac{1}{s} = \lim\limits_{s \to 0} \frac{K(s+a)}{Ts^2+2s+a} = K$，

得 $K=10$。

条件 3： 因为有下列关系式

$$\dot{C}(s) = L[\dot{c}(t)] = sC(s) - C(0) = sC(s) = s\Phi(s)R(s)。$$

$$\dot{C}(0) = \lim\limits_{s \to \infty} s\dot{C}(s) = \lim\limits_{s \to \infty} s^2 \cdot \Phi(s)R(s) = \lim\limits_{s \to \infty} s\Phi(s)$$

所以 $C'(0) = 10 = \lim\limits_{s \to \infty} s \cdot \Phi(s) \cdot 1 = \lim\limits_{s \to \infty} s^2 \Phi(s)R(s) = \lim\limits_{s \to \infty} \dfrac{K+\dfrac{Ka}{s}}{T+\dfrac{2}{s}+\dfrac{a}{s^2}} = \dfrac{K}{T}$，

得 $T = \dfrac{K}{10} = 1$。

设 $v=2$，则 $C'(0) = \lim\limits_{s \to \infty} s \cdot \Phi(s) \cdot 1 = \lim\limits_{s \to \infty} \dfrac{Ks(s+a)}{Ts^3+s^2+s+a} = \lim\limits_{s \to \infty} \dfrac{K\left(1+\dfrac{a}{s}\right)}{Ts+1+\dfrac{1}{s}+\dfrac{a}{s^2}} = 0$

$T=0$ 时，$C'(0) = \lim\limits_{s \to \infty} \dfrac{K\left(1+\dfrac{a}{s}\right)}{1+\dfrac{1}{s}+\dfrac{a}{s^2}} = K = 10$ 成立。

$T \neq 0$ 时，$C'(0)=0$，可见此时 $C'(0)$ 与已知矛盾，因此有 $v=1, K=10, T=1; v=2, K=10, T=0$。

考点 6 引入反馈改善系统性能（改造阻尼比 $\xi \uparrow$），或要求一定的性能指标或极点分布，确定系统参数或分析系统响应状态

（南京航空航天大学 2003 年）系统结构如图 3.10(a)所示，要求如下：

(1) $H(s)=1$ 时开环系统的单位阶跃响应曲线如图 3.10(b)所示，确定 K、ξ 和 ω_n。

(2) 如要求 ξ 提高到 ξ'，而保持 K 和 ω_n 不变，设计 $H(s)$（确定结构参数）。

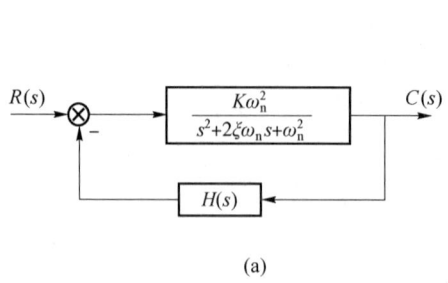
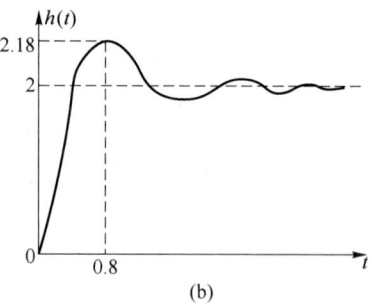

(a) (b)

图 3.10

解答：

(1) 由图得
$$\begin{cases} h(\infty)=2 \Rightarrow K=2 \\ t_p=\dfrac{\pi}{\omega_d}=0.8\text{s} \Rightarrow \omega_n=4.95 \text{ rad/s} \\ M_p=e^{-\frac{\pi\xi}{\sqrt{1-\xi^2}}}=\dfrac{2.18-2}{2}=0.09 \Rightarrow \xi=0.61 \end{cases}$$

(2) $\Phi(s)=\dfrac{K\omega_n^2}{s^2+2\xi\omega_n s+\omega_n^2+K\omega_n^2 H(s)}$

由条件知，若使 K、ω_n 不变，则设 $H(s)=K_t s$，此时 ω_n 不变，阻尼比 $\xi'=\xi+\dfrac{1}{2}K\cdot K_t\cdot\omega_n$。

由此得 $K_t=\dfrac{2(\xi'-\xi)}{K\omega_n}$。

知识点：

微分反馈（纯微分或一阶微分）可以使 ω_n 不变，$\xi\uparrow$。

【例 3-21】

（北京航空航天大学 2005 年）如图 3.11 所示的系统，求：

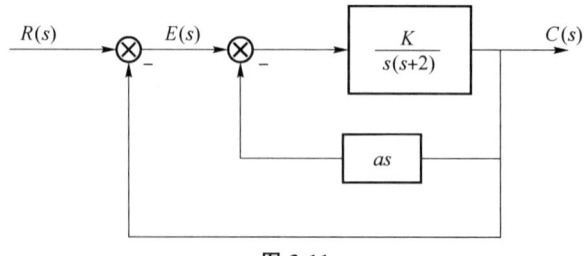

图 3.11

(1) $a=0$，$K=8$，确定 ξ，ω_n 和 $r(t)=t$ 作用下的 e_{ss}；
(2) $K=8$，$\xi=0.7$ 时，确定参数 a 值及 $r(t)=t$ 作用下的 e_{ss}；
(3) 在保证 $\xi=0.7$，$e_{ss}=0.25$ 的条件下，确定参数 a 和 K。

解答：$G(s)H(s) = \dfrac{K}{s(s+2)+aKs} = \dfrac{K}{s^2+(2+aK)s}$，$\phi(s) = \dfrac{K}{s^2+(2+aK)s+K}$

(1) 当 $a=0, K=8$ 时，$\Phi(s) = \dfrac{8}{s^2+2s+8} = \dfrac{\omega_n^2}{s^2+2\xi\omega_n s+\omega_n^2}$

$$\begin{cases} \omega_n^2 = 8 \Rightarrow \omega_n = 2\sqrt{2}\ \text{rad/s} \\ 2\xi\omega_n = 2 \Rightarrow \xi = \dfrac{1}{2\sqrt{2}} = 0.3536 \end{cases}$$

$K_v = 4, r(t) = t$ 作用下 $e_{ss} = \dfrac{1}{K_v} = 0.25$。

(2) 当 $K=8, \xi=0.7$ 时，$\phi(s) = \dfrac{8}{s^2+(2+8a)s+8}$

$$\begin{cases} \omega_n^2 = 8 \Rightarrow \omega_n = 2\sqrt{2} = 2.828\ \text{rad/s} \\ 2\xi\omega_n = 2+8a \Rightarrow a = 0.245 \end{cases}$$

$K_v = \dfrac{8}{3.98}, r(t) = t$ 作用下 $e_{ss} = \dfrac{1}{K_v} = 0.495$。

(3) $K_v = \lim\limits_{s\to 0} sG(s)H(s) = \dfrac{K}{2+aK}, e_{ss} = \dfrac{1}{K_v} = \dfrac{2+aK}{K} = 0.25$

由 $\phi(s)$ 得 $\begin{cases} 2\xi\omega_n = 2+aK \\ \omega_n = \sqrt{K} \end{cases}$，可得 $2\xi\sqrt{K} = 2+aK$

$\xi = 0.7 \Rightarrow 1.4\sqrt{K} = 0.25K \Rightarrow K(0.0625K-1.96) = 0 \Rightarrow K = 31.36$

$a = 0.186$。

注意：一定要把 as 合并到前向通道 $G(s)$ 中，否则 $E(s)$ 会出错！

知识点：单位负反馈系统的变量关系式

$$\begin{cases} e(t) = r(t) - c(t), E(s) = R(s) - C(s) \\ c(t) = r(t) - e(t), C(s) = R(s) - E(s) \\ G(s) = \dfrac{C(s)}{R(s)} = 1 - \dfrac{E(s)}{R(s)} \\ \dfrac{E(s)}{R(s)} = 1 - \dfrac{C(s)}{R(s)} = 1 - G(s) \end{cases}$$

【例 3-22】

(中国科学院，中国科技大学 2005 年) 系统结构如图 3.12 所示。

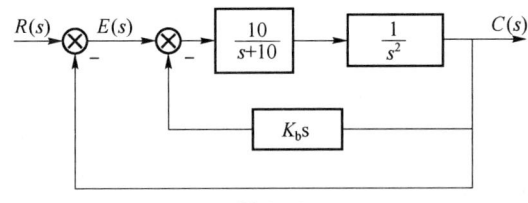

图 3.12

(1) 试确定使系统闭环稳定的反馈系数 K_b 的取值范围；

(2) 若确定系统一个闭环极点为 -5，试求 K_b 的取值范围和其余的闭环极点；

(3) 根据(2)得到的系统配置，采用时域法分析系统的瞬态性能和稳态性能。

解答：

(1) 开环传递函数 $G(s) = \dfrac{10}{s(s^2+10s+10K_b)}$

闭环特征方程 $D(s) = s^3 + 10s^2 + 10K_b s + 10 = 0$ （1）

$$\begin{array}{ll} s^3 & 1 \quad\quad 10K_b \\ s^2 & 10 \quad\quad 10 \\ s^1 & 10K_b - 1 \\ s^0 & 10 \end{array}$$

若使闭环稳定，$10K_b - 1 > 0$，所以 $K_b > 0.1$。

(2) 由题意，$D(s) = (s+5)(s^2 + as + b) = s^3 + (a+5)s^2 + (5a+b)s + 5b = 0$ （2）

比较式(1)和式(2)，得 $\begin{cases} a+5 = 10 \\ 5b = 10 \\ 5a+b = 10K_b \end{cases} \Rightarrow \begin{cases} a = 5 \\ b = 2 \\ K_b = 2.7 \end{cases}$

所以，另两个闭环极点 $s^2 + 5s + 2 = 0$，$s_2 = -4.56$，$s_3 = -0.44$。

另法：① $s = -5$ 代入 $D(s) = 0$，求出 $K_b = 2.7$。

② 长除法，求极点：

$$D(s) = s^3 + 10s^2 + 10K_b s + 10 = s^3 + 10s^2 + 27s + 10$$
$$= (s+5)(s^2 + 5s + 2) = 0$$

(3) $G(s) = \dfrac{10}{s(s^2+10s+27)} \Rightarrow \begin{cases} K_p = \infty \quad e_{ss} = \dfrac{1}{1+K_p} = 0 \\ K_v = \dfrac{10}{27} \quad e_{ss} = \dfrac{1}{K_v} = 2.7 \end{cases}$

闭环传递函数降阶化简：

$$\Phi(s) = \frac{10}{(s+5)(s+4.56)(s+0.44)} = \frac{\dfrac{10}{5\times 4.56}}{\left(\dfrac{s}{5}+1\right)\left(\dfrac{s}{4.56}+1\right)(s+0.44)} \approx \frac{0.44}{s+0.44}$$

三阶系统的主导极点 $s_3 = -0.44 \Rightarrow t_s = \begin{cases} 3T = 6.81s \quad \Delta = 5\% \\ 4T = 9.08s \quad \Delta = 2\% \end{cases}$

单位阶跃响应 $y(t) = 1 - e^{-0.4t}$ $(t \geq 0)$。

【例 3-23】

(中国科学院自动化所 2006 年)系统如图 3.13 所示。

(1) 确定使系统有一对复根的阻尼比 $\xi = 0.707$ 时 $K = ?$

(2) 在条件(1)下，求闭环极点。

(3) 在条件(1)下，$r(t) = t$ 时 $e_{ss} = ?$

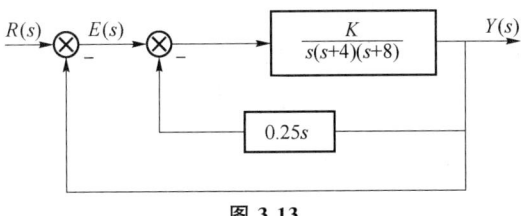

图 3.13

解答：

(1) 开环传递函数 $G(s)=\dfrac{K}{s(s+4)(s+8)+0.25Ks}$，特征方程为

$$D(s)=s(s+4)(s+8)+K(0.25s+1)=(s+4)[s^2+8s+0.25K]=0$$

另一对复根为 $s^2+8s+0.25K=0$ 的解，系统同时要求 $\xi=0.707$，所以有

$$\begin{cases} 0.25K=\omega_n^2 \\ 8=2\xi\omega_n=2\times 0.707\times\sqrt{0.25K} \end{cases} \Rightarrow K=128。$$

(2) 特征方程 $D(s)=(s+4)(s^2+8s+32)=0$。

解得： $s_1=-4$，$s_{2,3}=\dfrac{-8\pm\sqrt{8^2-4\cdot 32}}{2}=-4\pm j4$

(3) 开环传递函数 $G(s)=\dfrac{128}{s(s+4)(s+8)+32s}=\dfrac{128}{s[(s+4)(s+8)+32]}$，

$$K_v=\lim_{s\to 0}sG(s)=\lim_{s\to 0}s\cdot\dfrac{128}{s[(s+4)(s+8)+32]}=2，e_{ss}=\dfrac{1}{K_v}=\dfrac{1}{2}=0.5。$$

注意： 此题关键，想到 $D(s)=(s+d)(s^2+2\xi\omega_n+\omega_n^2)$ 结构，提取因式。

【例 3-24】

（东南大学 2006 年，湖南大学 2000 年）系统结构如图 3.14 所示，参数 K_1、K_2 为正常数，β 非负常数。分析：

(1) β 对稳定性影响；

(2) β 对系统阶跃响应动态性能的影响；

(3) β 对系统 $r(t)=t$ 响应稳态性能的影响。

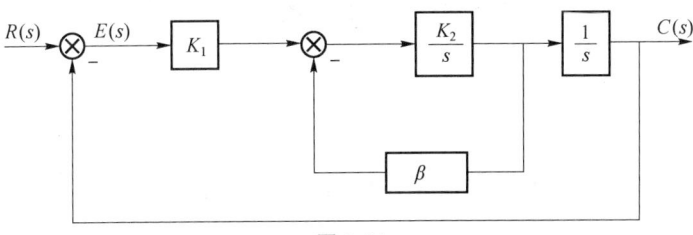

图 3.14

解答：

(1) 开环传递函数 $G(s)=K_1\dfrac{\dfrac{K_2}{s}}{1+\dfrac{\beta K_2}{s}}\cdot\dfrac{1}{s}=\dfrac{K_1K_2}{s(s+\beta K_2)}$。

闭环传递函数 $\Phi(s)=\dfrac{K_1K_2}{s^2+\beta K_2 s+K_1K_2}$。

$D(s)=s^2+\beta K_2 s+K_1K_2=0$，$\begin{cases}\beta=0,\text{临界稳定}\\ \beta>0,\text{稳定}\end{cases}$。

(2) 讨论参数 ξ 为不同值时对系统性能的影响：

$\begin{cases}① \ 0<\xi<1,\text{得}\ 0<\beta<2\sqrt{\dfrac{K_1}{K_2}},\text{欠阻尼},\text{衰减震荡}。\\ ② \ \xi=1,\text{得}\ \beta=2\sqrt{\dfrac{K_1}{K_2}},\text{临界阻尼},\text{震荡衰减}。\\ ③ \ \xi>1,\text{得}\ \beta>2\sqrt{\dfrac{K_1}{K_2}},\text{过阻尼},\text{无振动衰减}。\end{cases}$

(3) 由开环传递函数 $G(s)=\dfrac{K_1K_2}{s(s+\beta K_2)}$，得 $K_v=\lim\limits_{s\to 0}sG(s)=\dfrac{K_1}{\beta}$。

$r(t)=t$ 时，$e_{ss}=\dfrac{1}{K_v}=\dfrac{\beta}{K_1}$，$e_{ss}\propto\beta$（正比例）。

考点 7　用主导极点降阶法，求高阶系统的性能指标

【例 3-25】

（华中科技大学 2006 年）控制系统的 $\Phi(s)=\dfrac{10}{(s+10)(s^2+2s+2)}$，计算超调量 M_p。

解答：

系统的闭环极点 $s_1=-10,s_{2,3}=-1\pm j$，显然 $s_1=-10$ 离虚轴距离比其他两个极点大很多，系统近似 $\Phi(s)=\dfrac{1}{\left(\dfrac{s}{10}+1\right)(s^2+2s+2)}\approx\dfrac{1}{s^2+2s+2}$，$\begin{cases}\omega_n^2=2\\ 2\xi\omega_n=2\end{cases}\Rightarrow \omega_n=\sqrt{2}=1.414\ \text{rad/s}$，得 $\xi=0.707$。$M_p=e^{-\frac{\xi\pi}{\sqrt{1-\xi^2}}}\cdot 100\%=4.3\%$。

考点 8　特征根分布区域与系统参数关系

【例 3-26】

（华中科技大学 2002 年）若希望控制系统的特征方程所有根都位于 s 平面 $s=-1$ 的左侧区域且 $\xi<\dfrac{\sqrt{2}}{2}$，在 s 平面上画出根的分布区域。

解答：

$\xi<\dfrac{\sqrt{2}}{2}\Rightarrow \beta=\cos^{-1}\xi>45°$，$s$ 平面上根的分布区域为 $\beta>45°$，如图 3.15 所示。

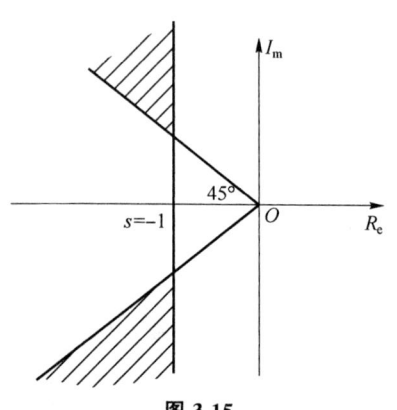

图 3.15

> **知识点:**
> 阻尼比系数 ξ 与 β 变化关系为反比,$\xi\downarrow\rightarrow\beta\uparrow$。

【例 3-27】

(浙江大学 2002 年)设单位反馈系统的开环传递函数为 $G(s)=\dfrac{K}{s(Ts+1)}$,要求所有的特征根位于 $s=-1\pm j\omega$ 的左侧且 $\zeta\geqslant 0.5$。

(1) 在平面上用阴影表示特征根的分布情况;

(2) 求出 K、T 的取值范围,并在 $K-T$ 直角平面上表示出来。

解答:

(1) $\zeta\geqslant 0.5$,由 $\beta=\cos^{-1}\zeta$ 得:根向量与负实轴的夹角 $\beta\leqslant 60°$,特征根的分布情况如图 3.16 所示。

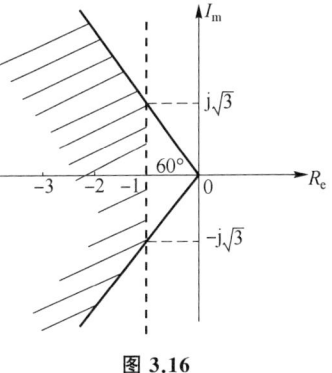

图 3.16

(2) 系统闭环传递函数 $\Phi(s)=\dfrac{K}{Ts^2+s+K}$,特征方程 $D(s)=Ts^2+s+K=0$

要求1:若要求特征根在 $s=-1\pm j\omega$ 左侧,令 $s=z-1$,代入 $D(s)=0$ 得

$$Tz^2+(1-2T)z+(T+K-1)=0$$

$$\begin{cases}T>0\\1-2T>0\\K+T-1>0\end{cases}\Rightarrow\begin{cases}0<T<\dfrac{1}{2}\\T+K>1\end{cases}$$

要求2:$\zeta\geqslant 0.5$,$D(s)=T\left(s^2+\dfrac{1}{T}s+\dfrac{K}{T}\right)=0$

得 $\begin{cases}2\zeta\omega_n=\dfrac{1}{T}\\\omega_n^2=\dfrac{K}{T}\end{cases}\Rightarrow\zeta^2=\dfrac{1}{4KT}$,即 $\dfrac{1}{4KT}\geqslant\left(\dfrac{1}{2}\right)^2=\dfrac{1}{4}\Rightarrow$

$KT\leqslant 1$

综上所述 $\begin{cases}0<T<\dfrac{1}{2}\\T+K>1\\KT\leqslant 1\end{cases}$ 所包围区域,如图 3.17 所示。

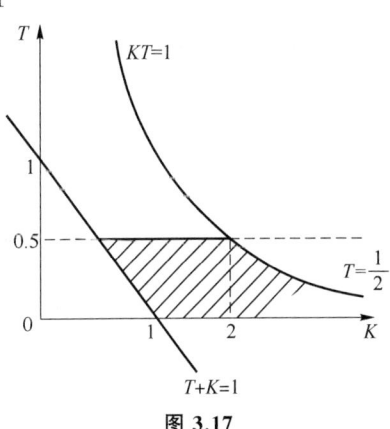

图 3.17

 考点 9 时域法综合:建模→结构图→传递函数→求性能指标

【例 3-28】

电压测量系统如图 3.18 所示,输入电压 $e_t(t)$ V,输出位移 $y(t)$ cm,放大器增益 $K=10$,丝杆

每转螺距 1 mm,电位计滑臂每移动 1 cm,电压增量为 0.4 V。对电动机加 10 V 阶跃电压时(带负载),稳态转速为 1000 r/min,达到该值 63.2% 需要 0.5 s。

(1) 画出系统框图；

(2) 求系统传递函数 $\dfrac{Y(s)}{E_t(s)}$；

(3) 当 $e(t)=1$ 时,分别求 t_p、$\sigma\%$、t_s、$y(\infty)$ 值。

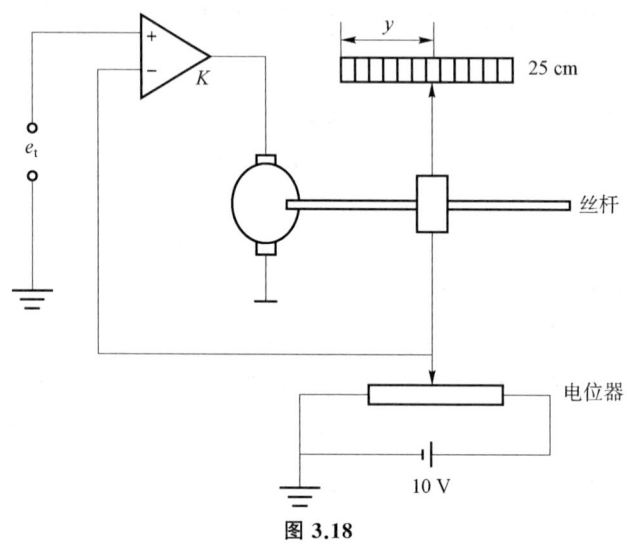

图 3.18

解答:

(1) 比较点: $E(s)=E_t(s)-F(s)V$。

(2) 放大器: $\dfrac{u_a(s)}{E(s)}=K=10$。

(3) 电动机: $\dfrac{\Omega(s)}{u_a(s)}=\dfrac{K_m}{T_m s+1}=\dfrac{\frac{1000}{10\times 60}}{0.5s+1}=\dfrac{\frac{5}{3}}{0.5s+1}\cdot\left(\dfrac{\frac{r}{s}}{V}\right)$。

(4) 丝杆: $\dfrac{Y(s)}{\Phi(s)}=K_1=0.1$ cm/r　※ $\Omega(s)=sL(s)\Rightarrow \Phi(s)=\dfrac{1}{s}\Omega(s)$。

(5) 电位器: $\dfrac{F(s)}{L(s)}=K_2=0.4$ V/cm。

传递函数 $\Phi(s)=\dfrac{Y(s)}{E_t(s)}=\dfrac{\frac{10}{3}}{s^2+2s+\frac{40}{3}}=\dfrac{\frac{40}{3}\times\frac{1}{4}}{s^2+2s+\frac{40}{3}}$,系统结构图如图 3.19 所示。

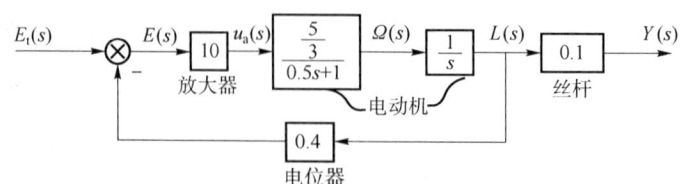

图 3.19

(6) 参数和性能指标：

$$\begin{cases}\omega_n=2\sqrt{\dfrac{10}{3}}=3.65\\ \zeta=\dfrac{2}{2\omega_n}=0.274\end{cases}\quad \begin{cases}t_p=\dfrac{\pi}{\omega_n\sqrt{1-\zeta^2}}=0.89\text{s}\\ \sigma\%=40.8\%=\text{e}^{-0.895}\end{cases}\quad \begin{cases}t_s=\dfrac{3.5}{\zeta\omega_n}=3.5\text{s}\\ y(\infty)=\lim\limits_{s\to 0}s\Phi(s)\dfrac{1}{s}=0.25\end{cases}$$

3.3 真题强化训练

【题 3-1】

求 $y''(t)+2y'(t)-3y(t)=\text{e}^{-t}$ 满足初始条件 $y(0)=0, y'(0)=1$ 的解。

【题 3-2】

已知 $y''(t)+3y'(t)+2y(t)=f'(t)+4f(t)$，初始状态 $y(0)=0, y'(0)=2$，输入 $f(t)=1(t)$，求 $y(t)$。

【题 3-3】

(上海理工大学 2018 年)如图 3.20 所示，设单位反馈系统的开环传递函数为

$$G(s)=\dfrac{K(s+1)}{s^3+as^2+2s+1},\ K>0, a>0$$

(1) 若系统的单位阶跃响应以 $\omega_n=2$ rad/s 频率振荡，试确定振荡时的 K、a 值。
(2) 当 $a=4$ 时，试求闭环系统极点全部位于 $s=-1$ 的左边时 K 取值范围。

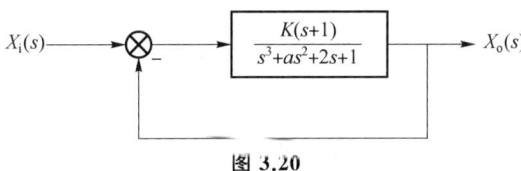

图 3.20

【题 3-4】

(杭州电子科技大学 2014 年)设单位反馈系统的开环传递函数为

$$G(s)=\dfrac{K}{s(s+1)(s+2)}$$

若系统在单位斜坡输入作用下的稳态误差 $e_{ss}\leqslant 0.5$，求 K 取值范围。

【题 3-5】

(杭州电子科技大学 2017 年)已知单位负反馈系统的开环传递函数为

$$G(s)=\dfrac{K(0.5s+1)}{s(s+1)(0.5s^2+s+1)}$$

试确定系统稳定时 K 值范围。

【题 3-6】

(杭州电子科技大学 2012 年)设控制系统如图 3.21 所示,已知 $G(s)=K_p+\dfrac{K}{s}$,$F(s)=\dfrac{1}{Js}$,输入 $r(t)$ 以及扰动 $n_1(t)$ 和 $n_2(t)$ 均为单位阶跃函数。分别求:

(1) $r(t)$ 单独作用下的 e_{ss};

(2) 扰动 $n_1(t)$ 作用下的 e_{ss};

(3) 扰动 $n_2(t)$ 作用下的 e_{ss}。

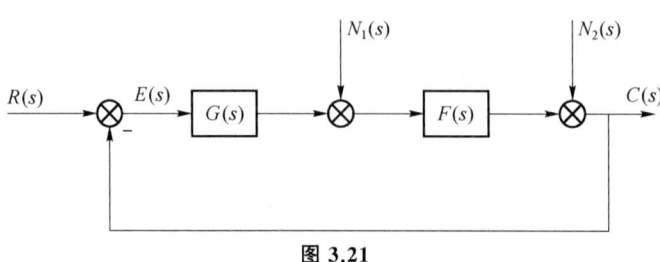

图 3.21

【题 3-7】

(北京交通大学 2003 年)系统如图 3.22 所示,输入量 $r(t)=at$(a 为任意常数),要求系统对于 $r(t)$ 的响应的稳态误差为零,求 K_i。

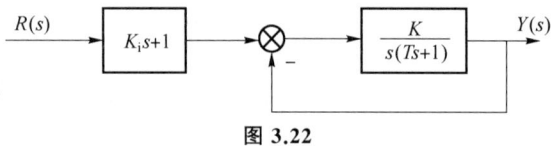

图 3.22

【题 3-8】

(南京邮电大学 2007 年)已知二阶系统的单位阶跃响应为 $h(t)=10-12.5\mathrm{e}^{-1.2t}\sin(1.6t+53.1°)$,此系统的自然频率是_____,阻尼比是_____,传递函数 $\varPhi(s)=$_____。

【题 3-9】

(华中科技大学大 2003 年)控制系统如图 3.23 所示,抑制系统在单位阶跃输入作用下的误差响应为 $e(t)=2\mathrm{e}^{-2t}-\mathrm{e}^{-4t}$,求系统的参数 K 和 T。

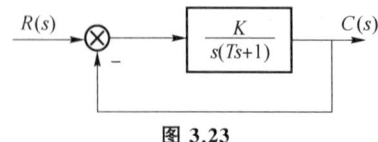

图 3.23

【题 3-10】

(东北大学 2003 年)单位反馈在单位阶跃输入的作用下其误差 $e(t)=1.2\mathrm{e}^{-10t}-0.2\mathrm{e}^{-60t}$,求闭环传递函数,确定其参数值。

【题 3-11】

(浙江大学 2005 年)某系统如图 3.24(a)所示,其单位阶跃响应如图 3.24(b)所示,求 K_1、K_2 和 a 的值。

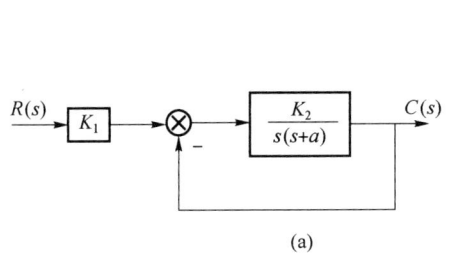
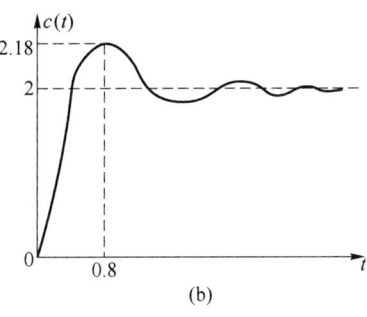

图 3.24

提示 $0<\xi<1$ 时,$g(t)=1-\dfrac{e^{-\xi\omega_n t}}{\sqrt{1-\xi^2}}\sin(\sqrt{1-\xi^2}\omega_n t+\theta)$

【题 3-12】

(北京交通大学 2003 年)某一单位负反馈二阶系统,实验测得该系统在 $r(t)=1$ 作用下的响应曲线如图 3.25 所示,求系统的开环传递函数。

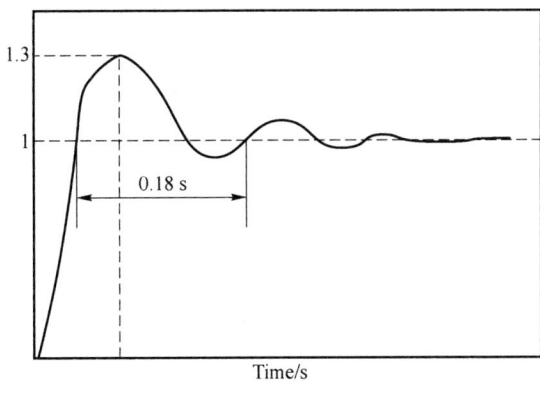

图 3.25

【题 3-13】

(大连理工大学 2003 年)某系统采用测速发电机反馈,可以改善系统的相对稳定性,系统如图 3.26所示。

(1) 若 $K=10$,使 $\xi=0.5$,试确定 K_n 值;
(2) 若使 $M_p\%=2\%$,$t_p=1$ s,试确定 K、K_n,并求 t_r、t_s。

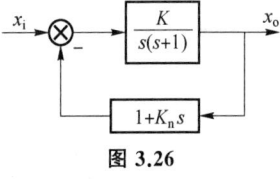

图 3.26

【题 3-14】

(华南理工大学 2006 年)已知系统的结构图如图 3.27 所示。若 $r(t)=2\times1(t)$ 时,试求:

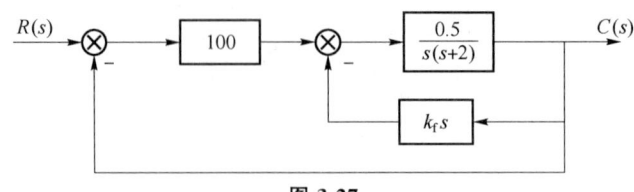

图 3.27

(1) 当 $K_f=0$ 时,求系统的响应 $c(t)$,超调量 $\sigma\%$ 及调节时间 t_s。
(2) 当 $K_f\neq 0$ 时,若要使超调量 $\sigma\%=20\%$,试求 K_f 应为多大?并求出此时的调节时间的值。
(3) 比较上述两种情况,说明内反馈 $K_f s$ 的作用是什么?

【题 3-15】

(昆明理工大学 2006 年)某单位负反馈系统,$G_K(s)=\dfrac{10}{s(0.01s+0.2)}$,试分析:

(1) 系统性能指标是否满足 $\sigma\%\leqslant 5\%$ 的要求?
(2) 若不满足,采用速度反馈改进它,画出系统结构图,确定系统参数。
(3) 系统改进后,求输入 $r(t)=2t$ 作用下的稳态误差 $e_{ss}=?$

【题 3-16】

(电子科技大学 2007 年)设某速度跟踪系统如图 3.28 所示。要求:

(1) 若要求系统工作在 $\xi=0.6$ 的状态下,K 应为多大?
(2) 系统输入 $r(t)$ 是幅值为 36 的阶跃信号,系统工作后,系统输出 $c(t)$ 最大值为多少?

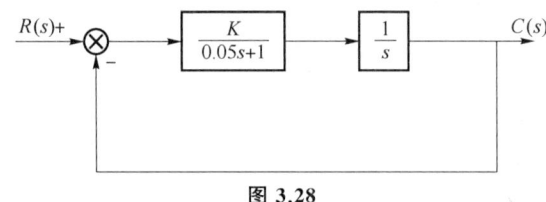

图 3.28

【题 3-17】

(国防科技大学 2002 年)某系统的开环传递函数为 $G(s)=\dfrac{1}{s^3+3.5s^2+3.5s+1}$,希望系统超调量 $\sigma\%=4.3\%$,调节时间 $t_s=3$ s,试通过输出反馈使系统极点位于希望的闭环主导极点上,求反馈参数(设计反馈环节传递函数)。

【题 3-18】

(大连理工大学 2002 年)已知 $\varPhi(s)=\dfrac{100(s+2.5)}{(s+10)(s^2+6s+25)}$,试定性分析零点 -2.5 和极点 -10 对系统瞬态性能的影响。

【题 3-19】

(华南理工大学 2006 年)系统如图 3.29 所示。

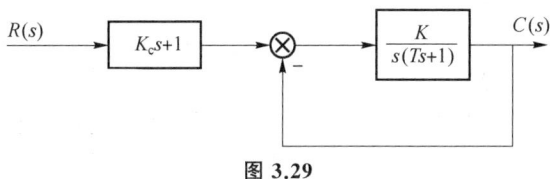

图 3.29

(1) 希望所有特征根位于 $s=-2$ 的左侧域且 $\zeta \geqslant 0.5$。试画出特征根在 s 平面上的分布范围（阴影线）；

(2) 当特征根处在阴影线范围内时,试求 K、T 范围。

【题 3-20】

(杭州电子科技大学 2018 年)设单位反馈系统的开环传递函数为

$$G(s)=\frac{10}{s(s+3)(s+4)}$$

且系统的一个闭环极点为 -5，已知该系统稳定。
(1) 输入为单位阶跃时，求系统的稳态误差；
(2) 采用主导极点法求取系统的单位阶跃响应。

注意：$\mathscr{L}[1(t)]=\frac{1}{s}$，$\mathscr{L}[\mathrm{e}^{-at}\sin\omega t]=\frac{\omega}{(s+a)^2+\omega}$，$\mathscr{L}[\mathrm{e}^{-at}\cos\omega t]=\frac{s+a}{(s+a)^2+\omega}$

【题 3-21】

(西北工业大学 2006 年)某单位反馈的三阶系统，开环无零点，开环增益 $k\in(0,5)$ 时，系统稳定。此时，在 $r(t)=1(t)$ 作用下系统无稳定误差。当 $k=5$ 时，系统单位阶跃响应呈现频率 $\omega=\sqrt{6}$ 的等幅振荡。求：

(1) 由上述条件确定的系统传递函数。
(2) 确定主导极点位于 $\beta=60°$ 线时，系统全部 3 个极点的位置，并估算系统的动态性能指标 $\delta\%$、t_s 值。
(3) 确定系统的截止频率 ω_c 和相角裕量 $\gamma(\omega_c)$。

3.4 真题强化训练答案

【题 3-1】

答案：
设 $\mathscr{L}[y(t)]=Y(s)$，方程两端取拉普拉斯变换，代入初态条件：

$$[s^2Y(s)-sy(0)-y'(0)]+2[sY(s)-y(0)]-3Y(s)=\frac{1}{s+1}$$

$$s^2Y(s)-1+2sY(s)-3Y(s)=\frac{1}{s+1}$$

所以
$$Y(s)=\frac{1}{s^2+2s-3}\left(\frac{1}{s+1}+1\right)$$
$$=\frac{s+2}{(s+1)(s+3)(s-1)}=\frac{A}{s+1}+\frac{B}{s-1}+\frac{C}{s+3}$$
$$=\frac{(A+B+C)s^2+(2A+4B)s+(-3A+3B-C)}{(s+1)(s-1)(s+3)}$$

方法 1：待定系数法

$$\begin{cases}A+B+C=0\\2(A+2B)=1\\-3A+3B-C=2\end{cases}\Rightarrow\begin{cases}A=-\frac{1}{4}\\B=\frac{3}{8}\\C=-\frac{1}{8}\end{cases}\Rightarrow Y(s)=\frac{-\frac{1}{4}}{s+1}+\frac{\frac{3}{8}}{s-1}+\frac{-\frac{1}{8}}{s+3}$$

$$y(t)=-\frac{1}{4}e^{-t}+\frac{3}{8}e^t-\frac{1}{8}e^{-3t}=\frac{1}{8}(3e^t-2e^{-t}-e^{-3t})$$

方法 2：留数法

$$\begin{cases}A=(s+1)Y(s)|_{s=-1}=-\frac{1}{4}\\B=(s-1)Y(s)|_{s=1}=\frac{3}{8}\\C=(s+3)Y(s)|_{s=-3}=-\frac{1}{8}\end{cases}\Rightarrow Y(s)=\frac{-\frac{1}{4}}{s+1}+\frac{\frac{3}{8}}{s-1}+\frac{-\frac{1}{8}}{s+3}$$

$$y(t)=-\frac{1}{4}e^{-t}+\frac{3}{8}e^t-\frac{1}{8}e^{-3t}=\frac{1}{8}(3e^t-2e^{-t}-e^{-3t})$$

原题可改为 $\Phi(s)=\dfrac{\frac{1}{(s+1)}}{s^2+2s-3}=\dfrac{1}{(s+1)(s^2+2s-3)}$，已知初态求 $y(t)$。

【题 3-2】

答案：

取拉普拉斯变换 $\mathscr{L}[y(t)]=Y(s)$，$\mathscr{L}[f(t)]=F(s)$

$$[s^2Y(s)-sy(0)-y'(0)]+3[sY(s)-y(0)]+2Y(s)=(s+4)F(s)$$
$$Y(s)=\frac{s+4}{s^2+3s+2}F(s)+\frac{2}{s^2+3s+2}$$

代入 $F(s)=\dfrac{1}{s}$ 得

$$Y(s)=\frac{s+4}{s(s^2+3s+2)}+\frac{2}{s^2+3s+2}$$
$$=\frac{s+4}{s(s+2)(s+1)}+\frac{2}{(s+2)(s+1)}$$
$$=\left(\frac{2}{s}-\frac{3}{s+1}+\frac{1}{s+2}\right)+\left(\frac{2}{s+1}-\frac{2}{s+2}\right)$$

$$y(t) = (2 - 3e^{-t} + e^{-2t}) + (2e^{-t} - 2e^{-2t})$$
$$= 2 - e^{-t} - e^{-2t}$$

条件变形题：已知 $\Phi(s) = \dfrac{s+4}{s^2+3s+2}$ 或已知开环函数 $G(s) = \dfrac{s+4}{s^2+2s-2}$。

【题 3-3】

答案： 系统特征方程为
$$D(s) = s^3 + as^2 + 2s + 1 + Ks + K = s^3 + as^2 + (2+K)s + (1+K)$$

劳斯表为

$$
\begin{array}{ccc}
s^3 & 1 & (2+K) \\
s^2 & a & (1+K) \\
s^1 & \dfrac{a(2+K)-(1+K)}{a} & \\
s^0 & (1+K) &
\end{array}
$$

联立 $\begin{cases} a(2+K)-(1+K)=0 & (1) \\ P(s)=as^2+(1+K)=0 & (2) \end{cases}$

若系统以 $\omega=2/s$ 角频率持续振荡，则根 $s=j2$ 代入上式得
$$a = \frac{3}{4}, \quad K = 2$$

(2) 当 $a=4$ 时，$G(s) = \dfrac{K(s+1)}{s^3+4s^2+2s+1}$，系统特征方程为
$$D(s) = s^3 + 4s^2 + (2+K)s + (1+K)$$

令 $s = s_1 - 1$，带入特征方程得
$$D(s_1) = s_1^3 + s_1^2 + (K-3)s_1 + 2 = 0$$

列新的劳斯表：
$$
\begin{array}{cc}
s_1^3 & 1 \quad K-3 \\
s_1^2 & 1 \quad 2 \\
s_1^1 & K-5 \\
s_1^0 & 2
\end{array}
\Rightarrow \text{系统稳定时 } K > 5
$$

故：使闭环系统极点全部位于 $s=-1$ 的左边的 K 的取值范围是 $K>5$。

【题 3-4】

答案：

(1) 首先用劳斯判据判别系统的稳定性：$D(s) = s^3 + 3s^2 + 2s + K$

$$
\begin{array}{ccc}
s^3 & 1 & 2 \\
s^2 & 3 & K \\
s^1 & \dfrac{6-K}{3} & \\
s^0 & K &
\end{array}
$$

得 $0 < K < 6$。

(2) 满足单位斜坡输入作用下的稳态误差为
$$K_V = \lim_{s \to 0} sG(s)H(s) = \frac{K}{2}$$

$$e_{ss}(\infty)=\frac{1}{K_V}=\frac{2}{K}\leqslant 0.5 \Rightarrow K\geqslant 4$$

综上所述，$4\leqslant K<6$。

【题 3-5】

答案： 用劳斯判据判别系统的稳定性为

$$D(s)=0.5s^4+1.5s^3+2s^2+(1+0.5K)s+K$$

s^4	0.5	2	K
s^3	1.5	$(1+0.5K)$	
s^2	$\dfrac{5-0.5K}{3}$	K	
s	$\dfrac{-0.5K^2-5K+10}{10-K}$		
s^0	K		

$$\Rightarrow \begin{cases} K>0 \\ \dfrac{5-0.5K}{3}>0 \\ \dfrac{-0.5K^2-5K+10}{10-K}>0 \end{cases} \Rightarrow 0<K<1.7$$

系统稳定时 K 值范围：$0<K<1.7$。

【题 3-6】

答案：

(1) $r(t)$ 作用时：

$$\Phi_e(s)=\frac{E(s)}{R(s)}=\frac{1}{1+G(s)F(s)}$$

$$E(s)=\Phi_e(s)R(s)=\frac{R(s)}{1+G(s)F(s)}$$

$$e_{ssr}=\lim_{s\to 0}sE(s)=\lim_{s\to 0}\frac{R(s)}{1+G(s)F(s)}=\lim_{s\to 0}\frac{Js^2}{Js^2+K_ps+K}=0$$

(2) $n_1(t)$ 作用时：

$$C_1(s)=\frac{F(s)}{1+G(s)F(s)}N_1(s)$$

$$E_{n_1}(s)=0-C_1(s)=-\frac{F(s)}{1+G(s)F(s)}N_1(s)$$

$$e_{ssn_1}(\infty)=\lim_{s\to 0}sE_{n_1}(s)=\lim_{s\to 0}\left[\frac{-s}{Js^2+K_ps+K}\right]=0$$

(3) $n_2(t)$ 作用时：

$$e_{ssn_2}(\infty)=\lim_{s\to 0}sE_{n_2}(s)=\lim_{s\to 0}\left[\frac{-Js^2}{Js^2+K_ps+K}\right]=0$$

注意： 系统对 $R(s)$ 为二型系统，对 $N_1(s)$ 为一型系统，对 $N_2(s)$ 为二型系统，当 $R(s)$、$N_1(s)$、$N_2(s)$ 均为单位阶跃函数时，系统的稳态误差必为零。

【题 3-7】

答案：

由图知 $\dfrac{Y(s)}{R(s)}=(K_i s+1)\times \dfrac{\dfrac{K}{s(Ts+1)}}{1+\dfrac{K}{s(Ts+1)}}=\dfrac{K(K_i s+1)}{Ts^2+s+K}$

用 $E(s)$ 定义 $e(t)=r(t)-y(t)$，取拉普拉斯变换 $E(s)=R(s)-Y(s)$。

$$\frac{E(s)}{R(s)} = 1 - \frac{Y(s)}{R(s)} = \frac{Ts^2 + (1-KK_i)s}{Ts^2 + s + K}$$

$$e_{ss} = \lim_{s \to 0} sE(s) = \lim_{s \to 0} s \frac{Ts^2 + (1-KK_i)s}{Ts^2 + s + K} \cdot \frac{a}{s^2} = \lim_{s \to 0} \frac{Ts + (1-KK_i)}{Ts^2 + s + K} a = \frac{a(1-KK_i)}{K} = 0$$

$$1 - KK_i = 0 \Rightarrow K_i = \frac{1}{K}$$

注意：此题用结构图变换法求解，如图 3.30 所示。

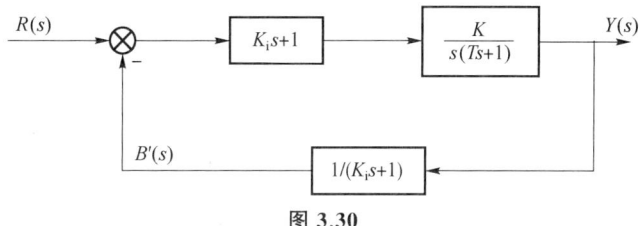

图 3.30

也用误差定义 $E(s) = R(s) - Y(s)$，原系统反馈量是 $Y(s)$，

$$\Phi(s) = \frac{Y(s)}{R(s)} = \frac{\dfrac{K(K_i s+1)}{s(Ts+1)}}{1 + \dfrac{K}{s(Ts+1)}} = \frac{K(K_i s+1)}{Ts^2 + s + K}$$

所以 $E(s) = R(s) - \Phi(s)R(s) = \dfrac{Ts^2 + (1-KK_i)s}{Ts^2 + s + K} R(s)$

令 $e_{ss} = \lim_{s \to 0} sE(s) = \dfrac{1-KK_i}{K} = 0$，$K = \dfrac{1}{K_i}$

此题有学生用结构图变换法求解，出现如下错误：

$$E(s) = R(s) - B'(s) = \frac{1}{1 + G(s)H(s)} R(s)$$

$$= \frac{1}{1 + \dfrac{K}{s(Ts+1)}} = \frac{s(Ts+1)}{Ts^2 + s + K}$$

结论：尽量不用结构图变换求解 $E(s)$ 或 e_{ss}，很容易改变 $E(s)$ 定义，出现错误。

【题 3-8】

答案：

二阶系统的单位阶跃响应（要求记住）：

$h(t) = K\left[1 - \dfrac{e^{-\xi\omega_n t}}{\sqrt{1-\xi^2}} \sin(\omega_d t + \beta)\right]$，式中 K 为增益。与题中单位阶跃响应表达式对比可知：

$K = 10, \dfrac{1}{\sqrt{1-\xi^2}} = 1.25, \xi\omega_n = 1.2, \omega_d = 1.6$ 得到 $\xi = 0.6, \omega_n = 2 \text{ rad/s}$

二阶系统 $\Phi(s) = K \dfrac{\omega_n^2}{s^2 + 2\xi\omega_n s + \omega_n^2}$。

结论:系统的自然频率是 $\omega_n = 2$ rad/s,阻尼比是 0.6,传递函数为

$$\Phi(s) = K \frac{\omega_n^2}{s^2 + 2\xi\omega_n s + \omega_n^2} = \frac{40}{s^2 + 2.4s + 4}$$

【题 3-9】
答案:

$$c(t) = r(t) - e(t) = 1 - 2e^{-2t} + e^{-4t}$$

$$C(s) = \frac{1}{s} - \frac{2}{s+2} + \frac{1}{s+4} = \frac{8}{s(s+2)(s+4)}$$

$$\frac{C(s)}{R(s)} = \frac{8}{(s+2)(s+4)} = \frac{8}{s^2 + 6s + 8} = \frac{\dfrac{K}{s(Ts+1)}}{1 + \dfrac{K}{s(Ts+1)}} = \frac{K}{Ts^2 + s + K}$$

得参数值: $K = \dfrac{8}{6} = \dfrac{4}{3}$, $T = \dfrac{1}{6}$。

【题 3-10】
答案: $c(t) = 1 - 1.2e^{-10t} + 0.2e^{-60t}$

$$C(s) = \frac{1}{s} - \frac{1.2}{s+10} + \frac{0.2}{s+60} = \frac{600}{s(s+10)(s+60)}$$

$$\Phi(s) = \frac{600}{(s+10)(s+60)} = \frac{600}{s^2 + 70s + 600} = \frac{\omega_n^2}{s^2 + 2\xi\omega_n s + \omega_n^2}$$

得参数值 $\begin{cases} \omega_n^2 = 600 \Rightarrow \omega_n = 10\sqrt{6} \\ 2\xi\omega_n = 70 \Rightarrow \xi = \dfrac{70}{2\omega_n} = \dfrac{70}{20\sqrt{6}} = \dfrac{7\sqrt{6}}{12} \end{cases}$

【题 3-11】
答案:

$K_1 = 2$,由图得 $\begin{cases} M_p = e^{-\dfrac{\xi\pi}{\sqrt{1-\xi^2}}} = \dfrac{2.18-2}{2} = 0.09 \\ t_p = \dfrac{\pi}{\omega_n\sqrt{1-\xi^2}} = 0.8 \text{ s} \end{cases}$

由 $\dfrac{-\xi\pi}{\sqrt{1-\xi^2}} = \ln 0.09 = -2.4$,即 $\dfrac{\xi^2}{\sqrt{1-\xi^2}} = 0.587$,得 $\xi = \sqrt{\dfrac{0.587}{1.587}} = \sqrt{0.37} = 0.608$。

由 $\omega_n\sqrt{1-\xi^2} = \dfrac{\pi}{0.8} = 3.927$,得 $\omega_n = \dfrac{3.927}{\sqrt{1-0.37}} = \dfrac{3.927}{0.794} = 4.95$ rad/s。

$$\Phi(s) = K_1 \cdot \frac{\omega_n^2}{s^2 + 2\xi\omega_n s + \omega_n^2} = K_1 \cdot \frac{\dfrac{K_2}{s(s+a)}}{1 + \dfrac{K_2}{s(s+a)}} = \frac{K_1 K_2}{s^2 + 6s + 24.5}$$

$K_1 = 2$ $K_2 = 24.5$ $a = 6$ $\xi = 0.61$ $\omega_n = 4.95$ rad/s

第 3 章 系统稳定性和时域分析法

【题 3-12】
答案：

开环函数 $G(s)=\dfrac{\omega_n^2}{s^2+2\xi\omega_n s}$，闭环函数 $\Phi(s)=\dfrac{G(s)}{1+G(s)}=\dfrac{\omega_n^2}{s^2+2\xi\omega_n s+\omega_n^2}$

(1) 由图知：$\sigma=\dfrac{1.3-1}{1}=30\%=e^{-\dfrac{\pi\xi}{\sqrt{1-\xi^2}}}$，所以 $\xi=0.36$。

(2) $T_d=\dfrac{2\pi}{\omega_d}=0.18\text{s}$，所以 $\omega_d=\omega_n\sqrt{1-\xi^2}=34.9\text{ rad/s}$，得 $\omega_n=37.4\text{ rad/s}$，

系统的开环传递函数为 $G(s)=\dfrac{1400}{s(s+26.9)}$。

【题 3-13】
答案：

$$\dfrac{x_o(s)}{x_i(s)}=\dfrac{K}{s^2+(KK_n+1)s+K}$$

(1) $\begin{cases}\omega_n^2=K\\ 2\xi\omega_n=KK_n+1\end{cases}$，取 $K=10,\xi=0.5$，得 $K_n=\dfrac{\sqrt{10}-1}{10}$。

(2) $M_p\%=2\%\Rightarrow\xi=0.78$，$t_p=\dfrac{\pi}{\omega_n\sqrt{1-\xi^2}}=1\text{ s}\Rightarrow\omega_n=5$，

所以 $K=\omega_n^2=25$，$K_n=\dfrac{2\xi\omega_n-1}{K}=0.27$，

$t_r=0.788\text{ s}$，$t_s=1.03\text{ s}$。

【题 3-14】
答案：

(1) 由系统结构图可知，当 $K_f=0$ 时，系统开环传递函数为

$$G(s)=\dfrac{50}{s^2+2s}$$

系统的闭环传递函数为

$$\Phi(s)=\dfrac{50}{s^2+2s+50}$$

由闭环传递函数可知，系统为典型的二阶系统。根据

$$\Phi(s)=\dfrac{\omega_n^2}{s^2+2\xi\omega_n+\omega_n^2}$$

可得 $\xi=\dfrac{1}{\sqrt{50}}=0.141$，$\xi\omega_n=1$，$\omega_n=\sqrt{50}$。由于 $\xi<1$，故系统为欠阻尼系统。

所以系统的超调量和调整时间分别为

$$\sigma\%=e^{\dfrac{-\pi\xi}{\sqrt{1-\xi^2}}}=63.85\%,\ t_s=\dfrac{3.5}{\xi\omega_n}=3.5\text{ s}$$

当输入 $r(t)=2\times 1(t)$ 时，其阶跃响应为

$$C(s)=R(s)\Phi(s)=\dfrac{2}{s}\times\dfrac{50}{s^2+2s+50}$$

$$=100\times\dfrac{1}{s[(s+1)^2+7^2]}$$

根据公式：

$$\mathscr{L}^{-1}\left\{\frac{1}{(s+b)[(s+a)^2+w_0^2]}\right\}=\frac{\mathrm{e}^{-bt}}{(b-a)^2+w_0^2}+\frac{\mathrm{e}^{-at}\sin(w_0t-\varphi)}{w_0\sqrt{(b-a)^2+w_0^2}}$$

式中，$\varphi=\arctan\dfrac{w_0}{b-a}$。对比可知，令 $a=1, w_0=7, b=0$，可得响应为

$$c(t)=100\left\{\frac{1}{50}+\frac{\mathrm{e}^{-t}\sin[7t-\arctan(-7)]}{7\sqrt{50}}\right\}$$

$$=2-2.03\mathrm{e}^{-t}\sin(7t+0.455\pi)$$

(2) 当 $K_\mathrm{f}\neq 0$ 时，系统的闭环传递函数为

$$\Phi(s)=\frac{50}{s^2+(2+0.5K_\mathrm{f})s+50}$$

可见，系统仍为典型的无零点二阶系统，自然振荡频率不变，但阻尼比发生变化。

即 $w_\mathrm{n}=\sqrt{50}$，$\xi'=\dfrac{2+0.5K_\mathrm{f}}{2\sqrt{50}}$。

根据超调量为 $\sigma\%=\mathrm{e}^{-\frac{\pi\xi}{\sqrt{1-\xi^2}}}=20\%$，可得

$$\xi'=\frac{\ln\dfrac{1}{\sigma\%}}{\sqrt{\pi^2+\left(\ln\dfrac{1}{\sigma\%}\right)^2}}=0.46$$

所以，由已求得的关系式 $\xi'=\dfrac{2+0.5K_\mathrm{f}}{2\sqrt{50}}$，解得

$$K_\mathrm{f}=8.97$$

由关系式 $t_\mathrm{s}=\dfrac{3.5}{\xi' w_\mathrm{n}}$，解得

$$t_\mathrm{s}=1.08\mathrm{s}<3.5$$

(3) 综上比较上述两种情况可知，内反馈的作用是增加系统的阻尼比，降低超调量和调节时间，但是使得系统的稳态误差增加。

【题 3-15】
答案：

(1) 系统闭环传递函数为 $\Phi(s)=\dfrac{10}{0.01s^2+0.2s+10}=\dfrac{1000}{s^2+20s+100}$

得系统参数 $\begin{cases}w_\mathrm{n}=10\sqrt{10}\\ \xi=\dfrac{10}{\sqrt{10}}\end{cases}\Rightarrow\sigma\%>5\%$，系统性能指标是否满足 $\sigma\%\leqslant 5\%$ 的要求。

(2) 采用速度反馈改进系统，系统结构图如图 3.31 所示。

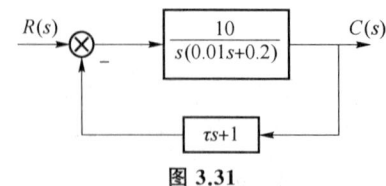

图 3.31

采用速度反馈改进后的系统闭环传递函数为

$$\Phi(s) = \frac{10}{0.01s^2 + (0.2s + 10\tau)s + 10} = \frac{1000}{s^2 + (20 + 1000\tau)s + 1000}$$

得系统参数 $\begin{cases} \omega_n^2 = 1000 \\ 2\xi\omega_n = 20 + 1000\tau \\ \sigma\% \leq 5\%, \text{取工程最佳参数} \xi = \frac{1}{\sqrt{2}} \end{cases} \Rightarrow \tau = 0.025$。

(3) 改进后的系统开环传递函数 $G'_K(s) = \frac{10(0.25s + 1)}{s(0.01s + 0.2)}$

系统速度误差系数 $K_V = \lim\limits_{s \to 0} \frac{10(0.25s + 1)}{s(0.01s + 0.2)} = 50$，输入 $r(t) = 2t$ 作用下系统稳态误差 $e_{ss} = \frac{2}{K_V} = \frac{2}{50} = \frac{1}{25}$。

【题 3-16】
答案：
(1) 系统的开环传递函数为

$$G(s) = \frac{K}{s(0.05s + 1)}$$

所以闭环传递函数为

$$\Phi(s) = \frac{K}{s(0.05s + 1) + K} = \frac{20K}{s^2 + 20s + 20K}$$

当 $\xi = 0.6$ 时，有

$$w_n^2 = 20K, 2\xi w_n = 20, \xi = 0.6$$

解得

$$K = 13.89, \quad w_n = 16.67$$

(2) 由(1)中求得的 K 及 w_n，代入可得到闭环传递函数为

$$\Phi(s) = \frac{277.8}{s^2 + 20s + 277.8}$$

根据无零点二阶系统的特征，可知最大超调量为

$$\sigma\% = e^{-\frac{\pi\xi}{\sqrt{1-\xi^2}}} = e^{-\frac{\pi \times 0.6}{\sqrt{0.64}}} = 9.48\%$$

输出 $c(t)$ 最大值为 $36 \times (1 + 9.48\%) = 39.41$。

【题 3-17】
答案：设一对闭环主导极点 $s_{1,2} = -\xi\omega_n \pm j\omega_n\sqrt{1-\xi^2}$，另一极点 $s_3 = -d$，闭环主导极点满足 $s^2 + 2\xi\omega_n s + \omega_n^2 = 0$，系统参数为

$\begin{cases} \sigma\% = e^{-\frac{\xi\pi}{\sqrt{1-\xi^2}}} = 4.3\% \Rightarrow \xi = \frac{\sqrt{2}}{2} \\ t_s = \frac{3}{\xi\omega_n} = 3s \Rightarrow \omega_n = \sqrt{2} \end{cases}$ 所以 $s^2 + 2\xi\omega_n s + \omega_n^2 = s^2 + 2s + 2 = 0$

系统特征方程 $D(s) = (s^2 + 2s + 2)(s + d) = s^3 + (d+2)s^2 + (2d+2)s + 2d = 0$，负反馈通道的传递函数 $H(s) = as^2 + bs + c$，

则 $\Phi(s) = \dfrac{G(s)}{1+G(s)H(s)} = \dfrac{1}{s^3+(a+3.5)s^2+(b+3.5)s+c+1}$。

所以 $\begin{cases} a+3.5=d+2 \\ b+3.5=2d+2 \\ c+1=2d \end{cases}$ 又因为 $s=-d$ 为非主导极点，$d \geqslant 5$，取 $d=6$。

所以取 $\begin{cases} a=4.5 \\ b=10.5 \\ c=11 \end{cases}$（答案不唯一）。反馈环节传递函数 $H(s)=4.5s^2+10.5s+11$（本题还可用状态空间极点配置法）。

【题 3-18】
答案：

（1）闭环负零点 -2.5 的影响：加速了响应过程，同时 $\xi \downarrow M_p \uparrow$ 随着零点向虚轴的靠近而越加明显，如图 3.32 所示。

（2）闭环极点 -10 的影响：反应变慢↓，但与主导极点较远，受影响不大。

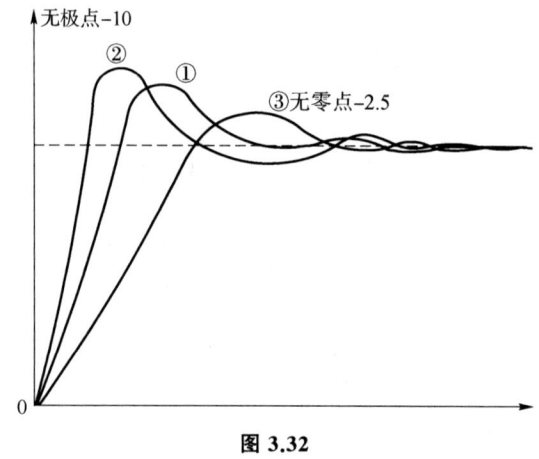

图 3.32

【题 3-19】
答案：

（1）由 $\xi \geqslant 0.5$ 可知 $\beta = \arctan \xi$ 范围：$-\dfrac{\pi}{3} < \beta < \dfrac{\pi}{3}$，分布如图 3.33 所示。

（2）若使特征根在 $s=-2$ 左侧，将 $s=s_1-2$ 代入 $D(s)=s(Ts+1)+K=Ts^2+s+K$ 得

$$T(s_1-2)^2+(s_1-2)+K=0$$
$$Ts_1^2+(1-4T)s_1+4T+K-2=0$$

劳斯判据 $\begin{cases} T>0, K>0 \\ 1-4T>0 \Rightarrow T<\dfrac{1}{4} \Rightarrow 0<T<\dfrac{1}{4} \\ 4T+K-2>0 \Rightarrow 4T+K>2 \end{cases}$

特征方程 $D(s)=T\left(s^2+\dfrac{1}{T}s+\dfrac{K}{T}\right)$，方程系数与系统参数关系如下：

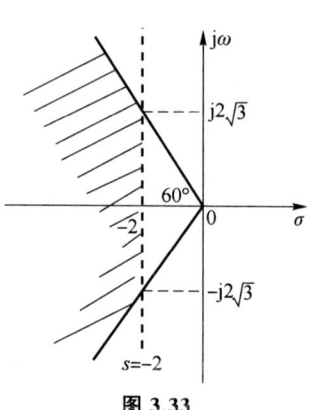

图 3.33

第3章 系统稳定性和时域分析法

$$\begin{cases} \omega_n^2 = \dfrac{K}{T} \\ 2\xi\omega_n = \dfrac{1}{T} \end{cases} \Rightarrow \xi^2 = \dfrac{1}{4KT} \text{ 即 } \dfrac{1}{4KT} \geqslant \left(\dfrac{1}{2}\right)^2 = \dfrac{1}{4} \Rightarrow KT \leqslant 1$$

综上所述，特征根处在阴影线范围内时，系统参数范围 $\begin{cases} K>0 \\ KT \leqslant 1 \\ 0<T<\dfrac{1}{4} \\ 4T+K>2 \end{cases}$

【题 3-20】
答案：

(1) $E(s) = \dfrac{R(s)}{1+G(s)} = \dfrac{\dfrac{1}{s}}{1+\dfrac{10}{s(s+3)(s+4)}} = \dfrac{s^2+7s+12}{s^3+7s^2+12s+10}$

$$e_{ss}(\infty) = \lim_{s \to 0} sE(s) = \dfrac{s^2+7s+12}{s^3+7s^2+12s+10}\bigg|_{s=0} = \dfrac{0}{10} = 0$$

(2) 根据主导极点法，系统传递函数化简为

$$\Phi(s) = \dfrac{10}{(s+5)(s^2+2s+2)} = \dfrac{2}{\left(\dfrac{1}{5}s+1\right)(s^2+2s+2)} \approx \dfrac{2}{s^2+2s+2}$$

（非主导极点因式舍去）

$$\begin{cases} \omega_n^2 = 2 \\ 2\xi\omega_n = 2 \end{cases} \Rightarrow \begin{cases} \omega_n = \sqrt{2} \\ \xi = \dfrac{\sqrt{2}}{2} \end{cases}$$

系统的单位阶跃响应为

$$c(t) = 1 - \dfrac{1}{\sqrt{1-\xi^2}} e^{-\xi\omega_n t} \sin(\omega_n\sqrt{1-\xi^2}\,t + \beta) = 1 - \sqrt{2}\,e^{-t}\sin(t+45°)$$

【题 3-21】
答案：

(1) 此题的难点是确定 $G(s)$ 结构。首先，由 $e_{ss}=0 \Rightarrow v \geqslant 1$。

第一种情况：取 $v=1$，即系统为 I 型 3 阶的无零点系统。设 $G(s) = \dfrac{abk}{s(s+a)(s+b)}$（也可设 $G(s) = \dfrac{k/T_1T_2}{s\left(s+\dfrac{1}{T_1}\right)\left(s+\dfrac{1}{T_2}\right)}$，但参数结构不整齐），系统特征方程为

$$D(s) = s(s+a)(s+b) + abk = s^3 + (a+b)s^2 + abs + abk = 0。$$

当 $k=5$ 时，系统等幅振荡，令 $s=j\omega$，代入 $D(s)=0$ 或用劳斯判据：

$$\begin{cases} R_e = -(a+b)\omega^2 + kab = 0 \\ I_m = -\omega^3 + ab\omega = 0 \end{cases} \Rightarrow \begin{cases} a=2 \\ b=3 \end{cases}$$

所以 $G(s) = \dfrac{6k}{s(s+2)(s+3)}$

第二种情况：取 $v=2$，系统为 II 型，设 $G(s)=\dfrac{ak}{s^2(s+a)}$，则特征方程为
$$D(s)=s^2(s+a)+ak=s^3+as^2+ak$$
特征方程缺项，系统不稳定，所以不存在此结构。同理系统不可能为 III 型。

（2）系统特征方程 $D(s)=s(s+2)(s+3)+6k=s^3+5s^2+6s+6k=0$。

方法 1：由 $\beta=60°$ 得 $\xi=\cos 60°=0.5$，设系统的 3 个特征根为 $s_{1,2}=-\xi\omega_n\pm j\omega_n\sqrt{1-\xi^2}$（待定系数 ω_n），第 3 个根 $s_3=(-5)+2\xi\omega_n=-5+\omega_n$。

所以 $D(s)=(s-5+\omega_n)(s^2+2\xi\omega_n s+\omega_n^2)=(s-5+\omega_n)(s^2+\omega_n s+\omega_n^2)$
$=s^3+5s^2+5\omega_n s+\omega_n^2(5-\omega_n)$

比较 $D(s)$ 两式，解出待定系数，得 $\begin{cases}5\omega_n=6\\ \omega_n^2(5-\omega_n)=6k\end{cases}\Rightarrow\begin{cases}\omega_n=1.2\\ k=0.912\end{cases}$。

所以，系统的闭环极点 $\begin{cases}s_{1,2}=-0.6\pm j1.039\\ s_3=\omega_n-5=-3.8\end{cases}\Rightarrow$ 系统性能指标 $\begin{cases}\delta\%=16.3\%\\ t_s=\dfrac{3.5}{\xi\omega_n}=5.83\end{cases}$。

方法 2：因为 $\beta=60°$，设 $s_{1,2}=\sigma\pm j\sqrt{3}\sigma$，$s_3=-5-2\sigma$，$\begin{cases}\omega_n=2\sigma\\ \xi\omega_n=-\sigma\end{cases}$

$D(s)=(s+5+2\sigma)(s^2-2\sigma s+4\sigma^2)=s^3+5s^2-10\sigma s+(20\sigma^2+8\sigma^3)$

又知系统特征方程 $D(s)=s(s+2)(s+3)+6k=s^3+5s^2+6s+6k=0$。

上述两式比较得

$-10\sigma=6$ 所以 $\sigma=-0.6$，$\omega_n=2\sigma=1.2$，$k=(20\sigma^2+8\sigma^3)/6=0.912$，

系统性能指标 $\begin{cases}\delta\%=16.3\%\\ t_s=\dfrac{3.5}{\xi\omega_n}=5.83\end{cases}$

（3）系统开环传递函数 $G(s)=\dfrac{k}{s\left(\dfrac{s}{2}+1\right)\left(\dfrac{s}{3}+1\right)}$，转折频率 $\omega_1=2$，$\omega_2=3$，

令 $|G(j\omega)|=1$，得 $\omega_c\approx k=0.912$。

$$\gamma(\omega_c)=180°-90°-\tan^{-1}\dfrac{0.912}{2}-\tan\dfrac{0.912}{3}=48.6°$$

第 4 章 根轨迹法

4.1 主要知识点

(1) 根轨迹定义、常用根轨迹(180°根轨迹)的基本绘制规则。
(2) 根轨迹分析法:系统参数变化对系统响应的影响分析;在根轨迹图上确定特定参数、特定性能指标时的系统特征根、系统传递函数等;讨论开环零点对系统根轨迹及系统特性的影响。
(3) 形状特殊的根轨迹绘制及分析。
(4) 零度根轨迹的绘制。
(5) 系统全根轨迹绘制。
(6) 参数根轨迹、多变量根轨迹绘制及分析。

4.2 考点归类解析与例题详解

基本知识要点

1. 根轨迹定义

系统某个参数连续变化时,闭环特征根在复平面上变化的轨迹。

$$\Phi(s) = \frac{G(s)}{1+G(s)H(s)}$$

(1) 特征方程 $D(s)=1+G(s)H(s)=0 \Rightarrow$ 根轨迹方程 $G(s)H(s)=-1$

$\begin{cases} \text{相角条件}: \angle G(s)H(s)=\pm(2k+1)\pi & \text{根轨迹的充要条件} \\ \text{幅值条件}: |G(s)H(s)|=1 & \text{用于求根对应的 } K \text{ 值} \end{cases}$

相角条件——根轨迹上的点满足的充要条件:
根轨迹上的点满足相角条件⇔相角条件满足的点一定是根轨迹上的点。

(2) 根轨迹方程的另一种表示形式：$K_g \dfrac{\prod\limits_{i=1}^{m}(s-z_i)}{\prod\limits_{j=1}^{n}(s-p_j)} = -1$，

定义根轨迹增益 $K_g = \left| \dfrac{\prod\limits_{j=1}^{n}(s-p_j)}{\prod\limits_{i=1}^{m}(s-z_i)} \right|_{s_i}$（根 s_i 对应的 K_g 值）

注意：开环传递函数的另一表示形式为 $G(s)H(s) = K \dfrac{\prod\limits_{i=1}^{m}(\tau_i s + 1)}{\prod\limits_{j=1}^{n}(T_j s + 1)}$

开环增益 K 与根轨迹增益 K_g 的关系为 $K = K_g \dfrac{\prod\limits_{i=1}^{m}(-z_i)}{\prod\limits_{j=1}^{n}(-p_j)}$

(3) 概念 $\begin{cases} 根轨迹上的点是系统的闭环极点(特征根); \\ 用系统开环传递函数 G(s)H(s) 绘制闭环系统特征根的轨迹。\end{cases}$

2. 根轨迹绘制规则

(1) 起点：开环极点 p_j。

　　终点：开环零点 z_i；当 $n \neq m$ 时，有 $(n-m)$ 条终止于 ∞ 远处。

(2) 根轨迹对称性：对称于实轴。

(3) 根轨迹数量：n 支 $= \max(n, m)$。

(4) 实轴上根轨迹：某段右边实轴上开环零极点总数为奇数时，该段为根轨迹。

(5) 渐近线：渐近线与实轴的交点 $\sigma = \dfrac{\sum\limits_{j=1}^{n} p_j - \sum\limits_{i=1}^{m} z_i}{n-m}$；

　　渐近线与实轴的夹角：$\varphi = \dfrac{(2k+1)\pi}{n-m}, k = 0, 1, \cdots, (n-m+1)$。

(6) 与虚轴交点 $\begin{cases} 劳斯判据：全零行，P(s)=0 \\ s = j\omega \text{ 代入 } D(s) = 0 \end{cases}$

(7) 分会点

两种方法 $\begin{cases} \sum\limits_{i=1}^{n} \dfrac{1}{\lambda - p_i} = \sum\limits_{j=1}^{m} \dfrac{1}{\lambda - z_j} \text{——必要条件，解中有多余值，需舍去。} \\ \dfrac{d}{ds}\left[\dfrac{1}{G(s)H(s)} \right] = 0 \end{cases}$

(8) 根的和与积：系统特征方程 $D(s) = s^n + a_1 s^{n-1} + \cdots + a_n$

$$\sum_{i=1}^{n} s_i = \sum_{j=1}^{n} P_j = 常数 (n - m \geq 2)$$

$$\prod_{j=1}^{n}(-s_j) = \prod_{j=1}^{n} p_j + K_g \prod_{i=1}^{m}(-z_i)$$

考点 1　绘制系统根轨迹,讨论确定 ξ 不同值或系统输出响应为不同状态时的参数范围

知识点:根轨迹与阻尼比 ξ 值的对应关系:

$$\begin{cases}(1)\text{ 不相等的负实根,在负实轴上} & \to \text{过阻尼}(\xi>1) & \to \text{系统响应单调上升收敛}\\(2)\text{ 共轭复根,在 } s \text{ 左平面复平面上} & \to \text{欠阻尼}(0<\xi<1) & \to \text{系统响应振荡衰减}\\(3)\text{ 重根,在负实轴上} & \to \text{临界阻尼}(\xi=1) & \to \text{系统响应单调上升收敛}\\(4)\text{ 对称虚根,在虚轴上} & \to \text{无阻尼}(\xi=0) & \to \text{系统临界稳定,响应等幅振荡}\end{cases}$$

【例 4-1】

(华中科技大学 2003 年)设负反馈系统的开环传递函数 $G(s)H(s)=\dfrac{K(s+3)}{(s+1)(s+2)}$,作根轨迹图,并由图分析在不同 K 值下系统的阶跃响应曲线变化情况。

解答:

(1) $m=1, n=2$,两条根轨迹。起点 $p_1=-1, p_2=-2$,终点 $z_1=-3, z_{2,3}=\infty$。

(2) 渐近线: $\sigma=\dfrac{-1-2+3}{2-1}=0$,

$\varphi=(2k+1)\pi$,取 π。

(3) 实轴上根轨迹: $(-\infty,-3), [-2,-1]$。

(4) 分离点:由 $\dfrac{1}{s+1}+\dfrac{1}{s+2}=\dfrac{1}{s+3}$,

得 $s^2+6s+7=0, s_{1,2}=-3\pm\sqrt{2}$

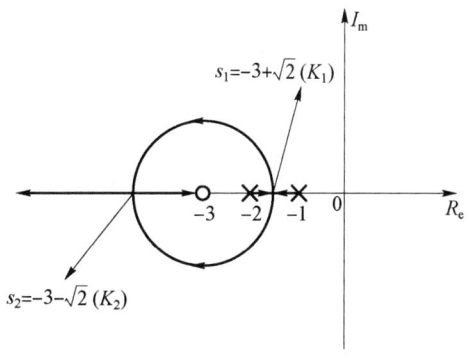

图 4.1

代入根轨迹方程得 $K_1=3-2\sqrt{2}, K_2=3+2\sqrt{2}$。

(5) 与虚轴交点:令 $s=j\omega$ 代入 $D(s)=(s+1)(s+2)+K(s+3)=0$ 无解,即根轨迹与虚轴无交点。

(6) 讨论不同 K 值下系统的阶跃响应曲线变化,有 3 种情况:

① $0<K<3-2\sqrt{2}$ 或 $K>3+2\sqrt{2}$ 时,系统为过阻尼($\xi>1$)(负实部根),系统单位阶跃响应无超调;

② $3-2\sqrt{2}<K<3+2\sqrt{2}$ 时,系统为欠阻尼($0<\xi<1$)(共轭复根),系统单位阶跃响应有超调;

③ $K=3-2\sqrt{2}$ 或 $K=3+2\sqrt{2}$ 时,为临界阻尼($\xi=1$)(相等负实根),系统单位阶跃响应无超调。

考点 2　已知根轨迹中的部分极点，确定其他极点或传函（或 K 值）；用主导极点确定系统的性能指标

知识点：已知一个极点，求参数 K、传递函数、其他根的方法

(1) 极点代入 $D(s)$ → 求出 K → 求出传递函数。

(2) $D(s)$ 用长除法 → 解得其他根。

(3) 因式分解法：$D(s)\begin{cases}直接分解\\待定系数(s+5)(s^2+as+b)\end{cases}$。

(4) 已知极点代入根和公式 $\sum\limits_{}^{n}s=\sum\limits_{}^{n}p$ 中。

【例 4-2】

（华中科技大学 2004 年）某三阶系统的结构如图 4.2 所示，已知该系统无闭环零点，且在 $r(t)=t$ 的作用下，系统的稳态误差为常值，试求：

(1) 该系统有两个极点 $p_1=-2$，$p=-4$，试作出系统的根轨迹图。

(2) 确定当上述系统有一个闭环极点 $s=-5$ 时，求系统其他的闭环极点，并求系统在单位阶跃输入作用下的稳态误差 e_{ss} 和超调量 σ_p。

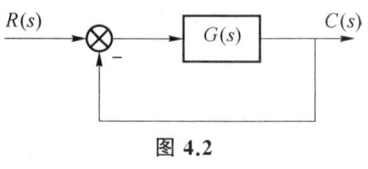

图 4.2

解答：

(1) $r(t)=t$ 作用下，$e_{ss}=$ 常值 ⇒ 系统为 Ⅰ 型。

设系统开环传递函数 $G(s)=\dfrac{K}{s(s+2)(s+4)}$，绘制根轨迹：

起点 $p_1=-2$，$p_2=-4$，$p_3=0$，终点 ∞，$n=3$，$m=0$。

渐近线为

$$\sigma=\frac{-2-4}{3-0}=-2$$

$$\varphi=\frac{(2K+1)\pi}{3}=\pm\frac{\pi}{3},\pi$$

根轨迹图如图 4.3 所示。

实轴上根轨迹：$(-\infty,-4]$，$[-2,0]$。

分会点：$\dfrac{1}{s}+\dfrac{1}{s+2}+\dfrac{1}{s+4}=0$ ⇒ $3s^2+12s+8=0$

$s_{1,2}=\dfrac{-6\pm2\sqrt{3}}{3}$ ⇒ $s_1=-3.15$（舍去）　$s_2=-0.85$

将 $s_2=-0.85$ 代入传递函数中，得 $K\approx3.08$。

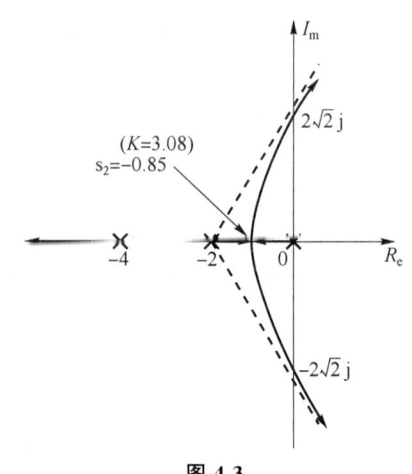

图 4.3

求虚轴的交点：$s=j\omega$ 代入 $D(s)=s^3+6s^2+8s+K=0$ 得
$$K-6\omega^2+(8\omega-\omega^3)j=0$$

即 $\begin{cases} K-6\omega^2=0 \Rightarrow \omega=2\sqrt{2}\approx 2.83 \\ 8\omega-\omega^3=0 \Rightarrow K=48 \end{cases}$

(2) 系统闭环传递函数为
$$\Phi(s)=\frac{G(s)}{1+G(s)}=\frac{K}{s^3+6s^2+8s+K}$$

特征方程 $D(s)=s^3+6s^2+8s+K=0$

因系统有一个闭环极点 $s=-5$，代入上式得 $K=15$。所以，系统的开环传递函数 $G(s)=\frac{15}{s(s+2)(s+4)}$。

已知系统的一个闭环极点 $s=-5$，长除法：

$D(s)=s^3+6s^2+8s+15=(s+5)(s^2+s+3)$，得 $s_{2,3}=-\frac{1}{2}\pm\frac{\sqrt{11}}{2}j$。

$$K_p=\lim_{s\to 0}G(s)=\lim_{s\to 0}\frac{15}{s(s+2)(s+4)}=\infty, \quad e_{ss}=\frac{1}{1+K_p}=0$$

三阶系统求 σ_p，采用主导极点降阶法。$s_{2,3}$ 离虚轴的距离远小于 $s_1=-5$ 离虚轴的距离，故 $s_{2,3}$ 为主导极点。

$\Phi(s)=\frac{15}{(s+5)(s^2+s+3)}$，将原系统近似为二阶系统 $\Phi'(s)=\frac{3}{s^2+s+3}$。

由 $\begin{cases} \omega_n^2=3 \\ 2\xi\omega_n=1 \end{cases}$，得 $\begin{cases} \omega_n=\sqrt{3}=1.732 \\ \xi=0.29 \end{cases}$ $\Rightarrow \sigma_p=e^{-\frac{\pi\xi}{\sqrt{1-\xi^2}}}\times 100\%=38.6\%$。

知识点：求某一极点对应参数值 K 的方法

把某一极点值代入特征方程 $D(s)=0$，或根轨迹方程 $G(s)H(s)=-1$，或 $|G(s)H(s)|=1$ 中，解出 K 值。

已知 $G(s)H(s)=\frac{K}{s(s+1)(s+2)}$，其根轨迹与虚轴交点为 $s_{1,2}=\pm\sqrt{2}j$，如图 4.4 所示，求交点处的临界 K 值及第三个闭环极点。

解答：

(1) 特征方程：$D(s)=s(s+1)(s+2)+K=s^3+3s^2+2s+K=0$。

已知根轨迹与虚轴交点 $s_{1,2}=\pm\sqrt{2}j \Rightarrow$

$\begin{cases} s=\sqrt{2}j \text{ 代入 } D(s)，得 K=6 \\ \text{或 } s=\sqrt{2}j \text{ 代入 } \left|\frac{K}{s(s+1)(s+2)}\right|=1，得 K=6 \end{cases}$

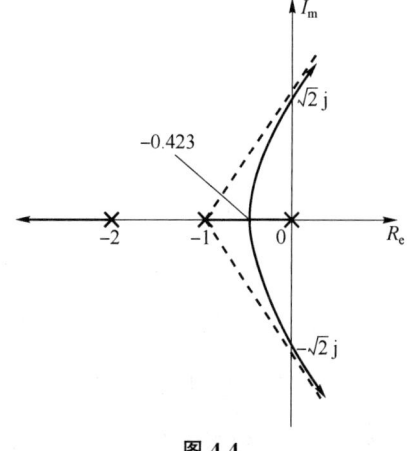

图 4.4

(2) 根之和：$\sum_{j=1}^{3} s_j = s_1 + s_2 + s_3 = 0 + (-1) + (-2) = -3$，

所以有 $s_3 = -3 - (s_1 + s_2) = -3 - (\sqrt{2}j - \sqrt{2}j) = -3$。

(3) 系统临界稳定时的传递函数为 $G(s)H(s) = \dfrac{6}{s(s+1)(s+2)}$，稳定条件为 $0 < K < 6$。

考点 3　用根轨迹作图法，确定系统最小阻尼比时的极点及对应的 K、$G(s)$

> **知识点：复平面上圆形根轨迹的参数**
>
> 系统开环传递函数 $G_K(s) = \dfrac{K(s+z_1)}{(s+p_1)(s+p_2)}$ 时，若 $z_1 > p_1$ 和 p_2，即零点 z_1 在 p_1 和 p_2 极点的左侧，则系统在复平面上的根轨迹为圆。
>
> 圆心为 $-z$，半径 $R = \sqrt{(z-p_1)(z-p_2)} = \sqrt{零极点距离之积}$。设圆上点为 $(\sigma, j\beta)$，则圆方程为 $(\sigma+z)^2 + \beta^2 = R^2$。

【例 4-4】

（中国科学院 2003 年）单位反馈系统的开环传递函数 $G(s) = \dfrac{K(s+4)}{s(s+2)}$，请画出系统根轨迹，求阻尼比最小时的 K 值和此时的闭环传递函数。

解答：

(1) 开环传递函数 $G_K(s) = \dfrac{K(s+4)}{s(s+2)}$，起终点 $p_1 = 0, p_2 = -2, z_1 = -4$。

实轴上的根轨迹 $(-\infty, -4]$，$[-2, 0]$，如图 4.5 所示。

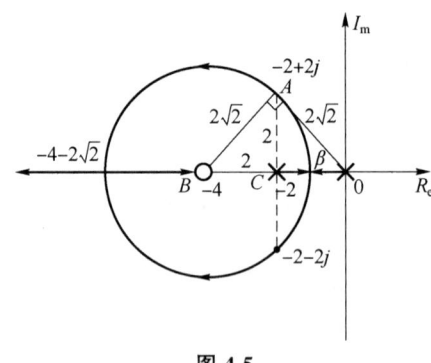

图 4.5

系统在复平面上的根轨迹为圆，圆心为 $(-4, 0)$，半径 $R = \sqrt{(-4-0)(-4+2)} = 2\sqrt{2}$。

分会点为 $\dfrac{1}{s} + \dfrac{1}{s+2} = \dfrac{1}{s+4} \Rightarrow s^2 + 8s + 8 = 0 \Rightarrow s_{1,2} = -4 \pm 2\sqrt{2}$。

(2) 求阻尼比最小时的 K 值及闭环传递函数，有多种方法：

方法 1：几何法，圆方程 $(\sigma+4)^2 + \beta^2 = (2\sqrt{2})^2$ 作圆的切线。

$$AB=2\sqrt{2}, BO=4, AO^2=BO^2-AB^2=16-8=8, AO=2\sqrt{2}$$

所以，高 $AC=BC=2$，$s_{1,2}=-2\pm 2\mathrm{j}$ 对应 ξ 最小值，$\beta=45°$，$\xi=\dfrac{\sqrt{2}}{2}$。

$$K=\left|\frac{s(s+2)}{s+4}\right|=\left|\frac{(-2+2\mathrm{j})(-\cancel{2}+2\mathrm{j}+\cancel{2})}{-2+2\mathrm{j}+4}\right|=\frac{\sqrt{4+4}\cdot 2}{\sqrt{4+4}}=2$$

$$\Phi(s)=\frac{K(s+4)}{s(s+2)+K(s+4)}=\frac{2(s+4)}{s^2+4s+8}$$

方法 2：三角函数法。

$$\sin\beta=\frac{2\sqrt{2}}{4}=\frac{\sqrt{2}}{2},\quad \cos\beta=\sqrt{1-\frac{1}{2}}=\frac{\sqrt{2}}{2}$$

$$\xi_{\min}=\frac{\sqrt{2}}{2},\quad s_{1,2}=-2\pm\mathrm{j}2$$

方法 3：参数法 $\begin{cases} AO=\omega_n=\sqrt{BO^2-AB^2}=2\sqrt{2} \\ \text{由 }\Phi(s)\text{ 或 }D(s)\text{，找 }\omega_n^2\text{ 项}\Rightarrow 4K=\omega_n^2=8 \\ D(s)\text{因式分解得全部极点} \end{cases}$

$$D(s)=s(s+2)+K(s+4)=s^2+4s+8=(s+2+\mathrm{j}2)(s+2-\mathrm{j}2)$$

$$s_{1,2}=-2\pm\mathrm{j}2,\quad 2\xi_{\min}\omega_n=4,\quad \xi_{\min}=\frac{2}{\omega_n}=\frac{\sqrt{2}}{2}$$

知识点：复平面上圆形根轨迹上的点，变量的几何关系

$$\sin\beta=\frac{AB}{BO}\to\beta\to\cos\beta=\xi$$

$$AO=\sqrt{BO^2-AB^2}=\omega_n\to D(s), K, \Phi(s)$$

$$\text{高 }AC=AO\sin\beta,\quad CO\to s\text{ 坐标}\to D(s)$$

知识点：

(1) 复平面上的根轨迹为圆的证明方法

$$s=\mathrm{j}\omega,\begin{cases} \text{代入 }D(s)=0\text{，整理为圆方程} \\ \text{相角条件：角之和}=-180° \end{cases}$$

(2) 证明中应用三角函数公式

$$\tan(\alpha+\beta)=\frac{\tan\alpha+\tan\beta}{1-\tan\alpha\tan\beta}$$

$$\tan(\alpha-\beta)=\frac{\tan\alpha-\tan\beta}{1+\tan\alpha\tan\beta}$$

【例 4-5】

（南京航空航天大学期末考试题）已知系统的开环传递函数

$$G(s)H(s)=\frac{K^*(s+3)}{s(s+2)}$$

试：(1) 绘制根轨迹，证明复平面上的根轨迹为圆。

(2) 求系统欠阻尼时,开环增益范围。
(3) 求 $\xi_{\min}$ 时系统的闭环极点。

解答:
(1) 起点 $p_1=0, p_2=-2$,终点 $z_1=-3$;实轴上根轨迹为 $(-\infty, -3], [-2, 0]$。
分离点为

$$\frac{1}{d} + \frac{1}{d+2} = \frac{1}{d+3}$$

$$d_1 = -1.26, d_2 = -4.72$$

复平面上根轨迹为圆,圆心为 $(-3, j0)$,半径为 $\sqrt{3}$,如图 4.6 所示。

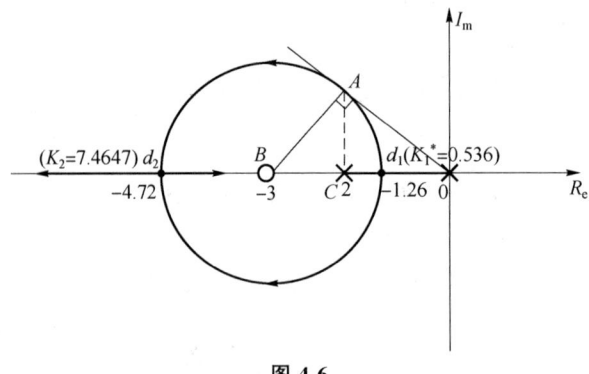

图 4.6

根轨迹上的点应满足特征方程或相角条件,证明:
方法 1:令 $s = \sigma + j\omega$ 为根轨迹上任意点,代入 $D(s) = (s+2)s + K^*(s+3) = 0$,则实部、虚部均为零,即
$$\begin{cases} \sigma^2 + 2\sigma + K^*(\sigma+3) - \omega^2 = 0 \\ 2\sigma\omega + 2\omega + K^*\omega = 0 \end{cases}$$

整理得 $(\sigma+3)^2 + \omega^2 = (\sqrt{3})^2$,为一圆方程,圆心为 $(-3, j0)$,半径为 $\sqrt{3}$。
方法 2:设 $s = \sigma + j\omega$,根轨迹上的点满足相角条件为

$$\tan^{-1}\frac{\omega}{3+\sigma} - \tan^{-1}\frac{\omega}{\sigma} - \tan^{-1}\frac{\omega}{2+\sigma} = -180°$$

$$\tan^{-1}\frac{\omega}{3+\sigma} - \tan^{-1}\frac{\omega}{\sigma} = \tan^{-1}\frac{\omega}{2+\sigma} - 180°$$

取正切函数,应用三角函数公式得 $\dfrac{\dfrac{\omega}{3+\sigma} - \dfrac{\omega}{\sigma}}{1 + \dfrac{\omega^2}{\sigma(3+\sigma)}} = \dfrac{\dfrac{\omega}{2+\sigma} - 0}{1 + 0 \times \dfrac{\omega}{2+\sigma}}$,

整理得 $\dfrac{\omega(\sigma - 3 - \sigma)}{(3\sigma + \sigma^2) + \omega^2} = \dfrac{\omega}{2+\sigma}$

$$-3(2+\sigma) = \sigma^2 + 3\sigma + \omega^2$$

整理为圆方程 $(\sigma+3)^2 + \omega^2 = 3 = (\sqrt{3})^2$。

(2) 将 d_1 代入 $|D(s)| = 0$ 得 $K_1^* = \dfrac{|d_1||(d_1+2)|}{|d_1+3|} = 0.536$。

d_2 代入 $K_2^* = \dfrac{|d_2||d_2+2|}{|d_2+3|} = 7.464$。

开环增益 $K=\frac{3}{2}K^*$,所以 $K_1=\frac{3}{2}K_1^*=0.8$ $K_2=\frac{3}{2}K^*=11.2$。

所以 $0<\xi<1$ 时,$0.8<K<11.2$。

(3) 求 A 点及对应的最小阻尼比:

$$\begin{cases} AO=\sqrt{9-3}=\sqrt{6} & \sin\beta=\frac{\sqrt{3}}{3}\Rightarrow\beta=35.26 \\ \xi=\cos\beta=0.816 & AC=AO\sin\beta=\frac{\sqrt{3}}{3}\sqrt{6}=\sqrt{2} \\ CO=AO\cos\beta=2 & s_A=-2\pm\sqrt{2}\mathrm{j} \end{cases}$$

 考点 4 在根轨迹图上,求 $\sigma\%(Mp\%)$,t_s,ω_d 为某值的对应点,或增益 k 值或系统的闭环传递函数

知识点:

(1) 系统根轨迹与系统参数的几何关系,如图 4.7 所示。

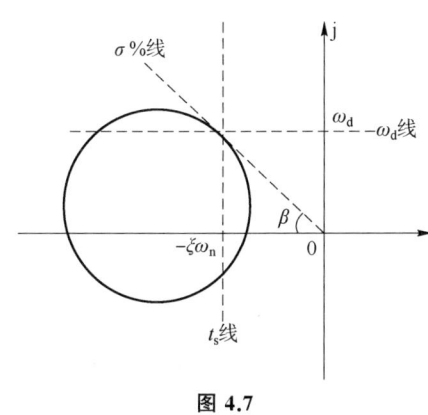

$\cos\beta=\xi$

$\tan\beta=\frac{\sqrt{1-\xi^2}}{\xi}$

$\sigma\%=\mathrm{e}^{-\frac{\xi\pi}{\sqrt{1-\xi^2}}}\times100\%$

$t_s=\frac{3\sim4}{\xi\omega_n}$

$\omega_d=\omega_n\sqrt{1-\xi^2}$

图 4.7

(2) 已知 $\sigma\%(Mp\%)$、t_s、ω_d 的值,求对应点和闭环传递函数。

① 已知 $\sigma\%(Mp\%)$ ⇒ 由 $\sigma\%=\mathrm{e}^{-\frac{\xi\pi}{\sqrt{1-\xi^2}}}$ 得 ξ ⇒ 得 β ——作 $\sigma\%$ 射线。数量关系:$\sigma\%\downarrow \to \xi\uparrow \to \beta\downarrow$。

求解根轨迹上对应点:令 $s=\delta+\mathrm{j}\omega$。

联立 $\begin{cases} \sigma\%\text{射线方程}:\tan\beta=\frac{\omega}{\delta} \\ \text{根轨迹方程(圆方程、射线方程)或}D(s)=0 \end{cases} \Rightarrow$ 求出 δ 和 ω。

② 已知 $t_s=\frac{3\sim4}{\xi\omega_n}\Rightarrow\xi\omega_n=\frac{3\sim4}{t_s}$ ——作垂线

令 $s=-\xi\omega_n+\mathrm{j}\omega_d$,代入 $D(s)=0\Rightarrow\begin{cases}\text{实部 }R_e=0 \\ \text{虚部 }I_m=0\end{cases}\Rightarrow$ 解出 ω 和 k 值。

或代入根轨迹圆方程、根轨迹渐近线的射线方程中,解出 ω 值。

③ 已知 $\omega_d\Rightarrow$ 令 $s=\delta+\mathrm{j}\omega_d$,代入 $D(s)=0\Rightarrow$ 解出 δ 和对应 k 值。

【例 4-6】

已知某单位反馈系统的传递函数 $G(s) = \dfrac{k(s+1)}{(s-1)^2}$。

(1) 绘制 $0 < k < \infty$ 时系统的根轨迹图,并求使系统动态过程为衰减振荡的 k 值范围。

(2) 求 $\xi = 0.447$ 时系统的闭环传递函数。

解答:

(1) 绘制系统的根轨迹图

起点:$s_{1,2} = 1$,终点:$s = -1, \infty$,因两个起点位于实轴右侧,终点位于实轴左侧,初步判断系统复平面上的根轨迹为圆,以 $(-1, j0)$ 为圆心,$r = \sqrt{(1+1)^2} = 2$ 为半径的圆。

分会点:$\dfrac{2}{d-1} = \dfrac{1}{d+1} \Rightarrow$ 得 $d = -3$,对应值 $k = \dfrac{4^2}{2} = 8$

与虚轴交点:$s = j\omega$ 代入特征方程 $D(s) = s^2 + (k-2)s + (k+1) = 0$,得 $k = 2, \omega = \pm\sqrt{3}\,\text{rad/s}$,衰减振荡时的 k 值范围为 $2 < k < 8$。

(2) 由 $\xi = 0.447$ 阻尼比线 $\Rightarrow \xi = \cos\beta \Rightarrow \beta = 63.45°$

根轨迹是以 $(-1, j0)$ 为圆心,2 为半径的圆,令 $\xi = 0.447$ 时闭环极点 $s_{1,2} = \delta \pm j\omega$,代入圆方程和射线方程:

$$\begin{cases} (\delta+1)^2 + \omega^2 = 2^2 \\ \tan\beta = \dfrac{\omega}{\delta} = 2 \end{cases} \Rightarrow s_{1,2} = -1 \pm j2 \left(\delta = \dfrac{3}{5} \text{ 舍去}\right)$$

$s_{1,2}$ 点对应 $k = \left|\dfrac{(-2+j2)^2}{(j2)}\right| = \dfrac{4+4}{2} = 4$

闭环传递函数 $\Phi(s) = \dfrac{4(s+1)}{(s+1+j2)(s+1-j2)} = \dfrac{4(s+1)}{s^2+2s+5}$。

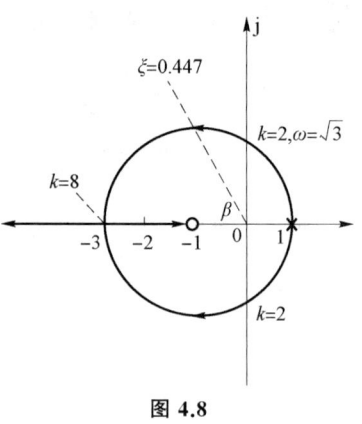

图 4.8

知识点:系统开环增益 k 与根轨迹增益 k^* 关系

$$G(s) = \dfrac{k^* \prod\limits_{i=1}^{m}(s+z_i)}{\prod\limits_{j=1}^{n}(s+p_j)} = k \dfrac{\prod\limits_{i=1}^{m}(\tau_i s + 1)}{\prod\limits_{j=1}^{n}(T_j s + 1)},\text{ 其中 } k^* \text{ 为根轨迹增益。}$$

系统开环增益为 $k = k^* \dfrac{\prod\limits_{i=1}^{m}(z_i)}{\prod\limits_{j=1}^{n}(p_j)}$。

【例 4-7】

某单位负反馈系统的开环传递函数 $G(s) = \dfrac{k}{(0.5s+1)^4}$,

(1) 画出根轨迹,并分析闭环系统的稳定性。

(2) 估算 $\delta\% = 16.3\%$ 时系统参数 k 值。

解答：

(1) $G(s) = \dfrac{k^*}{(s+2)^4} (k^* = 16k)$

起点：$p_{1,2,3,4} = -2$，终点 ∞，四条根轨迹；实轴上只有一点，即起点 $p = -2$。

与虚轴交点：由特征方程 $D(s) = (s+2)^4 + k^* = 0$，得 $\begin{cases} k^* = 64, k = 4 \\ \omega = \pm 2 \end{cases}$。

分析：$\begin{cases} 0 < k < 4, \quad \text{闭环系统稳定} \\ k \geqslant 4, \quad \text{闭环系统不稳定} \end{cases}$

根轨迹图如图 4.9 所示。

(2) k 值估算：

由 $\delta\% = 16.3\% \Rightarrow \xi = 0.5 \Rightarrow \beta = 60°$。作射线如图 4.9 所示，设交点 $s_1 = \sigma_1 + j\omega_1$，因系统为高阶系统，点坐标直接代入 $D(s) = 0$ 不易求解出来，采用几何法：

$\begin{cases} \text{等腰直角三角形中 } \omega_1 = \sigma_1 + 2 \text{(渐近线方程} \quad y = x+2) \\ \text{同时 } \tan 60° = \dfrac{\omega_1}{-\sigma_1} = \sqrt{3} \text{(注意取} -\sigma_1) \end{cases}$

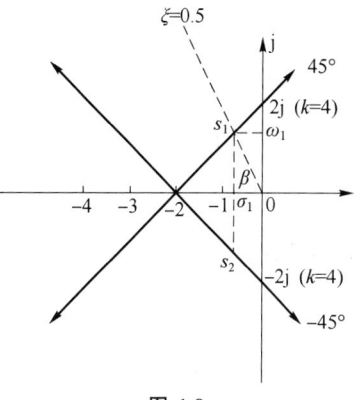

图 4.9

$\Rightarrow \sigma_1 = \dfrac{-2}{\sqrt{3}+1} = -0.732$

$$\omega_1 = 3 - \sqrt{3} = 1.268, \quad s_{1,2} = -0.732 \pm j1.268$$

$$k^* = 10.34, \quad k = \dfrac{k^*}{16} = 0.646$$

（河南理工大学 2010 年）设单位负反馈系统开环传递函数为

$$G_0(s) = \dfrac{k_g(s+2)}{s(s+1)}$$

(1) 绘制根轨迹图，并加以简要说明；

(2) 当系统的阻尼振荡频率 $\omega_d = 1$ rad/s 时，试确定系统的闭环主导极点，及响应增益 k_g 值。

解答：

(1) 根轨迹起点：$p_1 = 0, p_2 = -1$；终点：$z_1 = -2, z_2 = \infty$，两支根轨迹。

分会点：$\dfrac{1}{d} + \dfrac{1}{d+1} = \dfrac{1}{d+2}$，得 $d = -2 \pm \sqrt{2} = -3.414, -0.586$。

复平面上的根轨迹为圆，圆心 $(-2, 0)$，半径 $\sqrt{2}$。根轨迹如图 4.10 所示。

(2) 此类题规律：令 $s = b + j\omega_d$（已知 $\omega_d \to D(s) = 0$ 实部，虚部 $= 0$）可把 k_g 和根同时解出来。

特征方程 $D(s) = s^2 + (1+k_g)s + 2k_g = 0$。

因为 $\omega_d = 1$ rad/s 设闭环主导极点：$s = a + j$。

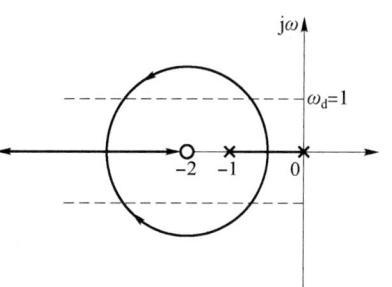

图 4.10

方法 1：代入 $D(s) = (a+j)^2 + (k_g+1)(a+j) + 2k_g = 0$

令 $\begin{cases} a^2 + a(1+k_g) + 2k_g - 1 = 0 \\ 2a + 1 + k_g = 0 \end{cases} \Rightarrow \begin{cases} a_1 = -1 \\ k_{g1} = 1 \end{cases}$ 或 $\begin{cases} a_2 = -3 \\ k_{g2} = 5 \end{cases}$

方法 2：$(a+2)^2 + \omega^2 = (\sqrt{2})^2$

代入圆方程：$\omega = 1$ 所以 $(a+2)^2 = 1$

$$\begin{cases} a+2 = 1 \\ a \neq 2 = -1 \end{cases} \Rightarrow \begin{cases} a = -1 \\ a = -3 \end{cases}$$

所以闭环主导极点：$s = -1 \pm j$　$k_g = 1$　$s = -3 \pm j$　$k_g = 5$。

考点 5　确定根轨迹图中特定区域对应的参数 k 值范围

（西北工业大学 2005 年）已知某单位反馈系统的开环传递函数

$$G(s) = \frac{k_0}{s(s+3)^2}$$

(1) 绘制 $k_0 = 0 \to \infty$ 当变化时系统根轨迹图（求出渐近线、分会点、交点）。

(2) 确定开环增益 k 的取值范围，使系统同时满足以下条件：
① 全部闭环极点均位于 s 平面上 $s = -0.5$ 左侧区域内；
② 闭环复极点的阻尼比 $\xi \geq 0.707$。

(3) 确定在单位斜坡输入下，系统稳态误差的最小值。

解答：

(1) 起点：$p_1 = 0, p_2 = p_3 = -3$，终点：∞，实轴上根轨迹：$(-\infty, 0]$。

渐近线 $\begin{cases} \delta = \dfrac{-3-3}{3} = -2 \\ \varphi = \dfrac{(2k+1)\pi}{3} = \pm 60°, 180° \end{cases}$；

分会点：$\dfrac{1}{d} + \dfrac{2}{d+3} = 0$，得 $d = -1$。

与虚轴交点：由特征方程 $D(s) = s^3 + 6s^2 + 9s + k_0 = 0$ 得

$\begin{cases} -\omega^3 + 9\omega = 0 \\ -6\omega^2 + k_0 = 0 \end{cases} \Rightarrow \begin{cases} \omega = 3 \\ k_0 = 54 \end{cases} \Rightarrow k_0 = 54, k = \dfrac{54}{9} = 6$，根轨迹如图 4.11 所示。

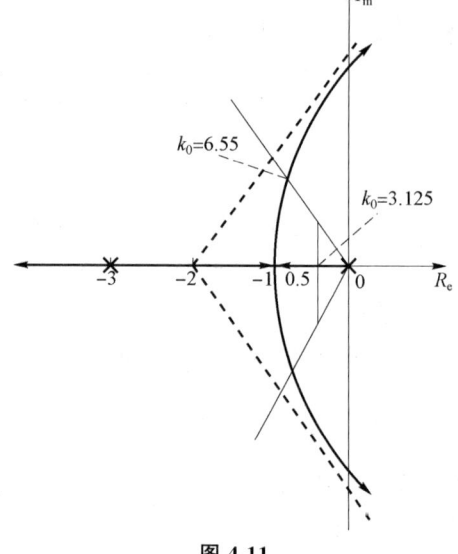

图 4.11

(2) 确定 k_1 值：令 $s_1 = -0.5$ 则 $k_{0s1} = |-0.5| \times |-0.5 + 3|^2 = 3.125$。

确定 k_2 值：当 $\xi = 0.707$ 时，设 $s_{1,2} = -\sigma \pm j\sigma$ 则 $s_3 = -6 + 2\sigma$（利用根之和公式求第三根），则

$D(s) = s^3 + 6s^2 + 9s + k_0 = (s + \sigma - j\sigma)(s + \sigma + j\sigma)(s + 6 - 2\sigma)$
$= s^3 + 6s^2 + (12\sigma - 2\sigma^2)s + 2\sigma^2(6 - 2\sigma)$

$$\begin{cases}\sigma^2-6\sigma+4.5=0\\k_0=2\sigma(6-2\sigma)\end{cases}\Rightarrow\begin{cases}\sigma=3\pm\dfrac{3}{\sqrt{2}}=0.87868\\k_0=6.5513\end{cases}$$

所以 $3.125<k_0<6.5513$，由 $k=\dfrac{k_0}{9}$ 得 $0.3472<k<0.728$。

(3) 单位斜坡输入下，系统稳态误差最小值为

$e_{ssmin}=\dfrac{1}{k}=\dfrac{9}{k_0}=\dfrac{9}{54}=0.1667$ （与虚轴交点处 k_0 最大，$k_0=54$）。

考点6 根轨迹与时域法综合问题(由根轨迹图反求传递函数)(由 ξ 确定极点)

【例 4-10】

(中国科学院 2008 年)系统结构如图 4.12 所示。

(1) 设系统的一对闭环极点 ξ 为 0.707，试确定系统闭环极点；

(2) 在(1)的条件下，求系统的单位阶跃响应。

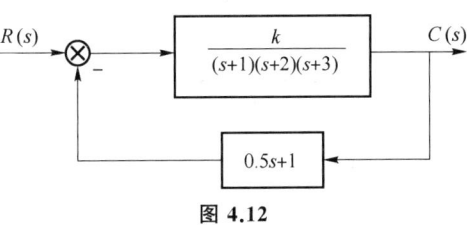

图 4.12

解答：

(1) $G(s)H(s)=\dfrac{k(0.5s+1)}{(s+1)(s+2)(s+3)}=\dfrac{0.5k(s+2)}{(s+1)(s+2)(s+3)}$

画轨迹图：起点 $p_1=-1,p_2=-2,p_3=-3$，终点 $z=-2,\infty$，实轴上 $[-3,-1]$。

渐近线：与实轴交点 $\delta=\dfrac{(-6)+2}{3-1}=-2$，与实轴夹角 $\varphi=\dfrac{(2k+1)\pi}{2}=\pm\dfrac{\pi}{2}$，渐近线为一直线，方程 $s=-2$。系统的根轨迹如图 4.13 所示。

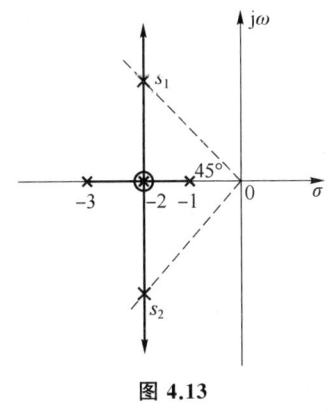

图 4.13

当 $\xi=0.707$，知 $\beta=45°$，所以闭环极点 $s_{1,2}=-2\pm j2$，$\omega_n^2=8$。

系统闭环传递函数 $\Phi(s)=\dfrac{G(s)}{1+G(s)H(s)}=\dfrac{k}{(s+1)(s+2)(s+3)+\dfrac{1}{2}k(s+2)}$

特征方程 $D(s) = (s+1)(s+2)(s+3) + \frac{1}{2}k(s+2)$

$$= (s+2)\left[(s+1)(s+3) + \frac{1}{2}k\right]$$

$$= (s+2)\left(s^2 + 4s + 3 + \frac{1}{2}k\right)$$

由 $3 + \frac{1}{2}k = \omega_n^2 = 8 \Rightarrow k = 10$，系统闭环传递函数为

$$\Phi(s) = \frac{10}{(s+1)(s+2)(s+3) + 5(s+2)} = \frac{10}{(s+2)[s^2+4s+8]}$$

所以当 $\xi = 0.707$ 时，对应的系统的闭环极点 $\begin{cases} s_{1,2} = -2 \pm j2 \\ s_3 = -2 \end{cases}$。

(2) $Y(s) = \dfrac{10}{s(s+2)(s^2+4s+8)} = \dfrac{A_1}{s} + \dfrac{A_2}{s+2} + \dfrac{A_3 s + A_4}{s^2+4s+8}$

$A_1 = \lim\limits_{s \to 0} sY(s) = \dfrac{10}{(s+2)(s^2+4s+8)}\bigg|_{s=0} = \dfrac{5}{8}$

$A_2 = \lim\limits_{s \to -2}(s+2)Y(s) = \dfrac{10}{s(s^2+4s+8)}\bigg|_{s=0} = -\dfrac{5}{4}$

$A_3 s + A_4 \big|_{s=-2+j2} = \dfrac{10}{s(s+2)}\bigg|_{s=-2+j2}$，即 $-2A_3 + j2A_3 + A_4 = \dfrac{-10+j10}{8}$，

$\begin{cases} -2A_3 + A_4 = -\dfrac{5}{4} \\ 2A_3 = \dfrac{5}{4} \end{cases} \Rightarrow \begin{cases} A_3 = \dfrac{5}{8} \\ A_4 = 0 \end{cases}$。

$Y(s) = \dfrac{5}{8} \cdot \dfrac{1}{s} - \dfrac{5}{4} \cdot \dfrac{1}{s+2} + \dfrac{5}{8} \cdot \dfrac{s}{(s+2)^2 + 2^2} = \dfrac{5}{8} \cdot \dfrac{1}{s} - \dfrac{5}{4} \cdot \dfrac{1}{s+2} + \dfrac{5}{8} \times \dfrac{(s+2)-2}{(s+2)^2 + 2^2}$

取拉普拉斯反变换得 $y(t) = \dfrac{5}{8} - \dfrac{5}{4}e^{-2t} + \dfrac{5}{8}e^{-2t}(\cos 2t - \sin 2t)$。

【例 4-11】

(中国科学院，中国科技大学 2005 年) 单位负反馈系统的根轨迹如图 4.14 所示，试：

(1) 确定系统开环传递函数 $G(s)$；

(2) 设计串联控制器 $K(s)$，确定其参数，要求满足以下条件：

①闭环系统稳定；②闭环极点个数不变；③根轨迹主要分支过闭环极点 $-2 \pm j4$。

(3) 画出校正后系统的根轨迹图，$-2 \pm j4$ 是主导极点，概述理由。

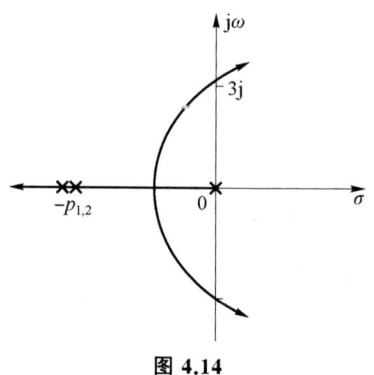

图 4.14

解答：

(1) 由图知，系统开环极点 $s_{1,2}=-p$，$s_3=0$。因此，设系统的开环传递函数为 $G(s)=\dfrac{k}{s(s+p)^2}$，k 为系统的开环增益。

方法 1：系统特征方程 $D(s)=s(s+p)^2+k=0$。

由图知，根轨迹过 $(0,j3)$ 点，将 $s=j3$ 代入 $D(s)=0$ 得

$j3(-9+j6p+p^2)+k=0$，解得 $p=3$（负根舍去），$k=54$。

方法 2：相角条件：$-180°=-90°-2\tan^{-1}\dfrac{3}{p}\Rightarrow p=3$；

幅值条件：$k_g=3\times(3^2+3^2)=54$。

(2) 因为要求系统加串联控制器后，闭环极点个数不变、稳定，所以设计串联控制器 $K(s)=s+z$，则

$$Q(s)=G(s)K(s)=\dfrac{k(s+z)}{s(s+3)^2}，其中，k 和 z 未知$$

方法 1：根轨迹过闭环极点 $s=-2\pm j4$，此闭环极点应满足 $\angle\theta(s)|_{s=-2+j4}=-180°$，根据相角条件有

$$\tan^{-1}\dfrac{4}{z-2}-(180°-63.4°)-75.96\times 2=180°$$

得 $\tan^{-1}\dfrac{4}{z-2}=88.49°$，所以 $z=2.1$，$K(s)=s+2.1$

方法 2：利用根之和求出第三个根，构造 $D(s)=0$ 根式之积。

由 $s=-2+j4$，所以 $\omega_n^2=4+16=20$，得 $s_3=-6-(-4)=-2$

$$D(s)=s(s^2+6s+9)+k(s+z)=s^3+6s^2+(9+k)s+zk$$
$$=(s+2)(s^2+4s+20)=s^3+6s^2+28s+40$$

得 $\begin{cases}28=k+9\\kz=40\end{cases}\Rightarrow\begin{cases}k=19\\z=\dfrac{40}{19}=2.1\end{cases}$

(3) 校正后系统的根轨迹图绘制：

起点 $p_1=0$，$p_{2,3}=-3$ 终点 $z_1=-2.1$，$z_2=\infty$，实轴上根轨迹 $[-2.1,0]$。

渐近线：$\sigma=\dfrac{-6+2.1}{3-1}=-1.95$，$\varphi=\dfrac{(2k+1)\pi}{2}=\pm\dfrac{\pi}{2}$。

校正后系统的根轨迹如图 4.15 所示。

求另一极点：$(-2+j4)+(-2-j4)+s_3=-6$ 所以 $s_3=-2$。$\begin{cases}s_3=-2\\z=-2.1\end{cases}$ 构成一对偶极子，故 s_3 为非主导极点，$s_{1,2}=-2\pm j4$ 主导极点。

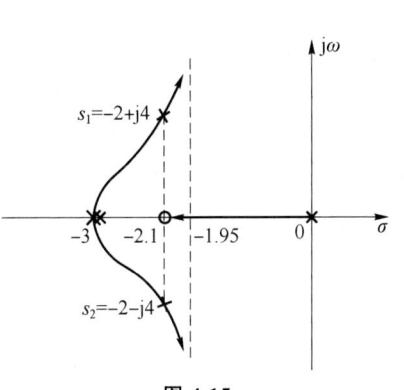

图 4.15

知识点：确定 s 平面上的点为根轨迹的充要条件。

根轨迹方程：$G(s)H(s) = \dfrac{k^* \left| \prod\limits_{i=1}^{m}(s-z_i) \right|}{\left| \prod\limits_{j=1}^{n}(s-p_j) \right|} = -1$。

幅值条件：$\dfrac{k^* \left| \prod\limits_{i=1}^{m}(s-z_i) \right|}{\left| \prod\limits_{j=1}^{n}(s-p_j) \right|} = 1$。

相角条件：$\sum\limits_{i=1}^{m}\angle(s-z_i) - \sum\limits_{j=1}^{n}\angle(s-p_j) = (2k+1)\pi$。

可见，相角条件与变量 k 无关，所以相角条件是确定 s 平面上根轨迹的充要条件；幅值条件用来确定根轨迹上各点对应的 k 值。

【例 4-12】

系统开环传递函数 $G(s)H(s) = \dfrac{k^*}{(s+1)(s+2)(s+4)}$，试证明：点 $s_1 = -1+\mathrm{j}\sqrt{3}$ 在根轨迹上，并求出相应的根轨迹增益 k^* 和开环增益 k。

证明：

(1) 若点 s_1 在根轨迹上，则点 s_1 应满足相角条件：

$$\angle G(s_1)H(s_1) = 0 - \angle(-1+\mathrm{j}\sqrt{3}+1) - \angle(-1+\mathrm{j}\sqrt{3}+2) - \angle(-1+\mathrm{j}\sqrt{3}+4)$$
$$= 0 - \dfrac{\pi}{2} - \dfrac{\pi}{3} - \dfrac{\pi}{6} = -\pi$$

点 $s_1 = -1+\mathrm{j}\sqrt{3}$ 满足相角条件，所以点 s_1 在根轨迹上。

(2) s_1 代入幅值条件：

$$|G(s_1)H(s_1)| = \dfrac{k^*}{\left|(-1+\mathrm{j}\sqrt{3}+1)(-1+\mathrm{j}\sqrt{3}+2)(-1+\mathrm{j}\sqrt{3}+4)\right|} = 1$$

解得 $k^* = \sqrt{3(1+3)(9+3)} = 12$，$k = \dfrac{k^*}{2\times 4} = \dfrac{3}{2}$。

【例 4-13】

（北京理工大学 2004 年）设系统 A、B 有相同根轨迹，如图 4.16 所示。系统 A 没有闭环零点，系统 B 有一个闭环零点 -2。求：

(1) 求 A、B 系统的开环传递函数 $G(s)H(s)$；

(2) 画出它们的可能结构图。

解答：

(1) 由图可知：A、B 系统均有两个极点 $P_1 = P_2 = -1$，一个零点 $z = -2$。

所以开环传递函数 $G(s)H(s) = \dfrac{k(s+2)}{(s+1)^2}$。

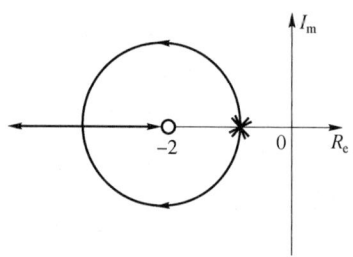

图 4.16

设:前向传递函数 $G(s)=\dfrac{M_G(s)}{N_G(s)}$　反馈传递函数 $H(s)=\dfrac{M_H(s)}{N_H(s)}$。

所以开环传递函数 $G(s)H(s)=\dfrac{M_G(s)M_H(s)}{N_G(s)N_H(s)}=\dfrac{k(s+2)}{(s+1)^2}$,

闭环传递函数 $\Phi(s)=\dfrac{G(s)}{1+G(s)H(s)}=\dfrac{M_G N_H}{M_G M_H + N_G N_H}$。

由 A 系统中无闭环零点 $\Rightarrow \left.\begin{matrix} M_G N_H\ \text{均为常数} \\ M_G M_H=k(s+2) \\ N_G N_H=(s+1)^2 \end{matrix}\right\} \Rightarrow \begin{cases} M_G=k\ \text{或}\ 1 \\ M_H=(s+2)\ \text{或}\ k(s+2) \\ N_H=1 \\ N_G=(s+1)^2 \end{cases}$

所以 A 系统 $\begin{cases} G(s)=\dfrac{k}{(s+1)^2} \\ H(s)=s+2 \end{cases}$ 或 $\begin{cases} G(s)=\dfrac{1}{(s+1)^2} \\ H(s)=k(s+2) \end{cases}$。

B 系统中有闭环零点 $\Rightarrow \left.\begin{matrix} M_G\ \text{或}\ N_H\ \text{含}(s+2) \\ N_G N_H=(s+1)^2 \end{matrix}\right\} \Rightarrow \begin{cases} N_H\ \text{中不含}\ s+2,\text{为常数} \\ M_G=s+2\ \text{或}\ k(s+2) \\ N_H=k\ \text{或}\ N_H=1 \end{cases}$

$M_G M_H=k(s+2) \Rightarrow \begin{cases} M_H=k\ \text{或}\ 1 \\ N_G=(s+1)^2 \end{cases}$

所以 B 系统 $\begin{cases} G(s)=\dfrac{k(s+2)}{(s+1)^2} \\ H=1 \end{cases}$ 或 $\begin{cases} G(s)=\dfrac{s+2}{(s+1)^2} \\ H(s)=k \end{cases}$。

(2) A 系统可能结构如图 4.17 所示,B 系统可能结构如图 4.18 所示。

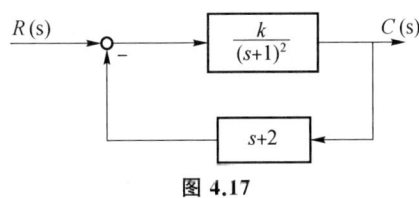
图 4.17

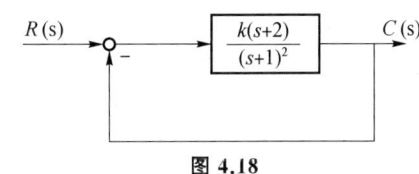
图 4.18

考点 7　形状特殊的根轨迹

知识点:

1. 出射角、入射角

$$\text{出射角(点}\times\text{处)}\ \theta_{pl}=180°-\sum_{\substack{j=1\\j\neq l}}^{n}(s-p_j)+\sum_{i=1}^{m}(s-z_i)$$

$$\text{入射角(点}\circ\text{处)}\ \theta_{zl}=180°-\sum_{\substack{i=1\\i\neq l}}^{m}(s-z_i)+\sum_{j=1}^{n}(s-p_j)$$

如系统开环传递函数 $G(s)H(s) = \dfrac{k(s+2)}{s(s+3)(s^2+2s+2)}$，根轨迹起点 $p_1=0$　$p_2=-3$　$p_{3,4}=-1\pm j$，出射角为

$$\theta_{p3} = 180° - (\theta_{p1} + \theta_{p2} + \theta_{p4}) + \theta_z = 180° - 135° - 90° - 26.6° + 45° = -26.6°$$

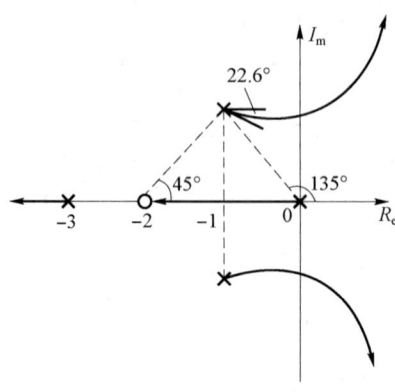

图 4.19

2. 简练例示

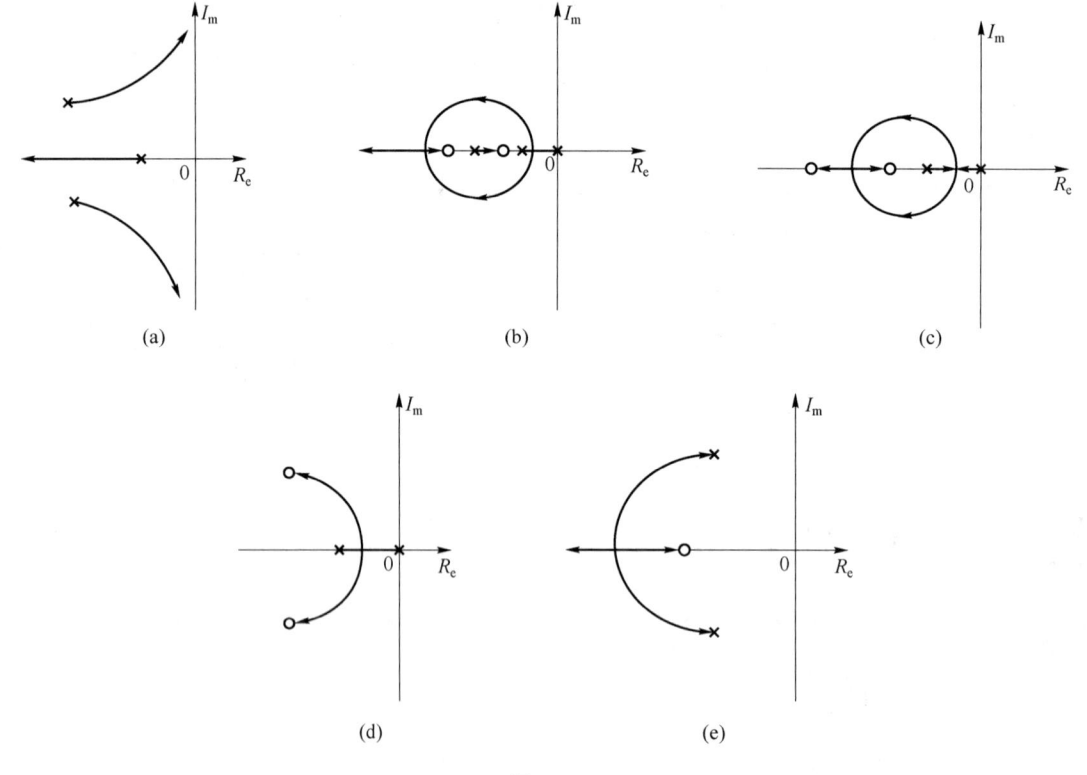

图 4.20

【例 4-14】

（大连理工大学 2001 年）负反馈系统开环传递函数 $G(s)H(s)=\dfrac{k(0.5s+1)}{s^2(Ts+1)}$，当 $T=0.05$ 时，画根轨迹图，并确定使系统阶跃响应为无超调（过阻尼）时的 k 取值范围。

解答：

首先，将开环传递函数化为标准型 $G(s)H(s)=\dfrac{k(0.5s+1)}{s^2(0.05s+1)}=\dfrac{10k(s+2)}{s^2(s+20)}$

(1) 起点 $p_1=p_2=0,p_3=-20$；终点 $z_1=-2,\infty$，根轨迹共 3 条。
(2) 实轴上 $[-20,-2]$。
(3) 渐近线 $\sigma=\dfrac{-20+2}{3-1}=\dfrac{-18}{2}=-9, \phi_k=\dfrac{(2k+1)\pi}{2}=\pm\dfrac{\pi}{2}$。
(4) 分离点：$\dfrac{2}{s}+\dfrac{1}{s+20}=\dfrac{1}{s+2}\Rightarrow s_1=-8,s_2=-5$

s_1 时 $k_1=\dfrac{s_1^2|s_1+20|}{10|s_1+2|}=12.8$

s_2 时 $k=\dfrac{s_2^2|s_2+20|}{10|s_2+2|}=12.5$

(5) 当 $12.5\leqslant k\leqslant 12.8$ 时，根轨迹在负实轴上，响应无超调（$\xi>1$），如图 4.21 所示。

【例 4-15】

（北京邮电大学 2004 年）负反馈系统开环传递函数。

$$G(s)H(s)=\dfrac{k}{s(0.5s+1)(0.5s^2+s+1)}$$

(1) 画系统轨迹图；(2) 求系统刚好无振荡分量时的闭环传递函数。

解答： 系统轨迹图如图 4.22 所示。

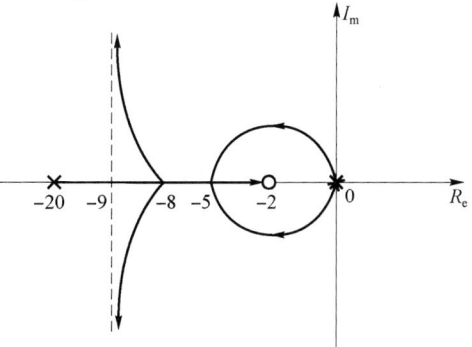

图 4.21

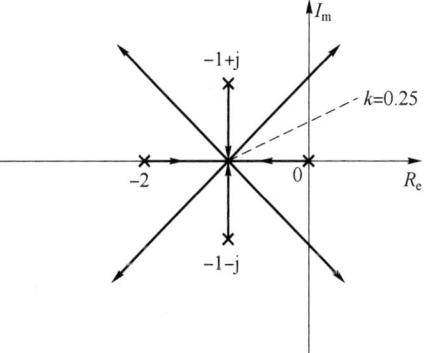

图 4.22

(1) $G(s)H(s)=\dfrac{4k}{s(s+2)(s^2+2s+2)}$

起点：$p_1=0\ p_2=-2\ p_{3,4}=-1\pm j$；实轴上根轨迹 $[-2,0]$。

渐近线：$\sigma=\dfrac{-2-2}{4}=-1,\phi_k=\dfrac{(2k+1)\pi}{4}=\pm 45°\pm 135°$。

分离点：$\dfrac{1}{s}+\dfrac{1}{s+2}+\dfrac{1}{s+1+j}+\dfrac{1}{s+1-j}=0\Rightarrow\dfrac{2s+2}{s(s+2)}+\dfrac{2s+2}{s^2+2s+2}=0$。

整理：$(s^2+2s+1)^2=0\Rightarrow s=-1$。此时 $k=\dfrac{1}{4}|s(s+2)(s^2+2s+2)|=0.25$。

(2) 临界值 $k=0.25$ 时，系统刚好无振荡分量时的闭环传递函数：

$$\Phi(s)=\dfrac{1}{s(s+2)(s^2+2s+2)+1}=\dfrac{1}{s^4+4s^3+6s^2+4s+1}$$

考点 8　讨论开环零点对系统根轨迹及系统特性的影响

> **知识点：开环零点对系统根轨迹及系统特性的影响**
> 增加开环零点可使系统根轨迹向左偏移。提高系统的稳定性，有利于改善动态性能。

【例 4-16】

（东北大学 2006 年）已知开环传递函数 $\omega_k(s)=\dfrac{k}{s^2(s+1)}$，试画出单位负反馈系统的根轨迹图；若在负实轴上加一个开环零点 $-a$，即开环传递函数变为 $\omega_k(s)=\dfrac{k(s+a)}{s^2(s+1)}$ 时，利用作出的根轨迹图说明：当 $0<a<1$ 时能使系统稳定；若 $a\geqslant 1$ 时根轨迹有什么变化。

解答：

（1）原系统没有开环零点，根轨迹如图 4.23(a)所示。因有两条根轨迹在 s 平面虚轴右侧，系统不稳定。

（2）加入开环零点之后，$0<a<1$ 时的根轨迹如图 4.23(b)所示。根轨迹向左侧偏移，全部在 s 左半平面，系统稳定。

渐近线：$\sigma=\dfrac{-1+a}{3-1}=\dfrac{a-1}{2}$

$$\theta_a=\dfrac{(2k+1)\pi}{3-1}=\pm 90°$$

（3）$a\geqslant 1$ 时的根轨迹如图 4.23(c)所示，系统不稳定，但根轨迹向左偏移。

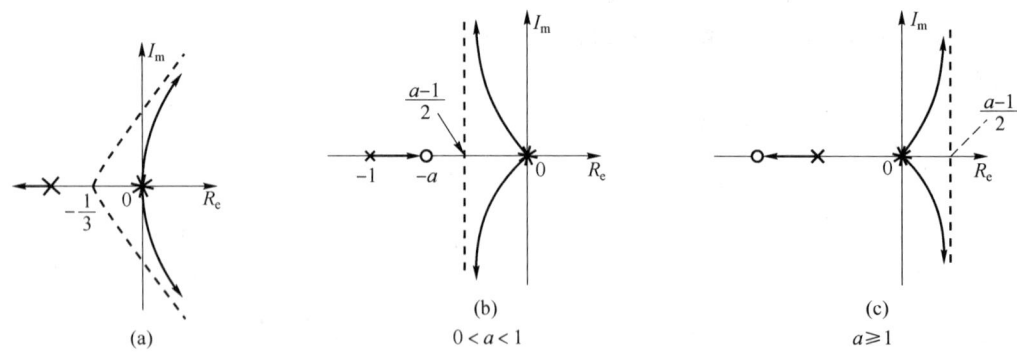

图 4.23

渐近线：$\sigma=\dfrac{-1+a}{3-1}=\dfrac{a-1}{2}$

$$\theta_a=\pm 90°$$

两条根轨迹在 s 右半面上。

考点9 零度根轨迹绘制

知识点:

1. 零度根轨迹

处于正反馈状态下的根轨迹。根轨迹方程为

$$\Phi(s)=\frac{G(s)}{1-G(s)H(s)} \Rightarrow G(s)H(s)=\frac{k\prod\limits_{i=1}^{m}(s-z_i)}{\prod\limits_{j=1}^{n}(s-p_j)}=1$$

幅值条件为 $\dfrac{k\prod\limits_{i=1}^{m}(s-z_i)}{\prod\limits_{j=1}^{n}(s-p_j)}=1$。

相角条件为 $\sum\limits_{i=1}^{m}\angle(s-z_i)-\sum\limits_{j=1}^{n}\angle(s-p_j)=2k\pi$。

2. 产生零度根轨迹的可能原因(情况)

(1) 包含正反馈回路: $D(s)=1-G(s)H(s)=0 \Rightarrow G(s)H(s)=1$

(2) 系统中含有 s 最高次的系数为负的因子,例如:

$$G(s)H(s)=\frac{k(1-0.5s)}{s(0.2s+1)}=-1 \Rightarrow \frac{k(0.5s-1)}{s(0.2s+1)}=1$$

(3) k 取值范围 $-\infty \to 0$。

※※最根本的判别还是根轨迹方程。

3. 规则不同

(1) 实轴上:右边开环零、极点个数之和为偶数。

(2) 渐近线: $\varphi=\dfrac{2k\pi}{n-m}$。

(3) 出射角: $\theta_{pl}=-\sum\limits_{\substack{j=1\\j\neq l}}^{n}\angle(s-p_j)+\sum\limits_{i=1}^{m}\angle(s+z_i)$。

入射角: $\theta_{zl}=-\sum\limits_{\substack{i=1\\i\neq l}}^{m}\angle(s-z_i)+\sum\limits_{j=1}^{n}\angle(s+p_j)$。

(北京理工大学,北京航空航天大学 2003 年)系统框图如图 4.24 所示,试:

(1) 画出 k 在 $0 \to \infty$ 变化时的根轨迹。
(2) 证明在复平面上的根轨迹是圆。
(3) 求出使闭环系统稳定的 k 值范围。

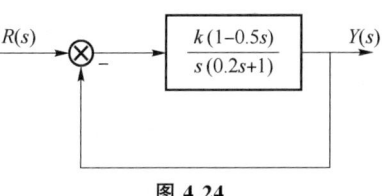

图 4.24

解答：

(1) $G(s)H(s) = \dfrac{k(1-0.5s)}{s(0.2s+1)} = -1 \Rightarrow \dfrac{k(0.5s-1)}{s(0.2s+1)} = 1$，零度根轨迹。

① $n=2$，$m=1$，起点 $p_1=0$，$p_2=-5$，终点 $z_1=2$。

② 渐近线：$\sigma = \dfrac{0-5-2}{2-1} = -7$，$\varphi = \dfrac{2k\pi}{2-1} = 0, 2\pi$。

③ 实轴上根轨迹区间$[2,+\infty)$，$[-5,0]$。

④ 与虚轴交点：$s=\mathrm{j}\omega$ 代入特征方程 $s(0.2s+1)+k(1-0.5s)=0$，整理得 $k-0.2\omega^2+(1-0.5k)\omega\mathrm{j}=0$，解得 $\begin{cases}k=2\\ \omega=\pm\sqrt{10}\end{cases}$。

⑤ 分离点：由 $\dfrac{1}{s}+\dfrac{1}{s+5}=\dfrac{1}{s-2}$，得 $s^2-4s-10=0$。

解得 $s=\dfrac{4\pm\sqrt{16+40}}{2}$，得 $s_1=-1.74$，$s_2=5.74$。

(2) 证明：

方法 1：设 $s=\sigma+\mathrm{j}\omega$，代入 $D(s)=2s^2+(10-5k)s+10k=0$

$$2\sigma^2-2\omega^2+(10-5k)\sigma+10k+[4\sigma\omega+(10-5k)\omega]\mathrm{j}=0$$

$\begin{cases}2\sigma^2-2\omega^2+(10-5k)\sigma+10k=0\\ [4\sigma\omega+(10-5k)\omega]\mathrm{j}=0\Rightarrow 5k=4\sigma+10\end{cases}$，消去 k 得 $\begin{cases}\sigma^2-4\sigma+\omega^2-10=0\\ (\sigma-2)^2+\omega^2=14\end{cases}$。

可见，根轨迹是以 $(2,0)$ 为圆心，半径为 $\sqrt{14}$ 的圆，如图 4.25 所示。

方法 2：令 $s=\sigma+\mathrm{j}\omega$ 根据相角条件：

$$\tan^{-1}\dfrac{0.5\omega}{0.5\sigma-1}-\tan^{-1}\dfrac{\omega}{\sigma}-\tan\dfrac{0.2\omega}{0.2\sigma+1}=0°$$

整理得 $\dfrac{0.5\omega}{0.5\sigma-1}=\dfrac{\dfrac{\omega}{\sigma}+\dfrac{0.2\omega}{0.2\sigma+1}}{1-\dfrac{0.2\omega^2}{\sigma(0.2\sigma+1)}}$ $\Rightarrow$ 化简整理得圆

方程 $(\sigma-2)^2+\omega^2=14$。

可见，系统在复平面上的根轨迹为圆。

(3) 由图 4.25 可知：$0<k<2$ 时，根轨迹在 s 左半平面，系统稳定。

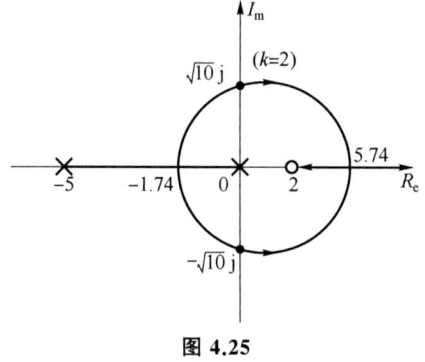

图 4.25

考点 10　绘制系统全根轨迹

全根轨迹的两种提法：参数 $-\infty<k<+\infty$ 的全根轨迹，或相角 $180°$、$0°$ 的全根轨迹。

【例 4-18】

(四川大学 2005 年)单位反馈系统的开环传递函数

$$G(s)=\dfrac{k(s+1)(Ts+1)}{s^2}$$

(1) 画出 $T=0,-\infty<k<+\infty$ 的全根轨迹图,并求出满足闭环 $\xi=0.707$ 的 k 值。

(2) 当 $0<T<+\infty$ 时,求闭环单位阶跃响应不包含振荡模态的 $k-T$ 条件。

解答:

(1) $T=0,G(s)=\dfrac{k(s+1)}{s^2}$

当 $0\leqslant k<+\infty$ 为 180°根轨迹。起点 $p_1=p_2=0$,终点 $z_1=-1$。

渐近线 $\sigma=1,\varphi=\pi$。实轴上 $(-\infty,-1]$。分离点:$s_1=0,s_2=-2,k=4$。复平面上根轨迹为圆,系统的 180°根轨迹如图 4.26(a)所示。

当 $-\infty\leqslant k<0$ 为 0°根轨迹。起点 $p_1=p_2=0$,终点 $z_1=-1$,均不变。

渐近线 $\sigma=1,\varphi=2\pi$。实轴上 $[-1,0]$,$[0,+\infty)$。分离点:$s=-2,k=4$。系统 0°根轨迹如图 4.26(b)所示。

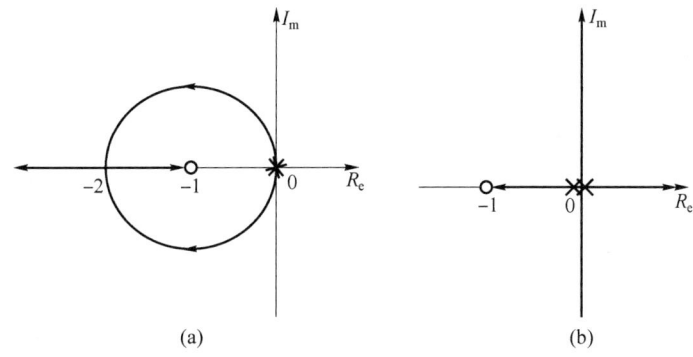

图 4.26

(2) 显然,只有当 $0\leqslant k<+\infty$ 时有振荡(使 $\xi=0.707$,$\cos 45°=0.707=\xi$)

方法 1:设 $s=-a\pm a\mathrm{j}$,代入 $D(s)=0$,得 $a=1 k=2$。

方法 2:设 $s=-a\pm a\mathrm{j}$,代入 $(\sigma+1)^2+\omega^2=1$,$(a+1)^2+a^2=1$,$a=-1$。

方法 3:$G_k=\dfrac{k(s+1)}{s^2}$,$D(s)=s^2+ks+k$,

令 $\xi=\dfrac{\sqrt{2}}{2}\begin{cases}k=2\xi\omega_\mathrm{n}=\sqrt{2}\omega_\mathrm{n}\\ k=\omega_\mathrm{n}^2\end{cases}\Rightarrow\omega_\mathrm{n}^2=\sqrt{2}\omega_\mathrm{n}\Rightarrow\omega_\mathrm{n}=\sqrt{2}$,所以 $k=2$。

方法 4:(几何法)由图知 $\xi=\dfrac{\sqrt{2}}{2}$,对应 $\beta=45°$。由图知:与圆交点 $s=-1\pm\mathrm{j}$

$s_{1,2}$ 点与坐标原点距离 $\omega_\mathrm{n}=\sqrt{2}\Rightarrow k=\omega_\mathrm{n}^2=2$。

(3) 特征方程 $D(s)=s^2+k(Ts+1)(s+1)=(1+kT)s^2+k(1+T)s+k=0$

若使闭环系统单位阶跃响应不包含振荡模态,则可能有两种情况。

第一种:降为一阶,即 $1+kT=0\Rightarrow kT=-1$。

第二种:二阶系统,$1+kT\neq 0$ 且

$$\Delta=k^2(1+T)^2-4k(1+kT)\geqslant 0\Rightarrow k^2(1-T)^2-4k\geqslant 0$$

验证 $D(s)=s^2+k\dfrac{1+T}{1+kT}s+\dfrac{k}{1+kT}$

$$\omega_n = \sqrt{\frac{k}{1+kT}}, 2\xi\omega_n = \frac{k}{1+kT} \Rightarrow \xi = \frac{k(1+T)}{2(1+kT)} \times \sqrt{\frac{k}{1+kT}} = \frac{\sqrt{k}(1+T)}{2\sqrt{1+kT}}$$

要求 $\xi \geq 1$，即 $\sqrt{k}(1+T) \geq 2\sqrt{1+kT} \Rightarrow k(1+T)^2 \geq 4(1+kT) \Rightarrow k \geq \frac{4}{(T-1)^2}$。

考点 11　参数根轨迹

知识点：参数根轨迹绘制方法

（1）由特征方程导出根轨迹方程的标准形式为

等效开环传递函数 $\Phi_{等效}(s) = -1$

$$D(s) = 1 + G(s)H(s) = 0 \Rightarrow 1 + 参数\frac{N(s)}{M(s)} = 0 \Rightarrow 参数\frac{N(s)}{M(s)} = -1$$

（2）根轨迹绘制方法绘制根轨迹。

（3）通用根轨迹分析法分析。

【例 4-19】

（西安交通大学 2003 年）系统如图 4.27 所示。

(1) 当 $a=3$ 时，画出 k_g 从 $0 \to +\infty$ 时的根轨迹，确定无超调时 k_g 值范围、临界稳定 k_g 值。

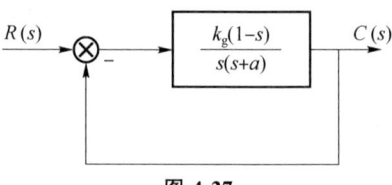

图 4.27

(2) $k_g = 3$ 时，画出 a 从 $0 \to +\infty$ 时根轨迹，确定系统 $\xi = \frac{\sqrt{2}}{2}$ 时 a 值。

解答：

(1) $G_n(s)H_n(s) = \frac{k_g(1-s)}{s(s+3)} = \frac{-k_g(s-1)}{s(s+3)} = -1$，零度根轨迹。

起点 $p_1 = -3, p_2 = 0$，终点 $z_1 = 1$，

分会点：$\frac{1}{s} + \frac{1}{s+3} = \frac{1}{s-1} \Rightarrow s^2 - 2s - 3 = 0, s = -1$ 为分离点，此时 $k_g = 1$，

会合点：$s = 3$，此时 $k_g = 9$。

与虚轴交点：$s_{1,2} = \pm\sqrt{3}j, k_g = 3$

所以无超调时 $0 < k_g \leq 1$，临界稳点时 $k_g = 3$，如图 4.28 所示。

(2) 当 $k_g = 3$ 时，参数根轨迹 $G_e(s)H_e(s) = \frac{as}{s^2 - 3s + 3}$ 为 180°根轨迹。系统特征方程 $1 + \frac{as}{s^2 - 3s + 3} = 0, s^2 - 3s + 3 = 0$ 得起点 $p_{1,2} = 1.5 \pm 0.866j$，终点 $z = 0, \infty$。

根轨迹在 s 复平面上为圆弧，半径为 $\sqrt{3}$，原点为圆心，如图 4.29 所示。

方法一：方程 $\sigma^2 + \omega^2 = (\sqrt{3})^2 = 3$

$\cos\beta = \xi = \frac{2}{\sqrt{2}} \Rightarrow \beta = 45°$，令 $\sigma = \omega$ 得 $\sigma = \sqrt{\frac{3}{2}} = \frac{\sqrt{6}}{2}$，

$$D(s)=s(s+a)+3(1-s)=s^2+as-3s+3=0$$

把 $s=\dfrac{\sqrt{6}}{2}+\mathrm{j}\dfrac{\sqrt{6}}{2}$ 代入得 $a=3+\sqrt{6}=5.45$。

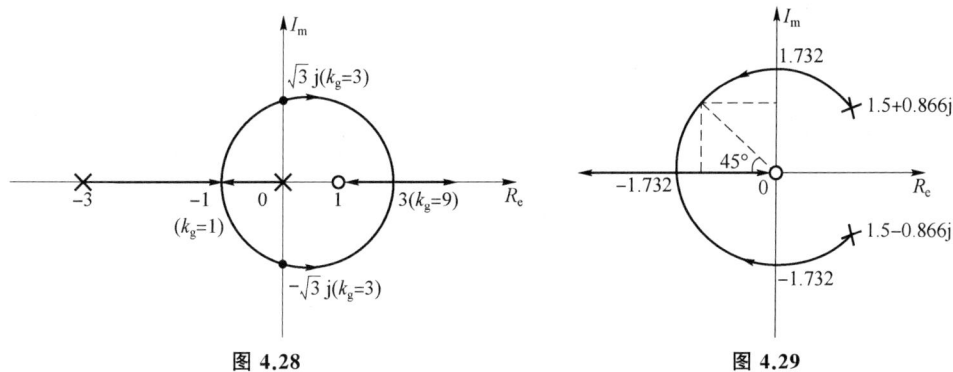

图 4.28　　　　　　　　　　　　图 4.29

方法二：
$$D(s)=s^2+(a-3)s+3=0$$
$$\omega_n^2=3\Rightarrow\omega_n=\sqrt{3},2\xi\omega_n=2\times\dfrac{\sqrt{2}}{2}\times\sqrt{3}=\sqrt{6}=a-3\Rightarrow a=3+\sqrt{6}=5.45$$

 考点 12　多变量的根轨迹

知识点：多变量的根轨迹绘制关键点
（1）先讨论起点位置（n 种情况），再讨论分会点几种情况；
（2）通过确定分离会合点，确定根轨迹不同的形状。

【例 4-20】

（华南理工大学 2004 年）已知单位反馈系统 $G_k(s)=\dfrac{k_g(s+2)}{s^2(s+a)}(a>0)$，当 a 取不同数值时，k_g 由 $0\to\infty$ 变化时的系统根轨迹可能有两个分离点、一个分离点或无分离点（$s=0$ 的点除外）求：
（1）绘出几种代表性的根轨迹的大致图形；
（2）讨论 a 取值时对系统稳定性影响。

解答：
（1）绘制根轨迹的大致图形：
起点 $p_1=p_2=0,p_3=-a$，终点 $z_1=-2,\infty$
求分离点：$\dfrac{2}{s}+\dfrac{1}{s+a}=\dfrac{1}{s+2}$，整理 $2s^2+(a+6)s+4a=0$
$\Delta=(a+6)^2-32a=a^2-20a+36$，令 $\Delta=0$ 得 $a=18,a=2$
（2）参数 a 取不同值，方程有不同解，即分离点可能有多种情况，下面讨论：
① $\Delta>0$ 即 $a>18$ 或 $0<a<2$ 时可能有两个分离点（根据图确定 $0<a<2$ 无会点，$a>18$ 有两个点）。

② $\Delta<0$ 即 $2<a<18$ 时可能没有分离点（根据图确定没有分会点）。

③ $\Delta=0$ 即 $a=2$ 或 18 时可能只有一个分离点（$a=18\to s=-6$；$a=2\to s=-2$）。

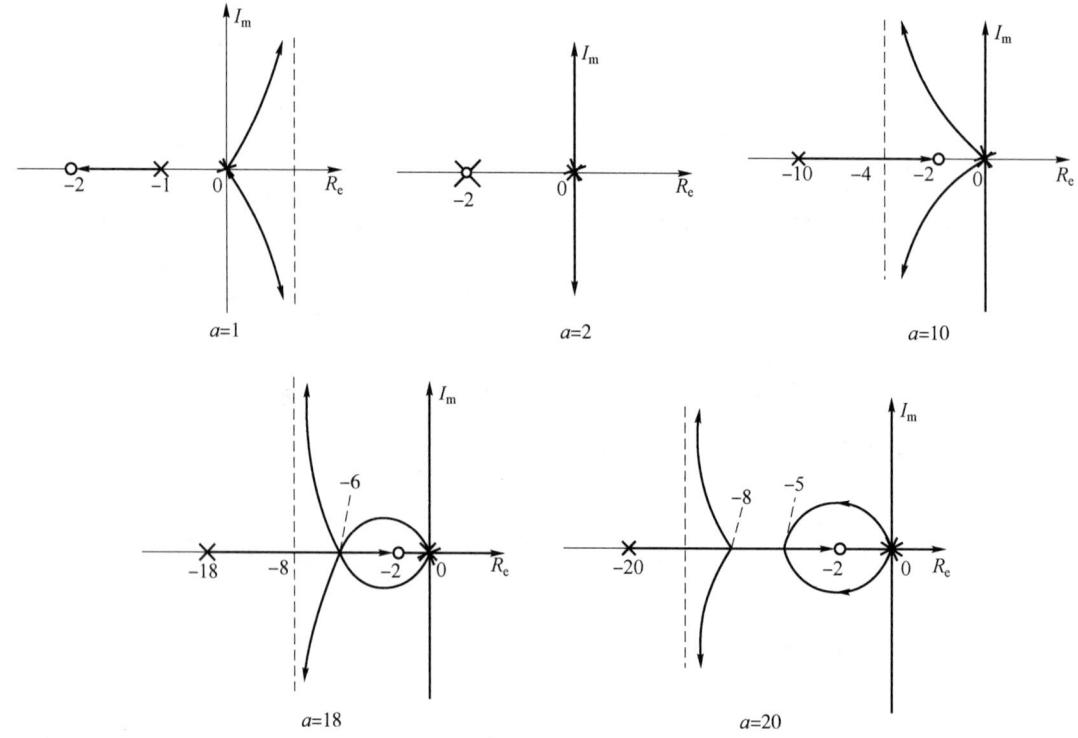

图 4.30

4.3　真题强化训练

【题 4-1】

（大连理工大学 2002 年）某系统开环传递函数为

$$G(s)H(s)=\frac{K}{s(0.5s+1)(0.25s+1)}$$

请画出系统根轨迹，并分析参数 K 对系统瞬态性能的影响。

【题 4-2】

（北京航空航天大学 2005 年）已知单位负反馈系统的开环传递函数为 $G(s)=\dfrac{K^*}{s(s+2)^3}$。

（1）绘制 $K^*>0$ 时闭环系统根轨迹；

（2）当 K^* 为何值时，闭环有极点 $s=-1$，并求出这时另外 3 个闭环极点应满足的代数方程式。

【题 4-3】

(南京航空航天大学期末考试试题)已知控制系统前向通道和反馈通道传递函数分别为

$$G(s)=\frac{K^*(s-1)}{s^2+4s+4},\ H(s)=\frac{5}{s+5}$$

(1) 绘制 K^* 从 $0\to\infty$ 变化时系统根轨迹,确定使闭环系统稳定的 K^* 值范围。
(2) 若已知系统闭环极点 $s_1=-1$,试确定系统的闭环传递函数。

【题 4-4】

(南京航空航天大学期末考试试题)设系统结构图如图 4.31 所示。试求:
(1) 绘制 K^* 从 $0\to\infty$ 变化时系统的根轨迹。
(2) 试求出系统呈现欠阻尼时的开环增益范围。
(3) 在根轨迹图上标出系统最小阻尼比时的闭环极点(用 s_1、s_2 表示)。

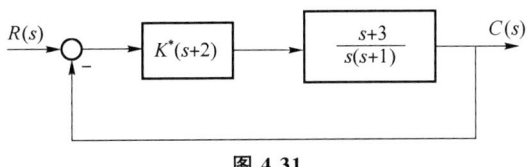

图 4.31

【题 4-5】

设单位反馈系统开环传递函数 $G(s)=\dfrac{k(s+1)}{s(s-1)}$

(1) 画出系统 k 为参数的根轨迹;
(2) 求使系统稳定的 k 值范围,并求引起系统持续振荡的 k 的临界值,振荡频率。
(3) 由根轨迹图求使系统调节时间 $t_s=4$ 的 k 值及对应的复根。

【题 4-6】

设单位反馈系统的开环传递函数 $G(s)=\dfrac{k^*(s+2)}{(s+1)(s-2)}$,

(1) 绘制 k^* 由 $0\to\infty$ 变化系统的根轨迹;
(2) 求系统稳定时 k 值范围(k 为开环增益);
(3) 求 $0.707<\xi<1$ 时 k 值范围;
(4) 求 $\xi=0.707$ 时系统的闭环传递函数。

【题 4-7】

(哈尔滨工业大学 2006 年)控制系统如图 4.32 所示。
(1) 取 $k_2=0.5$,绘制 $0\leqslant k_1\leqslant\infty$ 根轨迹的大致图形;
(2) 欲使系统闭环主导极点为 $-1\pm\text{j}2$,求 k_1、k_2 的值。

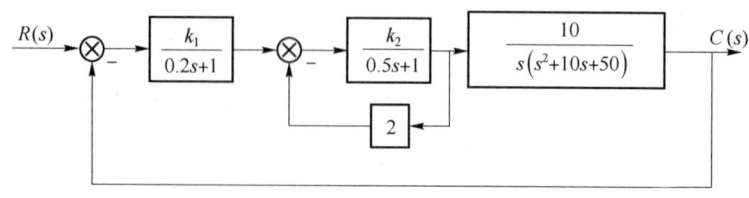

图 4.32

【题 4-8】

(昆明理工大学 2013 年)已知单位负反馈系统，$G_K(s) = \dfrac{K}{s(s+2)(s+5)}$，

(1) 绘制系统的根轨迹图；
(2) 求使系统稳定时的 K 值范围；
(3) 估算系统单位阶跃响应的最大超调量 $\sigma\% = 4.3\%$ 时，参数 K 取值。

【题 4-9】

(大连理工大学 1999 年)系统开环传递函数 $G(s)H(s) = \dfrac{k(s+2)}{s^4}$，试绘制参数 K 由 $0 \to +\infty$ 根轨迹图。

【题 4-10】

(上海交通大学 2005 年)某单位负反馈系统的开环传递函数为 $G(s) = \dfrac{K}{s(s^2+2s+5)}$。

(1) 写出根轨迹的渐近线。
(2) 计算根轨迹的出射角。
(3) 计算根轨迹与虚轴相交时的根轨迹增益。
(4) 绘制 $K > 0$ 时的根轨迹。

【题 4-11】

(华东理工大学 2006 年)系统如图 4.33 所示。
(1) 绘制 k_1 从 $0 \to \infty$ 变化时系统的根轨迹草图；
(2) 根据已知画出的根轨迹确定使闭环系统呈现阻尼时 k_1 的范围；
(3) 若控制系统的输入 $r(t) = t^2$，$k_1 = 3$，求稳态误差值 e_{ss}。

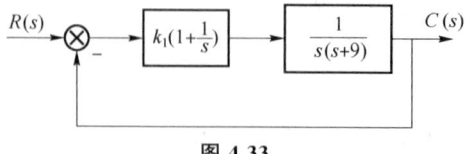

图 4.33

【题 4-12】

(东北大学 2004 年期末考试题)已知单位负反馈系统的开环传递函数:$G(s)=\dfrac{k^*}{s^3}(s^2+2s+2)$。

(1) 绘制系统 $k^*=0 \to \infty$ 的根轨图;

(2) 求使系统稳定的 k^* 值范围,及临界状态下的振荡频率。

【题 4-13】

(浙江大学 2005 年)单位负反馈系统的根轨迹如图 4.34 所示,要求:

(1) 写出该系统的闭环传递函数;

(2) 系统增加一个开环零点 -4 后,分析根轨迹图,并简要分析开环零点 -4 的引入对系统性能的影响。

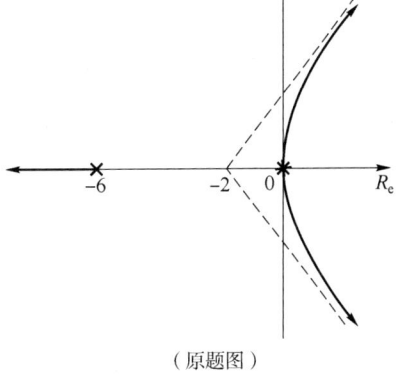

(原题图)

图 4.34

【题 4-14】

(南京航空航天大学 2005 年):设正反馈 $G(s)=\dfrac{k^*(s+1)}{s^2+4s+5}$,试绘制 k^* 从 $0 \to +\infty$ 的闭环根轨迹图,并由此确定使系统稳定的 k^* 值范围。

【题 4-15】

(南开大学 2003 年)单位负反馈系统开环传递函数 $G(s)=\dfrac{k}{s(s+2)(s+4)}$,绘制 $k\in(-\infty,+\infty)$ 时的根轨迹。

【题 4-16】

(杭州电子科技大学 2017 年)已知单位负反馈系统开环传递函数为

$$G(s)=\dfrac{s+a}{s^3+6s^2+7s}$$

试绘出 a 从 $0\sim\infty$ 时系统的根轨迹图,需求出分离点、渐近线以及与虚轴的交点。

【题 4-17】

(上海理工大学 2014 年)单位负反馈系统开环传递函数为

$$G(s)=\dfrac{20}{(s+4)(s+K)}$$

(1) 试画出参变量画出 K 从零变化到无穷时的根轨迹图;

(2) 求系统临界阻尼对应的值及其闭环极点。

【题 4-18】

(浙江大学 2003 年)已知系统如图 4.35 所示。

(1) 参数 ρ 对单位斜坡输入时的稳态误差 e_{ss} 的影响;

(2) 画系统根轨迹图(给出关键点),找出系统临界阻尼时 ρ 取值;

(3) 最大超调量 $M_\rho = 0.163$ 时,ρ 取值为多少?

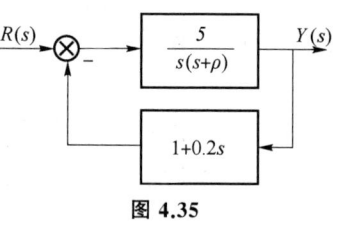

图 4.35

【题 4-19】

(北京工业大学 2006 年)设系统开环传递函数 $G_o(s) = \dfrac{k_g}{s(s^2+4s+a)}$,试讨论 a 为何值时,该系统的根轨迹在实轴上,如下情况并作草图说明:①无分离点;②一个三重分离点;③一个分离点与一个会合点;④只有一个分离点。

【题 4-20】

(上海理工大学 2015 年)单位负反馈系统的开环传递函数为

$$G(s) = \dfrac{k}{s(s+2)(s+5)}$$

(1) 按步骤绘出 k 为参变量的根轨迹;

(2) 为使系统的阶跃响应呈现衰减振荡,试确定参数 k 的取值范围;

(3) 闭环系统在重极点情况下,确定闭环极点及闭环传递函数。

【题 4-21】

(上海理工大学 2018 年)已知在如图 4.36 所示的反馈控制系统中,

$$G(s) = \dfrac{K}{s^2(s+2)(s+5)}, H(s) = 1$$

(1) 概略绘制根轨迹图,判断闭环系统的稳定性;

(2) 如果改变反馈通路传递函数,使 $H(s) = 2s+1$,试判断 $H(s)$ 改变后系统的稳定性,定性说明由于 $H(s)$ 改变所产生的效应。

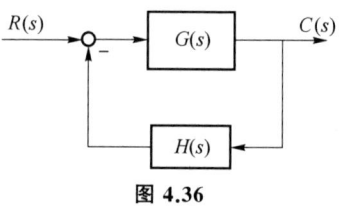

图 4.36

4.4 真题强化训练答案

【题 4-1】

答案:

① $G(s)H(s) = \dfrac{8K}{s(s+2)(s+4)} = \dfrac{K^*}{s(s+2)(s+4)}$

根轨迹起点 $p_1=0, p_2=-2, p_3=-4$;终点 ∞;$n=3, m=0$,根轨迹共 3 条。

② 实轴上根轨迹 $(-\infty, -4]$, $[-2, 0]$,如图 4.37 所示。

③ 渐近线为

$$\sigma=\frac{-2-4}{3}=-2$$

$$\varphi=\frac{(2K+1)\pi}{3}=60°,180°,300°$$

④ 分会点为 $\frac{1}{s}+\frac{1}{s+2}+\frac{1}{s+4}=0$

$$3s^2+12s+8=0 \quad s=\frac{-6\pm 2\sqrt{3}}{3}$$

$$s_1=-0.845 \quad s_2=-3.155(舍去)$$

⑤ 与虚轴的交点为 $s=j\omega$ 代入特征方程 $D(s)=s(s+2)(s+4)+8K=0$,得 $s^3+6s^2+8s+K^*=0$,与虚轴交点的对应参数 K_2^*。

$$-j\omega^3-6\omega^2+8j\omega+K_2^*=0$$

$$\begin{cases} 8\omega-\omega^3=0 \Rightarrow \omega=2\sqrt{2} \\ K_2^*-6\omega^2=0 \Rightarrow K_2^*=6\times 8=48, K_2=6 \end{cases}$$

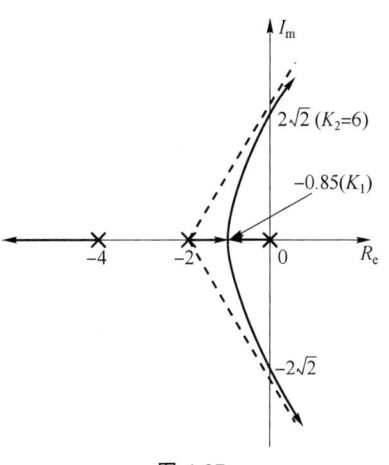

图 4.37

⑥ 把 $s_1=\frac{-6+2\sqrt{3}}{3}$ 代入得 $K_1^*=\frac{-16\sqrt{3}}{9}=3.08, K_1=\frac{2\sqrt{3}}{9}=0.38$

参数 K 与统瞬态性能的关系 $\begin{cases} 0<K<K_1 \text{ 时,过阻尼} & (\xi>1) \\ K=K_1 \text{ 时,临界阻尼} & (\xi=1) \\ K_1<K<K_2 \text{ 时,欠响应阻尼} & (0<\xi<1) \\ K=K_2 \text{ 时,临界稳定,等幅} & (\xi=0) \\ K>K_2 \text{ 时,不稳定,发散} & (\xi<0) \end{cases}$

【题 4-2】

答案:

(1) 起点 $p_1=0, p_{2,3,4}=-2$,终点 ∞。共有 4 条根轨迹。

渐近线:渐近线与实轴的交点 $\sigma=\frac{-2\times 3}{4-0}=-\frac{3}{2}$,

渐近线倾角 $\varphi=\frac{(2k+1)\pi}{4-0}=\pm\frac{\pi}{4},\pm\frac{3\pi}{4}$,共有 4 条渐近线。

分会点:$\frac{1}{s}+\frac{3}{s+2}=0$,得 $s=-\frac{1}{2}$。

与虚轴的交点:把 $s=j\omega$ 代入 $D(s)=s(s+2)^3+K^*=0$,劳斯判据可得 $\omega=\frac{2\sqrt{3}}{3}, K^*=\frac{128}{9}$。系统的根轨迹图如图 4.38 所示。

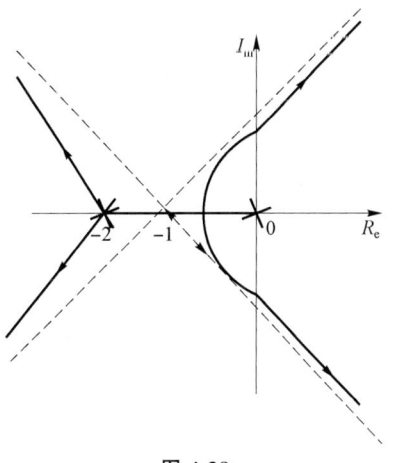

图 4.38

(2) $D(s)=s(s+2)^3+K^*=s^4+6s^3+12s^2+8s+K^*$

长除法:$D(s)/(s+1)=s^3+5s^2+7s+1=0$,取 $K^*=1$ 时,系统有特征根 $s=-1$,所以其他 3 个特征根应满足方程 $s^3+5s^2+7s+1=0$。

【题 4-3】
答案：
（1）系统开环传递函数为
$$G(s)H(s)=\frac{5K^*(s-1)}{(s+5)(s^2+4s+4)}=\frac{5K^*(s-1)}{(s+5)(s+2)^2}$$
开环零、极点为 $z_1=1, p_1=-5, p_{2,3}=-2, n=3, m=1$。
实轴上根轨迹区间为 $[-5,1]$。
渐近线为 $\sigma_a=\dfrac{-5-2\times 2-1}{3-1}, \varphi_a=\dfrac{(2k+1)\pi}{3-1}=\pm\dfrac{\pi}{2}$。
分离点：应用重根公式可得 $d^2+d-11=0$，解得 $d_2=-3.854, d_3=2.85$（舍去）。作出根轨迹如图 4.39 所示。
若使闭环系统稳定则闭环根必须位于左半 s 平面，令 $s=0$ 代入特征方程，有
$$D(s)=(s+5)(s^2+4s+4)+5K^*(s-1)=0$$
解得 $K^*=4$，所以，闭环系统稳定的 K^* 范围为 $0<K^*<4$。

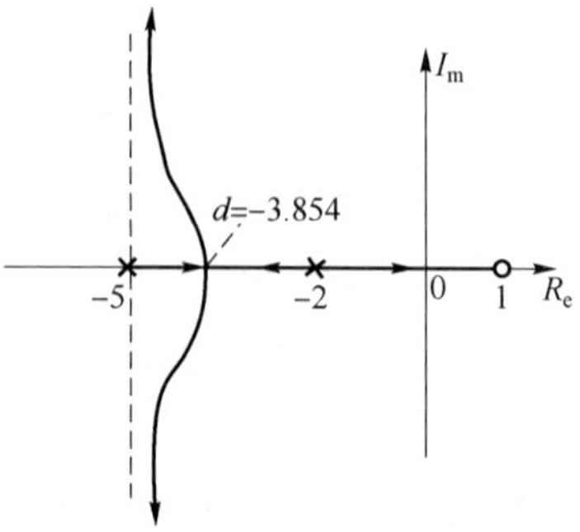

图 4.39

（2）闭环传递函数为
$$\Phi(s)=\frac{G(s)}{1+G(s)H(s)}=\frac{K^*(s-1)(s+5)}{(s+5)(s+2)^2+2(s-1)}=\frac{K^*(s-1)(s+5)}{D(s)}$$
当 $s_1=-1$ 时，由特征方程 $D(s_1)=0$ 可得 $K^*=0.4$。
代入闭环传递函数，有
$$\Phi(s)=\frac{0.4(s-1)(s+5)}{(s+5)(s+2)^2+2(s-1)}=\frac{0.4(s-1)(s+5)}{s^3+9s^2+26s+18}$$
分母可用长除法分解，可得
$$\Phi(s)=\frac{0.4(s-1)(s+5)}{(s+1)(s^2+8s+18)}$$

【题 4-4】
答案：
（1）已知系统开环传递函数为
$$G(s)=\frac{K^*(s+2)(s+3)}{s(s+1)}$$
开环增益 $K=6K^*$，系统类型 $v=I$

分离点：由计算式 $\dfrac{1}{d}+\dfrac{1}{d+1}=\dfrac{1}{d+2}+\dfrac{1}{d+3}$，解得
$$d_1=-0.634, d_2=-2.366$$
对应的 K^* 值：$K_{d1}^*=\dfrac{|d_1|\cdot|d_1+1|}{|d_1+2||d_1+3|}=0.0718$
$$K_{d2}^*=\dfrac{|d_2|\cdot|d_2+1|}{|d_2+2||d_2+3|}=13.928$$
$$K_{d1}=6K_{d1}^*=0.4308$$
$$K_{d2}=6K_{d2}^*=83.568$$

根轨迹曲线如图 4.40 所示。

（2）由根轨迹可以确定使系统呈现欠阻尼状态的值范围为 $0.4308<K<83.568$。

（3）复平面根轨迹是圆,圆心位于 $\frac{d_2-d_1}{2}+d_1=-1.5$ 处,半径 $\frac{d_2-d_1}{2}=0.866$。几何法求最小阻尼比时的闭环极点:在根轨迹图上做 $\overline{OA}$ 切圆于 A 点(A 点即为所求极点位置)。由相似三角形关系,有

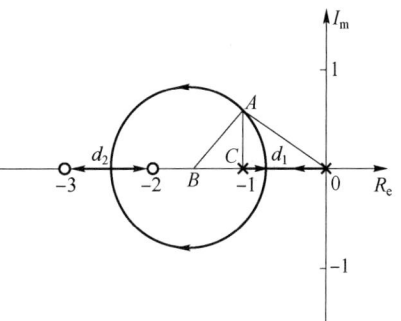

图 4.40

$$\frac{\overline{AB}}{\overline{BO}}=\frac{\overline{BC}}{\overline{AB}}$$

$$\overline{BC}=\frac{\overline{AB}^2}{\overline{BO}}=\frac{0.866^2}{1.5}=0.5$$

$$\overline{OC}=\overline{BO}-\overline{BC}=1.5-0.5=1$$

$$\overline{AC}=\sqrt{\overline{AB}^2-\overline{BC}^2}=\sqrt{0.866^2-0.5^2}=0.707$$

故对应最小阻尼状态的闭环极点为

$$s_{1,2}=-1\pm j0.707$$

【题 4-5】

答案：

（1）画出 k 为参数的根轨迹：

起点 $p_1=0,p_2=1$,终点 $z_1=-1,z_2=\infty$,实根上的根轨迹 $[0,1][-\infty,-1]$。

分会点为 $\frac{1}{d}+\frac{1}{d-1}=\frac{1}{d+1}$,得 $\begin{cases} d_1=-1+\sqrt{2}=0.414 \\ d_2=-1-\sqrt{2}=-2.414 \end{cases}$

系统根轨迹如图 4.41 所示,复平面上的根轨迹是以 $(-1,j0)$ 为圆心,半径为 $\sqrt{2}$ 的圆。

（2）由系统特征方程 $D(s)=s^2+(k-1)s+k=0$,

得系统临界稳定时 $\begin{cases} k-1=0 \\ k=0(舍) \end{cases} \Rightarrow w=\pm 1$。所以,系统稳定范围为 $k>1$,引起系统持续振荡的 k 的临界值 $k=1$,振荡频率 $w=1$ rad/s。

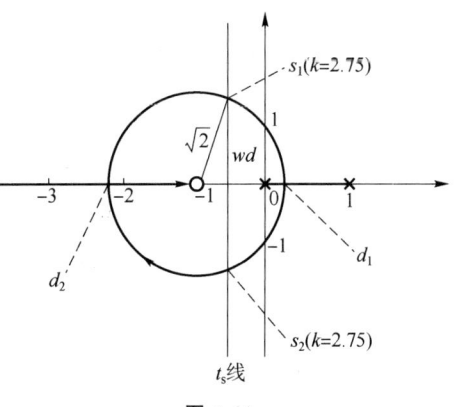

图 4.41

（3）几何法求根轨迹上点：$t_s=\frac{3.5}{\xi w_n}=4 \Rightarrow$ 得 $\sigma=\xi w_n=0.875$。由图上虚线三角形知 $wd^2=(\sqrt{2})^2-(1-\sigma)^2=1.984, wd=1.41$。

所以知与 $t_s=4$ 对应的闭环复根 $s_{1,2}=-0.875\pm j1.41$,由模值条件得

$s_{1,2}$ 点对应 $k = \left| \dfrac{s(s-1)}{s+1} \right| = 2.75$。

【题 4-6】

答案：

(1) 根轨迹起点：$p_1 = 2$ $p_2 = -1$；终点：$z_1 = -2$；实轴上 $(-\infty, -2]$，$[-1, 2]$。

分离点：$\dfrac{1}{d+1} + \dfrac{1}{d-2} = \dfrac{1}{d+2} \Rightarrow d_1 = 0$ $d_2 = -4$。

根轨迹的复数部分为一个圆：圆心为 $(-2, j0)$，半径为 2，如图 4.42 所示。

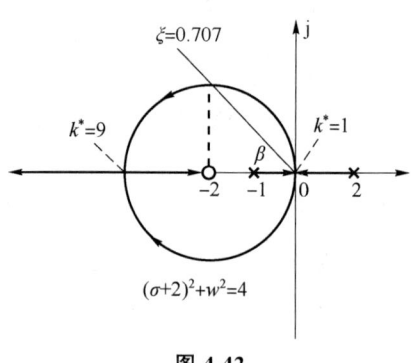

图 4.42

(2) 令 $s = 0$，代入根轨迹方程 $1 + \dfrac{k^*(s+2)}{(s+1)(s+2)} = 0$。

所以闭环系统稳定的 k^* 值范围为 $k^* > 1$。

注意到 $k = k^* \dfrac{\prod\limits_{i=1}^{m}(z_i)}{\prod\limits_{j=1}^{n}(p_j)}$，得开环增益 $k = k^* \dfrac{-2}{(-2)} = +k^*$，所以闭环系统稳定 k 值范围为 $k > 1$。

(3) 当 $\xi = 0.707$ 时，得 $\beta = 45°$，在图上作 $45°$ 线，得 $s_{1,2} = -2 \pm j2$。

求对应增益值为 $\left| \dfrac{k_s^*(-2 \pm j2 + 2)}{(-2 + 2j + 1)(-2 + 2j - 2)} \right| = 1 \Rightarrow k_{s1}^* = 5 \Rightarrow k = 5$。

当 $\xi = 1$ 时，闭环极点 $s_{1,2} = -4$，即分离点 d_2

$$k_{d_2}^* = \dfrac{6 \times 3}{2} = 9 \Rightarrow k = +9$$

所以 $0.707 < \xi < 1$ 时，k 值范围是 $5 < k < 9$。

(4) $\xi = 0.707$ 时 $k^* = 5$，系统的闭环传递函数为

$$\Phi(s) = \dfrac{G(s)}{1 + G(s)} = \dfrac{k^*(s+2)}{(s+1)(s-2) + k^*(s+2)} = \dfrac{5(s+2)}{s^2 + 4s + 8}$$

【题 4-7】

答案：

(1) $k_2 = 0.5$ 时，内回路的传递函数 $G_1(s) = \dfrac{\dfrac{0.5}{0.5s+1}}{1 + 2 \times \dfrac{0.5}{0.5s+1}} = \dfrac{1}{s+4}$

系统开环传递函数 $G(s) = \dfrac{50 k_1}{s(s+4)(s+5)(s^2 + 10s + 50)}$

根轨迹起点：$p = 0, -4, -5, -5 \pm j5$，无开环零点，终点为 ∞；

渐近线：$\sigma = \dfrac{-5 - 4 - 10}{5} = -3.8$，$\varphi_a = \dfrac{(2k+1)\pi}{5} = \dfrac{\pi}{5}, \dfrac{3\pi}{5}, \dfrac{5\pi}{5}, \dfrac{7\pi}{5}, \dfrac{9\pi}{5}$

试探法求得分会点为 $s=-1.2$，根轨迹如图4.43所示。

（2）内回路的传递函数为 $G_1(s)=\dfrac{k_2}{0.5s+1+2k_2}$

系统总开环传递函数为 $G(s)=\dfrac{100k_1k_2}{s(s+5)(s+2+4k_2)(s^2+10s+50)}=\dfrac{100k_1k_2}{M(s)}$。

注意：此题已知系统的部分极点，求对应参数。因为存在两个参数，此题用长除法无法解出 k_1 和 k_2，闭环特征方程太复杂 s^4、s^3、s^2、s、s^0 均含参数 k_1 和 k_2。

因为主导极点为 $-1\pm j2$，则 $(s+1-j2)(s+1+j2)=s^2+2s+5=0$ 成立。所以系统参数有 $s^2=-2s-5$。

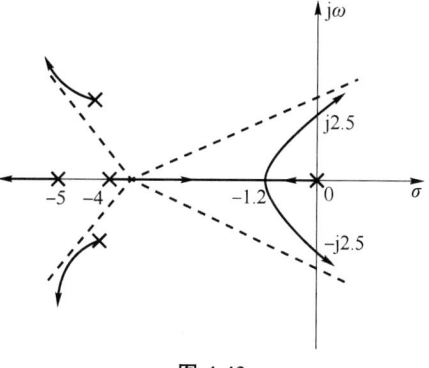

将上述 s^2 表达式代入 $M(s)$ 进行降级处理（巧算）：

$$\begin{aligned}M(s)&=s(s+5)(s+2+4k_2)(s^2+10s+50)\\&=(s^2+5s)(s+2+4k_2)(s^2+10s+50)\\&=(3s-5)(s+2+4k_2)(8s+45)\\&=(24s^2+95s-225)(s+2+4k_2)\\&=(47s-345)(s+2+4k_2)\\&=(188k_2-345)s-(925+1380k_2)\end{aligned}$$

图 4.43

系统开环传递函数 $G(s)=-1$，若 $\dfrac{100k_1k_2}{M(s)}=-1$ 成立，则

$$\begin{cases}188k_2-345=0 & \Rightarrow k_2=1.835\\ 925+1380k_2=100k_1k_2 & \Rightarrow k_1=\dfrac{9.25}{k_2}+13.8=18.84\end{cases}$$

【题 4-8】

答案：

（1）系统根轨迹图绘制：

起点：$p_1=0,p_2=-2,p_3=-5$；终点：共有3条根轨迹，都趋向无穷远。

实轴上根轨迹区间为 $[-2,0],(-\infty,-5]$。

渐近线：$\theta=\dfrac{(2k+1)}{3}\pi=\pi,\pm\dfrac{\pi}{3}$，$\sigma=\dfrac{-5-2}{3}=-\dfrac{7}{3}$。

分会点：$\dfrac{1}{s}+\dfrac{1}{s+2}+\dfrac{1}{s+5}=0\Rightarrow 3s^2+14s+10=0\Rightarrow s_1=-0.88,s_2=-3.78$（舍去）

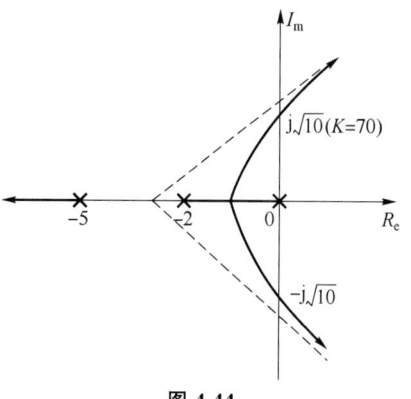

根轨迹与虚轴交点：$D(s)=s(s+2)(s+5)+K=s^3+7s^2+10s+K=0$，将 $s=j\omega$ 带入特征方程 $D(s)=0$，解得 $K=70,s_{1,2}=\pm j\sqrt{10}$，根轨迹如图4.44所示。

（2）由根轨迹如图4.44可知，$K<70$ 时，系统根轨迹全部位于 s 左半平面，系统全部闭环极点具有负实部，所以使系统稳定的 K 值范围为 $K<70$。

图 4.44

(3)若系统单位阶跃响应的最大超调量 $\sigma\% = 4.3\%$,则由 $\sigma\% = e^{-\frac{\pi\xi}{\sqrt{1-\xi^2}}} = 4.3\%$,得 $\xi = \frac{\sqrt{2}}{2}$,再由 $\xi = \frac{\sqrt{2}}{2} = \cos\beta$,进一步解得 $\beta = 45°$。设 $s = a + ja$,根据相角条件:

$$-\arctan\frac{a}{a} - \arctan\frac{a}{a+2} - \arctan\frac{a}{a+5} = -180°$$

$$-\arctan\frac{a}{a+2} - \arctan\frac{a}{a+5} = -135°$$

$$\frac{\frac{a}{a+2} + \frac{a}{a+5}}{1 - \frac{a}{a+2}\frac{a}{a+5}} = -1 \Rightarrow a^2 + 7a + 5 = 0$$

解得 $\Rightarrow a = -0.8, -6.2(舍) \Rightarrow s = -0.8 \pm j0.8$

极点值带入特征方程,得参数 $K = |(-0.8+j0.8)(1.2+j0.8)(4.2+j0.8)| = 6.97$。

【题 4-9】
答案:
起点: $p_1 = p_2 = p_3 = p_4 = 0$ $z = -2$,实轴上根轨迹 $(-\infty, -2]$,如图 4.45 所示。

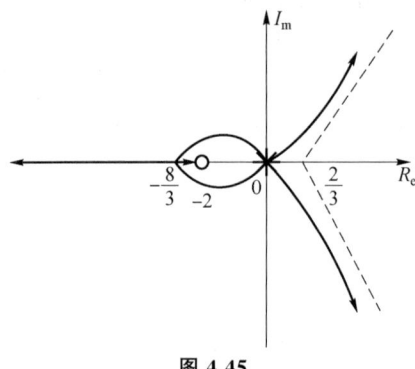

图 4.45

渐近线:与实轴夹角 $\varphi_k = \frac{(2k+1)\pi}{4-1} = \frac{(2k+1)\pi}{3} = 60°$, $\sigma = \frac{0+2}{3} = \frac{2}{3}$。

分会点: $\frac{4}{s} = \frac{1}{s+2} \Rightarrow s = -\frac{8}{3}$。

【题 4-10】
答案:
(1)由题意,系统有 $n = 3$ 个开环极点,即 $p_1 = 0$, $p_{2,3} = -1 \pm 2j$。系统没有开环零点,终点为 ∞, $m = 0$。

渐近线:渐近线与实轴的交点为 $\sigma = \frac{0-1+2j-1-2j}{3-0} = -\frac{2}{3}$;

渐近线倾角为 $\varphi = \frac{(2k+1)\pi}{3-0} = \pm\frac{\pi}{3}, \pi$,共有 3 条渐近线。

(2)极点 $p_2 = -1+2j$ 的出射角 $\varphi_2 = 180° - 90° - (180° - \arctan 2) \approx -26.57°$;
极点 $p_3 = -1-2j$ 的出射角 $\varphi_3 = 180° - 90° - \arctan 2 \approx 26.57°$。

（3）由题意，系统的闭环传递函数为
$$\Phi(s)=\frac{G(s)}{1+G(s)}=\frac{K}{s^3+2s^2+5s+K}$$
系统的特征方程为 $D(s)=s^3+2s^2+5s+K=0$。

当根轨迹与虚轴相交时，令 $s=\mathrm{j}\omega$，代入可得 $K-2\omega^2+(5\omega-\omega^3)\mathrm{j}=0$，可得 $\omega=\sqrt{5}$，$K=10$，故根轨迹增益为 $K=10$。

（4）由题意，根轨迹在实轴上的分布为 $[-\infty,0]$，综合上面的计算可以画系统的根轨迹，如图 4.46 所示。

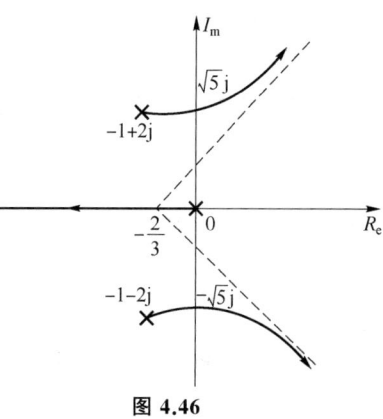

图 4.46

【题 4-11】
答案：
系统开环传递函数 $G(s)H(s)=\dfrac{k_1(s+1)}{s^2(s+9)}$

（1）起点：$p_1=p_2=0,p_3=-9$，终点：$z_1=-1,z_2=\infty$；实轴上根轨迹 $[-9,-1]$。

渐近线：$\sigma=\dfrac{-9+1}{2}=-4$，$\varphi_k=\dfrac{(2k+1)\pi}{2}=\pm\dfrac{\pi}{2}$。

分离点：$\dfrac{2}{s}+\dfrac{1}{s+9}=\dfrac{1}{s+1}\Rightarrow 2s^2+12s+18=0$。根轨迹如图 4.47 所示。

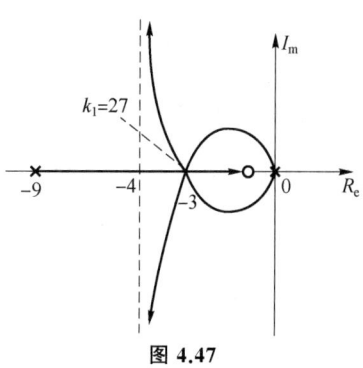

图 4.47

整理 $s^2+6s+9=0$，得 $s_{1,2}=-3$ 关键点。因为此点在实轴根轨迹区间内，说明是根轨迹上的会合点。对应点的参数值为

$$s=-3\ \text{代入}\ \frac{k_1|-3+1|}{(-3)^2|-3+9|}=1\Rightarrow k_1=27$$

（2）闭环系统呈现阻尼参数范围为 $k_1>0$ 且 $k_1\neq 27$。此时闭环极点为 S 左半面的共轭复根。

（3）$k_a=\lim\limits_{s\to 0}s^2\times\dfrac{3(s+1)}{s^2(s+9)}=\dfrac{1}{3}$，

$r(t)=\dfrac{t^2}{2}\times 2$ 时：$e_{ss}=\dfrac{2}{k_a}=6$。

【题 4-12】
答案：
（1）系统开环传递函数 $G(s)H(s)=\dfrac{k^*}{s^3}(s^2+2s+2)=\dfrac{k^*(s+1+\mathrm{j})(s+1-\mathrm{j})}{s^3}$

根轨迹起点：$p=0$；终点：$z_{1,2}=-1\pm\mathrm{j}$；实轴上根轨迹 $(-\infty,0)$。

入射角：$\beta=180°+\left(\sum\limits_{j=1}^{n}\beta_j-\sum\limits_{i=1}^{m-1}\alpha_i\right)=180°+(135°+135°+135°)-90°=135°$。

求与虚轴交点：特征方程 $s^3+k^*s^2+2k^*s+2=0$

s^3	1	$2k^*$	$P(s)=s^2+2=0\Rightarrow\omega=\sqrt{2}$
s^2	k^*	2	令 $2k^*-2/k^*=0\Rightarrow k^*=1$
s^1	$2k^*-2/k^*$		
s^0	2		

系统根轨迹与虚轴交点 $s_{1,2}=\pm\sqrt{2}\mathrm{j}$。系统根轨迹如图 4.48 所示。

(2) 当 $k^*>1$ 时,根轨迹在 s 左平面,闭环稳定。

由图知,系统临界状态下的振荡频率 $\omega=\sqrt{2}\,\mathrm{rad/s}$。

【题 4-13】

答案:

(1) 由图知,开环极点 $p_1=-6$,$p_{2,3}=0$。渐近线与实轴交点 $\sigma=\dfrac{-6}{3}=-2$,由图可知系统无开环零点,所以设 $G(s)=\dfrac{k}{s^2(s+6)}$,则系统的闭环传递函数 $\Phi(s)=\dfrac{k}{s^3+6s^2+k}$。

(2) 增加开环零点后,$G_n(s)=\dfrac{k(s+4)}{s^2(s+6)}$,系统开环极点:$p_{1,2}=0$,$p_3=-6$。

渐近线:$n=3$,$m=1$,$\sigma=\dfrac{-6-(-4)}{2}=-1$,$\varphi=\dfrac{(2k+1)\pi}{2}=\pm\dfrac{\pi}{2}$。

与虚轴交点:$D(s)=s^2(s+6)+k(s+4)=0$ 把 $s=\mathrm{j}\omega$ 代入可得 $\begin{cases}4k-6\omega^2=0\\k\omega-\omega^3=0\end{cases}$ 无解。

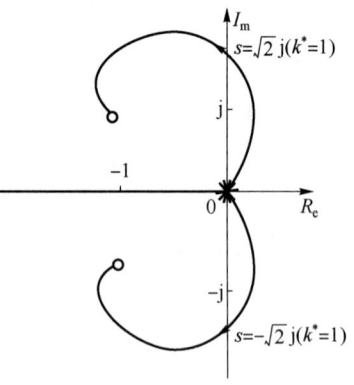

图 4.48

根轨迹与虚轴无交点,如图 4.49 所示。可见,系统增加一个开环零点 -4,根轨迹向左偏移,使系统由原来的不稳定变为恒稳定,改善了系统的稳定性。

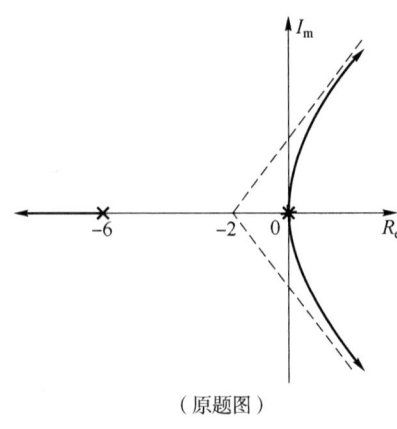

(原题图)   (加零点后)

图 4.49

【题 4-14】

答案:

根轨迹方程为 $1-\dfrac{k^*(s+1)}{s^2+4s+5}=0 \Rightarrow \dfrac{k^*(s+1)}{s^2+4s+5}=1$,为零度根轨迹。

(1) $n=2$,$m=1$,$p_{1,2}=-2\pm\mathrm{j}$,$z_1=-1$。

(2) 渐近线为 $\sigma=\dfrac{-4-(-1)}{2-1}=-3$,$\varphi=\dfrac{2k\pi}{2-1}=0,2\pi$。

(3) 实轴上根轨迹为 $[-1,+\infty)$,如图 4.50 所示。

(4) 出射角为 $\theta_{p_1}=-90°+135°=45°$。

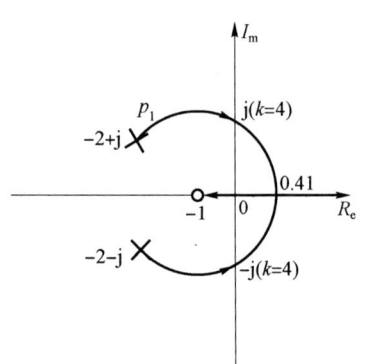

图 4.50

(5) 分离点为 $\dfrac{1}{s+2+j}+\dfrac{1}{s+2-j}=\dfrac{1}{s+1}$

$$s^2+2s-1=0, s=-1\pm\sqrt{2}$$

$$s_1=-2.414(舍), s_2=0.414$$

与虚轴交点：令 $s=j\omega$ 代入 $D(s)=s^2+(4-k^*)s+(5-k^*)=0$ 可得

$$-\omega^2-(4-k^*)s+(5-k^*)=0$$

$$\begin{cases}(4-k^*)\omega=0\\5-k^*-\omega^2=0\end{cases}\Rightarrow\begin{cases}\omega=\pm1\\k^*=4\end{cases}$$

(6) 当 $0<k^*<4$ 时，系统根轨迹在 s 左半平面，闭环系统稳定。

【题 4-15】

答案：

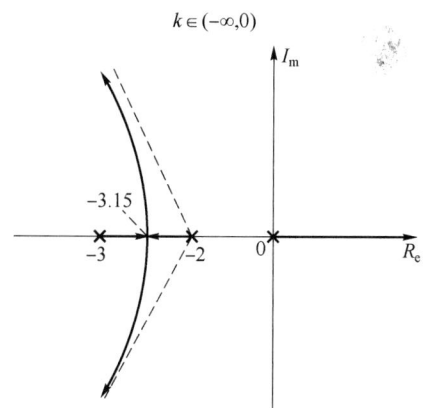
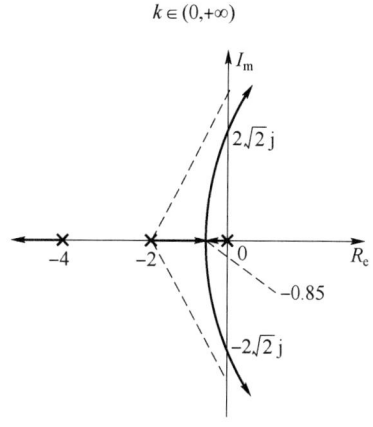

图 4.51

【题 4-16】

答案：

参数根轨迹为

$$D(s)=1+G(s)=1+\dfrac{s+a}{s^3+6s^2+7s}$$

$$=0\Rightarrow\dfrac{a}{s^3+6s^2+8s}=-1$$

零点无，极点为 $n=3, p_{1,2}=-2,-4, p_3=0$，实轴上根轨迹为 $(-\infty,-4]$，$[-2,0]$。

渐近线：起点坐标为 $\sigma_a=\dfrac{-2-4}{3}=-2$，与实轴夹角为 $\varphi_a=\dfrac{(2k+1)\pi}{3}=\pm180°,\pm60°$。

分会点：$\dfrac{1}{d+2}+\dfrac{1}{d+4}+\dfrac{1}{d}=0\Rightarrow d_1=-0.84, d_2=-3.16$（舍）。

与虚轴的交点：$s=j\omega$ 代入特征方程 $D(s)=s(s+2)(s+4)+a=0$，令实部虚部都为零得 $\omega=\pm2\sqrt{2}, a=48$，根轨迹如图 4.52 所示。

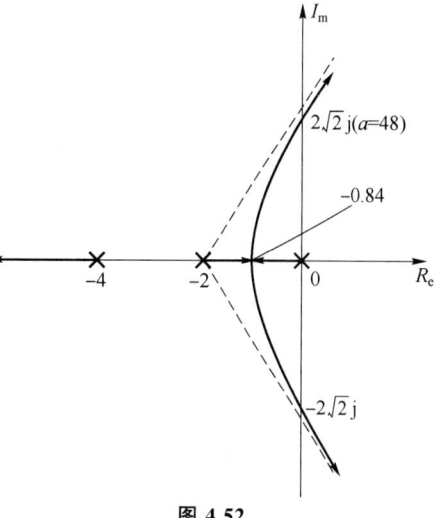

图 4.52

【题 4-17】
答案：
(1) 系统特征方程为
$$D(s)=(s+4)(s+K)+20=s^2+4s+20+K(s+4)=0$$
等效开环传递函数为 $G'(s)=\dfrac{K(s+4)}{(s+2+4j)(s+2-4j)}$。

零点为 $m=1, z=-4$，极点为 $n=2, p_{1,2}=-2\pm 4j$，实轴上根轨迹为 $(-\infty,-4]$，如图 4.53 所示。

渐近线：起点坐标为 $\sigma_a=\dfrac{(-4)-(-4)}{2-1}=0$，与实轴夹角为 $\varphi_a=\dfrac{(2k+1)\pi}{2-1}=\pm 180°$。

分会点：$\dfrac{1}{d+2+4j}+\dfrac{1}{d+2-4j}=\dfrac{1}{d+4} \Rightarrow d_1=-8.46, d_2=0.46$（舍）。

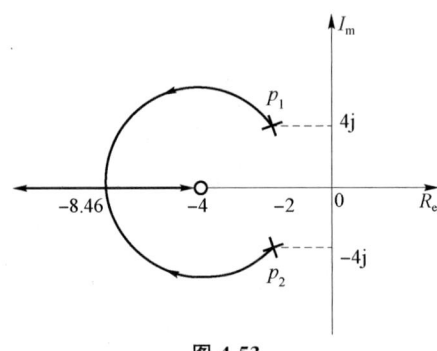

图 4.53

起始角：$\theta_{p1}=180°+63°-90°=153°, \theta_{p2}=-153°$。

(2) 系统临界阻尼时：$\xi=1, \arccos \xi=0°$，即根轨迹与实轴交点就是系统临界阻尼对应的闭环极点，故 $s_{1,2}=-8.46$。

将 $s=-8.46$ 代入特征方程中可得 $K=12.94$。

【题 4-18】
答案：
(1) $G(s)H(s)=\dfrac{5(1+0.2s)}{s(s+\rho)}$，闭环传递函数 $=\dfrac{G(s)}{1+G(s)H(s)}=\dfrac{5(1+0.2s)}{s^2+(1+\rho)s+5}$

$D(s)=s^2+(\rho+1)s+5=0$，误差系数 $k_v=\lim\limits_{s\to 0} s\times \dfrac{5(1+0.2s)}{s(s+\rho)}=\dfrac{5}{\rho}$

$e_{ss}=\dfrac{1}{k_v}=\dfrac{\rho}{5}$，可见 e_{ss} 与 ρ 成正比。

(2) $D(s)=s^2+(\rho+1)s+5=0 \Rightarrow \rho s+(s^2+s+5)=0 \Rightarrow \dfrac{\rho s}{s^2+s+5}=-1$ 为 $180°$ 根轨迹。

令 $G_n(s)H_n(s)=\dfrac{\rho s}{s^2+s+5}$，得起点 $p_{1,2}=-\dfrac{1}{2}\pm\dfrac{\sqrt{19}}{2}j$，终点为 $z_1=0, z_2=\infty$，

$n=2, m=1$，根轨迹两支。渐近线为 $\sigma=-1, \varphi=\pi$，实轴上 $(-\infty, 0]$。

分离点为 $\dfrac{1}{s+\dfrac{1}{2}+\dfrac{\sqrt{19}}{2}j}+\dfrac{1}{s+\dfrac{1}{2}-\dfrac{\sqrt{19}}{2}j}=\dfrac{1}{s} \Rightarrow s_{1,2}=\pm\sqrt{5}=\pm 2.236$（正值舍去）

代入 $D(s)=0$ 方程，得参数 $\rho=2\sqrt{5}-1\approx 3.47$ 即为 $\xi=1$ 时的 ρ 值。系统根轨迹如图 4.54 所示。

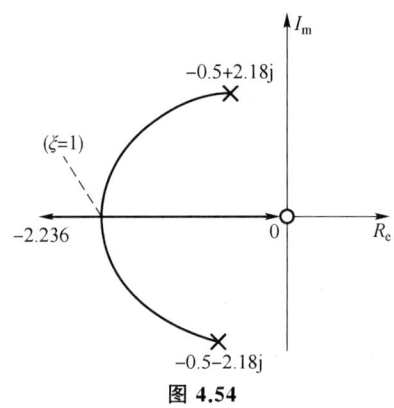

图 4.54

(3) $M_p = \mathrm{e}^{-\frac{\xi\pi}{\sqrt{1-\xi^2}}} = 0.163 \Rightarrow \xi = 0.5$

由 $D(s) = s^2 + (\rho+1)s + 5 = 0, \omega_n^2 = 5, \rho+1 = 2\xi\omega_n \Rightarrow \rho = \sqrt{5} - 1 = 1.236$。

【题 4-19】
答案：
思路：此题因不知开环极点情况，无法继续确定图形走势和分会点，所以首先确定开环极点，讨论 a 的不同情况，再分析不同情况下分离点的情况。

由 $s(s^2+4s+a) = 0$ 得 $p_1 = 0, p_{2,3} = -2 \pm \sqrt{4-a}$，分情况讨论（起点不同位置）：

(1) 当 $a = 4$ 时，因子 $s^2 + 4s + 4 = (s+2)$ 有两个相等的负实根。

分会点 $\dfrac{1}{s} + \dfrac{2}{s+2} = 0, 3s = -2, s = -\dfrac{2}{3}$ 一个分离点，如图 4.55 所示。

(2) 当 $a < 4$ 时，因子 $s^2 + 4s + a$ 有两个不相等的负实根，$(s+2)^2 = 4-a > 0$，所以 $0 \leqslant a \leqslant 4$ 时，只有一个分离点，如图 4.56 所示。

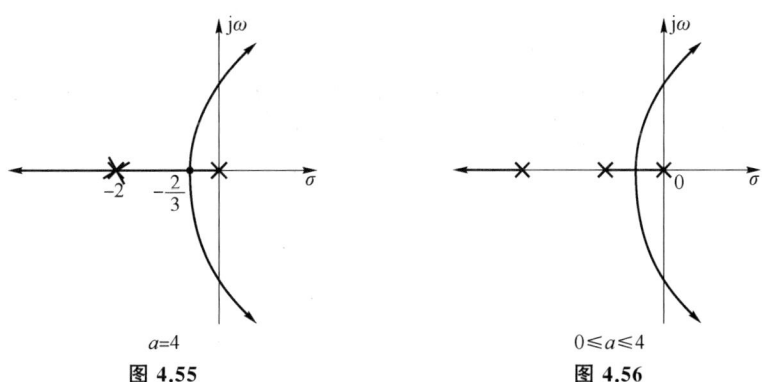

图 4.55　　　　　　　　图 4.56

(3) $(s+2)^2 = 4-a < 0$，开环极点为一对共轭复根，实部为 -2，再分析几种情况：求分合点（直接确定分会点，从而讨论找出 a 的几种情况）。

$\dfrac{\mathrm{d}}{\mathrm{d}s}\left[\dfrac{k_g}{s(s+s^2+4s+a)}\right] = 0 \Rightarrow -k_g(3s^2+8s+a) = 0 \Rightarrow s = \dfrac{-4 \pm \sqrt{16-3a}}{3}$

① $a = \dfrac{16}{3}$，分会点一个（三重的分会点）分会点 $s = -\dfrac{4}{3}$。

② $a > \dfrac{16}{3}$,分会点可能为共轭复数,可能没有,由图知无分会点。

③ $4 < a < \dfrac{16}{3}$,分会点可能两个,一个大于 $-\dfrac{4}{3}$,一个小于 $-\dfrac{4}{3}$。

根轨迹图形如图 4.57 所示。

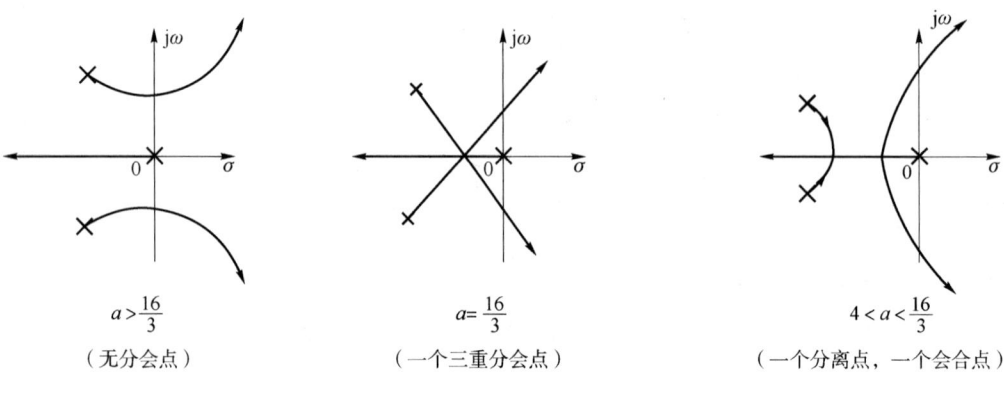

$a > \dfrac{16}{3}$
(无分会点)

$a = \dfrac{16}{3}$
(一个三重分会点)

$4 < a < \dfrac{16}{3}$
(一个分离点,一个会合点)

图 4.57

(4) 结论:

① $a > \dfrac{16}{3}$ 时,无分离点(a 可取特殊值,易计算);

② $a = \dfrac{16}{3}$ 时,一个三重分会点;

③ $4 < a < \dfrac{16}{3}$ 时,一个分离点与一个会合点(一个大于 $-\dfrac{4}{3}$,一个小于 $-\dfrac{4}{3}$);

④ $0 \leq a \leq 4$ 时,只有一个分离点。

【题 4-20】
答案:

(1) 根轨迹起点为 $p_1 = 0, p_2 = -2, p_3 = -5$;终点为 ∞;$n = 3, m = 0$,根轨迹共 3 条。
实轴上根轨迹为 $(-\infty, -5]$,$[-2, 0]$,如图 4.58 所示。

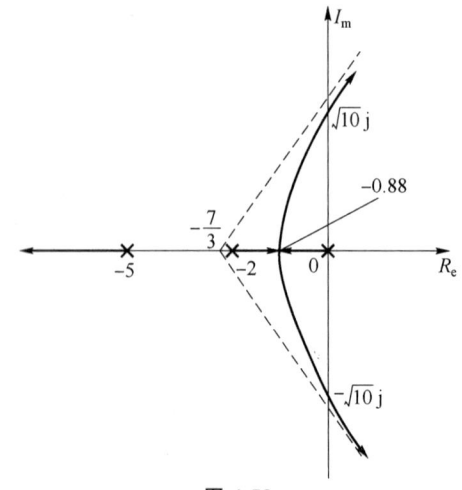

图 4.58

渐近线为
$$\sigma=\frac{-2-5}{3}=-\frac{7}{3},\varphi=\frac{(2K+1)\pi}{3}=60°,180°,300°$$

分会点为
$$\frac{1}{d}+\frac{1}{d+2}+\frac{1}{d+5}=0 \Rightarrow d=-0.88$$

与虚轴的交点:$s=j\omega$ 代入特征方程 $D(s)=s(s+2)(s+5)+k=0$,得
$$\begin{cases}10\omega-\omega^3=0 \Rightarrow \omega=\sqrt{10}\\ k-7\omega^2=0 \Rightarrow k=70\end{cases}$$

(2) 系统的阶跃响应呈现衰减振荡时:$0<\xi<1$

$\xi=0$ 时 $k=70$;$\xi=1$ 时 $s=-0.88,k=4.06$,所以 $4.06<k<70$。

(3) 重极点 $s=-0.88$ 代入:
$$-0.88-0.88+s_3=0-2-5 \Rightarrow s_3=-5.24$$

代入任意闭环极点得 $k=4.07$,闭环传递函数。
$$\Phi(s)=\frac{4.07}{(s+0.88)^2(s+5.24)}$$

【题 4-21】
答案:

(1) 开环传递函数 $G(s)H(s)=\dfrac{K}{s^2(s+2)(s+5)}$

开环零极点:$p_1=p_2=0,p_3=-2,p_4=-5$。

实轴上的根轨迹:$[-5,-2]$,渐近线 $\begin{cases}\delta_a=\dfrac{0-2-5}{4}=-\dfrac{7}{4}\\ \varphi_a=\dfrac{(2k+1)\pi}{4}=\pm\dfrac{\pi}{4},\pm\dfrac{3\pi}{4}\end{cases}°$

分会点:$4s^3+21s^2+20s=0 \Rightarrow s_1=0,s_2=-4,s_3=-\dfrac{5}{4}$(舍)。

综上所述,当参数 K 从 $0\to\infty$ 变化的闭环系统根轨迹如图 4.59 所示。由图可见,系统是不稳定的。

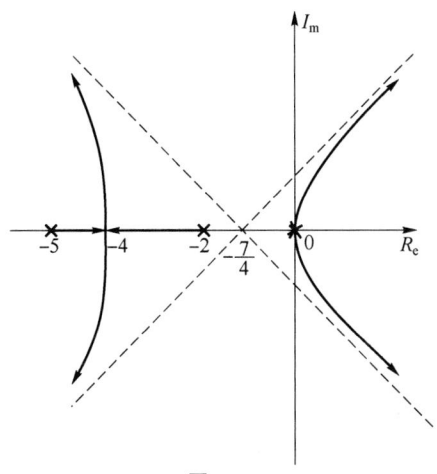

图 4.59

(2) 改变反馈通路后,开环传递函数 $G(s)H(s)=\dfrac{K(2s+1)}{s^2(s+2)(s+5)}$。

闭环传递函数为 $\Phi(s)=\dfrac{K}{s^2(s+2)(s+5)+K(2s+1)}$

特征方程为 $D(s)=s^4+7s^3+10s^2+2Ks+K=0$

列劳斯表为

s^4	1	10	K
s^3	7	$2K$	
s^2	$\dfrac{70-2K}{7}$	K	
s^1	$2K-\dfrac{49K}{70-2K}$		
s^0	K		

$\Rightarrow \begin{cases} K>0 \\ 70-2K>0 \\ 2K-\dfrac{49K}{70-2K}>0 \end{cases} \Rightarrow 0<K<22.75$

故:$H(s)$改变后,当 $0<K<22.75$ 时系统的稳定性。可见 $H(s)$ 改变后,系统的稳定性变好。因为 $H(s)$ 改变后,相当于给开环传递函数增加了一个零点,根轨迹向左移动,则稳定性会变好。

第 5 章　频域分析法

5.1　主要知识点

（1）频域特性的定义，与传递函数的关系；
（2）绘制最小相位系统开环对数幅频、相频特性，判别系统稳定性，系统性能分析，已知频率特性曲线，反求系统参数；
（3）频率特性的三段论；
（4）闭环频域性能指标；
（5）绘制最小相位系统奈奎斯特曲线（极坐标图），用奈奎斯特判据判别系统稳定性；
（6）绘制非最小相位系统奈奎斯特曲线，判别系统稳定性；
（7）特殊奈奎斯特曲线——含有(s^2+1)环节、延迟环节的系统频率特性。

5.2　考点归类解析与例题详解

考点 1　频域特性的定义与传递函数关系（求稳态输出或传递函数）

基本知识要点

1. 定义与特性
（1）定义：线性定常系统在正弦信号作用下，系统的稳定输出将是与输入信号同频率的正弦信号，幅值比为$|G(j\omega)|$，相角差为$\angle G(j\omega)$，定义频率特性如下：
$$G(j\omega) = |G(j\omega)| e^{j\angle G(j\omega)}$$
（2）频域特性与传递函数关系为$G(j\omega) = G(s)|_{s=j\omega} = |G(j\omega)| e^{j\angle G(j\omega)}$。

2. 实验法获得频率特性
线性定常系统实验法可测得频率特性：在性能允许的条件下，对某系统（环节）连续输入不同频率的正弦信号,描点可得到幅值、相角随输入正弦信号的频率变化的关系曲线,即得 $G(j\omega)=A(\omega)e^{j\phi(\omega)}$。

【例 5-1】

(华中科技大学 2005 年)已知控制系统的传递函数 $G(s)=\dfrac{1}{s(s+1)}$,当输入 $r(t)=A\sin 2t$ 时,求系统的稳态输出。

解答:

将 $s=j\omega$ 代入传递函数,得频率特性 $G(j\omega)=\dfrac{1}{j\omega(j\omega+1)}$。根据输入 $r(t)=A\sin 2t$ 知频率 $\omega=2\text{ rad/s}$,代入:

$$|G(j\omega)|=\dfrac{1}{\omega}\dfrac{1}{\sqrt{(\omega^2+1)}}=\dfrac{1}{2\sqrt{5}},\angle G(j\omega)=-90°-\arctan 2=-153.4°。$$

根据频率特性的定义,得系统稳态输出 $c(t)=\dfrac{A}{2\sqrt{5}}\sin(2t-153.4°)$。

知识点:

系统输入为正弦信号时,求 $e_{ss}(t)$ 或 $c(\infty)$ 不用拉普拉斯变换终值定理,而用频率特性定义求解。因为 $\lim\limits_{s\to 0}sE(s)$ 中包含一对共轭的纯虚根,极限不存在,不满足终值定理条件。

【例 5-2】

(哈尔滨工业大学 2003 年)某反馈控制系统如图 5.1 所示,已知 $G(s)=\dfrac{K}{s^v(s+a)}$,根据以下条件,求 $G(s)$。

(1) 在 $r(t)=t$ 的作用下,$e(t)$ 的稳态值为 0.25;
(2) 在 $r(t)=10\sin 4t$ 作用下,系统稳态输出 $c(t)$ 的幅值为 2。

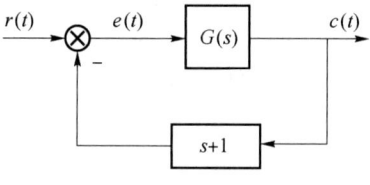

图 5.1

解答:

(1) 在 $r(t)=t$ 作用下,$e_{ss}=0.25$,则系统为 I 型,$v=1$。

$$G(s)H(s)=\dfrac{K(s+1)}{s(s+a)},K_V=\lim_{s\to 0}s\times\dfrac{K(s+1)}{s(s+a)}=\dfrac{K}{a}$$

$$e_{ss}=\dfrac{1}{K_V}=\dfrac{a}{K}=0.25\Rightarrow K=4a \tag{1}$$

(2) 在 $r(t)=10\sin 4t$ 作用下的输出需由 $\Phi(j\omega)$ 求得

系统闭环传递函数 $\Phi(s)=\dfrac{K}{s(s+a)+K(s+1)}=\dfrac{K}{s^2+(a+K)s+K}$

$$\Phi(j\omega)=\dfrac{K}{-\omega^2+j\omega(a+K)+K}=\dfrac{K}{(K-\omega^2)+(a+K)j\omega}$$

将 $\omega=4$ 带入,并根据频率特性的定义得

$$|\Phi(4j)|=\dfrac{K}{\sqrt{(K-16)^2+16(a+K)^2}}=\dfrac{2}{10} \tag{2}$$

联立(1)和(2)得 $K=16, a=4$，所以有
$$G(s) = \frac{16}{s(s+4)}$$

知识点：

输入 $r(t)=\cos(\omega t+\theta)$ 时，系统的稳态响应表达式

因为 $r(t)=\cos(\omega t+\theta)=\sin(\omega t+\theta+90°)$，所以系统 $\Phi(s)$ 的稳态响应：
$$c(t) = |\Phi(j\omega)|\sin(\omega t+\theta+90°+\angle|\Phi(j\omega)|)$$
$$= |\Phi(j\omega)|\cos(\omega t+\theta+\angle|\Phi(j\omega)|)$$

输入 $\cos(\omega t+\theta)$ 形式，系统的稳态响应可以直接写为余弦形式。

【例 5-3】

(浙江大学 2004 年)某系统的单位阶跃响应为 $y(t)=1+e^{-t}+e^{-2t}$，求系统的频率特性 $G(j\omega)$。

解答：

(1) 此题首先要求得系统的传递函数，再由传递函数求得频率特性。

系统的传递函数是在零初始条件下取拉普拉斯变换得到的。由 $y(t)=1+e^{-t}+e^{-2t}$，可得 $y(0)=3, \dot{y}(0)=-3$。可见 $y(t)$ 不是在零初始条件下得到的。由于零初始条件下的 $y(t)$ 与非零条件下的响应具有相同的模态，故可设零初始条件下输出响应为
$$y_n(t) = 1+ae^{-t}+be^{-2t}$$

令 $y_n(0), \dot{y}_n(0)=0$，可得 $\begin{cases} 1+a+b=0 \\ -a-2b=0 \end{cases} \Rightarrow \begin{cases} a=-2 \\ b=1 \end{cases}$

所以 $y_n(t)=1-2e^{-t}+e^{-2t}$，取拉普拉斯变换：
$$Y_n(s) = \frac{1}{s} - \frac{2}{s+1} + \frac{1}{s+2} = \frac{2}{s(s+1)(s+2)}$$
$$G(s) = \frac{Y_n(s)}{R(s)} = \frac{2}{(s+1)(s+2)} = \frac{2}{s^2+3s+2}$$

(2) 令 $s=j\omega$ 代入 $G(s)$ 得
$$|G(j\omega)| = \frac{2}{\sqrt{(2-\omega^2)+9\omega^2}}, \angle G(j\omega) = -\arctan\frac{3\omega}{2-\omega^2}$$
$$G(j\omega) = |G(j\omega)|e^{\angle G(j\omega)} = \frac{2}{2-\omega^2+3\omega j} = \frac{2}{\sqrt{(2-\omega^2)^2+9\omega^2}}\angle -\arctan\frac{3\omega}{2-\omega^2}$$

【例 5-4】

(清华大学 2002 年)已知单位反馈控制系统的开环传递函数为 $G(s)=\dfrac{10}{(s+1)}$，当系统受到输入信号 $x_i(t)=\sin(t+30°)-2\cos(2t-45°)$ 作用时，试求系统输出响应 $x_o(t)$ 的稳态表达式。

解答：

系统闭环传递函数 $\Phi(s) = \dfrac{G(s)}{1+G(s)} = \dfrac{10}{s+11}$，将 $s=j\omega$ 代入得频率特性：
$$\Phi(j\omega) = \frac{10}{j\omega+11} = \frac{10}{\sqrt{\omega^2+121}}\angle -\tan^{-1}\frac{\omega}{11}$$

输入信号 $x_i(t)=\sin(t+30°)-2\cos(2t-45°)$ 作用时,频率 $\omega_1=1$ rad/s,$\omega_2=2$ rad/s。

当 $\omega=1$ rad/s 时,$\Phi(j\omega)=\dfrac{10}{\sqrt{122}}\angle-\tan^{-1}\dfrac{1}{11}=\dfrac{10}{\sqrt{122}}\angle-5.2°$,

当 $\omega=2$ rad/s 时,$\Phi(j\omega)=\dfrac{10}{\sqrt{125}}\angle-\tan^{-1}\dfrac{2}{11}=\dfrac{2}{\sqrt{5}}\angle-10.3°$,

线性系统根据叠加原理,当输入 $x_i(t)=\sin(t+30°)-2\cos(2t-45°)$ 时,系统的稳态响应表达式为

$$x_o(t)=\dfrac{10}{\sqrt{122}}\sin(t+30°-5.2°)-\dfrac{2}{\sqrt{5}}2\cos(2t-45°-10.3°)$$
$$=\dfrac{10}{\sqrt{122}}\sin(t+24.8°)-\dfrac{4}{\sqrt{5}}\cos(2t-55.3°)$$
$$=0.9\sin(t+24.8°)-1.79\cos(2t-55.3°)$$

考点2 变形:已知系统传递函数,求正余弦信号输入时稳态误差 $e_{ss}(t)$

知识点:

单位负反馈时 $E(s)=R(s)-C(s)$,

$$\Phi(s)=\dfrac{C(s)}{R(s)}=\dfrac{G(s)}{1+G(s)}$$

$\dfrac{E(s)}{R(s)}=1-\dfrac{C(s)}{R(s)}=1-\Phi(s)$,即 $\Phi_e(s)=1-\Phi(s)$

当已知 $R(s)$ 时,可以根据频率特性定义,用 $\Phi_e(s)$ 直接求出 $e_{ss}(t)$。

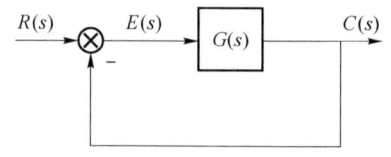

【例 5-5】

(南京航空航天大学 2003 年)已知单位反馈控制系统的开环传递函数为 $G(s)=\dfrac{3}{2s}$。

(1) 确定输入 $r(t)=1(t)$ 作用下的调节时间 t_s;

(2) 当系统输入 $r(t)=2\cos(t+15°)$ 时,求此时的稳态误差 $e_{ss}(t)$。

解答:

(1) 系统闭环传递函数 $\Phi(s)=\dfrac{G(s)}{1+G(s)}=\dfrac{3}{2s+3}=\dfrac{1}{\dfrac{2}{3}s+1}$,

参数 $T=\dfrac{2}{3}$,$t_s=3T=2s(\pm5\%)$

(2) $\Phi_e(s)=1-\Phi(s)=\dfrac{2s}{2s+3}$,将 $s=j\omega$ 代入得 $\Phi_e(j\omega)=\dfrac{2j\omega}{2j\omega+3}$

$$\Phi_e(j\omega)=\dfrac{2\omega}{\sqrt{4\omega^2+9}}\angle 90°-\tan^{-1}\dfrac{2\omega}{3}。$$

当系统输入 $r(t)=2\cos(t+15°)$ 时,$\omega_1=1$ rad/s 得

$$\Phi_e(j\omega) = \frac{E(j\omega)}{R(j\omega)} = \frac{2}{\sqrt{4+9}} \angle 90° - \tan^{-1}\frac{2}{3} = \frac{2}{\sqrt{13}} \angle 56.3°$$

所以 $e_{ss}(t) = 2\frac{2}{\sqrt{13}}\cos(t+15°+56.3°) = \frac{4}{\sqrt{13}}\cos(t+71.3°)$。

 考点3　绘制最小相位系统开环对数幅频特性、相频特性，判别系统稳定性

基本知识要点

最小相位系统开环对数频率特性曲线（渐近线）绘制步骤为

$$开环传递函数\ G(s)H(s) = \frac{K(\tau_1 s+1)(\tau_2^2 s^2+2\xi_2\tau_2 s+1)\cdots}{s^v(T_1 s+1)(T_2^2 s^2+2\xi_2 T_2 s+1)\cdots}$$

$$对数幅频特性\ L(\omega) = 20\lg A(\omega) = \sum 20\lg A_i(\omega) = \sum L_i(\omega)$$

$$对数相频特性\ \varphi(\omega) = \sum \varphi_i(\omega)$$

1. 对数幅频特性（渐近线）绘制

(1) 传递函数分解成典型环节乘积的形式（尾"1"型）；确定系统型别 v（即开环传递函数含有积分环节的个数）。

(2) 确定一阶环节、二阶环节的转折频率，并将转折频率由低到高依次标注到半对数坐标图上。

(3) 低频段特性曲线：过 A 点（$L(\omega) = 20\lg K, \omega = 1$），作一条斜率为 $-20v$ dB/dec 的直线直到 ω_1 点；如果 $\omega_1 < 1$，则低频段延长线过 A 点。低频段特性曲线与横轴的交点 $\omega = \sqrt[v]{K} = K^{\frac{1}{v}}$。

(4) 从低频开始，沿频率增大的方向，每遇到一个转折频率改变一次分段直线的斜率。

符号改变：对应分母环节"−"，分子环节"+"。

斜率改变：一阶环节 20 dB/dec，二阶环节 40 dB/dec。

2. 对数相频特性曲线的绘制

(1) 近似画法：

在低频段 $\omega \to 0, \varphi(\omega) \approx v(-90°)$

在高频段 $\omega \to \infty, \varphi(\omega) \approx (n-m)(-90°)$

(2) 常规画法：选取各个环节的相角进行叠加，描点成曲线 $\varphi(\omega)$。

例如 $G(s) = \dfrac{K(T_2 s+1)}{s(T_1 s+1)(T_3 s+1)^2}$ 的相角为

$$\varphi(\omega) = v \times (-90°) - \arctan T_1\omega + \arctan T_2\omega - 2\arctan T_3\omega$$

3. 最小相位系统

定义：系统开环传递函数在 s 右半平面没有零、极点的系统。

特点：(1) 系统相角变化范围最小；

(2) 幅频特性和相频特性一一对应。

4. 求系统截止频率 ω_c 的方法

$$G(s)H(s) = \frac{K(\tau_1 s+1)\cdots(\tau_2^2 s^2+2\xi_2\tau_2 s+1)\cdots}{s^v(T_1 s+1)\cdots(T_2^2 s^2+2\xi_2 T_2 s+1)\cdots}$$

(1) 根据 $L(\omega)$ 图形,初步判断 ω_c 的区域;

(2) 近似计算:令 $A(\omega_c) \approx 1$ 得 ω_c 值,其中各环节幅值近似,积分环节幅值近似为 $\dfrac{1}{\omega_c}$,

一阶环节 $\begin{cases} \omega_c > \dfrac{1}{T_i}, & \text{幅值近似为} \dfrac{1}{T_i \omega_c} \text{或} \tau_i \omega_c \\ \omega_c < \dfrac{1}{T_i}, & \text{幅值近似为} 1 \end{cases}$

二阶环节 $\begin{cases} \omega_c > \dfrac{1}{T_i}, & \text{幅值近似为} \dfrac{1}{(T_i \omega_c)^2} \text{或} (\tau_i \omega_c)^2 \\ \omega_c < \dfrac{1}{T_i}, & \text{幅值近似为} 1 \end{cases}$

5. 用裕度值判别最小相位系统的稳定性

(1) 频率特性曲线 5.2 中的裕度值:相角裕度 $\gamma(\omega_c)$ 幅值(增益)裕量 K_g(或 GM)分别如图 5.2(a)和图 5.2(b)所示,其中截止频率 ω_c(剪切频率)是 $L(\omega_c)=0$ dB 对应的频率值;相位穿越频率 ω_g 是 $\varphi(\omega_g) = -180°$ 对应的频率值。

(2) 相角裕度判别:$\gamma(\omega_c) > 0 \Rightarrow$ 闭环系统稳定。

(3) 幅值(增益)裕量判别:

$$K_g = \dfrac{1}{|G(j\omega_g)H(j\omega_g)|} > 1 \text{ 或 } GM = -20\lg|G(j\omega_g)H(j\omega_g)| > 0 \Rightarrow \text{闭环系统稳定}。$$

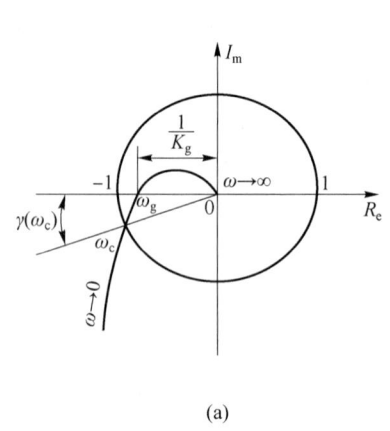

(a)

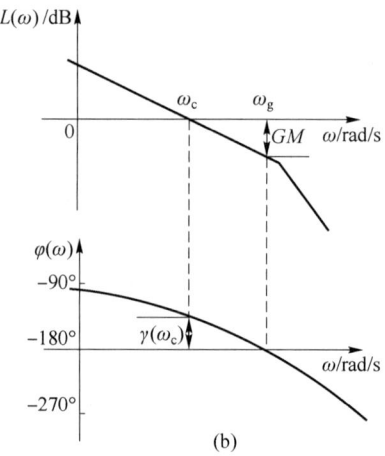

(b)

图 5.2

(武汉大学 2005 年)已知单位负反馈系统的开环传递函数 $W_K(s) = \dfrac{6}{s(1+0.1s)(1+0.01s)}$。

(1) 绘制系统的开环对数幅频特性曲线(用分段直线近似表示);

(2) 求相角裕度 $\gamma(\omega_c)$ 和增益裕量 GM,并判断闭环系统的稳定性。

解答:

(1) 根据系统的开环传递函数,得转折频率 $\omega_1 = 10, \omega_2 = 100$。$L(1) = 20\lg 6 = 15.6$ dB。

低频段曲线:过(1,15.6 dB)点作斜率为 -20 dB/dec,直线直到 $\omega_1=10$;
在 $10<\omega\leqslant100$ 频段,直线斜率改为 -40 dB/dec;
在 $\omega>100$ 频段,直线斜率改为 -60 dB/dec。
系统的开环对数幅频特性曲线如图 5.3 所示。

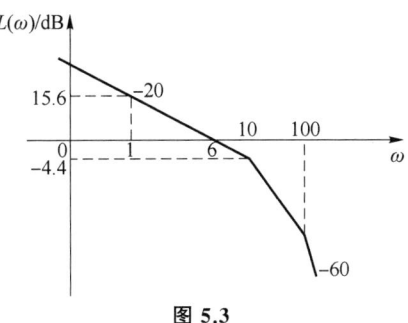

图 5.3

(2) 求 ω_c 和 $\gamma(\omega_c)$:由图知 $\omega_c=6$ rad/s,
$$\gamma(\omega_c)=180°-90°-\tan^{-1}0.1\omega_c-\tan^{-1}0.01\omega_c=90°-31°-3.4°=55.6°$$
求 ω_g 和 GM:$\varphi(\omega_g)=-90°-\tan^{-1}0.1\omega_g-\tan^{-1}0.01\omega_g=-180°$
$\tan^{-1}0.1\omega_g+\tan^{-1}0.01\omega_g=90°$,取正切函数:
$$\frac{0.1\omega_g+0.01\omega_g}{1-0.1\omega_g\times0.01\omega_g}=\infty,得\ \omega_g^2=1000,\omega_g=10\sqrt{10}=31.6\text{ rad/s}。$$
$$\text{GM}=-20\lg A(\omega_g)=-20\lg\frac{6}{\omega_g 0.1\omega_g}=20\lg\frac{100}{6}=24.4\text{ dB}>0$$

闭环系统稳定。

知识点:求 ω_g 时常常应用的正切三角函数和、差公式

$$\tan(\theta_1+\theta_2)=\frac{\tan\theta_1+\tan\theta_2}{1-\tan\theta_1\tan\theta_2}$$

$$\tan(\theta_1-\theta_2)=\frac{\tan\theta_1-\tan\theta_2}{1+\tan\theta_1\tan\theta_2}$$

 考点 4 变形(逆向问题):根据开环对数幅频特性渐近线,求取最小相位系统的传递函数

知识点:根据 $L(\omega)$ 求取最小相位系统的传递函数的方法

(1) 由 $L(\omega)$ 低频段的斜率为 $-20v$ dB/dec,确定系统的型别 v,即开环传递函数中含有积分环节为 $\frac{1}{s^v}$。

(2) 根据低频段或中频段的某一点幅频值关系,求出系统的开环增益 K。
方法 1:找特定频率 $\omega=1$,将低频部分或其延长线至 $\omega=1$ 处,$L(1)=20\lg K$。
方法 2:在低频段任取一个已知点 $(\omega,L(\omega))$,代入低频段折线的方程

$$L(\omega)=20\lg K-v20\lg\omega$$

方法 3：取中频段特殊点(如穿越 0 分贝线的剪切频率 ω_c)，用渐近线表达式求解。

(3) 找出各转折频率 ω_i，或根据图中几何点(1,2 两点)比例关系确定各转折频率 ω_i；

几何比例关系：$L_1(\omega)-L_2(\omega)=$ 斜率 $\cdot \lg\dfrac{\omega_1}{\omega_2}$。

(4) 确定系统其他函数结构：前后斜率变化对应环节类型：

　　降 20 dB/dec $\Rightarrow$ 惯性环节；升 20 dB/dec $\Rightarrow$ 一阶微分环节；

　　降 40 dB/dec $\Rightarrow$ 振荡环节；升 40 dB/dec $\Rightarrow$ 二阶微分环节。

注：二阶振荡\微分环节还要求计算参数 ξ，见考点 3 知识点。

(5) 系统开环传递函数 $G(s)H(s)=\dfrac{K\left(\dfrac{s}{\omega_i}+1\right)\cdots}{s^v\left(\dfrac{s}{\omega_j}+1\right)\cdots}$

###

（华中科技大学 2002 年）系统的开环对数幅频特性如图 5.4 所示，写出系统的开环传递函数，并求出幅值穿越频率 ω_c。

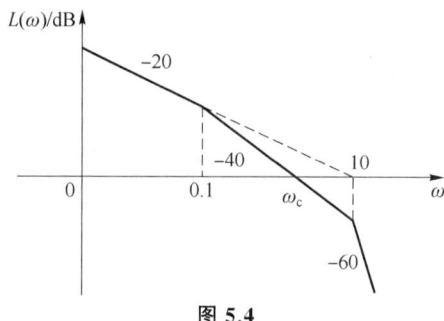

图 5.4

解答：

由图可知，低频段的斜率为 -20 dB/dec，系统为 I 型。

转折频率 $\omega_1=0.1, \omega_2=10$，设系统的开环传递函数为

$$G(s)H(s)=\dfrac{K}{s\left(\dfrac{s}{0.1}+1\right)\left(\dfrac{s}{10}+1\right)}, \text{其中 } K \text{ 为系统的开环增益。}$$

图中 $\omega=10, L(\omega)=0$，因此有 $L(\omega)=20\lg K-20\lg 10=0$ 得 $K=10$。或根据低频段的延长线交横轴点得 $K=10$。

系统的开环传递函数 $G(s)H(s)=\dfrac{10}{s(10s+1)(0.1s+1)}$。

求幅值穿越频率：由 $A(\omega_c)\approx\dfrac{10}{\omega_c 10\omega_c}=1$，得 $\omega_c=1$ rad/s。

【例 5-8】

(上海交通大学 2005 年)最小相位系统对数幅频渐近线如图 5.5 所示,图中 $\omega_i(i=1,2,3,4)$ 为转折频率,剪切频率 $\omega_c=100$ rad/s。试确定:

(1) 系统的开环传递函数 $G(s)H(s)$;
(2) 计算系统的相角裕度 $\gamma(\omega_c)$;
(3) 判别系统的稳定性。

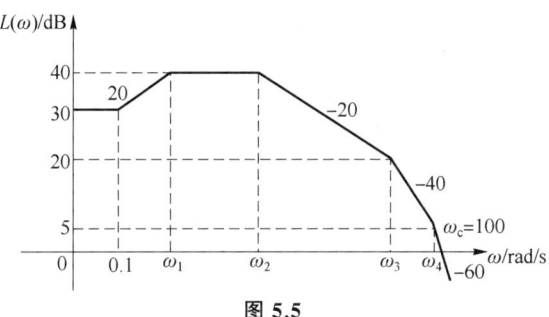

图 5.5

解答:

(1) 由图知系统转折频率:ω_1、ω_2、ω_3、ω_4 未知,低频段斜率为 0,$v=0$,设系统的开环传递函数

$$G(s)H(s) = \frac{K\left(\dfrac{s}{0.1}+1\right)}{\left(\dfrac{s}{\omega_1}+1\right)\left(\dfrac{s}{\omega_2}+1\right)\left(\dfrac{s}{\omega_3}+1\right)\left(\dfrac{s}{\omega_4}+1\right)}。$$

由低频段 $\omega_1=0.1$,$L(\omega)=30$ dB,得 $L(\omega)=20\lg K=30$ dB,$K=10^{\frac{3}{2}}=31.6$;

由第 2 段渐近线两点得 $40-30$ dB$=20\lg\dfrac{\omega_1}{0.1}$,$\omega_1=0.316$ rad/s;

由最后一段渐近线(−60 dB/dec 斜率)两点得

$$5 \text{ dB}=-60\lg\frac{\omega_4}{100}, \omega_4=82.6 \text{ rad/s};$$

由 −40 dB/dec 斜率渐近线两点得 $5-20=-40\lg\dfrac{\omega_4}{\omega_3}$,$\omega_3=34.8$ rad/s;

由 −20 dB/dec 斜率渐近线两点得 $20-40=-20\lg\dfrac{\omega_3}{\omega_2}$,$\omega_2=3.48$ rad/s。

系统的开环传递函数 $G(s)H(s)=\dfrac{31.6\left(\dfrac{s}{0.1}+1\right)}{\left(\dfrac{s}{0.316}+1\right)\left(\dfrac{s}{3.48}+1\right)\left(\dfrac{s}{34.8}+1\right)\left(\dfrac{s}{82.6}+1\right)}$。

(2) 计算系统的相角裕度为

$$\gamma(\omega_c)=180°+\tan^{-1}\frac{100}{0.1}-\tan^{-1}\frac{100}{0.316}-\tan^{-1}\frac{100}{3.48}-\tan^{-1}\frac{100}{34.8}-\tan^{-1}\frac{100}{82.6}=-29.1°$$

(3) 因为 $\gamma(\omega_c)=-29.1°<0$,所以系统不稳定。

考点 5　二阶振荡\微分系统(环节)

基本知识要点

1. 传递函数

$$\Phi(s)=\frac{\omega_n^2}{s^2+2\xi\omega_n s+\omega_n^2}=\frac{1}{\left(\dfrac{s}{\omega_n}\right)^2+2\xi\dfrac{s}{\omega_n}+1}=\frac{1}{T^2s^2+2\xi Ts+1}$$

2. 频率特性(图 5.6)

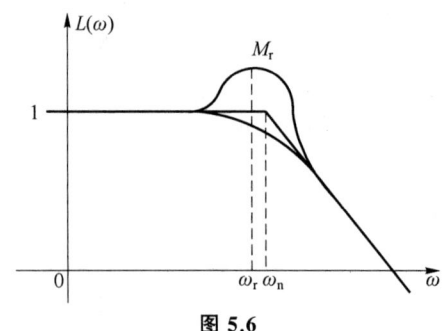

图 5.6

频率特性 $\Phi(j\omega)=\dfrac{1}{\left(1-\dfrac{\omega^2}{\omega_n^2}\right)+2\xi\dfrac{\omega}{\omega_n}j}=A(\omega)e^{j\Phi(\omega)}$。

幅频特性 $A(\omega)=\dfrac{1}{\sqrt{\left(1-\dfrac{\omega^2}{\omega_n^2}\right)^2+\left(2\xi\dfrac{\omega}{\omega_n}\right)^2}}\ (0<\xi<1)$，幅频特性近似处理：

(1) $\dfrac{\omega}{\omega_n}\ll 1$，即 $\omega\ll\omega_n$ 时，$L(\omega)\approx 0$；

(2) $\dfrac{\omega}{\omega_n}\gg 1$，即 $\omega\gg\omega_n$ 时，$L(\omega)\approx -40\lg\dfrac{\omega}{\omega_n}=-20\lg\left(\dfrac{\omega}{\omega_n}\right)^2$；

(3) $\dfrac{\omega}{\omega_n}=1$，即 $\omega=\omega_n$ 附近，(注意 $L(\omega)$ 不仅与 ω_n 有关，也与 ξ 有关)。

(无论 ξ 的范围)在 $\omega=\omega_n=\dfrac{1}{T}$ 处有最大误差 $\Delta L(\omega)=20\lg\dfrac{1}{2\xi}$，$A(\omega)=\dfrac{1}{2\xi}$。

3. 谐振

$\begin{cases} 0<\xi<0.707\ \text{时，出现谐振，谐振频率}\ \omega_r=\omega_n\sqrt{1-2\xi^2}\ (\xi\downarrow\to M_r\uparrow M_p\uparrow) \\ \text{谐振峰值}\ M_r=\dfrac{1}{2\xi\sqrt{1-\xi^2}},\ L(\omega_r)=20\lg\dfrac{1}{2\xi\sqrt{1-\xi^2}} \\ \xi\geqslant 0.707\ \text{时，无谐振；渐近线}\ L(\omega)=20\lg 1=0，\text{实际}\ L(\omega)=20\lg\dfrac{1}{2\xi} \end{cases}$

4. $\Phi(\omega)$讨论

(1) 二阶振荡环节

$$\Phi(s)=\cfrac{1}{\left(\cfrac{s}{\omega_n}\right)^2+2\xi\cfrac{s}{\omega_n}+1}=\cfrac{1}{T^2s^2+2\xi Ts+1}$$

$$\Phi(j\omega)=\cfrac{1}{\left(1-\cfrac{\omega^2}{\omega_n^2}\right)+2\xi\cfrac{\omega}{\omega_n}j}$$

相频特性 $\begin{cases} (1)\ \cfrac{\omega}{\omega_n}\ll 1,即\ \omega\ll\omega_n\ 时,\quad \varphi(\omega)=-\tan^{-1}\cfrac{2\xi T\omega}{1-T^2\omega^2}=-\tan^{-1}\cfrac{2\xi\cfrac{\omega}{\omega_n}}{1-\left(\cfrac{\omega}{\omega_n}\right)^2} \\ (2)\ \omega=\omega_n\ 时,\quad \varphi(\omega)=-\cfrac{\pi}{2} \\ (3)\ \cfrac{\omega}{\omega_n}>1,即\ \omega>\omega_n\ 时,\quad \varphi(\omega)=-\left[\pi-\tan^{-1}\cfrac{2\xi\cfrac{\omega}{\omega_n}}{\left(\cfrac{\omega}{\omega_n}\right)^2-1}\right] \\ (4)\ \omega\to\infty\ 时,\quad \varphi(\omega)=-\pi \end{cases}$

注意：谐振频率 $\omega_r\neq\omega_n$ 转折频率。

① $\xi\downarrow\Rightarrow\omega_r\uparrow$ 越接近于 ω_n，$\omega_r\ll\omega_n\left(\xi<\cfrac{1}{\sqrt{2}}\right)$。

② 求 ξ：用 ω_r 处的误差 $\Delta L(\omega_r)$ 或转折频率 ω_n 处的误差 $\Delta L(\omega_n)$，求出 ξ。
用谐振频率处偏差 $\Delta L(\omega_r)$ 求参数 ξ：

$$\Delta L(\omega_r)=L(\omega_r)-L_{渐}=20\lg M_r=20\lg\cfrac{1}{2\xi\sqrt{1-\xi^2}}$$

用转折频率处偏差 $\Delta L(\omega_n)$ 求参数 ξ：

$$\Delta L(\omega_n)=L(\omega_n)-L_{渐}=20\lg\cfrac{1}{2\xi}$$

(2) 二阶微分环节

$$\Phi(s)=\tau^2s^2+2\xi\tau s+1=\left(\cfrac{s}{\omega_n}\right)^2+2\xi\cfrac{s}{\omega_n}+1$$

二阶微分环节的频率特性 $\Phi(j\omega)=\left(1-\cfrac{\omega^2}{\omega_n^2}\right)+2\xi\cfrac{\omega}{\omega_n}j$。

相频特性 $\begin{cases} \omega\leq\omega_n\ 时,\varphi(\omega)=\tan^{-1}\cfrac{2\xi\cfrac{\omega}{\omega_n}}{1-\left(\cfrac{\omega}{\omega_n}\right)^2} \\ \omega=\omega_n\ 时,\varphi(\omega)=\cfrac{\pi}{2} \\ \omega>\omega_n\ 时,\varphi(\omega)=\pi-\tan^{-1}\cfrac{2\xi\cfrac{\omega}{\omega_n}}{\left(\cfrac{\omega}{\omega_n}\right)^2-1} \end{cases}$

【例 5-9】

（西北工业大学 2004 年）单位反馈的最小相位系统，其开环对数幅频特性如图 5.7 所示。①写出系统开环传递函数 $G(s)$ 表达式；②求出系统的截止频率 ω_c 和相角裕度 r。

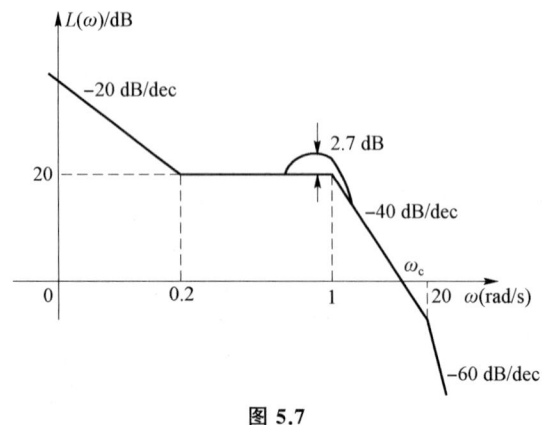

图 5.7

解答：

(1) 转折频率：$\omega_1=0.2, \omega_2=1, \omega_3=20$。

系统存在谐振峰值，即存在二阶振荡环节，设开环传递函数：

$$G(s)=\frac{K\left(\dfrac{s}{0.2}+1\right)}{s\left(\dfrac{s^2}{1^2}+2\xi\dfrac{s}{1}+1\right)\left(\dfrac{s}{20}+1\right)}$$

由 $L(\omega_r)=2.7$ dB 可知 $\xi<0.707$：

$$20\lg\frac{1}{2\xi\sqrt{1-\xi^2}}=2.7 \text{ dB}$$

$$4\xi^4-4\xi^2+0.537=0$$

$$\xi^2=0.84(舍)，或\ \xi^2=0.16 \Rightarrow \xi=0.4$$

低频段：$L(\omega)=20\lg K-20\lg 0.2=20 \Rightarrow K=2$

所以

$$G(s)=\frac{2\left(\dfrac{s}{0.2}+1\right)}{s\left(s^2+\dfrac{4}{5}s+1\right)\left(\dfrac{s}{20}+1\right)}=\frac{2(5s+1)}{s(s^2+0.8s+1)(0.05s+1)}$$

(2) 由 $\omega_c<20$ rad/s 得

$$A(\omega)\approx\frac{2\times\dfrac{\omega_c}{0.2}}{\omega_c\times\omega_c^2}=1 \Rightarrow \frac{10}{\omega_c^2}=1 \Rightarrow \omega_c=\sqrt{10}=3.16 \text{ rad/s}$$

因为 $\omega_c>\omega_n=1$ rad/s，所以系统的相角裕度：

$$r(\omega_c)=180+\tan^{-1}\frac{3.16}{0.2}-90°-\left(180°-\tan^{-1}\frac{3.16\times 0.8}{3.16^2-1}\right)-\tan^{-1}\frac{3.16}{20}=3°$$

知识点：求 $A(\omega_c)$ 时，二阶振荡环节的近似方法

$$\begin{cases} \omega_c < \omega_n, \text{近似为 } 1 \\ \omega_c > \omega_n, \text{近似为 } \omega_c^2 \end{cases}$$

知识点：

求系统 $G(s) = \dfrac{K}{s\left(\dfrac{s}{\omega_1}+1\right)\left(\dfrac{s}{\omega_2}+1\right)\left[\left(\dfrac{s}{\omega_3}\right)^2 + 2\xi\dfrac{s}{\omega_n}+1\right]}$ 的 ω_c 方法

先初步判 ω_c 所在区域，当绘制不准确时，

(1) 先判定 $\omega_1 < \omega_c < \omega_2$ 成立否：

$A(\omega_1) > 1$，$A(\omega_2) = \dfrac{K}{\omega_2 \dfrac{\omega_2}{\omega_1}} = \dfrac{K\omega_1}{\omega_2^2} < 1$ 则说明正确，

或者 $A(\omega_c) = \dfrac{K}{\omega_c \dfrac{\omega_c}{\omega_1}} = 1 \Rightarrow \omega_c = \sqrt{K\omega_1}$，验证 $\omega_c < \omega_2$ 成立否。

(2) 如果上述判断不成立，再判定 $\omega_2 < \omega_c < \omega_3$ 成立否：

$A(\omega_3) = \dfrac{K}{\omega_3 \dfrac{\omega_3}{\omega_1} \dfrac{\omega_3}{\omega_2}} < 1$ 成立否。

$A(\omega_c) = \dfrac{K}{\omega_c \dfrac{\omega_c}{\omega_1} \dfrac{\omega_c}{\omega_2}} = 1 \Rightarrow \omega_c = \sqrt[3]{K\omega_1\omega_2}$，验证 $\omega_c < \omega_3$ 成立否。

(3) $\omega_c > \omega_3$ 则 $A(\omega_c) = \dfrac{K}{\omega_c \dfrac{\omega_c}{\omega_1} \dfrac{\omega_c}{\omega_2} \left(\dfrac{\omega_c}{\omega_3}\right)^2} = 1 \Rightarrow \omega_c$ 求出。

知识点：二阶振荡环节的对数幅频特性曲线的近似处理（渐近线）

$$L(\omega) = 20\lg K - 20\lg\sqrt{\left(1-\dfrac{\omega}{\omega_n}\right)^2 + \left(2\xi\dfrac{\omega}{\omega_n}\right)^2}$$

(1) $\omega \ll \omega_n$ 时，$L(\omega) = 20\lg K$。

(2) $\omega = \omega_n$ 时，$L(\omega) = 20\lg K - 20\lg 2\xi$。

(3) $\omega \gg \omega_n$ 时，$L(\omega) = 20\lg K - 20\lg\left(\dfrac{\omega}{\omega_n}\right)^2 = 20\lg K - 40\lg\left(\dfrac{\omega}{\omega_n}\right)$。

（南京航空航天大学 2004 年）已知闭环系统的 Bode 如图 5.8 所示，试求系统单位阶跃响应的超调量 $\sigma\%$、峰值时间 t_p 和调节时间 t_s。

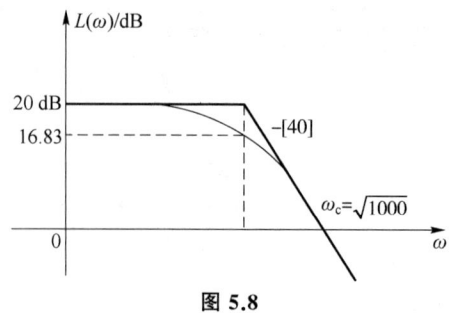

图 5.8

解答：

(1) 闭环传递函数 $\Phi(s) = \dfrac{K}{T^2 s^2 + 2\xi T s + 1} = \dfrac{K}{\left(\dfrac{s}{\omega_n}\right)^2 + 2\xi \dfrac{s}{\omega_n} + 1}$

(2) 低频段高度 20 dB，斜率零，知 $20\lg K = 20$ dB，得 $K = 10$。

(3) 转折点处的幅值为 16.83 dB，在 ω_n 处：
$$L(\omega) = 20\lg K - 20\lg 2\xi = 16.83 \Rightarrow \xi = 0.72$$

(4) 中高频段剪切频率 $\omega_c = \sqrt{1000}$，

由 $L(\omega_c) = 20 - 0 = -40\lg\left(\dfrac{\omega_n}{\omega_c}\right)$，得 $\left(\dfrac{\omega_c}{\omega_n}\right)^2 = 10$

$$\omega_n^2 = \dfrac{\omega_c^2}{10} = \dfrac{1000}{10} = 100$$

$$\omega_n = 10 \text{ rad/s}$$

(5) 系统单位阶跃响应的性能指标：

$$\sigma\% = e^{-\dfrac{\xi\pi}{\sqrt{1-\xi^2}}} \times 100\% = 3.84\%$$

$$t_p = \dfrac{\pi}{\omega_d} = 0.453\text{s}$$

$$t_s = \dfrac{3}{\xi\omega_n} = 0.417 \text{ s}(5\%)$$

【例 5-11】

（电子科技大学 2004 年）已知最小相位系统的 Bode 图（单位负反馈系统的开环 Bode）如图 5.9 所示，求系统的闭环传递函数、相角稳定裕度 $\gamma(\omega_c)$。

解答：

(1) $L(0.1) = 20\lg K - 20\lg 0.1 = 40 \text{ dB} \Rightarrow K = 10$。

(2) 已知 ω_n 点处 $\Delta L(\omega_n)$，可求阻尼比（注意 ω_n 点对应值不是 M_r）。

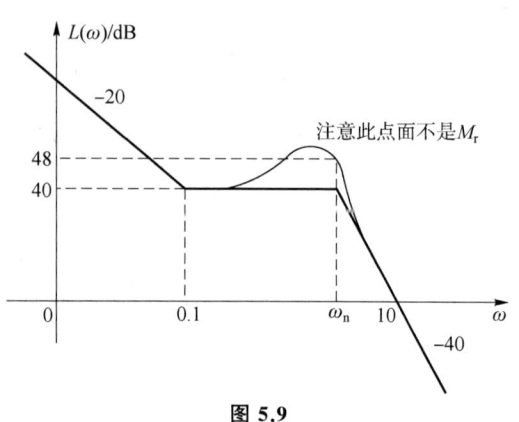

图 5.9

$$\Delta L(\omega_n) = L(\omega_n) - L_{新} = 48 - 40 = 20\lg\frac{1}{2\xi} \Rightarrow \lg 2\xi = -\frac{8}{20} \Rightarrow \xi = \frac{10^{-0.4}}{2} = 0.2$$

(3) 由图知 $40 \text{ dB} = 40\lg\frac{10}{\omega_n} \Rightarrow \omega_n = 1 \text{ rad/s}$

$$G(s) = \frac{10\left(\dfrac{s}{0.1}+1\right)}{s(s^2+2\times 0.2s+1)} = \frac{10(10s+1)}{s(s^2+0.4s+1)}$$

$$\Phi(s) = \frac{10(10s+1)}{s^3+0.4s^2+101s+10}$$

(4) 截止频率 $\omega_c = 10 \text{ rad/s}$,系统相角稳定裕度:

$$r(\omega_c) = 180° + \tan^{-1}10\omega_c - 90° - \left(180° - \tan^{-1}\frac{0.4\omega_c}{\omega_c^2-1}\right)$$
$$= 180° + 89.4° - 90° - (180° - 2.3°)$$
$$= 89.4° - 90° + 2.3°$$
$$= 1.7°$$

考点 6 频率特性的三段论,各段的参数值计算

基本知识要点

1. 低频段(控制精度)(图 5.10)

$$L_0(\omega) = 20\lg K - 20v\lg\omega$$

参数与性能 $\begin{cases} 低频段的斜率绝对值\uparrow \to v\uparrow \\ 幅值越高 \to K\uparrow \end{cases}$

$\Rightarrow$ 稳定条件下,$e_{ss}\downarrow$,精度 $\uparrow$

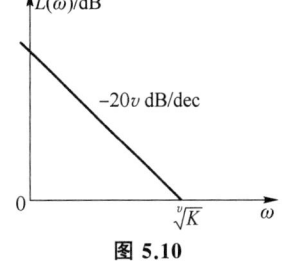

图 5.10

2. 中频段(动态性能)(图 5.11)

(1) 开环截止频率 $\omega_c \uparrow \to$ 过渡时间越短 $\downarrow \to$ 反应越快

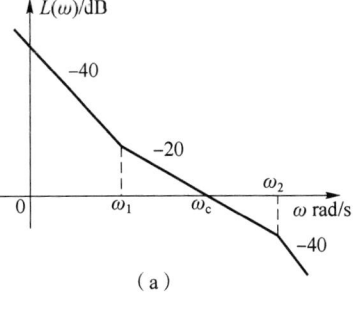 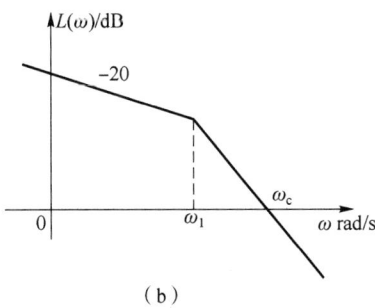

(a)   (b)

图 5.11

(2) 中频段的宽度:两种情况

① 如中频斜率 -20 dB/dec(图 5.11(a)),且宽度较宽,则中频段越宽 $\uparrow \to r \uparrow$,平稳性 $\uparrow$

$$\varphi(\omega) = -180° + \tan^{-1}\frac{\omega}{\omega_1} - \tan^{-1}\frac{\omega}{\omega_2}$$

$$\gamma(\omega_c) = 180° + \varphi(\omega_c) = \tan^{-1}\frac{\omega_c}{\omega_1} - \tan^{-1}\frac{\omega_c}{\omega_2}$$

② 如中频斜率－40 dB/dec(图 5.11(b))，中频段越宽↑→r→0°→平稳性↓

$$\varphi(\omega) = -90° - \tan^{-1}\frac{\omega}{\omega_1}$$

$$\gamma(\omega_c) = 180° + \varphi(\omega_c) = 90° - \tan^{-1}\frac{\omega_c}{\omega_1}$$

结论：平稳性↑ $\begin{cases} \omega_c \text{ 在}[-20]\text{段上，且有足够的中频宽度；} \\ \omega_c \text{ 在}[-40]\text{段上，且中频段较窄。} \end{cases}$

3. 高频段（抗干扰能力）

近似处理：多个小惯性环节等效为一个小惯性环节 $T = T_1 + T_2 + T_3$

$$|\Phi(j\omega)| = \frac{|G(j\omega)|}{|1+G(j\omega)|} \approx |G(j\omega)|$$

因为 $L(\omega) \ll 0$, $|G(j\omega)| \ll 1$，开环对数幅频特性 $|G(j\omega)|$ 在高频段的幅值反映了系统对高频干扰信号的抑制能力，$|G(j\omega)|↓→$抗干扰能力↑。

【例 5-12】

（南开大学 2005 年）某最小相位系统 Bode 图如图 5.12 所示，问：
(1) 写出开环传递函数，并判别稳定性。
(2) 若将该幅频特性向右平移十倍频程，对系统有哪些影响。

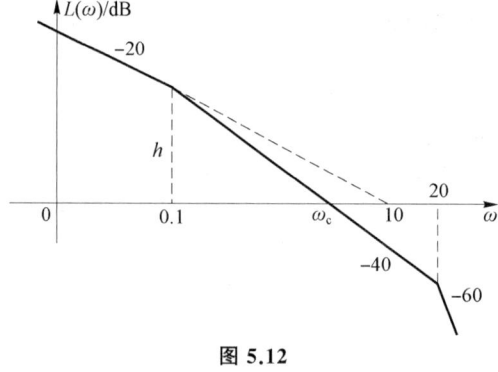

图 5.12

解答：

(1) 低频段斜率为－20 dB/dec，由图得

$$\omega = 10, L(\omega) = 20\lg K - 20\lg\omega = 0 \text{ dB} \Rightarrow \frac{K}{10} = 1 \Rightarrow K = 10$$

转折频率：$\omega_1 = 0.1, \omega_2 = 20$

$$G(s)H(s) = \frac{10}{s\left(\dfrac{s}{0.1}+1\right)\left(\dfrac{s}{20}+1\right)}$$

判稳定性：由图知 $h = 20\lg 10 - 20\lg 0.1 = 20\lg 10^2 = 40$ dB，有

$$0-h=-40\lg\frac{\omega_c}{0.1}\Rightarrow\omega_c=0.1\times 10=1 \text{ rad/s}$$

$$r(\omega_c)=180°-90°-\tan^{-1}\frac{\omega_c}{0.1}-\tan^{-1}\frac{\omega_c}{20}=90°-84.3°-2.86°$$

$$=2.9°>0 \quad \text{系统稳定}$$

(2) 幅频特性右移十倍频程后,由图 5.13 对比原幅频特性图 5.12 有

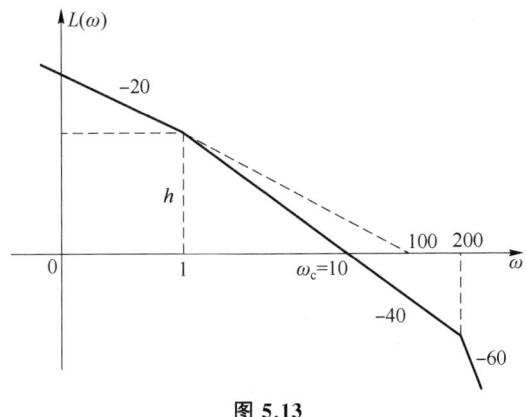

图 5.13

$$\begin{cases} \text{放大系数 } K\uparrow\rightarrow e_{ss}\downarrow\rightarrow\text{精度}\uparrow \\ \text{系统剪切频率增大 }\omega_c\uparrow\rightarrow\text{动态响应加快}\uparrow \\ \text{频宽不变}\rightarrow r(\omega_c)\text{不变}\rightarrow\text{稳定性基本不变} \\ \text{高频幅值}\uparrow\rightarrow\text{抗干扰能力}\downarrow \end{cases}$$

右移后的低频段为

$$20\lg K-20\lg 100=0 \text{ dB}\Rightarrow K=100$$

右移后的传递函数为

$$G(s)=\frac{100}{s\left(\dfrac{s}{1}+1\right)\left(\dfrac{s}{200}+1\right)}$$

验证 $A(\omega_c)\approx\dfrac{100}{\omega_c\omega_c}=1\Rightarrow\omega_c=10 \text{ rad/s}$

$r(\omega_c)=180-90°-\tan^{-1}10-\tan^{-1}\dfrac{10}{200}=90°-84.3°-2.9°=2.8°$ 系统稳定性基本未变。

 考点 7　闭环频域性能指标

基本知识要点

1. 带宽频率 ω_b

带宽频率 ω_b: $M(\omega_b)=0.707M(0)$ 点对应的频率。$0\sim\omega_b$ 称为带宽。

ω_b 反应系统的快速性: $\begin{cases}\omega_b\uparrow\rightarrow\text{快}\uparrow t_s\downarrow \\ \omega_b \text{过大}\rightarrow\text{抗干扰能力}\downarrow\end{cases}$

2. 谐振峰值 M_r 和谐振频率 ω_r 与性能

(1) $\xi \downarrow \to M_r \uparrow \to \sigma\% \uparrow \to$ 收敛慢,平衡性 $\downarrow$。

(2) $\xi =$ 常数,$M_r \uparrow \to t_p \downarrow$,响应快 $\uparrow$。

3. 闭环性能指标

(1) 一阶系统:$\Phi(s) = \dfrac{1}{\tau s + 1}$,$M(0) = 1$,$\omega_b = \dfrac{1}{T}$,$\tau_s = \dfrac{3}{\omega_b} = 3T(\Delta = 5\%)$。

(2) 二阶系统:谐振频率 $\omega_r = \omega_n\sqrt{1-2\xi^2}$,谐振峰值 $M_r = \dfrac{1}{2\xi\sqrt{1-\xi^2}}(\xi \leqslant 0.707)$,

关系 $\xi \downarrow \to \omega_b \uparrow$,$\omega_n \uparrow \to \omega_b \uparrow$,$\omega_b = \omega_n\sqrt{(1-2\xi^2)+\sqrt{2-4\xi^2+4\xi^4}}$。

(3) 高阶系统:谐振峰值 $M_r \approx \dfrac{1}{\sin r}$。

【例 5-13】

(北京航空航天大学 2005 年)已知单位负反馈系统的开环传递函数 $G(s) = \dfrac{K}{s(Ts+1)}$,若要带宽增加 α 倍,相角稳定裕度保持不变,问 K、T 如何变化?

解答:

改变前 $\Phi(s) = \dfrac{G(s)}{1+G(s)} = \dfrac{K}{Ts^2+s+K} = \dfrac{\dfrac{K}{T}}{s^2 + \dfrac{1}{T}s + \dfrac{K}{T}}$

得 $\begin{cases} \omega_n^2 = \dfrac{K}{T} \\ 2\xi\omega_n = \dfrac{1}{T} \end{cases} \Rightarrow \begin{cases} \omega_n = \sqrt{\dfrac{K}{T}} \\ \xi = \dfrac{1}{2\sqrt{KT}} \end{cases}$

由二阶系统的带宽公式 $\omega_b = \omega_n\sqrt{1-2\xi^2+\sqrt{2-4\xi^2+4\xi^4}}$,$r = \arctan\dfrac{2\xi}{\sqrt{\sqrt{1+4\xi^4}-2\xi^2}}$,可以看出二阶系统的 r 唯一与 ξ 有关,故要保持系统的相角裕度不变,应保持系统的阻尼比不变。要使系统的带宽增加 α 倍,应使 ω_n 增加 α 倍,即保持 KT 不变,而 $\dfrac{K}{T}$ 变为原来的 α^2 倍。

考点 8 绘制最小相位系统奈奎斯特曲线(极坐标图),用奈奎斯特判据判稳

基本知识要点

1. 绘制奈奎斯特曲线图(开环)——最小相位系统

(1) 起始段:$G(j0) = \begin{cases} K \angle 0° & v = 0 \\ \omega \angle -90°v & v \neq 0 \end{cases}$

(2) 与实轴(虚轴)交点:

方法一:分解为复数形式 $G(j\omega) = R_e(\omega) + jI_m(\omega)$,令 $I_m(\omega) = 0$,得到 ω 值 $\Rightarrow$ 代入 $R_e(\omega)$。

方法二：令 $\angle G(j\omega) = -180°$，得 ω 代入 $|G(j\omega)|$ 得幅值。

(3) 曲线终端：$\omega \to \infty, n > m, \lim\limits_{\omega \to \infty} G(j\omega) = 0 \angle -(n-m)\dfrac{\pi}{2}$。

2. 奈奎斯特判据判别系统稳定性

(1) 已知 $\begin{cases} \omega \text{ 从} -\infty \to +\infty \text{ 逆时针包围}(-1,0)\text{点的次数 } N \\ G(s)H(s)\text{位于右半 } s \text{ 平面的极点数为 } P \end{cases}$

(2) 奈奎斯特判据：

① 若 $N = P$，系统稳定；

若 $N \neq P$，则系统不稳定，且不稳定根个数 $Z = P - N$。

② $\omega = 0 \to \infty$，则逆时针包围 $(-1,0)$ 点的次数为 $\dfrac{N}{2}$，需乘 2 再判别。

③ 积分环节时，需要补线（顺时针）$-\dfrac{\pi}{2}v$ 角度、半径 ∞ 的圆弧再判别。

3. 对数奈奎斯特判据

首先用 Bode 图判 $\dfrac{N}{2} = \dfrac{N_+}{2} - \dfrac{N_-}{2}$，其中正穿越 N_+ 和负穿越 N_- 方向如图 5.14 所示，为 $L(\omega) > 0$ dB 时相频曲线穿越 $\varphi(\omega) = 180°$ 线的次数 $Z = P - N$。

含有积分环节的系统，还要在相频曲线起始端补 $-90°v$（或 $-\dfrac{\pi}{2}v$）辅助线，之后再判别。

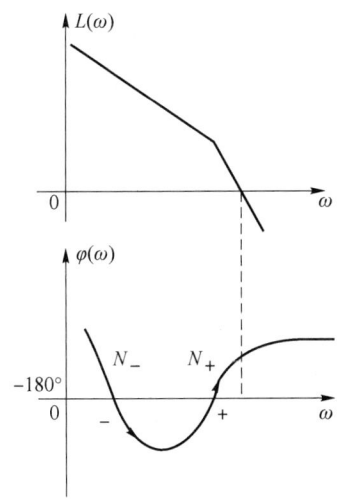
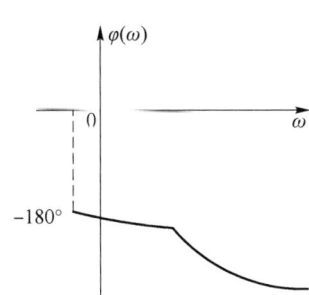

图 5.14

【例 5-14】

（清华大学 1998 年）如图 5.15 所示最小相位系统，当 $\omega = 0^+ \to \infty$ 时，判别系统稳定性。

解答：

(1) 图 (a) 因为是最小相位系统，知 $P = 0$，由图知 $N/2 = -1$，所以 $z = P - (-2) = 2$，系统不稳定。

(2) 图(b)因为是最小相位系统,知 $P=0$,由图知 $N=0$,所以系统稳定。

(3) 图(c)因为是最小相位系统,知 $P=0$,由图知 $N=0$,所以系统稳定。

(4) 图(d)因为是最小相位系统,知 $P=0$,由图知 $N=0$,所以系统稳定。

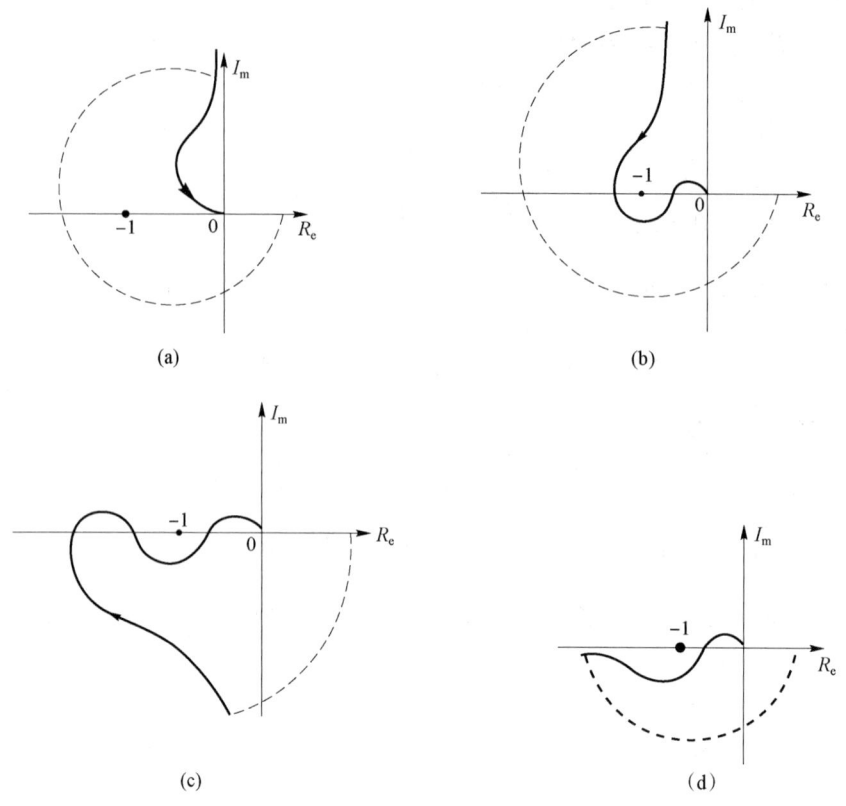

图 5.15

【例 5-15】

(哈尔滨工程大学 2003 年)系统传递函数 $G(s)=\dfrac{K}{s(T_1 s+1)(T_2 s+1)}$,$T_1$、$T_2>0$。当 $K=10$ 时,$G(j\omega)$ 与负实轴相交于 $(-0.25,0)$ 点,求使闭环系统稳定的 K 值。

解答:

方法 1:将频率特性 $G(j\omega)$ 分解为虚实部

$$G(j\omega)=\frac{K}{j\omega(T_1 j\omega+1)(T_2 j\omega+1)}=R(\omega)+jI(\omega)$$

$$=-\frac{K(T_1+T_2)}{(T_1+T_2)^2\omega^2+(1-T_1 T_2\omega^2)^2}+\frac{K(T_1 T_2\omega^2-1)}{\omega[(T_1+T_2)^2\omega^2+(1-T_1 T_2\omega^2)^2]}j$$

求与实轴的交点:令 $I_m(\omega)=0$ 得 $\omega^2=\dfrac{1}{T_1 T_2}$,代入 $R_e=\dfrac{KT_1 T_2}{T_1+T_2}$。

绘制概略的奈奎斯特曲线图 $\begin{cases}\omega\to 0^+,G(j\omega)=\infty\angle-90°=-K(T_1+T_2)-j\infty\\ \omega\to\infty,G(j\omega)=0\angle-270°=-0+j0\end{cases}$。

系统奈奎斯特曲线如图 5.16 所示。

方法 2：将频率特性 $G(j\omega)$ 分解为幅频相频形式

$$G(j\omega) = \frac{K}{j\omega(j\omega T_1 + 1)(j\omega T_2 + 1)} = A(\omega)e^{j\varphi(\omega)}$$

$$A(\omega) = \frac{K}{\omega\sqrt{1+(T_1\omega)^2}\sqrt{1+(T_2\omega)^2}}$$

$$\varphi(\omega) = -90° - \tan^{-1}T_1\omega - \tan^{-1}T_2\omega$$

求与实轴交点：令 $\varphi(\omega) = -180°$

$\Rightarrow \tan^{-1}T_1\omega + \tan^{-1}T_2\omega = 90°$，

即 $\dfrac{T_1\omega + T_2\omega}{1 - T_1\omega T_2\omega} = \infty \Rightarrow 1 - T_1T_2\omega^2 = 0 \Rightarrow \omega = \sqrt{\dfrac{1}{T_1T_2}}$，代入

$A(\omega)$ 得 $A(\omega) = \dfrac{KT_1T_2}{T_1+T_2}$。

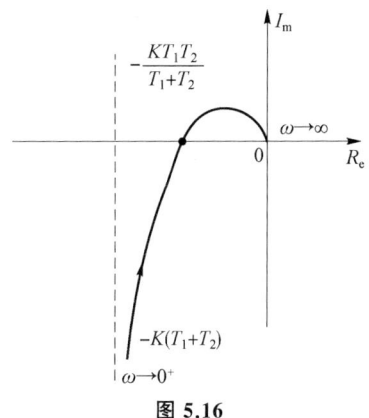

图 5.16

注意：此方法仅限于最小相位系统，此方法不易错，时间计算短、准确。

由图知，若使系统稳定，$P=0$，$N=P=0$，即曲线不包围 $(-1,j0)$ 点，要求：$-\dfrac{KT_1T_2}{T_1+T_2} > -1$。

当 $K=10$ 时，$R_e = -\dfrac{10T_1T_2}{T_1+T_2} = -0.25 \Rightarrow \dfrac{T_1T_2}{T_1+T_2} = 0.025 \Rightarrow K < \dfrac{1}{0.025} \Rightarrow K < 40$。

结论：使闭环系统稳定的 K 值范围为 $0 < K < 40$。

【例 5-16】

（东北大学 2003 年）画出惯性环节 $W(s) = \dfrac{1}{1+Ts}$ 的幅相频率特性，并证明其轨迹是圆。

解答：令 $s = j\omega$，代入传递函数，$W(j\omega) = \dfrac{1}{1+T\omega j} = \dfrac{1}{1+T^2\omega^2} - j\dfrac{T\omega}{1+T^2\omega^2} = R_e - jI_m$

令 $R_e = \dfrac{1}{1+T^2\omega^2}$，$I_m = -\dfrac{T\omega}{1+T^2\omega^2}$，得到 $\dfrac{I_m}{R_e} = -T\omega$，

$R_e = \dfrac{1}{1+T^2\omega^2} = \dfrac{1}{1+\left(\dfrac{I_m}{R_e}\right)^2} = \dfrac{R_e^2}{R_e^2+I_m^2}$，

整理得：$R_e^2 + I_m^2 = R_e \Rightarrow \left(R_e - \dfrac{1}{2}\right)^2 + I_m^2 = \dfrac{1}{4}$，即为以

$\left(\dfrac{1}{2}, 0\right)$ 为圆心，半径为 $\dfrac{1}{2}$ 的半圆，如图 5.17 所示。

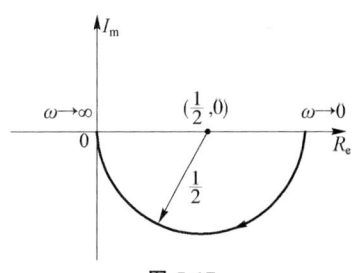

图 5.17

 考点 9 （拓展）：奈奎斯特曲线多次穿越，求 K 的取值范围

【例 5-17】

（江苏大学 2006 年）系统结构如图 5.18(a)所示，已知系统 $G(j\omega)$ 曲线如图 5.18(b)所示。下列 3 种情况下，分别求使闭环系统稳定的 K 的取值范围。

(1) 在右半 s 平面上没有极数;
(2) 在右半 s 平面上有一个极数;
(3) 在右半 s 平面上有两个极数;

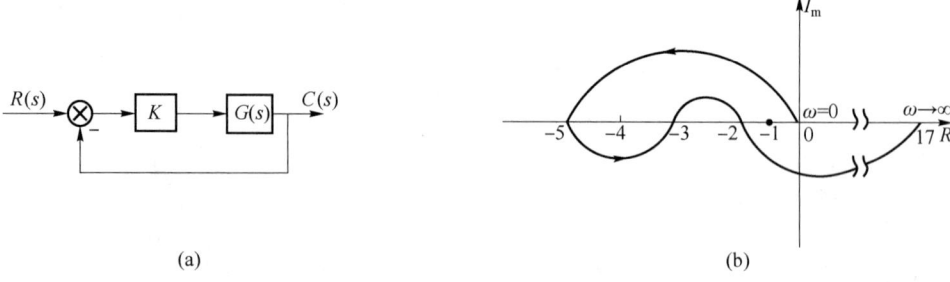

图 5.18

解答：

(1) 在右半 s 平面上没有极数，即 $P=0$，由 $Z=P-N=0$，得 $N=0$，即 $G(j\omega)$ 不能包围 $(-1,j0)$ 点，$0<K<\dfrac{1}{5}$ 或 $\dfrac{1}{3}<K<\dfrac{1}{2}$（缩小 K）。

(2) 在右半 s 平面上有一个极数 $P=1$，即 $P=1$，不论 $G(j\omega)$ 包围或不包围，$N=0$，$N=-2$，$Z=P-N\neq 0$，所以系统不可能稳定。

(3) 在右半 s 平面上有两个极数，即 $P=2$，由 $Z=P-N=0$，得 $N=2$，即 ω 从 $0\to\infty$ 变化时，$G(j\omega)$ 曲线包围 $(-1,j0)$ 点一圈，$\dfrac{N}{2}=1$，$K>\dfrac{1}{2}$（缩小 2 倍以内）或 $\dfrac{1}{5}<K<\dfrac{1}{3}$（缩小 3～5 倍）。

考点 10　变形（逆向问题）：由奈奎斯特曲线形状和特殊点，反求系统传递函数

【例 5-18】

（南京航空航天大学 2005 年）某单位反馈系统的开环幅相曲线如图 5.19 所示，且 $G(j\sqrt{2})=-j\sqrt{2}$。

(1) 输入 $r(t)=1(t)$ 时，求系统输出量 $c(t)$ 的最大值，及稳态误差 e_{ss};

(2) 输入 $r(t)=5\sin 2t$ 时，求系统的稳态误差 $e_{ss}(t)$。

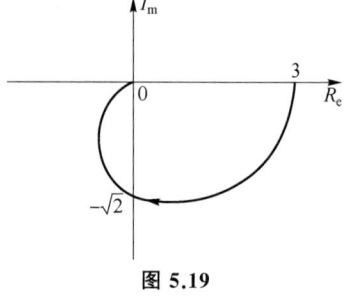

图 5.19

解答：

(1) 由 $\omega\to 0$，$|G(j\omega)|=3$，$\angle G(\omega)=0°$，可知系统为零型，$v=0$。

由 $\omega\to\infty$，$|G(j\omega)|\to 0$，$\angle G(j\omega)\to -180°$，可知系统为二阶环节。

设系统开环传递函数 $G(s)H(s)=\dfrac{K}{as^2+bs+1}$，由图 5.19 知 $K=3$，则

$$G(j\omega)H(j\omega)=\dfrac{3}{a(j\omega)^2+b\omega j+1}=\dfrac{3(1-a\omega^2)}{(1-a\omega^2)^2+(b\omega)^2}-\dfrac{3b\omega}{(1-a\omega^2)^2+(b\omega)^2}j$$

用图中关键点求取系统参数和传递函数,有两种方法:

方法1:由图 $G(\mathrm{j}\sqrt{2})=-\mathrm{j}\sqrt{2}$,$\omega=\sqrt{2}$,$G(\mathrm{j}\omega)H(\mathrm{j}\omega)=0-\mathrm{j}\sqrt{2}$,即

$$\begin{cases} \text{实部 } 1-a\omega^2=0 \\ \text{虚部 } \dfrac{-3b\omega}{(b\omega)^2}=-\sqrt{2} \end{cases} \Rightarrow \begin{cases} a=\dfrac{1}{2}=0.5 \\ b=\dfrac{3}{2}=1.5 \end{cases} \Rightarrow G(s)H(s)=\dfrac{3}{0.5s^2+1.5s+1}$$

$$\Rightarrow \Phi(s)=\dfrac{G(s)}{1+G(s)}=\dfrac{6}{s^2+3s+8}$$

方法2:由图知 $G(s)=\dfrac{3}{(T_1 s+1)(T_2 s+1)}$,将 $G(\mathrm{j}\sqrt{2})=-\mathrm{j}\sqrt{2}$ 代入 $G(s)$ 表达式,

得 $G(\mathrm{j}\sqrt{2})=\dfrac{3}{-2T_1 T_2+(T_1+T_2)\sqrt{2}\mathrm{j}+1}=-\mathrm{j}\sqrt{2}$,所以 $\begin{cases} T_1+T_2=\dfrac{3}{2} \\ 2T_1 T_2=1 \end{cases} \Rightarrow \begin{cases} T_1=\dfrac{1}{2} \\ T_2=1 \end{cases}$,

得 $$G(s)=\dfrac{6}{s^2+3s+2},\ \Phi(s)=\dfrac{6}{s^2+3s+8}$$

由 $\Phi(s)$ 知,系统参数 $\begin{cases} \omega_n^2=8 \\ 2\xi\omega_n=3 \end{cases} \Rightarrow \begin{cases} \omega_n=2\sqrt{2}\sqrt{2} \\ \xi=0.53 \end{cases} \Rightarrow$ 最大超调量 $\sigma\%=\mathrm{e}^{-\frac{\pi\xi}{\sqrt{1-\xi^2}}}\times 100\%=14\%$。

输入 $r(t)=1(t)$ 时,$R(s)=\dfrac{1}{s}$,$C(\infty)=\lim\limits_{s\to 0} s\times\dfrac{1}{s}\times\dfrac{6}{s^2+3s+8}=0.75$(注意,不是1)。或者 $\Phi(s)=\dfrac{K\omega_n^2}{s^2+2\xi\omega_n s+\omega_n^2}$,$K=\dfrac{3}{4}$,$C(\infty)=\dfrac{3}{4}=0.75$,所以,系统输出的最大值 $C_{\max}=0.75\times 1.14=0.855$。

稳态误差 $e_{ss}=r(t)-C(\infty)=1-0.75=0.25$。或者 $K_p=\lim\limits_{s\to 0}\dfrac{6}{s^2+3s+2}=3$,$e_{ss}=\dfrac{1}{1+K_p}=\dfrac{1}{4}=0.25$。

(2) 求 $r(t)=5\sin 2t$ 时的 $e_{ss}(t)$,可应用频率特性的定义,即当输入 $r(t)=5\sin 2t$ 时,求 $\Phi_e(s)=\dfrac{E(s)}{R(s)}$ 的稳态输出。

首先,$\Phi(s)=\dfrac{6}{s^2+3s+8} \Rightarrow \Phi_e(s)=1-\Phi(s)=\dfrac{s^2+3s+2}{s^2+3s+8}$。令 $s=\mathrm{j}\omega$ 代入 $\Phi_e(s)$ 得

$$\Phi_e(\mathrm{j}\omega)=\dfrac{3\omega\mathrm{j}+2-\omega^2}{3\omega\mathrm{j}+8-\omega^2}=\dfrac{\sqrt{(2-\omega^2)^2+(3\omega)^2}}{\sqrt{(8-\omega^2)^2+(3\omega)^2}}\mathrm{e}^{\mathrm{j}\angle\Phi_e(\omega)}$$

$$\angle\Phi_e(\mathrm{j}\omega)=\tan^{-1}\dfrac{3\omega}{2-\omega^2}-\tan^{-1}\dfrac{3\omega}{8-\omega^2}$$

当 $r(t)=5\sin 2t$ 时,$\omega=2$,$|\Phi_e(\mathrm{j}\omega)|=\dfrac{\sqrt{(2-4)^2+6^2}}{\sqrt{(8-4)^2+6^2}}=\dfrac{\sqrt{40}}{\sqrt{52}}=\dfrac{6.32}{7.21}=0.87$。

$\angle\Phi_e(\mathrm{j}\omega)=\tan^{-1}\dfrac{6}{2-4}-\tan^{-1}\dfrac{6}{4}=\left(180°-\tan^{-1}\dfrac{6}{2}\right)-\tan^{-1}\dfrac{6}{4}=(180°-71.56°)-56.3°=52.1°$,所以 $e_{ss}(t)=0.877\times 5\sin(2t+52.1°)=4.385\sin(2t+52.1°)$。

考点 11　绘制非最小相位系统奈奎斯特曲线，判别系统稳定性

知识点：非最小相位系统绘制

(1) 首先分解 $G(j\omega)$ 为实部 $R_e(\omega)$ 和虚部 $I_m(\omega)$：
$$G(j\omega)=R_e(\omega)+jI_m(\omega)=A(\omega)e^{j\varphi(\omega)}$$

(2) 分析实部、虚部随频率 ω 的变化，一般分析下面 3 种情况，大致绘制出曲线走势：$\omega=0$，$\omega=$ 特殊点（与实轴交点、与虚轴交点），$\omega\to\infty$。

【例 5-19】

（东北大学 2000 年）系统开环传递函数 $G_K(s)=\dfrac{10(s+0.5)}{s(s+1)(s-1)}$，用奈奎斯特判据判断闭环系统的稳定性。

解答：

首先开环传递函数化为标准式：

$$G_K(s)=\frac{10(s+0.5)}{s(s+1)(s-1)}=\frac{5(2s+1)}{s(s+1)(s-1)}=\frac{5(2s+1)}{s(s^2-1)}$$

系统频率特性为 $G(j\omega)=\dfrac{5(2j\omega+1)}{j\omega(j^2\omega^2-1)}=\dfrac{-10\omega^2}{\omega^2(1+\omega^2)}+\dfrac{5\omega}{\omega^2(1+\omega^2)}j$。

讨论 $\begin{cases}\omega\to 0^+,G(j0^+)=-10+\infty j=\infty\angle 90°\\ \omega\to\infty,G(j\omega)=-0+0j=0\angle-180°\end{cases}$

因为系统 $v=1$，需要补半径为 ∞，角度为 $-90°$ 的圆弧辅助线，如图 5.20 中横轴上面得虚线所示。为了分析方便，补上 $-\infty\to 0$ 变化时 $G(j\omega)$ 曲线，与横轴上半部曲线对称，如图横轴下半部。由图知，ω 由 $-\infty\to\infty$ 变化时，$G(j\omega)$ 曲线包围 $(-1,j0)$ 点一圈，即 $N=-1$。

由系统开环传递函数表达式可知，有一个不稳定的开环极点，$P=1$，得 $Z=P-N=2$，闭环系统不稳定，有两个不稳定根。

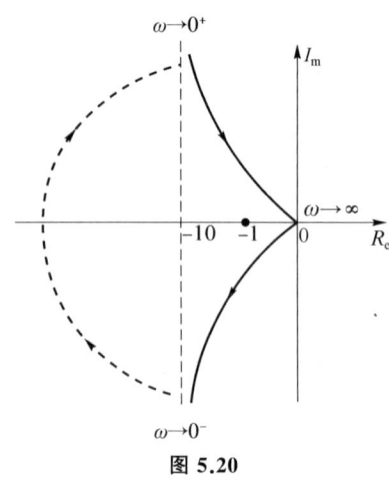

图 5.20

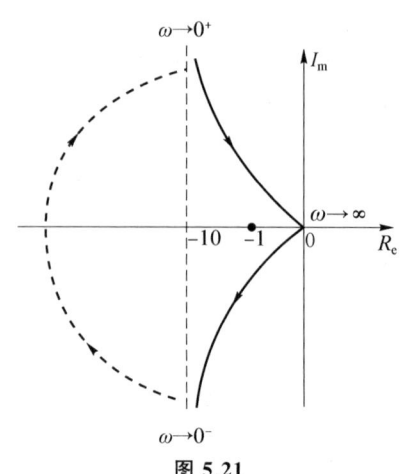

图 5.21

【例 5-20】

（湖南大学 1998 年）已知单反馈系统开环传递函数 $G(s)H(s)=\dfrac{10}{s(s-1)}$，

(1) 绘制极坐标图，判别系统稳定性；

(2) $r(t)=\sin(t+30°)-4\cos(2t+15°)$，求 $c(t)$。

解答：

(1) $G(\mathrm{j}\omega)H(\mathrm{j}\omega)=\dfrac{10}{\mathrm{j}\omega(\mathrm{j}\omega-1)}=\dfrac{-10\omega}{\omega(\omega^2+1)}+\dfrac{-10}{\omega(\omega^2+1)}\mathrm{j}$

$$\begin{cases}\omega\to 0,G(\mathrm{j}0)H(\mathrm{j}0)=-10+\infty\mathrm{j}=\infty\angle-270°\\ \omega\to\infty,G(\mathrm{j}\infty)H(\mathrm{j}\infty)=-0+0\mathrm{j}=0\angle-180°\end{cases}$$

补半径为∞，角度为 $-90°$ 的圆弧辅助线。由图 5.21 可知，ω 从 $-\infty\to\infty$ 变化时，$G(\mathrm{j}\omega)$ 曲线包围 $(-1,\mathrm{j}0)$ 点一圈，即 $N=-1$。由系统开环传递函数表达式，得 $P=1$。$Z=P-Z=2$，即闭环系统有两个不稳定的闭环极点。

(2) $r_1(t)=\sin(t+30°)$

$\Phi(s)=\dfrac{10}{s^2-s+10}$，$\Phi(\mathrm{j}\omega)=\dfrac{10}{-\omega^2-\mathrm{j}\omega+10}=\dfrac{10}{\sqrt{(10-\omega^2)^2+\omega^2}}\mathrm{e}^{\mathrm{j}\varphi(\omega)}$

$\omega_1=1$ 时，$|\Phi(\mathrm{j}\omega)|=\dfrac{10}{\sqrt{82}}$，$\varphi(\mathrm{j}\omega)=-\tan^{-1}\dfrac{-\omega}{10-\omega^2}=\tan^{-1}\dfrac{1}{9}=6.3°$

$r_2(t)=-4\cos(2t+15°)=-4\sin(2t+15°+90°)$

$\omega_2=2$ 时，$|\Phi(\mathrm{j}\omega)|=\dfrac{1}{2}\sqrt{10}$，$\angle\Phi(\mathrm{j}\omega)=\tan^{-1}\dfrac{\omega}{10-\omega^2}=\tan^{-1}\dfrac{2}{6}=18.4°$

$c(t)=\dfrac{10}{\sqrt{82}}\sin(t+36.3°)-2\sqrt{10}\sin(2t+90°+15°+18.4°)$

$\quad=1.1\sin(t+36.3°)-6.32\cos(2t+33.4°)$

考点 12　特殊奈奎斯特曲线——含有 (s^2+1) 环节的系统

【例 5-21】

（南京理工大学 2006 年）单位负反馈系统的开环传递函数 $G(s)=\dfrac{k(s^2+1)}{s(s+5)}$，用奈奎斯特判据确定使闭环系统稳定的条件。

解答：

首先绘制系统奈奎斯特曲线图如图 5.22 所示。

$G(\mathrm{j}\omega)=\dfrac{k[(\mathrm{j}\omega)^2+1]}{\mathrm{j}\omega(\mathrm{j}\omega+5)}=\dfrac{k(\omega^2-1)}{\omega^2+25}+\dfrac{5k(\omega^2-1)}{\omega(\omega^2+25)}\mathrm{j}$

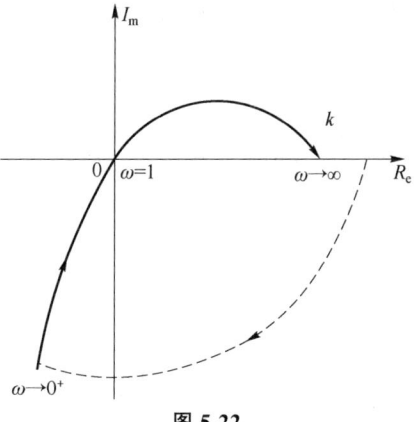

图 5.22

$$\begin{cases} \omega \to 0^+ \text{时}, G(j\omega) = \infty \angle -90° = -\dfrac{k}{25} - \infty j \\ \omega \to \infty \text{时}, G(j\omega) = k \angle 0° = k + 0j \\ \omega = 1 \text{时}, G(j\omega) = 0 + 0j(\text{过原点}) \end{cases}$$

因为系统 $v=1$，需要补半径为 ∞，角度为 $-90°$ 的圆弧辅助线，如图 5.22 中虚线所示。由图知，只要 $k>0$，频率 ω 从 $0 \to \infty$ 变化时，系统 $G(j\omega)$ 曲线不包围 $(-1, j0)$ 点，即 $N=0$；同时，根据系统开环传函表达式可知，系统无不稳定开环极点，$P=0$。因此，$P=N$。

结论：当 $k>0$ 时系统恒稳定，故闭环稳定条件 $k>0$。

考点 13　特殊奈奎斯特曲线——延迟环节的频率特性

知识点：延迟环节频率特性

1. 延迟环节传递函数

$$G(s) = e^{-\tau s}$$

2. 频率特性

$$G(j\omega) = e^{-j\omega\tau} = 1\angle -\omega\tau = 1\angle -\omega\tau \times \dfrac{180°}{\pi}$$
$$= 1\angle -57.3°\omega\tau$$

可见，纯延迟环节的频率特性是一个半径为 1，相角随频率 ω 由 0 到无穷变化的单位圆（顺时针变化），如图 5.23 所示。

结论：即延迟环节不影响系统的幅值特性。

注意：含有 $e^{-\tau s}$ 环节的系统，$G(j\omega)$ 不适合分解为 $R_e(\omega) + I_m(\omega)j$，应分解为幅频 $|G(j\omega)| = |G_0(j\omega)|$ 和相频 $\phi(\omega)$。

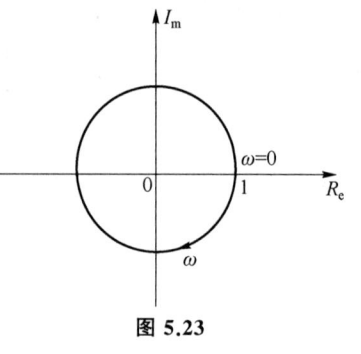

图 5.23

【例 5-22】

（南京航空航天大学 2003 年）已知系统结构如图 5.24(a) 所示，$G(s)$ 为最小相位环节，系统开环 Bode 图如图 5.24(b) 所示，已知 $\gamma(\omega_c) = 23.25°$，求闭环传递函数 $C(s)/R(s)$。

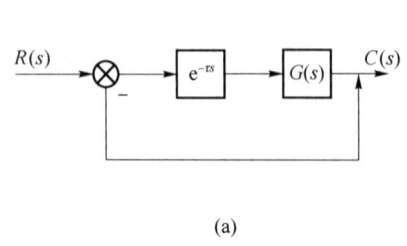

(a)

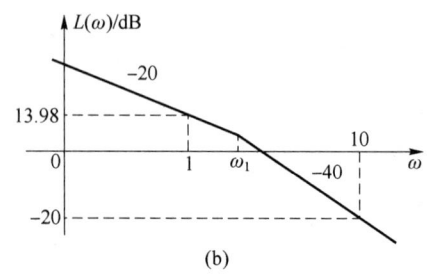

(b)

图 5.24

解答：

(1) $|G(j\omega)e^{-j\tau\omega}| = |G(j\omega)|$，即延迟环节不影响系统的幅频特性。设转折频率为 ω_1，开环增益 K，$G(s) = \dfrac{K}{s\left(\dfrac{s}{\omega_1}+1\right)}$。

则 $\omega = 1$ 时，$L(\omega) = 20\lg\dfrac{k}{\omega} = 13.98 \Rightarrow K = 5$。

第二段折线的方程：$\omega = 10$ 时，$L(\omega) = 20\lg\dfrac{K}{\omega\dfrac{\omega}{\omega_1}} = -20$ dB $\Rightarrow \omega_1 = 2$ rad/s，所以 $G(s) = \dfrac{5}{s\left(\dfrac{s}{2}+1\right)}$。

(2) 由图知 $2 < \omega_c < 10$，$A(\omega_c) = \dfrac{5}{\omega_c \dfrac{\omega_c}{2}} = 1 \Rightarrow \omega_c = \sqrt{10}$ rad/s

$\gamma(\omega_c) = 180° - 90° - \tan^{-1}\dfrac{\sqrt{10}}{2} - \tau\omega_c \times \dfrac{180°}{\pi} = 23.25° \Rightarrow \tau = 0.05$。

系统的闭环传递函数 $\Phi(s) = \dfrac{C(s)}{R(s)} = \dfrac{G(s)e^{-\tau s}}{1+G(s)e^{-\tau s}} = \dfrac{10e^{-0.05s}}{s^2+2s+10e^{-0.05s}}$。

知识点：求使系统稳定的 τ 的取值范围（或 K 的取值范围）方法

方法 1：$\begin{cases} ① 令 |G(j\omega_c)| = 1 求出 \omega_c。\\ ② 令 r(\omega_c) = 0 求出 \tau。\end{cases}$

方法 2：$\begin{cases} ① 令 \phi(\omega_g) = -180° \Rightarrow \omega_g。\\ ② 代入 |G(j\omega_g)| = 1 求出 K、\tau。\end{cases}$

 考点 14　已知系统的 $\gamma(\omega_c)$，GM，或频率特性曲线，反求系统参数（无法确定 ω_c 区域时，需精确计算）

【例 5-23】

(华中科技大学 2005 年)已知系统的开环传递函数 $G(s)H(s) = \dfrac{2}{s(Ts+1)}$，若使系统的 $\gamma(\omega_c) = 45°$，求 T 的取值。

解答：

因为要求 $\gamma(\omega_c) = 180° - 90° - \tan^{-1}T\omega_c = 45° \Rightarrow \tan^{-1}T\omega_c = 45° \Rightarrow T\omega_c = 1$。

因为未知 T，所以无法判断 ω_c 的区域，所以不易近似，采用精确计算：

$$|G(j\omega_c)H(j\omega_c)| = \dfrac{2}{\omega_c\sqrt{1+T^2\omega_c^2}} = 1 \Rightarrow \omega_c = \dfrac{2}{\sqrt{2}} = \sqrt{2}$$

所以 $T = \dfrac{1}{\omega_c} = \dfrac{\sqrt{2}}{2}$

【例 5-24】

（大连理工大学 2003 年）单位反馈系统的开环频率特性如下所示。

ω	2	3	4	5	6	7	8	10
$\lvert G_0(j\omega)\rvert$	10	8.5	6	4.18	2.7	1.5	1.0	0.6
$\angle G_0(j\omega)$	$-100°$	$-115°$	$-130°$	$-140°$	$-145°$	$-150°$	$-160°$	$-180°$

(1) 求相角裕度 $\gamma(\omega_c)$、幅值裕量 GM；

(2) 欲使系统具有 20 dB 的幅值裕量，系统开环增益应变化多少？

(3) 欲使系统具有 40° 的相位裕量，系统开环增益应变化多少？

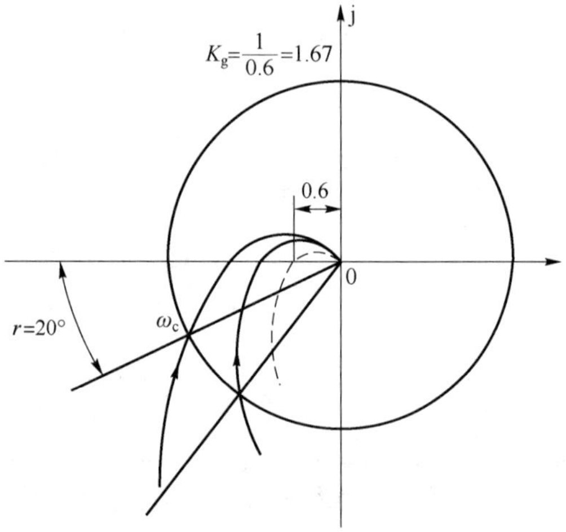

解答：

(1) 因为 $G(j8)=1$，所以 $\omega_c=8$ rad/s，相位裕量：

$$\gamma(\omega_c)=180°+\angle G(j\omega_c)=180°-160°=20°$$

$\angle G(j10)=-180°$，所以 $\omega_g=10$

$$K_g=\frac{1}{\lvert G(j\omega_g)\rvert}=\frac{1}{0.6}\approx 1.67$$

$$GM=20\lg K_g=20\lg 1.67\approx 4.44\ \text{dB}$$

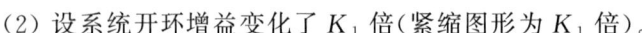

图 5.25

(2) 设系统开环增益变化了 K_1 倍（紧缩图形为 K_1 倍）。

根据幅值裕量定义 $20\lg\dfrac{1}{\lvert K_1 G(j\omega_g)\rvert}=20$，

所以 $K_1\lvert G(j\omega_g)\rvert=0.1$，$K_1=\dfrac{0.1}{\lvert G(j\omega_g)\rvert}=\dfrac{0.1}{0.6}=0.167$，

即系统开环增益应变化为原来的 $\dfrac{1}{6}$。

(3) 若 $\gamma(\omega_c)=180°+\angle G(j\omega_c)=40°$，得 $\angle G(j\omega_c)=-140°$，查表对应 $\omega_c=5$ rad/s 点。$\lvert G(j5)\rvert=4.18$。设 $K_2\lvert G(j\omega_c)\rvert=1$，得 $K_2=\dfrac{1}{4.18}=0.239$（$K_2<1$，意味着对原图形进行紧缩），即系统开环增益变化为原来的 0.239 倍。

5.3　真题强化训练

【题 5-1】

（湖北大学 2004 年）控制系统如图 5.26 所示。

(1) 当 $r(t)=1(t)$ 时,求系统最大超调量 $\sigma\%=10\%$,峰值时间 $t_P=1$ s 对应的参数 K、b 值。

(2) 对上述系统参数,如输入 $r(t)=1(t)+\sin t$,试确定系统的稳态响应。

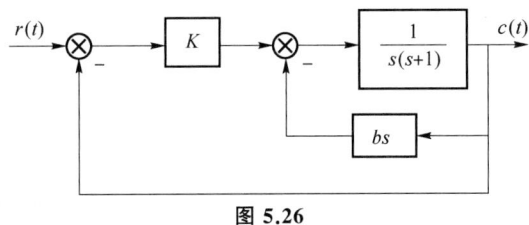

图 5.26

【题 5-2】

(重庆大学 2003 年)系统结构如图 5.27 所示,给定输入和扰动作用同时作用,其中 $r(t)=2(t)+4\sin(2t+30°)$,$n(t)=\sin t$,求系统的稳态误差 $e_{ss}(t)$。

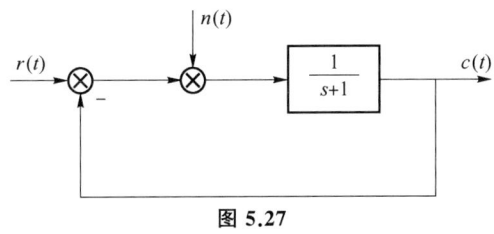

图 5.27

【题 5-3】

(大连理工大学 2005 年,中南大学 2003 年)已知负反馈系统的开环传递函数 $G(s)H(s)=\dfrac{2500}{s(s+5)(s+50)}$,请绘制开环频率特性对数坐标曲线,并计算相角裕度 $\gamma(\omega_c)$。

【题 5-4】

(上海理工大学 2016 年)已知最小相位系统的对数幅频特性曲线如图 5.28 所示。

(1) 试确定对应系统的开环传递函数;

(2) 计算系统的截止频率和相角裕度;

(3) 判断闭环系统的稳定性。

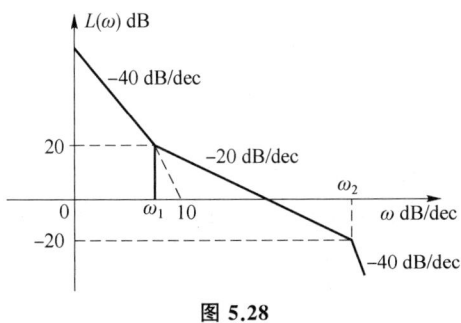

图 5.28

（电子科技大学2005年）已知最小相位系统的对数幅频特性曲线如图5.29所示，试写出系统的传递函数。

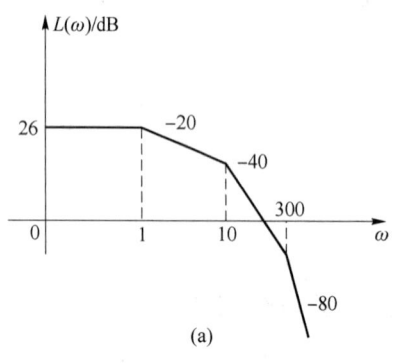
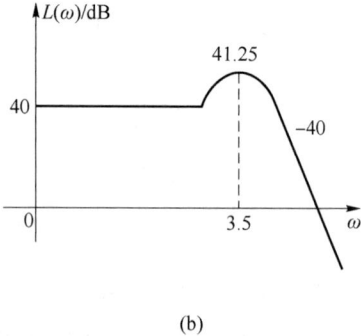

图 5.29

（北京航空航天大学2003年）某最小相位系统，由实验求得其开环频率特性曲线 Bode 图，并用渐近线表示如图5.30所示。试求：

（1）系统开环传递函数；

（2）绘制出系统的开环对数相频特性曲线；

（3）判别闭环系统的稳定性；若系统稳定，求出系统的相角稳定裕度 $r(\omega_c)$。

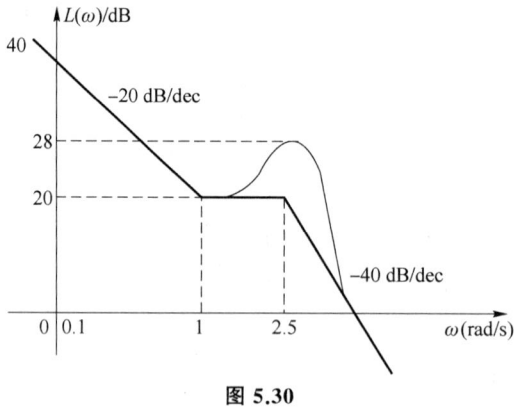

图 5.30

（东华大学2004年）某最小相位系统的开环对数频率特性渐近线如图5.31所示，其中虚线为频率特性修正曲线，二阶环节的修正绝对值可用 $20\lg(2\xi)$ 来近似，试确定系统的开环传递函数，计算系统的相角稳定裕度 $r(\omega_c)$。

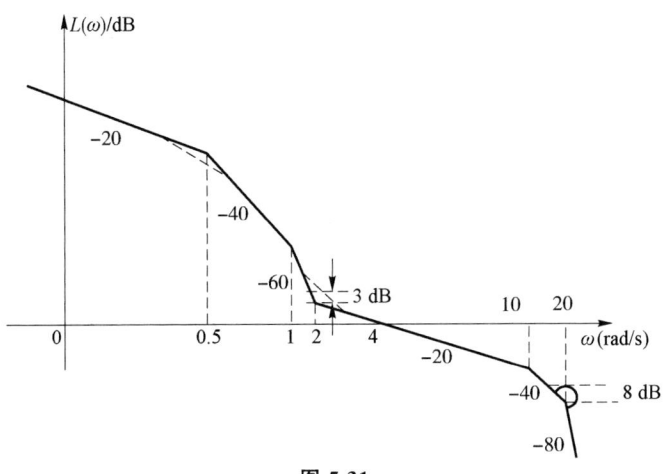

图 5.31

【题 5-8】

（华中科技大学 2005 年）某最小相位系统的对数频率特性如图 5.32 所示，试判别系统稳定性。

【题 5-9】

（上海大学学硕 2015 年）已知单位负反馈系统的开环频率特性如图 5.33(a)、(b)所示，图 5.33(a)中 A 点对应的角频率为 $\omega=2$ rad/s，α 为大于零的常数。

求：(1) ω_1、ω_2、ω_3 的值；

(2) 系统阻尼比 ζ，无阻尼自然振荡角频率 ω_n。

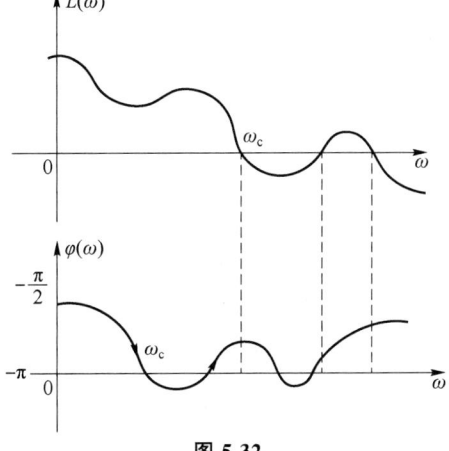

图 5.32

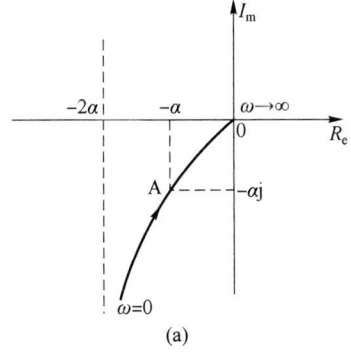

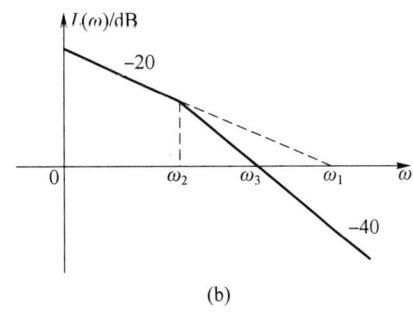

图 5.33

【题 5-10】

（杭州电子科技大学 2014 年）某最小相位系统的对数幅频渐近特性曲线如图 5.34 所示，试求其传递函数，并求该系统的相位裕度 γ。

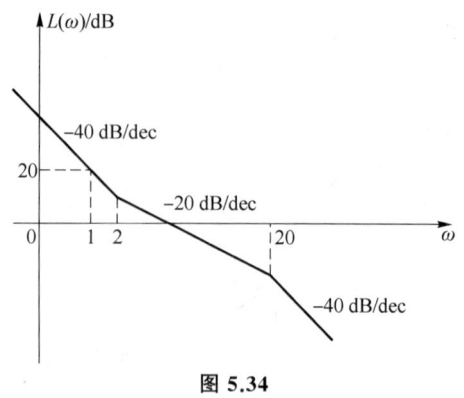

图 5.34

【题 5-11】

（上海理工大学 2013 年）已知最小相位系统的对数幅频特性曲线如图 5.35 所示。

(1) 写出对应系统的开环传递函数；
(2) 求系统的截止频率（可按渐近折线求解）；
(3) 求系统的相角裕度；
(4) 简要说明为获得良好的闭环系统动态性能与稳态性能，开环对数幅频特性曲线的中频段与低频段应具有的位置与形状。

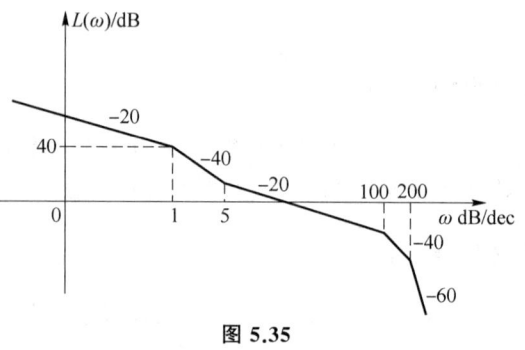

图 5.35

【题 5-12】

（杭州电子科技大学 2018 年）某最小相位系统的对数幅频渐近特性曲线如图 5.36 所示。

(1) 写出其传递函数；
(2) 求出该系统的相位裕度 γ。

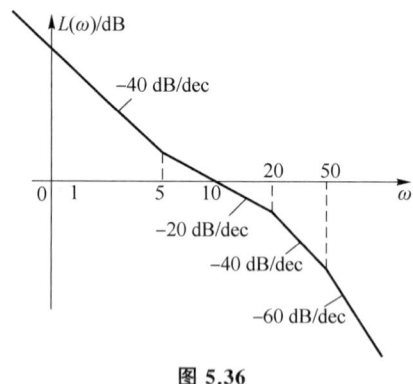

图 5.36

【题 5-13】

（南京理工大学 2004 年）已知某受控系统的单位脉冲响应为 $g(t)=K(1+e^{-0.5t}-2e^{-0.25t})$，如果将它构成一个单位反馈系统,试绘制该系统的开环幅相曲线,并求系统处于临界稳定时,其开环增益和振荡频率值。

【题 5-14】

(大连理工大学 2002 年)给定系统开环传递函数为
$$G(s)H(s)=\frac{K}{s(s+2)(s+4)}$$
(1) 绘制 $K=10$ 和 $K=50$ 时系统的极坐标曲线;
(2) 应用奈奎斯特判据判断系统在 $K=10, K=50$ 时的稳定性。

【题 5-15】

(上海交通大学)系统在 s 右半平面无开环极点,$K=50$ 时系统的奈奎斯特曲线如图 5.37 所示,确定闭环系统的稳定 K 值范围。

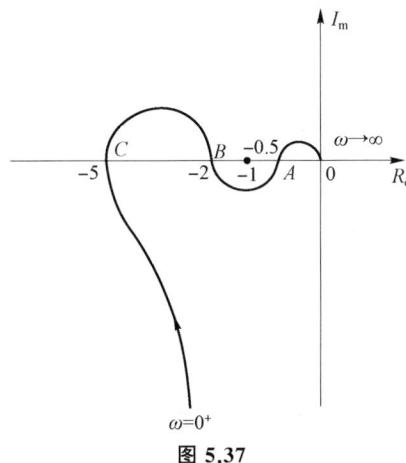

图 5.37

【题 5-16】

(华南理工大学 2004 年)已知某单位负反馈最小相位系统,在开环放大倍数 $K=1$ 时的开环幅频特性 $G(j\omega)$ 曲线如图 5.38 所示。
(1) 判别该系统的稳定性;(2) 求使闭环系统稳定的 K 值范围。

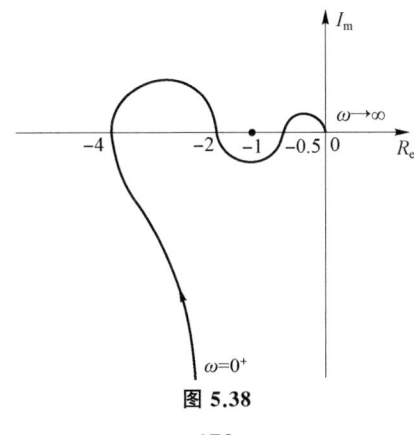

图 5.38

【题 5-17】

(南京航空航天大学 2002 年)无闭环零点的三阶系统结构如图 5.39(a)所示,且为最小相角系统,其开环幅相曲线如图 5.39(b)所示,$G(j) = -\dfrac{K}{2}$(K 为开环增益)。

(1) 确定系统的开环传递函数 $G(s)$;
(2) $K = 10$ 时,用对数频率特性判别闭环系统稳定性。

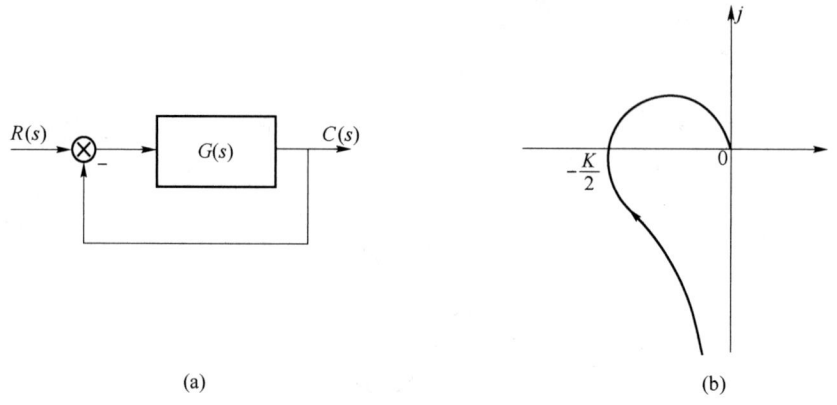

图 5.39

【题 5-18】

(哈尔滨工业大学 2004 年)单位负反馈系统的开环传递函数 $\Phi(s) = \dfrac{-50}{s(s+5)(-s+1)}$,试用奈奎斯特判据判断系统的稳定性。

【题 5-19】

(大连理工大学 2005 年)已知负反馈系统的开环传递函数 $G(s)H(s) = \dfrac{10(s+1)}{(s+5)(s-1)}$,试用奈奎斯特判据判断系统的稳定性。

【题 5-20】

(北京理工大学 2005 年)最小相位系统 Bode 图如图 5.40 所示,已知 ω_1、ω_2、ω_3、ω_c,且 $\dfrac{\omega_c}{\omega_1} = 100$,$\dfrac{\omega_2}{\omega_c} = 2$,$\dfrac{\omega_c}{\omega_3} = 0.1$,

(1) 求系统开环传递函数 $G(s)H(s) = ?$
(2) 系统相位稳定裕量 $r(\omega_c) = ?$ 判闭环系统的稳定性,并画奈奎斯特曲线;
(3) 设系统输入 $r(t) = bt + \dfrac{1}{2}ct^2$,求系统稳态误差 $e_{ss} = ?$

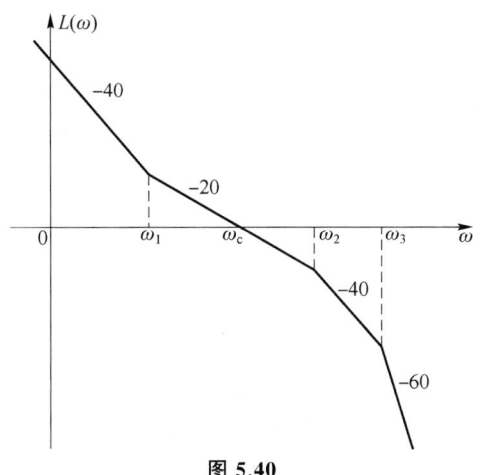

图 5.40

【题 5-21】

(上海大学 2005 年)某控制系统结构如图 5.41 所示,试:
(1) 绘制系统的根轨迹图;
(2) 绘制系统的 Bode 图和奈奎斯特曲线图;
(3) 分别在这三个图上,定性指出 K 取值大小和闭环系统稳定性的关系。

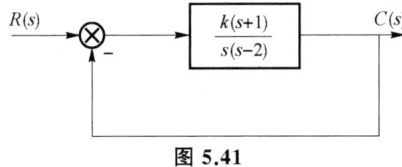

图 5.41

【题 5-22】

(天津大学 2003 年)如图 5.42 所示为具有传输延时的闭环控制系统结构。
(1) 绘制该系统的开环传函的极坐标图,说明传输延迟环节时间 τ 对极坐标图的影响;
(2) 求使系统稳定 τ 的取值范围。

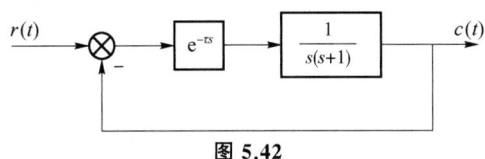

图 5.42

【题 5-23】

(中国科学院 2007 年)已知某闭环系统的开环传递函数 $\dfrac{K\mathrm{e}^{-2s}}{s}$,$K>0$,试求系统稳定时 K 的取值范围,并画出奈奎斯特曲线。

【题 5-24】

(重庆大学 2004 年)已知负反馈系统开环传递函数 $G(s)=\dfrac{K}{(\tau s+1)^3}$,若要求闭环系统的相角裕量 $\gamma(\omega_c)=45°$,求 K 值。

【题 5-25】

(哈尔滨工业大学 2006 年)单位负反馈最小相位系统开环频率响应的奈奎斯特图如图 5.43 所示。

(1) 判断系统是 0 型、Ⅰ型、Ⅱ型系统?
(2) 求开环增益 K,相角裕量 $\gamma(\omega_c)$ 和幅值裕量 K_g 的值。
(3) 求临界稳定时的开环增益 K 值。

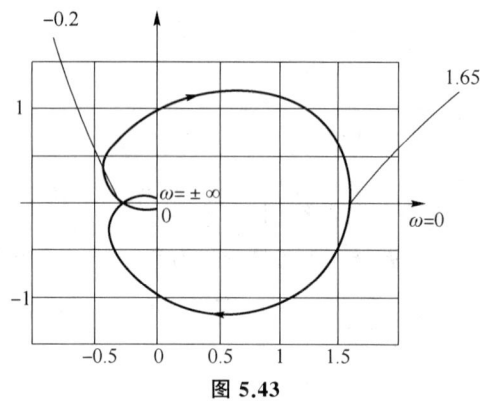

图 5.43

【题 5-26】

(江南大学 2016 年)已知负反馈系统的开环传递函数为

$$G(s)H(s)=\dfrac{K(0.33s+1)}{s(s-1)}$$

求:(1) 当 $K=6$ 时,绘制系统的奈奎斯特图,并利用图判断系统的稳定性;
(2) 分析 K 值对系统稳定性的影响。

【题 5-27】

(杭州电子科技大学 2018 年)已知单位反馈系统的开环传递函数为

$$G(s)=\dfrac{5}{(s+1)(2s+1)(3s+1)}$$

试画出完整的奈奎斯特图,用奈奎斯特稳定判据判断闭环系统的稳定性,如果系统不稳定,确定其 s 右半平面的闭环极点数。

【题 5-28】

(杭州电子科技大学 2015 年)已知单位反馈系统的开环传递函数为

$$G(s) = \frac{K}{s(0.1s+1)(0.25s+1)}$$

(1) 概略的画绘制奈奎斯特曲线,给出必要的计算;
(2) 用奈奎斯特判据确定使系统闭环稳定的 K 值范围。

5.4 真题强化训练答案

【题 5-1】
答案：

(1) 由结构图得系统开环传递函数 $G(s) = \dfrac{K}{s^2+s(1+b)}$

闭环传递函数 $\Phi(s) = \dfrac{K}{s^2+s(1+b)+K} = \dfrac{\omega_n^2}{s^2+2\xi\omega_n s+\omega_n^2}$

由 $\sigma\% = 10\% = e^{-\frac{\xi\pi}{\sqrt{1-\xi^2}}} \cdot 100\% \Rightarrow \xi = 0.59$，$t_P = 1\text{ s} = \dfrac{\pi}{\omega_n\sqrt{1-\xi^2}} \Rightarrow \omega_n = 3.899$ 所以有 $K = \omega_n^2 = 15.2$，$1+b = 2\xi\omega_n = 4.6 \Rightarrow b = 3.6$。

(2) $\Phi(s) = \dfrac{K}{s^2+s(1+b)+K} = \dfrac{15.2}{s^2+4.6s+15.2}$。

系统频率特性：$\Phi(j\omega) = \dfrac{15.2}{(15.2-\omega^2)+4.6j\omega}$。

当输入 $r_1(t) = \sin t$ 时，$\omega = 1\text{ rad/s}$，则

$|\Phi(j\omega)| = \dfrac{15.2}{\sqrt{(15.2-1)^2+4.6^2}} = 1.02$，$\angle \Phi(j\omega) = -\arctan\dfrac{4.6}{14.2} = -17.95°$，根据频率特性的定义，得输出稳态值 $c(\infty) = 1.02\sin(t-17.95°)$。

当输入 $r_2(t) = 1(t)$ 时，二阶系统输出稳态值 $c(\infty) = 1$。

线性系统根据叠加原理，当输入 $r(t) = 1(t) + \sin t$ 时，系统的稳态响应为
$$c(\infty) = 1 + 1.02\sin(t-17.95°)$$

【题 5-2】
答案：

关键点：对两种给定输入分别采用叠加原理，阶跃输入的 $e_{ss}(t)$ 用误差系数法，正弦输入的 $e_{ss}(t)$ 用频率特性定义。对扰动输入再采用叠加原理。

(1) 当 $r_1(t) = 2(t)$ 单独作用时：
$$K_P = \lim_{s\to 0} G(s)H(s) = \lim_{s\to 0}\dfrac{1}{s+1} = 1, \quad e_{ss1} = \dfrac{2}{1+K_P} = 1$$

(2) 当 $r_2(t) = 4\sin(2t+30°)$ 单独作用时：$\omega = 2$

给定误差传递函数 $\Phi_e(s) = \dfrac{E(s)}{R(s)} = \dfrac{1}{1+G(s)H(s)} = \dfrac{1}{1+\dfrac{1}{s+1}} = \dfrac{s+1}{s+2}$

$\Phi_e(j\omega) = \dfrac{j\omega+1}{j\omega+2}$，$\omega=2$ 代入得 $|\Phi_e(j2)| = \dfrac{\sqrt{\omega^2+1}}{\sqrt{\omega^2+4}} = \sqrt{\dfrac{5}{8}}$

$$\angle \Phi_e(j2) = \tan^{-1}2 - \tan^{-1}1 = 63.4° - 45° = 18.4°。$$

$$e_{ss2}(t) = 4\sqrt{\frac{5}{8}}\sin(2t+30°+18.4°) = \sqrt{10}\sin(2t+48.4°)。$$

(3) 当 $n(t) = \sin t$ 单独作用时:$\omega = 1$

扰动误差传递函数 $\Phi_{en}(s) = \dfrac{E(s)}{N(s)} = \dfrac{-G(s)}{1+G(s)H(s)} = -\dfrac{1}{s+2}$

$\Phi_{en}(j\omega) = \dfrac{-1}{j\omega+2} = \dfrac{1}{-j\omega-2}$,$\omega = 1$ 代入得:$|\Phi_{en}(j)| = \dfrac{1}{\sqrt{1+4}} = \dfrac{1}{\sqrt{5}}$

$$\angle \Phi_{en}(j) = 180° - \tan^{-1}\frac{\omega}{2} = 180° - 26.6° = 153.4°$$

注意:相角计算,$\angle \Phi_{en}(j) = 180° - \tan^{-1}\dfrac{\omega}{2} \neq -\tan^{-1}\dfrac{\omega}{2}$。

所以,当 $n(t) = \sin t$ 单独作用时 $e_{ss3}(t) = \dfrac{1}{\sqrt{5}}\sin(t+153.4°)$

当给定输入和扰动同时作用时,系统的稳态误差:

$$e_{ss}(t) = e_{ss1}(t) + e_{ss2}(t) + e_{ss3}(t) = 1 + \sqrt{10}\sin(2t+48.4°) + \frac{1}{\sqrt{5}}\sin(t+153.4°)$$

【题 5-3】
答案:

(1) 开环传递函数 $G(s)H(s) = \dfrac{2500}{s(s+5)(s+50)} = \dfrac{10}{s\left(\dfrac{s}{5}+1\right)\left(\dfrac{s}{50}+1\right)}$,

转折频率 $\omega_1 = 5,\omega_2 = 50$。$L(1) = 20\lg K = 20$ dB。

(2) 低频段曲线:过(1,20 dB)点作斜率为 -20 dB/dec 直线直到 $\omega_1 = 5$;

在 $5 < \omega \leq 50$ 频段,直线斜率改为 -40 dB/dec;

在 $\omega > 50$ 频段,直线斜率改为 -60 dB/dec,如图 5.44 所示。

(3) 求截止频率:由 $A(\omega_c) \approx \dfrac{10}{\omega_c \dfrac{\omega_c}{5}} = 1$,得 $\omega_c = \sqrt{50} = 7.07$。

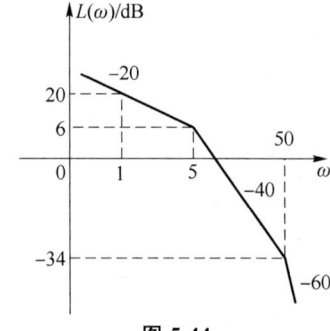

图 5.44

$$\varphi(\omega_c) = -90° - \arctan\frac{\omega_c}{5} - \arctan\frac{\omega_c}{50}$$
$$= -90° - 54.7° - 8° = -152.7°$$
$$\gamma(\omega_c) = 180° + \varphi(\omega_c) = 27.3°$$

【题 5-4】
答案:

(1) 由图可得系统的开环传递函数为

$$G(s) = \frac{k\left(\dfrac{s}{\omega_1}+1\right)}{s^2\left(\dfrac{s}{\omega_2}+1\right)}$$

低频段:
$$20\lg k - 20\lg 10^2 = 0 \Rightarrow k = 100$$
$$20\lg k - 20\lg \omega_1^2 = 20 \Rightarrow \omega_1 = \sqrt{10}$$

又因为
$$L(\omega_1) = 20, L(\omega_2) = -20 \Rightarrow \omega_2 = 100\sqrt{10}$$

系统的开环传递函数为
$$G(s) = \frac{100\left(\dfrac{s}{\sqrt{10}}+1\right)}{s^2\left(\dfrac{s}{100\sqrt{10}}+1\right)}$$

(2) 截止频率 ω_c:由图知 $\omega_1 < \omega_c < \omega_2$,故可得
$$A(\omega_c) = \frac{100\dfrac{\omega_c}{\sqrt{10}}}{\omega_c^2} = 1 \Rightarrow \omega_c = 10\sqrt{10}$$

相角裕度:
$$r(\omega_c) = 180° - 90° \times 2 - \tan^{-1}\frac{\omega_c}{100\sqrt{10}} + \tan^{-1}\frac{\omega_c}{\sqrt{10}}$$
$$= -\tan^{-1}\frac{1}{10} + \tan^{-1}10 = 78.58°$$

(3) 判断闭环系统的稳定性。$r(\omega_c) = 78.58° > 0$,闭环系统稳定。

【题 5-5】

答案:

(1) 图(a):$26 \text{ dB} = 20\lg K \Rightarrow K = 10^{1.3} = 19.95 \approx 20$

由图知 $\xi = 1$(无谐振),$\omega_1 = 1, \omega_2 = 10, \omega_3 = 300 \text{ rad/s}$

$$G_a(s) = \frac{20}{(s+1)\left(\dfrac{s}{10}+1\right)\left(\dfrac{s}{300}+1\right)^2}$$

(2) 图(b):$20\lg M_r = 20\lg \dfrac{1}{2\xi\sqrt{1-\xi^2}} = 41.25 - 40 = 1.25 \text{ dB}$

$$\lg 2\xi\sqrt{1-\xi^2} = -\frac{1.25}{20} = -0.0625 \Rightarrow 4\xi^4 - 4\xi^2 + 0.866^2 = 0$$

$$\xi^2 = \frac{4 \pm 4\sqrt{1-0.75}}{2 \times 4} = 0.75, 0.25 \Rightarrow \xi = 0.866(\text{舍}) \xi = 0.5$$

$$\omega_r = \omega_n\sqrt{1-2\xi^2} = 3.5 \text{ rad/s}$$

$$\omega_n = \frac{3.5}{\sqrt{1-2\xi^2}} = \frac{3.5}{\sqrt{1-2 \times 0.25}} = 4.95$$

$$20\lg K = 40 \text{ dB}, K = 100$$

所以
$$G_b(s) = \frac{100}{\left(\dfrac{s}{\omega_n}\right)^2 + 2\xi\dfrac{s}{\omega_n}+1} = \frac{100}{\dfrac{s^2}{25} + 2 \times 0.5\dfrac{s}{5}+1}$$
$$= \frac{2500}{s^2+5s+25}$$

【题 5-6】

答案：

(1) 频率特性曲线低频段

$$L(1) = 20\lg K - 20\lg 1 = 20 \text{ dB} \Rightarrow 20\lg K = 20 \text{ dB} \Rightarrow K = 10$$

转折频率 $\omega_1 = 1, \omega_2 = \omega_n = 2.5$，系统开环传递函数表达式：

$$G(s) = \frac{10(s+1)}{s\left[\dfrac{s^2}{\omega_n^2} + 2\xi\dfrac{s}{\omega_n} + 1\right]}$$

求参数 ξ：由 $20\lg M_r = 20\lg \dfrac{1}{2\xi\sqrt{1-\xi^2}} = 8 \text{ dB} \Rightarrow 2\xi\sqrt{1-\xi^2} = 10^{-0.4} = 0.398$

$$4\xi^4 - 4\xi^2 + 0.158 = 0$$

$$\xi^2 = \frac{4 \pm 4\sqrt{1-0.158}}{2 \times 4} = \frac{1 \pm 0.917}{2} = 0.958 \text{ 或 } 0.041$$

$$\xi = 0.98(\text{舍}) \text{ 或 } 0.2$$

系统开环传递函数 $G(s) = \dfrac{10(s+1)}{s\left[\dfrac{s^2}{2.5^2} + 2 \times 0.2\dfrac{s}{2.5} + 1\right]} = \dfrac{10(s+1)}{s(0.16s^2 + 0.16s + 1)}$

(2) 系统的开环对数相频特性曲线如图 5.45 所示。

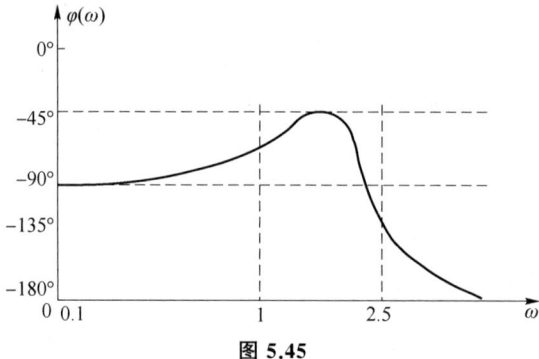

图 5.45

(3) $A(\omega_c) \approx \dfrac{10\omega_c}{\omega_c \times 0.16\omega_c^2} = 1 \Rightarrow \omega_c^2 = \dfrac{10}{0.16} \Rightarrow \omega_c = 7.9 \text{ rad/s}$

$$\gamma(\omega_c) = 180° + \tan^{-1} 7.9 - 90° - \left(180° - \tan^{-1}\dfrac{2 \times 0.2 \dfrac{7.9}{2.5}}{\left(\dfrac{7.9}{2.5}\right)^2 - 1}\right)$$

$$= 180° + 82.8° - 90° - (180° - 8°)$$

$$= 0.8°$$

因为 $\gamma(\omega_c) > 0$，系统稳定。

第5章 频域分析法

【题 5-7】

答案：

系统的开环传递函数为 $G(s) = \dfrac{32\left(\dfrac{s^2}{4} + \dfrac{s}{\sqrt{2}} + 1\right)}{s\left(\dfrac{s}{0.5}+1\right)(s+1)\left(\dfrac{s}{10}+1\right)\left(\dfrac{s^2}{400}+\dfrac{s}{50}+1\right)}$

系统的相角稳定裕度为 $\gamma(\omega_c) = 41.2°$。

【题 5-8】

答案：

(1) Ⅰ型系统，在相频特性曲线始端顺时针补 90°补助线，即 0°→−90°补助线。

(2) 判断 N 值：$L(\omega) > 0$ 时，如图 5.32 所示（原题图中无穿越符号 + − 标注），第一次由上至下穿越为负穿越，第二次由下至上穿越为正穿越，$\dfrac{N}{2} = \dfrac{N^+}{2} - \dfrac{N^-}{2} = 1 - 1 = 0$。

(3) 因为是最小相位系统，知 $P = 0$，应用对数奈奎斯特判据，$N = 0, z = 0$，所以系统稳定。

【题 5-9】

答案：

(1) 由图 5.33(b)得，$K = \omega_1$

则系统的开环传递函数可设为 $G(s) = \dfrac{\omega_1}{s\left(\dfrac{1}{\omega_2}s+1\right)}$

则有 $G(\text{j}2) = \dfrac{\omega_1}{\text{j}2\left(\text{j}\dfrac{2}{\omega_2}+1\right)} = \dfrac{\omega_1}{4+\dfrac{16}{\omega_2^2}}\left(-\dfrac{4}{\omega_2}-\text{j}2\right)$

由图 5.33(a)中 A 点可知：$\dfrac{4}{\omega_2} = 2$ 即 $\omega_2 = 2$

所以 $G(\text{j}2) = \dfrac{\omega_1}{4}(-1-\text{j})$

则 $\dfrac{\omega_1}{4} = \alpha$，即 $\omega_1 = 4\alpha$

由图 5.33(b)可知：$\omega_3 = \sqrt{\omega_1 \cdot \omega_2} = 2\sqrt{2\alpha}$

综上所述，$\omega_1 = 4\alpha, \omega_2 = 2, \omega_3 = 2\sqrt{2\alpha}$。

(2) 系统的开环传递函数为

$$G(s) = \dfrac{4\alpha}{s\left(\dfrac{1}{2}s+1\right)} = \dfrac{8\alpha}{s(s+2)}$$

则有 $\begin{cases}\omega_n^2 = 8\alpha \\ 2\zeta\omega_n = 2\end{cases}$，所以 $\begin{cases}\omega_n = 2\sqrt{2\alpha} \\ \zeta = \dfrac{1}{2\sqrt{2\alpha}}\end{cases}$。

【题 5-10】

答案：

(1) 由图可得系统的开环传递函数为

$$G(s) = \frac{k\left(\dfrac{s}{2}+1\right)}{s^2\left(\dfrac{s}{20}+1\right)}$$

低频段： $20\lg k = 20 \Rightarrow k = 10$

故系统的开环传递函数为 $$G(s) = \frac{10\left(\dfrac{s}{2}+1\right)}{s^2\left(\dfrac{s}{20}+1\right)}。$$

(2) 截止频率 ω_c：由图知 $2 < \omega_c < 20$，故可得

$$A(\omega_c) = \frac{10\,\dfrac{\omega_c}{2}}{\omega_c^2} = 1 \Rightarrow \omega_c = 5$$

(3) 相角裕度为

$$r(\omega_c) = 180° + \varphi(\omega_c)$$
$$= 180° - 180° + \tan^{-1}\frac{\omega_c}{2} - \tan^{-1}\frac{\omega_c}{20}$$
$$= 54.2°$$

【题 5-11】
答案：
(1) 由图可得系统的开环传递函数为

$$G(s) = \frac{k\left(\dfrac{s}{5}+1\right)}{s(s+1)\left(\dfrac{s}{100}+1\right)\left(\dfrac{s}{200}+1\right)}$$

低频段： $20\lg k - 20\lg 1 = 40 \Rightarrow k = 100$

故系统的开环传递函数为 $$G(s) = \frac{100\left(\dfrac{s}{5}+1\right)}{s(s+1)\left(\dfrac{s}{100}+1\right)\left(\dfrac{s}{200}+1\right)}。$$

(2) 截止频率 ω_c：由图知 $5 < \omega_c < 100$，故可得

$$A(\omega_c) = \frac{100\,\dfrac{\omega_c}{5}}{\omega_c\,\dfrac{\omega_c}{1}} = 1 \Rightarrow \omega_c = 20$$

(3) 相角裕度为

$$r(\omega_c) = 180° + \varphi(\omega_c)$$
$$= 180° - 90° + \tan^{-1}\frac{20}{5} - \tan^{-1}20 - \tan^{-1}\frac{1}{5} - \tan^{-1}\frac{1}{10}$$
$$= 62°$$

(4) 应具有的位置与形状：低频段——陡而高，中频段——缓而宽。

【题 5-12】
答案：
(1) 由图可得系统的开环传递函数为

$$G(s)=\frac{k\left(\frac{s}{5}+1\right)}{s^2\left(\frac{s}{20}+1\right)\left(\frac{s}{50}+1\right)}$$

图中低频段：$\frac{A-0}{\lg5-\lg10}=-20\Rightarrow A=20\lg2$

$$\frac{20\lg2-0}{\lg5-\lg\omega_0}=-40\Rightarrow\omega_0=\sqrt{50}=\sqrt{k}\Rightarrow k=50$$

故系统的开环传递函数为 $G(s)=\dfrac{50\left(\dfrac{s}{5}+1\right)}{s^2\left(\dfrac{s}{20}+1\right)\left(\dfrac{s}{50}+1\right)}$。

(2) 求相角裕度：由图知截止频率 $\omega_c=10$

$$\begin{aligned}r(\omega_c)&=180°+\varphi(\omega_c)\\&=180°-180°+\tan^{-1}0.2\omega_c-\tan^{-1}0.05\omega_c-\tan^{-1}0.02\omega_c\\&=25.5°\end{aligned}$$

【题 5-13】
答案：

(1) 开环传递函数为

$$G(s)=L[g(t)]=K\left(\frac{1}{s}+\frac{1}{s+0.5}-\frac{2}{s+0.25}\right)=\frac{K}{s(2s+1)(4s+1)}$$

$$G(j\omega)=\frac{K}{j\omega(2\omega j+1)(4j+1)}=-\frac{6K}{(1-8\omega^2)^2+36\omega^2}+\frac{K(8\omega^2-1)}{\omega[(1-8\omega^2)^2+36\omega^2]}j$$

绘制概略的奈奎斯特曲线如图 5.46 所示。

$$\omega\to 0, G(j\omega)=\infty\angle-90°$$
$$\omega\to+\infty, G(j\omega)=0\angle-270°$$

(2) 奈奎斯特曲线与负实轴相交时，$I_m(\omega)=0=8\omega^2-1\Rightarrow\omega=\dfrac{\sqrt{2}}{4}$，代入得此时的实部 $R_e(\omega)=-\dfrac{4K}{3}$。临界稳定时：$-\dfrac{4K}{3}=-1\Rightarrow K=\dfrac{3}{4}$。

【题 5-14】
答案：

(1) 系统频率特性：

$$G(j\omega)H(j\omega)=\frac{K}{j\omega(j\omega+2)(j\omega+4)}=\frac{-6K}{(8-\omega^2)^2+36\omega^2}+\frac{K(\omega^2-8)}{\omega[(8-\omega^2)^2+36\omega^2]}j$$

求奈奎斯特曲线与实轴的交点：

令 $I_m(G(j\omega))=0\Rightarrow\omega^2=8, \omega=2\sqrt{2}\Rightarrow R_e(G(j\omega))=-\dfrac{K}{48}$

绘制曲线如图 5.47 所示。

$$\omega\to 0^+\text{时}, G(j\omega)=\infty\angle-90°$$
$$\omega\to+\infty\text{时}, G(j\omega)=0\angle-270°$$

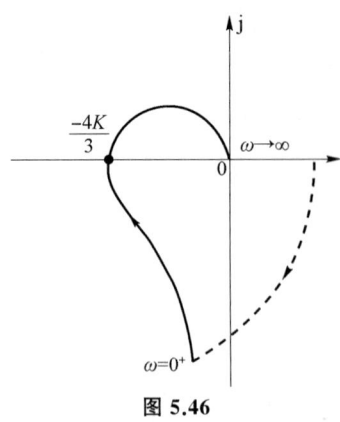

图 5.46

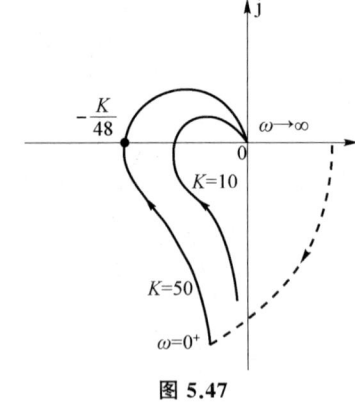

图 5.47

(2) 由于系统为 I 型系统,所以顺时针补偿 90°(半径∞)辅助线。

当 $K=10$ 时,曲线与实轴的交点 $-\dfrac{10}{48}>-1$,不包围 $(-1,j0)$ 点,$Z=P-2N=0$ 系统稳定。

当 $K=50$ 时,曲线与实轴的交点 $-\dfrac{50}{48}<-1$,$\dfrac{N}{2}=\dfrac{N^+}{2}-\dfrac{N^-}{2}=-1$,包围 $(-1,j0)$ 点,$Z=P-2N=2$,系统不稳定。

【题 5-15】

答案:

由图 5.48 知系统 $v=1$,需要补半径为 ∞,角度为 $-90°$ 的圆弧辅助线,如图 5.48 中虚线所示。

(1) $P=0,N=0 \Rightarrow Z=0$,K 缩至 2 倍,$K=100$,A 点在 $(-1,j0)$ 右侧,所以 $K<100$;

(2) 因为,当 K 减小 2 倍,$K=25$ 时,B 点在 $(-1,j0)$ 左侧,所以 $K>25$ 时 $N=0 \Rightarrow Z=0$;

(3) 因为,当 K 减小 5 倍,$K=10$ 时,C 点在 $(-1,j0)$ 右侧,所以 $K<10$ 时 $N=0 \Rightarrow Z=0$;

结论:$K<10$ 或 $25<K<100$ 时闭环系统的稳定。

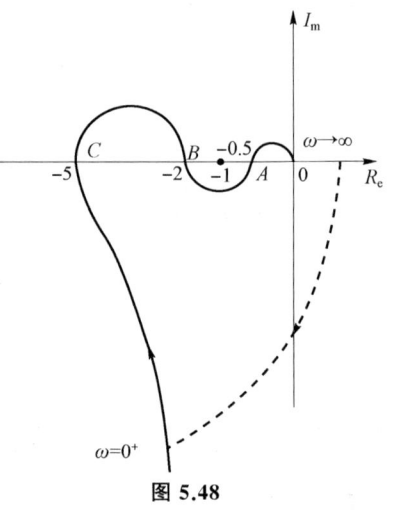

图 5.48

【题 5-16】

答案:

(1) $N=0,P=0$,该系统稳定;

(2) 使闭环系统稳定的 K 值范围:$0<K<\dfrac{1}{4}$(缩小 4 倍以上)或 $\dfrac{1}{2}<K<2$。

【题 5-17】

答案:

(1) 由图知系统型别 $v=1$,设 $G(s)=\dfrac{K}{s(as^2+bs+1)}$

(如果设 $G(s)=\dfrac{K}{s(T_1 s+1)(T_2 s+1)}$,则求解 $G(j\omega)$ 的实部和虚部时,没有上式简单)

方法 1：$G(j\omega) = \dfrac{K}{j\omega(aj^2\omega^2+b\omega j+1)} = \dfrac{-Kb}{b^2\omega^2+(1-a\omega^2)^2} + \dfrac{K(a\omega^2-1)}{\omega[b^2\omega^2+(1-a^2\omega^2)^2]}j$

由图中 $G(j) = -\dfrac{K}{2}$，$\omega=1$，得 $\begin{cases} I_m[G(j\omega)] = 0 \text{ 即 } a\omega^2-1=0 \Rightarrow a=1 \\ R_e = -\dfrac{K}{b} = -\dfrac{K}{2} \Rightarrow b=2 \end{cases}$，可得系统的开环传递函数

$G(s) = \dfrac{K}{s(s^2+2s+1)} = \dfrac{K}{s(s+1)^2}$。

方法 2：$G(j\omega) = \dfrac{K}{j\omega(1-a^2\omega^2+jb\omega)}$，令 $\angle G(j\omega) = -180° = -90° - \tan^{-1}\dfrac{b\omega}{1-a^2\omega^2}$，

当 $G(j) = -\dfrac{K}{2}$，即 $\omega=1$，由 $\tan^{-1}\dfrac{b}{1-a^2} = 90°$，得 $\begin{cases} 1-a^2=0 \Rightarrow a=1 \\ |G(j\omega)| = -\dfrac{K}{2} = -\dfrac{K}{b} \Rightarrow b=2 \end{cases}$ 可得系统的开

环传递函数 $G(s) = \dfrac{K}{s(s+1)^2}$。

（2）曲线低频段 $G(j\omega)$，$G(j\omega) = 20\lg k = 20\lg 10 = 20$ dB，如图 5.49(a)所示，图知 $\omega_c > 1$ rad/s，

$A(\omega) = \dfrac{10}{\omega_c\omega_c^2} = 1$，$\omega_c = \sqrt[3]{10} = 2.15$。系统的相角裕度：

$$r(\omega_c) = 180° - 90° - 2\tan^{-1}\omega_c = 90° - 2\times 65° \approx -40°，系统不稳定。$$

也可以用极坐标图校验判稳的结果：$K=10$ 时，实轴交点 $-\dfrac{10}{2} = -5$ 包围 $(-1, j0)$ 点，所以 $Z = P - N = 0 - 2 = -2$ 不稳定，如图 5.49(b)所示。

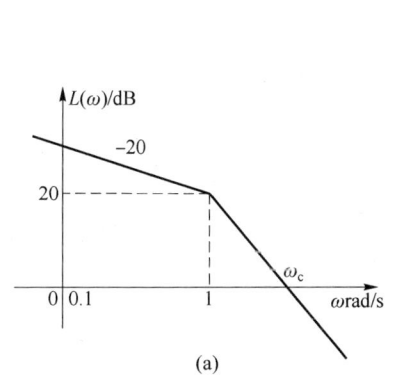
(a)

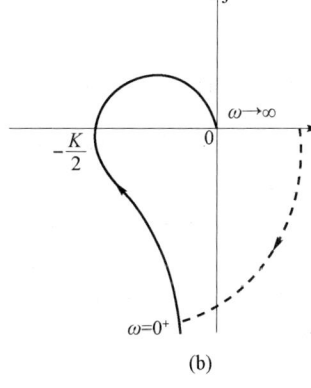
(b)

图 5.49

【题 5-18】
答案：
此题开环不稳，适合用奈奎斯特曲线（极坐标）绘图判稳（用对数坐标绘图麻烦，计算 $r(\omega_c)$ 时易出错）。

$$G(j\omega) = \dfrac{-50}{j\omega(j\omega+5)(-j\omega+1)} = \dfrac{-200}{16\omega^2+(5+\omega^2)^2} + \dfrac{50(5+\omega^2)}{\omega[16\omega^2+(5+\omega^2)^2]}j$$

$$\begin{cases} \omega \to 0^+, G(j\omega) = \infty\angle 90° = -8+\infty j \\ \omega \to \infty, G(j\omega) = 0\angle 90° = -0+0j \end{cases}$$

因为系统传递函数中含有一个积分环节,首先补半径为∞,顺时针 90° 的圆弧辅助线。由图 5.50 可知,ω 从 $0 \to \infty$ 变化时,$G(j\omega)$ 曲线包围 $(-1, j0)$ 点半圈,即 $\dfrac{N}{2} = -\dfrac{1}{2}$,$N = -1$。

由系统开环传递函数表达式可知,系统有一个不稳定的开环极点,$P = 1$。$Z = P - N = 1 - (-1) = 2$,即闭环系统不稳定,有两个不稳定的闭环极点。

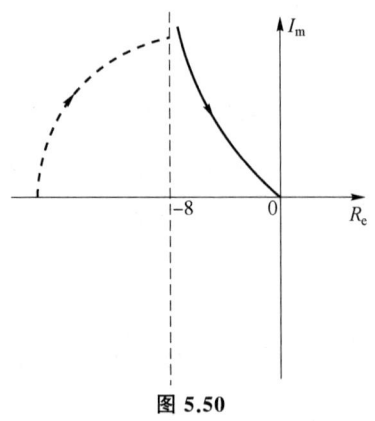

图 5.50

【题 5-19】
答案:
$$G(j\omega) = \dfrac{10(j\omega+1)}{(j\omega+5)(j\omega-1)} = \dfrac{10(-5+3\omega^2)}{(\omega^2+25)(\omega^2+1)} + \dfrac{-10(9\omega+\omega^3)}{(\omega^2+25)(\omega^2+1)} j$$

绘制简图 5.51:$\omega \to 0$,$G(j\omega) = -2 - 0j = 2\angle -180°$
$\omega \to \infty$,$G(j\omega) = 0 - 0j = 0\angle -90°$

特殊点,$\omega = \sqrt{\dfrac{5}{3}}$ 时,$R_e = 0$,$I_m = -$ 常数。为了分析方便,补上 $-\infty \to 0$ 变化时 $G(j\omega)$ 曲线,与横轴上半部曲线对称,如图 5.51 所示横轴下半部。

由系统开环传递函数表达式可知,有一个不稳定的开环极点,$P = 1$。由极坐标图知,ω 由 $-\infty \to \infty$ 变化时,$G(j\omega)$ 曲线逆时针包围 $(-1, j0)$ 点一圈,即 $N = 1$。因此,$Z = P - N = 0$,闭环系统稳定。

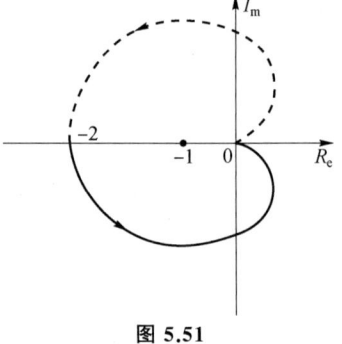

图 5.51

【题 5-20】
答案:

(1) 根据系统 Bode 图,系统开环传递函数 $G(s) = \dfrac{K\left(\dfrac{s}{\omega_1}+1\right)}{s^2\left(\dfrac{s}{\omega_2}+1\right)\left(\dfrac{s}{\omega_3}+1\right)}$

(2)

由图知 $\begin{cases} 20\lg K - 40\lg \omega_1 - 20\lg \dfrac{\omega_c}{\omega_1} = 0 \\ \text{或 } A(\omega_c) = \dfrac{K\dfrac{\omega_c}{\omega_1}}{\omega_c^2 \cdot 1} = 1 \end{cases} \Rightarrow K = \omega_1 \omega_c$

$$r(\omega_c) = 180° + \tan^{-1}\frac{\omega_c}{\omega_1} - 180° - \tan^{-1}\frac{\omega_c}{\omega_2} - \tan^{-1}\frac{\omega_c}{\omega_3}$$
$$= \tan^{-1}100 - \tan^{-1}0.5 - \tan^{-1}0.1 = 89.4° - 26.6° - 5.7° = 57.1° > 0$$

所以系统稳定。

绘制奈奎斯特曲线：$\begin{cases}\omega \to 0^+, G(j\omega) = \infty \angle -180° \\ \omega \to \infty, G(j\omega) = 0 \angle -270°\end{cases}$，又因为 $v=2$，所以补半径为 ∞，角度 $180°$ 的顺时针圆弧辅助线，$G(j\omega)$ 曲线如图 5.52 所示。注意，此题 $G(j\omega)$ 不能包围 $(-1, j0)$ 点，否则与 $r>0$ 不符。

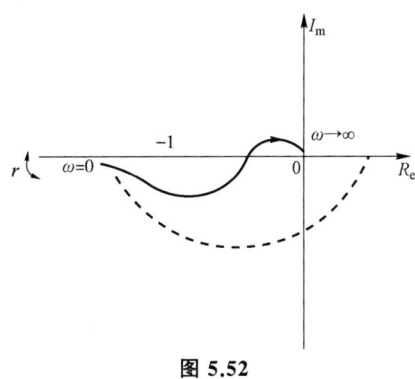

图 5.52

(3) $K_v = \lim_{s\to 0} sG(s)H(s) = \infty$，$K_a = \lim_{s\to 0} s^2 G(s)H(s) = \omega_1 \omega_c = K$，$r(t) = bt + \frac{1}{2}ct^2$，所以，$e_{ss} = \frac{b}{K_v} + \frac{c}{K_a} = 0 + \frac{c}{\omega_1 \omega_c} = \frac{c}{\omega_1 \omega_c}$。

【题 5-21】

答案：

(1) 系统开环传递函数 $G_K(s) = \frac{K(s+1)}{s(s-2)}$，根轨迹方程 $1 + \frac{K(s+1)}{s(s-2)} = 0$，为 $180°$ 根轨迹。起点：$p_1 = 0, p_2 = 2$；终点：$z_1 = -1, z_2 = \infty$，两支根轨迹。因两个起点位于实轴右侧，终点位于实轴左侧，初步判断系统复平面上的根轨迹为圆，以 $(-1, j0)$ 为圆心、$r = \sqrt{(1+2)} = \sqrt{3}$ 为半径的圆。根轨迹如图 5.53 所示。

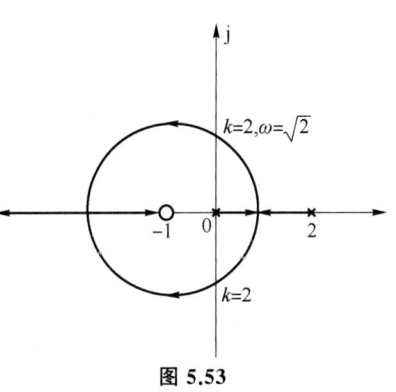

图 5.53

根轨迹分会点：$\frac{1}{d} + \frac{1}{d-2} = \frac{1}{d+1}$，得 $d^2 + 2d - 2 = 0$，$d = -1 \pm \sqrt{3}$。

根轨迹与虚轴的交点：$D(s) = s^2 - 2s + Ks + K = s^2 + (K-2)s + K = 0$
列劳斯表为

s^2 1 K
s $K-2$
s^0 K

令 $\begin{cases} K-2 > 0 \\ s^2 + K = 0 \end{cases}$，得 $\begin{cases} K > 2 \\ K=2 \text{ 时}, s = \pm j\sqrt{2} \end{cases}$

(2) $G_K(s) = \frac{K(s+1)}{s(s-2)}$，$G_K(j\omega) = \frac{K(j\omega+1)}{j\omega(j\omega-2)} = \frac{-3K\omega + jK(2-\omega^2)}{\omega(\omega^2+4)}$

$$\omega \to 0^+, G(\mathrm{j}\omega) = -\frac{3K}{4} + \mathrm{j}\infty$$

$$\omega = \sqrt{2}, G(\mathrm{j}\omega) = -\frac{K}{2}$$

,$\omega = \infty \to 0^-$ 的曲线与 $\omega = 0^+ \to \infty$ 关于横轴对称,如图 5.54 所示。

$$\omega \to \infty, G(\mathrm{j}\omega) = -0 + \mathrm{j}0$$

又因为系统含有一个积分环节,补 $\omega = 0^- \to 0^+$,半径无穷大,角度 $-180°$,即顺时针半圆的辅助线的奈奎斯特曲线图如图 5.54(a) 所示。

$$G_K(\mathrm{j}\omega) = \frac{K(\mathrm{j}\omega+1)}{\mathrm{j}\omega(\mathrm{j}\omega-2)} = \frac{K\sqrt{1+\omega^2}}{\omega\sqrt{\omega^2+4}} \mathrm{e}^{\mathrm{j}\varphi(\omega)}, 转折频率 \omega_1 = 1, \omega_2 = 2$$

$$\varphi(\omega) = \tan^{-1}\omega - 90° - \left(180° - \tan^{-1}\frac{\omega}{2}\right) = \tan^{-1}\omega + \tan^{-1}\frac{\omega}{2} - 270°$$

低频段曲线:过 $\left(1, 20\lg\frac{K}{2}\mathrm{dB}\right)$ 点作斜率为 -20 dB/dec 直线直到 $\omega_1 = 1$ rad/s;

在 $1 < \omega \le 2$ 频段,直线斜率改为 0 dB/dec;

在 $\omega > 2$ 频段,直线斜率改为 -20 dB/dec。

系统的开环对数幅频相频特性曲线如图 5.54(b) 所示。

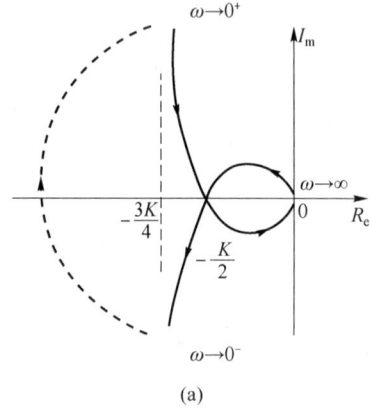
(a)

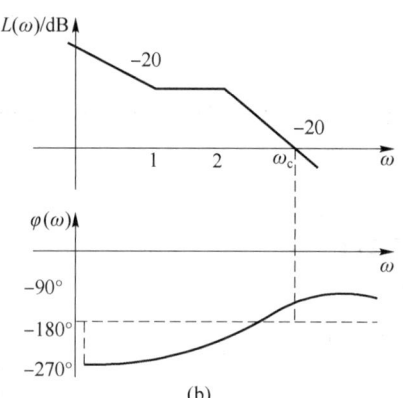
(b)

图 5.54

(3) 根据根轨迹图,当 $K < 2$ 时,根轨迹在 S 平面的右半面上,闭环系统不稳定;当 $K > 2$ 时,全部的根轨迹都在 s 平面的左半面上,闭环系统稳定。$K = 2$ 时,闭环系统临界稳定,即工程上为不稳定。

根据系统的 Bode 图求 ω_c 和 $\gamma(\omega_c)$:

令 $\varphi(\omega) = \tan^{-1}\omega + \tan^{-1}\frac{\omega}{2} - 270° = -180°$ 得 $\dfrac{\omega + \dfrac{\omega}{2}}{1 - \dfrac{\omega^2}{2}} = \infty \Rightarrow \omega = \sqrt{2}$。此时幅频 $A(\omega) =$

$\left|\dfrac{K\omega}{\omega \cdot 2}\right| = 1$,得 $K = 2$。因系统开环传递函数有一个积分环节,需要补 $90°$ 辅助线。

$K > 2$ 时,$\varphi(\omega) > -180°$,曲线有一个正穿越,半个负穿越,$N = 2\left(1 - \dfrac{1}{2}\right) = 1, P = 1, Z = P - N = 0$,闭环系统稳定。

$K<2$ 时,$\varphi(\omega)<-180°$,曲线仅有半个负穿越,$N=2\left(-\dfrac{1}{2}\right)=-1$,$P=1$,$Z=P-N=2$,有两个不稳定的闭环极点,闭环系统不稳定。

由系统的奈奎斯特曲线图可知：

当 $\dfrac{K}{2}<1$,即 $K<2$ 时,全部的奈奎斯特曲线顺时针包围 -1 点,$N=-1$,$Z=P-N=2$,闭环系统不稳定。

当 $\dfrac{K}{2}>1$,即 $K>2$ 时,全部的奈奎斯特曲线逆时针包围 -1 点,$N=1$,$Z=P-N=0$,闭环系统稳定。

【题 5-22】
答案:
(1) 开环传递函数的极坐标图如图 5.55 所示,曲线(1)为无延迟环节情况,曲线(2)为有延迟环节情况。

可见延迟环节只影响到系统的相频曲线,使系统的幅角减小,而对系统的幅值特性没有影响：

$$|G(j\omega)|=\dfrac{1}{\omega\sqrt{1+\omega^2}},\phi(\omega)=-90°-\tan^{-1}\omega-57.3°\omega\tau$$

(2) 求截止频率:联立 $\begin{cases} |G(j\omega_c)|=\dfrac{1}{\omega_c\sqrt{1+\omega_c^2}}=1 & (1) \\ r(\omega_c)=180°-90°-\tan^{-1}\omega_c-57.3°\omega_c\tau=0 & (2) \end{cases}$

由式(1)得 $\omega_c^4+\omega_c^2-1=0$,解得 $\omega_c^2=\dfrac{-1\pm\sqrt{5}}{2}=0.618$(负数舍去),所以 $\omega_c=0.786$。

代入式(2)得 $r(\omega_c)=90°-57.3°\omega_c\tau-\tan^{-1}0.786=0$,

即 $\qquad 57.3°\omega_c\tau=90°-38.2°=51.8°$

得 $\tau=\dfrac{51.8°}{57.3\times 0.786}=1.15$,所以 $0<\tau<1.15$。

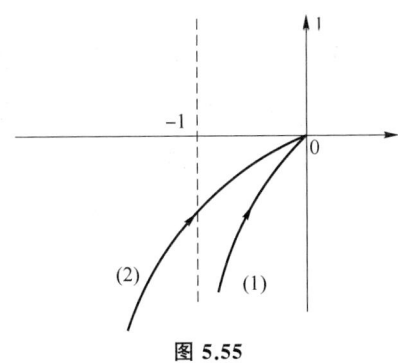

图 5.55

【题 5-23】
答案:

$$G(j\omega)=\dfrac{Ke^{-2j\omega}}{j\omega},\ |G(j\omega)|=\dfrac{K}{\omega},\ \angle G(j\omega)=-90°-2\omega\times 57.3°$$

方法一：先求 ω_g，再求对应角。

令 $r(\omega_g) = 180° - 90° - 2 \times 57.3°\omega_g = 0$ 或 $\varphi(\omega_g) = -180°$，得 $\omega_g = \dfrac{90°}{2 \times 57.3°} = 0.785$

所以 $G(j\omega_g) = \dfrac{K}{\omega_g} = \dfrac{K}{0.785} = 1.27K$

令 $1.27K < 1$，得 $K < \dfrac{1}{1.27} = 0.785$，奈奎斯特曲线如图 5.56 所示。

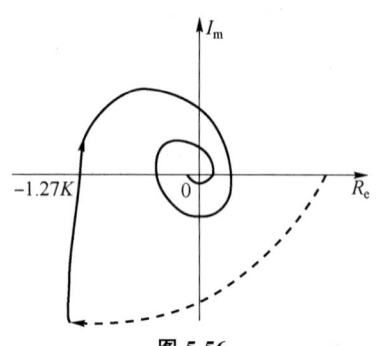

图 5.56

方法二：先求 ω_c，再用角关系确定 K。

令 $|G(j\omega_c)| = \dfrac{K}{\omega_c} = 1 \Rightarrow \omega_c = K$

代入相角公式，$\varphi(\omega_c) = -90° - 2 \times 57.3°\omega_c > -180°$

$$\Rightarrow K < \dfrac{90}{2 \times 57.3} = 0.785$$

结论：若使闭环系统稳定，则 $K < 0.785$。

【题 5-24】

答案：
$$\gamma(\omega_c) = 180° - 3\tan^{-1}\tau\omega_c = 45° \Rightarrow \tan^{-1}\tau\omega_c = 45° \Rightarrow \tau\omega_c = 1$$
$$A(\omega_c) = \dfrac{K}{\left[\sqrt{(\tau\omega_c)^2 + 1}\right]^3} = 1 \Rightarrow K = 2\sqrt{2}$$

【题 5-25】

答案：

(1) 由图知 $G(j0) = 1.65$ 常数，为 0 型系统。

(2) 因为 0 型系统，所以 $K = G(j\omega)|_{\omega=0} = G(j0) = 1.65$

奈奎斯特曲线过点 $\pm j$，即 $G(j\omega) = -j$

所以 $r(\omega_c) = 180° + \angle G(j\omega_c) = 180° - 90° = 90°$

曲线交负实轴于 -0.2 点，$G(j\omega_g) = -0.2$，所以 $K_g = \dfrac{1}{|G(j\omega_g)|} = \dfrac{1}{0.2} = 5$

(3) 根据幅值裕量定义，系统开环幅频特性再增大 K_g 倍，则系统 $|G(j\omega)| = 1$，所以使系统临界稳定，根据 K_g 的物理意义，则开环增益增大 K_g 倍：
$$K = 1.65K_g = 8.25$$

【题 5-26】

答案：

由开环传递函数，可得系统频率特性为
$$G(j\omega)H(j\omega) = \dfrac{K(j0.33\omega + 1)}{j\omega(j\omega - 1)} = -\dfrac{1.33K}{\omega^2 + 1} + j\dfrac{K(1 - 0.33\omega^2)}{\omega(\omega^2 + 1)}$$

(1) 当 $K = 6$ 时：
$$G(j\omega)H(j\omega) = -\dfrac{7.98}{\omega^2 + 1} + j\dfrac{6 - 1.98\omega^2}{\omega(\omega^2 + 1)}$$

绘制系统的奈奎斯特曲线 $\begin{cases} \omega \to 0^+ : G(j\omega)H(j\omega) = -7.98 + j\infty \\ \omega \to \infty : G(j\omega)H(j\omega) = -0 - j0 \end{cases}$。

与实轴的交点为 $\omega = 1.74, G(j\omega)H(j\omega) = -2$。

又因为 $v = 1$，所以补半径为 ∞，角度 $90°$ 的顺时针圆弧辅助线。

作 $\omega \in (-\infty, +\infty)$ 范围内的奈奎斯特曲线如图 5.57 所示。

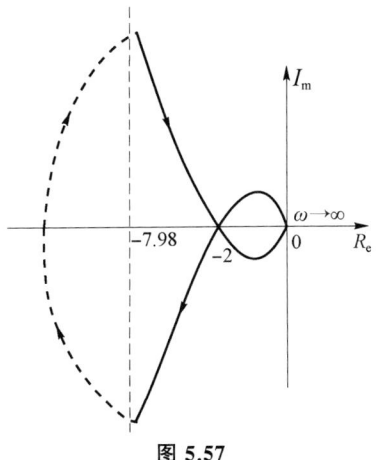

图 5.57

由图 5.57 得：$N = 1, P = 1$，所以 $P = N$ 系统稳定

（2）由第一问可知，系统奈奎斯特曲线与实轴的交点为 $-0.3325K$，则

当 $-0.3325K < -1$，即 $K > 3$ 时，系统稳定；

当 $-0.3325K = -1$，即 $K = 3$ 时，系统临界稳定；

当 $-0.3325K > -1$，即 $K < 3$ 时，系统不稳定。

注：非最小相位系统，用实部虚部法。

【题 5-27】

答案：

$$G(j\omega) = \frac{5}{\sqrt{1+\omega^2}\sqrt{1+4\omega^2}\sqrt{1+9\omega^2}}$$

$$\angle G(j\omega) = -\arctan\omega - \arctan 2\omega - \arctan 3\omega$$

$\omega = 0, |G(j\omega)| = 5, \angle G(j\omega) = 0°$，奈奎斯特曲线如图，位于第二、三、四象限。

$\omega = \infty, |G(j\omega)| = 0, \angle G(j\omega) = -270°$

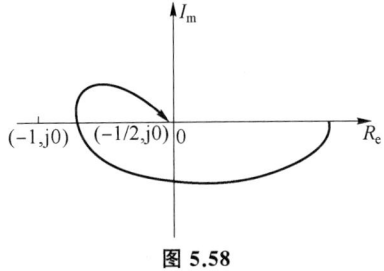

图 5.58

令 $\angle G(j\omega_x) = -\arctan\omega_x - \arctan 2\omega_x - \arctan 3\omega_x = -180°$，得

$$\omega_x = 1, |G(j\omega_x)| = \frac{1}{2}$$

根据奈奎斯特稳定判据，半闭合曲线 $G(j\omega)$ 不包围 $(-1, j0)$ 点，故闭环系统稳定。

【题 5-28】
答案：

$$G(j\omega) = \frac{K}{\omega\sqrt{1+0.01\omega^2}\sqrt{1+(0.25\omega)^2}}$$

$$\angle G(j\omega) = -90° - \arctan 0.1\omega - \arctan 0.25\omega$$

$\omega = 0, |G(j\omega)| = \infty, \angle G(j0) = -90°$

$\omega = \infty, |G(j\omega)| = 0, \angle G(j\infty) = -270°$，奈奎斯特曲线如图 5.59 所示，位于第二、三象限。

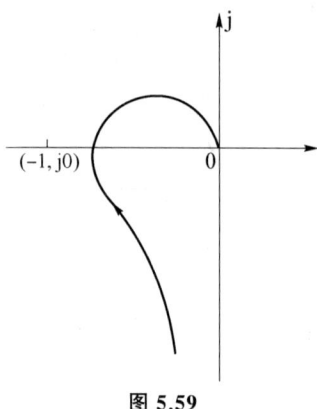

图 5.59

令 $\angle G(j\omega_x) = -90° - \arctan 0.1\omega_x - \arctan 0.25\omega_x = -180°$

得 $\omega_x = \sqrt{40}, |G(j\omega_x)| = \dfrac{K}{14}$。故根据奈奎斯特稳定判据有：

当 $\dfrac{K}{14} > 1$ 时，半闭合曲线 $G(j\omega)$ 包围 $(-1, j0)$ 点，故闭环系统不稳定。

当 $\dfrac{K}{14} < 1$ 时，半闭合曲线 $G(j\omega)$ 不包围 $(-1, j0)$ 点，故闭环系统稳定。

第 6 章 系统校正

6.1 主要知识点

（1）校正方式、校正装置结构、特点、频率特性及适用条件；
（2）串联校正（超前、滞后、滞后超前）的频率法设计；
（3）PID 控制器校正设计；
（4）局部反馈校正设计。

6.2 考点归类解析与例题详解

基本知识要点

1. 校正方式

（1）串联校正

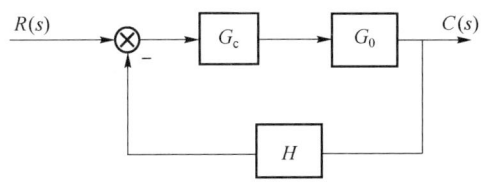

（2）反馈（并联）

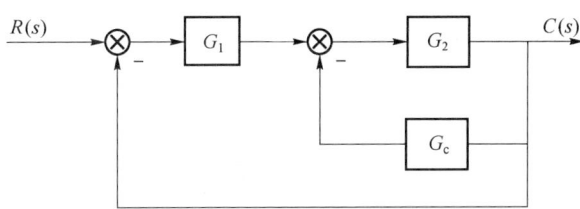

（3）前馈/顺馈扰动补偿

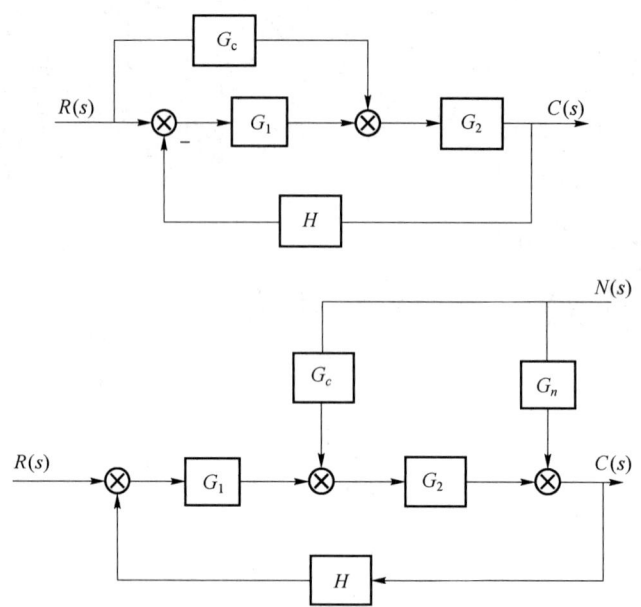

2. 串联校正装置：

1）超前校正装置（网络）

（1）RC 超前网络结构

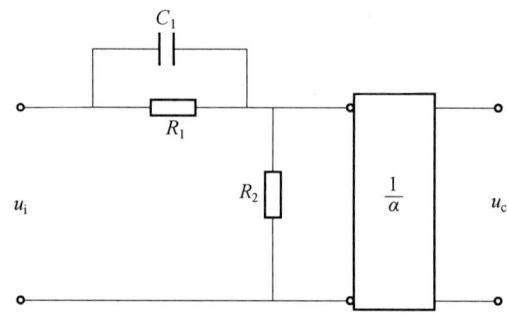

（2）传递函数

RC 网络部分的传递函数 $G_c(s) = \dfrac{R_2}{R_1+R_2} \times \dfrac{R_1Cs+1}{\dfrac{R_2}{R_1+R_2}R_1Cs+1}$

$= \alpha \dfrac{\tau s+1}{\alpha \tau s+1}$ （$\alpha < 1$）

由传递函数表达式可知，直接采用超前校正装置，会使系统的开环增益下降，为了补偿超前校正装置带来的幅值衰减，通常加一个串联的放大器，其放大倍数 $K_c = \dfrac{1}{\alpha}$。因此，补偿后的传递函数改为

$$G_c(s) = \dfrac{\tau s+1}{\alpha \tau s+1}(\alpha<1)$$

(3) 频率特性

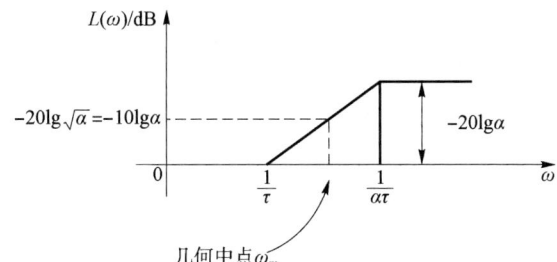

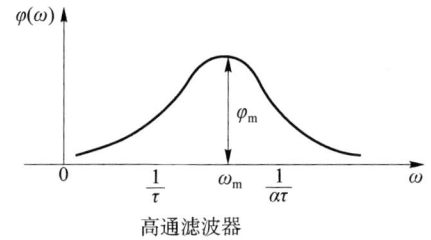

高通滤波器

(4) 参数

$\varphi_c(\omega) = \tan^{-1}\tau\omega - \tan^{-1}\alpha\tau\omega$。

最大超前相角 $\varphi_m = \sin^{-1}\dfrac{1-\alpha}{1+\alpha}$，即 $\alpha = \dfrac{1-\sin\varphi_m}{1+\sin\varphi_m}$，

其中 $\omega_m = \dfrac{1}{\tau\sqrt{\alpha}}$，$\omega_1 = \dfrac{1}{\tau} = \omega_m\sqrt{\alpha}$，$\omega_2 = \dfrac{1}{\alpha\tau} = \dfrac{\omega_m}{\sqrt{\alpha}}$。

最大超前相角对应的幅频 $L_c(\omega_m) = (20\lg\sqrt{\alpha}) = 10\lg\alpha$。

(5) 作用：① $r\uparrow$，$\omega_c\uparrow \to \sigma\%\downarrow$，快↑

(6) 适用：稳态精度已满足（e_{ss}满足要求），但瞬态性能不能满足要求的系统。

(7) 校正思路：把 φ_m 设置在校正后系统截止频率 ω_c' 处，根据 φ_m 确定参数。

(8) 校正参数：

① $\varphi_m = r - r_c + \varepsilon \to \alpha = \dfrac{1-\sin\varphi_m}{1+\sin\varphi_m}$。

② 令 $L(\omega_m) = 10\lg\alpha$，求出 ω_m。

③ $\omega_m = \dfrac{1}{\tau\sqrt{\alpha}}$ 求 τ 或由 ω_1，$\omega_2 \to$ 求 τ。

(9) 校正步骤：已知系统原 γ_0、期望 $\gamma \to$ 计算出需要增加的超前相角 $\varphi_m = \gamma - \gamma_0 + \varepsilon$，$\varepsilon$ 为校正改变 ω_c 产生的附加相角，一般取 $5° - 10°$。

① 计算 $\varphi_m = r - r_0 + \varepsilon \to$ 求出 $\alpha = \dfrac{1-\sin\varphi_m}{1+\sin\varphi_m}$；

② 找出 φ_m 处的频率 $\omega_m = \omega_c'$，$L(\omega_m) = 10\lg\alpha$ 在原系统 $L(\omega)$ 中找到此点 ω_m；

③ 计算各频率值：

$$\omega_1 = \dfrac{1}{\tau} = \omega_m\sqrt{\alpha} \Rightarrow \tau = \dfrac{1}{\omega_1}, \quad \omega_2 = \dfrac{1}{\alpha\tau} = \dfrac{\omega_m}{\sqrt{\alpha}} \Rightarrow \alpha\tau = \dfrac{1}{\omega_2}$$

校正装置的传递函数 $G_c(s) = \dfrac{\tau s + 1}{\alpha\tau s + 1}$。

④ 验证：如果 $\gamma(\omega_c') > \gamma$，则校正结束；不满足，则返回步骤①，取新的 ε 值重新校正。

【例 6-1】

已知单位负反馈系统开环传递函数 $G_0(s) = \dfrac{K}{s(0.1s+1)}$，要求校正后使系统达到 $K_v = 100/s$，相角裕度 $\gamma \geqslant 55°$，幅值裕量 $K_g \geqslant 10$ dB，请设计校正装置（取 $\varepsilon = 7.5°$）。

解答：

① 由 $K_v = 100 \Rightarrow K = 100$，作出来未校正系统的 Bode 图 $L_0(\omega)$ 如图 6.1 所示。

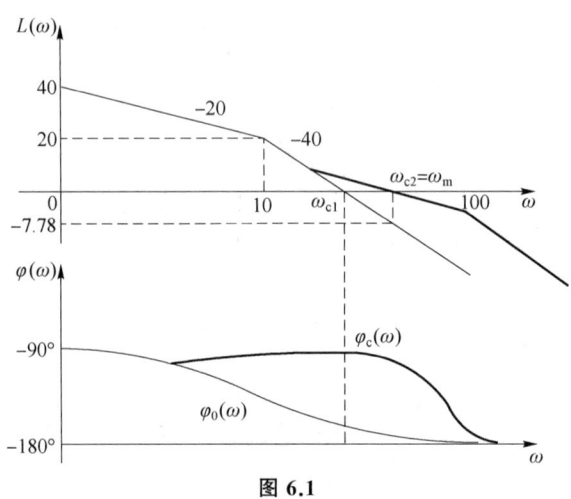

图 6.1

截止频率为 $\omega_{c1} = 10\sqrt{10} = 31.6$ rad/s。

计算相角裕度 $\gamma_0(\omega_{c1}) = 180° - 90° - \tan^{-1} 0.1\omega_{c1} = 17.5°$。

由图知 $K_g = \infty$ dB 满足要求。

② 因 $\gamma \gg \gamma_0$，加超前校正装置：

$$\varphi_c = \gamma - \gamma_0 + \varepsilon = 55° - 17.5° + 7.5° = 45° = \varphi_m,\ \alpha = \frac{1-\sin\varphi_m}{1+\sin\varphi_m} = 0.167$$

校正后系统剪切频率 $\omega_{c2} = \omega_m$ 处，校正环节的 $L_c(\omega_m) = -10\lg\alpha = 7.78$ dB

$\Rightarrow$ 计算出来原系统为 -7.78 dB 处的频率作为校正后的系统的剪切频率 ω_{c2}。

由 $-7.78 = 20\lg 100 - 20\lg 0.1\omega_{c2}^2 = 20\lg \dfrac{100}{0.1\omega_{c2}^2}$ 得 $\omega_{c2} = 50$ rad/s。

③ 取 $\omega_m = \omega_{c2} = 50$ rad/s 校正环节转折频率：

$$\begin{cases} \omega_1 = \dfrac{1}{\tau} = \omega_m\sqrt{\alpha} = 20.4 \text{ rad/s} \Rightarrow \tau = 0.049 \\ \omega_2 = \dfrac{1}{\alpha\tau} = \dfrac{\omega_m}{\sqrt{\alpha}} = 122.4 \text{ rad/s} \Rightarrow \alpha\tau = 0.008 \end{cases}$$

附加一个放大器 $K_c = \dfrac{1}{\alpha} = 6$，超前校正装置传递函数为 $G_c = \dfrac{(0.049s+1)}{(0.008s+1)}$，

校正后系统的开环传递函数为 $G(s) = \dfrac{100}{s(0.1s+1)} \dfrac{(0.049s+1)}{(0.008s+1)}$。

④ 验证（检验）校正后相角裕度为

$$\gamma = 180° - 90° + \tan^{-1} 0.049\omega_{c2} - \tan^{-1} 0.1\omega_{c2} - \tan^{-1} 0.008\omega_{c2} = 56.9°$$

满足系统设计要求。

2) 滞后校正装置(网络)

(1) RC 滞后网络结构

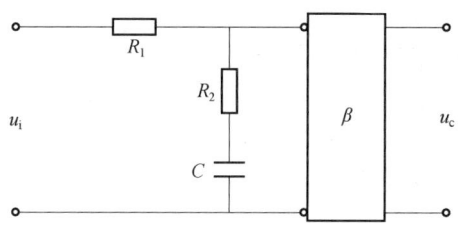

(2) 传递函数

RC 网络部分的传递函数 $G_c(s) = \dfrac{R_2Cs+1}{\dfrac{R_1+R_2}{R_2}R_2Cs+1}$

$= \dfrac{\tau s+1}{\beta\tau s+1} = \dfrac{T_2s+1}{T_1s+1}$ （$\beta > 1$）

(3) 频率特性

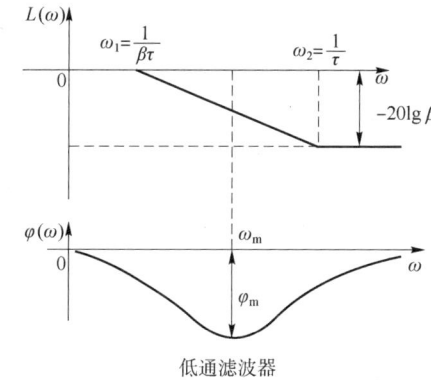

低通滤波器

(4) 参数：$\omega_m = \dfrac{1}{\tau\sqrt{\beta}}$，$\omega_m$ 位于 ω_1 和 ω_2 几何中点处，且 $L(\omega_m) = -10\lg\beta$，

参数关系：$\varphi_m = -\sin^{-1}\dfrac{\beta-1}{\beta+1}$。

(5) 作用：

① $\beta\uparrow$ 抑制噪声能力 $\uparrow$。

② $\omega_c\downarrow \rightarrow \gamma\uparrow \rightarrow \sigma\%\downarrow$ 快 $\downarrow$。

(6) 适用情况 1：瞬态性能满足要求，需提高稳态精度 $e_{ss}\downarrow$。

校正方法：在滞后校正网络之后加入 β 倍的附加放大器，使 $L(\omega)\uparrow$，使开环放大系数提高 β 倍，以满足稳态精度的要求；保持 ω_c 基本不变，即把 φ_m 设置在 ω_c 之前较远的位置(5 倍以上)，如图 6.2 所示。

校正步骤：

① e_{ss} 要求 $\rightarrow$ 确定开环放大系数 $K\rightarrow$ 计算出所需要的 β。

② 画出来校正系统 Bode 图 $\rightarrow$ 确定 ω_c。

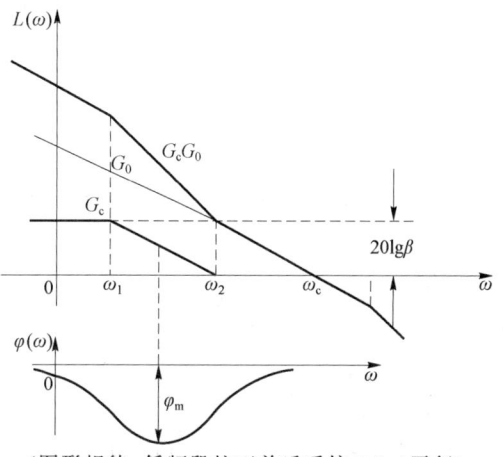

(图形规律：低频段校正前后系统 $L(\omega)$ 平行)

图 6.2

③ $\omega_2 = \dfrac{1}{\tau} = \dfrac{\omega_c}{5\sim 10}, \omega_1 = \dfrac{1}{\beta\tau}$。

④ 校验 $\gamma(\omega_c)$。

(7) 适用情况 2：当系统采用串联超前校正提高动态性能时，未校正系统在 ω_c 附近急剧下降，即使超前网络的值取得的很小，仍不能满足要求，且校正后 $\omega_c\uparrow$，超前校正无法满足要求的情况下，可采用滞后校正。

注意：适用情况 2 时，不必加入 β 倍的附加放大器，直接采用 RC 网络串联即可。

校正方法：把 φ_m 设置在 ω_c 之前较远的位置，使 $L(\omega_c)\downarrow$，达到 $\gamma(\omega_c)\uparrow$，如图 6.3 所示。

校正步骤：

① $\varphi(\omega_c') = -180° + \gamma + \varepsilon \to$ 找到 ω_c'。

② $L(\omega_c') = 20\lg\beta \to$ 确定 β。

③ $\omega_2 = \dfrac{\omega_c'}{5\sim 10}, \omega_1 = \dfrac{\omega_c'}{\beta(5\sim 10)}$。

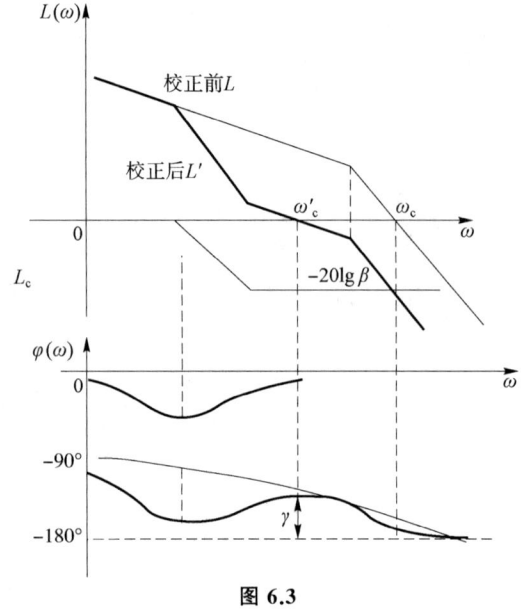

图 6.3

【例 6-2】

已知某单位负反馈系统开环传递函数 $G(s) = \dfrac{1}{s(0.5s+1)}$，要求系统的 $K_v = 10, \gamma > 45°$，试设计串联校正装置。

解答：

(1) 校正前 Bode 图，$\omega_c = 1$ rad/s

$$\gamma'(\omega_c') = 180° + \varphi(\omega_c') = 180° - 90° - \tan^{-1}0.5\omega_c' = 63.45° > 45°$$

此时，Ⅰ型系统 $K_v = K = 1$ 不满足要求。

(2) 为使系统满足要求，串联一个 $K_c = 10$ 的放大器，采用串联滞后校正，取 $\beta = K_c = 10$，校正后 $\omega_c = \omega_c' = 1$ rad/s。

$$\omega_2 = \dfrac{1}{T} = \dfrac{\omega_c}{5\sim 10} = \dfrac{1}{5\sim 10}，取 0.2(T=5)$$

$$\omega_1 = \dfrac{1}{\beta T} = \dfrac{1}{50} = 0.02 \text{ rad/s}$$

校正环节传递函数为 $G_c(s) = \dfrac{\dfrac{s}{0.2}+1}{\dfrac{s}{0.02}+1} = \dfrac{5s+1}{50s+1}$。

校正前后系统频率特性如图 6.4 所示。

校正后，系统开环传递函数 $G(s) = K_c G_c(s)$

$$G(s) = \dfrac{10(5s+1)}{s(0.5s+1)(50s+1)}。$$

(3) 验证校正后系统的相角裕度为

$$\gamma = 180° + \tan^{-1}5\omega_c - 90° - \tan^{-1}0.5\omega_c - \tan^{-1}50\omega_c$$

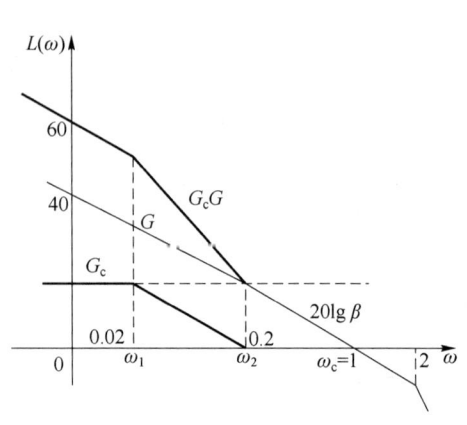

图 6.4

$$= 90° + 78.69° - 26.57° - 88.85°$$
$$= 53.27° > 45°$$

注意:此题不能简单地加放大器 K_c 进行校正,因为 K_v 满足之后,γ 不满足,只加放大器 K_c 进行校正时的相角裕度为 $\omega_c = 4.47$ rad/s
$$\gamma = 180° - 90° - \tan^{-1} 0.5\omega_c = 90° - 65.89° = 24.11° < 45°$$
所以需加串联滞后校正装置使 $K_v \uparrow$、ω_c 不变。

【例 6-3】

已知系统开环传递函数为 $G_0(s) = \dfrac{K}{s(1+s)(1+0.5s)}$,试对系统进行校正,要求校正后系统具有 $\gamma \geq 40°$,$K_v \geq 5s^{-1}$。

解答:

(1) 取 $K = K_v = 5s^{-1}$,则
$$A_c \approx \frac{5}{\omega_c \omega_c 0.5\omega_c} = 1 \Rightarrow \omega_c = \sqrt[3]{10} = 2.15 \text{ rad/s}$$
$$\gamma(\omega_c) = 180° - 90° - \tan^{-1} 2.15 - \tan^{-1} 0.5 \times 2.15$$
$$= -22°$$

不满足要求。

(2) 因为原系统在 ω_c 附近急剧下降,且相角裕度远远不满足要求,因此采用串联滞后校正,如图 6.5 所示。

首先确定校正后剪切频率 ω_c':

原相角 $\varphi = -180° + \gamma + \varepsilon = -180° + 40° + 10° = -90° - \tan^{-1}\omega_c - \tan^{-1}0.5\omega_c$

找出对应这个 φ 角的频率 $\omega_c' = 0.5$ 作为校正后系统的剪切频率。

原系统在 ω_c' 处的幅值为 $L(\omega_c') = 20\lg \dfrac{K}{\omega_c'} = 20\lg 10 = 20\lg\beta$,得 $\beta = 10$。

$\omega_2 = \dfrac{1}{T} = \dfrac{\omega_c}{8} = 0.0625$,$\omega_1 = \dfrac{1}{\beta T} = 0.00625$,得 $G_c = \dfrac{1+16s}{1+160s}$。

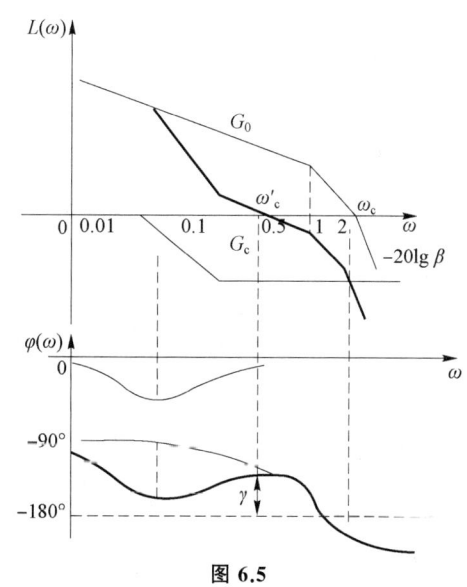

图 6.5

校正后系统的开环传递函数 $G(s) = \dfrac{5}{s(s+1)(1+0.5s)} \times \dfrac{1+16s}{1+160s}$,求得 $\gamma(\omega_c) = 48.5° > 40°$,满足设计要求。

3) 串联滞后超前校正装置(网络)

(1) 滞后超前网络的作用:
$$\begin{cases} \text{滞后部分——} K \uparrow (\text{设置在低频段}), e_{ss} \downarrow \\ \text{超前部分——} \omega_c \uparrow (\text{设置在中频段}), \gamma(\omega_c) \uparrow \end{cases}$$

(2) 适用情况:对响应速度 $\gamma(\omega_c)$ 和 e_{ss} 都要求高,需同时改善的系统。

(3) 结构：

$$G_c(s) = \frac{(R_1C_1s+1)(R_2C_2s+1)}{(R_1C_1s+1)(R_2C_2s+1)+R_1C_2s}$$

令 $R_1C_1 = \tau_1, R_2C_2 = \tau_2, \tau_1\tau_2 = T_1T_2$，结构如图 6.6 所示。

假设 $T_1 > \tau_1 > \tau_2 > T_2$ 如图 6.7 所示，则 $G_c(s) = \dfrac{(\tau_1 s+1)(\tau_2 s+1)}{(T_1 s+1)(T_2 s+1)}$, $\begin{cases} T_2 = \alpha\tau_2 \\ T_1 = \beta\tau_1 \end{cases}$。

滞后—超前装置参数确定，很大程度依赖设计经验。

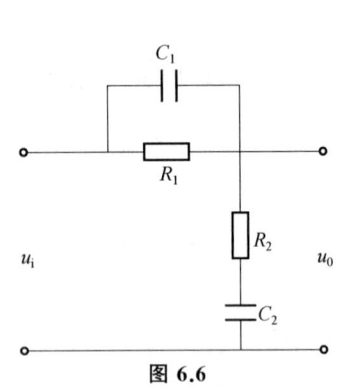

图 6.6

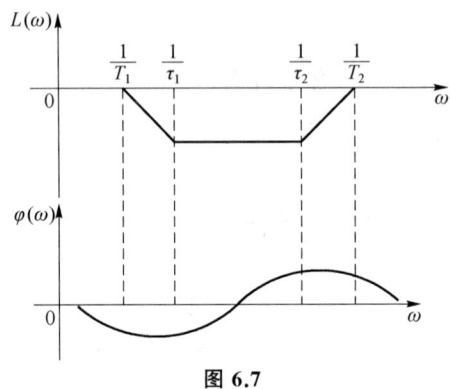

图 6.7

4) PID 校正

传递函数 $G(s) = K_p(1 + \dfrac{1}{T_1 s} + T_D s)$。

PI 属于滞后校正装置；PD 属于超前校正装置；PID 属于滞后超前校正装置。

【例 6-4】

已知单位反馈系统的开环传递函数 $G_0(s) = \dfrac{K}{s(s+1)(0.5s+1)}$，要求设计校正装置，使系统参数满足 $K_v \geq 10s^{-1}, \gamma \geq 50°, K_g \geq 10 \text{ dB}$。

解答：

(1) 由 $K_v \geq 10s^{-1} \Rightarrow K = 10$ 做出校正前的 Bode 图，得 $\gamma(\omega_c) = -32°, K_g = -13 \text{ dB}$ 系统不稳定，若 $\begin{Bmatrix} 串联超前—\gamma\uparrow，但 K_g 不满意 \\ 串联滞后—\omega_c\downarrow，K_g 满足，\gamma 不能满足 \end{Bmatrix} \Rightarrow$ 采用滞后超前校正。

(2) 一般选未校正 $\varphi(\omega) = -180°$ 的频率值作为校正后系统的截止频率，图知 $\omega_c = 1.5 \text{ rad/s}$，未校正系统在 $\omega_c = 1.5$ 处 $20\lg\omega_c = 13 \text{ dB} \Rightarrow$ 校正网络在 ω_c 处产生 -13 dB 增益，在此点处做一条斜率为 20 dB/dec 的直线，与 0 dB 交点为超前校正部分的 ω_2。由图知：$\dfrac{1}{T_2} = \dfrac{1}{\alpha\tau_2} = 7s^{-1}$，取 $\alpha = 0.1$，则 $\tau_2 = \dfrac{1}{0.7} = 1.43, \alpha\tau_2 = 0.143$。

取 $G_{c2}(s) = \alpha\dfrac{\tau_2 s+1}{\alpha\tau_2 s+1} = 0.1 \times \dfrac{1.43s+1}{0.143s+1}$。

(3) 为补偿超前校正带来的幅值衰减，可串入一放大器 $K_{c2} = \beta = 10$，一般从经验出发估算，为使 ω_c 附近 $\Phi(\omega_c)$ 的影响小。

取 $\dfrac{1}{\tau_1} = \dfrac{\omega_c}{10} = 0.15\,\text{s}^{-1}$；$\beta = 10$ 之后取 $\dfrac{1}{\beta\tau_1} = \dfrac{1}{T_1} = 0.015\,\text{s}^{-1}$

$$G_{c1}(s) = \dfrac{\tau_1 s + 1}{\beta\tau_1 s + 1} = \dfrac{6.67s + 1}{66.7s + 1}$$

（4）校正装置传递函数（图 6.8）为

$$G_c(s) = G_{c1}(s)G_{c2}(s)K_{c2} = \dfrac{(1.43s+1)(6.67s+1)}{(0.143s+1)(66.7s+1)} = \dfrac{\left(\dfrac{s}{0.699}+1\right)\left(\dfrac{s}{0.15}+1\right)}{\left(\dfrac{s}{6.99}+1\right)\left(\dfrac{s}{0.015}+1\right)}$$

校正后 $\gamma = 50°$，$K_g = 16\,\text{dB}$，$K_v = 10\,\text{s}^{-1}$。

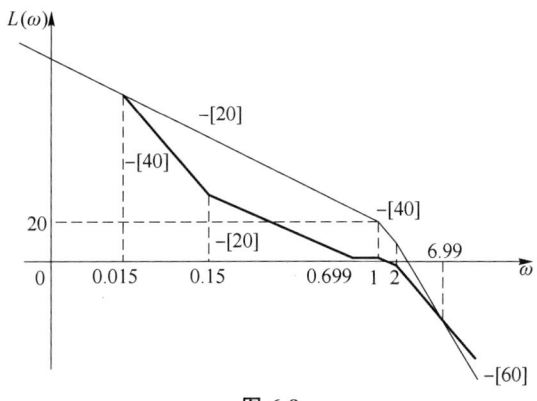

图 6.8

3. 反馈校正

1）使结构不稳定系统改造为稳定系统

如图 6.9 所示，原系统传递函数为

$$\Phi(s) = \dfrac{K_1 K_m}{s^2(T_m s + 1) + K_1 K_m}$$

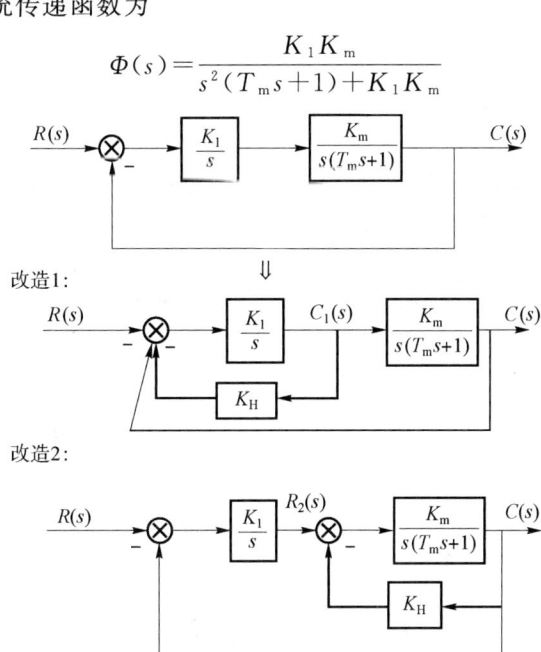

图 6.9

原系统特征方程为
$$D(s) = T_m s^3 + s^2 + K = 0$$
特征方程缺项，系统不稳定。

改造1：$\dfrac{C_1(s)}{R(s)} = \dfrac{K_1}{s + K_1 K_H}$

加局部反馈后系统特征方程为
$$D(s) = T_m s^3 + (1 + K_1 K_H T_m) s^2 + K_1 K_H s + K_1 K_m = 0$$
特征方程不再缺项，闭环系统稳定。

改造2：$\dfrac{C(s)}{R_2(s)} = \dfrac{K_m}{s(T_m s + 1) + K_m K_H}$

同理，特征方程不再缺项，闭环系统稳定。

注意：改变积分环节的性能，使稳定性↑，但也会使系统的稳态精度↓。

2) 利用反馈补偿改变系统参数

(1) 位置(比例)反馈(图6.10)

被包围环节的时间常数↓，扩展频带，系统的快速性↑。

$$\Phi(s) = \dfrac{\dfrac{K}{Ts+1}}{1 + K_H \dfrac{K}{Ts+1}} = \dfrac{\dfrac{K}{1+KK_H}}{\dfrac{T}{1+KK_H}s + 1}，增益↓，时间常数↓ \to 快速性↑$$

(2) 位置反馈包围振荡环节(图6.11)

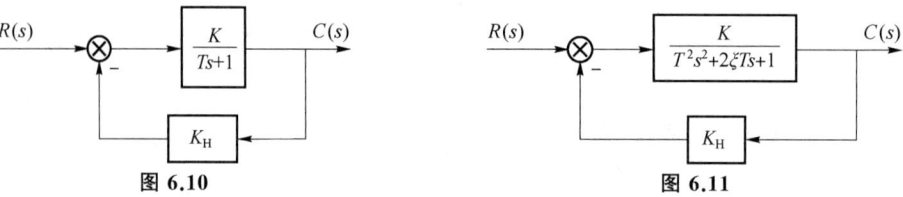

图6.10　　　　　图6.11

增益↓，时间常数↓→快速性↑，阻尼比↓→平稳性↓

(3) 速度反馈(或微分反馈)：

时间常数↑，增益不变，仍为惯性环节，阻尼比↑→平稳性↑，如图6.12所示。

时间常数和增益不变，阻尼比↑→平稳性↑，如图6.13所示。

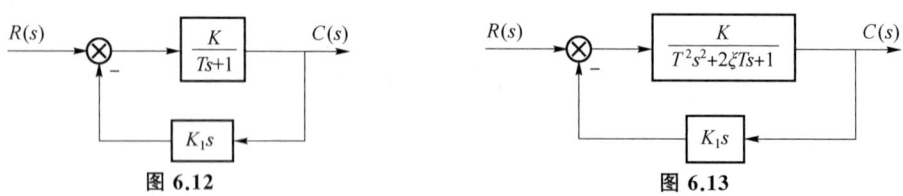

图6.12　　　　　图6.13

结论：一阶用位置反馈效果好(快速性↑)，二阶用微分反馈效果好(ξ↑→平稳性↑)。

3) 反馈补偿取代局部结构(图6.14)

$$\Phi(s) = G_1(s) \dfrac{G_2(s)}{1 + G_2(s) G_c(s)}$$

当 $|G_2(j\omega) G_c(j\omega)| \gg 1$ 时，$|\Phi(s)| \approx \left|\dfrac{G_1(s)}{G_c(s)}\right|$ 与 $G_2(s)$ 无关

可以证明,在$|G_2(j\omega)G_c(j\omega)|=1$附近,最大误差$\leq 3$ dB,为工程允许范围。

4) 降低对参数变化的敏感度

位置反馈包围惯性环节为例,如图 6.15 所示。

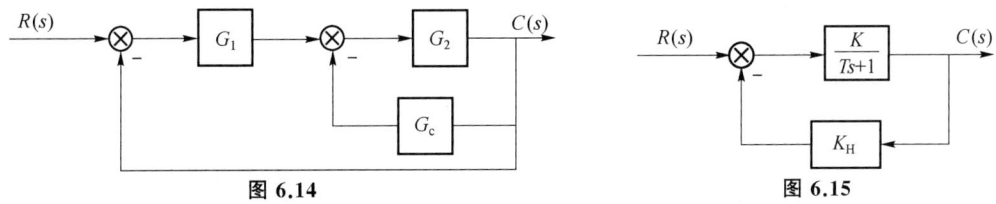

图 6.14　　　　　　　　　　　　　　图 6.15

原环节:$G(s)=\dfrac{K}{1+Ts}$,设增益改变量 ΔK,相对增量为 $\dfrac{\Delta K}{K}$。

位置反馈后:$\Phi(s)=\dfrac{\dfrac{K}{1+KK_H}}{\dfrac{T}{1+KK_H}s+1}$,其中增益 $K_1=\dfrac{K}{1+KK_H}$。

由 ΔK 产生的反馈后增益的改变量为

$$\Delta K_1=\dfrac{K+\Delta K}{1+(K+\Delta K)K_H}-\dfrac{K}{1+KK_H}=\dfrac{\Delta K}{[1+(K+\Delta K)K_H][1+KK_H]}$$

相对增量 $\dfrac{\Delta K_1}{K_1}=\dfrac{1}{1+(K+\Delta K)K_H}\times\dfrac{\Delta K}{K}$。

显然,反馈补偿后 $\dfrac{\Delta K_1}{K_1}$ 较反馈补偿前 $\dfrac{\Delta K}{K}$ 减小到 $\dfrac{1}{1+KK_H}$ 倍以上,对参数变化敏感性↓,所以控制对象参数变化较大时,宜用反馈补偿。

 考点 1　校正前后 $L(\omega)$ 对比,确定校正装置的传递函数 $G_c(s)$,说明其性能优缺点

知识点:$\begin{cases}G(s)=G_c(s)G_p(s)\\ L(\omega)=L_c(\omega)+L_p(\omega)\end{cases}$　性能:超前校正使 ω_c↑,滞后校正使 ω_c↓,K↑

【例 6-5】

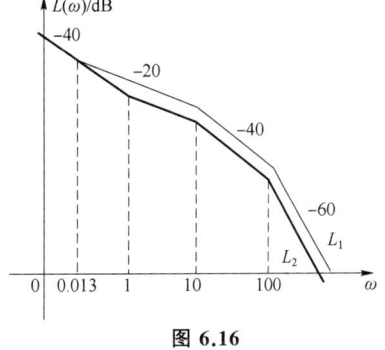

图 6.16

(武汉大学 2003 年)图 6.16 中 L_1 是未加校正环节前系统的 Bode 图,L_2 是校正后系统的 Bode 图,请问:

(1) 系统采用了哪种串联校正;
(2) 写出校正环节的传递函数 $G_c(s)$;
(3) 指出该校正方法的优缺点。

解答:

(1) 系统采用滞后校正装置。

(2) 校正环节的传递函数为 $G_c(s)=\dfrac{s+1}{\dfrac{s}{0.013}+1}$,$\tau=1$,$\beta=\dfrac{1}{0.013}=76.9$。

(3) 优点:系统抗干扰能力↑,缺点:带宽变小,动态性能变差。

> 知识点：校正装置传递函数计算公式
>
> $$校正装置\ G_c(s) = \frac{G(s) \rightarrow 校正后}{G_p(s) \rightarrow 校正前}$$

【例 6-6】

（清华大学 1999 年）已知系统 $H(s)=1$，$G_p = \dfrac{2000}{s(s+2)(s+20)}$，其串联校正后的开环对数幅频特性渐近线如图 6.17 所示，试：

(1) 写出串联校正装置的传递函数，指出是哪一类校正装置；
(2) 画出校正装置的 $L(\omega)$，标明转折频率、各段斜率、高频段纵坐标值；
(3) 计算校正后系统的相角裕度。

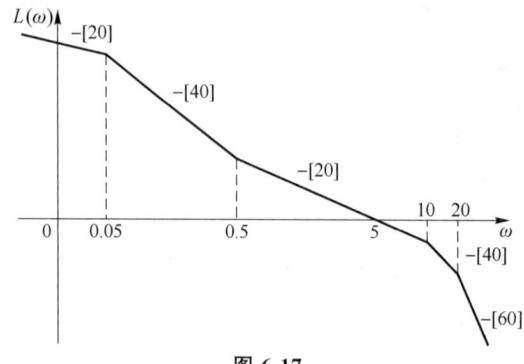

图 6.17

解答：

(1) 校正后的开环传递函数为

$$G(s) = \frac{K\left(\dfrac{s}{0.5}+1\right)}{s\left(\dfrac{s}{0.05}+1\right)\left(\dfrac{s}{10}+1\right)\left(\dfrac{s}{20}+1\right)}$$

令 $\omega = 5$ 时，由图知 $L(\omega) = 20\lg \dfrac{K\dfrac{\omega}{0.5}}{\omega\dfrac{\omega}{0.05}} = 20\lg \dfrac{K}{10\omega} = 0$，得 $K = 50$。

由 $G(s) = G_c G_p$，所以 $G_c(s) = \dfrac{G(s)}{G_p(s)} = \dfrac{\left(\dfrac{s}{0.5}+1\right)\left(\dfrac{s}{2}+1\right)}{\left(\dfrac{s}{0.05}+1\right)\left(\dfrac{s}{10}+1\right)}$，

式中，$G_p(s) = \dfrac{50}{s\left(\dfrac{s}{2}+1\right)\left(\dfrac{s}{20}+1\right)}$。

(2) 校正 $L_c(\omega)$ 如图 6.18 所示。

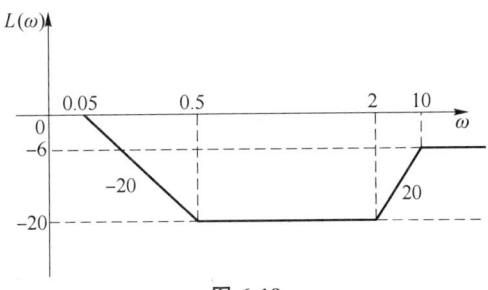

图 6.18

由图得 $L(\omega)=20\lg\dfrac{\dfrac{\omega}{0.5}\cdot\dfrac{\omega}{2}}{\dfrac{\omega}{0.05}\cdot\dfrac{\omega}{10}}=20\lg\dfrac{1}{2}=-6$ dB。

(3) 由图知 $\omega_c=5$,相角裕度为 $\gamma(\omega_c)=180°-90°+\tan^{-1}\dfrac{5}{0.5}-\tan^{-1}\dfrac{5}{0.05}-\tan^{-1}\dfrac{5}{10}-\tan^{-1}\dfrac{5}{20}\approx 44°$。

考点 2 已知校正前 G_0,确定 G_c 类型,说明此类校正装置适用条件

【例 6-7】

(东北大学 2000 年)两种串联校正网络特性如图 6.19 所示,它们均由最小相位环节组成,若单位反馈系统的开环传递函数为 $G_X(s)=\dfrac{400}{s^2(0.01s+1)}$,试问哪一种校正可以提高系统的稳定性? 此时的相位裕度是多少? 两种校正方法有相同和不同之处? 适用的条件是什么?

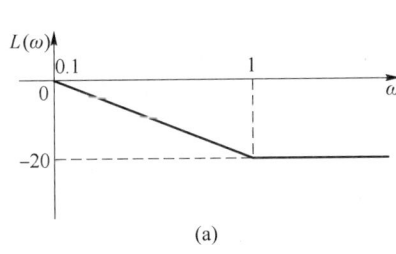   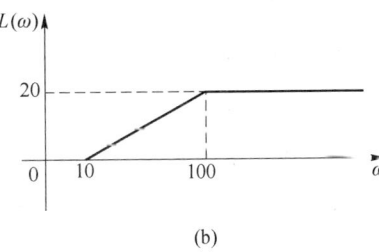

(a)　　　　　　　　　　　　(b)

图 6.19

解答:

(1) 校正前系统 Bode 图如图 6.19 所示。

$$L_0(\omega)=20\lg 400=52 \text{ dB},\ A(\omega_c)\approx\dfrac{400}{\omega_c^2\times 1}=1\Rightarrow\omega_c=20 \text{ rad/s},$$

$$\gamma(\omega_c)=-\tan^{-1}0.01\omega_c=-11.3°<0,\text{系统不稳定}。$$

(2) 如图 6.19(a)所示,传递函数 $G_a(s)=\dfrac{(s+1)}{\left(\dfrac{s}{0.1}+1\right)}=\dfrac{(s+1)}{(10s+1)}$

为滞后校正网络。

如图 6.19(b)所示,传递函数 $G_b(s) = \dfrac{\left(\dfrac{s}{10}+1\right)}{\left(\dfrac{s}{100}+1\right)} = \dfrac{(0.1s+1)}{(0.01s+1)}$ 为超前校正网络。

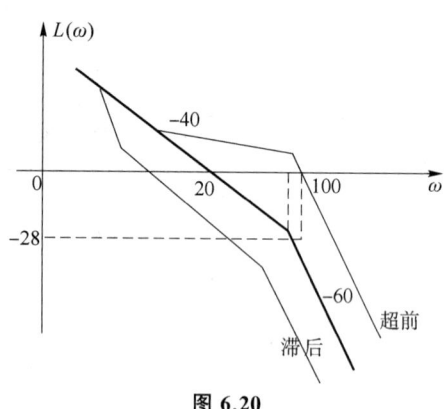

图 6.20

因为原系统相位在低频段为 $-180°$,若采用滞后校正使 $\omega_c\downarrow$ 仍不能使 $\gamma>0$,所以选图 6.19(b)超前校正网络。

选图 6.19(b)超前校正后,系统的幅频 $A(\omega_c) \approx \dfrac{400\times 0.1\omega_c}{\omega_c^2 \times 1\times 1} \Rightarrow \omega_c \approx 40$ rad/s。

验证相位裕度: $\gamma(\omega_c) = -\tan^{-1}0.01\omega_c + \tan^{-1}0.1\omega_c - \tan^{-1}0.01\omega_c = 34.5°$。

结论:选图 6.19(b)超前校正装置。

相同处:校正后系统的低频段特性(控制精度)不变。

不同处:① 图 6.19(a)使系统的幅频特性降低,截止频率下降,快速性降低。

② 图 6.19(b)使系统的幅频特性提高,截止频率增大,快速性提高;相角裕度提高,稳定性提高。

适用条件:稳态精度 e_{ss} 满足要求,但动态性能不能满足要求的系统,校正可以使 $\omega_c\uparrow$,快速性提高;$\gamma(\omega_c)\uparrow$,稳定性提高。

考点3 串联校正设计——超前、滞后、滞后超前

【例 6-8】

(上海交通大学 2005 年)某单位负反馈系统的开环传递函数 $G(s) = \dfrac{K}{s(s+2)}$,试设计一串联相位超前校正环节,使系统满足:

(1) 在 $r(t)=t$ 作用下稳态误差 $e_{ss}=0.05$;

(2) 系统的相角裕度 $\gamma\geq 45°$,剪切频率 $\omega_c\geq 10$ rad/s。

解答:

(1) 根据题意,首先确定原系统参数为

$$K_v = \lim_{s\to 0} s\dfrac{K}{s(s+2)} = \dfrac{K}{2}, e_{ss}(\infty) = \dfrac{1}{K_v} = 0.05 \Rightarrow K=40$$

$$G(s) = \dfrac{40}{s(s+2)} = \dfrac{20}{s\left(\dfrac{s}{2}+1\right)}, L_0(\omega)=20\lg 20 = 26 \text{ dB}$$

由 $A(\omega_c) \approx \dfrac{20}{\omega_c \cdot \dfrac{\omega_c}{2}} = 1 \Rightarrow$ 原系统剪切频率 $\omega_c = \sqrt[2]{40} = 6.32$ rad/s,

原系统相角裕度 $\gamma_c(\omega_c) = 90° - \tan^{-1}\dfrac{\omega_c}{2} = 17.6°$。

系统幅频特性如图 6.21 所示。

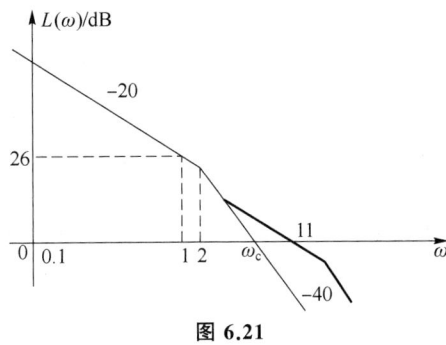

图 6.21

(2) 此题要求 $\omega_c \geqslant 10$ rad/s,不妨取 $\omega_c = 11$ rad/s,设 $G_c(s) = \dfrac{\tau s + 1}{\alpha \tau s + 1}$

系统校正前 ω_c 处:$L(\omega_c) = 20\lg \dfrac{20}{\omega_c \dfrac{\omega_c}{2}} = 20\lg \dfrac{40}{\omega_c^2} = -9.62$ dB。

由 $L(\omega_c) = -10\lg \alpha = 9.62$ dB $\Rightarrow$ 求得校正参数 $\alpha = 0.107$。

校正装置参数 $\begin{cases} \omega_1 = \omega_c\sqrt{\alpha} = 11\sqrt{0.107} = 3.6 \text{ rad/s} \Rightarrow \tau = 0.277 \\ \omega_2 = \dfrac{\omega_c}{\sqrt{\alpha}} = \dfrac{11}{\sqrt{0.107}} = 33.6 \text{ rad/s} \Rightarrow \alpha\tau = 0.03 \end{cases}$

超前校正环节传递函数 $G_c(s) = \dfrac{\left(\dfrac{s}{3.59} + 1\right)}{\left(\dfrac{s}{33.6} + 1\right)} = \dfrac{0.277s + 1}{0.03s + 1}$。

(3) 验证 $A(\omega_m) \approx \dfrac{20 \times \dfrac{\omega_c}{3.59}}{\omega_c \dfrac{\omega_c}{2}} = 1 \Rightarrow \omega_c = 11.1$ rad/s,校正后系统的相角裕度为

$$\gamma(\omega_c) = 180° - 90° + \tan^{-1}\dfrac{\omega_c}{2} + \tan^{-1} 0.277\omega_c - \tan^{-1} 0.03\omega_c$$
$$= 90° - 79.7° + 71.8° - 18.3° = 63.8° > 45°$$

注意:此题不仅要求校正后的系统的相角裕度 $\gamma \geqslant 45°$,还同时要求剪切频率 $\omega_c \geqslant 10$ rad/s,如果按照常规的超前校正环节设计步骤设计,可能出现不同时满足要求的情况,所以首先取 $\omega_c \geqslant 10$ rad/s,再以此设计校正参数,使多个参数同时满足校正要求。下面是常规设计步骤,出现多性能指标不同时满足的情况。

设计超前校正装置为

$$\varphi_m = \gamma - \gamma_c + \varepsilon = 45° - 17.6° + 5° = 35°$$
$$\alpha = \dfrac{1 - \sin\varphi_m}{1 + \sin\varphi_m} = \dfrac{1 - 0.57}{1 + 0.57} = 0.27$$
$$L_c(\omega_m) = +20\lg\sqrt{\alpha} = 10\lg\alpha = -5.65 \text{ dB}$$

计算出原来系统 -5.65 dB 处的频率作为校正后的剪切 ω_m 为

$$-5.65 \text{ dB} = 20\lg 20 - 20\lg \omega_m \frac{\omega_m}{2} \Rightarrow \omega_m = 8.75 \text{ rad/s}$$

设计校正环节转折频率 $\begin{cases} \omega_1 = \dfrac{1}{\tau} = \omega_m \sqrt{\alpha} = 8.75 \times \sqrt{0.27} = 4.55 \text{ rad/s} \\ \omega_2 = \dfrac{\omega_m}{\sqrt{\alpha}} = \dfrac{8.75}{\sqrt{0.27}} = 16.84 \text{ rad/s} \end{cases}$

超前校正环节前附加一个放大器，$K_c = \dfrac{1}{\alpha} = \dfrac{1}{0.27} = 3.7$，设计校正环节传递函数为

$$G_c = \frac{\left(\dfrac{s}{\omega_1}+1\right)}{\left(\dfrac{s}{\omega_2}+1\right)} = \frac{(0.22s+1)}{(0.06s+1)} = \frac{\left(\dfrac{s}{4.55}+1\right)}{\left(\dfrac{s}{16.84}+1\right)}$$

验证 ω_c：$A(\omega_c) \approx \dfrac{20 \times \dfrac{\omega_c}{4.55}}{\omega_c \dfrac{\omega_c}{2} \times 1} = 1 \Rightarrow \omega_c = 8.79 \text{ rad/s} < 10 \text{ rad/s}$

验证 $\gamma(\omega_c)$：$\gamma = 180° - 90° - \tan^{-1}\dfrac{\omega_c}{2} + \tan^{-1}0.22\omega_c - \tan^{-1}0.06\omega_c$
$= 90° - 77.1° + 62.5° - 27.7° = 47.7° > 45°$

结论：系统的相角裕度 $\gamma \geq 45°$，但剪切频率 ω_c 未达到设计要求，需要重新选取设计参数。

> 知识点：滞后超前校正不是根据指标 γ 直接设计校正环节，而是设计较宽的中频宽使 γ 满足。

考点 4　PID 控制器校正设计

【例 6-9】

（西北工业大学 2005 年）某单位反馈系统，校正前系统的开环对数幅频特性 $L_0(\omega)$ 如图 6.22 所示，现采用 PID 校正使系统成为典型欠阻尼系统，动态性能指标设定为 $\sigma\% = 16.3\%$，$t_s = 0.7s$。

(1) 计算校正前系统的截止频率 ω_{c0} 和相角裕度 γ_0；
(2) 确定校正装置中的参数 K_P、K_D、K_I。

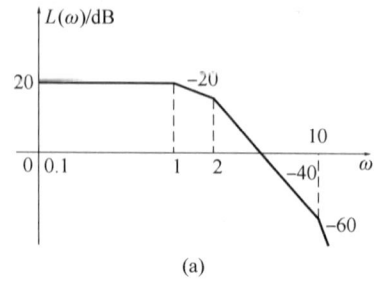

(a)

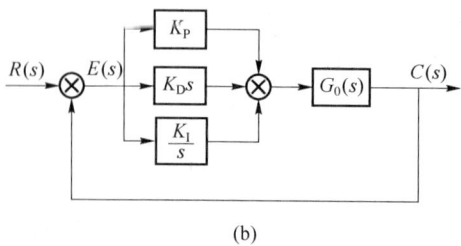

(b)

图 6.22

解答：

(1) 由开环对数幅频特性 $L_0(\omega)$ 图知，系统的开环传递函数为

$$G_0(s) = \frac{K}{\left(\frac{s}{\omega_1}+1\right)\left(\frac{s}{\omega_2}+1\right)\left(\frac{s}{\omega_3}+1\right)}, \text{其中 } 20\lg K = 20 \text{ 得 } K = 10,$$

转折频率 $\omega_1 = 1, \omega_2 = 2, \omega_3 = 10$，故得

$$G_0(s) = \frac{10}{(s+1)\left(\frac{s}{2}+1\right)\left(\frac{s}{10}+1\right)}$$

由图知系统的截止频率近似在 2 和 10 的中点，有 $\omega_{c0} = \sqrt{2 \times 10} \approx 4.47 \text{ rad/s}$，

相角裕度 $\gamma_0 = 180° - \arctan\frac{4.47}{1} - \arctan\frac{4.47}{2} - \arctan\frac{4.47}{10} = 12.6°$。

(2) 由题意知，校正后的系统闭环传递函数为

$$\Phi(s) = \frac{\omega_n^2}{s^2 + 2\xi\omega_n s + \omega_n^2}$$

根据题中性能指标要求得 $\begin{cases} \sigma\% = e^{-\frac{\pi\xi}{\sqrt{1-\xi^2}}} = 16.3\% \\ t_s = \frac{3.5}{\xi\omega_n} = 0.7\text{s} \end{cases} \Rightarrow \begin{cases} \xi = 0.5 \\ \omega_n = 10 \end{cases}$

所以校正后的系统闭环传递函数为

$$\Phi(s) = \frac{100}{s^2 + 10s + 100}$$

由此得

$$G(s) = \frac{\Phi(s)}{1 - \Phi(s)} = \frac{100}{s(s+10)} = \frac{10}{s\left(1+\frac{s}{10}\right)}$$

$$G_c(s) = \frac{G(s)}{G_0(s)} = \frac{10}{s\left(1+\frac{s}{10}\right)} \cdot \frac{(s+1)\left(1+\frac{s}{2}\right)\left(1+\frac{s}{10}\right)}{10} = \frac{(s+1)\left(1+\frac{s}{2}\right)}{s} = 0.5s + 1.5 + \frac{1}{s}$$

$$= K_D s + K_P + \frac{K_I}{s}$$

对比系数得 $K_D = 0.5, K_P = 1.5, K_I = 1$。

考点 5　局部反馈校正设计

【例 6-10】

（天津大学 2000 年）某系统结构如图 6.23(a) 所示，其中校正前的开环传递函数 $10G_0(s)$ 是最小相位的，其对数幅频特性如图 6.23(b) 中曲线所示。现希望通过局部反馈校正，使校正后系统开环对数幅频特性的低频、高频段和校正前的重合，中频段幅频特性的斜率为 -20 dB/dec，幅值穿越频率 $\omega_c = 1 \text{ rad/s}$，中频段宽度为 100 倍频程。

(1) 绘制满足上述要求的校正后系统的开环对数幅频特性；
(2) 确定反馈校正传递函数 $H_c(s)$ 的形式和参数，使上述设计要求近似得到满足。

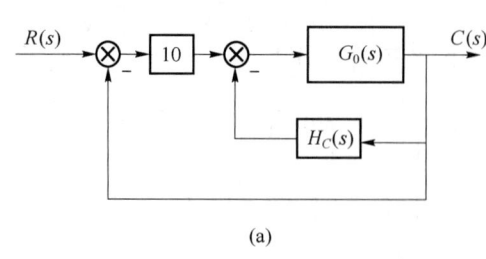
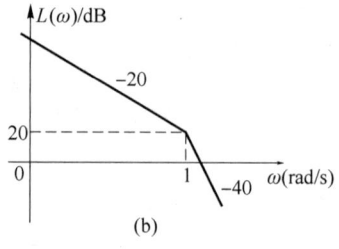

图 6.23

解答：

(1) 因为要求校正后中频段幅频特性的斜率为 -20 dB/dec，先过 $\omega_c=1$ rad/s 作斜率为 -20 dB/dec 的直线。又因为要求校正后中频段宽度为 100 倍频程，不妨设中频段的转折频率 $\omega_2=0.1$ rad/s，$\omega_3=10$ rad/s，该直线交校正前高频段点为 $\omega_4=10$ rad/s。过 $\omega_2=0.1$ rad/s 作斜率为 -40 dB/dec 的直线交低频段为 $\omega_1=0.01$ rad/s，如图 6.24 所示，这样使得校正后系统开环对数幅频特性的低频、高频段和校正前的重合。于是得到校正后系统的开环传递函数为

$$G(s)=\frac{10(10s+1)}{s(100s+1)(0.1s+1)}$$

(2) 由图 6.24 可知，校正前 $10G_0(s)=\dfrac{K}{s(s+1)}$，低频段 $L(1)=20\lg K=20$ 得 $K=10$。

由题知，$G(s)=10\,\dfrac{G_0(s)}{1+G_0(s)H_{\mathrm{C}}(s)}$，带入 $10G_0(s)$ 求解得 $H_{\mathrm{C}}(s)=\dfrac{89.1s^2}{10s+1}$。

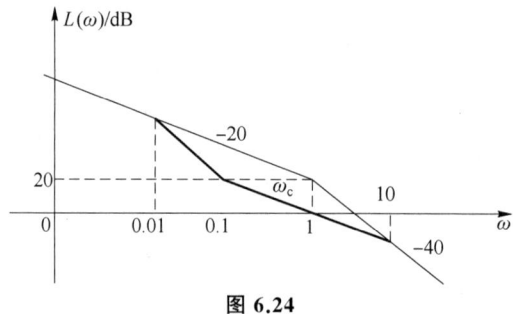

图 6.24

局部反馈校正设计例子可参考第 3 章例题和习题。

6.3 真题强化训练

【题 6-1】

（河北大学 2005 年）以开环系统 $G_c(s)=\dfrac{5}{s(s+1)(0.5s+1)}$ 为例，说明采用滞后校正的设计原理，并分别画出校正装置校正前、校正后的 Bode 图。

【题 6-2】

(天津工业大学 2006 年)某单位反馈系统开环传递函数为 $\dfrac{2000}{s(s+10)}$,经校正使系统 $\gamma(\omega_c)\geqslant 42°$,$\omega_c\geqslant 50$,请问采用以下哪种串联装置进行校正可以实现?说明理由,并验证。

(1) $\dfrac{1+0.009s}{1+0.036s}$; (2) $\dfrac{1+0.036s}{1+0.009s}$。

【题 6-3】

(北京航空航天大学 2003 年)已知单位负反馈开环传递函数为

$$G(s)=\dfrac{100(0.1s+1)}{s(0.2s+1)\left(\dfrac{s}{120}+1\right)}$$

① 作出系统 Bode 图,用对数频率稳定判据判别闭环系统稳定性;

② 若要求保持 γ 和 ω_c 不变,但将斜坡输入下的稳态误差减少为原来的一半,试说明应如何选择串联校正网络的参数 K_c、T、τ。

$G_c(s)=K_c\dfrac{\tau s+1}{Ts+1}$(只要求说明选择的原则,不用详细计算)($K_c>0,T>0,\tau>0$)

【题 6-4】

(南京航空航天大学 2005 年)设单位反馈系统开环传递函数 $G(s)=\dfrac{5}{s(0.2s+1)(s+1)}$,试设计串联校正网络,使校正后 $\omega_c''=0.7$ rad/s,$\gamma''\geqslant 40$。

【题 6-5】

(西北工业大学 2000 年,南京邮电大学 2007 年)某Ⅰ型二阶系统结构如图 6.25 所示。

(1) 计算系统的速度稳态误差 e_{ss} 和相角裕度 $\gamma(\omega_c)$;

(2) 采用串联校正方法,使校正后系统仍为Ⅰ型二阶系统,速度稳态误差 e_{ss} 为校正前的 $\dfrac{1}{10}$,相角裕度 $\gamma(\omega_c)$ 保持不变,确定校正装置传递函数。

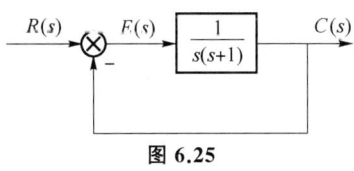

图 6.25

【题 6-6】

(南京理工大学 2005 年)已知 PI 控制器为 $G_c(s)=5\left(1+\dfrac{1}{2s}\right)$,PD 控制器为 $G_c(s)=5(1+0.5s)$,PID 控制器为 $G_c(s)=30.32\dfrac{(s+0.65)^2}{s}$。试画出它们的 Bode 图,并简要分析其性能,说明作为串联控制器使用时所适用的系统对象。

【题 6-7】

(中国科学院 2007 年)已知控制系统结构图如图 6.26(a)所示。

(1) 试确定系统的无阻尼自然振荡频率 ω_n、阻尼比 ξ 和最大超调量 $\sigma\%$;

(2) 假设希望系统成为临界阻尼状态,可利用局部速度反馈(图 6.26(b))进行校正,试确定 b 的值;

(3) 试确定校正后系统对单位速度输入的稳态误差。

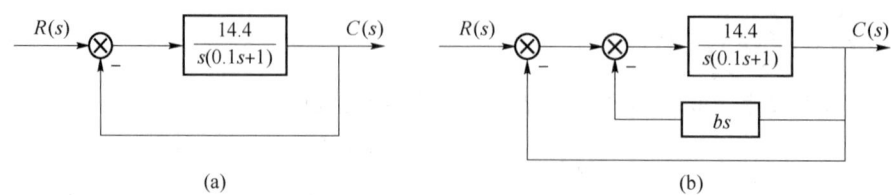

图 6.26

【题 6-8】

(江南大学习题)图 6.27 为某单位反馈的最小相位系统在校正前、后的对数幅频特性曲线,其中 $L_0(\omega)$ 为校正前,$L(\omega)$ 为校正后。试分析校正前后系统动、稳态性能(γ、σ、t_s、e_{ss})的变化情况。

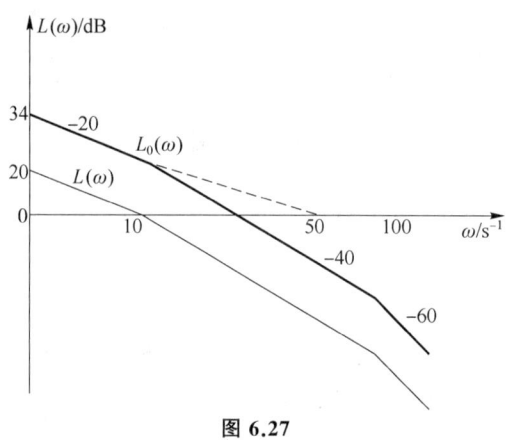

图 6.27

【题 6-9】

(天津大学 2001 年)单位反馈系统开环传递函数(最小相位系统)的幅频特性如图 6.28 所示。

(1) 求系统此时的相角裕度 $\gamma(\omega_c)=$?闭环系统阶跃输入响应的最大超调量和调节时间为多少?

(2) 设计串联校正装置的传递函数 $G_c(s)$,使系统校正后输入 $r(t)=\frac{1}{2}t^2+5t+4$ 时的响应稳态误差 $e_{ss}\leqslant 1$,而且维持系统开环频率特性中高频段和校正前相同。

(3) 校正后阶跃输入响应的最大超调量和调节时间与校正前相比较有何变化?

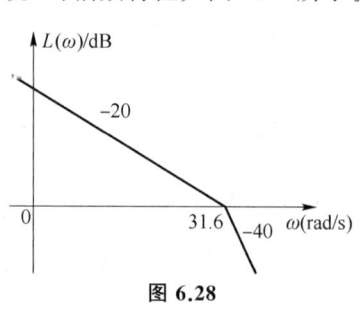

图 6.28

（华东理工大学 2013 年，中南大学 2010—2011 期末试卷）某单位负反馈最小相位系统的开环对数幅频特性如图 6.29 所示，虚线为校正前的 $L_0(\omega)$，实线为校正后的 $L(\omega)$。

（1）设系统开环增益为 K，分别写出传递函数 $G_0(s)$、$G(s)$；

（2）写出校正装置的传递函数 $G_c(s)$，何种串联校正方式？

（3）确定使校正后系统稳定的开环增益 K 的范围；

（4）当 $K=1$ 时，求校正后系统的相角裕度 γ，截止频率 ω_c；

（5）分析该串联校正对系统性能的影响。

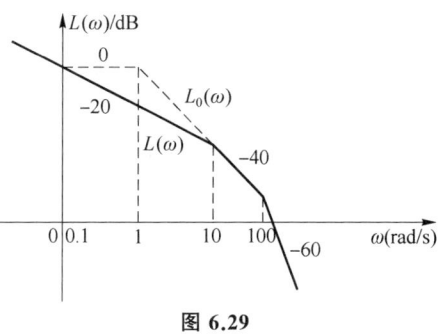

图 6.29

（杭州电子科技大学 2015 年）某一有源串联滞后校正装置的对数幅频特性和电路图如图 6.30 所示，已知 $C=1~\mu\text{F}$，求电阻 R_1、R_2、R_3 的阻值。

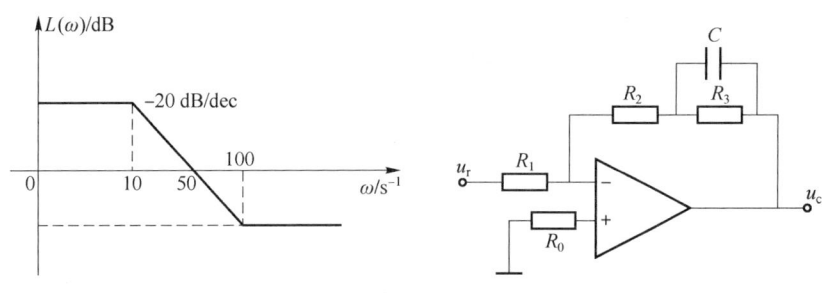

图 6.30

（杭州电子科技大学 2017 年）已知单位反馈系统的开环传递函数为

$$G_0(s)=\frac{6}{s(0.2s+1)(0.5s+1)}$$

（1）绘出系统的对数幅频特性曲线图，并求相角裕度；

（2）采用传递函数为 $G(s)=\dfrac{(0.4s+1)}{(0.08s+1)}$ 的串联校正装置，绘制校正后系统的对数幅频特性图，并求系统的相角裕度；

（3）请问串联的装置为何种校正装置，并讨论校正后系统的性能有何改进？

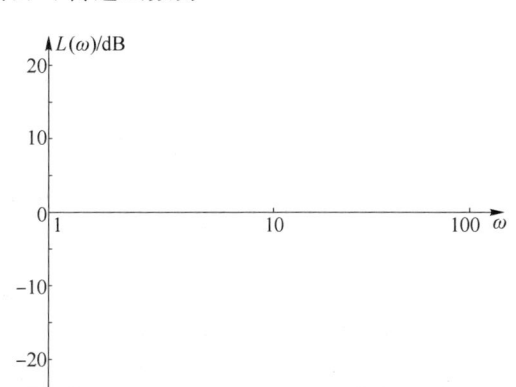

【题 6-13】

（江南大学习题）图 6.31 为一随动系统框图，框图中标出各种可能增添的环节（从①～⑨），试说明它们的名称。

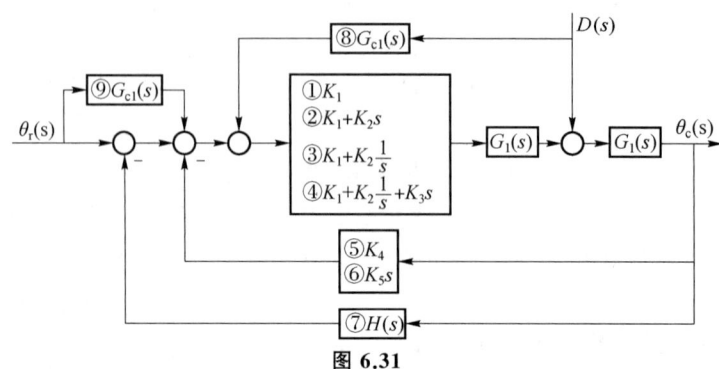

图 6.31

【题 6-14】

（江南大学 2012 年）如图 6.32 所示为采用 PD 串联校正的控制系统。试计算：
(1) 当 $K_p=10, K_d=1$ 时，求相位裕量 γ；
(2) 若要求该系统截止频率 $\omega_c = 5 s^{-1}$，相位裕量 $\gamma = 50°$，求 K_p、K_d 的值。

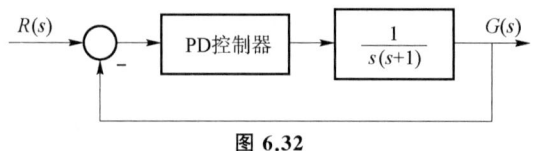

图 6.32

【题 6-15】

（上海大学学硕 2015 年）已知单位负反馈系统串联校正后的开环传递函数 $G(s)$ 的开环对数幅频特性曲线如图 6.33 所示，且校正前系统的开环传递函数为

$$G_0(s) = \frac{1}{s(50s+1)(0.2s+1)}$$

求：
(1) 按题中给出的对数分度表自制坐标纸，作图求解校正环节 $G_c(s)$ 的表达式；
(2) 计算校正后系统的相角稳定裕量 γ，并分析比校正前系统的相角稳定裕量增加了多少？
(3) $G_c(s)$ 是哪种校正装置？有什么作用？

ω	1	2	3	4	5	6	7	8	9	10
$\lg\omega$	0	0.301	0.477	0.602	0.699	0.778	0.845	0.903	0.954	1

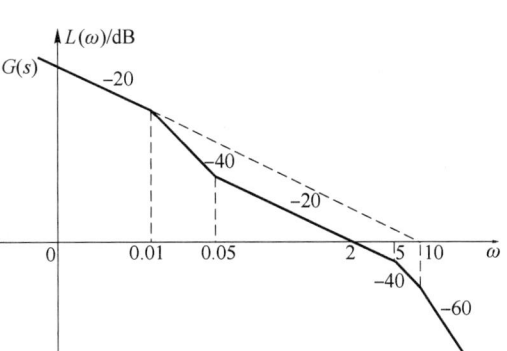

图 6.33

【题 6-16】

（华东理工大学 2015 年）已知单位负反馈系统的开环传递函数为 $G(s)=\dfrac{100}{s^2(0.01s+1)}$，用图 6.34 所示的 3 种最小相位环节组成的串联校正装置进行校正。

（1）画出校正后系统的开环对数幅频特性曲线。
（2）根据开环对数幅频特性曲线，分析哪种校正系统更稳定。
（3）为了将 5 Hz 的正弦噪声衰减 10 倍，应采用哪种校正装置。

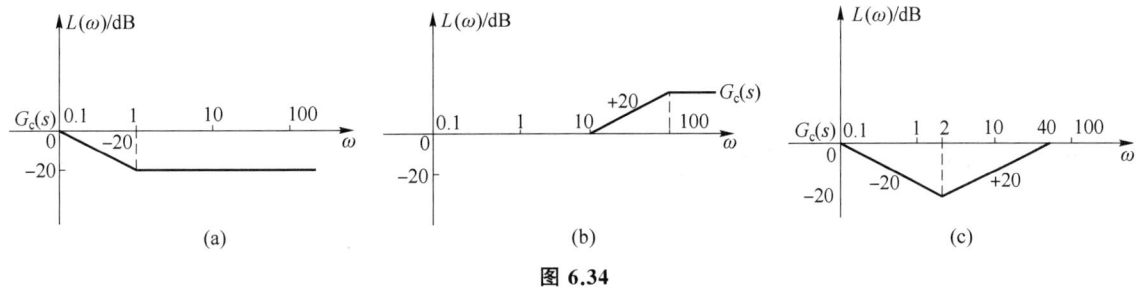

图 6.34

6.4　真题强化训练答案

【题 6-1】

答案：

滞后校正的设计原理：把滞后校正装置的最大滞后相角 φ_m 设置在 ω_c 之前较远的位置（5 倍以上），使 $L(\omega_c)\downarrow$，达到 $\gamma(\omega_c)\uparrow$。

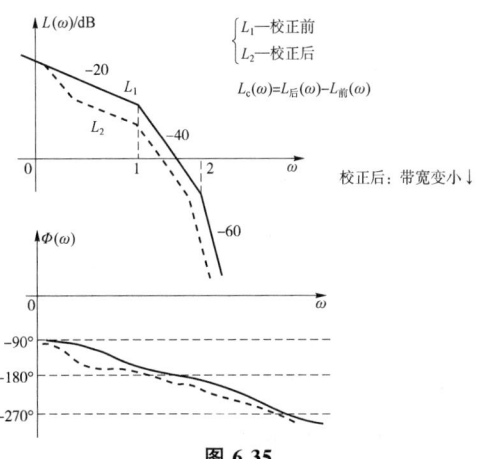

校正后：带宽变小↓

图 6.35

【题 6-2】
答案：

原系统 $G(s) = \dfrac{200}{s\left(\dfrac{s}{10}+1\right)}$，$\omega_1 = 10$，$L_0(1) =$

$20\lg 200 = 46$ dB，$A(\omega_c) \approx \dfrac{2000}{\omega_c \omega_c} = 1$，所以 $\omega_c \approx \sqrt{2000} =$

$20\sqrt{5} = 45 < 50$ rad/s。

采用滞后会使 $\omega_c \downarrow$，达不到 50，所以选超前校正。取超前环节 $(2) G_c(s) = \dfrac{1+0.036s}{1+0.009s}$。

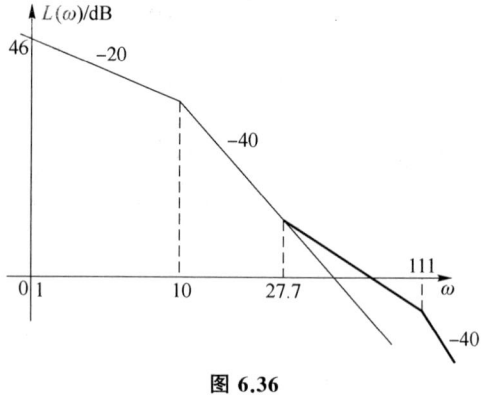

图 6.36

验证校正后系统（图 6.36）为

$$G(s) = \dfrac{200}{s(0.1s+1)} \times \dfrac{1+0.036s}{1+0.009s} \Rightarrow \omega_1 = 10, \omega_2 = 27.8, \omega_3 = 111.1$$

$$A(\omega_c) \approx \dfrac{200 \times 0.036 \omega_c}{\omega_c \cdot 0.1\omega_c} = 1, \text{得 } \omega_c \approx 72 \text{ rad/s}$$

$$\begin{aligned}
\gamma &= 180° + \varphi(\omega_c) \\
&= 180° - 90° - \tan^{-1} 0.1\omega_c - \tan^{-1} 0.009\omega_c + \tan^{-1} 0.036\omega_c \\
&= 90° - \tan^{-1} 7.2 - \tan^{-1} 0.648 + \tan^{-1} 2.592 \\
&= 90° - 82.1° - 32.9° + 68.9° \\
&= 43.9°
\end{aligned}$$

结论：采用超前校正环节 $(2) \dfrac{1+0.036s}{1+0.009s}$，满足 $\omega_c \geq 50, \gamma(\omega_c) \geq 42°$ 满足要求。

【题 6-3】
答案：

(1) $G(s) = \dfrac{100\left(\dfrac{s}{10}+1\right)}{s\left(\dfrac{s}{5}+1\right)\left(\dfrac{s}{120}+1\right)}$，$L(1) = 20\lg 100 = 40$ dB

$A(\omega_c) = \dfrac{100 \dfrac{\omega_c}{10}}{\omega_c \dfrac{\omega_c}{5}} = 1$，得 $\omega_c = 50$ rad/s，原系统

Bode 图如图 6.37 所示。

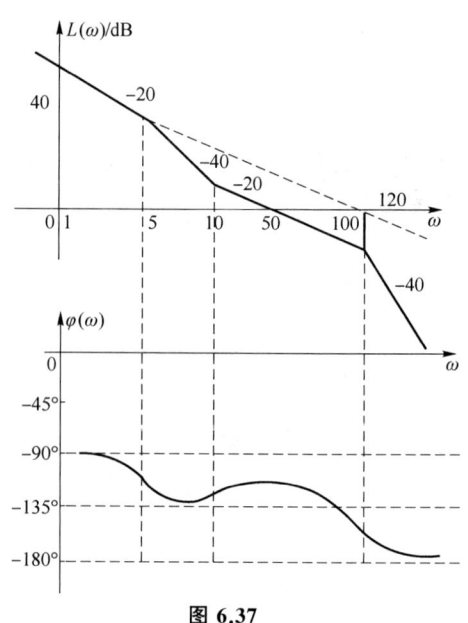

$$\begin{aligned}
\gamma(\omega_c) &= 180° - 90° + \tan^{-1}\dfrac{\omega_c}{10} - \tan^{-1}\dfrac{\omega_c}{5} - \tan^{-1}\dfrac{\omega_c}{120} \\
&= 90° + 78.7° - 84.3° - 22.6° = 61.8° > 0°
\end{aligned}$$

闭环系统稳定。

(2) 设计要求 γ、ω_c 不变，仅改变 $e_{ss} \Rightarrow$ 选择有附加放大器的串联滞后校正。

图 6.37

系统的速度误差系数为原来的两倍，故 $K_c=2$。K_c 加入后系统的增益↑，为了使 ω_c 不变，校正环节在中频段应为负的幅值，使校正环节在 ω_c 处的幅值=1（迟后环节的参数关系 $T=\beta\tau=2\tau$）。

$$20\lg K_c \times \tau\omega_c - 20\lg T\omega_c = 0 \Rightarrow K\tau = T \Rightarrow 2\tau = T$$

$$\omega_2 = \frac{1}{\tau} < \frac{\omega_c}{(5\sim10)}$$

【题 6-4】

答案：

(1) 校正前 $G(s) = \dfrac{5}{s(s+1)\left(\dfrac{s}{5}+1\right)}$，$L(1) = 20\lg5 = 13.98$ dB，

$$A(\omega_c) = \frac{5}{\omega_c' \omega_c'} = 1 \Rightarrow \omega_c' = \sqrt{5} = 2.24 \text{ rad/s}$$

$$\gamma(\omega_c) = 180° - 90° - \tan^{-1}\omega_c' - \tan^{-1}\frac{\omega_c'}{5} = 90° - 66° - 24° \approx 0$$

(2) 校正截止 $\omega_c'' = 0.7$ rad/s $< \omega_c'$，故使用滞后校正，特性如图 6.38 所示。

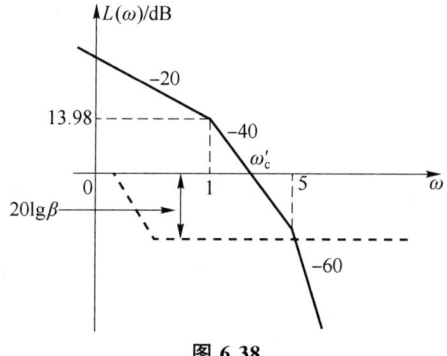

图 6.38

设 $G_c(s) = \dfrac{Ts+1}{\beta Ts+1}$，令 $\omega_c'' = 0.7$ rad/s。

校正前系统 $L(\omega_c'') = 20\lg\dfrac{5}{\omega_c'' \times 1} = 17.1$ dB$=20\lg\beta$，解得：$\beta = 7.1$。

取校正装置参数 $\begin{cases} \omega_1 = \dfrac{1}{T} = \dfrac{\omega_c''}{10} = 0.07 \Rightarrow T = 14.3 \\ \beta T = 7.1 \times 14.3 = 101.53 \end{cases}$

$$G_c(s) = \frac{14.3s+1}{101.5s+1} \Rightarrow G(s) = \frac{5(14.3s+1)}{s(0.2s+1)(s+1)(101.5s+1)}$$

(3) 验证校正后系统的相角裕度为

$$\gamma(\omega_c'') = 90° + \tan^{-1}14.3\omega_c'' - \tan^{-1}0.2\omega_c'' - \tan^{-1}\omega_c'' - \tan^{-1}101.5\omega_c''$$
$$= 90° + 84.3° - 8° - 35° - 89° = 42.3° > 40°$$

【题 6-5】
答案：

(1) 系统开环传递函数 $G(s)=\dfrac{1}{s(s+1)}$，得 $K_V=\lim\limits_{s\to 0}sG(s)=1$，$e_{ss}=\dfrac{1}{K_V}=1$。

将 $s=j\omega$ 带入开环传递函数，令 $|G(j\omega)|=1$ 得 $\omega_c\approx 1\ \text{rad/s}$。

校正前相角裕度 $\gamma(\omega_c)=180°-90°-\arctan 1=45°$。

(2) 若使串联校正后系统仍为 I 型二阶系统，可设串联校正环节的传递函数为 $G_c(s)=\dfrac{K(s+1)}{(s+a)}$，校正后系统的开环传递函数为

$$G_K(s)=G(s)G_c(s)=\dfrac{1}{s(s+1)}\dfrac{K(s+1)}{(s+a)}=\dfrac{K}{s(s+a)}$$

校正后 $K_V=\lim\limits_{s\to 0}sG_K(s)=\dfrac{K}{a}$，$e_{ss}=\dfrac{1}{K_V}=\dfrac{a}{K}=\dfrac{1}{10}$。

设校正后系统的剪切频率为 ω'_c，则 $|G_K(j\omega'_c)|\approx\dfrac{K}{\omega'_c\omega'_c}=1\Rightarrow\omega'_c\approx\sqrt{K}$。同时，令校正后系统相角裕度保持不变：$\gamma(\omega'_c)=180°-90°-\arctan\dfrac{\omega'_c}{a}=45°\Rightarrow\omega'_c=a$。

综合上述分析得 $K=100,a=10,\omega'_c=\sqrt{K}=10\ \text{rad/s}$。校正装置传递函数为

$$G_c(s)=\dfrac{K(s+1)}{(s+a)}=\dfrac{100(s+1)}{(s+10)}$$

验证校正后系统的性能指标为

$$G_K(s)=\dfrac{100}{s(s+10)},\ K_V=\lim\limits_{s\to 0}sG_K(s)=\dfrac{K}{a}=10,\ e_{ss}=\dfrac{1}{K_V}=\dfrac{a}{K}=\dfrac{1}{10}$$

$\omega'_c=10,\gamma(\omega'_c)=180°-90°-\arctan\dfrac{\omega'_c}{a}=45°$，满足性能要求

【题 6-6】
答案：

PI 控制器为滞后校正，当系统稳定性满足要求，而稳态误差和快速性达不到要求时，可以选用该校正装置。

PD 控制器为超前校正，当系统的稳态误差和快速性满足要求，而稳定性达不到要求时，可以选用该校正装置。

PID 控制器为滞后超前校正，当系统的动态性能和稳态性能都无法达到要求时，可以选用该校正装置。

PI 控制器、PD 控制器、PID 控制器的 Bode 图如图 6.39 所示。

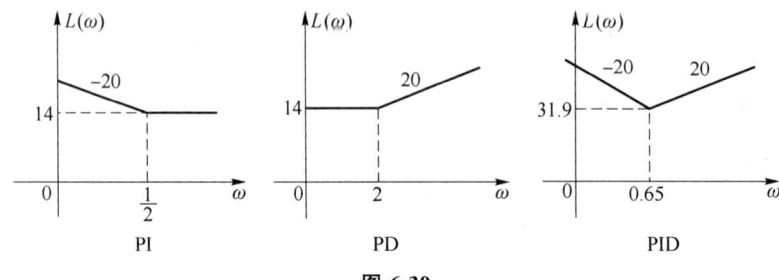

图 6.39

第6章 系统校正

【题 6-7】

答案：

(1) 由图知系统的开环传递函数 $G(s)=\dfrac{14.4}{s(0.1s+1)}=\dfrac{144}{s(s+10)}$，系统参数为 $\omega_n=\sqrt{144}=12$，$2\xi\omega_n=10$，得 $\xi=\dfrac{5}{12}$。最大超调量 $\sigma\%=\mathrm{e}^{-\frac{\pi\xi}{\sqrt{1-\xi^2}}}=\mathrm{e}^{-1.4399}=23.7\%$。

(2) 加入局部速度反馈校正后系统的开环传递函数为

$$G_b(s)=\dfrac{\dfrac{14.4}{s(0.1s+1)}}{1+\dfrac{14.4}{s(0.1s+1)}bs}=\dfrac{144}{s^2+(144b+10)s}$$

系统的闭环传递函数为

$$\Phi(s)=\dfrac{144}{s^2+(144b+10)s+144}$$

若系统成为临界阻尼状态，则 $\omega_n=\sqrt{144}=12$，$144b+10=2\times 12$，得 $b=\dfrac{7}{72}$。

(3) 校正后系统对单位速度输入的稳态误差为

$$K_V=\lim_{s\to 0}sG_b(s)=\dfrac{144}{144b+10}=\dfrac{72}{72b+5}, \quad e_{ss}=\dfrac{1}{K_V}=\dfrac{72b+5}{72}$$

【题 6-8】

答案：

比较校正前 $L_0(\omega)$ 和校正后 $L(\omega)$ 可知：$L(\omega)$ 比 $L_0(\omega)$ 向下平移了 14 dB。

(1) 校正后低频段斜率没变但高度下降，所以 K 减小，稳态精度降低。

(2) 校正后中频段斜率在 ω_c 之前由原来的 -40 dB/dec 变为 -20 dB/dec，所以 γ 增大，σ 减小，稳定性提高；但 e_{ss} 下降，使 t_s 增大，快速性变差。

(3) 校正后高频段衰减值增大，抗干扰能力提高。

【题 6-9】

答案：

(1) 由系统幅频特性曲线图得校正前系统传递函数：$G(s)=\dfrac{K}{s\left(\dfrac{s}{31.6}+1\right)}$，低频段渐近线 $L(\omega)=20\lg K-20\lg\omega=20\lg K-20\lg 31.6=0$ 得 $K=31.6$。

系统开环传递函数 $G(s)=\dfrac{31.6}{s\left(\dfrac{s}{31.6}+1\right)}=\dfrac{10\sqrt{10}}{s\left(\dfrac{s}{10\sqrt{10}}+1\right)}$，

系统闭环传递函数 $\Phi(s)=\dfrac{1000}{s^2+10\sqrt{10}s+1000}$。

由图知 $\omega_c=31.6$，系统相角裕度 $\gamma(\omega_c)=180°-90°-\arctan\dfrac{31.6}{31.6}=45°$。

系统参数：$\omega_n=\sqrt{1000}=10\sqrt{10}$，$2\xi\omega_n=10\sqrt{10}$，得 $\xi=\dfrac{1}{2}$。

最大超调量 $\sigma\% = e^{-\frac{\pi\xi}{\sqrt{1-\xi^2}}}\% = 16.3\%$，调节时间 $t_s = \frac{3}{\xi\omega_n} \approx 0.19$ s。

(2) 由系统校正后响应输入 $r(t) = \frac{1}{2}t^2 + 5t + 4$ 的稳态误差 $e_{ss} \leq 1$ 知，校正后系统至少是 II 型系统，又要求系统开环频率特性中高频段和校正前基本相同，不妨设串联校正装置为 $G_c(s) = \frac{s+1}{s}$，则校正后系统的开环传递函数为 $G_K(s) = \frac{31.6(s+1)}{s^2\left(\frac{s}{31.6}+1\right)}$，系统误差系数分别为

$K_P = \lim_{s \to 0} G_K(s) = \infty$，$K_V = \lim_{s \to 0} s G_K(s) = \infty$，$K_a = \lim_{s \to 0} s^2 G_K(s) = 31.6$。

输入 $r(t) = \frac{1}{2}t^2 + 5t + 4$ 的稳态误差 $e_{ss} = \frac{1}{K_a} + \frac{5}{K_V} + \frac{4}{1+K_P} = \frac{1}{31.6} \leq 1$。

验证校正后系统：$\omega_c' \approx 31.6$，$\gamma(\omega_c') = 180° - 180° + \arctan \omega_c' - \arctan 1 = 43.2°$，系统开环频率特性中高频段和校正前基本相同。

(3) 校正后系统的相角裕度 γ 和截止频率基本没变，超调量和调节时间基本没变。

[题 6-10]
答案：

(1) 校正前开环传递函数 $G_0(s) = \frac{K(10s+1)}{s(s+1)^2(0.01s+1)}$

校正后传递函数 $G(s) = \frac{K}{s(0.1s+1)(0.01s+1)}$

(2) 校正装置为

$$G_c(s) = \frac{G(s)}{G_0(s)} = \frac{\frac{K}{s(0.1s+1)(0.01s+1)}}{\frac{K(10s+1)}{s(s+1)^2(0.01s+1)}}$$

$$= \frac{(s+1)^2}{(10s+1)(0.1s+1)}$$

滞后超前校正，校正装置频率特性如图 6.40 所示。

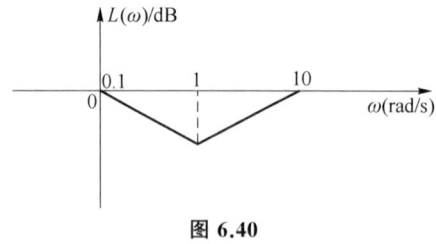

图 6.40

(3) 校正后系统的特征方程为

$$D(s) = s(0.1s+1)(0.01s+1) + K = 0$$
$$= s^3 + 110s^2 + 1000s + 1000K$$

应用劳斯判据为

s^3	1	1000
s^2	110	$1000K$
s^1	$(110\,000-1000K)/110$	
s^0	$1000K$	

$\Rightarrow \begin{cases} 1000K>0 \\ 110\,000-1000K>0 \end{cases} \Rightarrow 0<K<110$

校正后系统稳定的开环增益 K 的范围是 $0<K<110$

(4) 当 $K=1$ 时,由图 6.41 可知 $\omega_c=1$ rad/s,此时系统的相角裕度为

$$\gamma = 180°-90°-\tan^{-1}0.1\omega_c-\tan^{-1}0.01\omega_c$$
$$= 90°-5.7°-0.57°$$
$$= 83.73°$$

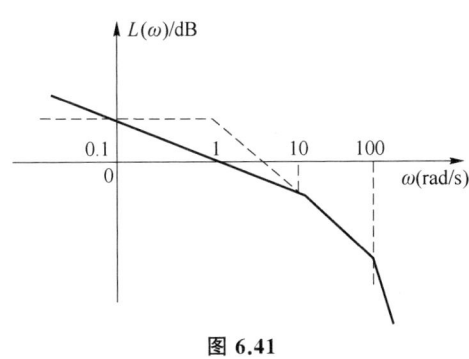

图 6.41

(5) 分析该串联校正对系统性能的影响:

$0<K<10$ 时,相角裕度增大,超调量下降,系统的平稳性得到改善,同时截止频率下降,快速性下降,系统响应变慢。

$10 \leqslant K \leqslant 110$ 时,相角裕度增大,超调量下降,系统的平稳性得到改善,同时截止频率不变,快速性不变。

【题 6-11】

答案:

根据校正装置的对数幅频特性可知为 0 型,不含积分环节,传递函数表达式为

$$G(s) = \frac{k\left(\dfrac{s}{100}+1\right)}{\left(\dfrac{s}{10}+1\right)}$$

幅频 $\begin{cases} \dfrac{L(10)-0}{\lg 10-\lg 50}=-20 \Rightarrow L(10)=20\lg 5 \\ 20\lg k=20\lg 5 \Rightarrow k=5 \end{cases} \Rightarrow G(s)=\dfrac{5\left(\dfrac{s}{100}+1\right)}{\left(\dfrac{s}{10}+1\right)}$

$$\frac{U_o(s)}{U_i(s)} = -\frac{R_2+\dfrac{R_3}{R_3Cs+1}}{R_1} = -\frac{R_3+R_2}{R_1}\cdot\frac{1+\dfrac{R_2R_3Cs}{R_3+R_2}}{1+R_3Cs}$$

对比得 $\dfrac{R_3+R_2}{R_1}=5, \dfrac{R_2R_3C}{R_3+R_2}=\dfrac{1}{100}, R_3C=\dfrac{1}{10} \Rightarrow R_1=\dfrac{200}{9}, R_2=\dfrac{100}{9}, R_3=100$

【题 6-12】
答案：

(1) $G_0(j\omega) = \dfrac{6}{j\omega(0.2j\omega+1)(0.5j\omega+1)}$

低频段斜率 -20 db/dec, $|G(\omega_c)| \approx \dfrac{6}{\omega_c \cdot 0.5\omega_c} = 1 \Rightarrow \omega_c = \sqrt{12} = 3.46$ rad/s,

中频段斜率为 -40 dB/dec 穿过横轴,穿越频率 $\omega_c = \sqrt{30} = 5.48$ rad/s,

高频段斜率为 -60 dB/dec 下降。

相角裕度为

$$r(\omega_c) = 180° + \varphi(\omega_c)$$
$$= 180° - 90° - \tan^{-1}0.2\omega_c - \tan^{-1}0.5\omega_c$$
$$= -4.7°$$

系统的对数幅频特性曲线图如图 6.42(a)所示。

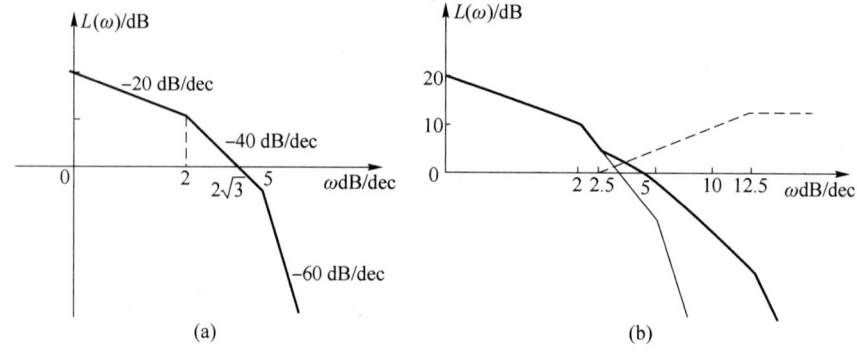

图 6.42

(2) 校正后系统的开环传递函数 $G_{(s)} = \dfrac{6(0.4s+1)}{s(0.2s+1)(0.5s+1)(0.08s+1)}$

$$|G(\omega_c')| \approx \dfrac{6 \times 0.4\omega_c'}{\omega_c' \cdot 0.5\omega_c'} = 1 \Rightarrow \omega_c' = 4.8 \text{ rad/s}$$

$$r(\omega_c') = 180° + \varphi(\omega_c')$$
$$= 180° - 90° - \tan^{-1}0.2\omega_c' - \tan^{-1}0.5\omega_c' + \tan^{-1}0.4\omega_c' - \tan^{-1}0.08\omega_c'$$
$$= 20.3°$$

校正后系统的对数幅频特性图如图 6.42(b)所示。

(3) 加入串联校正装置校正后,系统的截止频率变大,相角裕度变大,调节时间变小,快速性提高,改善了动态性能,稳定性提高。

【题 6-13】
答案：

(1) 比例控制器；

(2) 比例-微分(PD)控制器；

(3) 比例-积分(PI)控制器；

(4) 比例-积分-微分(PID)控制器；

(5) 比例校正装置;
(6) 微分校正装置;
(7) 检测装置;
(8) 按扰动补偿的前馈装置;
(9) 按输入补偿的前馈装置。

【题 6-14】
答案:

(1) 设 PD 控制器传递函数为 $G_{PD}(s) = K_p + K_d s$,
则当 $K_p = 10$, $K_d = 1$ 时,系统的开环传递函数为

$$G(s) = \frac{K_p + K_d s}{s(s+1)} = \frac{10(0.1s+1)}{s(s+1)}$$

$$A(\omega_c) \approx \frac{10}{\omega_c^2} = 1 \Rightarrow \omega_c = \sqrt{10} = 3.2/s$$

$$\begin{aligned} r(\omega_c) &= 180° + \varphi(\omega_c) \\ &= 180° - 90° + \arctan 0.1\omega_c - \arctan \omega_c \\ &= 35.1° \end{aligned}$$

(2) 设系统的开环传递函数为 $G(s) = \dfrac{K_p + K_d s}{s(s+1)} = \dfrac{K_p\left(1+\dfrac{K_d}{K_p}s\right)}{s(s+1)}$

当截止频率 $\omega_c = 5 s^{-1}$,可得 $A(\omega_c) \approx \dfrac{K_p}{\omega_c^2} = 1 \Rightarrow K_p = 25$。

由 $r = 180° - 90° - \arctan \omega_c + \arctan \dfrac{K_d}{K_p}\omega_c = 50°$

得: $K_d = 0.16 K_p = 4$
综上所述: $K_p = 25$, $K_d = 4$。

【题 6-15】
答案:

(1) 在图上做出 $G_0(s)$ 的开环对数幅频特性图,并根据 $G_0(s)$ 和 $G(s)$ 的开环对数幅频特性图,绘制校正环节 $G_c(s)$ 开环对数幅频特性图,如图 6.43 所示。

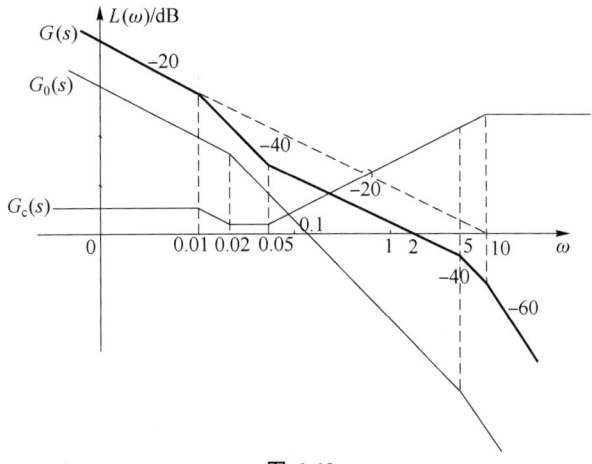

图 6.43

$G_0(s)$ 的转折频率为 $\omega_1=0.02,\omega_2=5,20\lg K=0$

由图可得校正环节的开环传递函数为

$$G_c(s)=\dfrac{10\left(\dfrac{1}{0.02}s+1\right)\left(\dfrac{1}{0.05}s+1\right)}{\left(\dfrac{1}{0.01}s+1\right)\left(\dfrac{1}{10}s+1\right)}=\dfrac{10(50s+1)(20s+1)}{(100s+1)(0.1s+1)}$$

(2) 校正后系统开环传递函数为

$$G(s)=\dfrac{10(20s+1)}{s(100s+1)(0.2s+1)(0.1s+1)}$$

由图 6.43 可知,校正后系统的截止频率 $\omega'_c=2$

$\varphi(\omega'_c)=-90°-\arctan 0.1\omega'_c-\arctan 0.2\omega'_c-\arctan 100\omega'_c+\arctan 20\omega'_c=-124.26°$

所以校正后 $\gamma'=180°+\varphi(\omega'_c)=55.74°$

校正前系统开环传递函数为 $G_0(s)=\dfrac{1}{s(50s+1)(0.2s+1)}$

由 $A(\omega_c)=\dfrac{1}{\omega_c\sqrt{(50\omega_c)^2+1}\sqrt{(0.2\omega_c)^2+1}}\approx\dfrac{1}{\omega_c\cdot 50\omega_c}=1$ 得:$\omega_c=0.14$

所以 $\varphi(\omega_c)=-90°-\arctan 50\omega_c-\arctan 0.2\omega_c=-173.47°$

$\gamma=180°+\varphi(\omega_c)=6.53°$

则 $\Delta\gamma=\gamma'-\gamma=49.21°$

(3) 校正装置为滞后-超前校正:$\gamma\uparrow、\sigma\%\downarrow、\omega_c\uparrow$,稳定性变好,改善动态性能,响应速度变快。

【题 6-16】

答案:

(1) 在图上先画出原始系统的开环对数幅频特性,再将其与校正环节的开环对数幅频特性图相叠加,即得到校正后系统的开环对数幅频特性曲线,如图 6.44 所示。

(2) 由图可知:图 6.44(a)、图 6.44(b)分别以 -40 dB/dec 的斜率穿过零分贝线,图 6.44(c)以 -20 dB/dec 的斜率穿过零分贝线。

所以,采用 C 图的校正装置系统的稳定性更好。

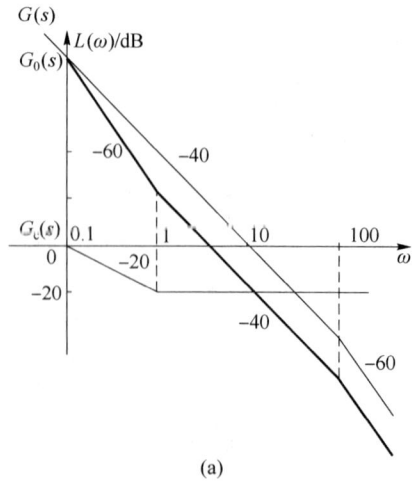

(a)

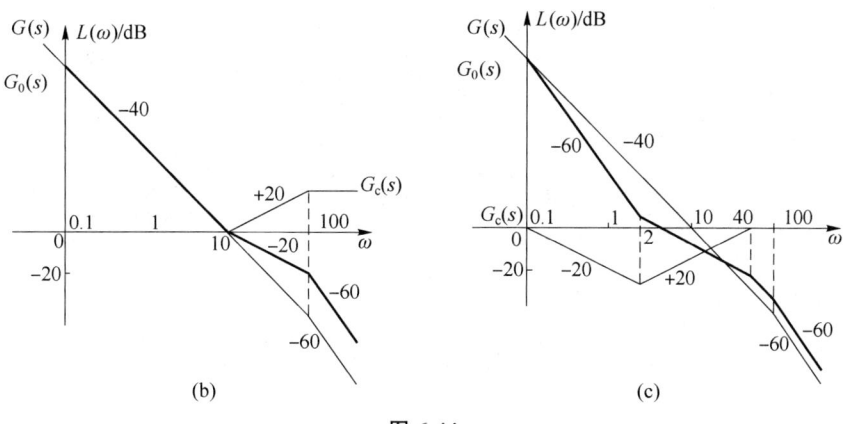

图 6.44

（3）由题知，正弦噪声的频率 $f=5$ Hz，则其角频率 $\omega=2\pi f=31.4$ rad/s，将其衰减 10 倍，即校正后在该角频率处有 $A'(\omega)=0.1$，则在该角频率处 $L'(\omega)=20\lg A'(\omega)=-20$ dB。

所以由图可知，应选用装置(C)。

第 7 章 离散控制系统

7.1 主要知识点

(1) Z 变换的定义、性质及反 Z 变换；
(2) 离散系统数学建模，求 $\Phi(z)$、输出 $C(z)$；
(3) 离散系统的稳定性判别；
(4) 离散系统的稳态误差计算，Z 变换终值定理应用；
(5) 离散系统根轨迹绘制，根与系统响应的关系；
(6) 离散系统的频率分析法；
(7) 离散系统校正(最小拍系统设计)。

7.2 考点归类解析与例题详解

基本知识要点

1. 采样

(1) 脉冲序列 $e^*(t)$——按一定的采样时间间隔 T 对连续信号 $e(t)$ 采样得到的脉冲信号。在采样时刻出现，幅值等于相应 $e(t)$ 的瞬时幅值，即 $e(T_0)$、$e(T)\cdots e(T_n)$。

$$e^*(t) = \sum_{k=0}^{\infty} e(kT)\delta(t-kT) = e(t)\sum_{k=0}^{\infty}\delta(t-kT)$$

幅值　　时刻

(2) 采样定理(shannon)：
采样频率 $w_s \geqslant 2w_{max}$ (连续信号的上限频率)。
(3) 脉冲响应 $g_h(t) = 1(t) - 1(t-T)$
取拉普拉斯变换 $G_h(s) = \dfrac{1 - e^{-Ts}}{s}$。
(4) 零阶保持器
传递函数 $G_h(s) = \dfrac{1 - e^{-Ts}}{s}$。

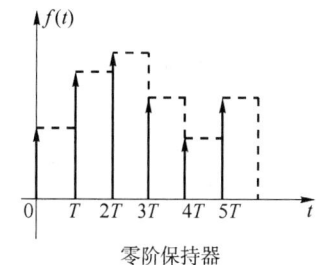

零阶保持器

2. Z 变换

(1) $z = e^{Ts}$，定义 $Z[f(t)] = Z[f^*(t)] = F(z) = \sum\limits_{k=0}^{\infty} f(kT) z^{-k}$。

(2) 求 $F(z)$ 的方法。

① 级数求和：已知 $f(kT) \to Z$ 变换定义公式 $\to$ 级数和公式。
② 部分分式：$F(s)$ 展开成部分分式 $\to$ 拉普拉斯变换与 Z 变换表 $\to F(z)$。
③ 留数法：$F(z) = \sum\limits_{i=1}^{n} \text{Res}\left[F(s) \dfrac{z}{z - e^{Ts}} \right]$。

单极点 s：$\text{Res}\left[F(s) \dfrac{z}{z - e^{Ts}} \right] = \lim\limits_{s \to s_i} \left[(s - s_i) F(s) \cdot \dfrac{z}{z - e^{Ts}} \right]$。

重极点 s：$\text{Res}\left[F(s) \dfrac{z}{z - e^{Ts}} \right] = \dfrac{1}{(r_i - 1)!} \lim\limits_{s \to s_i} \dfrac{d^{r_i - 1} \left[(s - s_i)^{r_i} \right] F(s) \cdot \dfrac{z}{z - e^{Ts}}}{ds^{r_i - 1}}$。

【例 7-1】

含有重极点函数 $F(s) = \dfrac{1}{s^2}$，求 $F(z)$。

解答：$s = 0$ 为 2 重极点。

$$F(z) = \dfrac{1}{(2-1)!} \lim_{s \to 0} \dfrac{d}{ds} \left[s^2 \dfrac{1}{s^2} \dfrac{z}{z - e^{Ts}} \right] = \lim_{s \to 0} \dfrac{d}{ds} \left[\dfrac{z}{z - e^{Ts}} \right] = \dfrac{Tz}{(z-1)^2}$$

3. Z 变换性质

(1) 线性定理：若 $Z[x_1(t)] = X_1(z), Z[x_2(t)] = X_2(z), a, b$ 为任意实常数，
则 $Z[ax_1(t) + bx_2(t)] = aX_1(z) + bX_2(z)$。

(2) 位移定理：若 $Z[x(t)] = X(z)$。
则 $Z[x(t-nT)] = z^{-n} X(z), Z[x(t+nT)] = z^n X(z) - \sum\limits_{k=0}^{n} X(kT) z^{n-k}$。

(3) 多位移定理：$Z[e^{\pm at} x(t)] = X(e^{\pm aT} z)$。

(4) 初值定理：$x(0) = \lim\limits_{z \to \infty} X(z)$。

(5) 终值定理：$x(\infty) = \lim\limits_{z \to 1} (z-1) X(z)$。

4. 反 Z 变换

(1) 长除法：$F(z)$ 写成 z^{-1} 的升幂次形式 $\Rightarrow$ 结果为无限个 $f(kT)$ 值展式

$$F(z) = \sum\limits_{k=0}^{\infty} f(kT) z^{-k}$$

$$f(t)^* = \sum_{k=0}^{\infty} f(kT)\delta(t-kT) = f(0) + f(T)\delta(t-T) + f(2T)\delta(t-2T) + \cdots$$

(2) 部分分式法：$\dfrac{F(z)}{z}$ 展成部分分式 $\dfrac{B}{z-\mathrm{e}^{-aT}}$，$\dfrac{Bz}{z-\mathrm{e}^{-aT}} \to$ 反变换 e^{-akT}。

(3) 留数法：$f(kT) = \sum_{i=1}^{n} \mathrm{Res}[F(z)z^{k-1}]_{z \to z_i}$。

单极点 z_i 留数：$\mathrm{Res}[F(z)z^{k-1}] = \lim\limits_{z \to z_i}[(z-z_i)F(z)z^{k-1}]$。

r_i 重极点 z_i 留数：$\mathrm{Res}[F(z)z^{k-1}] = \dfrac{1}{(r_i-1)!} \lim\limits_{z \to z_i} \dfrac{\mathrm{d}^{r_i-1}[(z-z_i)^{r_i} F(z)z^{k-1}]}{\mathrm{d}z^{r_i-1}}$。

5. Z 变换表（需要考生记住）

$F(s)$	$f(t)$ 或 $f(k)$	$F(z)$
1	$\delta(t)$	1
e^{-kTs}	$\delta(t-kT)$	z^{-k}
$\dfrac{1}{s}$	$1(t)$	$\dfrac{z}{z-1}$
$\dfrac{1}{s^2}$	t	$\dfrac{Tz}{(z-1)^2}$
$\dfrac{1}{s+a}$	e^{-at}	$\dfrac{z}{z-\mathrm{e}^{-aT}}$
	a^k	$\dfrac{z}{z-a}$
	$a^k \cos(k\pi)$	$\dfrac{z}{z+a}$

6. 求脉冲传递函数

注意：有无采样开关的区别。

(1) 有零阶保持器：

$$\xrightarrow{T} \boxed{G_h(s)} \to \boxed{G_p(s)} \to \quad C(z) = Z\left[\dfrac{1-\mathrm{e}^{-Ts}}{s} G_p(s)\right] = (1-z^{-1}) Z\left[\dfrac{G_p(s)}{s}\right]$$

(2) 有采样开关：$\xrightarrow{T} \boxed{G_1} \xrightarrow{T} \boxed{G_2} \to \quad G(z) = G_1(z)G_2(z)$

(3) 无采样开关：$\xrightarrow{T} \boxed{G_1} \to \boxed{G_2} \to \quad G(z) = G_1 G_2(z)$

考点 1　已知离散系统结构图，求 $\Phi(z)$、输出 $C(z)$ 或 $c(k)$

> **知识点：求 $C(z)$ 的方法**
>
> 可以首先按连续传递函数的关系写出 $C(s)$ 表达式，然后取 Z 变换离散化，注意有无开关的不同处理：
> (1) 有开关分开的部分，单独取 Z 变换；
> (2) 无开关分开的相连部分，整体取 Z 变换。

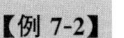 

(华中科技大学 2005 年)线性定常离散系统结构如图 7.1 所示,求闭环脉冲传递函数 $\Phi(z)$。

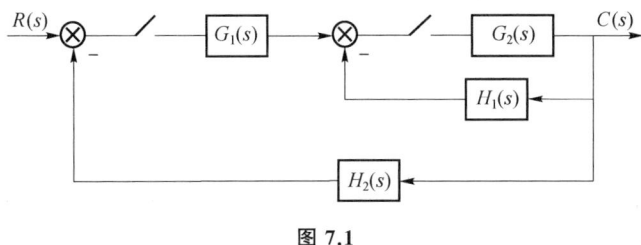

图 7.1

解答：

前向传递函数 $=\dfrac{G_1(s)G_2(s)}{1+G_2(s)H_1(s)}$

输出 $C(s)=\dfrac{\dfrac{G_1(s)G_2(s)}{1+G_2(s)H_1(s)}}{1+\dfrac{G_1(s)G_2(s)}{1+G_2(s)H_1(s)}H_2(s)}R(s)=\dfrac{G_1(s)G_2(s)R(s)}{1+G_2(s)H_1(s)+G_1(s)G_2(s)H_2(s)}$

取 Z 变换离散化 $C(z)=\dfrac{G_1(z)G_2(z)R(z)}{1+G_2H_1(z)+G_1(z)G_2H_2(z)}$

闭环脉冲传递函数 $\Phi(z)=\dfrac{C(z)}{R(z)}=\dfrac{G_1(z)G_2(z)}{1+G_2H_1(z)+G_1(z)G_2H_2(z)}$

(大连理工大学 2004 年)离散系统结构如图 7.2 所示,求系统的闭环脉冲传递函数 $\dfrac{C(z)}{R(z)}=$?

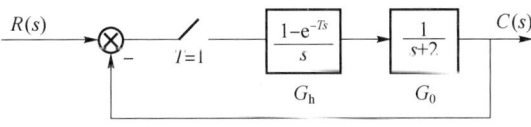

图 7.2

解答：

由图得 $C(s)=\dfrac{G_h(s)G_0(s)}{1+G_h(s)G_0(s)}\cdot R(s)$

$\dfrac{C(z)}{R(z)}=\dfrac{G_hG_0(z)}{1+G_hG_0(z)}=\dfrac{(1-z^{-1})Z\left[\dfrac{1}{s(s+2)}\right]}{1+(1-z^{-1})Z\left[\dfrac{1}{s(s+2)}\right]}$

因为 $Z\left[\dfrac{1}{s(s+2)}\right]=Z\left[\dfrac{1}{2}\left(\dfrac{1}{s}-\dfrac{1}{s+2}\right)\right]=\dfrac{1}{2}\left(\dfrac{z}{z-1}-\dfrac{z}{z-e^{-2T}}\right)=\dfrac{z(1-e^{-2T})}{2(z-1)(z-e^{-2T})}$

参数 $T=1$ 代入式中得 $(1-z^{-1})Z\left[\dfrac{1}{s(s+2)}\right]=\dfrac{(1-\mathrm{e}^{-2T})}{2(z-\mathrm{e}^{-2T})}$

$$\dfrac{C(z)}{R(z)}=\dfrac{G(z)}{1+G(z)}=\dfrac{(1-\mathrm{e}^{-2T})}{2(z-\mathrm{e}^{-2T})+(1-\mathrm{e}^{-2T})}=\dfrac{1-\mathrm{e}^{-2}}{2z+1-3\mathrm{e}^{-2}}$$

$$=\dfrac{0.864}{2z+0.594}=\dfrac{0.432}{z+0.297}$$

【例 7-4】

(东南大学 2005 年)采样控制系统如图 7.3 所示,参数 a 为大于零的常数。

(1) 求闭环系统的脉冲传递函数;

(2) 若已知系统在单位阶跃输入时,稳态输出 $y(\infty)=\dfrac{1}{3}$,求此时的 $a=?$,以及系统的输出响应 $y(k)$ 的表达式。

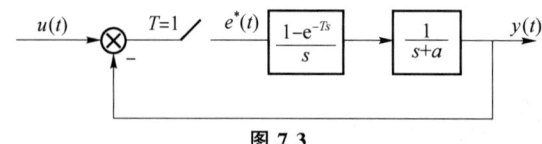

图 7.3

解答:

(1) 开环脉冲传递函数为

$$G(z)=(1-z^{-1})Z\left[\dfrac{1}{s(s+a)}\right]=\dfrac{1}{a}(1-z^{-1})Z\left[\dfrac{1}{s}-\dfrac{1}{s+a}\right]=\dfrac{1-\mathrm{e}^{-aT}}{a(z-\mathrm{e}^{-aT})}$$

闭环脉冲传递函数 $\varPhi(z)=\dfrac{G(z)}{1+G(z)}=\dfrac{1-\mathrm{e}^{-aT}}{az+1-(a+1)\mathrm{e}^{-aT}}$。

(2) 单位阶跃输入时: $U(z)=\dfrac{z}{z-1}$;

系统的输出响应: $Y(z)=\dfrac{z}{z-1}\times\dfrac{1-\mathrm{e}^{-aT}}{az+1-(a+1)\mathrm{e}^{-aT}}$。

$$y(\infty)=\lim_{z\to 1}(z-1)Y(z)=\lim_{z\to 1}(z-1)\times\dfrac{z}{(z-1)}\times\dfrac{1-\mathrm{e}^{-aT}}{az+1-(a+1)\mathrm{e}^{-aT}}=\dfrac{1}{a+1}$$

令 $\dfrac{1}{a+1}=\dfrac{1}{3}\Rightarrow a=2$

所以闭环脉冲传递函数 $\varPhi(z)=\dfrac{1-\mathrm{e}^{-aT}}{2z+1-3\mathrm{e}^{-aT}}=\dfrac{0.433}{z+0.297}$。

$$Y(z)=\dfrac{z}{z-1}\times\dfrac{0.433}{z+0.297}=\dfrac{Az}{z-1}-\dfrac{Bz}{z+0.297}=\dfrac{(0.297A+B)z}{(z-1)(z+0.297)}\text{(待定系数法)}$$

因 $0.297A+B=0.433$,不妨令 $A=B$,得 $A=B=0.334$。

所以输出响应 $y(n)=0.334-0.334\times(-0.297)^n$。

第7章 离散控制系统

考点 2 离散系统的稳定性判别

基本知识要点

1. 离散系统的稳定性判别 3 种方法

(1) 特征根直接判别方法:低阶系统可直接解出 $D(z)=0$ 的根, |根|<1 (特征根在单位圆内) 则系统稳定;在圆上则临界稳定;在圆外则不稳定。

(2) w 变换(双线性变换)法: $z = \dfrac{w+1}{w-1}$ 代入 $D(z)=0$, $D(w)=0$ 用劳斯判据判别。

(3) 二次项直接判别方法: $D(z)=z^2+a_1 z+a_0=0$, 参数满足

$$\begin{cases} |D(0)|=|a_0|<1 \\ D(1)=1+a_1+a_0>0 \\ D(-1)=1-a_1+a_0>0 \end{cases}$$ 则系统稳定;否则临界稳定或不稳定,工程上是不稳定。

2. 稳定性与采样周期的关系

$$\begin{cases} T\text{ 一定时}, K\uparrow \to \text{稳定性}\downarrow \\ K\text{ 一定时}, T\uparrow \to \text{丢失信息量}\uparrow \to \text{稳定性}\downarrow \end{cases}$$

【例 7-5】

(浙江大学 2004 年)采样控制系统如图 7.4 所示,试分别讨论 $K=2, K=3$ 时系统的稳定性(为计算方便,保留小数点后 2 位)。

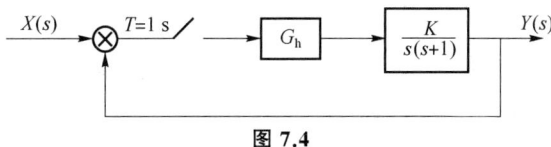

图 7.4

解答:

方法 1: 判断 K 两个取值时的稳定情况 ⇒ 找出稳定时 K 的取值范围。

$$G(z) = Z\left(\dfrac{1-e^{-TS}}{s} \times \dfrac{K}{s(s+1)}\right) = (1-z^{-1})Z\left[\dfrac{1}{s^2(s+1)}\right] = K(1-z^{-1})Z\left[\dfrac{1}{s^2}-\dfrac{1}{s}+\dfrac{1}{s+1}\right]$$

$$= K(1-z^{-1})\left[\dfrac{Tz}{(z-1)^2}-\dfrac{z}{z-1}+\dfrac{z}{z-e^{-T}}\right] \quad (T=1)$$

$$= \dfrac{K(e^{-1}z+1-2e^{-1})}{(z-1)(z-e^{-1})}$$

闭环系统特征方程为 $D(z)=(z-1)(z-e^{-1})+K(e^{-1}z+1-2e^{-1})=z^2+(0.37K-1.37)z+0.26K+0.37=0$,令 $z=\dfrac{w+1}{w-1}$ 代入 $D(z)=0$ 得 $0.63kw^2+(1.26-0.53k)w+(2.74-0.10k)=0$。

若系统稳定,则需满足 $\begin{cases} 0.26-0.53k>0 \\ 2.74-0.10k>0 \end{cases} \Rightarrow 0<k<2.38$ 时系统稳定。

故当 $k=2$ 时系统稳定，$k=3$ 时系统不稳定。

方法 2：$k=2$ 代入 $D(z)=z^2-0.63z+0.89=0$

$$z=\frac{0.63\pm\sqrt{0.63^2-4\times0.89}}{2}=\frac{0.63\pm1.78\mathrm{j}}{2},|z_{1,2}|<1\text{ 系统稳定;}$$

同理 $k=3$ 代入 $D(z)=0$，解得 $|z_{1,2}|>1$ 系统不稳定。

【例 7-6】

(西北工业大学 2000 年)采样控制系统如图 7.5 所示，采样周期 $T=1$。
(1) 判别闭环系统稳定性；
(2) 求闭环系统的脉冲传递函数 $\Phi(z)$，并写出系统的输入输出差分方程；
(3) 给定初值 $c(0)=0,c(1)=0.368$，求系统单位阶跃响应第 2、第 3 拍的值。

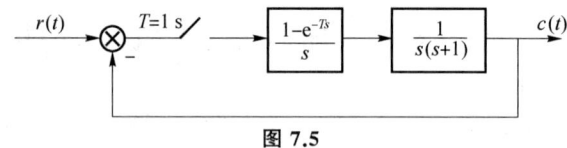

图 7.5

解答：

(1) $G(z)=(1-z^{-1})Z\left[\dfrac{1}{s^2(s+1)}\right]=\dfrac{(\mathrm{e}^{-1}z+1-2\mathrm{e}^{-1})}{(z-1)(z-\mathrm{e}^{-1})}$；

$D(z)=z^2-z+0.63=0$，解出 $z=\dfrac{1\pm1.23\mathrm{j}}{2}$，$|z_{1,2}|<1$，所以系统稳定。

(2) 闭环脉冲传递函数 $\Phi(z)=\dfrac{C(z)}{R(z)}=\dfrac{G(z)}{1+G(z)}=\dfrac{0.368z^{-1}+0.264z^{-2}}{1-z^{-1}+0.632z^{-2}}$；

所以 $(0.368z^{-1}+0.264z^{-2})R(z)=(1-z^{-1}+0.632z^{-2})C(z)$。

取 Z 反变换，得差分方程：

$$c(n)-c(n-1)+0.632c(n-2)=0.368r(n-1)+0.264r(n-2)$$

注意： 前向差分在有些情况下工程意义不明确，且不易方程迭代求解，所以本题采用后向差分方程。当已知系统初态 $c(-1)$、$c(-2)$ 及零时刻输入时，可以利用差分方程迭代求出有限拍的输出值。

(3) 方法 1：因为初始 $c(0)=0$ 零时刻输入 $r(t)=1$，可推得 $c(-1)=c(-2)=0$，应用后向差分方程迭代求解：

$c(0)=0$

$n=1,c(1)=0.368r(0)=0.368$

$n=2,c(2)=c(1)+0.368+0.264=0.368+0.368+0.264=1$

$n=3,c(3)=c(2)-0.632c(1)+0.368+0.264=1.399\approx1.4$

方法 2：$R(z)=\dfrac{z}{z-1},C(z)=\Phi(z)\cdot R(z)=\dfrac{0.368z^{-1}+0.264z^{-2}}{1-z^{-1}+0.632z^{-2}}R(z)$。

$C(z)$ 表达式用长除法求得

$$C(z)=0.368z^{-1}+z^{-2}+1.4z^{-3}+\cdots$$
$$c(t)=0.368\delta(t-T)+\delta t-2T+1.4\delta(t-3T)+\cdots$$

考点 3　稳态误差计算，Z 变换终值定理应用

知识点：

(1) Z 变换终值定理 $c(\infty)=\lim\limits_{z\to 1}(z-1)C(z)$

(2) 误差系数公式 $\begin{cases} \text{阶跃输入}, K_p=\lim\limits_{z\to 1}[1+G(z)], e(\infty)=\dfrac{1}{K_p} \\ \text{斜坡输入}, K_v=\lim\limits_{z\to 1}(z-1)G(z), e(\infty)=\dfrac{T}{K_v} \\ \text{加速度输入}, K_a=\lim\limits_{z\to 1}(z-1)^2 G(z), e(\infty)=\dfrac{T^2}{K_a} \end{cases}$

知识点：

求满足一定 e_{ss} 值要求的 K 取值范围时，一定要保证闭环系统的稳定，需对系统判别稳定性。

【例 7-7】

（华中科技大学 2005 年）线性定常离散系统如图 7.6 所示，已知采样周期 $T=0.2$ s，参考输入 $r(t)=2+t, G_h(s)=\dfrac{1-e^{-Ts}}{s}, G(s)=\dfrac{Ke^{-Ts}}{s}$，若使系统的稳态误差小于 0.25，确定 K 的取值范围。

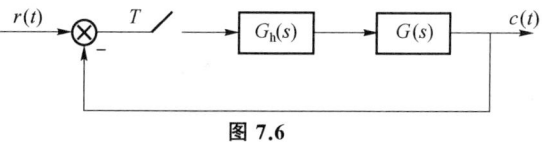

图 7.6

解答：

$$G(z)=Z\left(\dfrac{1-e^{-Ts}}{s}\times\dfrac{Ke^{-Ts}}{s}\right)=Kz^{-1}(1-z^{-1})Z\left(\dfrac{1}{s^2}\right)=\dfrac{KT}{z(z-1)}$$

因为输入 $r(t)=2+t$，分别求误差系数：

$$K_p=\lim_{z\to 1}[1+G(z)]=\infty, e_{ssp}=\dfrac{2}{K_p}=0$$

$$K_v=\lim_{z\to 1}(z-1)G(z)=\lim_{z\to 1}(z-1)\times\dfrac{KT}{z(z-1)}=0.2K, e_{ssv}=\dfrac{T}{K_v}=\dfrac{1}{K}$$

$$e_{ss}=e_{ssp}+e_{ssv}=\dfrac{2}{K_p}+\dfrac{T}{K_v}=\dfrac{1}{K}$$

要求 $e_{ss}<0.25$，即 $\dfrac{1}{K}<0.25\Rightarrow K>4$。同时，还要保证系统稳定：

$$D(z)=z(z-1)+0.2K=z^2-z+0.2K=0$$

令 $z=\dfrac{w+1}{w-1}$ 代入得 $0.2Kw^2+(2-0.4K)w+(2+0.2K)=0$

$$\begin{cases} 2-0.4K>0 \\ 0.2K>0 \end{cases} \Rightarrow 0<K<5$$

综上所述,若使系统的稳态误差小于 0.25,则 K 的取值范围应为 $4<K<5$。

考点 4 离散系统根轨迹绘制,根与系统响应的关系

知识点:离散系统根轨迹绘制方法

(1) 由系统特征方程写成根轨迹方程;
(2) 与 s 域绘制方法一样,判稳要求在单位圆内;
(3) 根与响应的关系,如图 7.7 所示。

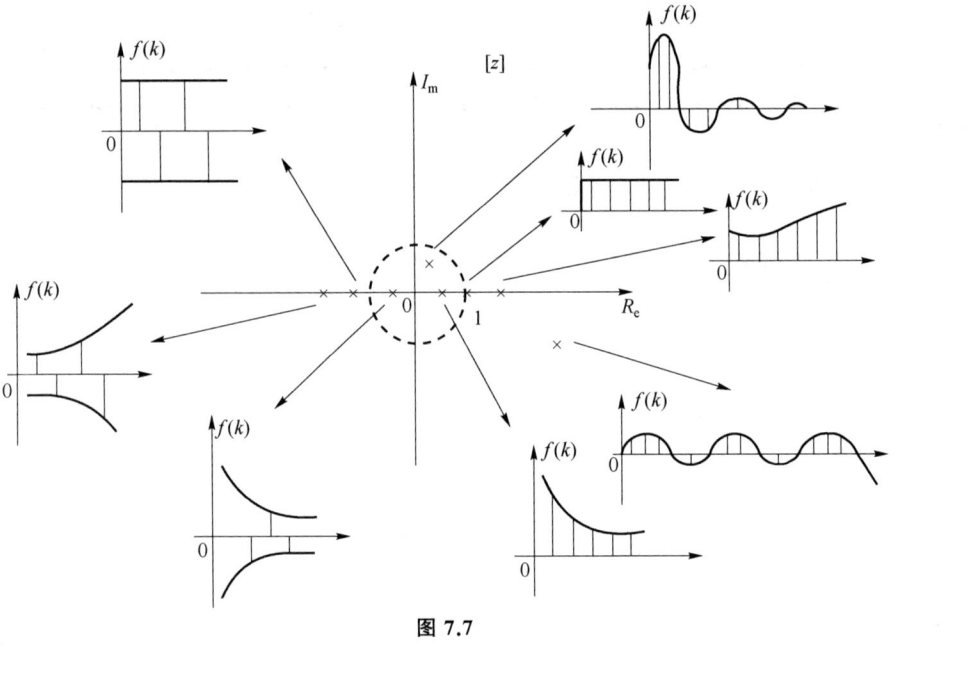

图 7.7

 【例 7-8】

(西北工业大学 2000 年)采样控制系统结构如图 7.8 所示,采样周期 $T=1$s。

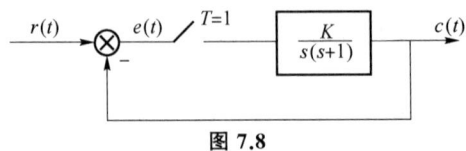

图 7.8

(1) 绘制 $K=0\to\infty$ 变化时,系统 z 域中的根轨迹;

(2) 确定使系统稳定的 K 取值范围;

(3) 定性分析 $K=0\to\infty$ 变化时,系统动态性能的变化趋势。

解答:

$$G(z)=Z\left[\frac{K}{s(s+1)}\right]=K\left(\frac{z}{z-1}-\frac{z}{z-e^{-T}}\right)=\frac{0.632Kz}{(z-0.368)(z-1)}$$

特征方程 $D(z)=z^2+(0.632K-1.368)z+0.368=0$

$$0.632Kz+(z^2-1.368z+0.368)=0$$

$$1+K\frac{0.632z}{z^2-1.368z+0.368}=0, K^*=0.632K$$

(1) 起点: $n=2, p_1=0.368, p_2=1$; 终点: $m=1, z_1=0, z_2=\infty$。

(2) 渐近线: $\delta=\frac{0.368+1-0}{2-1}=1.368$, $\varphi_k=\frac{(2k+1)180°}{1}=180°$。

(3) 实轴上: $(-\infty,0], [0.368,1]$, 如图 7.9 所示。

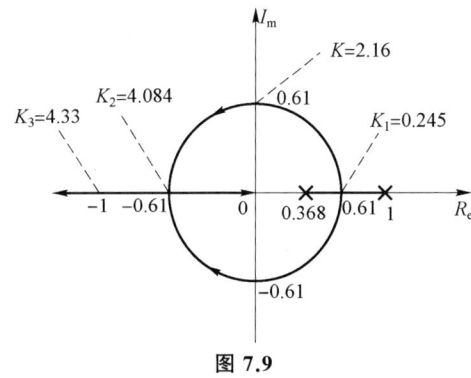

图 7.9

(4) 分会点:

$$\frac{1}{z-0.368}+\frac{1}{z-1}=\frac{1}{z}, 整理得 z[2z-1.368]=z^2-1.368z+0.368=0;$$

解得 $z_{1,2}=\pm 0.61$, 此时 $K_1=0.245, K_2=4.084$。

(5) 与虚轴交点: $z=j\omega$ 代入 $D(z)$ 得 $0.368-\omega^2+(0.632K-1.368)j\omega=0$;

得到 $\begin{cases} \omega^2=0.368 \Rightarrow \omega=0.61 \\ K=\frac{1.368}{0.632}=2.16 \end{cases}$。

(6) $z=-1$ 点对应的 $K=\left|\frac{(z-0.368)(z-1)}{0.632z}\right|_{z=-1}=\frac{1.368\times 2}{0.632}=4.33$。

分析讨论:

$\begin{cases} 0<K<0.245, 两个 0<z<1 的实根, 单位阶跃响应——指数衰减没有振荡 \\ 0.245\leqslant K\leqslant 4.08, 实数绝对值小于1的共轭复根, 单位阶跃响应——衰减振荡 \\ 4.08<K<4.33, 两个模小于1的负实跟, 单位阶跃响应——衰减震荡 \\ K>4.334, 两个负实根 \begin{cases} 绝对值大于1\to响应增幅发散振荡 \\ 绝对值小于1的负实根\to响应衰减振荡 \end{cases} \end{cases}$

考点 5　离散系统的频率分析法

知识点：离散系统频率分析方法。

首先应用双线性变换 $z = \dfrac{1+\dfrac{Tw}{2}}{1-\dfrac{Tw}{2}}$（或 $z = \dfrac{w+1}{w-1}$），将系统传递函数映射到 w 平面（等效 s 平面），再使用频域法绘制频率特性曲线。

【例 7-9】

采样系统结构如图 7.10 所示，采样周期 $T=1\text{ s}$，$K=2$，请绘制系统的对数幅频特性曲线 $L(\omega)$ 并判别稳定性。

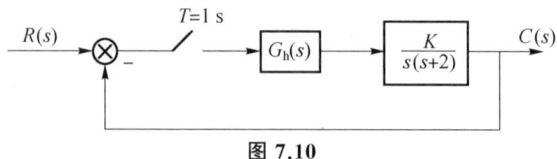

图 7.10

解答：

$$G_k(z) = K(1-z^{-1})Z\left(\dfrac{1}{s^2} - \dfrac{1}{s} + \dfrac{1}{s+2}\right) = K\,\dfrac{0.368(z+0.7)}{z^2 - 1.368z + 0.368}$$

将 $z = \dfrac{w+1}{w-1}$ 代入得

$$G_k(w) = K\,\dfrac{0.368(1-w)(1+0.176w)}{2w(1+2.16w)}$$

令 $K=2$，$w=\text{j}\omega$ 代入得 $G_k(\text{j}\omega) = \dfrac{(1-\text{j}\omega)(1+0.176\text{j}\omega)}{\text{j}\omega(1+2.164\text{j}\omega)}$。

转折频率分别为 $\omega_1 = \dfrac{1}{2.16} = 0.45$，$\omega_2 = 1$，$\omega_3 = \dfrac{1}{0.176} = 5.7$

$$A(\omega) = \dfrac{\sqrt{1+\omega^2}\sqrt{1+(0.176\omega)^2}}{\omega^2\sqrt{1+(2.164\omega)^2}} = 1，\text{得 }\omega_c = 0.67\text{ rad/s}$$

相角裕度：$\gamma(\text{j}\omega_c) = 180° - 90° + \tan^{-1}0.176\omega_c - \tan^{-1}2.164\omega_c - \tan^{-1}\omega_c$
$= 7° > 0$

系统是稳定的，系统的对数幅频特性曲线如图 7.11 所示。

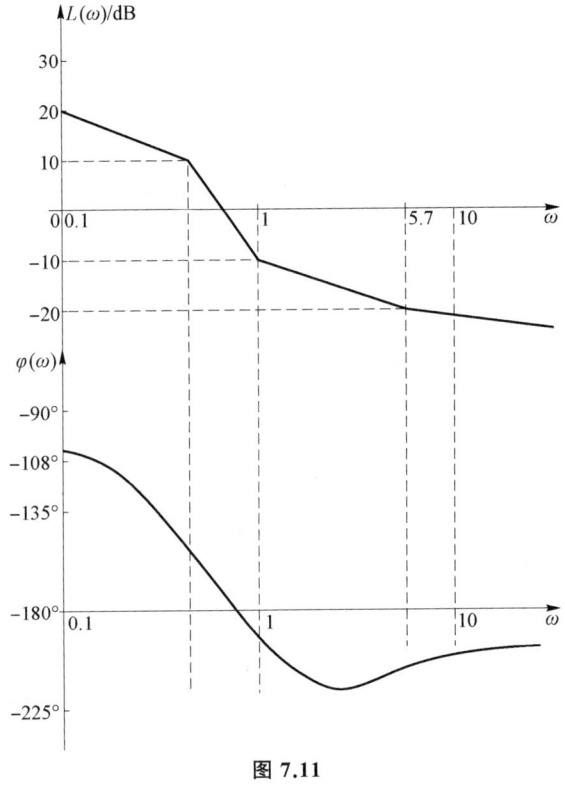

图 7.11

考点 6 离散系统校正(最小拍系统设计)

基本知识要点

(1) 校正的采样系统结构:如图 7.12 所示。

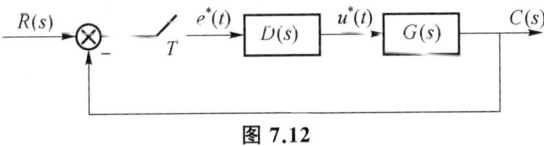

图 7.12

(2) 传递函数关系

$$\Phi(z)=\frac{C(z)}{R(z)}=\frac{D(z)G(z)}{1+D(z)G(z)}$$

$$\Phi_e(z)=\frac{E(z)}{R(z)}=\frac{1}{1+D(z)G(z)}$$

(3) 最小拍系统

① 定义:在典型输入信号作用下,使系统能在最少的采样周期内误差为零。

$$\begin{cases} r(t)=1, R(z)=\dfrac{1}{1-z^{-1}}=\dfrac{z}{z-1} \Rightarrow \varPhi_e(z)=(1-z^{-1}), & t_s=T(1\text{拍}) \\ r(t)=t, R(z)=\dfrac{Tz^{-1}}{(1-z^{-1})^2}=\dfrac{Tz}{(z-1)^2} \Rightarrow \varPhi_e(z)=(1-z^{-1})^2, & t_s=2T(2\text{拍}) \\ r(t)=\dfrac{1}{2}t^2, R(z)=\dfrac{T^2z^{-1}(1+z^{-1})}{2!\,(1-z^{-1})^3}=\dfrac{T^2z(z+1)}{2!\,(z-1)^3} \Rightarrow \varPhi_e(z)=(1-z^{-1})^3, & t_s=3T(3\text{拍}) \end{cases}$$

② 关系：

$$\varPhi(z)=1-\varPhi_e(z)$$

$$D(z)=\dfrac{\varPhi(z)}{G(z)\varPhi_e(z)}$$

$$E(z)=\varPhi_e(z)R(z)$$

$$C(z)=\varPhi(z)R(z)$$

$$U(z)=D(z)E(z)$$

③ 系统响应曲线，如图 7.13 所示。

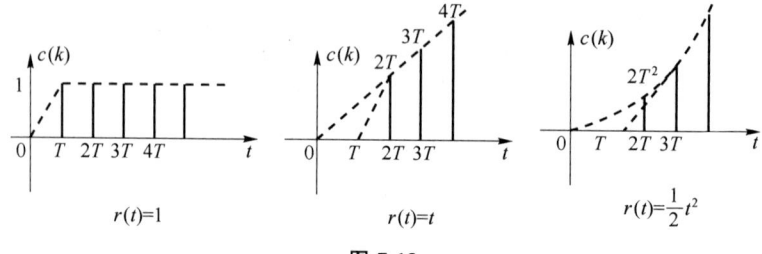

图 7.13

【例 7-10】

（华中科技大学 2002 年）线性定常离散系统如图 7.14 所示，已知 $r(t)=1(t)$，采样周期 $T=1\text{ s}$，设计一个数字控制器 $D(z)$，使系统为无稳态误差的最少拍系统。画出 a、b、c、d 各点的波形图。设计后，系统是否为无波纹系统。

$(e^{-1}=0.368, e^{-2}=0.136)$

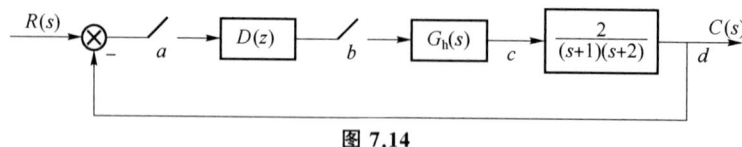

图 7.14

解答：

(1) 系统脉冲传递函数为

$$G(z)=(1-z^{-1})\left[\dfrac{2}{s(s+1)(s+2)}\right]=(1-z^{-1})Z\left(\dfrac{1}{s}-\dfrac{2}{s+1}+\dfrac{1}{s+2}\right)$$

$$=(1-z^{-1})\left(\dfrac{z}{z-1}-\dfrac{2z}{z-e^{-1}}+\dfrac{z}{z-e^{-2}}\right)=\dfrac{0.4(z+0.365)}{(z-0.136)(z-0.368)}$$

当输入 $r(t)=1$，即 $R(z)=\dfrac{z}{z-1}$ 时，根据最小拍系统设计特点，取 $\Phi_e(z)=(1-z^{-1})$，则 $\Phi(z)=1-\Phi_e(z)=z^{-1}$。

$$D(z)=\frac{\Phi(z)}{G(z)\Phi_e(z)}=\frac{2.5(z-0.136)(z-0.368)}{(z-1)(z+0.365)}$$

(2) 求各点输出：

系统输出脉冲传递函数为

$$C(z)=\Phi(z)R(z)=z^{-1}\times\frac{z}{z-1}=\frac{1}{z-1}=\frac{z^{-1}}{1-z^{-1}}=z^{-1}+z^{-2}+z^{-3}+z^{-4}+\cdots$$

系统输出：$c(kT)=\delta(t-T)+\delta(t-2T)+\delta(t-3T)+\cdots$

系统误差响应：$E(z)=\Phi_e(z)R(z)=(1-z^{-1})\times\dfrac{1}{1-z^{-1}}=1,e(KT)=\delta(t)$

$$B(z)=D(z)E(z)=\frac{2.5(z-0.136)(z-0.368)}{(z-1)(z+0.365)}=\frac{2.5(1-0.504z^{-1}+0.50z^{-2})}{1-0.635z^{-1}-0.365z^{-2}}$$

$$=2.5+0.3275z^{-1}+1.2455z^{-2}+0.9104z^{-3}+\cdots$$

设计后的系统是有波纹系统，a、b、c、d 各点的波形图如图 7.15 所示。

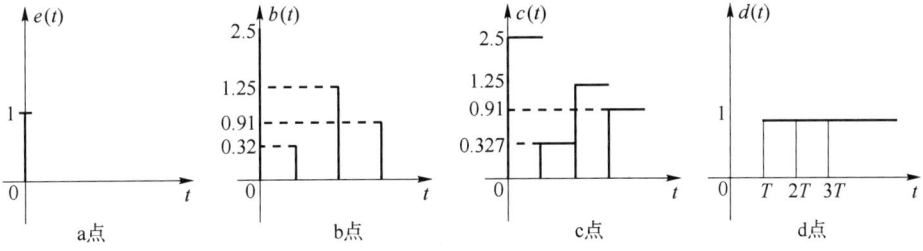

图 7.15

7.3 真题强化训练

【题 7-1】

(东南大学 2005 年)离散系统结构如图 7.16 所示，求 $\Phi(z)=\dfrac{C(z)}{R(z)}=?$

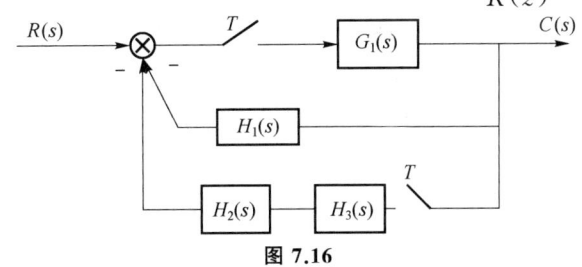

图 7.16

【题 7-2】

（北京航空航天大学 2003 年）采样系统如图 7.17 所示，分别求 $E(z)$ 和 $C(z)$。

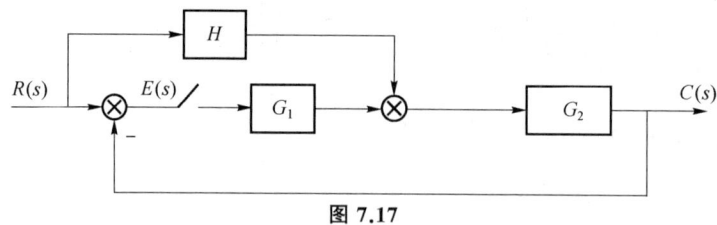

图 7.17

【题 7-3】

（大连交通大学 2010 年）计算机控制系统如图 7.18 所示，已知 $T=1$ s。
(1) 求使系统稳定的 k 值范围？
(2) 当 $k=1, r(t)=1(t)$ 时，求稳态误差 $e_{ss}=$？

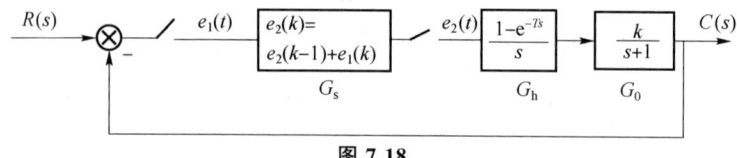

图 7.18

【题 7-4】

（南京航空航天大学 2003 年）已知离散系统结构如图 7.19 所示，且
$$\begin{cases} x(k)=e(k)-e(k-1) \\ c(k)=1.5c(k-1)-5c(k-2)+4x(k-1) \end{cases}$$
试确定系统的脉冲传递函数 $G_1(z)$ 和 $G_2(z)$，判断系统稳定性。

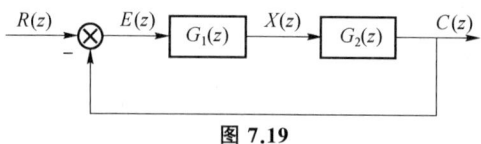

图 7.19

【题 7-5】

（南京航空航天大学 2002 年）采样系统结构如图 7.20 所示，采样周期 $T=1$ s。
(1) 判别系统的稳定性；
(2) 确定系统在输入信号 $r(t)=t$ 作用下的稳态误差 $e_{ss}(\infty)$。

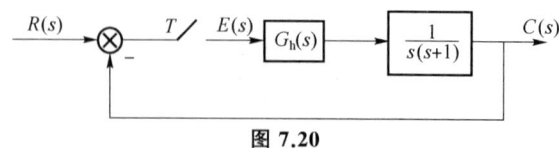

图 7.20

(上海理工大学 2016 年)采样控制系统如图 7.21 所示,采样周期 $T=0.1$,求:

(1) 系统闭环脉冲传递函数;
(2) 使闭环系统的稳定性的 k 值范围;
(3) 当 $k=1$ 时,求系统在单位阶跃输入信号下系统的输出 $c(t)$ 的稳态值。

(注:$z\left(\dfrac{1}{s}\right)=\dfrac{z}{(z-1)}$,$z\left(\dfrac{1}{s^2}\right)=\dfrac{Tz}{(z-1)^2}$,$z\left(\dfrac{1}{s+a}\right)=\dfrac{z}{(z-\mathrm{e}^{aT})}$)

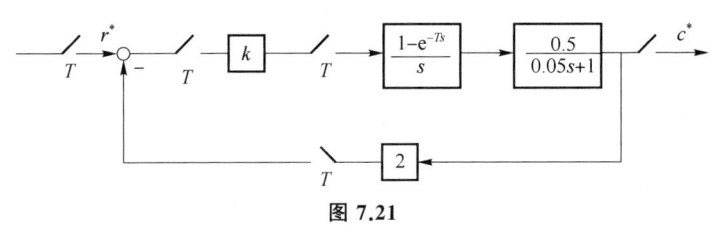

图 7.21

(大连理工大学 2014 年)离散系统结构如图 7.22 所示,采样周期 $T=1\ \mathrm{s}$,

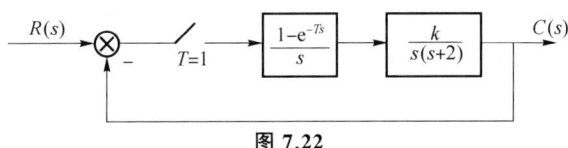

图 7.22

(1) 当 $k=8$ 时,判断系统是否稳定;
(2) 求使系统稳定时 k 的取值范围。

(杭州电子科技大学 2019 年)离散系统结构如图 7.23 所示,采样周期 $T=1\ \mathrm{s}$。

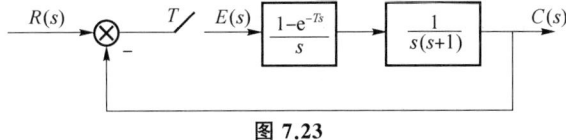

图 7.23

求在输入信号 $r(t)=1+t(t>0)$ 作用下系统的稳态误差 $e_{\mathrm{ss}}(\infty)$。

$\left(\text{注}:Z\left(\dfrac{1}{s^2}\right)=\dfrac{Tz}{(z-1)^2},z\left(\dfrac{1}{s}\right)=\dfrac{z}{(z-1)}\right)$

(上海理工大学 2016 年)具有采样器、零阶保持器的闭环采样控制系统如图 7.24 所示,采样周期 $T=1$。

(1) 判别闭环系统的稳定性;

(2) 当采样周期 $T=0.1\text{ s}$,输入信号为单位阶跃信号时,计算系统的输出 $C(z)$。

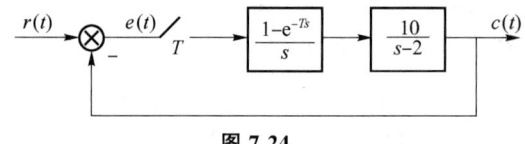

图 7.24

7.4 真题强化训练答案

【题 7-1】

答案:

$$C(s) = \frac{G_1(s)R(s)}{1+G_1(s)[H_1(s)+H_2(s)H_3(s)]}, 取 Z 变换得$$

$$C(z) = \frac{G_1(z)R(z)}{1+G_1H_1(z)+G_1(z)H_2H_3(z)}$$

$$\Phi(z) = \frac{C(z)}{R(z)} = \frac{G_1(z)}{1+G_1H_1(z)+G_1(z)H_2H_3(z)}$$

【题 7-2】

答案: 图解法

$$C(s) = G_2[R(s)H + G_1(R(s)-C(s))] = G_2R(s)H + G_1G_2[R(s)-C(s)]$$

整理得 $(1+G_1G_2)C(s) = (G_2H+G_1G_2)R(s)$

(1) $C(s) = \dfrac{G_2HR + G_1G_2R}{1+G_1G_2} \Rightarrow C(z) = \dfrac{G_1G_2(z)R(z)+HG_2R(z)}{1+G_1G_2(z)}$

(2) $E(s) = R(s) - C(s) = R(s) - \dfrac{G_2HR + G_1G_2R}{1+G_1G_2} = \dfrac{R(s)-G_2HR(s)}{HG_1G_2}$

$E(z) = \dfrac{R(z) - G_2HR(z)}{1+G_1G_2(z)}$

注意: 本题也可用梅森公式直接求得。

【题 7-3】

答案:

(1) 由 $e_2(k) = e_2(k-1) + e_1(k)$ 取 Z 变换:

$E_2(z) = z^{-1}E_2(z) + E_1(z)$ (用 Z 变换的定义)

所以 $G_s(z) = \dfrac{E_2(z)}{E_1(z)} = \dfrac{1}{1-z^{-1}}$

$G_hG_0(z) = (1-z^{-1})Z\left[\dfrac{k}{s(s+1)}\right] = (1-z^{-1})Z\left[k\left(\dfrac{1}{s} - \dfrac{1}{s+1}\right)\right]$

$\qquad = (1-z^{-1})k\left(\dfrac{z}{z-1} - \dfrac{z}{z-\mathrm{e}^{-1}}\right)$

$\Phi(z) = \dfrac{G_s(z)G_hG_0(z)}{1+G_s(z)G_hG_0(z)} = \dfrac{kz(1-\mathrm{e}^{-1})}{(z-1)(z-\mathrm{e}^{-1})+kz(1-\mathrm{e}^{-1})}$

$\qquad = \dfrac{0.632kz}{z^2+kz(1-\mathrm{e}^{-1})-z(1+\mathrm{e}^{-1})+\mathrm{e}^{-1}}$

特征方程 $D(z)=z^2+z[k(1-e^{-1})-(1+e^{-1})]+e^{-1}=0$

$$\begin{cases} |D(0)|<1 \Rightarrow e^{-1}<1 \\ D(1)>0 \Rightarrow 1+k(1-e^{-1})-(e^{-1}+1)+e^{-1}>0 \\ D(-1)>0 \Rightarrow 1-k(1-e^{-1})+(e^{-1}+1)+e^{-1}>0 \end{cases}$$

得 $\begin{cases} k(1-e^{-1})>0 \Rightarrow k>0 \\ k<\dfrac{2(1+e^{-1})}{1-e^{-1}}=4.33 \end{cases} \Rightarrow 0<k<4.33$

(2) $k_p = \lim\limits_{Z\to 1}[1+G(z)] = \lim\limits_{Z\to 1}\left[1+\dfrac{z}{z-1}\times\dfrac{k(1-e^{-1})}{Z-e^{-1}}\right]=1+\infty$

$e_{ss} = \dfrac{1}{k_p} = \dfrac{1}{\infty} = 0$

【题 7-4】
答案：

(1) 由已知的差分方程得

$$x(k)=e(k)-e(k-1) \Rightarrow X(z)=E(z)-z^{-1}E(z)$$

所以 $G_1(z) = \dfrac{x(z)}{E(z)} = 1-z^{-1} = \dfrac{z-1}{z}$。

$c(k)=1.5c(k-1)-5c(k-2)+4x(k-1) \Rightarrow C(z)=1.5z^{-1}C(z)-5z^{-2}C(z)+4z^{-1}X(z)$

所以 $G_2(z) = \dfrac{C(z)}{X(z)} = \dfrac{4z^{-1}}{1-1.5z^{-1}+5z^{-2}}$。

$$G_1(z)G(z) = \dfrac{(z-1)\cdot 4z}{z\cdot(z^2-1.5z+5)} = \dfrac{4(z-1)}{z^2-1.5z+5}$$

(2) 系统特征方程 $D(z)=z^2-1.5z+5+4(z-1)=z^2+2.5z+1=0$

解得：$z = \dfrac{-2.5\pm\sqrt{2.5^2-4}}{2} = \dfrac{-2.5\pm 1.5}{2}$，$z_1=-2$, $z_2=-0.5$。

因为 $|z_1|>1$，所以系统不稳定。

【题 7-5】
答案：

(1) $G(z)=Z\left(\dfrac{1-e^{-Ts}}{s}\times\dfrac{1}{s(s+1)}\right) = \dfrac{0.368z+0.264}{(z-1)(z-0.368)}$。

特征方程 $D(z)=z^2-z+0.632=0$，解得 $z_{1,2}=0.5\pm 0.618j$。易判断 $|z_{1,2}|<1$，系统稳定。

(2) 误差系数为

$$K_v = \lim_{z\to 1}(z-1)G(z) = \lim_{z\to 1}(z-1)\times\dfrac{0.368z+0.264}{(z-1)(z-0.368)} = 1$$

系统在输入信号 $r(t)=t$ 作用下，稳态误差 $e_{ss}(\infty) = \dfrac{1}{K_v} = 1$。

【题 7-6】
答案：

(1) 首先求系统的特征方程：

$$Z\left(\dfrac{2(1-e^{-TS})}{s}\times\dfrac{0.5}{0.05s+1}\right) = Z\left[(1-e^{-TS})\left(\dfrac{1}{s}-\dfrac{0.05}{0.05s+1}\right)\right]$$

$$= (1-z^{-1}) \frac{0.86z}{(z-1)(z-0.14)}$$

$$= \frac{0.86}{(z-0.14)}$$

闭环脉冲传递函数为

$$\Phi(z) = \frac{C(z)}{R(z)} = \frac{k\dfrac{0.43}{(z-0.14)}}{1+\dfrac{0.86k}{(z-0.14)}} = \frac{0.43k}{z+0.86k-0.14}$$

闭环系统特征方程为 $D(z) = z + 0.86k - 0.14 = 0$。

令 $z = \dfrac{w+1}{w-1}$ 代入 $D(z) = 0$ 得 $(0.86k+0.86)w + 1.14 - 0.86k = 0$

解上式得 $\begin{cases} 0.86k+0.86>0 \\ 1.14-0.86k>0 \end{cases} \Rightarrow -1 < k < 1.33$。

(2) $r(t) = 1$,$k = 1$ 时,$R(z) = \dfrac{z}{z-1}$,闭环脉冲传递函数为

$$\Phi(z) = \frac{C(z)}{R(z)} = \frac{0.43}{z+0.72}$$

输入信号为单位阶跃信号时,系统的输出:

$$C(z) = \Phi(z) \cdot R(z)$$

系统的输出的稳态值 $c_{ss} = \lim\limits_{z \to 1} \dfrac{z-1}{z} C(z) = 0.25$。

【题 7-7】

答案:

$$G(z) = (1-z^{-1}) Z\left[\frac{k}{s^3+2s^2}\right]$$

$$\text{Res} = \left[\frac{k}{s^3+2s^2} \cdot \frac{z}{z-e^s}\right]_{s=-2} = \lim_{s \to -2} \frac{k}{s^2} \cdot \frac{z}{z-e^s} = \frac{k}{4} \cdot \frac{z}{z-0.14}$$

$$\text{Res} = \left[\frac{k}{s^3+2s^2} \cdot \frac{z}{z-e^s}\right]_{s=0} = \lim_{s \to 0} \frac{d\dfrac{k}{s+2} \cdot \dfrac{z}{z-e^s}}{ds} = \frac{k}{2} \cdot \frac{z}{(z-1)^2} - \frac{k}{4} \cdot \frac{z}{z-1}$$

$$G(z) = (1-z^{-1})\left[\frac{k}{4} \cdot \frac{z}{z-0.14} - \frac{k}{4} \cdot \frac{z}{z-1} + \frac{k}{2} \cdot \frac{z}{(z-1)^2}\right] = \frac{k}{4} \cdot \frac{z-1}{z-0.14} - \frac{k}{4} + \frac{k}{2} \cdot \frac{1}{z-1}$$

(1) 当 $k = 8$ 时

$$G(z) = \frac{2.28z + 1.16}{z^2 - 1.14z + 0.14}$$

所以 $D(z) = z^2 + 1.14z + 1.3$。

因为 $D(0) = 1.3 > 1$,所以系统不稳定。

(2) $$G(z) = \frac{k}{4} \cdot \frac{1.14z + 0.58}{z^2 - 1.14z + 0.14}$$

所以 $D(z)=z^2-1.14z+0.14+0.285kz+0.145k$
$$D(0)=0.14+0.145k<1$$
$$D(1)=1-1.14+0.14+0.285k+0.145k>0$$
$$D(-1)=1+1.14+0.14-0.285k+0.145k>0$$
$$\Rightarrow 0<k<5.9$$

【题 7-8】
答案：
$$G(z)=Z\left(\frac{1-\mathrm{e}^{-Ts}}{s}\times\frac{1}{s(s+1)}\right)=\frac{0.368z+0.264}{(z-1)(z-0.368)}$$

误差系数为
$$K_\mathrm{p}=\lim_{z\to 1}[1+G(z)]=\lim_{z\to 1}\left[1+\frac{0.368z+0.264}{(z-1)(z-0.368)}\right]=\infty$$
$$K_\mathrm{v}=\lim_{z\to 1}(z-1)G(z)=\lim_{z\to 1}(z-1)\times\frac{0.368z+0.264}{(z-1)(z-0.368)}=1$$

系统在输入信号 $r(t)=1+t$ 作用下,稳态误差 $e_\mathrm{ss}(\infty)=\dfrac{1}{K_\mathrm{p}}+\dfrac{T}{K_\mathrm{v}}=0+1=1$。

【题 7-9】
答案：
(1) 首先求系统的特征方程：
$$\begin{aligned}G(z)&=Z\left(\frac{1-\mathrm{e}^{-TS}}{s}\times\frac{10}{s-2}\right)=(1-z^{-1})Z\left[\frac{10}{s(s-2)}\right]\\ &=(1-z^{-1})Z\left[-\frac{5}{s}+\frac{5}{s-2}\right]\\ &=5(1-z^{-1})\left[-\frac{z}{z-1}+\frac{z}{z-\mathrm{e}^{2T}}\right]\\ &=\frac{5\mathrm{e}^{2T}-5}{(z-\mathrm{e}^{2T})}\end{aligned}$$

闭环系统特征方程为 $D(z)=z+4\mathrm{e}^{2T}-5=0$,令 $z=\dfrac{w+1}{w-1}$ 代入 $D(z)=0$

得 $$(4\mathrm{e}^{2T}-4)w+6-4\mathrm{e}^{2T}=0$$

若系统稳定,则需满足 $\begin{cases}4\mathrm{e}^{2T}-4>0\\ 6-4\mathrm{e}^{2T}>0\end{cases}\Rightarrow 0<T<0.2$ 时系统稳定,$T\geqslant 0.2$ 时,系统不稳定。

(2) $T=0.1$ s 时,$G(z)=\dfrac{1}{(z-1.2)}$,闭环脉冲传递函数为
$$\Phi(z)=\frac{C(z)}{R(z)}=\frac{G(z)}{1+G(z)}=\frac{1}{z-0.2}$$

输入信号为单位阶跃信号时,$R(z)=\dfrac{z}{z-1}$,系统的输出为
$$C(z)=\Phi(z)\cdot R(z)=\frac{z}{(z-0.2)(z-1)}$$

第 8 章 非线性系统

8.1 基本知识要点

1. 非线性系统的特点

(1) 用非线性微分方程描述,例如:$\ddot{x}+0.5\dot{x}+2x+x^2=0$。

特点:不能用叠加原理。

(2) 稳定性 $\begin{cases} ① \text{不仅与系统结构和参数有关,还与输入信号和初态有关;} \\ ② \text{可能有多个平衡初态;} \\ ③ \text{局部稳定性和全局稳定性通常不一致。} \end{cases}$

(3) 零输入响应形式与系统的初态有关;

(4) 自激振荡(极限环):在初始状态的激励下,系统可以产生固定振幅和固定频率的周期振荡,称为自激振荡。

(5) 频率响应的特殊现象:在正弦输入作用下,非线性系统呈现一些特殊现象。诸如:跳跃谐振和多值响应等。

2. 典型非线性环节

(1) 死区:$y=\begin{cases} k(x+\Delta), & x<-\Delta \\ 0, & |x|\leqslant\Delta \\ k(x-\Delta), & x>\Delta \end{cases}$,死区输入输出特性如图 8.1 所示。

作用:① 控制灵敏度下降,误差↑、稳定↓;

② 提高抗干扰能力,抑制自激振荡。

(2) 饱和:$y=\begin{cases} -A, & x<-g \\ kx, & |x|\leqslant g \\ A, & x>g \end{cases}$,饱和输入输出特性如图 8.2 所示。

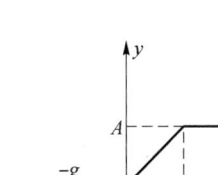
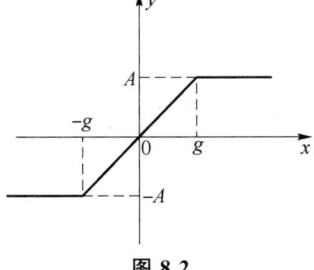

图 8.1　　　　　　　　　图 8.2

(3) 继电特性，如图 8.3 所示。

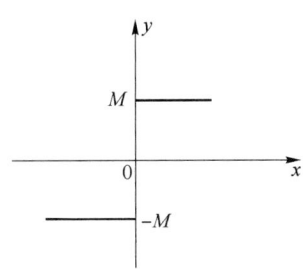
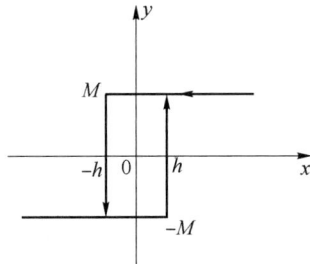

(a)理想继电器特性　　　　(b)回环继电器特性

图 8.3

(a) $y = \begin{cases} M, & x>0 \\ -M, & x<0 \end{cases}$

(b) $\dot{x}>0$
$y = \begin{cases} -M, & x<h \\ M, & x>h \end{cases}$

$\dot{x}<0$
$y = \begin{cases} -M, & x<-h \\ M, & x>-h \end{cases}$

作用：减少干扰引起的系统误动，降低系统的灵敏性。

(4) 间隙：特性如图 8.4 所示。

$y = \begin{cases} k(x-\delta), & \dot{y}>0 \\ c \cdot \text{sig } n, & \dot{y}=0 \\ k(x+\delta), & \dot{y}<0 \end{cases}$ 　作用 $\begin{cases} ① 产生自振 \\ ② 产生相位滞后 \\ ③ 误差增加 \end{cases}$

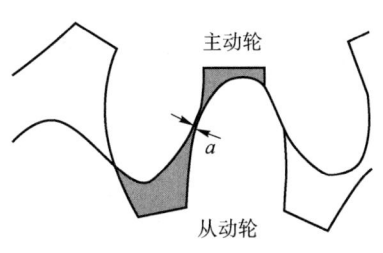
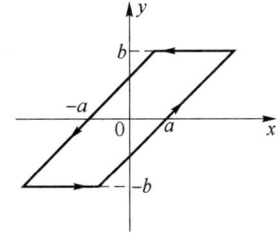

(a)齿轮传动间隙特性　　　　(b)间隙特性

图 8.4

253

3. 描述函数的定义，应用条件

1) 输出线性化

常用的非线性特性，当输入正弦函数时，输出一般为同周期的非正弦函数，例如图中理想继电特性，输入正弦信号(图 8.5 的下面)，输出为方波信号。

将输出 $y(t)$ 傅里叶级数分解：$y(t) = A_0 + \sum_{n=1}^{\infty}(A_n \cos n\omega t + B_n \sin n\omega t)$。

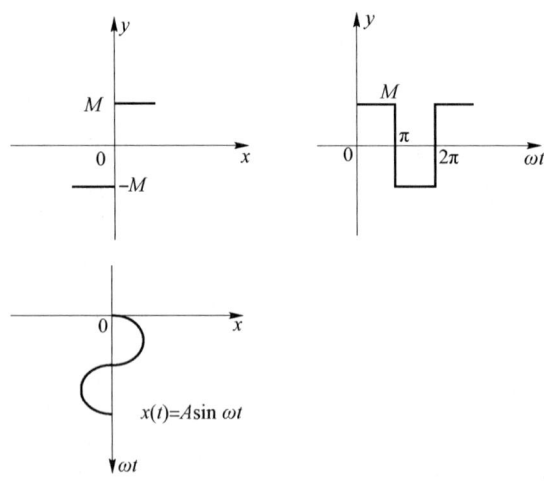

图 8.5

如果非线性环节是原点奇对称的，则 $A_0 = 0$(直流分量)。傅里叶级数展开式中略去高波谐波分量，余下部分称为基波：

$$y(t) \approx A_1 \cos \omega t + B_1 \sin \omega t = Y_1 \sin(\omega t + \Phi_1)$$

式中 $\begin{cases} A_1 = \dfrac{1}{\pi}\int_0^{2\pi} y(t)\cos \omega t\, d\omega t \\ B_1 = \dfrac{1}{\pi}\int_0^{2\pi} y(t)\sin \omega t\, d\omega t \end{cases}$，$\begin{cases} Y_1 = \sqrt{A^2 + B^2} \\ \Phi_1 = \arctan \dfrac{A_1}{B_1} \end{cases}$

可见，输出线性化后，也是同频率的正弦量，振幅和相位发生了变化。

2) 定义

非线性环节稳态输出的基波分量与输入正弦函数的复数比。

$$N(A) = \frac{Y_1}{A}\angle \varphi_1 = \frac{\sqrt{A_1^2 + B_1^2}}{A}\angle\left(\arctan \frac{A_1}{B_1}\right) = \frac{B_1}{A} + j\frac{A_1}{A} \text{ 称为}\textbf{描述函数}。$$

3) $N(A)$ 的应用条件

系统的线性部分具有良好的低通特性，系统信号中的高次谐波大大衰减，可以用基波近似。

4) 典型环节的 $N(A)$

(1) 死区继电特性

$$y(t) = \begin{cases} 0, & 0 \leqslant \omega t \leqslant \varphi_1 \\ M, & \varphi_1 < \omega t \leqslant \dfrac{\pi}{\alpha} \end{cases}$$

式中，$y(t)$ 奇函数，$A_1 = 0$，如图 8.6 所示。

输入 $x = X\sin \omega t$，$y(t)$ 半周期内对称：

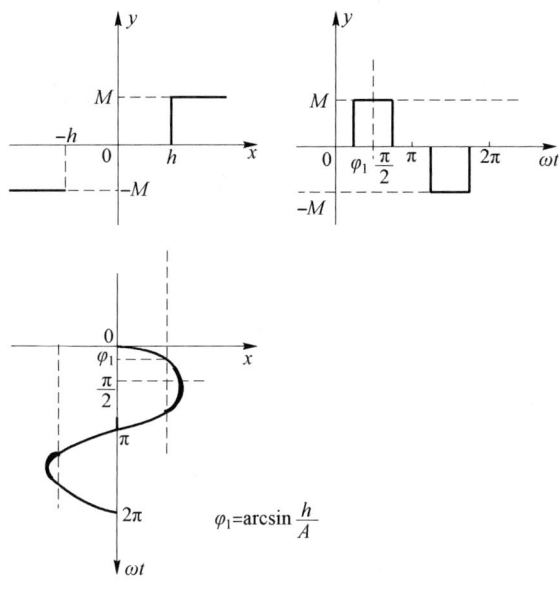

图 8.6

$$B_1 = \frac{4}{\pi}\int_0^{\frac{\pi}{2}} y(t)\sin\omega t\, d\omega t = \frac{4}{\pi}\int_{\varphi_1}^{\frac{\pi}{2}} M\sin\omega t\, d\omega t = -\frac{4}{\pi}M\cos\omega t\Big|_{\varphi_1}^{\frac{\pi}{2}}$$

$$= \frac{4M}{\pi}\cos\varphi_1 = \frac{4M}{\pi}\sqrt{1-\left(\frac{h}{A}\right)^2} \quad (A\geqslant h)$$

$$N(A) = \frac{B_1 + jA_1}{A} = \frac{B_1}{A} = \frac{4M}{\pi A}\sqrt{1-\left(\frac{h}{A}\right)^2} \quad (A\geqslant h)$$

(2) 理想继电特性

上公式 $h=0$,$N(A)=\dfrac{4M}{\pi A}$

(3) 立方函数 $y=x^3$

奇函数 $A_1=A_0=0$,输入 $x=A\sin\omega t$ 时,$y(t)=A^3\sin^3\omega t$,如图 8.7 所示。

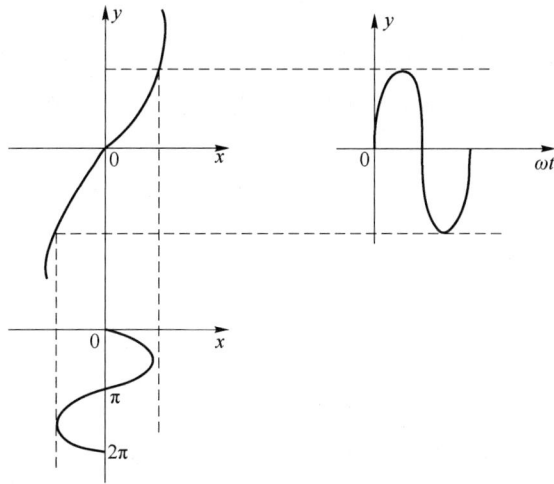

图 8.7

$$B_1 = \frac{4}{\pi}\int_0^{\frac{\pi}{2}} A^3 \sin^4\omega t\, \mathrm{d}\omega t，由定积分公式：$$

$$I_n = \int_0^{\frac{\pi}{2}} \sin^n\omega t\, \mathrm{d}\omega t = \begin{cases} \dfrac{(n-1)(n-3)\cdots 4\times 2}{n(n-2)\cdots 5\times 3} & n\text{ 为奇函数时} \\ \dfrac{(n-1)(n-3)\cdots 5\times 3}{n(n-2)\cdots 4\times 2}\times\dfrac{\pi}{2} & n\text{ 为偶函数时} \end{cases}$$

$$B_1 = \frac{\pi}{4}A^3 \times \frac{3\times 1}{4\times 2\times 1}\times\frac{\pi}{2} = \frac{3}{4}A^3，\text{所以 } N(A) = \frac{B_1}{A} = \frac{3}{4}A^2$$

(4) 一般非线性：$y = \dfrac{1}{2}x + \dfrac{1}{4}x^3$；输入 $x = A\sin\omega t$

$y(t)$ 单值函数，奇函数 $A_1 = 0$，$y(t) = \dfrac{1}{2}A\sin\omega t + \dfrac{1}{4}A^3\sin^3\omega t$

$$\begin{aligned} B_1 &= \frac{4}{\pi}\int_0^{\frac{\pi}{2}}\left(\frac{1}{2}A\sin\omega t + \frac{1}{4}A^3\sin^3\omega t\right)\sin\omega t\,\mathrm{d}\omega t \\ &= \frac{4}{\pi}\int_0^{\frac{\pi}{2}}\left(\frac{1}{2}A\sin^2\omega t + \frac{1}{4}A^3\sin^4\omega t\right)\mathrm{d}\omega t \\ &= \frac{1}{2}A + \frac{3}{16}A^3 \end{aligned}$$

所以 $N(x) = \dfrac{B_1}{A} = \dfrac{1}{2} + \dfrac{3}{16}A^2$。

8.2 考点归类解析与例题详解

考点 1　描述函数定义，应用条件和 $N(A)$ 求取

【例 8-1】

（大连理工大学 1999 年）设有两个非线性系统，它们的非线性部分一样。线性部分分别为

① $G(s) = \dfrac{2}{s(0.1s+1)}$　　　② $G(s) = \dfrac{2}{s(s+1)}$

试问：当用描述函数法分析时，哪个系统分析的准确度高？为什么？

解答：

线性环节的低通性越好，高频时的滤波能力越强↑，则系统分析的准确度越高。所以要判断两个环节的低通性能。

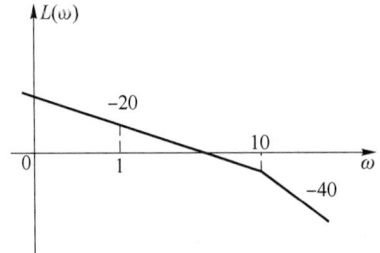

$G(s) = \dfrac{2}{s(0.1s+1)}$

$\omega = 10$

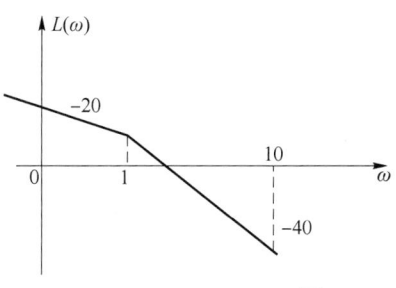

$$G(s) = \frac{2}{s(s+1)}$$
$$\omega = 1$$

图 8.8

由图 8.8 可知:系统②对应的高频衰减更大,滤波能力更好,分析准确度更高。

考点 2　非线性系统稳定性判别(自激振荡定义、产生条件,求谐波频率、自激振荡幅值 A)

知识点:非线性系统稳定性判别、自激振荡判别。

将系统等效变换成非线性和线性两部分,如图 8.9 所示的结构形式。

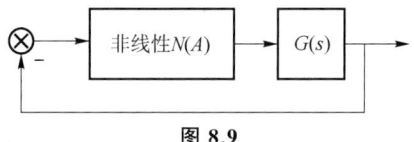

图 8.9

$$\Phi(j\omega) = \frac{N(A)G(j\omega)}{1 + N(A)G(j\omega)}$$
$$D(j\omega) = 1 + N(A)G(j\omega)$$

由闭环特征方程 $D(s)=0 \Rightarrow G(j\omega) = -\dfrac{1}{N(A)}$,类比线性系统的稳定判别法,$-\dfrac{1}{N(A)}$ 曲线等效为 $(-1, j0)$ 点。

假设 $G(s)$ 为最小相位,应用线性系统的频域稳定判别方法(奈奎斯特判据)判别系统的稳定情况;求解 $G(j\omega)$ 曲线与 $\dfrac{-1}{N(A)}$ 两个曲线的交点,得自持振荡解。

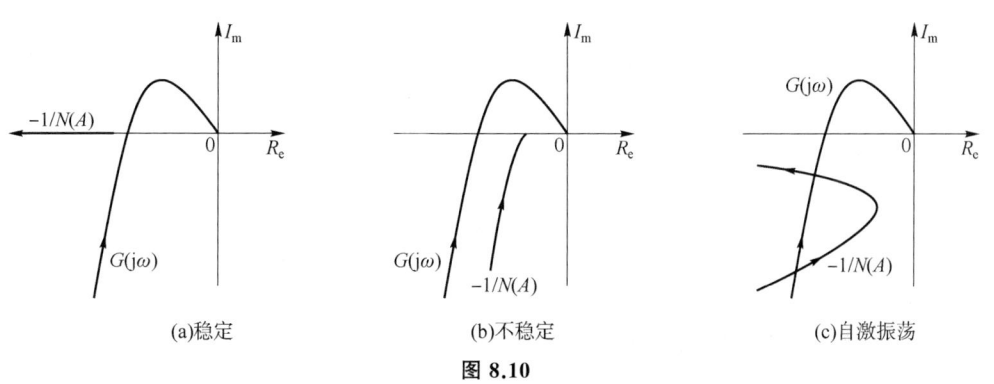

图 8.10

(1) 非线性系统稳定性判别(图 8.10)

闭环系统 $\begin{cases} G(j\omega)\text{不包围} \dfrac{-1}{N(A)} \text{曲线} —— \text{闭环系统稳定(距离越远}\to\text{稳定}\uparrow) \\ G(j\omega)\text{包围} \dfrac{-1}{N(A)} \text{曲线} —— \text{闭环系统不稳定} \\ G(j\omega)\text{与} \dfrac{-1}{N(A)} \text{曲线相交} —— \text{出现自持振荡(极限环)，等幅振荡} \end{cases}$

(2) 自激振荡产生条件

$G(j\omega)$ 曲线与 $\dfrac{-1}{N(A)}$ 曲线相交，出现自持振荡(极限环)。

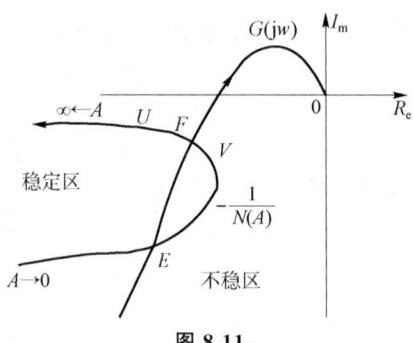

图 8.11

(3) 自激振荡稳定性分析，如图 8.11 所示。

F 点 $\begin{cases} A\downarrow \longrightarrow V \text{点不稳定} \longrightarrow A\uparrow \longrightarrow F \text{点} \\ A\uparrow \longrightarrow U \text{点稳定} \longrightarrow A\downarrow \longrightarrow F \text{点} \end{cases} > F \text{点为稳定极限环}$

(稳定极限环——由不稳定区向外运动的相交点，例如 F 点)。

同理，E 点为不稳定极限环——由稳定区向不稳定区运动的相交点，例如 E 点。

【例 8-2】

非线性系统如图 8.12 所示，$N(A)=\dfrac{4M}{\pi A}$，A 为非线性环节输入信号的幅值。

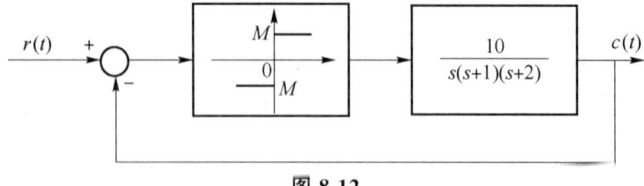

图 8.12

(1) 用描述函数法分析系统的稳定性，判断系统能否自激振荡？
(2) 若有自激振荡，求出自振频率和振幅。

解答：

(1) 系统的 $G(j\omega)$ 和曲线 $-\dfrac{1}{N(A)}$ 如图 8.13 所示，两曲线有交点。由曲线知，存在稳定的自激振荡

$G(j\omega)$ 和曲线 $-\dfrac{1}{N(A)}$ 如图 8.13 所示。

(2) 令 $-\dfrac{1}{N(A)}=G(j\omega)$，得 $-\dfrac{\pi A}{4M}=\dfrac{10}{j\omega(j\omega+1)(j\omega+2)}$

所以 $j\omega(j\omega+1)(j\omega+2)=-10\dfrac{4M}{\pi A}$

$$-3\omega^2+j(2\omega-\omega^3)=-\dfrac{40M}{\pi A}$$

$\begin{cases}2\omega-\omega^3=0\\-3\omega^2=-\dfrac{40M}{4\pi}\end{cases}\Rightarrow\begin{cases}\omega=\sqrt{2}\text{ rad/s}\\\text{代入 }\omega\text{ 值，得 }A=\dfrac{20M}{3\pi}\end{cases}$

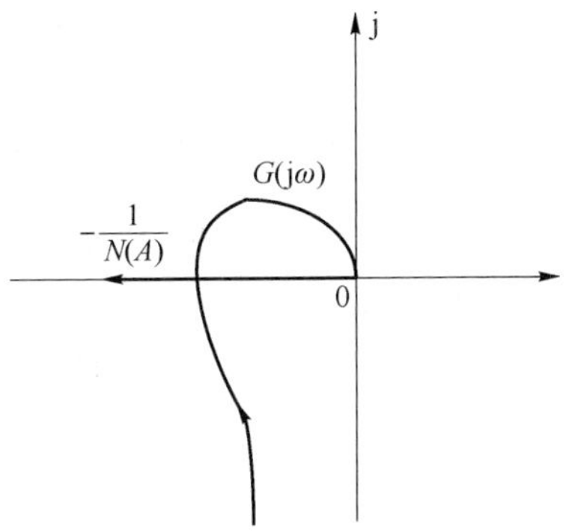

分析系统的稳定性 $\begin{cases}A<\dfrac{20M}{3\pi},G(j\omega)\text{ 包围 }-\dfrac{1}{N(A)},\text{系统不稳定}\\A>\dfrac{20M}{3\pi},G(j\omega)\text{ 不包围 }-\dfrac{1}{N(A)},\text{系统稳定}\\A=\dfrac{20M}{3\pi},G(j\omega)\text{ 和 }-\dfrac{1}{N(A)}\text{ 相交，产生自振},\omega=2\text{ rad/s}\end{cases}$

图 8.13

【例 8-3】

(上海交通大学 2005 年) 非线性系统如图 8.14 所示，试确定系统是否产生自持振荡？确定其频率和幅值。

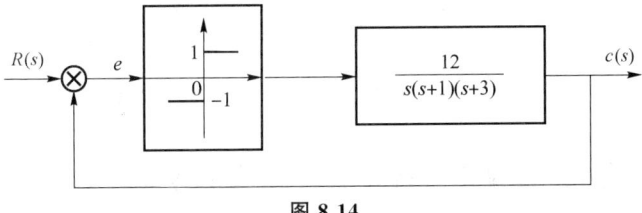

图 8.14

解答：

$$G(j\omega)=\dfrac{12}{j\omega(j\omega+1)(j\omega+3)}$$

(1) 继电器环节：$N(A)=\dfrac{4}{\pi A}\Rightarrow\dfrac{-1}{N(A)}=-\dfrac{\pi A}{4}$

$\begin{cases}A\to 0\text{ 时 }\dfrac{-1}{N(A)}\to 0\\A\to\infty\text{ 时 }\dfrac{-1}{N(A)}\to-\infty\end{cases}\Rightarrow\dfrac{-1}{N(A)}$ 曲线在负实轴上。

(2) 线性部分：

$$G(j\omega)=\dfrac{12}{j\omega(j\omega+1)(j\omega+3)}=P(\omega)+jQ(\omega)$$

$$=\dfrac{-48}{(1+\omega^2)(9+\omega^2)}+j\dfrac{12\omega^2-36}{\omega(1+\omega^2)(9+\omega^2)}$$

令 $Q(\omega)=0$，即 $12\omega^2-36=0 \Rightarrow \omega=\sqrt{3} \Rightarrow$ 代入 $P(\omega)=-1$，

$\begin{cases} 当 \omega \to 0^+ 时 |G(j\omega)| \to \infty, \angle G(j\omega) = -90° \\ 当 \omega \to \infty 时 |G(j\omega)| \to 0, \angle G(j\omega) = -270° \end{cases}$

(3) 如图 8.15 所示，$G(j\omega)$ 曲线与 $\dfrac{-1}{N(A)}$ 曲线相交，出现自持振荡。令 $\dfrac{-1}{N(A)} = -\dfrac{\pi A}{4} = -1 \Rightarrow A = \dfrac{4}{\pi}$。

结论：系统会产生自持振荡，谐振频率 $\omega=\sqrt{3}$，幅值 $A=\dfrac{4}{\pi}$。

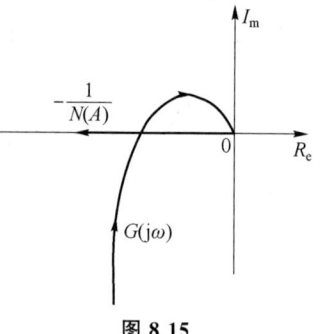

图 8.15

知识点：求系统自持振荡的频率和幅值方法

（1）分别画出线性 $G(j\omega)$ 和 $-\dfrac{1}{N(A)}$ 曲线 $\Rightarrow$ 如果 $G(j\omega)$ 曲线与 $\dfrac{-1}{N(A)}$ 曲线相交，且由不稳定区向外运动的，系统产生自持振荡。

（2）令 $|G(j\omega)| = -\dfrac{1}{N(A)} \Rightarrow$ 得谐振频率 ω，振幅 A。

（注意：A 是非线性环节的输入振幅）

知识点：求 $G(j\omega)$ 与负实轴交点

① 令虚部 $I_m(G(j\omega))=0$，得到 ω 值 $\to$ 代入实部 $R_e(G(j\omega))$；

② 当相角 $\varphi(j\omega)$ 表达式简单时，令 $\varphi(j\omega)=-180°$，得到 ω 值 $\to$ 代入 $G(j\omega)$ 得到 $|G(j\omega)|$ 值。

考点 3（逆向问题） 已知自持振荡振幅 A 和频率 ω_c，反求系统的参数

【例 8-4】

设非线性系统如图 8.16 所示，若希望系统输出 $c(t)$ 为频率 $\omega=2$ rad/s，幅值 $X_c=2$ 的周期信号（近似正弦），试确定系统参数 k、a（系统非线性环节描述函数 $N(A)=\dfrac{4M}{\pi A}$）。

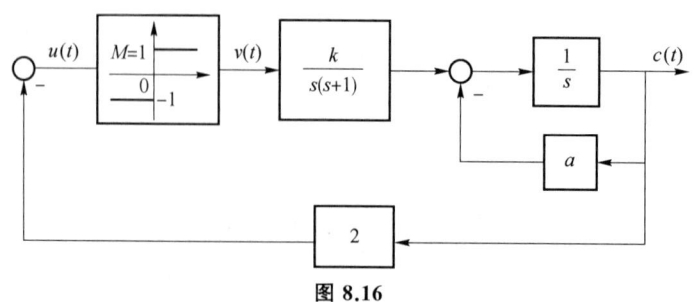

图 8.16

解答：

系统的线性部分 $G(s)=\dfrac{2k}{s(s+1)(s+a)}=\dfrac{2k}{(1+a)s^2+s(s^2+a)}$

由题意要求产生自振，频率 $\omega=2$ rad/s，幅值 $A=2X_c=4$，所以有

$$-\frac{1}{N(A)}=-\frac{\pi A}{4M}=-\frac{\pi 4}{4\times 1}=-\pi$$

下面求系统的 $G(j\omega)$：

$$G(j\omega)=\frac{2k}{-4(1+a)+j2(a-4)}$$

因为 $G(j\omega)$ 与 $-\dfrac{1}{N(A)}$ 在负实轴上相交，令 $I_m G(j\omega)=0$ 得 $a=4$，

$$|G(j\omega)|=\left|\frac{2k}{-(4+4a)}\right|=\pi\Rightarrow k=2((1+a)\pi=10\pi。$$

所以，系统参数 $k=10\pi=31.4,a=4$。

【例 8-5】

(上海交通大学 2006 年) 已知系统如图 8.17 所示，$T>0,k>0$，现要求系统输出量 $c(t)$ 的自振振幅 $X_c=0.1$，角频率 $\omega_c=10$。试确定参数 k 和 T 的值（非线性环节的 $N(x)=\dfrac{4\sqrt{2}}{\pi x}$）。

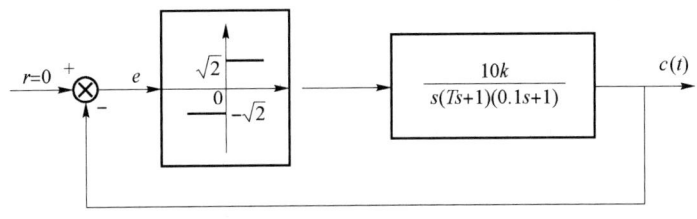

图 8.17

解答：

(1) 线性部分：

$$G(j\omega)=\frac{10k}{j\omega(j\omega T+1)(j0.1\omega+1)}=\frac{100k}{\omega}\times\frac{-(10T+1)\omega+(T\omega^2-10)j}{(10-T\omega^2)^2+(10T+1)^2\omega^2}$$

求 $G(j\omega)$ 与实轴的交点：令 $I_m(G(j\omega))=0\Rightarrow \omega=\sqrt{\dfrac{10}{T}}$，代入得 $R_e(G(j\omega))=-\dfrac{10kT}{10T+1}$，交点 $\left(-\dfrac{10kT}{10T+1},0\right)$。

分析 $G(j\omega)$ 曲线：当 $\omega\to 0$，$|G(j\omega)|\to\infty$，$\angle G(j\omega)=-90°$，

当 $\omega\to\infty$，$|G(j\omega)|\to 0$，$\angle G(j\omega)=-270°$，如图 8.18 所示。

(2) 非线性环节：$N(x)=\dfrac{4\sqrt{2}}{\pi x}$ 所以 $-\dfrac{1}{N(x)}=-\dfrac{\pi x}{4\sqrt{2}}$。

当 $x \to 0, -\dfrac{1}{N(x)} \to 0$；$x \to \infty, -\dfrac{1}{N(x)} \to -\infty$，

$-\dfrac{1}{N(x)}$ 曲线为负实轴。

（3）系统自振时：$\begin{cases} -\dfrac{\pi X_c}{4\sqrt{2}} = -\dfrac{10kT}{10T+1}, \text{代入 } X_c = 0.1 \Rightarrow kT = \dfrac{\pi}{200\sqrt{2}} \\ \omega_c = \sqrt{\dfrac{10}{T}} = 10 \Rightarrow T = 0.1 \Rightarrow k = \dfrac{\pi}{20\sqrt{2}} \end{cases}$

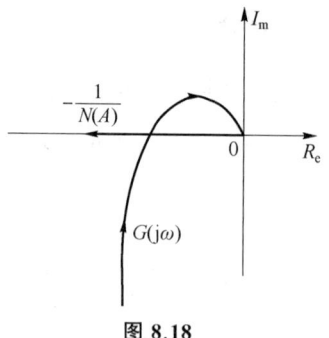

图 8.18

考点 4（扩展 1） 线性部分为等效传递函数时，自持振荡求解

知识点：线性部分为等效传递函数时，自持振荡求解方法

（1）将系统等效变换成非线性和线性两部分，如图 8.19 所示的结构形式。

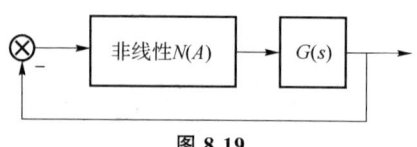

图 8.19

$\Phi(j\omega) = \dfrac{N(A)G(j\omega)}{1 + N(A)G(j\omega)}$

$D(j\omega) = 1 + N(A)G(j\omega)$

（2）由方程 $D(s) = 0 \Rightarrow G(j\omega) = -\dfrac{1}{N(A)}$，求解两个曲线的交点，得自持振荡解。

【例 8-6】

（南京航空航天大学 2016 年）设非线性系统如图 8.20 所示，其中 $M = 1, K = 1, N(A) = K + \dfrac{4M}{\pi A}$。

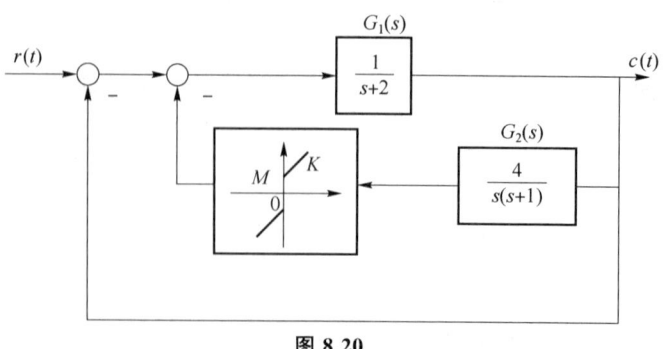

图 8.20

(1) 试求系统等效线性部分的传递函数；

(2) 用描述函数法分析系统是否产生自激振荡？如果有自激振荡，求输出 $c(t)$ 的振幅和频率。

解答：

(1) 首先交换比较点，即将图中单位负反馈与中间反馈线互换，如图 8.21 所示，得

$$\Phi_1(s) = \frac{G_1(s)}{1+G_1(s)} = \frac{1}{s+3}$$

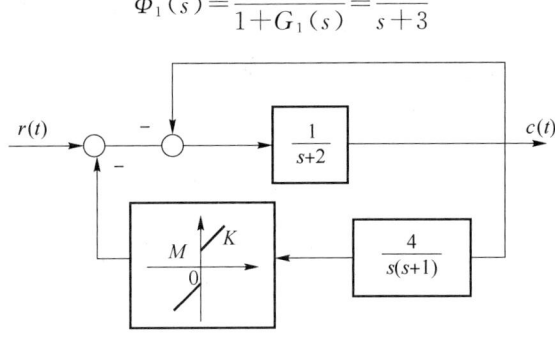

图 8.21

系统等效线性部分的传递函数为

$$G_k(s) = G_2(s)\Phi_1(s) = \frac{4}{s(s+1)(s+3)} = \frac{\frac{4}{3}}{s(s+1)\left(\frac{s}{3}+1\right)}$$

(2) 由系统等效线性部分的传递函数，对照传递函数标准型可知

$k_1 = \dfrac{4}{3}$，$T_1 = 1$，$T_2 = \dfrac{1}{3}$，所以 $\omega = \sqrt{\dfrac{1}{T_1 T_2}} = \sqrt{3}$ rad/s。

与实轴得交点 $R_e(j\omega) = \dfrac{k_1 T_1 T_2}{T_1 + T_2} = \dfrac{\frac{4}{3} \times 1 \times \frac{1}{3}}{1 + \frac{1}{3}} = \dfrac{1}{3}$。

$G_k(j\omega)$ 为图中的曲线，穿过负实轴，交点 $\left(-\dfrac{1}{3}, j0\right)$，如图 8.22 所示。

由 $N(A) = K + \dfrac{4M}{\pi A}$ 得

$$-\frac{1}{N(A)} = -\frac{1}{K + \dfrac{4M}{\pi A}} = -\frac{\pi A}{\pi A K + 4M}$$

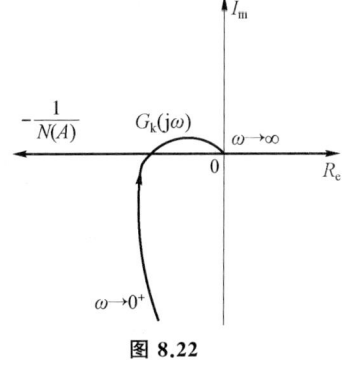

图 8.22

求 $G_k(j\omega)$ 曲线与 $-\dfrac{1}{N(A)}$ 曲线的交点：

令 $-\dfrac{\pi A}{\pi A K + 4M} = -\dfrac{1}{3}$，将 $M=1$，$K=1$ 代入得

$$\pi A = 2 \Rightarrow A = \frac{2}{\pi}$$

所以，系统有自激振荡，输出 $c(t)$ 的振幅 $\dfrac{A}{2/\sqrt{3}} = \dfrac{\sqrt{3}}{\pi}$，频率 $\omega = \sqrt{3}$ rad/s。

【例 8-7】

（华中科技大学 2006 年）非线性系统如图 8.23 所示，其非线性环节描述函数 $N(A) = \dfrac{4M}{\pi A}\sqrt{1-\left(\dfrac{n}{A}\right)^2}$，式中 $M=1, n=1$。$G_1(s) = \dfrac{1}{s(s+1)}, G_2(s) = \dfrac{2}{s}, G_3(s) = 1$。问：

(1) 该系统是否存在自持振荡，若存在，求自持振荡的频率 ω 和幅值 A。

(2) 当 $G_3(s) = s$ 时，试分析系统稳定性。

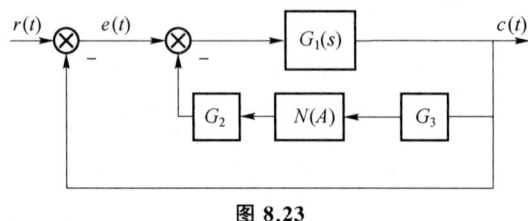

图 8.23

解答：

比较点交换，结构图变换如图 8.24 所示，得

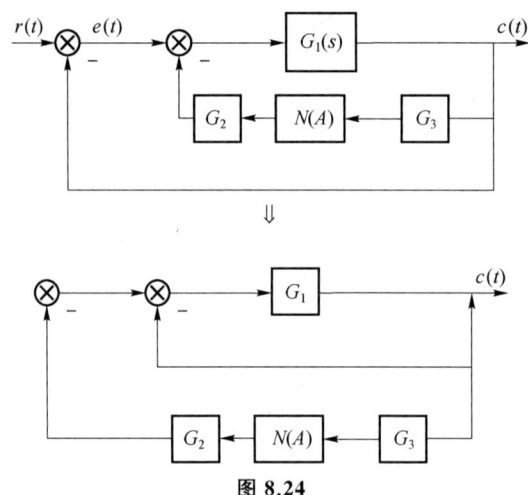

图 8.24

系统线性部分等效传递函数 $G(s) = \dfrac{G_1 G_2 G_3}{1 + G_1}$。

等效开环传递函数 $G_{\text{开}}(s) = \dfrac{G_1 G_2 G_3}{1 + G_1} N(A)$。

闭环传递函数 $\Phi(s) = \dfrac{G_1 G_2 G_3}{1 + G_1 G_2 G_3 N(A) + G_1}$。

系统特征方程 $D(s) = 1 + G_1 G_2 G_3 N(A) + G_1 = 0$。

得 $-\dfrac{1}{N(A)} = \dfrac{G_1 G_2 G_3}{1 + G_1}$，即等效线性传递函数为 $G' = \dfrac{G_1 G_2 G_3}{1 + G_1} = \dfrac{2}{s(s^2 + s + 1)}$。

第 8 章　非线性系统

(1) $G'(\mathrm{j}\omega) = \dfrac{2}{\omega} \times \dfrac{-\omega + (\omega^2-1)^2}{(\omega^2-1)^2 + \omega^2}$ 令 $I_\mathrm{m}(G'(\mathrm{j}\omega)) = 0 \Rightarrow \omega = 1$

$\omega \to 0, G'(\mathrm{j}\omega) = \infty \angle -90°, \omega \to \infty, G'(\mathrm{j}\omega) = 0 \angle -270°$

$N(A) = \dfrac{4}{\pi A}\sqrt{1-\left(\dfrac{1}{A}\right)^2}, \left(\dfrac{-1}{N(A)}\right)_{\max} = -\dfrac{2}{\pi}$

$\omega = 1,$ 令 $\dfrac{-1}{N(A)} = \dfrac{-\pi A}{4\sqrt{1-\left(\dfrac{1}{A}\right)^2}} = -2 \Rightarrow \dfrac{\pi A^2}{4\sqrt{A^2-1}} = 2$

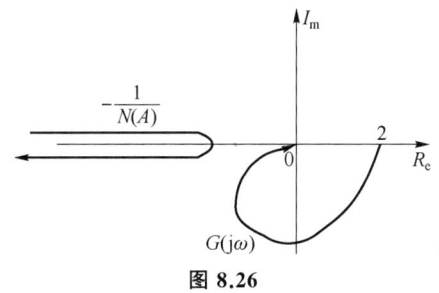

图 8.25

解得 $A_1 = 1.11, A_2 = 2.29$。由图 8.25 得 A_1 为不稳定的振荡点，A_2 稳定的振荡点。

(2) $G_3(s) = s$ 时，$G'(s) = \dfrac{2}{s^2+s+1}, G'(\mathrm{j}0) = 2\angle 0°, G'(\mathrm{j}\infty) = 0\angle -180°$。

$G'(\mathrm{j}\omega)$ 与实轴无交点，与 $\dfrac{-1}{N(A)}$ 无交点，不包围 $\dfrac{-1}{N(A)}$，如图 8.26 所示。

所以闭环系统稳定。

图 8.26

【例 8-8】

已知非线性系统的结构，求系统线性部分等效传递函数。

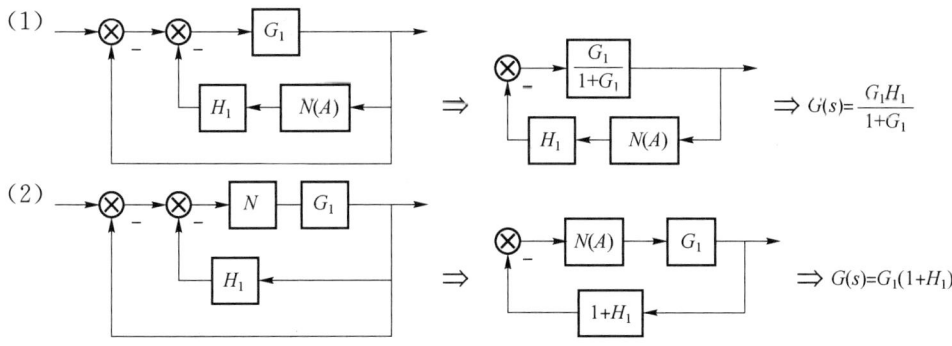

考点 4(扩展 2)　由微分方程，求解系统结构图中 $N(A)$ 和 $G(s)$，再判别系统稳定性，求谐振频率 ω_c 和振幅 A

【例 8-9】

(南京航空航天大学 2005 年)已知非线性系统如图 8.27 所示，其动态方程为

$$e(t)=r(t)-c(t)$$

$$\frac{\mathrm{d}x(t)}{\mathrm{d}t}+x(t)=e(t)$$

$$y(t)=\begin{cases}1,x>0\\-1,x>0\end{cases}$$

$$\frac{\mathrm{d}^2c(t)}{\mathrm{d}t^2}+4\frac{\mathrm{d}c(t)}{\mathrm{d}t}=ky(t),(k>0)$$

(1) 求 $G_1(s)$、$G_2(s)$，画出非线性环节的输入输出静特性关系曲线；

(2) 用描述函数法分析系统的稳定性，若自振，求自振参数 $\left(N(A)=\dfrac{4M}{\pi A}\right)$。

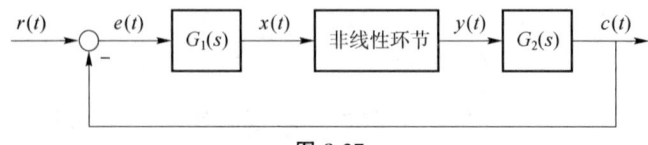

图 8.27

解答：

(1) 在零初始条件下，对微分方程取拉普拉斯变换：

$$\frac{\mathrm{d}x(t)}{\mathrm{d}t}+x(t)=e(t)\Rightarrow G_1(s)=\frac{X(s)}{E(s)}=\frac{1}{s+1}$$

$$\frac{\mathrm{d}^2c(t)}{\mathrm{d}t^2}+4\frac{\mathrm{d}c(t)}{\mathrm{d}t}=ky(t)\Rightarrow G_2(s)=\frac{C(s)}{Y(s)}=\frac{k}{s^2+4s}$$

非线性环节的输入输出静特性关系曲线如图 8.28 所示。

(2) 等效传递函数 $G_k(s)=G_1(s)G_2(s)=\dfrac{k}{s(s+1)(s+4)}=$

$\dfrac{\dfrac{k}{4}}{s(s+1)\left(\dfrac{1}{4}s+1\right)}$。

由 $N(A)=\dfrac{4M}{\pi A}$，得 $-\dfrac{1}{N(A)}=-\dfrac{\pi A}{4}$，$-\dfrac{1}{N(A)}$ 曲线为 s 复平面的负实轴。

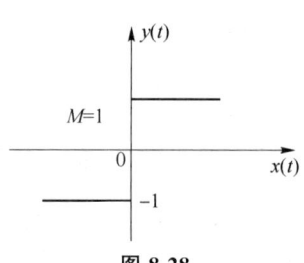

图 8.28

(3) $T_1=1$，$T_2=\dfrac{1}{4}$，$G_k(j\omega)$ 与负实轴交点频率 $\omega=\sqrt{\dfrac{1}{T_1T_2}}=2\ \mathrm{rad/s}$。

$R_e(j\omega)=\dfrac{\dfrac{k}{4}T_1T_2}{T_1+T_2}=\dfrac{\dfrac{k}{4}\cdot\dfrac{1}{4}}{1+\dfrac{1}{4}}=\dfrac{k}{20}$，由此有 $\dfrac{\pi A}{4}=\dfrac{k}{20}$，得

$A=\dfrac{k}{5\pi}=0.064k$，$-\dfrac{1}{N(A)}$ 曲线与 $G_k(j\omega)$ 曲线相交，如图 8.29 所示，分析有

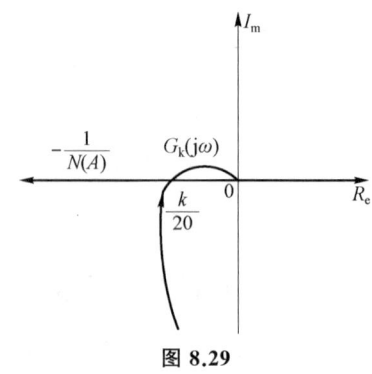

图 8.29

$$\begin{cases} A < 0.064k, G(j\omega) \text{ 包围 } -\dfrac{1}{N(A)}, \text{系统不稳定} \\ A > 0.064k, G(j\omega) \text{ 不包围 } -\dfrac{1}{N(A)}, \text{系统稳定} \\ A = 0.064k, -\dfrac{1}{N(A)} \text{ 和 } G(j\omega) \text{ 相交，产生自振}, \omega = 2 \text{ rad/s} \end{cases}$$

考点 4(扩展 3)　含延迟环节应用描述函数法

知识点：系统中含延迟环节时，用相角公式求解交点处频率

【例 8-10】

设非线性系统如图 8.30 所示，其中非线性部分描述函数为 $N(X) = -\dfrac{1}{X}e^{j\frac{\pi}{6}}$，试用描述函数法分析系统的自由运动，若有自激振荡，求出自振振幅和频率。

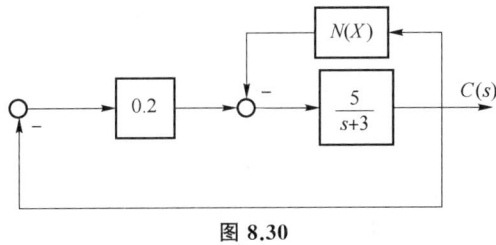

图 8.30

解答：

（1）系统中比较点交换，结构图变换如图 8.31 所示。

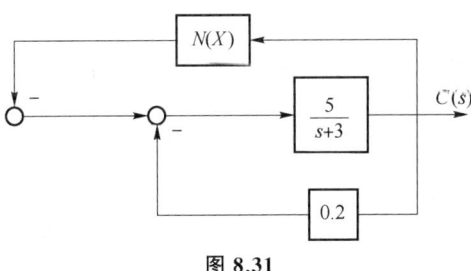

图 8.31

系统的线性部分传递函数为 $G(s) = \dfrac{\dfrac{5}{s+3}}{1 + \dfrac{5 \times \dfrac{1}{5}}{s+3}} = \dfrac{5}{s+4}$。

系统的线性部分的频率特性为 $G(j\omega) = \dfrac{5}{j\omega + 4} = \dfrac{5}{\sqrt{16 + \omega^2}} \angle -\tan^{-1}\dfrac{\omega}{4}$。

$G(\mathrm{j}\omega)$ 曲线为 $\begin{cases} \omega=0, 1.25\angle 0° \\ \omega=\infty, 0\angle -90° \end{cases}$,如图 8.32 所示。

(2) 由 $N(X)=-\dfrac{1}{X}\mathrm{e}^{\mathrm{j}\frac{\pi}{6}}$ 得

$-\dfrac{1}{N(X)}=X\mathrm{e}^{-\mathrm{j}\frac{\pi}{6}}\Rightarrow -\dfrac{1}{N(X)}$ 曲线为

$\begin{cases} X=0, \quad 0\angle -30° \\ X=\infty, \quad \infty\angle -30° \end{cases}$

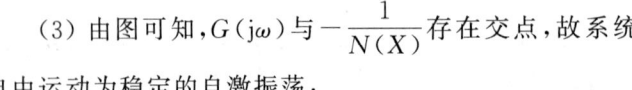

图 8.32

(3) 由图可知,$G(\mathrm{j}\omega)$ 与 $-\dfrac{1}{N(X)}$ 存在交点,故系统自由运动为稳定的自激振荡:

由 $-\tan^{-1}\dfrac{\omega}{4}=30°=\dfrac{\pi}{6}$ 得 $\omega=0.577\times 4=2.31\ \mathrm{rad/s}$。

得自振振幅: $X=|G(\mathrm{j}2.31)|=\dfrac{5}{\sqrt{4^2+2.31^2}}=1.08$。

系统有自激振荡,自振振幅为 $X=1.08$,频率 $\omega=2.31\ \mathrm{rad/s}$。

【例 8-11】

(南京航空航天大学 2017 年)非线性系统结构如图 8.33 所示,$M=1$,$N(A)=\dfrac{4M}{\pi A}$。

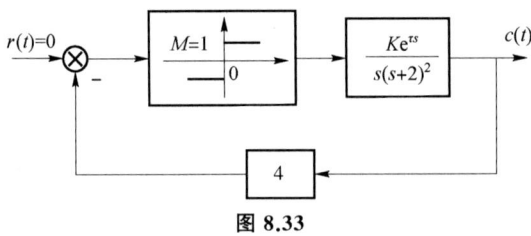

图 8.33

(1) $\tau=0$ 时,确定系统受扰动后最终的运动形式(稳定/自振/发散);

(2) $\tau=0$ 时,要在系统输出端产生一个振幅 $A_\mathrm{c}=\dfrac{1}{\pi}$ 的近似正弦信号,试确定参数 K 和相应的输出信号频率 ω;

(3) 定性分析当延迟环节系数 τ 增大时,自振参数 A 和 ω 的变化趋势(增加/不变/减少)。

解答:

(1) 线性部分: $G(s)=\dfrac{4K\mathrm{e}^{-\tau s}}{s(s+2)^2}$。

当 $\tau=0$ 时: $G(s)=\dfrac{4K}{s(s+2)^2}$,则

$$G(\mathrm{j}\omega)=\dfrac{4K}{\mathrm{j}\omega(\mathrm{j}\omega+2)^2}=\dfrac{-16K}{[(4-\omega^2)^2+16\omega^2]}+\mathrm{j}\dfrac{4K(\omega^2-4)}{\omega_1[(4-\omega^2)^2+16\omega^2]}$$

$\begin{cases} \omega\to 0^+ 时:G(\mathrm{j}0^+)=-K-\mathrm{j}\infty \\ \omega\to\infty 时:G(\mathrm{j}\infty)=-0+\mathrm{j}0 \end{cases}$,如图 8.34 所示。

与负实轴交点:实部为零$\Rightarrow\omega^2=4$,代入虚部得:$\omega=2$ rad/s。

非线性部分:$N(A)=\dfrac{4M}{\pi A}$,则$-\dfrac{1}{N(A)}=-\dfrac{\pi A}{4M}=-\dfrac{\pi A}{4}$。

$\begin{cases} A\to 0\text{时}:-\dfrac{1}{N(A)}\to 0 \\ A\to\infty\text{时}:-\dfrac{1}{N(A)}\to-\infty \end{cases}$

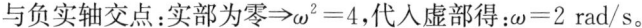

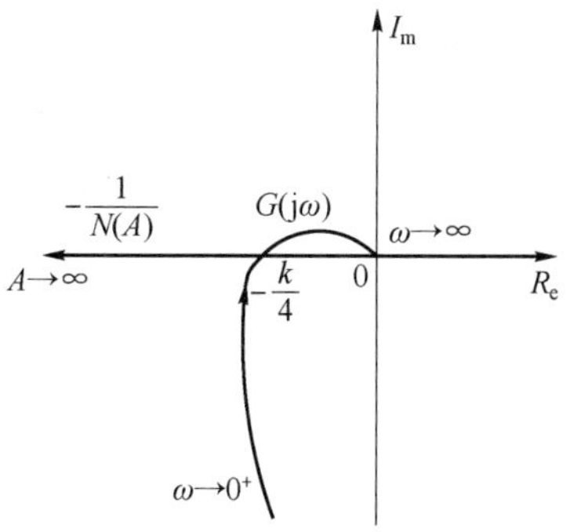

图 8.34

所以,当$\tau=0$时,系统受扰动后最终的运动形式为自振。

(2) 由$A_c=\dfrac{1}{\pi}$,则$A=\dfrac{4}{\pi}$,$N(A)=\dfrac{4}{\pi A}=1$,$-\dfrac{1}{N(A)}=-1$。

所以$G(j\omega)=-1$,$\omega=2$ rad/s。

所以$-\dfrac{K}{4}=-1\Rightarrow K=4$。

综上所述,满足条件时$K=4$,$\omega=2$ rad/s。

(3) 线性部分:$G(s)=\dfrac{4K\mathrm{e}^{-\tau s}}{s(s+2)^2}$

则$A(\omega)=\dfrac{4K}{\omega(\omega^2+4)}$,$\begin{cases}\omega\to 0^+\text{时}:A(\omega)\to\infty,\varphi(\omega)\to-90° \\ \omega\to\infty\text{时}:A(\omega)\to 0,\varphi(\omega)\to\infty\end{cases}$。

且$\varphi(\omega)=-90°-2\arctan 0.5\omega-57.3\omega\tau°=-180°$。

若τ增加:则$\arctan 0.5\omega$减小,则ω减小,$A(\omega)$增加,即$-\dfrac{1}{N(A)}$增加,A增加。

所以,当延迟环节系数τ增大时,自振参数A应增加,ω的值应减小。

考点5 等倾线法绘制相平面图,求开关线方程、等倾线方程

基本知识要点

1. 相平面的基本概念

相平面如图8.35所示,以$x(t)$横坐标,$\dot{x}(t)$为纵坐标组成的直角坐标平面称为相平面x $\dot{x}$。
相平面法是一种求解一、二阶常微分方程的图解法。
适用:只能应用于形如的$\ddot{x}=f(x\cdot\dot{x})$一、二阶线性系统或非线性系统上。

2. 图解法(等倾线法)——相平面图的绘制方法一

$$\ddot{x}=\dot{x}\dfrac{\mathrm{d}\dot{x}}{\mathrm{d}x}=f(x\cdot\dot{x})\Rightarrow\dfrac{\mathrm{d}\dot{x}}{\mathrm{d}x}=\dfrac{f(x\cdot\dot{x})}{\dot{x}}\quad\text{相轨迹方程}$$

令$\dfrac{\mathrm{d}\dot{x}}{\mathrm{d}x}=\alpha=\dfrac{f(x\cdot\dot{x})}{\dot{x}}$(等倾线方程),$\alpha$为相轨迹点的切线斜率。

下面举例说明描点绘图法画出相轨迹。

例如:绘制$\ddot{y}+\dot{y}+y=0$在$y(0),\dot{y}(0)=5$时的相轨迹。

解:$\ddot{y}=\dot{y}\dfrac{\mathrm{d}\dot{y}}{\mathrm{d}y}=-(\dot{y}+y)$,即$\dfrac{\mathrm{d}\dot{y}}{\mathrm{d}y}=\dfrac{-(\dot{y}+y)}{\dot{y}}=\alpha$ 等倾线方程

$$\alpha\dot{y}+\dot{y}=-y\Rightarrow\dot{y}=\dfrac{-y}{1+\alpha}=\beta y$$

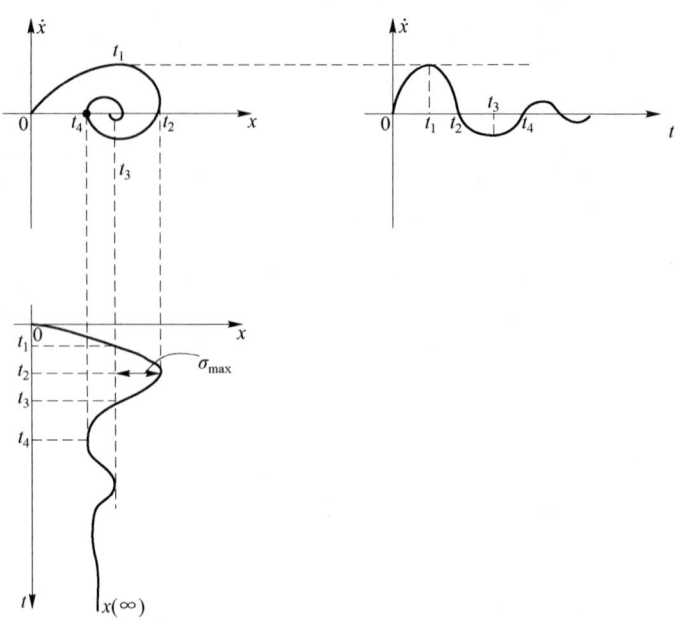

图 8.35

可见,此系统相轨迹的等倾线都是过原点切斜率为 β 的直线。

由上式推导整理为 $\dot{y}=\beta y$,β 是相平面图上等倾线本身的斜率。

		与纵轴交点						水平			
轨迹趋势	α	-1	-1.2	-1.5	-2	-3	-6	$-\infty$	5	1	0	-0.5
等倾线斜率	β	∞	5	2	1	0.5	0.2	0	-0.167	-0.5	-1	2
		90°		45°				横轴			$-45°$	

等倾线绘图法如图 8.36 所示,一般取相邻等倾线的平均值作为此段斜率,例 AB 段斜率为 $\dfrac{-1-1.2}{2}=-1.1$,BC 段斜率为 $\dfrac{-1.2-1.5}{2}=-1.35$,对应 $-53.5°$ 的短线,$-53.5°=\tan^{-1}(-1.35)$。

3. 相轨迹的特点

(1) x 轴、$\dot{x}$ 轴的比例尺一致。

(2) 相平面的上半平面:轨迹由左→右。

相平面下半平面:轨迹由右→左;相轨迹为顺时针方向。

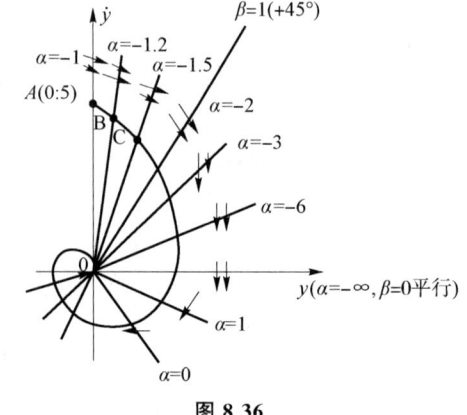

图 8.36

(3) 除平衡点处 $\alpha=\dfrac{f(x\cdot\dot{x})}{\dot{x}}=\infty$,所以,相轨迹与 x 轴垂直相交。

(4) 奇点在横轴上。

4. 开关线方程

如果非线性系统可用分段的线性微分方程描述或近似,则可把相平面分成若干区域,把区域之间的间隔线称为开关线,其表达式为开关线方程。

【例 8-12】

(南京航空航天大学 2005 年)已知非线性系统结构如图 8.37 所示,系统的动态方程组如下:

$$e(t)=r(t)-c(t),\ \frac{\mathrm{d}x(t)}{\mathrm{d}t}+x(t)=e(t),\ y(t)=\begin{cases}1 & x>0 \\ -1 & x<0\end{cases},$$

$$\frac{\mathrm{d}^2c(t)}{\mathrm{d}t^2}+4\frac{\mathrm{d}c(t)}{\mathrm{d}t}=ky(t)\quad(k>0)$$

(1) 求出 $G_1(s)$、$G_2(s)$,画出非线性环节输入输出特性关系曲线;
(2) 求出 $e-\dot{e}$ 平面上的等倾线方程、开关线方程;
(3) 请说出相轨迹的两个特点。

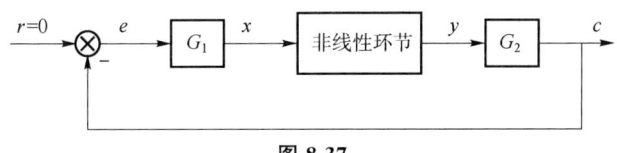

图 8.37

解答:

(1) 由 $\dfrac{\mathrm{d}x(t)}{\mathrm{d}t}+x(t)=e(t)\Rightarrow G_1(s)=\dfrac{X(s)}{E(s)}=\dfrac{1}{s+1}$

由 $\dfrac{\mathrm{d}^2c(t)}{\mathrm{d}t^2}+4\dfrac{\mathrm{d}c(t)}{\mathrm{d}t}=ky(t)\Rightarrow G_2(s)=\dfrac{C(s)}{Y(s)}=\dfrac{k}{s^2+4s}$

$y(t)=\begin{cases}1 & x>0 \\ -1 & x<0\end{cases}$,非线性环节为单位理想继电器,如图 8.38 所示。

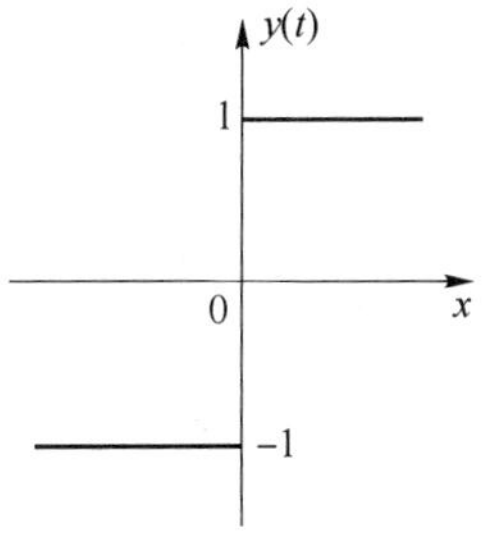

图 8.38

(2) 由 $e(t)=r(t)-c(t)\Rightarrow \dot{c}=-\dot{e},\ \ddot{c}=-\ddot{e}$,代入 $\ddot{c}+4\dot{c}=ky$,

由图逆推得 $\ddot{e}+4\dot{e}=-ky=\begin{cases}-k & x>0 \\ k & x<0\end{cases}=\begin{cases}-k & e>0 \\ k & e<0\end{cases}\quad(G_1(s)$ 为惯性, $x>0\to e>0)$

(推导的方向:消除中间量 x、y、c,找到 e、$\dot{e}$ 关系式)

由 $\ddot{e}=\dot{e}\dfrac{\mathrm{d}\dot{e}}{\mathrm{d}e}$,得 $\dfrac{\mathrm{d}\dot{e}}{\mathrm{d}e}=\begin{cases}\dfrac{-4\dot{e}-k}{\dot{e}}, & e>0 \\ \dfrac{-4\dot{e}+k}{\dot{e}}, & e<0\end{cases}$。令 $\dfrac{\mathrm{d}\dot{e}}{\mathrm{d}e}=\alpha$,可得等倾线方程为 $\begin{cases}\dot{e}=\dfrac{-k}{4+\alpha}, & e>0 \\ \dot{e}=\dfrac{k}{4+\alpha}, & e<0\end{cases}$,所以开关方程为 $e=0$。

(3) 相轨迹的两个特点:

① 上半平面,相轨迹点总是向右移动;下半平面,总是向左移动(顺时针走向)。
② 除奇点外,相轨迹垂直穿越横轴。

> **知识点:求系统等倾线方程的步骤**
>
> (1) 找非线性输入输出关系,代入线性微分方程;
>
> (2) 找信号关系;
>
> (3) 令 $\dfrac{\mathrm{d}\dot{x}}{\mathrm{d}x}=\alpha=\dfrac{f(x\cdot\dot{x})}{\dot{x}}$,整理得等倾线方程。

【例 8-13】

(海事大学 2009 年)图 8.39 为具有非线性校正装置的控制系统框图,其中 Π 表示乘法器,即 $x=m\times n$,试求 $r(t)=1(t)$ 时 $e(t)$ 的方程,并求出各自的等倾线方程。

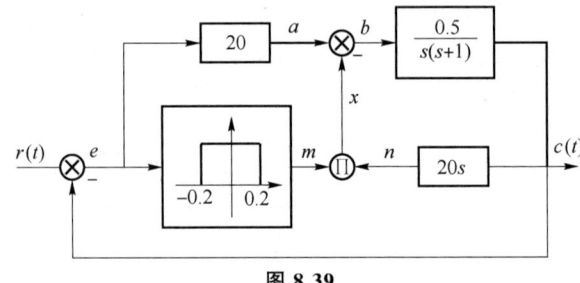

图 8.39

解答:

本题围绕二阶微分方程,把其中的变量代换成题中要求的变量,非线性环节用符号代替,最后对非线性环节分段讨论。

(1) 找变量关系:

由图得 $m=\begin{cases}1, & |e|\leqslant 0.2\\ 0, & |e|>0.2\end{cases}$, $a=20e, b=a-x, x=m\times n, n=20sC(s)$。

(2) 改为微分形式: $\dfrac{C(s)}{B(s)}=\dfrac{0.5}{s(s+1)}$, 所以, $\ddot{c}+\dot{c}=0.5b=0.5(20e-20m\dot{c})$。

(3) 变量代换: $e=r-c$, 且 $r=1(t)$, 即 $c=r-e,\dot{c}=-\dot{e},\ddot{c}=-\ddot{e}$。 带入法:有 $-\ddot{e}-\dot{e}=10e+10m\dot{e}\Rightarrow\ddot{e}+(1+10m)\dot{e}+10e=0$。因 m 值是分段的,分段讨论。

(4) 分段讨论:(两种情况)

当 $|e|\leqslant 0.2$ 时, $m=1$, 方程为 $\ddot{e}+11\dot{e}+10e=0$, 设相轨迹的斜率为 α, 等倾线方程 $\alpha\dot{e}+11\dot{e}+10e=0$。

当 $|e|>0.2$ 时, $m=0$, 方程为 $\ddot{e}+\dot{e}+10e=0$, 设相轨迹的斜率为 α, 等倾线方程 $\alpha\dot{e}+\dot{e}+10e=0$。

考点 6 奇点与特征根的关系,分段线性化法绘制相平面图

基本知识要点

1. 奇点

$\dfrac{\mathrm{d}\dot{x}}{\mathrm{d}x}=\dfrac{f(x\cdot\dot{x})}{\dot{x}}$ 同时满足 $\begin{cases}\dot{x}=0\\ f(x\cdot\dot{x})=0\end{cases}$ 的点,即切线斜率和微分方程同时为零的点。奇点在横轴上。

注意:线性二阶系统只有一个平衡状态(一个奇点),即原点 $\begin{cases} x_0 = 0 \\ \dot{x} = 0 \end{cases}$。

2. 线性系统的相轨迹

(1) 二阶线性系统: $\ddot{x} + 2\xi\omega_n\dot{x} + \omega_n^2 x = 0$。

特征方程 $\lambda^2 + 2\xi\omega_n\lambda + \omega_n^2 = 0$,特征根 $\lambda_{1,2} = -\xi\omega_n \pm \omega_n\sqrt{\xi^2-1}$。

(2) 特征根与奇点类型对应关系。

① $\begin{cases} \text{根:一对负实数的共轭复根。} \\ \text{奇点:稳定焦点(相轨迹收敛到原点)。} \end{cases}$

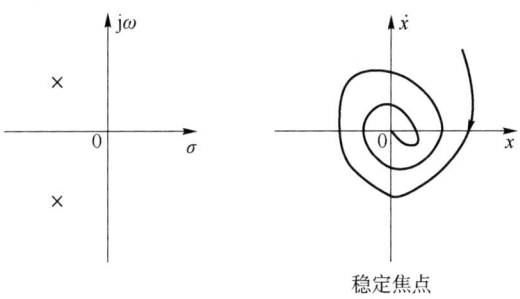

稳定焦点

② $\begin{cases} \text{根:一对正实数的共轭复根。} \\ \text{奇点:不稳定焦点。} \end{cases}$

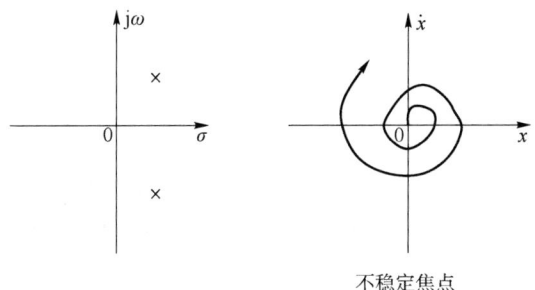

不稳定焦点

③ $\begin{cases} \text{根:两个负实根。} \\ \text{奇点:稳定节点。} \end{cases}$

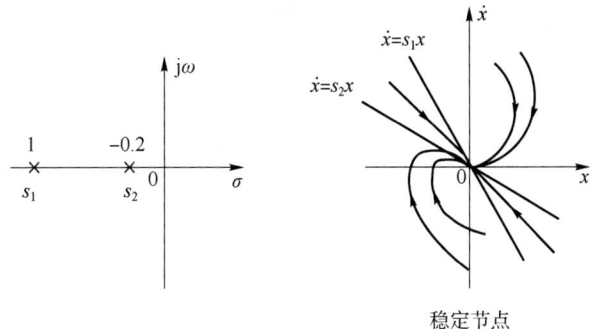

稳定节点

④ $\begin{cases} \text{根:两个正实根。} \\ \text{奇点:不稳定节点。} \end{cases}$

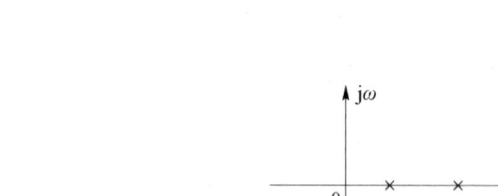

不稳定节点

⑤ $\begin{cases} 根：共轭虚根。\\ 奇点：中心点（相轨迹是一簇椭圆）。\end{cases}$

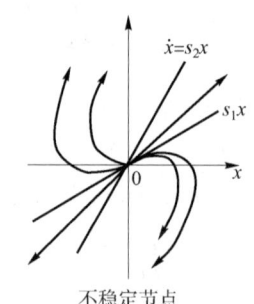

中心点

⑥ $\begin{cases} 根：一正一负的实根。\\ 奇点：鞍点（相轨迹是一簇双曲线）。\end{cases}$

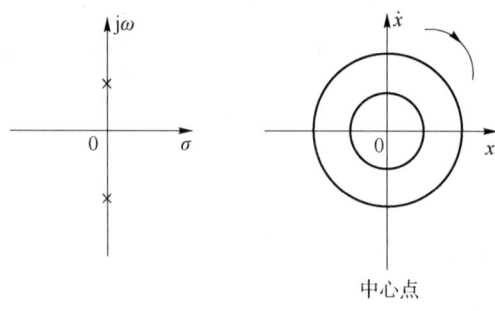

(负)　(正)

3. 分段线性化法(解析法)——相平面的绘制方法二

(1) 分段求出微分方程。

(2) 线性化(求奇点，在奇点处线性化)：

奇点$(x_0,\dot{x}_0)$处 $\dfrac{\mathrm{d}\dot{x}}{\mathrm{d}x} = \dfrac{\partial f(x\cdot\dot{x})}{\partial \dot{x}}\Big|_{(x_0\cdot\dot{x}_0)}\dot{x} + \dfrac{\partial f(x\cdot\dot{x})}{\partial x}\Big|_{(x\cdot x_0)}(x-x_0)$

即 $\ddot{x} - \dfrac{\partial f}{\partial \dot{x}}\Big|_{x_0}\dot{x} - \dfrac{\partial f}{\partial x}\Big|_{x_0}(x-x_0) = 0$

(3) 求奇点处的特征根，确定奇点类型。

由线性化后的微分方程$\ddot{x}+a\dot{x}+bx=0 \Rightarrow$得特征方程$\lambda^2+a\lambda+b=0 \Rightarrow$解出$\lambda$特征根$\Rightarrow$判定特征根类型(共6种)$\Rightarrow$确定线性系统的奇点类型。

(4) 由奇点类型画所在区域相轨迹草图。

【例 8-14】

若非线性系统的微分方程：

(1) $\ddot{x}+(3\dot{x}-0.5)\dot{x}+x+x^2=0$ (2) $\ddot{x}+x\ddot{x}+x=0$ (3) $\ddot{x}+\dot{x}^2+x=0$

求系统的奇点，并概略绘制奇点附近的相轨迹。

解答：

(1) $\ddot{x}+(3\dot{x}-0.5)\dot{x}+x+x^2=0$

$\dfrac{\mathrm{d}\dot{x}}{\mathrm{d}x}=\dfrac{-(3\dot{x}-0.5)\dot{x}-x-x^2}{\dot{x}}$，令 $\dfrac{\mathrm{d}\dot{x}}{\mathrm{d}x}=\dfrac{0}{0}$，求得奇点 $\begin{cases}x_1=0\\\dot{x}_1=0\end{cases}$ $\begin{cases}x_2=-1\\\dot{x}_2=0\end{cases}$。

在奇点 $(0,0)$ 处线性化：

$$\left.\dfrac{\partial f(x\cdot\dot{x})}{\partial\dot{x}}\right|_{\substack{x=0\\\dot{x}=0}}=0.5,\quad\left.\dfrac{\partial f(x\cdot\dot{x})}{\partial x}\right|_{\substack{x=0\\\dot{x}=0}}=-1$$

$$\ddot{x}-\left.\dfrac{\partial f}{\partial\dot{x}}\right|_{x_0}\dot{x}-\left.\dfrac{\partial f}{\partial x}\right|_{x_0}(x-x_0)=0\qquad\text{所以}\quad\ddot{x}-0.5\dot{x}+x=0$$

特征方程 $\lambda^2-0.5\lambda+1=0$，解得特征根 $\lambda_{1,2}=0.25\pm\mathrm{j}0.984$，奇点 $(0,0)$ 为不稳定的焦点。

在奇点 $(-1,0)$ 处线性化：

$$\left.\dfrac{\partial f(x\cdot\dot{x})}{\partial\dot{x}}\right|_{\substack{x=-1\\\dot{x}=0}}=0.5,\quad\left.\dfrac{\partial f(x\cdot\dot{x})}{\partial x}\right|_{\substack{x=-1\\\dot{x}=0}}=1$$

$\ddot{x}-0.5\dot{x}-(x+1)=0,(x+1)''-0.5(x+1)'-(x+1)=0$，

得特征方程 $\lambda^2-0.5\lambda-1=0,\lambda_1=1.218,\lambda_2=-0.718$，奇点 $(-1,0)$ 为鞍点。奇点附近的相轨迹如图 8.40(a) 所示。

(2) $\ddot{x}+x\ddot{x}+x=0$ 相轨迹方程 $\dfrac{\mathrm{d}\dot{x}}{\mathrm{d}x}=\dfrac{-x\ddot{x}-x}{\dot{x}}=\dfrac{f(x\cdot\dot{x})}{\dot{x}}$。

令 $\dfrac{\mathrm{d}\dot{x}}{\mathrm{d}x}=\dfrac{0}{0}$，求得奇点 $(0,0)$。在奇点处线性化：

$$\dfrac{\partial f(x\cdot\dot{x})}{\partial\dot{x}}=0,\quad\dfrac{\partial f(x\cdot\dot{x})}{\partial x}=-1$$

$$\ddot{x}-\left.\dfrac{\partial f}{\partial\dot{x}}\right|_{x_0}\dot{x}-\left.\dfrac{\partial f}{\partial x}\right|_{x_0}(x-x_0)=0,\text{得}\ \ddot{x}+x=0$$

特征方程 $\lambda^2+1=0$，特征根 $\lambda=\pm\mathrm{j}$ 奇点为中心点。奇点附近的相轨迹如图 8.40(b) 所示。

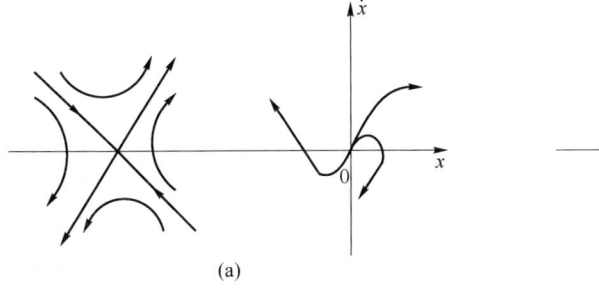

图 8.40

(3) $\ddot{x}+\dot{x}^2+x=0$，令 $\dfrac{\mathrm{d}\dot{x}}{\mathrm{d}x}=\dfrac{-(\dot{x}^2+x)}{\dot{x}}=\dfrac{0}{0}$，得奇点 $(0,0)$。在奇点处线性化：

$$\frac{\partial f(x\cdot\dot{x})}{\partial \dot{x}}=0, \frac{\partial f(x\cdot\dot{x})}{\partial x}=-1$$

得 $\ddot{x}+x=0$，即 $\lambda^2+1=0$，$\lambda_{1,2}=\pm j$，奇点 $(0,0)$ 为中心点（同心圆）。

> **知识点：**
> $\ddot{x}+f(x\cdot\dot{x})=0$ 中的 $f(x\cdot\dot{x})$ 不含常数；如果含有常数项，则进行坐标变换处理。

【例 8-15】

某二阶非线性系统如图 8.41 所示，已知输入信号 $r(t)=4\cdot 1(t)$，试在 $(e,\dot{e})$ 平面绘制其相轨迹并确定开关线方程、奇点的位置和类型。

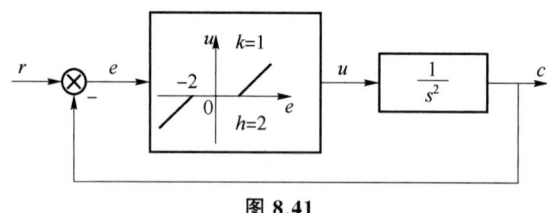

图 8.41

解答：

线性部分 $\dfrac{C(s)}{U(s)}=\dfrac{1}{s^2} \Rightarrow \ddot{c}(t)=u(t)$

非线性部分 $u=\begin{cases}0 & |e|<2 \\ e-2 & e>2 \\ e+2 & e<-2\end{cases}$，开关线方程 $\begin{cases}e=2 \\ e=-2\end{cases}$，需要把参数代换为 e：

$e=r-c=4-c$

$\ddot{e}=-\ddot{c}=-u=\begin{cases}0 & |e|<2 \quad (1)\\ 2-e & e>2 \quad (2)\\ -2-e & e<-2 \quad (3)\end{cases}$，开关线 $e=\pm 2$

奇点类型 $\begin{cases}\text{区域} & \text{运动方程} & \text{奇点} & \text{特征方程} & \text{极点} & \text{奇点性质} \\ (1) & \ddot{e}=0 & e_1 & s^2=0 & s=0 & \\ (2) & \ddot{e}+e-2=0 & e_2=2 & s^2+1=0 & s=\pm j & \text{中心点} \\ (3) & \ddot{e}+e+2=0 & e_3=-2 & s^2+1=0 & s=\pm j & \text{中心点}\end{cases}$

相轨迹 $\begin{cases}(1)\ \ddot{e}=0 \quad \dot{e}=C \text{ 水平线} \\ (2)\ \text{以 } e_2=2 \text{ 为中心的圆} \\ (3)\ \text{以 } e_3=-2 \text{ 为中心的圆}\end{cases}$

相轨迹如图 8.42 所示。

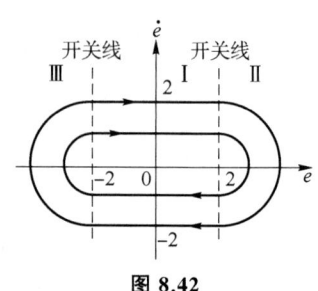

图 8.42

【例 8-16】

（大连理工大学 2004 年）非线性系统微分方程 $\ddot{x}+\dot{x}+x^2=0$，试求系统奇点的位置，指出奇点类型，并绘制相平面草图。

解答：

由 $\dfrac{\mathrm{d}\dot{x}}{\mathrm{d}x}=\dfrac{-(\dot{x}+x^2)}{\dot{x}}$，得奇点 $(0,0)$。在 $(0,0)$ 附近线性化：

$$\left.\frac{\partial f(x\cdot\dot{x})}{\partial \dot{x}}\right|_{\dot{x}_0}^{x_0}=-1 \qquad \left.\frac{\partial f(x\cdot\dot{x})}{\partial x}\right|_{\dot{x}_0}^{x_0}=-2x=0$$

得线性化 $\ddot{x}+\dot{x}=0$，其特征方程为 $\lambda^2+\lambda=0$，解得 $\lambda_1=0,\lambda_2=-1$。奇点为稳定节点。

等倾线方程 $\dot{x}=-x\left(\dfrac{\mathrm{d}\dot{x}}{\mathrm{d}x}=\dfrac{-\dot{x}}{\dot{x}}=-1,\alpha=-1\right)$。

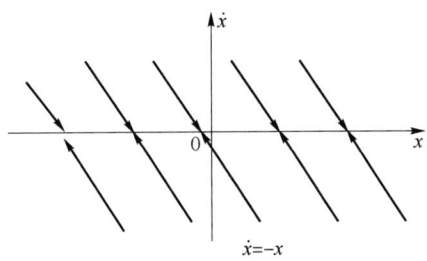

图 8.43

知识点：特殊二阶线性系统的相轨迹。

(1) $T\ddot{x}+\dot{x}=0, T>0, \lambda(T\lambda+1)=0, \lambda_1=0, \lambda_2=-\dfrac{1}{T}$

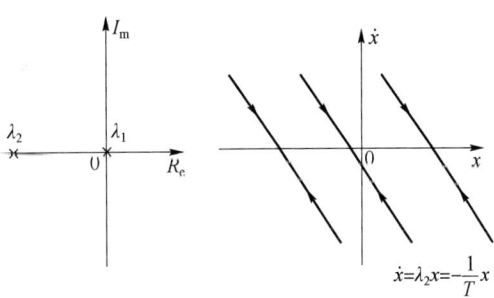

(2) $T\ddot{x}+\dot{x}=0, T<0$

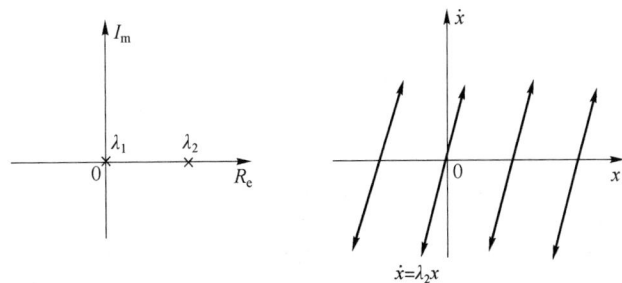

(3) $T\ddot{x}+\dot{x}=M, T>0$

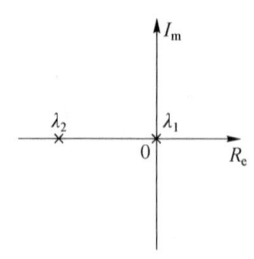 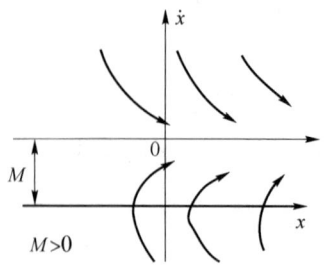 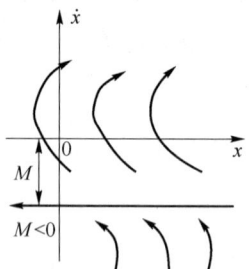

(4) $T\ddot{x}+\dot{x}=M, T<0$

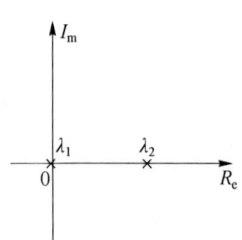 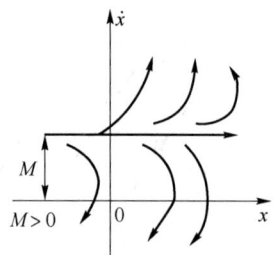 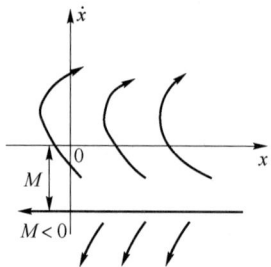

(5) $\ddot{x}=M$

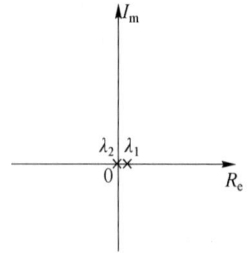 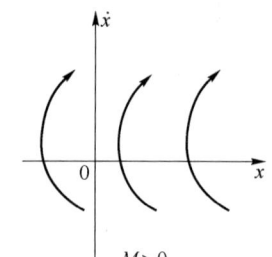 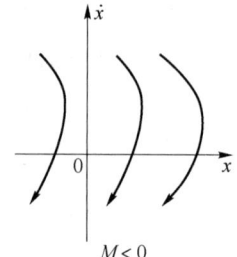

(6) $\ddot{x}=0$

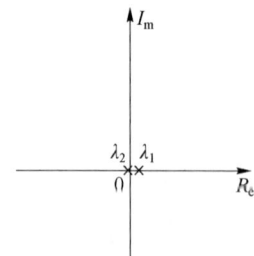 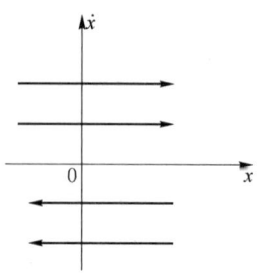

考点7(逆向问题) 给出奇点位置和类型,反求系统系数

【例 8-17】

(南京航空航天大学 2004 年)非线性系统的微分方程为
$\ddot{x}+\dot{x}^2+a\dot{x}+x^2+bx+c=0$。奇点为$(2,0)$和$(-1,0)$,其中奇点$(2,0)$为稳定的焦点。
求:(1) 参数 a、b、c 值;
(2) 确定奇点$(-1,0)$类型;
(3) 概略绘制奇点附近的相轨迹。

解答:

(1) 令 $\dfrac{d\dot{x}}{dx}=\dfrac{-(\dot{x}^2+a\dot{x}+x^2+bx+c)}{\dot{x}}=\dfrac{0}{0}$,得 $\begin{cases}\dot{x}=0\\ \dot{x}^2+a\dot{x}+x^2+bx+c=0\end{cases}$,

将奇点值 $\begin{cases}x=2\\ x=-1\end{cases}$ 分别代入上式,得 $\begin{cases}1-b+c=0\\ 4+2b+c=0\end{cases}\Rightarrow\begin{cases}b=-1\\ c=-2\end{cases}$,

在奇点$(2,0)$附近线性化,有

$$\dfrac{\partial f}{\partial \dot{x}}=-(2\dot{x}+a)\Big|_{(2,0)}=-a,\quad \dfrac{\partial f}{\partial x}=-(2x+b)\Big|_{(2,0)}=-4+1=-3$$

线性方程为 $\ddot{x}+a\dot{x}+3(x-2)=0$ $(x-2)''+a(x-2)+3(x-2)=0$

$$\lambda^2+a\lambda+3=0,\quad \lambda=\dfrac{-a\pm\sqrt{a^2-4\times 3}}{2}$$

又因为奇点$(2,0)$为稳定的焦点,即 $\begin{cases}a>0\\ a^2-4\times 3<0\end{cases}\Rightarrow 0<a<2\sqrt{3}$。

(2) 在奇点$(-1,0)$附近线性:

$$\dfrac{\partial f}{\partial \dot{x}}\Big|_{(-1,0)}=-(2\dot{x}+a)\Big|_{(-1,0)}=-a,\quad \dfrac{\partial f}{\partial x}\Big|_{(-1,0)}=3$$

由 $\ddot{x}+a\dot{x}-3(x+1)=0$ 有特征方程 $\lambda^2+a\lambda-3=0$,解得 $\lambda_{1,2}=\dfrac{-a\pm\sqrt{a^2+4\times 3}}{2}$。

因为 $0<a<2\sqrt{3}$,所以 $\lambda_{1,2}$ 为一正一负实根,奇点$(-1,0)$为鞍点。

(3) 奇点附近的相轨迹如图 8.44 所示。

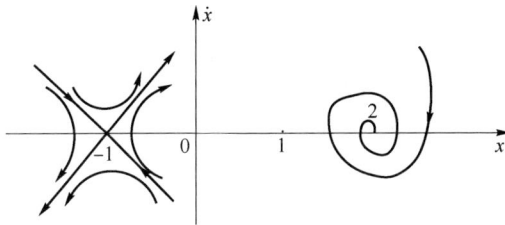

图 8.44

考点 8　由相轨迹图求系统的时域性能指标

知识点：

由相轨迹图求指标，或在图中标出指标 $\delta\%, e_{ss}$，如图 8.45～图 8.47 所示。

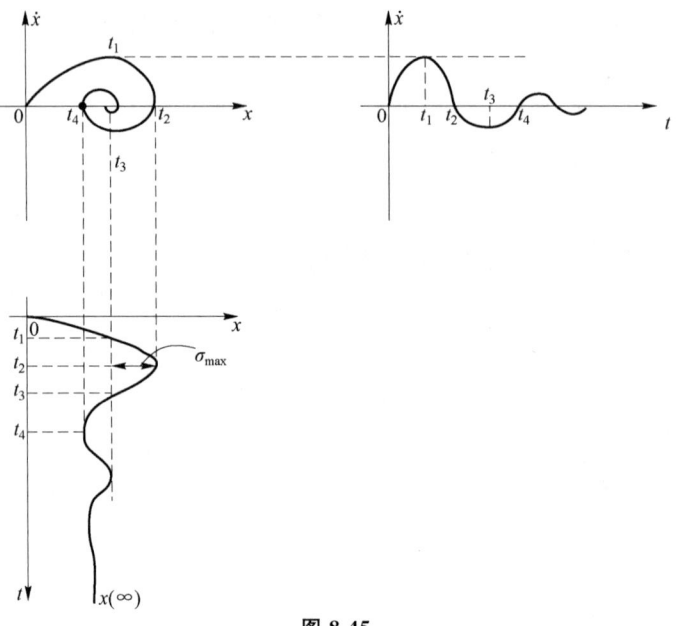

图 8.45

$$r(t) = R \cdot 1(t)$$
$$e(t) = r(t) - c(t)$$
$$\delta\% = \frac{e_{max}}{R}$$
$$c(t_p) = R + e_{max}$$

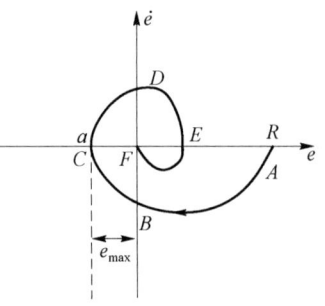

图 8.46

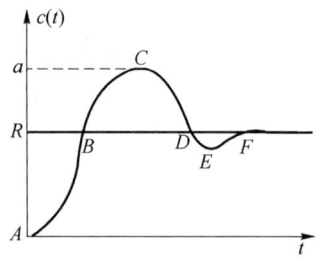

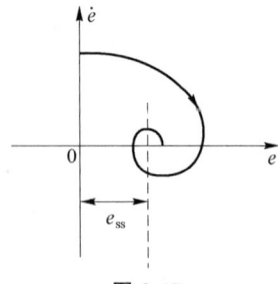

图 8.47

【例 8-18】

(江苏大学 2005 年)已知系统在阶跃输入时的相轨迹曲线如图 8.48 所示,试确定系统的 $\delta\%$,e_{ss},阶跃输入的幅值及奇点类型。

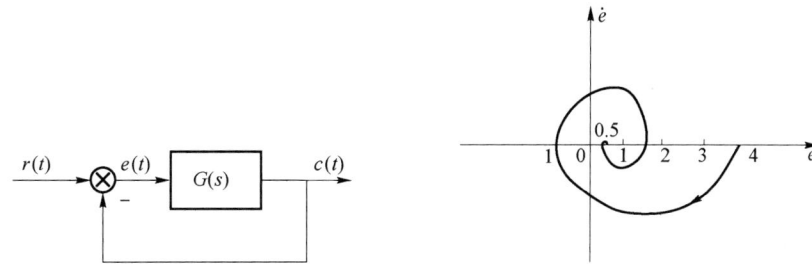

图 8.48

解答:

由图知奇点为稳定焦点,系统响应衰减振荡,二阶系统。

初态 $r(t)=k$,$c(0)=0$,由误差初态幅值为 4,得 $r(t)=4$。

由图知 $c(t_p)=4+1=5$。

由 $e_{ss}=r(t)-c(\infty)$,$e_{ss}=0.5$,所以 $c(\infty)=r(t)-e_{ss}=4-0.5=3.5$

$$\delta\%=\frac{c(t_p)-c(\infty)}{c(\infty)}=\frac{5-3.5}{3.5}\times 100\%=42.9\%$$

系统响应与相轨迹对应关系如图 8.49 所示。

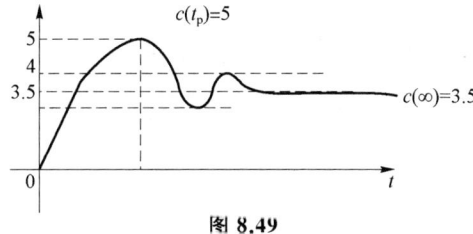

图 8.49

【例 8-19】

某二阶非线性系统的相轨迹如图 8.50 所示,原点 0 为平衡状态,B0 段的相轨迹方程为 $\dot{x}^2=2x$,AB 段为平行于 x 轴的线段,求相点从 A 运动到原点所需要的时间。

解答:

$$\dot{x}=\frac{dx}{dt},\text{所以 } dt=\frac{dx}{\dot{x}}$$

AB 段,$\dot{x}=-2$,所以有:$t_{AB}=\int_5^2 \frac{1}{\dot{x}}dx=\int_5^2\left(-\frac{1}{2}\right)dx=1.5$

B0 段,$\dot{x}^2=2x$,$\dot{x}=\sqrt{2x}$,所以有

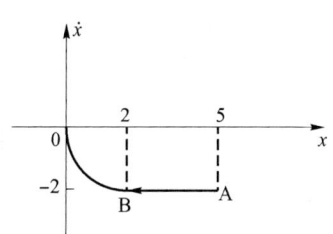

图 8.50

$$t_{B0} = \int_2^0 \frac{1}{\dot x}\mathrm{d}x = \int_2^0 \left(-\frac{1}{\sqrt{2x}}\right)\mathrm{d}x = -\frac{1}{\sqrt{2}}\int_2^0 \mathrm{d}\sqrt{x}$$

$$= -\frac{2}{\sqrt{2}}\sqrt{x}\ \bigg|_2^0 = 2$$

所以,相点从 A 运动到原点所需要的时间 $t_{A0} = t_{AB} + t_{B0} = 3.5$。

8.3 真题强化训练

(大连理工大学 2002 年)如图 8.51 所示的非线性环节,计算描述函数 $N(x)$。

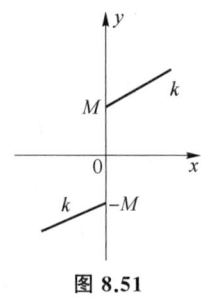

图 8.51

(哈尔滨工业大学 2003 年)含有理想继电器的非线性系统如图 8.52 所示,求系统自持振荡的频率 ω 和振幅 $A\left(\text{图中理想继电器的描述函数 }N(A) = \frac{4}{\pi A}\right)$。

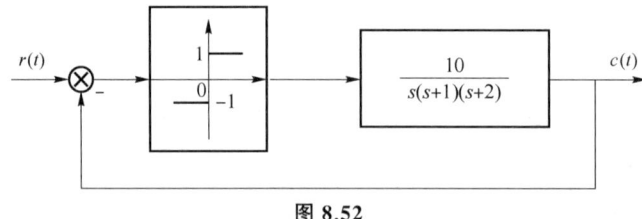

图 8.52

(杭州电子科技大学 2015 年)已知非线性系统如图 8.53 所示,其中继电器非线性特性的描述函数为 $N(X) = \frac{4M}{\pi X}\sqrt{1-\left(\frac{a}{X}\right)^2}$,图中 $a=0$,试分析系统是否存在自持震荡?如果存在,试求出系统自持震荡的振幅和频率。

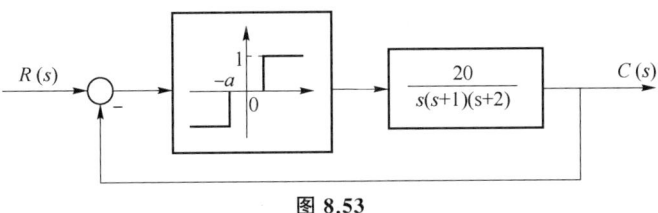

图 8.53

【题 8-4】

(大连海事大学 2013 年)设非线性系统如图 8.54 所示,非线性部分的描述函数为 $N(A)=\dfrac{4M}{\pi A}$,其中 $M=1$,$G(s)=\dfrac{10}{s(s+1)(s+2)}$。试确定系统极限环的振幅和频率,并画出系统的 $e(t)$、$y(t)$、$c(t)$ 的波形。

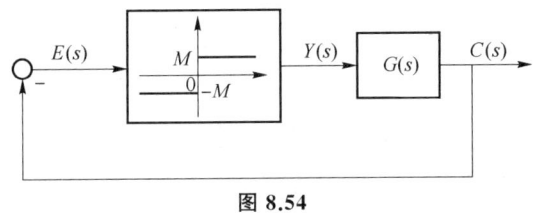

图 8.54

【题 8-5】

(江苏大学 2018 年)已知非线性系统如图 8.55 所示,要求:
(1) 分析参数 k 和参数 τ 对系统自由运动的影响;
(2) 当系统产生自激振荡时,求参数 k 和 τ,使系统输出端 c 处的信号是振幅为 3,角频率为 4 的等幅振荡。

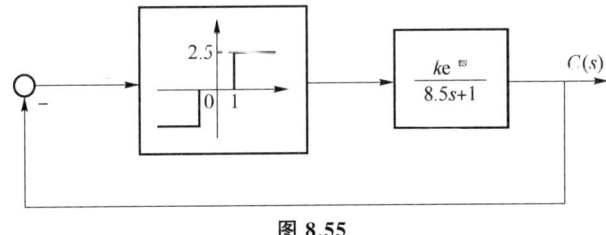

图 8.55

图中非线性环节的 $N(A)=\dfrac{4M}{\pi A}\sqrt{1-\left(\dfrac{h}{A}\right)^2}\ (A\geqslant h)$。

【题 8-6】

(上海理工大学 2016 年)非线性系统如图 8.56 所示,其中非线性环节的描述函数为 $N(A)=\dfrac{4M}{\pi A}$,试问:

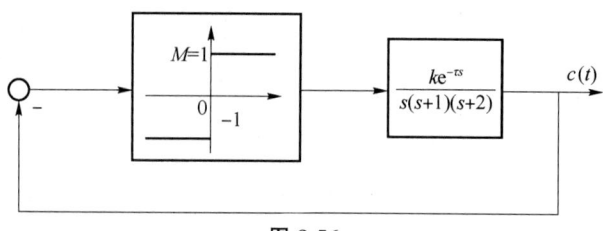

图 8.56

(1) 当 $\tau=0$ 时,系统受扰动运动后的稳定运动状态呈现什么形式?

(2) 当 $\tau\neq 0$ 时,要使系统产生频率 $\omega=1$,幅值 $A=2$ 的自激振荡时荡,参数 τ 和 k 应该取何值?

【题 8-7】

(杭州电子科技大学 2016 年)已知非线性系统如图 8.57 所示,非线性环节的描述函数为 $N(X)=\dfrac{X+2}{X+1}$,试求产生自持震荡时,线性部分的 k 值范围。

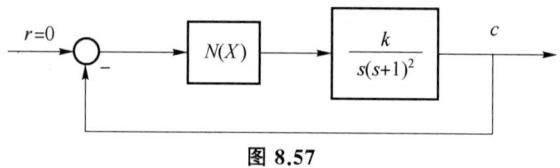

图 8.57

【题 8-8】

(杭州电子科技大学 2018 年)设非线性系统如图 8.58 所示,已知非线性环节的描述函数为 $N(X)=\dfrac{4}{\pi X}$,试求出系统极限环对应的振幅和频率。

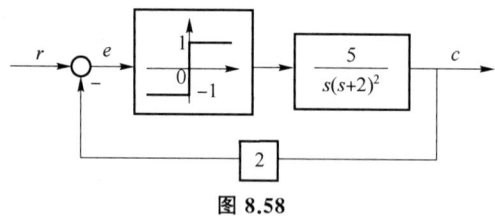

图 8.58

【题 8-9】

(西北工业大学 2004 年)非线性系统的结构如图 8.59 所示,要利用非线性系统的自持振荡在系统输出端产生一个振幅为 1/4 的近似正弦信号。

(1) 若 $\tau=0$,确定参数 k 及自振频率 ω;

(2) 要使输出端信号的频率为 1,试确定参数 k 和 τ 值。

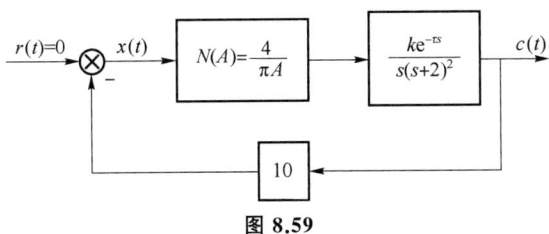

图 8.59

【题 8-10】

(昆明理工大学 2006 年)某负反馈系统,由线性元件 $G(s)$ 和非线性元件 $N(A)$ 组成,$G(s)$ 在右半平面没有极点。试从 $G(s)$ 和 $-\dfrac{1}{N(A)}$ 的极坐标图 8.60 中,判断说明 a、b、c、d、e 点中,哪些是稳定的极限环,哪些是不稳定的极限环?

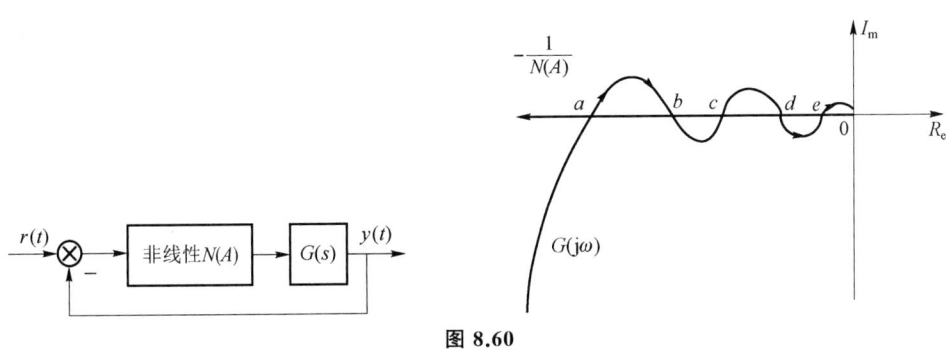

图 8.60

【题 8-11】

(大连理工大学 2014 年)已知非线性系统的微分非常方程
$$\ddot{x}+(\dot{x}+0.5)\dot{x}+x+x^2=0$$
试确定奇点位置类型,并画出草图。

【题 8-12】

已知系统微分方程为 $\ddot{x}+\dot{x}+x=\dfrac{1}{2}x^3$,绘制系统奇点附近的相轨迹,试用相平面法分析系统能否产生自振?

【题 8-13】

(华中科技大学 2002 年)系统如图 8.61 所示,试写出其相平面上的开关线方程和各分区的线性微分方程。

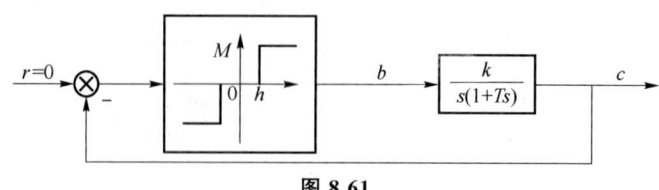

图 8.61

【题 8-14】

(华中科技大学 2003 年)非线性系统如图 8.62 所示,若以 e 和 $\dot{e}$ 为相坐标,试:
(1) 写出相平面上的开关线方程和分区微分方程;
(2) 在坐标原点所在区域内,确定奇点的位置、类型,写出该区域内相轨迹的渐近线方程。

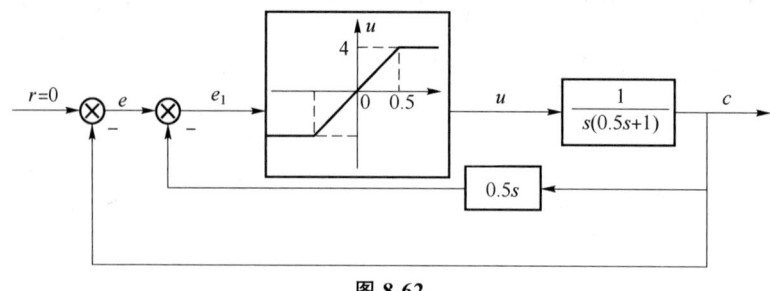

图 8.62

【题 8-15】

(华中科技大学 2006 年)试确定二阶非线性系统 $\ddot{e}+\dot{e}+4e-e^3=0$ 的奇点及其类型。

【题 8-16】

(大连理工大学 2005 年)给定系统的微分非常方程 $\ddot{x}+\dot{x}-x-1=0$,确定奇点位置类型,绘制相平面图。

【题 8-17】

已知某二阶系统在单位阶跃函数作用下相轨迹如图 8.63 所示,试求其传递函数,已知相平面上(2.5,0)的点对应的响应时间为 2 s。

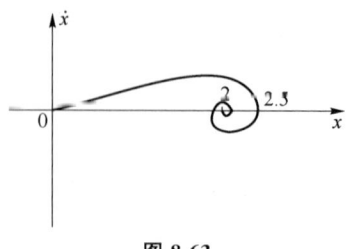

图 8.63

8.4 真题强化训练答案

【题 8-1】

答案：

方法 1：$y = \begin{cases} kx + M & x > 0 \\ kx - M & x < 0 \end{cases}$ 令 $x(\omega t) = X\sin \omega t$ 代入

$y(t) = \begin{cases} kX\sin \omega t + M & 0 < \omega t < \pi \\ kX\sin \omega t - M & \pi < \omega t < 2\pi \end{cases}$

表示为 $y(t) = A_0 + \sum_{n=1}^{\infty}(A_n \cos n\omega t + B_n \sin n\omega t)$。

因为非线性特性为奇函数：所以 $A_0 = 0$，$A_1 = \dfrac{1}{\pi}\int_0^{2\pi} y(t)\cos n\omega t = 0$。

$B_1 = \dfrac{1}{\pi}\int_0^{2\pi} y(t)\sin \omega t\, d\omega t$

$= \dfrac{1}{\pi}\int_0^{\pi}(kX\sin \omega t + M)\sin \omega t\, d\omega t + \dfrac{1}{\pi}\int_{\pi}^{2\pi}(kX\sin \omega t - M)\sin \omega t\, d\omega t$

其中：

$\int_0^{\pi}(kX\sin^2 \omega t + M\sin \omega t)d\omega t = \int_0^{\pi} \dfrac{kX}{2}(1 - \cos 2\omega t)d\omega t + \int_0^{\pi} M\sin \omega t\, d\omega t$

$= \dfrac{kX}{2}\left(\pi - \sin 2\omega t \Big|_0^{\pi}\right) + M(-\cos \omega t)\Big|_0^{\pi} = \dfrac{2M}{\pi} + \dfrac{kX}{2}$

所以 $B_1 = \left(\dfrac{2M}{\pi} + \dfrac{kX}{2}\right) + \left(\dfrac{2M}{\pi} + \dfrac{kX}{2}\right) = \dfrac{4M}{\pi} + kX$，$N = \dfrac{B_1}{X} = k + \dfrac{4M}{\pi X}$。

方法 2：原图可分解为两个函数并联，如图 8.64 所示。

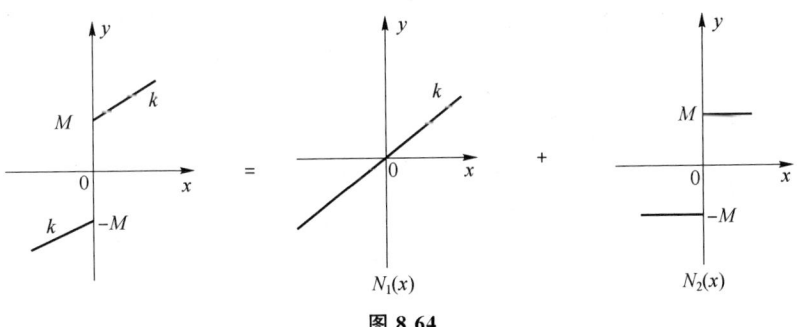

图 8.64

其中比例部分 $B_1 = \dfrac{1}{\pi}\int_0^{2\pi} kX\sin^2 \omega t\, d\omega t = \dfrac{1}{\pi}\int_0^{2\pi} \dfrac{kX}{2}(1 - \cos \omega t)d\omega t$

$= \dfrac{kX}{2\pi}\left(t - \dfrac{1}{2}\sin 2\omega t\right)\Big|_0^{2\pi} = kX$

所以描述函数直接写 $N(x) = N_1(x) + N_2(x) = k + \dfrac{4M}{\pi X}$。

知识点：

求 $N(x)$ 表达式 $\begin{cases} 并联 & N=N_1+N_2 \\ 串联 & N \neq N_1 \cdot N_2 \end{cases}$

【题 8-2】
答案：

(1) 线性部分：
$$G(j\omega) = \frac{10}{j\omega(j\omega+1)(j\omega+2)} = P(\omega) + jQ(\omega)$$
$$= \frac{-30}{(1+\omega^2)(4+\omega^2)} + j\frac{10(\omega^2-2)}{\omega(1+\omega^2)(4+\omega^2)}$$

求曲线与实轴的交点：令 $Q(\omega)=0$，得 $\omega^2=2$，

$\omega=\sqrt{2} \Rightarrow$ 代入 $P(\omega)=-\frac{5}{3}$。$G(j\omega)$ 曲线的走势如图 8.65 所示，分析：

当 $\omega \to 0^+$，$|G(j\omega)| \to \infty$，$\angle G(j\omega) = -90°$，

当 $\omega \to \infty$，$|G(j\omega)| \to 0$，$\angle G(j\omega) = -270°$。

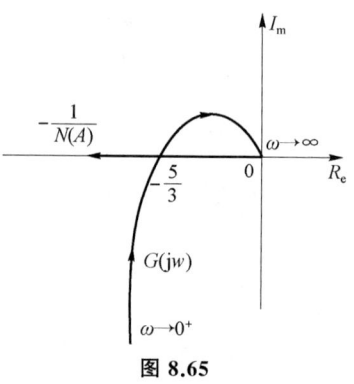

图 8.65

(2) 非线性环节：理想继电器的描述函数 $\frac{-1}{N(A)} = -\frac{\pi A}{4}$，曲线在负实轴上。

(3) 求两个曲线的交点：令 $\frac{-1}{N(A)} = -\frac{\pi A}{4} = -\frac{5}{3} \Rightarrow A = \frac{20}{3\pi}$。

【题 8-3】
答案：

系统线性部分传递函数为 $G(s) = \dfrac{10}{s(s+1)\left(\dfrac{s}{2}+1\right)}$，$k=10$，$T_1=1$，$T_2=\dfrac{1}{2}$，其频率特性曲线

$G(j\omega)$ 如图 8.66 所示，穿越负实轴，交点为

$$\omega_c = \frac{1}{\sqrt{T_1 T_2}} = \sqrt{2} \text{ rad/s}, \quad |G(j\omega)| = -\frac{kT_1T_2}{T_1+T_2} = -\frac{10}{3}$$

由系统非线性部分描述函数知：$a=0$，$-\dfrac{1}{N(X)} = -\dfrac{\pi X}{4M}$，曲线如图 8.66 所示。

$X \to 0$，$-\dfrac{1}{N(X)} \to 0$，$X \to \infty$，$-\dfrac{1}{N(X)} \to -\infty$。

由图知 $-\dfrac{1}{N(X)}$ 与 $G(j\omega)$ 曲线有交点，令两曲线幅值相等得

$$-\frac{1}{N(X)} = -\frac{\pi X}{4} = -\frac{10}{3}, (M=1) \Rightarrow X = \frac{40}{3\pi}$$

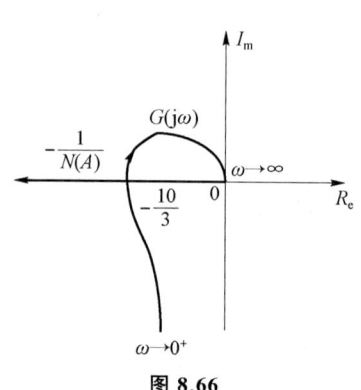

图 8.66

结论：系统存在自持震荡，振幅 $X = \dfrac{40}{3\pi}$，频率 $\omega_c = \sqrt{2}$ rad/s。

【题 8-4】

答案：

(1) 由图知：
$$\Phi_1(s) = \frac{N(A)G(s)}{1+N(A)G(s)}$$

令 $D(s) = 1 + N(A)G(s) = 0 \Rightarrow G(s) = -\frac{1}{N(A)}$

线性环节的频率特性曲线为 $G(j\omega) = \dfrac{5}{s(s+1)(\frac{1}{2}s+1)} = \dfrac{k}{s(T_1s+1)(T_2s+1)}$

$G(j\omega)$ 起点 $G(j0^+) = \infty\angle -90°$，终点 $G(j\infty) = 0\angle -(n-m)90° = 0\angle -270°$。

$G(j\omega)$ 与负实轴有交点：

$$\omega = \sqrt{\frac{1}{T_1T_2}} = \sqrt{2} \text{ rad/s}, \text{Re}(j\omega) = -\frac{kT_1T_2}{T_1+T_2} = -\frac{5}{3}$$

(2) $-\dfrac{1}{N(A)} = -\dfrac{\pi A}{4} \Rightarrow \begin{cases} A \to 0, -\dfrac{1}{N(A)} = 0 \\ A \to \infty, -\dfrac{1}{N(A)} = -\infty \end{cases}$，所以

$-\dfrac{1}{N(A)}$ 曲线在负实轴上，如图 8.67 所示。

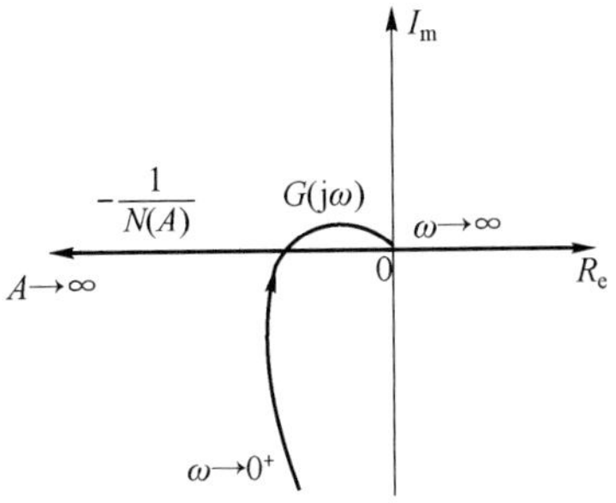

$G(j\omega)$ 与 $-\dfrac{1}{N(A)}$ 有交点，令 $-\dfrac{\pi A}{4} = -\dfrac{5}{3} \Rightarrow A = \dfrac{20}{3\pi} = 2.12$。

(3) 由 $\omega = 2\pi f = \dfrac{2\pi}{T} \Rightarrow T = \dfrac{2\pi}{\omega} = \dfrac{2\pi}{\sqrt{2}} = 4.4 \text{ s}$，得

$$e(t) = A\sin t = 2.12\sin\sqrt{2}t$$

$y(t)$ 为与 $e(t)$ 同周期的方波，$c(t) = -e(t)$ 与 $e(t)$ 同周期，如图 8.68 所示。

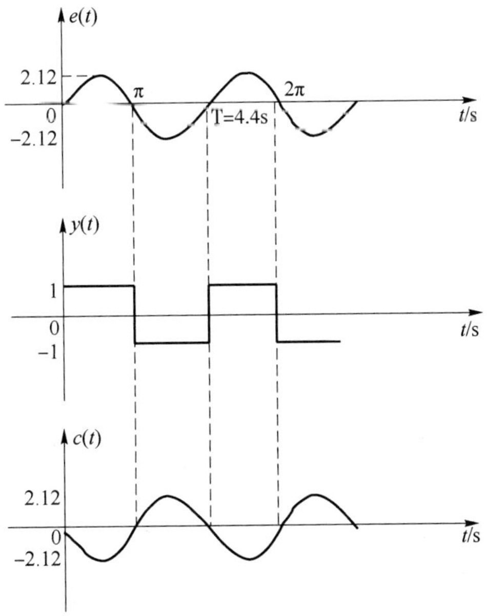

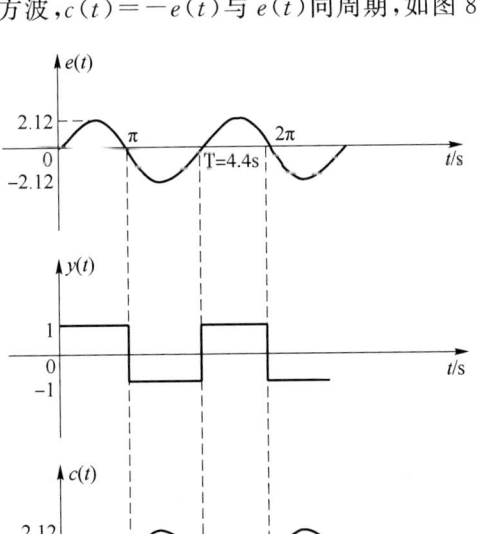

图 8.67

图 8.68

【题 8-5】
答案：

（1）非线性环节的 $-\dfrac{1}{N(A)}$ 表达式：$-\dfrac{1}{N(A)} = -\dfrac{\pi A}{4M\sqrt{1-\left(\dfrac{h}{A}\right)^2}}\;(A \geqslant h)$

$-\dfrac{1}{N(A)}$ 曲线在负实轴上，$\begin{cases} A \to h,\; -\dfrac{1}{N(A)} \to -\infty \\ A \to \infty,\; -\dfrac{1}{N(A)} \to -\infty \end{cases}$，有最小幅值点，如图 8.69 所示。

$A = \sqrt{2}h,\; \left(-\dfrac{1}{N(A)}\right)_{\max} = -\dfrac{\pi h}{2M}\quad (M = 2.5, h = 1)$

由上式看出，k 增大，$|G(j\omega)|$ 增大，τ 增大，$\angle G(j\omega)$ 的绝对值增大。当 $G(j\omega)$ 曲线与负实轴的交点位于 $(-\pi/5, 0)$ 之间，则系统稳定。当 $G(j\omega)$ 曲线与负实轴的交点位于 $(-\infty, -\pi/5)$ 区间，则有两个交点，分别对应稳定的自振和不稳定的自振。

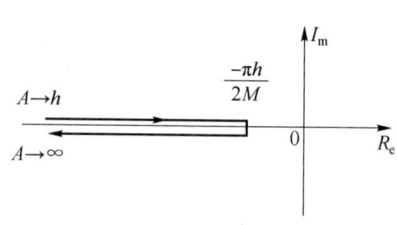

图 8.69

（2）系统线性部分传递函数和频率特性分别为

$$G(s) = \dfrac{k e^{-\tau s}}{(8.5s+1)},\; G(j\omega) = \dfrac{k e^{-\tau j\omega}}{(8.5 j\omega + 1)}$$

令 $\angle G(j\omega) = -\tau\omega \times 57.3° - \tan^{-1} 8.5\omega = -180°$，求得与实轴的交点处 $\omega = 4\;\text{rad/s}$，代入：

$$\tau = \dfrac{180° - \tan^{-1} 8.5 \times 4}{57.3° \times 4} = \dfrac{180° - 88°}{57.3° \times 4} = 0.4\;(\text{用度计算})$$

或 $\tau = \dfrac{\pi - \tan^{-1} 8.5 \times 4}{4} = \dfrac{\pi - 1.54}{4} = 0.4\;(\text{用弧度计算})$

由 $A = 3$、$h = 1$、$M = 2.5$ 代入得

$$|G(j\omega)| = \left|\dfrac{k}{j8.5 \times 4 + 1}\right| = \dfrac{9\pi}{20\sqrt{2}} \Rightarrow k = 34$$

【题 8-6】
答案：

（1）非线性环节的 $-\dfrac{1}{N(A)}$ 表达式为 $-\dfrac{1}{N(A)} = -\dfrac{\pi A}{4}$

$-\dfrac{1}{N(A)}$ 曲线在负实轴上 $\begin{cases} A \to 0,\; -\dfrac{1}{N(A)} \to 0 \\ A \to \infty,\; -\dfrac{1}{N(A)} \to -\infty \end{cases}$

当 $\tau = 0$ 时，系统线性部分传递函数和频率特性分别为

$$G(s) = \dfrac{k/2}{s(s+1)\left(\dfrac{1}{2}s+1\right)},\; G(j\omega) = \dfrac{0.5k}{j\omega(j\omega+1)(j0.5\omega+1)}$$

由 $k_1 = 0.5k$，$T_1 = 1$，$T_2 = \dfrac{1}{2}$，所以 $\omega = \sqrt{\dfrac{1}{T_1 T_2}} = \sqrt{2}\;\text{rad/s}$

与负实轴有交点 $R_e(j\omega) = -\dfrac{k_1 T_1 T_2}{T_1 + T_2} = -\dfrac{0.5k \times 1 \times \dfrac{1}{2}}{1 + \dfrac{1}{2}} = -\dfrac{k}{6}$

$G(j\omega)$ 起点 $G(j0^+) = \infty \angle -90°$,终点 $G(j\infty) = 0 \angle -(n-m)90° = 0 \angle -270°$,如图 8.70 所示。

令 $-\dfrac{1}{N(A)} = -\dfrac{\pi A}{4} = -\dfrac{k}{6} \Rightarrow A = \dfrac{2k}{3\pi}$。

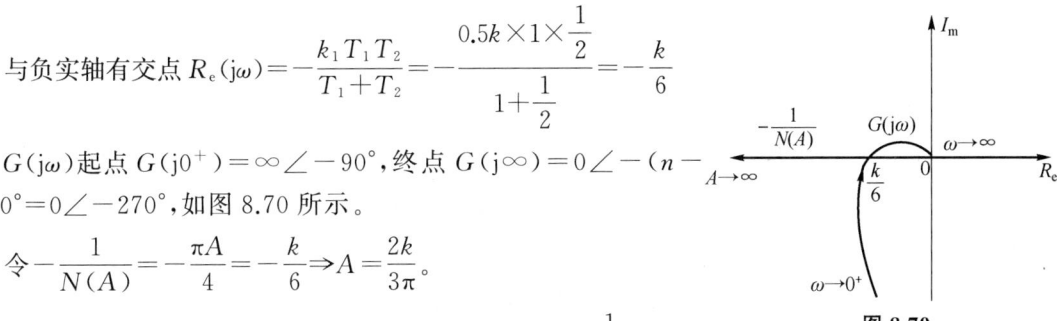

图 8.70

当系统受到扰动后,A 减少系统因 $G(j\omega)$ 包围 $-\dfrac{1}{N(A)}$ 曲线而变得不稳定,A 增加后系统趋于稳定,A 衰减。故系统存在稳定的周期运动,即产生自激振荡,频率 $\omega = \sqrt{2}$ rad/s,振幅 $A = \dfrac{2k}{3\pi}$。

(2) 当 $\tau \neq 0$ 时,系统产生频率 $\omega = 1$,幅值 $A = 2$ 的自激振荡时荡:

$$G(j\omega) = \dfrac{k e^{-\tau j}}{j\omega(j\omega+1)(j\omega+2)}$$

令 $G(j1) = -\dfrac{1}{N(2)} = -\dfrac{\pi}{2}$ 得

$$\begin{cases} \angle G(j\omega) = -\tau \times 57.3° - 90° - \tan^{-1}1 - \tan^{-1}\dfrac{1}{2} = -180° \\ \dfrac{k}{\sqrt{1+1}\sqrt{1+4}} = \dfrac{\pi}{2} \end{cases} \Rightarrow \begin{cases} \tau = \dfrac{90° - 45° - 26.56°}{57.3°} = 0.32 \\ k = 4.96 \end{cases}$$

或 $\tau = \dfrac{\pi}{2} - \tan^{-1}1 - \tan^{-1}\dfrac{1}{2} = \dfrac{\pi}{2} - 0.785 - 0.4636 = 0.32$(用弧度计算)。

【题 8-7】

答案:

系统线性部分传递函数为 $G(s) = \dfrac{k}{s(s+1)^2}$,$T_1 = T_2 = 1$,其频率特性曲线 $G(j\omega)$ 如图 8.71 所示,穿越负实轴的交点为

$$\omega_c = \dfrac{1}{\sqrt{T_1 T_2}} = 1 \text{ rad/s}, \quad |G(j\omega_c)| = -\dfrac{k T_1 T_2}{T_1 + T_2} = -\dfrac{k}{2}$$

由系统非线性部分描述函数可知:$-\dfrac{1}{N(X)} = \dfrac{X+1}{X+2}$,曲线如图 8.71 所示。

$X \to 0$,$-\dfrac{1}{N(X)} \to -\dfrac{1}{2}$,$X \to \infty$,$-\dfrac{1}{N(X)} \to -1$。

系统产生自持振荡时,$-\dfrac{1}{N(X)}$ 与 $G(j\omega)$ 曲线相交,所以有

$$-\dfrac{1}{2} < -\dfrac{k}{2} < -1 \Rightarrow 1 < k < 2$$

结论:系统产生自持震荡时,线性部分的 k 值范围为 $1 < k < 2$。

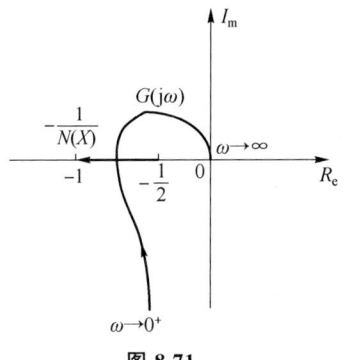

图 8.71

【题 8-8】
答案：

系统线性部分传递函数为 $G(s)=\dfrac{10}{s(s+2)^2}=\dfrac{\frac{5}{2}}{s\left(\frac{s}{2}+1\right)^2}$，$k=\dfrac{5}{2}$，$T_1=T_2=\dfrac{1}{2}$，其频率特性曲线 $G(j\omega)$ 如图 8.72 所示，穿越负实轴，交点为

$$\omega=\dfrac{1}{\sqrt{T_1T_2}}=2\text{ rad/s},\ |G(j\omega)|=-\dfrac{kT_1T_2}{T_1+T_2}=-\dfrac{5}{8}$$

由系统非线性部分描述函数可知：$-\dfrac{1}{N(X)}=-\dfrac{\pi X}{4}$，曲线如图 8.72 所示。

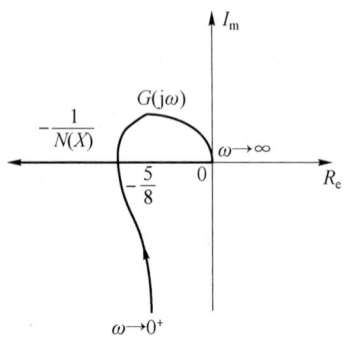

图 8.72

$X\to 0,\ -\dfrac{1}{N(X)}\to 0,\ X\to\infty,\ -\dfrac{1}{N(X)}\to -\infty$。

系统产生极限环时为 $-\dfrac{1}{N(X)}$ 与 $G(j\omega)$ 曲线交点处，令两曲线幅值相等得

$$-\dfrac{1}{N(X)}=-\dfrac{\pi X}{4}=-\dfrac{5}{8}\Rightarrow X=\dfrac{5}{2\pi}=0.796$$

结论：系统产生极限环时，振幅 $X=\dfrac{5}{2\pi}=0.796$，频率 $\omega=2\text{ rad/s}$。

【题 8-9】
答案：

(1) 等效线性传递函数 $G(s)=\dfrac{10k\text{e}^{-\tau s}}{s(s+2)^2}$。$\tau=0$ 时，$G(s)=\dfrac{10k}{s(s+2)^2}$。

$\omega\to 0,\ G(j\omega)\to\infty\angle -90°$；

$\omega\to\infty,\ G(j\omega)\to 0\angle -270°$，如图 8.73 所示。

$G(j\omega)$ 与负实轴有交点：$\varphi(j\omega)=-90°-2\tan^{-1}\dfrac{\omega}{2}=-180°\Rightarrow\omega=2$。

此时，$|G(j\omega)|=\dfrac{10k}{\omega(4+\omega^2)}=\dfrac{10k}{2(4+4)}=\dfrac{5k}{8}$。

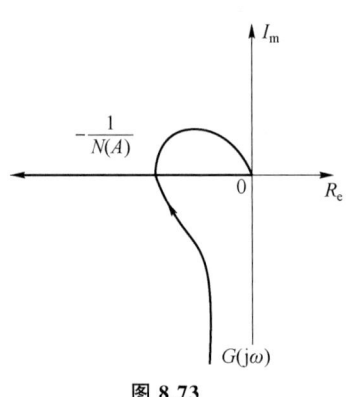

图 8.73

由于 $-\dfrac{1}{N(A)}=-\dfrac{\pi A}{4}$，涵盖整个负实轴，故与 $G(j\omega)$ 必有交点，系统产生自持振荡，求解振幅和频率：

令 $-\dfrac{\pi A}{4}=-\dfrac{5k}{8}\Rightarrow k=\dfrac{2}{5}\pi A=\dfrac{2}{5}\pi\times\dfrac{10}{4}=\pi\left(A=\dfrac{10}{4}\right)$

（注意：输出振幅 $\dfrac{1}{4}$，输入 $x=\dfrac{10}{4}\sin\omega t$）

(2) 令 $\varphi(j\omega)=-90°-2\tan^{-1}\dfrac{\omega}{2}-\tau\omega\times 57.3°=-180°$，带入 $\omega=1$，

即：$2\tan^{-1}0.5+57.3°\tau=90°\Rightarrow \tau=\dfrac{90°-2\times 26.6°}{57.3°}=0.64$

$\omega=1$ 代入 $|G(\mathrm{j}\omega)|=\dfrac{10k}{1\times(1+4)}=\dfrac{10k}{5}=2k$

$A=\dfrac{10}{4}$，令 $\dfrac{\pi A}{4}=2k\Rightarrow k=\dfrac{\pi\times\dfrac{10}{4}}{8}=\dfrac{10\pi}{32}=0.98$

【题 8-10】
答案：

曲线 $G(\mathrm{j}\omega)$ 包围的复平面下部区域为系统不稳定区域，当曲线 $-\dfrac{1}{N(A)}$ 离开不稳定区域时产生的极限环是稳定的，即 a、c、e 点是稳定的极限环；当曲线 $-\dfrac{1}{N(A)}$ 进入不稳定区域时产生的极限环是不稳定的，即 b、d 点是不稳定的极限环。

【题 8-11】
答案：

由 $\ddot{x}+(\dot{x}+0.5)\dot{x}+x+x^2=0$ 得

$$\dfrac{\mathrm{d}\dot{x}}{\mathrm{d}x}=-\dfrac{(\dot{x}+0.5)\dot{x}+x+x^2}{\dot{x}}=\dfrac{0}{0}，\text{奇点为}(0,0)\text{和}(-1,0)。$$

(1) 奇点 $(0,0)$ 处线性化：

$$\left.\dfrac{\partial f(x\cdot\dot{x})}{\partial\dot{x}}\right|_{(0,0)}=-2\dot{x}-0.5=-0.5$$

$$\left.\dfrac{\partial f(x\cdot\dot{x})}{\partial x}\right|_{(0,0)}=-1-2x=-1$$

由 $\ddot{x}-\dfrac{\partial f}{\partial\dot{x}}\dot{x}-\dfrac{\partial f}{\partial x}(x-x_0)=0$ 得 $\ddot{x}+0.5\dot{x}+x=0$

$$\lambda^2+0.5\lambda+1=0\quad\text{解得}\ \lambda=-0.25\pm\mathrm{j}0.984$$

特征根为 s 左半面的共轭复根，奇点 $(0,0)$ 为稳定焦点。

(2) 奇点 $(-1,0)$ 处线性化：

$$\left.\dfrac{\partial f(x\cdot\dot{x})}{\partial\dot{x}}\right|_{(-1,0)}=-2\dot{x}-0.5=-0.5$$

$$\left.\dfrac{\partial f(x\cdot\dot{x})}{\partial x}\right|_{(-1,0)}=-1-2x=1$$

由 $\ddot{x}-\dfrac{\partial f}{\partial\dot{x}}\dot{x}-\dfrac{\partial f}{\partial x}(x-x_0)=0$ 得 $(x+1)''+0.5(x+1)'-(x+1)=0$

$$\lambda^2+0.5\lambda-1=0\ \text{解得}\ \lambda_1=0.78，\lambda_2=-1.28$$

奇点 $(-1,0)$ 为鞍点，系统相平面如图 8.74 所示。

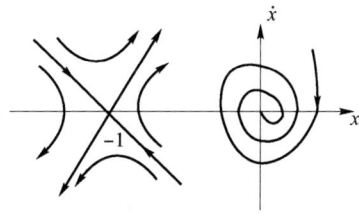

图 8.74

【题 8-12】
答案：

$$\frac{\mathrm{d}\dot{x}}{\mathrm{d}x} = \frac{f(x,\dot{x})}{\dot{x}} = \frac{\frac{1}{2}x^3 - \dot{x} - x}{\dot{x}} = 0$$

求奇点：$\begin{cases} \frac{1}{2}x^3 - \dot{x} - x = 0 \Rightarrow x^3 - 2x = 0 \Rightarrow x = 0 \text{ 或 } x \pm \sqrt{2} \\ \dot{x} = 0 \end{cases}$，系统有 3 个奇点：$(0,0)$，$(\sqrt{2},0)$，$(-\sqrt{2},0)$。分别在奇点处线性化：

（1）奇点$(0,0)$处：由 $\ddot{x} - \frac{\partial f}{\partial \dot{x}}\dot{x} - \frac{\partial f}{\partial x}(x - x_0) = 0$ 得 $\ddot{x} + \dot{x} + x = 0$

$$\lambda^2 + \lambda + 1 = 0 \quad \text{解得} \quad \lambda = \frac{-1 \pm \sqrt{1-4}}{2} = \frac{-1 \pm \mathrm{j}\sqrt{-3}}{2}$$

特征根为 s 左半面的共轭复根，所以奇点$(0,0)$为稳定焦点。

（2）奇点$(\sqrt{2},0)$处：由 $\ddot{x} - \frac{\partial f}{\partial \dot{x}}\dot{x} - \frac{\partial f}{\partial x}(x - x_0) = 0$ 得 $\ddot{x} + \dot{x} - 2(x - \sqrt{2}) = 0$，即 $\ddot{y} + \dot{y} - 2y = 0$，其特征方程 $\lambda^2 + \lambda - 2 = 0$，解得 $\lambda = -2, \lambda = 1$，奇点$(\sqrt{2},0)$为鞍点。

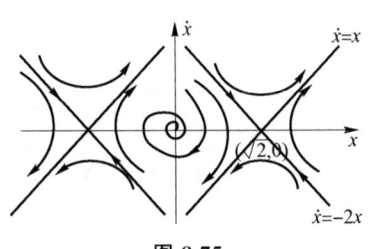
图 8.75

同理，奇点$(-\sqrt{2},0)$也是鞍点。

系统相平面图如图 8.75 所示，可见，系统能产生自振（极限环为椭圆）。极限环内部点收敛到$(0,0)$点，极限环外部点沿鞍点渐近线运动到其他区间，所以此极限环为不稳定。

【题 8-13】
答案：

$\frac{c(s)}{b(s)} = \frac{k}{s(Ts+1)}$ 即 $T\ddot{c} + \dot{c} = kb, b = \begin{cases} M & e \geq h \\ 0 & -h < e < h \\ -M & e \leq -h \end{cases}$

可得 $T\ddot{c} + \dot{c} = \begin{cases} kM & e \geq h \\ 0 & -h < e < h \\ -kM & e \leq -h \end{cases}$。由图可知：$e = r - c = 0$，即 $\ddot{c} = -\ddot{e}, \dot{c} = -\dot{e}$，代入上式，得各分区的微分方程为 $T\ddot{e} + \dot{e} = \begin{cases} -kM & e \geq h \\ 0 & -h < e < h \\ kM & e \leq -h \end{cases}$。

开关线方程为 $e = \pm h$（各分区的分界线）。

【题 8-14】
答案：

(1) $\frac{c(s)}{u(s)} = \frac{1}{s(0.5s+1)} \Rightarrow 0.5\ddot{c} + \dot{c} = u = \begin{cases} 4 & e_1 \geq 0.5 \\ 8e_1 & -0.5 < e_1 < 0.5 \\ -4 & e_1 \leq -0.5 \end{cases}$

$$\begin{cases} \text{由图知 } e_1 = e - 0.5\dot{c}, e = r - c = -c \\ \ddot{c} = -\ddot{e}, \dot{c} = -\dot{e} \Rightarrow e_1 = e + 0.5\dot{e} \end{cases} \Rightarrow$$

$$\begin{cases} 0.5\ddot{e} + \dot{e} + 4 = 0 & e + 0.5\dot{e} \geq 0.5 \\ 0.5\ddot{e} + \dot{e} + 8(e + 0.5\dot{e}) = 0 & -0.5 < e + 0.5\dot{e} < 0.5 \Rightarrow \\ 0.5\ddot{e} + \dot{e} - 4 = 0 & e + 0.5\dot{e} \leq -0.5 \end{cases}$$

即 $\begin{cases} \ddot{e} + 2\dot{e} + 8 = 0 & 2e + \dot{e} \geq 1 \\ \ddot{e} + 10\dot{e} + 16e = 0 & -1 < 2e + \dot{e} < 1, \text{所以开关线为 } \dot{e} + 2e = 1, \dot{e} + 2e = -1. \\ \ddot{e} + 2\dot{e} - 8 = 0 & \dot{e} + 2e \leq -1 \end{cases}$

(2) 在坐标原点所在区域内 $-1 < \dot{e} + 2e < 1, \ddot{e} = \dot{e}\dfrac{d\dot{e}}{de}$ 代入方程：

令 $\dfrac{d\dot{e}}{de} = \dfrac{-(10\dot{e} + 16e)}{\dot{e}} = \dfrac{0}{0}$ 得奇点 $(0,0)$。

原点区域内 $\ddot{e} + 10\dot{e} + 16e = 0$ 对应的特征方程 $\lambda^2 + 10\lambda + 16 = 0, \lambda_1 = -2, \lambda_2 = -8$ 奇点为稳定节点(实奇点)，相轨迹渐近线 $\dot{e} = -2e, \dot{e} = -8e$。

【题 8-15】
答案：

(1) 将 $\ddot{e} = \dot{e}\dfrac{d\dot{e}}{de}$ 代入原方程得：$\dfrac{d\dot{e}}{de} = \dfrac{-\dot{e} - 4e + e^3}{\dot{e}}$。令分子分母同时为零，得奇点 $(0,0)(2,0),(-2,0)$。

(2) 在奇点 $(0,0)$ 处线性化：

$$\left.\dfrac{\partial f(e \cdot \dot{e})}{\partial \dot{e}}\right|_{\substack{e_0 \\ \dot{e}_0}} = -1, \left.\dfrac{\partial f(e \cdot \dot{e})}{\partial e}\right|_{\substack{e_0 \\ \dot{e}_0}} = -4 + 3e^2 = -4$$

得到 $\ddot{e} + \dot{e} + 4e = 0$。其特征方程 $\lambda^2 + \lambda + 4 = 0$，解得 $\lambda_{1,2} = \dfrac{-1 \pm \sqrt{1-16}}{2} = -\dfrac{1}{2} \pm \dfrac{\sqrt{15}}{2}j$ 两个根为左半平面的共轭复根，所以奇点 $(0,0)$ 为稳定焦点。

(3) 在奇点 $(2,0)$ 处线性化：

$$\left.\dfrac{\partial f(e \cdot \dot{e})}{\partial \dot{e}}\right|_{\substack{e_0 \\ \dot{e}_0}} = -1, \left.\dfrac{\partial f(e \cdot \dot{e})}{\partial e}\right|_{\substack{e_0 \\ \dot{e}_0}} = -4 + 3e^2 = 8$$

得到 $\ddot{e} + \dot{e} - 8(e-2) = 0$。其特征方程 $\lambda^2 + \lambda - 8 = 0$，解得 $\lambda_{3,4} = \dfrac{-1 \pm \sqrt{1+32}}{2} = -\dfrac{1}{2} \pm \dfrac{\sqrt{33}}{2}$，为一正一负两实根，故奇点 $(2,0)$ 为鞍点。

(4) 在奇点 $(-2,0)$ 处线性化：

$$\left.\dfrac{\partial f(e \cdot \dot{e})}{\partial \dot{e}}\right|_{\substack{e_0 \\ \dot{e}_0}} = -1, \left.\dfrac{\partial f(e \cdot \dot{e})}{\partial e}\right|_{\substack{e_0 \\ \dot{e}_0}} = -4 + 3e^2 = 8$$

得到 $\ddot{e} + \dot{e} - 8(e+2) = 0$，解得根为一正一负两实根，故奇点为鞍点。系统相轨迹如图 8.76 所示。

【题 8-16】
答案：
由 $\ddot{x} + \dot{x} - x - 1 = 0$ 可得 $(x+1)'' + (x+1)' - (x+1) = 0$。设 $y = x+1$，则有
$\ddot{y} + \dot{y} - y = 0 \Rightarrow \dfrac{d\dot{y}}{dy} = \dfrac{-(\dot{y}-y)}{\dot{y}} = 0 \Rightarrow$ 奇点 $(0,0) \Rightarrow$ 原奇点 $(-1,0)$。

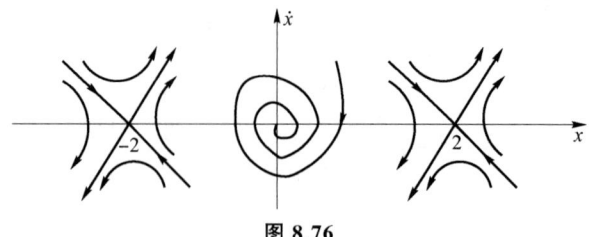

图 8.76

特征方程：$\lambda^2+\lambda-1=0$，解得 $\lambda=\dfrac{-1\pm\sqrt{1+4}}{2}=-0.5\pm1.12=\begin{cases}-1.618\\0.618\end{cases}$，奇点 $(-1,0)$ 为鞍点，如图 8.77 所示。

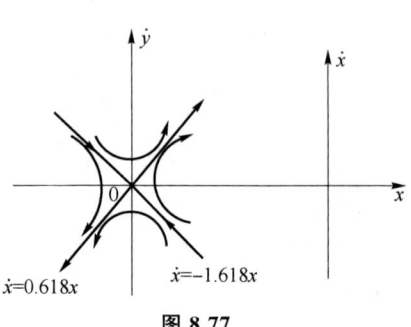

图 8.77

注意：如果不作坐标变换 $\ddot{x}=\dot{x}\dfrac{\mathrm{d}\dot{x}}{\mathrm{d}x}=-\dot{x}+x=1\Rightarrow\dfrac{\mathrm{d}\dot{x}}{\mathrm{d}x}=\dfrac{-\dot{x}+x+1}{\dot{x}}=\dfrac{0}{0}\Rightarrow$ 奇点 $(-1,0)$。可以求出奇点。但判断时特征方程不易处理。

【题 8-17】
答案：

（1）题中 $r(t)=1$，$t_\mathrm{P}=2\mathrm{s}$，由图可知：$x(\infty)=2$，$x(t_\mathrm{p})=2.5$

$$\sigma\%=\dfrac{x(t_\mathrm{p})-x(\infty)}{x(\infty)}\%=\dfrac{0.5}{2}\%=25\%$$

（2）设二阶系统闭环传递函数 $\varPhi(s)=\dfrac{k\omega_\mathrm{n}^2}{s^2+2\xi\omega_\mathrm{n}s+\omega_\mathrm{n}^2}$

因为 $r(t)=1$ 时，$x(\infty)=2$，所以 $k=2$

$\sigma\%=\mathrm{e}^{-\frac{\xi\pi}{\sqrt{1-\xi^2}}}=0.25\Rightarrow-\dfrac{\xi\pi}{\sqrt{1-\xi^2}}=\ln 0.25=1.28$

$\xi^2\pi^2=1.64(1-\xi^2)\Rightarrow\xi^2=0.143\Rightarrow\xi=0.377$

（3）$t_\mathrm{P}=\dfrac{\pi}{\omega_\mathrm{d}}=2\mathrm{s}\Rightarrow\omega_\mathrm{d}=\dfrac{\pi}{2}=1.57$

$$\omega_\mathrm{d}=\omega_\mathrm{n}\sqrt{1-\xi^2}\Rightarrow\omega_\mathrm{n}=\dfrac{\omega_\mathrm{d}}{\sqrt{1-\xi^2}}=\dfrac{1.57}{0.926}=1.7$$

可知二阶系统闭环传递函数为

所以 $\varPhi(s)=2\dfrac{2.89}{s^2+1.28s+2.89}=\dfrac{5.78}{s^2+1.28s+2.89}$

第 9 章 状态空间法

9.1 主要知识点

（1）系统建模——状态空间表达式，几种标准型；
（2）状态变换，系统状态空间表达式与传递函数关系；
（3）状态转移阵，求解系统的响应；
（4）线性定常系统能控性、能观性判别；
（5）系统的反馈控制器设计；
（6）系统输出反馈控制器设计；
（7）状态重构——状态观测器设计；
（8）综合设计——含有状态观测器的状态反馈系统设计；
（9）系统李雅普诺夫（Lyapunov）稳定性分析法。

9.2 考点归类解析与例题详解

 考点 1　系统建模——求系统状态方程，并改写为几种标准型

基本知识要点

系统状态方程的几种标准型。

系统微分方程 $y^{(n)}+a_1 y^{(n-1)}+\cdots+a_{n-1}\dot{y}+a_n y = b_0 u^{(n)}+b_1 u^{(n-1)}+\cdots+b_{n-1}\dot{u}+b_n u$

传递函数 $G(s)=b_0+\dfrac{b_1 s^{n-1}+b_2 s^{n-2}+\cdots+b_{n-1}s+b_n}{s^n+a_1 s^{n-1}+\cdots+a_{n-1}s+a_n}$

1. 串联分解法——能控型

$$\dot{x} = \begin{pmatrix} 0 & 1 & 0 & \cdots & 0 \\ 0 & 0 & 1 & \cdots & 0 \\ \vdots & \vdots & & \ddots & \vdots \\ \vdots & \vdots & & & 1 \\ -a_n & -a_{n-1} & & \cdots & -a_1 \end{pmatrix} x + \begin{pmatrix} 0 \\ \vdots \\ 0 \\ 1 \end{pmatrix} u$$

$$y = (b_n \cdots b_1) x + b_0 u$$

串联分解法，变量选取 $\begin{cases} \dot{x}_1 = x_2 \\ \dot{x}_2 = x_3 \\ \vdots \quad \vdots \\ \dot{x}_{n-1} = x_n \end{cases}$ $\begin{cases} \dot{x}_n = -a_n x_1 - a_{n-1} x_2 - \cdots - a_1 x_n + u \\ y = b_n x_1 + b_{n-1} x_2 + \cdots + b_1 x_n + b_0 u \end{cases}$

串联分解的能控型结构如图 9.1 所示，y 中包含所有 x 变量。

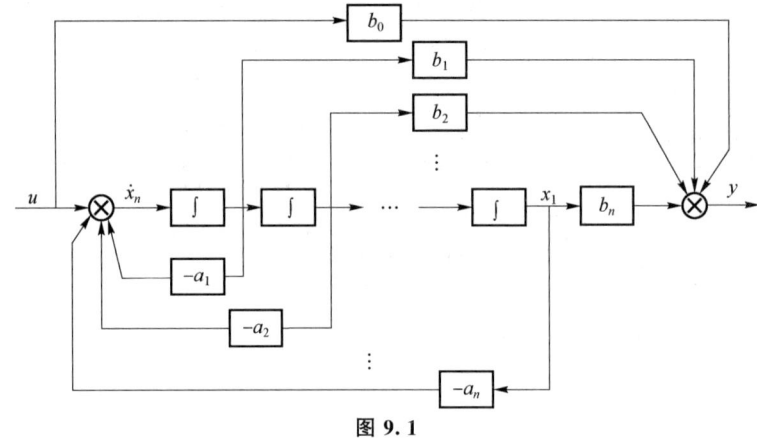

图 9.1

2. 串联分解法——能观型

$$\dot{x} = \begin{pmatrix} 0 & 0 & \cdots & -a_n \\ 1 & & & -a_{n-1} \\ & \ddots & & \vdots \\ 0 & \cdots & 1 & -a_1 \end{pmatrix} x + \begin{pmatrix} b_n \\ b_{n-1} \\ \vdots \\ b_1 \end{pmatrix} u$$

$$y = (0 \cdots 0 1) x + b_0 u$$

串联分解的能观型结构如图 9.2 所示，每个 $\dot{x}_i$ 中均包含 $y = x_n$ 的分量。

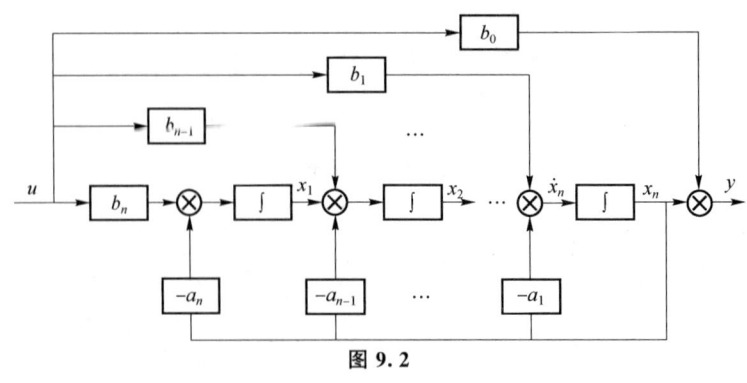

图 9.2

3. 并联分解法——对角型(约当型)

$$\dot{x} = \begin{pmatrix} \lambda_1 & \cdots & 0 \\ & \ddots & \\ 0 & \cdots & \lambda_n \end{pmatrix} x + \begin{pmatrix} 1 \\ \vdots \\ 1 \end{pmatrix} u$$

$y = (c_1 \quad c_2 \quad \cdots \quad c_n) x_n$,其中,$c_i = \lim_{s \to \lambda_i} G(s)(s - \lambda_i)$。

传递函数分解 $G(s) = G_1(s) + G_2(s) + \cdots + G_n(s) = \dfrac{c_1}{s - \lambda_1} + \cdots + \dfrac{c_n}{s - \lambda_n}$。

并联分解法,变量选取
$$\begin{cases} x_1 = \dfrac{1}{s - \lambda_1} u \Rightarrow \dot{x}_1 = u + \lambda_1 x_1 \\ \vdots \\ x_n = \dfrac{1}{s - \lambda_n} u \Rightarrow \dot{x}_n = u + \lambda_n x_n \end{cases}$$

$$y = c_1 x_1 + \cdots + c_n x_n$$

(1) $\lambda_1 \cdots \lambda_n$ 为互异特征值,系统结构如图 9.3 所示。

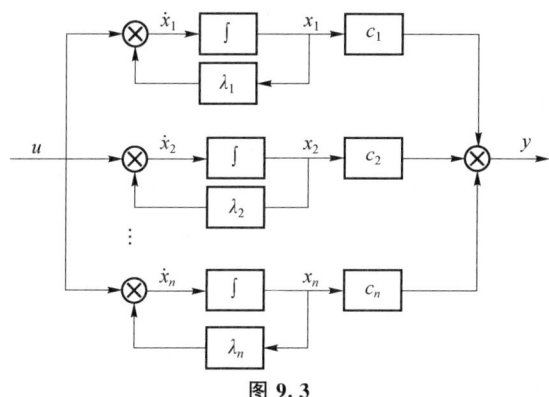

图 9.3

(2) 当特征值有重根时:例如 λ_1 为 2 重根,其他根为单根。

传递函数分解 $G(s) = \dfrac{c_{11}}{(s - \lambda_1)^2} + \dfrac{c_{12}}{(s - \lambda_1)} + \dfrac{c_3}{(s - \lambda_3)} + \cdots + \dfrac{c_n}{(s - \lambda_n)}$

设变量
$$\begin{cases} x_1 = \dfrac{1}{(s - \lambda_1)^2} u = \dfrac{1}{s - \lambda_1} x_2 \Rightarrow \dot{x}_1 = x_2 + \lambda_1 x_1 \\ x_2 = \dfrac{1}{s - \lambda_1} u \Rightarrow \dot{x}_2 = u + \lambda_1 x_2 \\ x_3 = \dfrac{1}{s - \lambda_3} u \Rightarrow \dot{x}_3 = \lambda_3 x_3 + u \end{cases}$$

……

$$y = c_{11} x_1 + c_{12} x_2 + \cdots + c_n x_n$$
$$y = [c_{11} \quad c_{12} \quad \cdots \quad c_n] x$$

系统结构如图 9.4 所示。

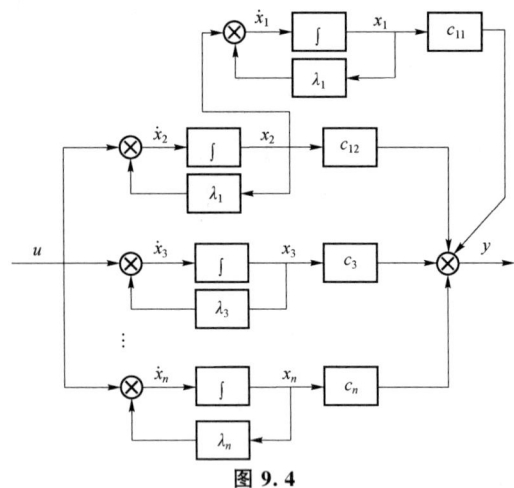

图 9.4

【例 9-1】

已知系统传递函数 $G(s)=\dfrac{2s^2+5s+1}{(s-2)^3}$，求系统对角型的状态方程。

解答：

$$G(s)=\frac{2s^2+5s+1}{(s-2)^3}=\frac{c_1}{(s-2)^3}+\frac{c_2}{(s-2)^2}+\frac{c_3}{(s-2)}$$

$$c_1=\lim_{s\to 2}[G(s)(s-2)^3]=\lim_{s\to 2}(2s^2+5s+1)=19$$

$$c_2=\frac{1}{(2-1)!}\lim_{s\to 2}\frac{\mathrm{d}}{\mathrm{d}s}[G(s)(s-2)^3]=\lim_{s\to 2}(4s+5)=13 \quad (\text{求 1 导})$$

$$c_3=\frac{1}{(3-1)!}\lim_{s\to 2}\frac{\mathrm{d}^2}{\mathrm{d}s^2}[G(s)(s-2)^3]=\lim_{s\to 2}\frac{\mathrm{d}}{\mathrm{d}s}(4s+5)=2 \quad (\text{求 2 导})$$

则对角型(约当型)的状态方程为

$$\dot{x}=\begin{pmatrix}2 & 1 & 0\\ 0 & 2 & 1\\ 0 & 0 & 2\end{pmatrix}x+\begin{pmatrix}0\\ 0\\ 1\end{pmatrix}u$$

$$y=(19\quad 13\quad 2)x$$

【例 9-2】

（华南理工大学 2005 年）已知系统微分方程为

$\dddot{y}+2\ddot{y}-\dot{y}-2y=2\dddot{u}+10\ddot{u}+9\dot{u}-3u$，求系统的对角标准型状态空间表达式。

解答：

在零初始条件下，取拉普拉斯变换得

$$G(s)=\frac{Y(s)}{u(s)}=\frac{2s^3+10s^2+9s-3}{s^3+2s^2-s-2}=2+\frac{6s^2+11s+1}{s^3+2s^2-s-2}=2+G_1(s)$$

方法 1：$D(s)=s^3+2s^2-s-2=(s+2)(s+1)(s-1)$，解得 $s_1=-2,s_2=1,s_3=-1$。

$$G_1(s)=\frac{6s^2+11s+1}{s^3+2s^2-s-2}=\frac{1}{s+2}+\frac{2}{s+1}+\frac{3}{s-1}$$

$$y(s)=\left(2+\frac{1}{s+2}+\frac{2}{s+1}+\frac{3}{s-1}\right)u(s)$$

设状态变量,并取拉普拉斯反变换得

$$\begin{cases} x_1(s) = \dfrac{1}{s+2}u(s) \\ x_2(s) = \dfrac{2}{s+1}u(s) \\ x_3(s) = \dfrac{3}{s-1}u(s) \end{cases} \Rightarrow \begin{cases} \dot{x}_1 = -2x_1 + u \\ \dot{x}_2 = -x_2 + 2u, \quad y = 2u + x_1 + x_2 + x_3 \\ \dot{x}_3 = x_3 + 3u \end{cases}$$

得对角型状态空间表达式为

$$\dot{x} = \begin{pmatrix} -2 & 0 & 0 \\ 0 & -1 & 0 \\ 0 & 0 & 1 \end{pmatrix} x + \begin{pmatrix} 1 \\ 2 \\ 3 \end{pmatrix} u$$

$$y = (1 \quad 1 \quad 1)x + 2u$$

方法 2:由系统传递函数可得到系统的能控标准型。

$$\dot{x} = \begin{pmatrix} 0 & 1 & 0 \\ 0 & 0 & 1 \\ 2 & 1 & -2 \end{pmatrix} x + \begin{pmatrix} 0 \\ 0 \\ 1 \end{pmatrix} u = Ax + bu$$

$$y = (1 \quad 11 \quad 6)x + 2u = cx + d$$

对能控标准型进行线性变换,首先求特征值:

$$|\lambda I - A| = \begin{vmatrix} \lambda & -1 & 0 \\ 0 & \lambda & -1 \\ -2 & -1 & \lambda+2 \end{vmatrix} = \lambda^3 + 2\lambda^2 - \lambda - 2 = 0, \quad \lambda_1 = 1, \lambda_2 = -1, \lambda_3 = -2$$

设对应的特征向量为 $\boldsymbol{p}_i (i=1,2,3)$,由 $\boldsymbol{A}\boldsymbol{p}_i = \boldsymbol{\lambda}\boldsymbol{p}_i (i=1,2,3)$ 可得
$\boldsymbol{p}_1 = (1 \quad 1 \quad 1)^\mathrm{T}, \boldsymbol{p}_2 = (1 \quad -1 \quad 1)^\mathrm{T}, \boldsymbol{p}_3 = (1 \quad -2 \quad 4)^\mathrm{T}$,则有

$$\boldsymbol{P} = (p_1 \quad p_2 \quad p_3) = \begin{pmatrix} 1 & 1 & 1 \\ 1 & -1 & -2 \\ 1 & 1 & 4 \end{pmatrix}, \boldsymbol{P}^{-1} = \begin{pmatrix} \dfrac{1}{3} & \dfrac{1}{2} & \dfrac{1}{6} \\ 1 & \dfrac{-1}{2} & \dfrac{-1}{2} \\ -\dfrac{1}{3} & 0 & \dfrac{1}{3} \end{pmatrix}$$

线性变换 $x = P\bar{x}$,则得

$$\bar{b} = \boldsymbol{P}^{-1}b = \begin{pmatrix} \dfrac{1}{6} \\ -\dfrac{1}{2} \\ \dfrac{1}{3} \end{pmatrix}, \bar{c} = c\boldsymbol{P} = (18 \quad -4 \quad 3)$$

得对角型状态空间表达式为

$$\dot{\bar{x}} = \begin{pmatrix} 1 & 0 & 0 \\ 0 & -1 & 0 \\ 0 & 0 & -2 \end{pmatrix} \bar{x} + \begin{pmatrix} \dfrac{1}{6} \\ -\dfrac{1}{2} \\ \dfrac{1}{3} \end{pmatrix} u$$

$$y = (18 \quad -4 \quad 3)\bar{x} + 2u$$

4. 串联分解法——下三角型

传递函数写成分式乘积形式,再设变量(设变量等于每个分式与前一变量的乘积),进行分解。

【例 9-3】

已知系统传递函数 $G(s) = \dfrac{Y(s)}{U(s)} = \dfrac{s^2+8s+15}{s^3+7s^2+14s+8}$,试求:

(1) 可控标准型实现； (2) 可观标准型实现；
(3) 对角型实现；   (4) 下三角型实现。

解答:

(1) 可控标准型实现

由 $G(s) = \dfrac{Y(s)}{U(s)} = \dfrac{s^2+8s+15}{s^3+7s^2+14s+8}$,引入中间变量 z

令 $\dfrac{Y(s)}{Z(s)} = s^2+8s+15$,$\dfrac{Z(s)}{U(s)} = \dfrac{1}{s^3+7s^2+14s+8}$

取变量 $\begin{cases} x_1=z \\ x_2=\dot{z} \\ x_3=\ddot{z} \end{cases} \Rightarrow \begin{cases} \dot{x}_1=x_2 \\ \dot{x}_2=x_3 \\ \dot{x}_3=-8x_1-14x_2-7x_3+u \\ y=15x_1+8x_2+x_3 \end{cases}$

得到系统的可控标准型实现为

$$\dot{x} = \begin{pmatrix} 0 & 1 & 0 \\ 0 & 0 & 1 \\ -8 & -14 & -7 \end{pmatrix} x + \begin{pmatrix} 0 \\ 0 \\ 1 \end{pmatrix} u, \quad y = \begin{pmatrix} 15 & 8 & 1 \end{pmatrix} x$$

(2) 可观标准型实现

由 $\dddot{y}+7\ddot{y}+14\dot{y}+8y = \ddot{u}+8\dot{u}+15u$

选择状态变量 $\begin{cases} x_1=\ddot{y}+7\dot{y}+14y-\dot{u}-8u \\ x_2=\dot{y}+7y-u \\ x_3=y \end{cases} \Rightarrow \begin{cases} \dot{x}_1=\dddot{y}+7\ddot{y}+14\dot{y}-\ddot{u}-8\dot{u}=-8x_3+15u \\ \dot{x}_2=\ddot{y}+7\dot{y}-\dot{u}=x_1-14x_3+8u \\ \dot{x}_3=\dot{y}=x_2-7x_3+u \end{cases}$

得可观标准型实现为

$$\dot{x} = \begin{pmatrix} 0 & 0 & -8 \\ 1 & 0 & -14 \\ 0 & 1 & -7 \end{pmatrix} x + \begin{pmatrix} 15 \\ 8 \\ 1 \end{pmatrix} u$$

$$y = \begin{pmatrix} 0 & 0 & 1 \end{pmatrix} x$$

(3) 对角型实现为

将系统传递函数分解为部分分式,由 $G(s) = \dfrac{s^2+8s+15}{s^3+7s^2+14s+8} = \dfrac{\frac{8}{3}}{s+1} + \dfrac{-\frac{3}{2}}{s+2} + \dfrac{-\frac{1}{6}}{s+4}$

取 $\begin{cases} X_1(s) = \dfrac{1}{s+1}U(s) \\ X_2(s) = \dfrac{1}{s+2}U(s) \\ X_3(s) = \dfrac{1}{s+4}U(s) \end{cases} \Rightarrow \begin{cases} \dot{x}_1=-x_1+u \\ \dot{x}_2=-2x_2+u \\ \dot{x}_3=-4x_3+u \end{cases}$

因此得到对角型实现为

$$\dot{x} = \begin{pmatrix} -1 & 0 & 0 \\ 0 & -2 & 0 \\ 0 & 0 & -4 \end{pmatrix} x + \begin{pmatrix} 1 \\ 1 \\ 1 \end{pmatrix} u$$

$$y = \begin{pmatrix} \dfrac{8}{3} & -\dfrac{3}{2} & -\dfrac{1}{6} \end{pmatrix} x$$

（4）下三角型实现

系统传递函数改写成部分分式乘积形式为

$$G_1(s) = \frac{s^2 + 8s + 15}{s^3 + 7s^2 + 14s + 8} = \frac{1}{s+1} \cdot \frac{s+3}{s+2} \cdot \frac{s+5}{s+4}$$

设状态变量,并取拉普拉斯反变换得

$$\begin{cases} X_1(s) = \dfrac{1}{s+1} u(s) \\ X_2(s) = \dfrac{s+3}{s+2} x_1(s) \\ X_3(s) = \dfrac{s+5}{s+2} x_2(s) \end{cases} \Rightarrow \begin{cases} \dot{x}_1 = -x_1 + u \\ \dot{x}_2 = \dot{x}_1 + 3x_1 - 2x_2 = 2x_1 - 2x_2 + u \\ \dot{x}_3 = \dot{x}_2 + 5x_2 - 4x_3 = 2x_1 + 3x_2 - 4x_3 + u \end{cases}$$

因此得系统的下三角型实现为

$$\dot{x} = \begin{pmatrix} -1 & 0 & 0 \\ 2 & -2 & 0 \\ 2 & 3 & -4 \end{pmatrix} x + \begin{pmatrix} 1 \\ 1 \\ 1 \end{pmatrix} u, \quad y = \begin{pmatrix} 0 & 0 & 1 \end{pmatrix} x$$

> **知识点**：已知 MIMO 系统结构图,列写状态变量关系方程的方法。
>
> 根据图中系统的变量关系,按照信号流向找变量关系式,列写状态变量关系方程,代入法消去中间变量。
>
> 同一系统,取不同状态变量,状态方程不同。

【例 9-4】

系统如图 9.5 所示,请以 u 为输入,y 为输出,x 为状态变量,写出系统的状态空间表达式。

解答：

由图知 $\begin{cases} x_1 = (u_1 - y_1) \dfrac{1}{s+1} & \Rightarrow \quad \dot{x}_1 = (u_1 - x_1 - x_2) - x_1 = u_1 - 2x_1 - x_2 \\ y_1 = x_1 + x_2 \\ y_2 = x_3 + (u_1 - y_1) & \Rightarrow \quad y_2 = x_3 + u_1 - x_1 - x_2 \\ x_2 = (u_2 - y_2) \dfrac{1}{s+2} & \Rightarrow \quad \dot{x}_2 = u_2 - u_1 + x_1 - x_2 - x_3 \\ x_3 = x_2 \cdot \dfrac{1}{s} & \Rightarrow \quad \dot{x}_3 = x_2 \end{cases}$

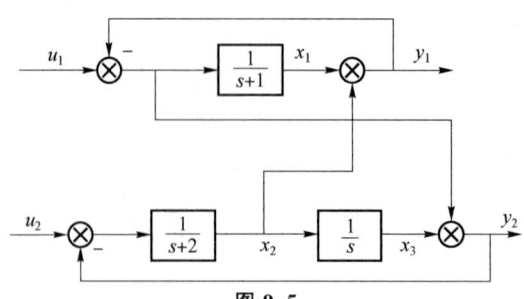

图 9.5

系统的状态方程为

$$\dot{x} = \begin{pmatrix} -2 & -1 & 0 \\ 1 & -1 & -1 \\ 0 & 1 & 0 \end{pmatrix} x + \begin{pmatrix} 1 & 0 \\ -1 & 1 \\ 0 & 0 \end{pmatrix} u, \quad y = \begin{pmatrix} 1 & 1 & 0 \\ -1 & -1 & 1 \end{pmatrix} x + \begin{pmatrix} 0 & 0 \\ 1 & 0 \end{pmatrix} u$$

【例 9-5】

(北京理工大学 2005 年)系统由三个环节 A、B、C 组成,它们各自对不同输入 $r(t)$ 的响应曲线 $y(t)$ 分别如图 9.6 和图 9.7 所示。

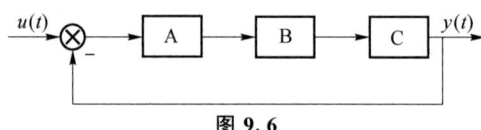

图 9.6

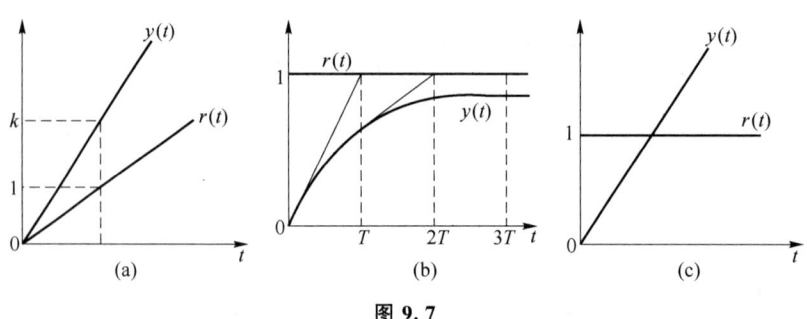

图 9.7

(1) 求 A、B、C 三个环节的传递函数,开环系统的总传递函数,画出系统的结构图;
(2) 在结构图上选状态变量,写出系统的状态空间表达式;
(3) 当 $k=10$,$T=0.1$ 时,求单位阶跃输入时系统性能指标:稳态误差 e_{ss},最大超调量 $\sigma\%$,上升时间 t_r,峰值时间 t_p。

解答:

(1) 三个环节的传递函数:由输入输出曲线知,环节 A 的输出是输入的 k 倍,没有延迟,所以 A 为比例环节,$G_A(s) = k$;环节 B 的输出跟踪输入,有延迟,无超调,因此 B 为惯性环节,$G_B(s) = \dfrac{1}{Ts+1}$;环节 C 的输出随输入快速正向上升,可知 C 为积分环节,$G_c(s) = \dfrac{1}{s}$,系统结构如图 9.8 所示。

开环系统的总传递函数 $G(s) = G_A(s)G_B(s)G_C(s) = \dfrac{k}{s(Ts+1)}$。

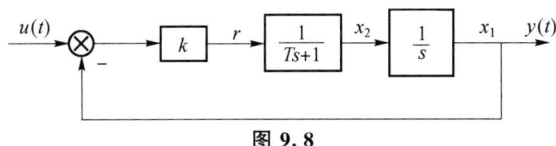

图 9.8

(2) 选择状态变量 $\begin{cases} \dfrac{X_2(s)}{R(s)} = \dfrac{1}{Ts+1} \Rightarrow \dot{x}_2 = -\dfrac{1}{T}x_2 + \dfrac{1}{T}r & (1) \\ x_2 \cdot \dfrac{1}{s} = x_1 \Rightarrow \dot{x}_1 = x_2 & (2) \\ r = k(u-x_1) = -kx_1 + ku & (3) \end{cases}$

将式(1)代入式(2)得 $\dot{x}_2 = -\dfrac{k}{T}x_1 - \dfrac{1}{T}x_2 + \dfrac{k}{T}u$

系统的状态空间表达式为

$$\dot{x} = \begin{pmatrix} 0 & 1 \\ -\dfrac{k}{T} & -\dfrac{1}{T} \end{pmatrix} x + \begin{pmatrix} 0 \\ \dfrac{k}{T} \end{pmatrix} u, \quad y(1 \ 0)x$$

(3) $G(s) = \dfrac{10}{s(0.1s+1)}$，闭环系统传递函数 $\varPhi(s) = \dfrac{G(s)}{1+G(s)} = \dfrac{100}{s^2+10s+100}$

系统参数：$\omega_n^2 = 100 \Rightarrow \omega_n = 10, 2\xi\omega_n = 10 \Rightarrow \xi = \dfrac{1}{2}$，因此得

Ⅰ型系统 $e_{ss} = 0, \sigma\% \approx 16.3\%, t_p = \dfrac{\pi}{\omega_d} = 0.36 \text{ s}, t_r = \dfrac{\pi-\varphi}{\omega_d} = 0.24 \text{ s}$。

 考点 2　已知系统状态变换前后 $G_1(s)$、$G_2(s)$，反求系统参数

基本知识要点

1. 状态方程与传递函数关系

状态方程变换前后，$G(s)$不变，特征值不变，$G(s) = C(sI-A)^{-1}B + D$。

2. 已知系统状态方程，判别系统的稳定性

(1) 低阶系统：特征多项式 $|\lambda I - A| = 0$，求极点 $\lambda_1、\lambda_2$，若极点的实部为负值，则系统稳定；
(2) 高阶系统：特征多项式 $|\lambda I - A| = 0$，用劳斯判据判稳。

【例 9-6】

(哈尔滨工业大学 2005 年) 某系统的状态方程为

$$\dot{x} = \begin{pmatrix} 0 & k_1 & 0 & 0 \\ 0 & 0 & 1 & 0 \\ 0 & 0 & 0 & 2 \\ -1 & -2 & -3 & -1 \end{pmatrix} x + \begin{pmatrix} 0 \\ 0 \\ 0 \\ 1 \end{pmatrix} u$$

① 判别 $k_1=3$ 时系统的稳定性。
② 求使系统稳定的 k_1 值范围。

解答：
系统的特征方程为

$$D(s)=|sI-A|=\begin{vmatrix} s & -k_1 & 0 & 0 \\ 0 & s & -1 & 0 \\ 0 & 0 & s & -2 \\ 1 & 2 & 3 & s+1 \end{vmatrix}=s^4+s^3+6s^2+4s+2k_1=0$$

系统劳斯表为

s^4	1	6	$2k_1$
s^3	1	4	
s^2	2	$2k_1$	
s	$4-k_1$	0	
s^0	$2k_1$		

$$\begin{cases} 2k_1>0 \\ 4-k_1>0 \end{cases} \Rightarrow \quad 0<k_1<4 \text{ 时，系统稳定。}$$

稳定范围：$0<k_1<4$，所以当 $k_1=3$ 时系统稳定。

【例 9-7】

（哈尔滨工业大学 2006 年）某 n 阶线性定常系统的状态方程和输出方程为 $\dot{x}=Ax+Bu$，$y=cx$，若用 $x=Pz$ 对系统进行线性变换，试对下面两个问题进行分析（要求给出分析过程）。

(1) 线性变换是否改变 u 到 y 的传递函数矩阵？
(2) 线性变换是否改变系统的可控性？

解答：
(1) 设 n 阶线性定常系统线性变换前、变换后的传递函数矩阵分别为 $G_1(s)$ 和 $G_2(s)$，则有 $\begin{cases} A_2=P^{-1}A_1P, & C_2=C_1P \\ B_2=P^{-1}B_1, & D_2=D_1 \end{cases}$，

$$G_2(s)=C_2(sI-A_2)^{-1}B_2+D_2=C_1P(sI-P^{-1}A_1P)^{-1}P^{-1}B_1+D_1$$
$$=C_1P(P^{-1}sIP-P^{-1}A_1P)^{-1}P^{-1}B_1+D_1$$
$$=C_1P[P^{-1}(sI-A_1)P]^{-1}P^{-1}B_1+D_1$$
$$=C_1PP^{-1}(sI-A_1)^{-1}PP^{-1}B_1+D_1$$
$$=C_1(sI-A_1)^{-1}B_1+D_1=G_1(s)$$

可见，线性变换不改变系统的传递函数矩阵，即系统具有传递函数不变性。

(2) 设 n 阶线性定常系统线性变换前和变换后的能控性矩阵分别为 Q_1 和 Q_2，则有

$$\text{rank}(Q_2)=\text{rank}[B_2,A_2B_2,A_2^2B_2,\cdots,A_2^{n-1}B_2]$$
$$=\text{rank}[P^{-1}B_1,P^{-1}A_1PP^{-1}B_1,(P^{-1}A_1P)^2P^{-1}B_1,\cdots,(P^{-1}A_1P)^{n-1}P^{-1}B_1]$$
$$=\text{rank}[P^{-1}B_1,P^{-1}A_1B_1,P^{-1}A_1^2B_1,\cdots,P^{-1}A_1^{n-1}B_1]$$
$$=\text{rank}[P^{-1}(B_1,A_1B_1,A_1^2B_1,\cdots,A_1^{n-1}B_1)]$$
$$=\text{rank}[B_1,A_1B_1,A_1^2B_1,\cdots,A_1^{n-1}B_1]$$
$$=\text{rank}(Q_1)$$

可见,线性变换不改变系统的能控性。

注意:线性变换后系统的特征多项式不变、系统的可观性不变,这些结论也要求考生会证明。

考点 3　求解系统的响应、状态转移阵 $e^{A(t)}$ 或 A

基本知识要点

1. 线性定常系统的解

齐次方程 $\dot{x} = Ax$ ⇒ 零输入响应 $x(t) = e^{At}x(0)$

$\begin{cases} \dot{x} = Ax + Bu \\ x(0) = x_0 \end{cases} \Rightarrow x(t) = e^{A(t-t_0)}x_0 + \int_{t_0}^{t} e^{A(t-\tau)}Bu(\tau)d\tau = \Phi(t-t_0)x_0 + \int_{t_0}^{t} \Phi(t-\tau)Bu(\tau)d\tau$

　　　　　　　齐次解　　　　　　　强迫运动项

　　　　　（零输入响应）　　　　（零状态响应）

2. 状态转移矩阵

$$\Phi(t-t_0) = e^{A(t-t_0)}$$

矩阵指数函数 $e^{At} = \Phi(t)$ 是系统初态的一个变换矩阵;

状态转移矩阵 $\Phi(t-t_0)$ 表征系统由初态到某一时刻的转移关系。

3. 矩阵指数函数 e^{At} 的常用性质和计算

(1) $e^{At}|_{t=0} = I$,$(e^{At})^{-1} = e^{-At}$,$e^{(A+B)t} = e^{At}e^{Bt}$;

(2) $\dfrac{d}{dt}e^{At} = Ae^{At} = e^{At}A$;

(3) 对角化:$P^{-1}e^{At}P = \begin{pmatrix} e^{\lambda_1 t} & & & 0 \\ & e^{\lambda_2 t} & & \\ & & \ddots & \\ 0 & & & e^{\lambda_n t} \end{pmatrix} = e^{P^{-1}APt}$,其中 P 为变换阵,$P^{-1}AP = \begin{pmatrix} \lambda_1 & & & 0 \\ & \lambda_2 & & \\ & & \ddots & \\ 0 & & & \lambda_n \end{pmatrix}$;

(4) 矩阵指数函数 e^{At} 计算方法:

方法 1:用定义 $e^{At} = I + At + \dfrac{1}{2!}(At)^2 + \cdots = \sum_{k=0}^{\infty}\dfrac{1}{k!}(At)^k$。

方法 2:已知系统阵 A,$e^{At} = \mathscr{L}^{-1}[(sI-A)^{-1}]$;(适用阶次较低系统)。

方法 3:若 A 可以对角化,$e^{At} = Pe^{P^{-1}APt}P^{-1}$,其中 P 为变换阵。

方法 4:已知 A,待定系数法 $f(\lambda) = |\lambda I - A| = 0$,解出 λ_i。

设 $e^{At} = a_0 I + a_1 A + \cdots + a_{n-1}A^{n-1}$,其中,$a_0, a_1, \cdots, a_{n-1}$ 为待定系数,由下式解出参数:

$\begin{pmatrix} a_0 \\ a_1 \\ \vdots \\ a_{n-1} \end{pmatrix} = \begin{pmatrix} 1 & \lambda_1 & \cdots & \lambda_1^{n-1} \\ 1 & \lambda_2 & \cdots & \lambda_2^{n-1} \\ \vdots & \vdots & & \vdots \\ 1 & \lambda_n & \cdots & \lambda_n^{n-1} \end{pmatrix}^{-1} \begin{pmatrix} e^{\lambda_1 t} \\ e^{\lambda_2 t} \\ \vdots \\ e^{\lambda_n t} \end{pmatrix}$

最后得 $e^{At} = a_0 I + a_1 A + \cdots + a_{n-1}A^{n-1}$(哈密顿定理)。

【例 9-8】

已知线性系统的 $A = \begin{pmatrix} 0 & 1 \\ 0 & 1 \end{pmatrix}$,求其矩阵指数函数 e^{At}。

解答：

直接应用矩阵指数函数 e^{At} 的定义，有

$$e^{At} = \sum_{k=0}^{\infty} \frac{1}{k!} A^k t^k = I + At + \frac{1}{2!} A^2 t^2 + \cdots$$

$$= \begin{pmatrix} 1 & 0 \\ 0 & 1 \end{pmatrix} + \begin{pmatrix} 0 & 1 \\ 0 & 1 \end{pmatrix} t + \frac{1}{2!} \begin{pmatrix} 0 & 1 \\ 0 & 1 \end{pmatrix}^2 t^2 + \cdots$$

$$= \begin{pmatrix} 1 & 0 \\ 0 & 1 \end{pmatrix} + \begin{pmatrix} 0 & 1 \\ 0 & 1 \end{pmatrix} t + \frac{1}{2!} \begin{pmatrix} 0 & 1 \\ 0 & 1 \end{pmatrix} t^2 + \cdots$$

$$= \begin{pmatrix} 1 & t + \frac{1}{2!} t^2 + \cdots \\ 0 & 1 + t + \frac{1}{2!} t^2 + \cdots \end{pmatrix} = \begin{pmatrix} 1 & e^t - 1 \\ 0 & e^t \end{pmatrix}$$

【例 9-9】

已知线性定常自治系统的状态方程如下式，求系统的状态轨线。

$$\dot{x} = \begin{pmatrix} 0 & 1 & 0 \\ 0 & 0 & 1 \\ 0 & 0 & 0 \end{pmatrix} x, \quad x(0) = \begin{pmatrix} 1 \\ 1 \\ 2 \end{pmatrix}$$

解答：

因为线性定常齐次状态方程的解为

$$x(t) = e^{At} x(0)$$

故需要先求出系统的状态转移矩阵 e^{At}，因为

$$A = \begin{pmatrix} 0 & 1 & 0 \\ 0 & 0 & 1 \\ 0 & 0 & 0 \end{pmatrix}, \quad A^2 = \begin{pmatrix} 0 & 0 & 1 \\ 0 & 0 & 0 \\ 0 & 0 & 0 \end{pmatrix}, \quad A^k = 0, \forall k \geq 3$$

应用状态转移矩阵 e^{At} 的定义为

$$e^{At} = \sum_{k=0}^{\infty} \frac{1}{k!} t^k A^k = I + At + \frac{1}{2!} A^2 t^2 = \begin{pmatrix} 1 & t & \frac{1}{2} t^2 \\ 0 & 1 & t \\ 0 & 0 & 1 \end{pmatrix}$$

故系统的状态轨线为

$$x(t) = e^{At} x(0) = \begin{pmatrix} 1 & t & \frac{1}{2} t^2 \\ 0 & 1 & t \\ 0 & 0 & 1 \end{pmatrix} \begin{pmatrix} 1 \\ 1 \\ 2 \end{pmatrix} = \begin{pmatrix} 1 + t + \frac{1}{2} t^2 \\ 1 + 2t \\ 2 \end{pmatrix}$$

【例 9-10】

（上海交通大学 2006 年）已知线性系统的状态方程为 $\begin{pmatrix} \dot{x}_1(t) \\ \dot{x}_2(t) \end{pmatrix} = \begin{pmatrix} 0 & 1 \\ -2 & -3 \end{pmatrix} \begin{pmatrix} x_1(t) \\ x_2(t) \end{pmatrix}$，求状态方程的解。

第9章 状态空间法

解答:

首先需要求出 e^{At},才能得状态方程的解 $x(t)=e^{At}x(0)$。求矩阵指数函数 e^{At} 可以采用以下3种方法。

由题易知,系统矩阵 $A=\begin{pmatrix} 0 & 1 \\ -2 & -3 \end{pmatrix}$。

方法1: 求 A 的特征值、特征向量,将 A 对角化。

由 $f(\lambda)=|\lambda I-A|=\begin{vmatrix} \lambda & -1 \\ 2 & \lambda+3 \end{vmatrix}=\lambda^2+3\lambda+2=0$,解得 $\lambda_1=-1, \lambda_2=-2$。

由 $Ap_i=\lambda_i p_i (i=1,2)$,得到对应特征向量 $p_1=(1\ \ -1)^T, p_2=(1\ \ -2)^T$。变换阵 $P=(p_1\ \ p_2)=\begin{pmatrix} 1 & 1 \\ -1 & -2 \end{pmatrix}, P^{-1}=\begin{pmatrix} 2 & 1 \\ -1 & -1 \end{pmatrix}$,所以对角化为 $P^{-1}AP=\Lambda=\begin{pmatrix} -1 & 0 \\ 0 & -2 \end{pmatrix}$。

矩阵指数函数为

$$e^{At}=Pe^{\Lambda t}P^{-1}=\begin{pmatrix} 1 & 1 \\ -1 & -2 \end{pmatrix}\begin{pmatrix} e^{-t} & \\ & e^{-2t} \end{pmatrix}\begin{pmatrix} 2 & 1 \\ -1 & -1 \end{pmatrix}=\begin{pmatrix} 2e^{-t}-e^{-2t} & e^{-t}-e^{-2t} \\ -2e^{-t}+2e^{-2t} & -e^{-t}+2e^{-2t} \end{pmatrix}$$

方法2: $e^{At}=\mathcal{L}^{-1}[(sI-A)^{-1}]$,其中 $(sI-A)=\begin{pmatrix} s & -1 \\ 2 & s+3 \end{pmatrix}$,

$$(sI-A)^{-1}=\begin{pmatrix} s+3 & 1 \\ -2 & s \end{pmatrix}\frac{1}{(s+1)(s+2)}=\begin{pmatrix} \dfrac{s+3}{(s+1)(s+2)} & \dfrac{1}{(s+1)(s+2)} \\ \dfrac{-2}{(s+1)(s+2)} & \dfrac{s}{(s+1)(s+2)} \end{pmatrix}$$

$$=\begin{pmatrix} \dfrac{2}{(s+1)}-\dfrac{1}{(s+2)} & \dfrac{1}{(s+1)}-\dfrac{1}{(s+2)} \\ \dfrac{-2}{(s+1)}+\dfrac{2}{(s+2)} & \dfrac{-1}{(s+1)}+\dfrac{2}{(s+2)} \end{pmatrix}$$

得 $e^{At}=\mathcal{L}^{-1}[(sI-A)^{-1}]=\begin{pmatrix} 2e^{-t}-e^{-2t} & e^{-t}-e^{-2t} \\ -2e^{-t}+2e^{-2t} & -e^{-t}+2e^{-2t} \end{pmatrix}$。

方法3: 待定系数法,因 A 的特征值 $\lambda_1=-1, \lambda_2=-2$,设 $e^{At}=a_0 I+a_1 A$,

由 $\begin{pmatrix} a_0 \\ a_1 \end{pmatrix}=\begin{pmatrix} 1 & \lambda_1 \\ 1 & \lambda_2 \end{pmatrix}^{-1}\begin{pmatrix} e^{\lambda_1 t} \\ e^{\lambda_2 t} \end{pmatrix}=\begin{pmatrix} 1 & -1 \\ 1 & -2 \end{pmatrix}^{-1}\begin{pmatrix} e^{-t} \\ e^{-2t} \end{pmatrix}=\begin{pmatrix} 2e^{-t}-e^{-2t} \\ e^{-t}-e^{-2t} \end{pmatrix}$

$$e^{At}=a_0 I+a_1 A=(2e^{-t}-e^{-2t})\begin{pmatrix} 1 & 0 \\ 0 & 1 \end{pmatrix}+(e^{-t}-e^{-2t})\begin{pmatrix} 0 & 1 \\ -2 & -3 \end{pmatrix}$$

$$=\begin{pmatrix} 2e^{-t}-e^{-2t} & e^{-t}-e^{-2t} \\ -2e^{-t}+2e^{-2t} & -e^{-t}+2e^{-2t} \end{pmatrix}$$

最后得状态方程的解 $x(t)=e^{At}x(0)=\begin{pmatrix} 2e^{-t}-e^{-2t} & e^{-t}-e^{-2t} \\ -2e^{-t}+2e^{-2t} & -e^{-t}+2e^{-2t} \end{pmatrix}x(0)$。

【例9-11】

(哈尔滨工业大学2003年)设线性系统的状态方程为

(1) $\Phi_1(t)=\begin{pmatrix} 2e^{-t}-e^{-2t} & e^{-t}-e^{-2t} \\ -2e^{-t}+2e^{-2t} & -e^{-t}+2e^{-2t} \end{pmatrix}, \Phi_2(t)=\begin{pmatrix} 2e^{-t}-e^{-2t} & 2e^{-t}-e^{-2t} \\ -2e^{-t}+e^{-2t} & -e^{-t}+2e^{-2t} \end{pmatrix}$,哪一个可能是系统的状态转移矩阵?为什么?

（2）根据选定的状态转移矩阵，求系统矩阵 A。

解答：

（1）状态转移矩阵 $\boldsymbol{\Phi}(t)$ 的性质：$\boldsymbol{\Phi}(0)=\boldsymbol{I}$。将 $t=0$ 代入得 $\boldsymbol{\Phi}_1(0)=\begin{pmatrix}1&0\\0&1\end{pmatrix}$，$\boldsymbol{\Phi}_2(0)=\begin{pmatrix}1&1\\-1&1\end{pmatrix}$，所以 $\boldsymbol{\Phi}_1(t)$ 可能是系统的状态转移矩阵。

（2）由于 $\dot{\boldsymbol{\Phi}}(t)=\boldsymbol{A}\boldsymbol{\Phi}(t)$，且 $\boldsymbol{\Phi}(0)=\boldsymbol{I}$，有

$$A=\dot{\boldsymbol{\Phi}}_1(0)=\begin{pmatrix}2e^{-t}-e^{-2t}&e^{-t}-e^{-2t}\\-2e^{-t}+2e^{-2t}&-e^{-t}+2e^{-2t}\end{pmatrix}'\bigg|_{t=0}=\begin{pmatrix}0&1\\-2&-3\end{pmatrix}。$$

也可以应用 $A=\dot{\boldsymbol{\Phi}}_1(t)\boldsymbol{\Phi}_1(-t)=\begin{pmatrix}0&1\\-2&-3\end{pmatrix}$。

【例 9-12】

（哈尔滨工业大学 2004 年）设线性定常系统的状态方程为 $\dot{x}=Ax$，$A\in\mathbb{R}^{2\times2}$，若 $x(0)=\begin{pmatrix}1\\-1\end{pmatrix}$ 时，$x(t)=\begin{pmatrix}e^{-2t}\\-e^{-2t}\end{pmatrix}$；$x(0)=\begin{pmatrix}2\\-1\end{pmatrix}$ 时，$x(t)=\begin{pmatrix}2e^{-t}\\-e^{-t}\end{pmatrix}$，

求 $x(0)=\begin{pmatrix}1\\3\end{pmatrix}$ 时，$x(t)$。

解答：

思路：$x(t)=e^{At}x(0)\Rightarrow(x_1(t),x_2(t))=e^{At}(x_{01},x_{02})\Rightarrow$
$e^{At}=(x_1(t),x_2(t))\cdot(x_{01},x_{02})^{-1}\Rightarrow x(t)=e^{A(t)}x(0)\Rightarrow$ 求 $e^{A(t)}$ 是关键。

由题条件知 $(x_1(t),x_2(t))=e^{At}(x_{01},x_{02})$，即 $e^{At}\begin{pmatrix}1&2\\-1&-1\end{pmatrix}=\begin{pmatrix}e^{-2t}&2e^{-t}\\-e^{-2t}&-e^{-t}\end{pmatrix}$，所以

$$e^{At}=(x_1(t),x_2(t))\cdot(x_{01},x_{02})^{-1}=\begin{pmatrix}e^{-2t}&2e^{-t}\\-e^{-2t}&-e^{-t}\end{pmatrix}\begin{pmatrix}1&2\\-1&-1\end{pmatrix}^{-1}$$

$$=\begin{pmatrix}-e^{-2t}+2e^{-t}&-2e^{-2t}+2e^{-t}\\e^{-2t}-e^{-t}&2e^{-2t}-e^{-t}\end{pmatrix}$$

$$x(t)=e^{At}\cdot x_0=\begin{pmatrix}-e^{-2t}+2e^{-t}&-2e^{-2t}+2e^{-t}\\e^{-2t}-e^{-t}&2e^{-2t}-e^{-t}\end{pmatrix}\begin{pmatrix}1\\3\end{pmatrix}=\begin{pmatrix}-7e^{-2t}+8e^{-t}\\7e^{-2t}-4e^{-t}\end{pmatrix}$$

【例 9-13】

已知系统状态方程为

$$\dot{x}(t)=\begin{pmatrix}1&0\\1&1\end{pmatrix}x+\begin{pmatrix}1\\1\end{pmatrix}u$$

初始条件为 $x_1(0)=1$，$x_2(0)=0$。试求系统在单位阶跃输入作用下的响应。

解答：

本题属于非齐次状态方程，方程解的形式为

$$x(t)=e^{At}x(0)+\int_0^t e^{A\tau}bu(t-\tau)\mathrm{d}\tau$$

故需要先求出系统的状态转移矩阵 e^{At}。

由于

$$(s\boldsymbol{I}-\boldsymbol{A}) = \begin{pmatrix} s-1 & 0 \\ -1 & s-1 \end{pmatrix}$$

$$(s\boldsymbol{I}-\boldsymbol{A})^{-1} = \frac{1}{(s-1)^2}\begin{pmatrix} s-1 & 0 \\ 1 & s-1 \end{pmatrix} = \begin{pmatrix} \dfrac{1}{s-1} & 0 \\ \dfrac{1}{(s-1)^2} & \dfrac{1}{s-1} \end{pmatrix}$$

故采用拉普拉斯变换法求得

$$e^{\boldsymbol{A}t} = \mathscr{L}^{-1}[(s\boldsymbol{I}-\boldsymbol{A})^{-1}] = \mathscr{L}^{-1}\begin{pmatrix} \dfrac{1}{s-1} & 0 \\ \dfrac{1}{(s-1)^2} & \dfrac{1}{s-1} \end{pmatrix} = \begin{pmatrix} e^t & 0 \\ t\,e^t & e^t \end{pmatrix}$$

得单位阶跃输入作用下的响应为

$$x(t) = \begin{pmatrix} e^t & 0 \\ t\,e^t & e^t \end{pmatrix}\begin{pmatrix} 1 \\ 0 \end{pmatrix} + \int_0^t \begin{pmatrix} e^\tau & 0 \\ \tau e^\tau & e^\tau \end{pmatrix}\begin{pmatrix} 1 \\ 1 \end{pmatrix}d\tau = \begin{pmatrix} e^t \\ t\,e^t \end{pmatrix} + \int_0^t \begin{pmatrix} e^\tau \\ e^\tau + \tau e^\tau \end{pmatrix}d\tau = \begin{pmatrix} 2e^t - 1 \\ 2t\,e^t \end{pmatrix}$$

【例 9-14】

(杭州电子科技大学 2018 年)已知线性定常系统状态方程为

$$\begin{pmatrix} \dot{x}_1 \\ \dot{x}_2 \end{pmatrix} = \begin{pmatrix} -1 & 0 \\ 0 & -2 \end{pmatrix}\begin{pmatrix} x_1 \\ x_2 \end{pmatrix} + \begin{pmatrix} 1 \\ 1 \end{pmatrix}u$$

求系统的初始状态为 $x(0) = (4\ \ 5)^{\mathrm{T}}$ 时,系统的单位斜坡响应。

解答:

(1) 系统的单位斜坡响应

$x(t) = \boldsymbol{\Phi}(t)x(0) + \int_0^t \boldsymbol{\Phi}(\tau)\mathrm{B}u(t-\tau)\mathrm{d}\tau$,首先求 $\boldsymbol{\Phi}(t)$:

$$\boldsymbol{\Phi}(t) = \mathscr{L}^{-1}[(s\boldsymbol{I}-\boldsymbol{A})^{-1}] = \mathscr{L}^{-1}\begin{pmatrix} s+1 & 0 \\ 0 & s+2 \end{pmatrix}^{-1} = \mathscr{L}^{-1}\begin{pmatrix} \dfrac{1}{s+1} & 0 \\ 0 & \dfrac{1}{s+2} \end{pmatrix}$$

$$= \mathscr{L}^{-1}\begin{pmatrix} \dfrac{s+2}{(s+1)(s+2)} & 0 \\ 0 & \dfrac{s+1}{(s+1)(s+2)} \end{pmatrix} = \begin{pmatrix} e^{-t} & 0 \\ 0 & e^{-2t} \end{pmatrix}$$

(2) 单位斜坡响应公式的前半部分

$$\boldsymbol{\Phi}(t)x(0) = \begin{pmatrix} e^{-t} & 0 \\ 0 & e^{-2t} \end{pmatrix}\begin{pmatrix} 4 \\ 5 \end{pmatrix} = \begin{pmatrix} 4e^{-t} \\ 5e^{-2t} \end{pmatrix}$$

(3) 求单位斜坡响应公式的后半部分

$$\int_0^t \boldsymbol{\Phi}(\tau)\mathrm{B}u(t-\tau)\mathrm{d}\tau = \int_0^t \begin{pmatrix} e^{-t}e^\tau & 0 \\ 0 & e^{-2t}e^{2\tau} \end{pmatrix}\begin{pmatrix} 1 \\ 1 \end{pmatrix}\tau\mathrm{d}\tau = \int_0^t \begin{pmatrix} e^{-t}\tau e^\tau \\ e^{-2t}\tau e^{2\tau} \end{pmatrix}\mathrm{d}\tau$$

$$= \begin{pmatrix} e^{-t}(\tau e^\tau - e^\tau) \\ \dfrac{1}{2}e^{-2t}\left(\tau e^{2\tau} - \dfrac{1}{2}e^{2\tau}\right) \end{pmatrix}\Bigg|_0^t = \begin{pmatrix} e^{-t}(te^t - e^t + 1) \\ \dfrac{1}{2}e^{-2t}\left(te^{2t} - \dfrac{1}{2}e^{2t} + \dfrac{1}{2}\right) \end{pmatrix}$$

$$= \begin{pmatrix} t-1+\mathrm{e}^{-t} \\ \dfrac{1}{2}t - \dfrac{1}{4} + \dfrac{1}{4}\mathrm{e}^{-2t} \end{pmatrix}$$

由此得系统的单位斜坡响应为

$$x(t) = \boldsymbol{\Phi}(t)x(0) + \int_0^t \boldsymbol{\Phi}(\tau)\mathrm{B}u(t-\tau)\mathrm{d}\tau = \begin{pmatrix} 4\mathrm{e}^{-t} \\ 5\mathrm{e}^{-2t} \end{pmatrix} + \begin{pmatrix} t-1+\mathrm{e}^{-t} \\ \dfrac{1}{2}t - \dfrac{1}{4} + \dfrac{1}{4}\mathrm{e}^{-2t} \end{pmatrix}$$

$$= \begin{pmatrix} 5\mathrm{e}^{-t} + t - 1 \\ \dfrac{21}{4}\mathrm{e}^{-2t} + \dfrac{1}{2}t - \dfrac{1}{4} \end{pmatrix}$$

【例 9-15】

(北京航空航天大学 2004 年)线性系统的状态方程为 $\dot{x} = \begin{pmatrix} -1 & 0 \\ 0 & -2 \end{pmatrix}x + \begin{pmatrix} 1 \\ 1 \end{pmatrix}u, y = (1 \quad 1)x$。在输入 $u(t) = \mathrm{e}^{\lambda t}$ 的作用下,如何选取 λ 和初始状态 $x(0)$,可使系统的输出 y 恒为零。

解答:

$$\mathrm{e}^{\boldsymbol{A}t} = L^{-1}((s\boldsymbol{I} - \boldsymbol{A})^{-1}) = \begin{pmatrix} \mathrm{e}^{-t} & 0 \\ 0 & \mathrm{e}^{-2t} \end{pmatrix}$$

$$x(t) = \mathrm{e}^{\boldsymbol{A}t}x(0) + \int_0^t \mathrm{e}^{\boldsymbol{A}(t-\tau)}\boldsymbol{B}u(\tau)\mathrm{d}\tau = \begin{pmatrix} \mathrm{e}^{-t} & 0 \\ 0 & \mathrm{e}^{-2t} \end{pmatrix}\begin{pmatrix} x_1(0) \\ x_2(0) \end{pmatrix} + \int_0^t \begin{pmatrix} \mathrm{e}^{-(t-\tau)} & 0 \\ 0 & \mathrm{e}^{-2(t-\tau)} \end{pmatrix}\begin{pmatrix} 1 \\ 1 \end{pmatrix}\mathrm{e}^{\lambda\tau}\mathrm{d}\tau。$$

$x(t) = (x_1(t) \quad x_2(t))^{\mathrm{T}}$ 的两个变量分别求解:

$$x_1(t) = \mathrm{e}^{-t}x_1(0) + \int_0^t \mathrm{e}^{-(t-\tau)}\mathrm{e}^{\lambda\tau}\mathrm{d}\tau = \mathrm{e}^{-t}x_1(0) + \frac{\mathrm{e}^{-t}}{\lambda+1}(\mathrm{e}^{(\lambda+1)t} - 1)$$

$$= \mathrm{e}^{-t}\left[x_1(0) - \frac{1}{\lambda+1}\right] + \frac{1}{\lambda+1}\mathrm{e}^{\lambda t}$$

$$x_2(t) = \mathrm{e}^{-2t}x_2(0) + \int_0^t \mathrm{e}^{-2(t-\tau)}\mathrm{e}^{\lambda\tau}\mathrm{d}\tau = \mathrm{e}^{-2t}x_2(0) + \frac{\mathrm{e}^{-2t}}{\lambda+2}(\mathrm{e}^{(\lambda+2)t} - 1)$$

$$= \mathrm{e}^{-2t}\left[x_2(0) - \frac{1}{\lambda+2}\right] + \frac{1}{\lambda+2}\mathrm{e}^{\lambda t}$$

因 $y(t) = x_1(t) + x_2(t) = \mathrm{e}^{-t}\left[x_1(0) - \dfrac{1}{\lambda+1}\right] + \mathrm{e}^{-2t}\left[x_2(0) - \dfrac{1}{\lambda+2}\right] + \mathrm{e}^{\lambda t}\left[\dfrac{1}{\lambda+1} + \dfrac{1}{\lambda+2}\right]$,令输出 y 恒为零,则得

$$\begin{cases} x_1(0) - \dfrac{1}{\lambda+1} = 0 \\ x_2(0) - \dfrac{1}{\lambda+2} = 0 \\ \dfrac{1}{\lambda+1} + \dfrac{1}{\lambda+2} = 0 \end{cases} \Rightarrow \begin{cases} \lambda = -\dfrac{3}{2} \\ x_1(0) = -2 \\ x_2(0) = 2 \end{cases}。$$

 考点 4 扩展:离散系统的动态方程和响应求解

知识点:离散系统的状态转移阵求解:
$x(k+1) = \boldsymbol{\Phi}(T)x(k) + \boldsymbol{G}(T)u(k)$。

【例 9-16】

已知连续系统动态方程

$$\dot{x}(t) = \begin{pmatrix} 0 & 1 \\ 0 & 2 \end{pmatrix} x(t) + \begin{pmatrix} 0 \\ 1 \end{pmatrix} u(t)$$

$$y = (1 \quad 0) x(t)$$

设采样周期 $T=1$ s，试求离散化的系统动态方程。

解答：

方法 1：用待定系数法求 e^{At}：

$$\det(\lambda I - A) = \begin{vmatrix} \lambda & -1 \\ 0 & \lambda - 2 \end{vmatrix} = \lambda(\lambda - 2), \lambda_1 = 0, \lambda_2 = 2$$

故 $\begin{pmatrix} a_0(t) \\ a_1(t) \end{pmatrix} = \begin{pmatrix} 1 & 0 \\ 1 & 2 \end{pmatrix}^{-1} \begin{pmatrix} 1 \\ e^{2t} \end{pmatrix} = \begin{pmatrix} 1 \\ -\frac{1}{2}(1-e^{2t}) \end{pmatrix}$

$$e^{At} = a_0(t) I + a_1(t) A = \begin{pmatrix} 1 & 0 \\ 0 & 1 \end{pmatrix} + \begin{pmatrix} 0 & -\frac{1}{2}(1-e^{2t}) \\ 0 & -1+e^{2t} \end{pmatrix} = \begin{pmatrix} 1 & -\frac{1}{2}(1-e^{2t}) \\ 0 & e^{2t} \end{pmatrix}$$

方法 2：用拉普拉斯反变换求 e^{At}：

$$e^{At} = \mathscr{L}^{-1}[(sI-A)^{-1}] = \mathscr{L}^{-1} \begin{pmatrix} \dfrac{1}{s} & -\dfrac{1}{2}\left(\dfrac{1}{s} - \dfrac{1}{s-2}\right) \\ 0 & \dfrac{1}{s-2} \end{pmatrix} = \begin{pmatrix} 1 & -\dfrac{1}{2}(1-e^{2t}) \\ 0 & e^{2t} \end{pmatrix}$$

当 $T=1$ s 时，有

$$\text{状态转移阵 } \boldsymbol{\Phi}(T) = e^{AT} = \begin{pmatrix} 1 & -\dfrac{1}{2}(1-e^2) \\ 0 & e^2 \end{pmatrix} = \begin{pmatrix} 1 & 3.1945 \\ 0 & 7.3891 \end{pmatrix}$$

$$\boldsymbol{G}(T) = \int_0^T e^{At} b \, dt = \int_0^T \begin{pmatrix} -\dfrac{1}{2} + \dfrac{1}{2} e^{2t} \\ e^{2t} \end{pmatrix} dt = \begin{pmatrix} -\dfrac{3}{4} + \dfrac{1}{4} e^2 \\ -\dfrac{1}{2} + \dfrac{1}{2} e^2 \end{pmatrix} = \begin{pmatrix} 1.0973 \\ 3.1946 \end{pmatrix}$$

故离散化的系统动态方程为

$$X(k+1) = \boldsymbol{\Phi}(T) X(k) + \boldsymbol{G}(T) U(k)$$
$$= \begin{pmatrix} 1 & 3.1945 \\ 0 & 7.3891 \end{pmatrix} X(k) + \begin{pmatrix} 1.0973 \\ 3.1946 \end{pmatrix} U(k)$$

$$Y(k) = (1 \quad 0) X(k)$$

考点 5　线性定常系统能控性、能观性判别

知识点：线性定常系统能控性、能观性的判别方法

1. 用能控性、能观性判别阵

能控性——计算能控性判别阵 $Q_c = [B \quad AB \quad A^2B \quad \cdots \quad A^{n-1}B]$，

　　　　能控条件：(n 阶单输入线性系统)$\mathrm{rank}[Q_c] = n$；

　　　　或（多输出系统）$|Q_c, Q_c^T| \neq 0$。

能观性——计算能观性判别阵 $Q_o = [C \quad CA \quad CA^2 \quad \cdots \quad CA^{n-1}]^T$，

　　　　能观条件：(n 阶单输入系统)$\mathrm{rank}[Q_o] = n$；

　　　　或（多输出系统）$|Q_o, Q_o^T| \neq 0$。

2. 用约当标准型直接判别

约当块判断——横看能控，竖看能观。

能控性——每个不同特征值 λ_i 对应的约当块的 B 阵的最后一行元素均不全为零（非全零行）。

能观性——每个不同特征值 λ_i 对应的约当块的 C 阵的第一列元素均不全为零（非全零列）。

例：$\dot{x} = \begin{pmatrix} \lambda_1 & 1 & 0 \\ 0 & \lambda_1 & 0 \\ 0 & 0 & \lambda_2 \end{pmatrix} x + \begin{pmatrix} 0 & 0 \\ 1 & 0 \\ 0 & 1 \end{pmatrix} \begin{pmatrix} u_1 \\ u_2 \end{pmatrix}$　　B 阵第二三行为非全零行——能控

　　$y = \begin{pmatrix} 1 & 0 & 0 \\ 0 & 0 & -1 \end{pmatrix} x$　　　　　　　　　　C 阵第一三列为非全零列——能观

注意：当 $\lambda_1 = \lambda_2$ 时，不是真正的约当块，此判断方法失效。

3. 由结构图判别

$\begin{cases} 找不可控变量——看 x_i 的输入——与输入 u，其他变量，输出 y 均无关 \\ 找不可观变量——看 x_i 的输出——与其他变量，输出 y 均无关 \end{cases}$

注意：观察 x_i $\begin{cases} 是否与其他可控变量间接相关 \\ 是否与其他可观变量间接相关 \end{cases}$

4. 对偶系统的判别

若系统 $\sum_1 \begin{cases} \dot{x} = Ax + Bu \\ y = Cx \end{cases}$ 与系统 $\sum_2 \begin{cases} \dot{x}^* = A^* x^* + B^* u^* \\ y^* = C^* x^* \end{cases}$ 对偶，

即 $\begin{cases} A^* = A^T, B^* = C^T \\ C^* = B^T \end{cases}$，则 $\begin{cases} \sum_1 能控性 \Leftrightarrow \sum_2 能观性 \\ \sum_1 能观性 \Leftrightarrow \sum_2 能控性 \end{cases}$

5. 完全能控能观条件

$\begin{cases} 传递函数中无零极点对消 \Rightarrow 完全能控能观 \\ 传递函数中有零极点对消 \Rightarrow 状态不完全能控或不完全能观 \end{cases}$

　　　　　　　　　　　　　　（与状态变量的选择有关）

6. 系统离散化对能控能观性影响

一个能控的连续系统，离散化后并不一定能保持其能控性；

一个可观的连续系统,离散化后并不一定能保持其可观性;

采样周期选择不当,便不能保持原系统的能控性或能观性。

反之,当原连续系统是不能控或不可观的,离散化后,不论采样周期如何选择,一定还是不能控或不可观的系统。

注意:对偶定理的推导证明考生需要会。

【例 9-17】

(西安电子科技大学 2004 年)系统结构如图 9.9 所示,要求:
(1) 列写系统的状态空间表达式;
(2) 能否通过选择 a、b、c、d 的值,使系统完全能控,为什么?
(3) 能否通过选择 a、b、c、d 的值,使系统完全能观,为什么?

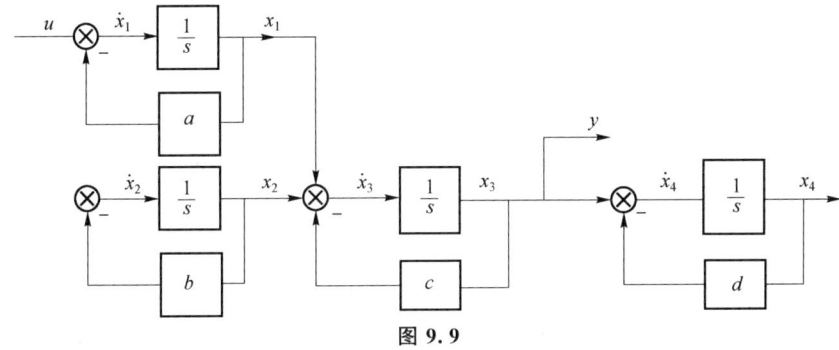

图 9.9

解答:

(1) 系统的状态空间表达式
$$\begin{pmatrix} \dot{x}_1 \\ \dot{x}_2 \\ \dot{x}_3 \\ \dot{x}_4 \end{pmatrix} = \begin{pmatrix} -a & 0 & 0 & 0 \\ 0 & -b & 0 & 0 \\ 1 & 1 & -c & 0 \\ 0 & 0 & 1 & -d \end{pmatrix} \begin{pmatrix} x_1 \\ x_2 \\ x_3 \\ x_4 \end{pmatrix} + \begin{pmatrix} 1 \\ 0 \\ 0 \\ 0 \end{pmatrix} u$$

$$y = (0 \quad 0 \quad 1 \quad 0) \begin{pmatrix} x_1 \\ x_2 \\ x_3 \\ x_4 \end{pmatrix}$$

(2) 由结构图可知,x_2 不受 u 控制,故系统状态不完全能控。

(3) 由结构图可知,x_4 与输出 y 无关,故系统状态不完全能观。

【例 9-18】

(浙江大学 2007 年)已知线性定常系统:

$$\dot{x} = \begin{pmatrix} -2 & 1 & 0 \\ 0 & -2 & 0 \\ 0 & 0 & -1 \end{pmatrix} x + \begin{pmatrix} 0 \\ 1 \\ 1 \end{pmatrix} u, \quad y = (0 \quad 1 \quad 0) x$$

(1) 写出系统的传递函数；

(2) 判别系统的能控性、能观性，并指明每个状态变量的能控、能观性。

解答：

(1) 系统传递函数：$G(s) = \dfrac{Y(s)}{U(s)} = c[s\mathbf{I}-\mathbf{A}]^{-1}b = \dfrac{s^2+3s+2}{s^3+5s^2+8s+4}$。

(2) 已知系统约当标准型，可直接判断系统的能控、能观性：

两个约当块对应的 $\mathbf{B}$ 阵最后一行不为零，系统状态变量 x_1、x_2、x_3 完全可控。

第一个约当块对应的 $\mathbf{C}$ 阵第一列为零，所以状态变量 x_1 不可观。

第二个约当块对应的 $\mathbf{C}$ 阵第一列为零，所以状态变量 x_3 不可观。

【例 9-19】

（大连海事大学 2011 年）设某二阶系统结构如图 9.10 所示，试用图中变量建立状态空间表达式，并判断系统的可控性和可观性。

解答：

由系统结构图得

$$\begin{cases} x_1 = \dfrac{-5}{s+4}(u-x_2) \\ x_2 = \dfrac{1}{s-1}(u+x_1-x_2) \\ y = x_1+(u-x_2) \end{cases} \Rightarrow \begin{cases} \dot{x}_1 + 4x_1 = 5x_2 - 5u \\ \dot{x}_2 - x_2 = x_1 + u - x_2 \\ y = x_1 - x_2 + u \end{cases}$$

$$\Rightarrow \begin{cases} \dot{x}_1 = -4x_1 + 5x_2 - 5u \\ \dot{x}_2 = x_1 + u \\ y = x_1 - x_2 + u \end{cases}$$

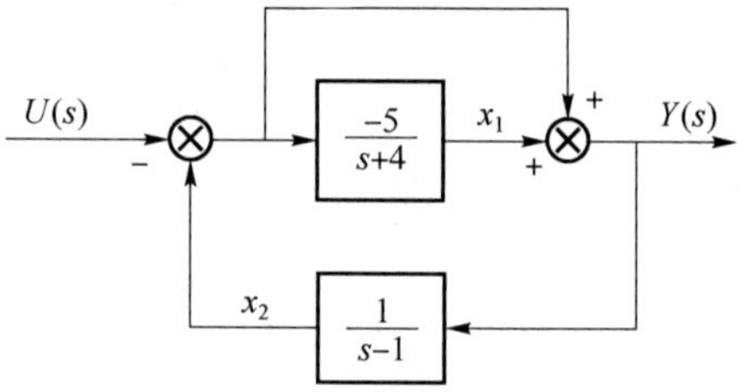

图 9.10

状态空间表达式 $\dot{x} = \begin{pmatrix} -4 & 5 \\ 1 & 0 \end{pmatrix} x + \begin{pmatrix} -5 \\ 1 \end{pmatrix} u, \ y = (1 \ \ -1)x + u$。

可控性判别：$\mathrm{rank}(\mathbf{B} \ \ \mathbf{AB}) = \mathrm{rank}\begin{pmatrix} -5 & 25 \\ 1 & -5 \end{pmatrix} = 1 < 2 \Rightarrow$ 系统不可控。

可观性判别：$\mathrm{rank}\begin{pmatrix} \mathbf{C} \\ \mathbf{CA} \end{pmatrix} = \mathrm{rank}\begin{pmatrix} 1 & -1 \\ -5 & 5 \end{pmatrix} = 1 < 2 \Rightarrow$ 系统不可观。

【例 9-20】

（南京理工大学 2004 年）某一系统的可控标准型的状态空间表达式为

$$\begin{pmatrix} \dot{x}_1 \\ \dot{x}_2 \end{pmatrix} = \begin{pmatrix} 0 & 1 \\ -0.4 & -1.3 \end{pmatrix} \begin{pmatrix} x_1 \\ x_2 \end{pmatrix} + \begin{pmatrix} 0 \\ 1 \end{pmatrix} u \tag{1}$$

$$y = (0.8 \ \ 1)\begin{pmatrix} x_1 \\ x_2 \end{pmatrix} \tag{2}$$

同一系统的可观测标准型的状态空间表达式为

$$\begin{pmatrix} \dot{x}_1 \\ \dot{x}_2 \end{pmatrix} = \begin{pmatrix} 0 & -0.4 \\ 1 & -1.3 \end{pmatrix} \begin{pmatrix} x_1 \\ x_2 \end{pmatrix} + \begin{pmatrix} 0.8 \\ 1 \end{pmatrix} u \tag{3}$$

$$y = \begin{pmatrix} 0 & 1 \end{pmatrix} \begin{pmatrix} x_1 \\ x_2 \end{pmatrix} \qquad (4)$$

(1) 证明:方程(1)和方程(2)给定的状态空间表达式,给出了一个状态可控但是不可观测的系统。

(2) 证明:方程(3)和方程(4)给定的状态空间表达式,给出了一个状态不完全可控却可观测的系统。

(3) 解释什么原因引起了同一系统可控性和可观性之间的显著差别。

解答:

(1) 方程(1)和方程(2)为能控标准型,故必能控,只需检验其能观性。

$$Q_0 = \begin{pmatrix} C_1 \\ C_1 A_1 \end{pmatrix} = \begin{pmatrix} 0.8 & 1 \\ -0.4 & -0.5 \end{pmatrix}, \text{rank}(Q_0) = 1, 系统不可观测。$$

(2) 方程(3)和方程(4)为能观标准型,故必可观,只需检验其能控性。

$$Q_c = \begin{pmatrix} B_2 & A_2 B_2 \end{pmatrix} = \begin{pmatrix} 0.8 & -0.4 \\ 1 & -0.5 \end{pmatrix}, \text{rank}(Q_c) = 1, 系统不完全能控。$$

(3) 系统传递函数为

$$G(s) = C_1 (sI - A_1)^{-1} B_1 = C_2 (sI - A_2)^{-1} B_2 = \frac{s + 0.8}{s^2 + 1.3s + 0.4} = \frac{s + 0.8}{(s + 0.5)(s + 0.8)}$$

两个状态空间表达式为对偶系统,有相同的传递函数。但传递函数中出现了零极点相消现象,所以原系统不是完全能控能观的。两者选择不同的状态变量,使得一个为能控标准型,另一个为能观标准型,两者的性能相互等价转换,使得同一系统的可控性和可观性之间有显著差别。

【例 9-21】

已知系统传递函数为 $\dfrac{Y(s)}{U(s)} = \dfrac{s+1}{s^2 + 3s + 2}$,试写出系统可控不可观测、可观测不可控、不观测不可控的动态方程。

解答:

$$\frac{Y(s)}{U(s)} = \frac{s+1}{s^2 + 3s + 2} = \frac{s+1}{(s+1)(s+2)} = \frac{1}{s+2}$$

系统传递函数有零极点对消,因此系统不完全可控或不完全可观测。

(1) 可控不可观测动态方程:写出系统的可控标准型实现。

$$\dot{x} = \begin{pmatrix} 0 & 1 \\ -2 & -3 \end{pmatrix} x + \begin{pmatrix} 0 \\ 1 \end{pmatrix} u, \quad y = \begin{pmatrix} 1 & 1 \end{pmatrix} x$$

验证: $\text{rank} \begin{pmatrix} C \\ CA \end{pmatrix} = \text{rank} \begin{pmatrix} 1 & 1 \\ -2 & -2 \end{pmatrix} = 1 < 2$,显然系统可控,但不可观测。

(2) 可观测不可控动态方程:写出系统的可观测标准型实现。

$$\dot{x} = \begin{pmatrix} 0 & -2 \\ 1 & -3 \end{pmatrix} x + \begin{pmatrix} 1 \\ 1 \end{pmatrix} u, \quad y = \begin{pmatrix} 0 & 1 \end{pmatrix} x$$

验证: $\text{rank}(b \quad Ab) = \text{rank} \begin{pmatrix} 1 & -2 \\ 1 & -2 \end{pmatrix} = 1 < 2$,故系统不可控,但可观测。

(3) 不可控不可观测动态方程:(部分分式之和的形式)

$$\frac{Y(s)}{U(s)} = \frac{s+1}{(s+1)(s+2)} = \frac{0}{s+1} + \frac{1}{s+2}$$

得 $\dot{x} = \begin{pmatrix} -1 & 0 \\ 0 & -2 \end{pmatrix} x + \begin{pmatrix} 0 \\ 1 \end{pmatrix} u, y = (0 \quad 1) x$

验证：$\mathrm{rank}(\boldsymbol{b} \quad \boldsymbol{Ab}) = \mathrm{rank}\begin{pmatrix} 0 & 0 \\ 1 & -2 \end{pmatrix} = 1 < 2$，故系统不可控。

验证：$\mathrm{rank}\begin{pmatrix} \boldsymbol{C} \\ \boldsymbol{CA} \end{pmatrix} = \mathrm{rank}\begin{pmatrix} 0 & 1 \\ 0 & -2 \end{pmatrix} = 1 < 2$，显然系统也不可观测。

(4) 分析原因：最简约的传递函数，只表征了系统可控可观的部分，因此具有不完全性。

考点6　系统的反馈控制器设计

基本知识要点

1. 极点配置问题

原理：闭环系统极点的分布决定系统的稳定性和动态品质。

思路：由系统动态特性(性能指标)的要求⇒找出一组期望的闭环极点⇒通过选择线性反馈增益矩阵，将闭环系统的极点恰好配置在所望的极点位置上，以获得期望的动态性能。

2. 状态反馈系统

将系统中的状态变量，反馈至系统的参考输入端，实现系统的偏差控制。

(1) 受控系统：$\sum_0 \begin{cases} \dot{x} = Ax + Bu \\ y = Cx \end{cases}$。

(2) 反馈控制：控制律 $u = v - Kx$（负反馈），系统结构如图9.11所示。

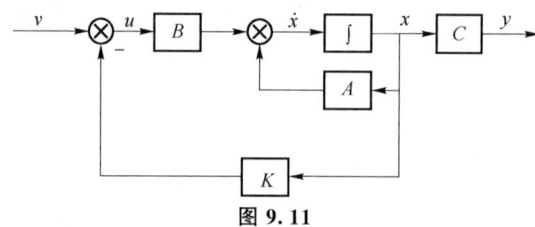

图 9.11

(3) 闭环控制系统：$\begin{cases} \dot{x} = (\boldsymbol{A} - \boldsymbol{BK})x + \boldsymbol{B}v \\ y = \boldsymbol{C}x \end{cases}$。

(4) 闭环传递函数：$W(s) = \boldsymbol{C}[s\boldsymbol{I} - (\boldsymbol{A} - \boldsymbol{BK})]^{-1}\boldsymbol{B}$。

(5) 特征多项式：$f(\lambda) = \det[\lambda \boldsymbol{I} - (\boldsymbol{A} - \boldsymbol{BK})]$。

3. 状态反馈极点配置法

(1) 任意配置极点的条件

采用状态反馈使系统闭环极点配置在复平面任意位置上的充要条件是受控系统 $\sum_0(\boldsymbol{A}, \boldsymbol{B})$ 完全能控。

(2) 极点配置的算法

受控系统：$\sum_0(\boldsymbol{A}, \boldsymbol{B}, \boldsymbol{C}) \begin{cases} \dot{x} = \boldsymbol{A}x + \boldsymbol{B}u \\ y = \boldsymbol{C}x \end{cases}$。

特征多项式：$\det[\lambda \boldsymbol{I} - \boldsymbol{A}] = \lambda^n + a_1 \lambda^{n-1} + \cdots + a_{n-1} \lambda + a_n$。

方法一(待定系数法):受控系统为一般型时应用的方法(通用方法)。

① 判 的能控性 $\Rightarrow$ $\begin{cases} 能控,可极点配置 \\ 不能控,不能配置 \end{cases}$,设反馈系数阵:$\boldsymbol{K}=[k_n \cdots k_1]$。

② 计算 $\det[\lambda \boldsymbol{I}-(\boldsymbol{A}-\boldsymbol{BK})] = \lambda^n + (a_1+k_1)\lambda^{n-1} + \cdots + (a_{n-1}+k_{n-1})\lambda + (a_n+k_n)$。

③ 由期望极点 $\lambda_1^*, \lambda_2^*, \cdots, \lambda_n^*$,求出期望的特征多项式:

$$f(\lambda^*) = (\lambda-\lambda_1^*)(\lambda-\lambda_2^*)\cdots(\lambda-\lambda_n^*) = \lambda^n + a_1^* \lambda^{n-1} + \cdots + a_{n-1}^* \lambda + a_n^*$$

④ 令 $f(\lambda) = f(\lambda^*)$,得 $\begin{cases} a_1^* = a_1+k_1 \\ a_2^* = a_2+k_2 \\ \vdots \quad \vdots \quad \vdots \\ a_n^* = a_n+k_n \end{cases} \Rightarrow$ 参数 $\begin{cases} k_n = a_n^* - a_n \\ \vdots \quad \vdots \quad \vdots \\ k_2 = a_2^* - a_2 \\ k_1 = a_1^* - a_1 \end{cases}$

$\boldsymbol{K} = (a_n^* - a_n \quad \cdots \quad a_{n-1}^* - a_{n-1} \quad \cdots \quad a_1^* - a_1)$

注意:如果设反馈系数阵:$\boldsymbol{K} = (k_1 \cdots k_n)$(脚标顺序与前一种相反)。

特征多项式:$\det[\lambda \boldsymbol{I} - (\boldsymbol{A}-\boldsymbol{BK})] = \lambda^n + (a_1+k_n)\lambda^{n-1} + \cdots + (a_n+k_1)$。

期望的特征多项式:$f(\lambda^*) = \lambda^n + a_1^* \lambda^{n-1} + \cdots + a_{n-1}^* \lambda + a_n^*$。

令 $f(\lambda) = f(\lambda^*)$,得参数 $\begin{cases} k_1 = a_n^* - a_n \\ \vdots \quad \vdots \\ k_{n-1} = a_2^* - a_2 \\ k_n = a_1^* - a_1 \end{cases}$ (注意:等式两端的脚标顺序不同)。

注意:两种反馈系数阵设法,反馈系数与状态变量的对应关系不变。

第一种:设反馈系数阵 $\boldsymbol{K} = (k_n \cdots k_1)$
$$\downarrow \quad \downarrow$$
$$x_1 \cdots x_n$$

第二种:设反馈系数阵 $\boldsymbol{K} = (k_1 \cdots k_n)$
$$\downarrow \quad \downarrow$$
$$x_1 \cdots x_n$$

方法二(能控标准型):受控系统为能控标准型时应用的方法、计算量少。

① 判能控性。

② $\det[\lambda \boldsymbol{I} - \boldsymbol{A}] = \lambda^n + a_1 \lambda^{n-1} + \cdots + a_{n-1}\lambda + a_n$(原系统的特征多项式)。

注意:采用原系统的特征多项式,阶次较高时,计算量明显少,错误率降低。

③ 找变换阵 $\boldsymbol{P}$ 使系统变换为能控标准型(已是标准型的,$\boldsymbol{P}=\boldsymbol{I}$)。

④ $f(\lambda^*) = (\lambda-\lambda_1^*)(\lambda-\lambda_2^*)\cdots(\lambda-\lambda_n^*) = \lambda^n + a_1^* \lambda^{n-1} + \cdots + a_{n-1}^* \lambda + a_n^*$。

⑤ 反馈阵 $\boldsymbol{K} = [a_n^* - a_n \quad \cdots \quad a_2^* - a_2 \quad a_1^* - a_1] \boldsymbol{P}^{-1}$。

适用:受控对象是能控标准型时,$\boldsymbol{P} = \boldsymbol{I} = \boldsymbol{P}^{-1}$。

4. 状态反馈几点问题

(1) 引入状态反馈只能改变闭环极点位置,不影响系统的零点,除非有意制造零极点对消。

(2) 对于给定的期望极点 $\begin{cases} \text{SISO 系统的 } \boldsymbol{K} \text{ 阵是唯一解}, \boldsymbol{K}_{n \times n} \\ \text{MIMO 系统的 } \boldsymbol{K} \text{ 阵不唯一}, \boldsymbol{K}_{r \times n} \Rightarrow \text{多个能控型}。 \end{cases}$

(3) 状态反馈不改变系统的能控性,但不能保证能观性不变,可能会出现零极点对消情况。
(4) 如果给出的设计要求是系统的时域的性能指标,如何配置极点:
根据静态动态性能要求,求系统传递函数参数 ξ、ω_n,确定出一对(或一个)主导极点。
高阶系统的其他 $n-2$ 个极点选择:在复平面的左半平面上,使极点离虚轴的距离(实部模),至少等于主导极点与虚轴距离(实部模)的 $4\sim6$ 倍。

【例 9-22】

线性系统 $\dot{x}=Ax+Bu$,式中 $A=\begin{pmatrix}0 & 1 & 0\\ 0 & 0 & 1\\ -1 & -5 & -6\end{pmatrix}$,$B=\begin{pmatrix}0\\ 0\\ 1\end{pmatrix}$。利用反馈 $u=v-Kx$,希望闭环极点 $\lambda_1^*=-2\pm j4$ $\lambda_3^*=-10$ 求 K。

解答:

判别阵 $Q_c=(B \quad AB \quad A^2B)=\begin{pmatrix}0 & 0 & 1\\ 0 & 1 & -6\\ 1 & -6 & 31\end{pmatrix}$ rank $Q_c=3=n$ 所以,系统能控。

方法一:待定系统法
(1) 设期望的反馈阵 $K=(K_1,K_2,K_3)$,反馈量 $u=v-Kx$(负反馈)。
(2) $\det(sI-A+BK)=\begin{vmatrix}\begin{pmatrix}s & 0 & 0\\ 0 & s & 0\\ 0 & 0 & s\end{pmatrix}-\begin{pmatrix}0 & 1 & 0\\ 0 & 0 & 1\\ -1 & -5 & -6\end{pmatrix}+\begin{pmatrix}0\\ 0\\ 1\end{pmatrix}(K_1 \quad K_2 \quad K_3)\end{vmatrix}$
$=s^3+(6+K_3)s^2+(5+K_2)s+(1+K_1)$
(3) 令 $f^*(s)=f(s)=s^3+14s^2+60s+200$

所以 $\begin{cases}6+K_3=14\\ 5+K_2=60\\ 1+K_1=200\end{cases}\Rightarrow\begin{cases}K_1=199\\ K_2=55\\ K_3=8\end{cases}$。

方法二:能控标准型法
(1) 原系统特征多项式
$|sI-A|=\begin{vmatrix}s & -1 & 0\\ 0 & s & -1\\ 1 & 5 & s+6\end{vmatrix}=s^3+6s^2+5s+1$,$a_1=6,a_2=5,a_3=1$
(2) 期望的特征多项式
$f^*(s)=(s+2-j4)(s+2+j4)(s+10)=s^3+14s^2+60s+200$
$a_1^*=14,a_2^*=60,a_3^*=200$
(3) 系统是能控标准型,$P=I$
$K=(200-1 \quad 60-5 \quad 14-6)=(199 \quad 55 \quad 8)$

注意: 反馈系数与状态变量的对应关系。

$$K=(199 \quad 55 \quad 8)$$
$$\downarrow \quad \downarrow \quad \downarrow$$
$$x_1 \quad x_2 \quad x_3$$

系统状态反馈图如图 9.12 所示。

注意：K 是负反馈参数，图中系数取负号。

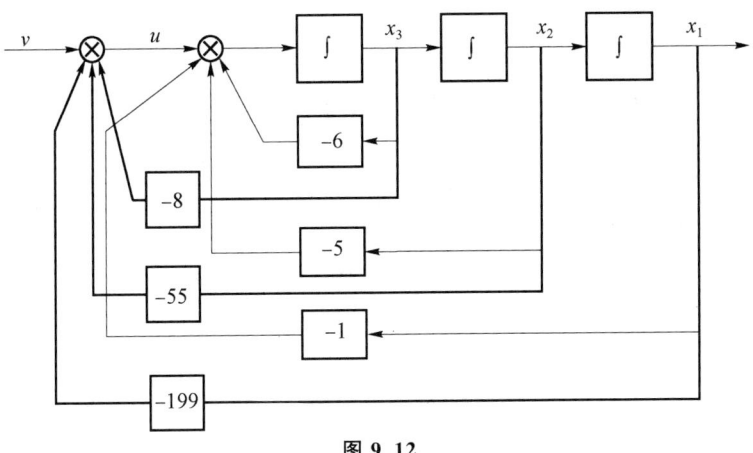

图 9.12

【例 9-23】

已知系统变量关系 $\begin{cases}\dot{x}_1=x_2\\\dot{x}_2=x_3\\\dot{x}_3=-x_1-x_2-x_3+3u\end{cases}$，确定状态反馈控制律，使用闭环极点都是 -3，

画出状态反馈实现图及闭环系统结构图。

解答：

(1) $\dot{x}=\begin{pmatrix}0&1&0\\0&0&1\\-1&-1&-1\end{pmatrix}x+\begin{pmatrix}0\\0\\3\end{pmatrix}u$ 能控标准型。

系统希望的特征多项式 $f^*(s)=(s+3)^3=s^3+9s^2+27s+27$。

(2) 令状态反馈 $\boldsymbol{K}=(K_1\quad K_2\quad K_3)$

$$\boldsymbol{A}-\boldsymbol{BK}=\begin{pmatrix}0&1&0\\0&0&1\\-(1+3K_1)&-(1+3K_2)&-(1+3K_3)\end{pmatrix}$$

$$f(s)=s^3+(1+3K_3)s^2+(1+3K_2)s+(1+3K_1)$$

(3) 令 $f(s)=f^*(s)$ 得 $\begin{cases}1+3K_3=9\\1+3K_2=27\\1+3K_1=27\end{cases}\Rightarrow$ 状态反馈阵 $\boldsymbol{K}=\begin{pmatrix}\dfrac{26}{3}\\[4pt]\dfrac{26}{3}\\[4pt]\dfrac{8}{3}\end{pmatrix}^{\mathrm{T}}$

$u=v-Kx$，状态反馈实现图如图 9.13 所示。

此时系统(闭环后)状态表达式为

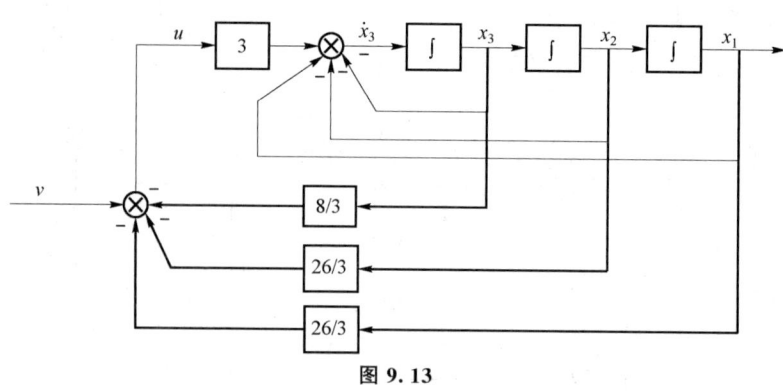

图 9.13

$$\dot{x} = \begin{pmatrix} 0 & 1 & 0 \\ 0 & 0 & 1 \\ -27 & -27 & -9 \end{pmatrix} x + \begin{pmatrix} 0 \\ 0 \\ 3 \end{pmatrix} v, 闭环系统结构图如图 9.14 所示。$$

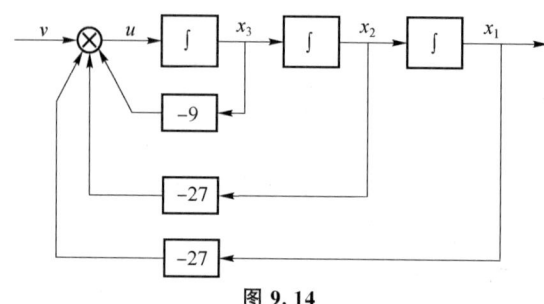

图 9.14

注意：采用系统闭环后的状态表达式，画图有时更简单清晰。

【例 9-24】

(华中科技大学 2004 年)已知新系统的结构如图 9.15 所示，若要求系统单位阶跃响应超调量 $\delta\% < 5\%$，峰值时间 $t_p = 0.5$ s，确定状态反馈阵。

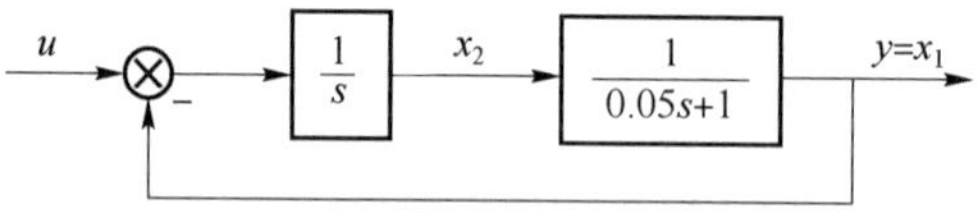

图 9.15

解答：

(1) 原系统：$\begin{cases} x_1 = \dfrac{20}{s+20} x_2 \\ x_2 = (u - x_1) \cdot \dfrac{1}{s} \end{cases} \Rightarrow \begin{cases} \dot{x}_1 = -20 x_1 + 20 x_2 \\ \dot{x}_2 = -x_1 + u \end{cases}$

系统的状态空间表达式：$\begin{pmatrix} \dot{x}_1 \\ \dot{x}_2 \end{pmatrix} = \begin{pmatrix} -20 & 20 \\ -1 & 0 \end{pmatrix} x + \begin{pmatrix} 0 \\ 1 \end{pmatrix} u = \boldsymbol{A}x + \boldsymbol{B}u, y = (1 \quad 0) x = \boldsymbol{C}x$

原系统传递函数：$\Phi(s) = \dfrac{G(s)}{1+G(s)} = \dfrac{\dfrac{1}{s(0.05s+1)}}{1+\dfrac{1}{s(0.05s+1)}} = \dfrac{1}{0.05s^2+s+1}$，无零极点对消，系统完全能控能观，可以任意配置闭环极点。

（2）设状态反馈阵为 $\boldsymbol{K} = (k_1 \quad k_2)$，$u = v - \boldsymbol{K}x$，则系统特征多项式为
$$f(s) = |s\boldsymbol{I} - (A - BK)| = s^2 + (20+k_2)s + 20k_2 + 20(1+k_1)。$$

题中要求系统性能指标 $\delta\% < 5\%$，即 $\delta\% = e^{-\frac{\pi\xi}{\sqrt{1-\xi^2}}} < 5\% \Rightarrow \xi > 0.7$，取 $\xi = \dfrac{\sqrt{2}}{2}$，同时要求 $t_p = \dfrac{\pi}{w_n\sqrt{1-\zeta^2}} = 0.5\text{ s} \Rightarrow w_n = 2\sqrt{2}\pi$ 得系统期望的闭环极点 $s_{1,2} = -\xi w_n \pm w_n\sqrt{1-\xi^2} = -2\pi \pm 2\pi\text{j}$。

系统期望的特征多项式：$f^*(s) = (s-s_1)(s-s_2) = s^2 + 12.56s + 2\times 6.28^2$。

令 $f(s) = f^*(s)$，得 $\begin{cases} 20+k_2 = 12.56 \\ 20k_2 + 20(1+k_1) = 2\times 6.28^2 \end{cases} \Rightarrow \begin{cases} k_1 = 10.3 \\ k_2 = -7.4 \end{cases}$，所以 $\boldsymbol{K} = (10.3 \quad -7.4)$，系统实现如图 9.16 所示。

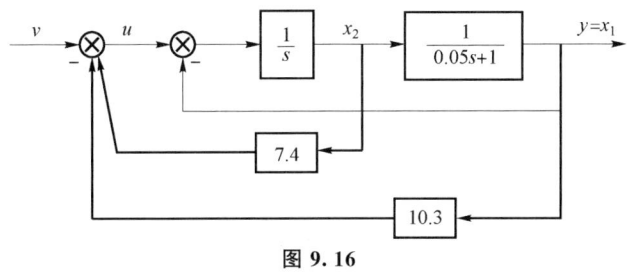

图 9.16

注意：因为参数 $k_2 = -7.4$ 为负值，说明变量 x_2 反馈为正反馈，图中 x_2 状态的反馈取正反馈。

【例 9-25】

（南京理工大学 2005 年）某控制系统结构如图 9.17 所示，已知系统的两个状态变量都是可测的，试：

(1) 建立状态空间表达式；

(2) 当所有的状态变量都用于反馈时，确定合适的反馈增益，使系统对应 $r(t) = 1$ 时，稳态误差 $e_{ss} = 0$，超调量 $\delta\% < 3\%$。

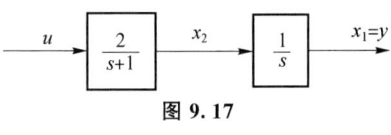

图 9.17

解答：

(1) 由结构图知 $\begin{cases} x_2 = \dfrac{2}{s+1}u \\ x_1 = \dfrac{1}{s}x_2 \end{cases} \Rightarrow \begin{cases} \dot{x}_2 = -x_2 + 2u \\ \dot{x}_1 = x_2 \end{cases}$

系统状态空间表达式 $\begin{pmatrix} \dot{x}_1 \\ \dot{x}_2 \end{pmatrix} = \begin{pmatrix} 0 & 1 \\ 0 & -1 \end{pmatrix}x + \begin{pmatrix} 0 \\ 2 \end{pmatrix}u = \boldsymbol{A}x + \boldsymbol{b}u$，$y = (1 \quad 0)x = \boldsymbol{c}x$

(2) $Q_c = (b \quad Ab) = \begin{pmatrix} 0 & 2 \\ 2 & -2 \end{pmatrix}$, rank $Q_c = 2$, 系统能控, 可以任意极点配置。

设状态反馈增益阵 $K = (k_1 \quad k_2), u = v - Kx$, 则 $\dot{x} = (A - bK)x + bu$。

闭环系统特征多项式 $f(\lambda) = |\lambda I - (A - bk)| = \lambda^2 + (1 + 2k_2)\lambda + 2k_1$。

系统闭环传递函数 $\Phi(s) = \dfrac{Y(s)}{U(s)} = c[sI - (A - bk)]^{-1}b = \dfrac{2}{s^2 + (1 + 2k_2)s + 2k_1}$。

误差传递函数 $\dfrac{E(s)}{U(s)} = \Phi_e(s) = 1 - \Phi(s) = \dfrac{s^2 + (1 + 2k_2)s + (2k_1 - 2)}{s^2 + (1 + 2k_2)s + 2k_1}$。

若稳态误差 $e_{ss} = \lim\limits_{s \to 0} sE(s) = \lim\limits_{s \to 0} s\Phi_e(s)\dfrac{1}{s} = \dfrac{2k_1 - 2}{2k_1} = 0 \Rightarrow k_1 = 1$。系统特征方程 $D(s) = s^2 + (1 + 2k_2)s + 2 = 0$。系统同时要求 $\delta\% < 3\% \Rightarrow \xi > 0.745$。所以 $1 + 2k_2 = 2\omega_n\xi > 2 \times \sqrt{2} \times 0.745 \Rightarrow k_2 > 0.554$, 取 $k_2 = 1$。即有 $K = (1 \quad 1)$, 系统实现如图 9.18 所示。

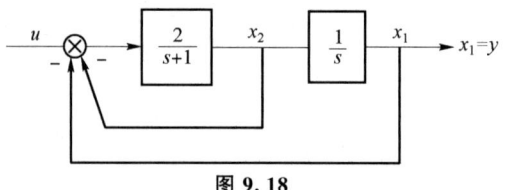

图 9.18

【例 9-26】

(浙江大学 2004 年) 已知某系统通过状态反馈 $K = (k_1 \quad k_2 \quad k_3) = (3 \quad -14 \quad -5)$ 后, 获得期望的闭环极点 $\lambda = -1, -1, -3$。请写出原系统的能控标准型的 A、B 阵。

解答:

此题为状态反馈设计的逆向求解题, 由状态反馈后的结果求原系统, 可以用待定系数法, 按照状态反馈设计过程求解待定的系统参数。

待定系数法, 设原系统的能控标准型为

$$\dot{x} = \begin{pmatrix} 0 & 1 & 0 \\ 0 & 0 & 1 \\ a & b & c \end{pmatrix} x + \begin{pmatrix} 0 \\ 0 \\ 1 \end{pmatrix} u = Ax + Bu$$

加入状态反馈后:

$$A_K = A - BK = \begin{pmatrix} 0 & 1 & 0 \\ 0 & 0 & 1 \\ a & b & c \end{pmatrix} - \begin{pmatrix} 0 \\ 0 \\ 1 \end{pmatrix}(k_1 \quad k_2 \quad k_3) = \begin{pmatrix} 0 & 1 & 0 \\ 0 & 0 & 1 \\ a - k_1 & b - k_2 & c - k_3 \end{pmatrix}$$

系统特征多项式为 $f(\lambda) = |\lambda I - (A - BK)| = \lambda^3 - (5 + c)\lambda^2 - (14 + b)\lambda - a + 3 = 0$,

系统期望的特征多项式为 $f(\lambda^*) = (\lambda + 1)(\lambda + 2)(\lambda + 3) = \lambda^3 + 5\lambda^2 + 7\lambda + 3 = 0$。

令两式相等, 得 $\begin{cases} -c - 5 = 5 \\ -14 - b = 7 \\ 3 - a = 3 \end{cases} \Rightarrow \begin{cases} a = 0 \\ b = -21 \\ c = -10 \end{cases}$, 所以有 $A = \begin{pmatrix} 0 & 1 & 0 \\ 0 & 0 & 1 \\ 0 & -21 & -10 \end{pmatrix}, B = \begin{pmatrix} 0 \\ 0 \\ 1 \end{pmatrix}$。

【例 9-27】

（哈尔滨工业大学 2005 年）被控对象的传递函数为 $\dfrac{1}{s(s+1)}$，采用计算机进行状态反馈，采样周期为 $T=0.1\text{s}$，计算机 D/A 有一个零阶保持器，若使闭环系统的性能相当于极点为 $s_{1,2}=-1\pm\text{j}1.732$ 的二阶连续系统，试确定离散系统的状态反馈矩阵 $\boldsymbol{K}$。

解答：

系统的开环脉冲传递函数为

$$G_h G(z) = Z\left(\frac{1-\text{e}^{-Ts}}{s^2(s+1)}\right) = (1-z^{-1})Z\left(\frac{1}{s^2} - \frac{1}{s} + \frac{1}{(s+1)}\right) = \frac{0.005(z+0.9)}{(z-1)(z-0.905)}$$

闭环系统脉冲传递函数为

$$\boldsymbol{\Phi}(z) = \frac{G_h G(z)}{1+G_h G(z)} = \frac{0.005(z+0.9)}{(z^2-1.9z+0.905)}$$

得到该离散系统的状态空间表达式为

$$\begin{pmatrix} x_1(k+1) \\ x_2(k+1) \end{pmatrix} = \begin{pmatrix} 0 & 1 \\ -0.905 & 1.9 \end{pmatrix} \begin{pmatrix} x_1(k) \\ x_2(k) \end{pmatrix} + \begin{pmatrix} 0 \\ 1 \end{pmatrix} u, \quad y(k) = (0.0045 \quad 0.005) \begin{pmatrix} x_1(k) \\ x_2(k) \end{pmatrix}。$$

由 z 域与 s 域之间的关系，闭环系统的性能相当于极点为 $s_{1,2}=-1\pm\text{j}1.732$ 的二阶连续系统得到期望的闭环 z 域极点为

$$z_{1,2} = \text{e}^{Ts} = \text{e}^{0.1(-1\pm1.732\text{j})} = 0.905(0.985+\text{j}0.172) = 0.891\pm 0.156\text{j}。$$

注：上式中计算利用欧拉公式 $\text{e}^{a+\text{j}b} = \text{e}^a(\cos b + \text{j}\sin b)$。

采用类似于连续系统的状态反馈方法，设 $\boldsymbol{K}=(k_1 \quad k_2)$，由 $f(\lambda)=|\lambda\boldsymbol{I}-(\boldsymbol{A}+\boldsymbol{bK})|=0$，可以得到：$\lambda^2-(k_2+1.9)\lambda-k_1+0.905=0$。

期望的特征多项式为

$$(\lambda-0.891+0.156\text{j})(\lambda-0.891-0.156\text{j}) = \lambda^2-1.782\lambda+0.818=0。$$

对此，解得 $k_1=0.087$，$k_2=-0.118$。

考点 7 输出反馈控制器设计

基本知识要点

1. 输出反馈结构、数学描述

将系统的输出量通过反馈至系统的输入端，与参考输入一起对受控对象进行控制作用。输出反馈有两种主要系统结构形式。

（1）输出反馈至状态微分处，如图 9.19 所示，系统表达式为

$$\begin{cases} \dot{x} = \boldsymbol{A}x + \boldsymbol{B}u - \boldsymbol{H}y \\ y = \boldsymbol{c}x \end{cases}$$

闭环系统的状态空间描述为 $\displaystyle\sum_H \begin{cases} \dot{x} = (\boldsymbol{A}-\boldsymbol{Hc})x + \boldsymbol{B}u \\ y = \boldsymbol{c}x \end{cases}$。

闭环传递函数阵：$W(s) = \boldsymbol{c}[s\boldsymbol{I}-(\boldsymbol{A}-\boldsymbol{Hc})]^{-1}\boldsymbol{B}$。

特征多项式：$f(\lambda) = \det[\lambda\boldsymbol{I}-(\boldsymbol{A}-\boldsymbol{Hc})]$。

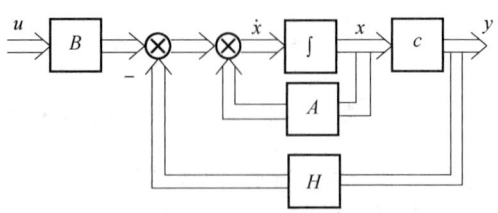

图 9.19　输出反馈至状态微分处

（2）输出反馈至参考输入处，如图 9.20 所示。

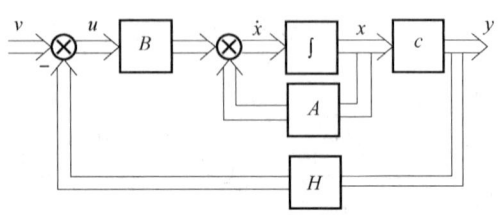

图 9.20　输出反馈至参考输入端

控制律：$u=v-Hy$，系统表达式为

$$\begin{cases}\dot{x}=Ax+B(v-Hy)\\ y=cx\end{cases}$$

闭环系统的状态空间描述为 $\sum_H \begin{cases}\dot{x}=(A-BHc)x+Bv\\ y=cx\end{cases}$。

闭环传递函数阵为 $w(s)=c[sI-(A-BHc)]^{-1}B$。

特征多项式为 $f(\lambda)=\det[\lambda I-(A-BHc)]$。

2. 输出反馈的极点配置条件与算法

1）输出反馈至状态微分处

(1) 闭环极点任意配置的条件：受控对象 $\sum_0(A,B,C)$ 完全能观测。

(2) 极点配置算法——能观标准型法

① 判 $\sum_0(A,B,C)$ 是否完全能观测，能观可以任意配置极点。

② 设 $H=(h_1\ h_2\ \cdots\ h_n)^T$，系统特征多项式为

$$\det|\lambda I-(A-Hc)|=\lambda^n+(a_1+h_1)\lambda^{n-1}+\cdots+(a_{n-1}+h_{n-1})\lambda+(a_n+h_n)$$

③ 根据期望极点 $\lambda_1^*\cdots\lambda_n^*$，求出期望的闭环特征多项式为

$$f(\lambda^*)=(\lambda-\lambda_1^*)(\lambda-\lambda_2^*)\cdots(\lambda-\lambda_n^*)=\lambda^n+a_1^*\lambda^{n-1}+\cdots+a_{n-1}^*\lambda+a_n^*$$

④ 令 $f(\lambda)=f(\lambda^*)$，得参数关系 $\begin{cases}a_1+h_1=a_1^*\\ a_2+h_2=a_2^*\\ \vdots\\ a_n+h_n=a_n^*\end{cases}$。

说明：输出反馈不改变受控系统的能观性，不改变闭环零点，但不一定能保持原系统的能控性不变。

2）输出反馈至参考输入处

(1) 对完全能控的 SISO 系统 $\sum_0(A,B,C)$ 利用输出反馈控制律 $u=v-Ky$ 不能任意配置系统的全部极点。

(2) 克服上述弱点的方法：串联校正，称为补偿器，增加了系统维数，应用受限制。

【例 9-28】

已知线性系统 $\dot{x} = \begin{pmatrix} 0 & 1 \\ -2 & 3 \end{pmatrix} x + \begin{pmatrix} 0 \\ 1 \end{pmatrix} u, y = (2 \quad 0) x$，利用输出到状态向量导数 $\dot{x}$ 处的反馈,使闭环系统的两个极点都配置在 -10 上,求反馈阵 H 和闭环系统。

解答：

(1) $\operatorname{rank} \boldsymbol{\theta}_0 = \operatorname{rank} \begin{pmatrix} c \\ cA \end{pmatrix} = \operatorname{rank} \begin{pmatrix} 2 & 0 \\ 0 & 2 \end{pmatrix} = 2 = n$，系统能观。

(2) 设反馈阵 $\boldsymbol{H} = (h_1, h_2)^T$，系统特征多项式为

$$f(s) = |s\boldsymbol{I} - (\boldsymbol{A} - \boldsymbol{H}c)| = \begin{vmatrix} s + 2h_1 & -1 \\ 2 + 2h_2 & s - 3 \end{vmatrix} = s^2 + (2h_1 - 3)s + (-6h_1 + 2h_2 + 2)$$

(3) $f(\lambda^*) = (\lambda + 10)^2 = \lambda^2 + 20\lambda + 100$

令 $f(s) = f^*(s)$ 得 $\begin{cases} 2h_1 - 3 = 20 \\ -6h_1 + 2h_2 + 2 = 100 \end{cases} \Rightarrow \boldsymbol{H} = \begin{pmatrix} h_1 \\ h_2 \end{pmatrix} = \begin{pmatrix} 11.5 \\ 83.5 \end{pmatrix}$

(4) $\bar{\boldsymbol{A}} = (\boldsymbol{A} - \boldsymbol{H}c) = \begin{pmatrix} 0 & 1 \\ -2 & 3 \end{pmatrix} - \begin{pmatrix} 11.5 \\ 83.5 \end{pmatrix} [2 \quad 0] = \begin{pmatrix} -23 & 1 \\ -169 & 3 \end{pmatrix}$

闭环系统 $\dot{x} = \begin{pmatrix} -23 & 1 \\ -169 & 3 \end{pmatrix} x + \begin{pmatrix} 0 \\ 1 \end{pmatrix} u$

$\qquad\qquad y = (2 \quad 0) x$

注意： 图 9.21 中输出反馈至状态微分处,指反馈相加点在 $\dot{x}_i$ 前。

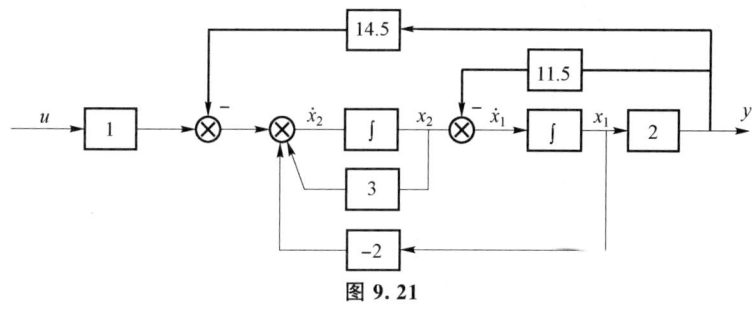

图 9.21

考点 8　状态重构——状态观测器设计

基本知识要点

1. 状态重构

(1) 解决的问题:为了实现状态反馈,必须获得系统的状态信息。实际工程中并不是所有的状态信息都能控制到,或控制状态变量使用太多,状态变量测量成本太高。

(2) 重构的定义:重新构造一个新的系统。新系统的控制 u 和反馈能直接测到的输入 y 作为输入,它的输出是系统状态 x 的估计,用 $\hat{x}$ 表示。

在一定条件下 $\hat{x}$ 能与系统的状态 x 保持一致。通常称 $\hat{x}$ 为 x 的重构状态，这个新系统称为状态观测器。

2. 全维状态观测器极点任意配置条件

充要条件是原系统状态完全能观测。

3. 全维状态观测器设计

若系统的全维状态都是通过观测器重构的，称为全维状态观测器。

（1）数学描述

n 维完全能观测的受控系统 $\sum_0 \begin{cases} \dot{x} = Ax + Bu \\ y = Cx \end{cases}$

式中，x 不直接可测，u 和 y 可直接测量。

（2）闭环观测器

利用反馈原理，利用误差 $\bar{y} = \hat{y} - y$ 反馈。对观测器进行校正，构成一个闭环状态观测器，如图 9.22 所示。

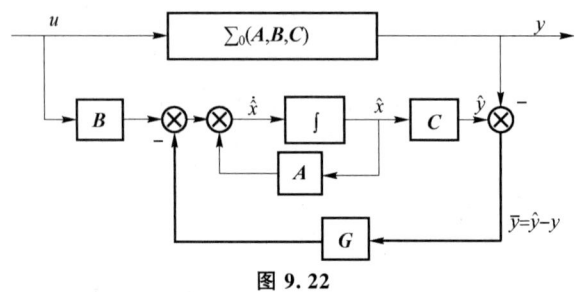

图 9.22

状态方程：$\dot{\hat{x}} = A\hat{x} + Bu - G\bar{y} = A\hat{x} + Bu - GC(\hat{x} - x) = (A - GC)\hat{x} + Bu + Gy$。

特征多项式：$f(s) = \det[sI - (A - GC)]$。

（3）误差

① 误差方程：

$$\dot{\bar{x}} = \dot{\hat{x}} - \dot{x} = A\hat{x} - GC\hat{x} + Bu + GCx - Ax - Bu = (A - GC)(\hat{x} - x) = (A - GC)\bar{x}$$

② 上式齐线性微分方程式的解：$\bar{x} = e^{(A-GC)t} \bar{x}_0$，$\bar{x}_0 = \hat{x}_0 - x_0$，表明：

初态相同时，$\bar{x}_0 = \hat{x}_0 - x_0$ 即 $\hat{x} = x$。

初态不同时，只要 $A - GC$ 是稳定矩阵，一定有 $\lim\limits_{t \to \infty} \bar{x} = 0$，即 $\hat{x}$ 收敛到 x。若 $A - GC$ 的特征值可任意配置，则 $\bar{x}$ 误差趋于零的速度也就可任意选择。

（4）设计步骤

① 判能观性。

② （期望）目标特征多项式：$f^*(s) = (s - s_1^*) \cdots (s - s_n^*)$。

③ 构造观测器：设 $G = (g_1 \cdots g_n)^T$，得 $\dot{\hat{x}} = (A - GC)\hat{x} + Bu + Gy$。

④ 反馈系统的特征多项式 $f(s) = |sI - (A - GC)|$。

⑤ 令 $f(s) = f^*(s)$，对应项系数相等，得反馈阵参数。

注意：极点选取①离虚轴越远→状态误差趋于零的速度就越快。

② 过于远离虚轴→观测器频带过宽，抗干扰性能降低。

【例 9-29】

已知系统 $\begin{cases} \dot{x} = Ax + bu \\ y = cx \end{cases}$, $A = \begin{pmatrix} 1 & 0 & 0 \\ 0 & 2 & 1 \\ 0 & 0 & 2 \end{pmatrix}$, $b = \begin{pmatrix} 1 \\ 0 \\ 1 \end{pmatrix}$, $c = (1 \ \ 1 \ \ 0)$。试确定反馈阵 G,将观测器的极点配置在 $s_1 = -3, s_2 = -4, s_3 = -5$ 上。

解答：

(1) $\operatorname{rank} \begin{pmatrix} c \\ cA \\ cA^2 \end{pmatrix} = \operatorname{rank} \begin{pmatrix} 1 & 1 & 0 \\ 1 & 2 & 1 \\ 1 & 4 & 4 \end{pmatrix} = 3$,系统状态能观测。

(2) 设观测器系统矩阵 $G = (g_3 \ \ g_2 \ \ g_1)^T$,

$$A - Gc = \begin{pmatrix} 1 & 0 & 0 \\ 0 & 2 & 1 \\ 0 & 0 & 2 \end{pmatrix} - \begin{pmatrix} g_3 \\ g_2 \\ g_1 \end{pmatrix}(1 \ \ 1 \ \ 0) = \begin{pmatrix} 1-g_3 & -g_3 & 0 \\ -g_2 & 2-g_2 & 1 \\ -g_1 & -g_1 & 2 \end{pmatrix}$$

$$f(s) = |sI - (A - Gc)| = \begin{pmatrix} s-(1-g_3) & g_3 & 0 \\ g_2 & s-(2-g_2) & -1 \\ g_1 & g_1 & s-2 \end{pmatrix}$$

$$= s^3 = (g_3 + g_2 - 5)s^2 + (-4g_3 - 3g_2 + g_1 + 8)s + (4g_3 + 2g_2 - g_1 - 4) = 0$$

(3) 期望 $f^*(s) = (s+3)(s+4)(s+5) = s^3 + 12s^2 + 47s + 60 = 0$

令 $f(s) = f^*(s)$,所以 $\begin{cases} g_3 + g_2 - 15 = 12 \\ -4g_3 - 3g_2 + g_1 + 8 = 47 \\ 4g_3 + 2g_2 - g_1 - 4 = 60 \end{cases} \Rightarrow G = \begin{pmatrix} 120 \\ -103 \\ 210 \end{pmatrix}$

(4) 原系统状态方程 $\begin{cases} \dot{x}_1 = x_1 + u \\ \dot{x}_2 = 2x_2 + x_3 \\ \dot{x}_3 = 2x_3 + u \\ y = x_1 + x_2 \end{cases}$,系统状态观测器实现如图 9.23 所示。

注意： ① 状态反馈输入点在状态变量的微分处。

② 反馈系统的特征多项式 $f(s) = |sI - (A - Gc)|$ 时,为负反馈,结构如图 9.23 所示。

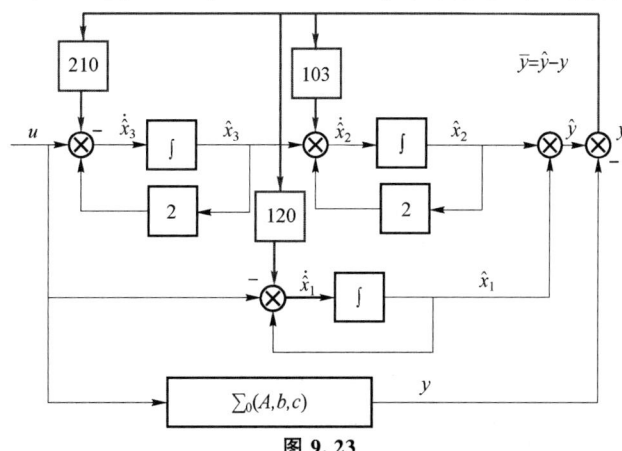

图 9.23

知识点：极点配置法(待定系数法)小结。

(1) 前提条件：① 已知系统模型；
② 反馈量(状态变量或输出变量)可测量。

(2) 设计步骤：

① 前提条件：判能控/能观性。

② 设反馈阵 $\boldsymbol{K}$ 或 $\boldsymbol{G}$：$\boldsymbol{K}=[k_1 \cdots k_n]$ 或 $\boldsymbol{G}=(g_1 \cdots g_n)^T$。

③ 构造反馈系统的特征多项式
状态反馈 $f(s)=|s\boldsymbol{I}-(\boldsymbol{A}-\boldsymbol{BK})|$ 或 $f(s)=|s\boldsymbol{I}-(\boldsymbol{A}-\boldsymbol{GC})|$。

④ (期望)目标特征多项式 $f(s^*)=(s-s_1^*)\cdots(s-s_n^*)$。

⑤ 令 $f(s)=f(s^*)$，对应项系数相等得反馈阵。

注意：关于特征根的符号——部分高校教材采用 s，另一部分高校教材采用 λ，对应的特征多项式 $f(s)=|s\boldsymbol{I}-(\boldsymbol{A}-\boldsymbol{BK})|$ 或 $f(\lambda)=|\lambda\boldsymbol{I}-(\boldsymbol{A}-\boldsymbol{BK})|$ 等形式，需要考生熟悉不同的表示形式。

注意：① 负反馈体现在 $(\boldsymbol{A}-\boldsymbol{BK})$ 或 $(\boldsymbol{A}-\boldsymbol{GC})$ 中的负号，在状态反馈端要有"$-$"；

② 反馈阵元素对应的变量：

$$\boldsymbol{K}=(k_1 \cdots k_n) \qquad \text{或} \qquad \boldsymbol{G}=(g_1 \cdots g_n)^T$$
$$\downarrow \quad \downarrow \qquad\qquad\qquad\qquad \downarrow \quad \downarrow$$
$$x_1 \cdots x_n \qquad\qquad\qquad\qquad \dot{\hat{x}}_1 \cdots \dot{\hat{x}}_n$$

反馈在系统输入端 $u=v-\boldsymbol{K}x$ 反馈在 $\dot{x}_i$ 微分处

如果反馈阵元素脚标由大到小设计，变量对应关系：

$$\boldsymbol{K}=(k_n \cdots k_1) \qquad \text{或} \qquad \boldsymbol{G}=(g_n \cdots g_1)^T$$
$$\downarrow \quad \downarrow \qquad\qquad\qquad\qquad \downarrow \quad \downarrow$$
$$x_n \cdots x_1 \qquad\qquad\qquad\qquad \dot{\hat{x}}_1 \cdots \dot{\hat{x}}_n$$

【例 9-30】

(天津大学 2000 年)设系统的状态方程为

$$\dot{x}=\begin{pmatrix} 0 & 1 \\ 0 & -5 \end{pmatrix}x+\begin{pmatrix} 0 \\ 100 \end{pmatrix}u, y=(1 \quad 0)x$$

(1) 试确定状态反馈的系数，使系统闭环特征值为 $\lambda_{1,2}=-7.07 \pm j7.07$。

(2) 若系统的状态不直接可测，试在如图 9.24 所示的方框中填入适当的内容，以构造一个全维状态观测器，同时使状态观测误差以 e^{-10t} 的速率衰减。

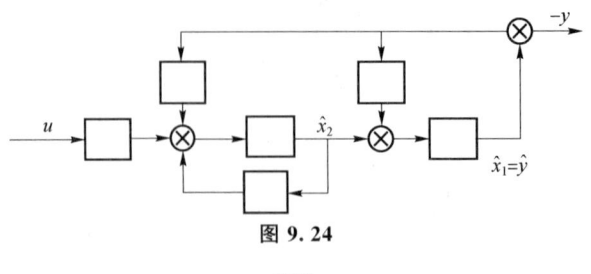

图 9.24

解答：

(1) 首先，$\boldsymbol{Q}_c = (\boldsymbol{b} \quad \boldsymbol{Ab}) = \begin{pmatrix} 0 & 100 \\ 100 & -500 \end{pmatrix}$，rank $\boldsymbol{Q}_c = 2$，系统能控，可以任意极点配置。

设状态反馈 $u = v - \boldsymbol{K}x$（负反馈），反馈增益阵 $\boldsymbol{K} = [k_1 \ k_2]$，则 $\dot{x} = (\boldsymbol{A} - \boldsymbol{bK})x + \boldsymbol{b}u$。

闭环系统特征多项式 $f(s) = |s\boldsymbol{I} - (\boldsymbol{A} - \boldsymbol{bK})| = s^2 + (5 + 100k_2)s + 100k_1$。

期望的闭环特征多项式 $f_1(s^*) = (s - s_1^*)(s - s_n^*) = s^2 + 10\sqrt{2}s + 100$。

令 $f_1(s) = f_1(s^*)$，对应项系数相等得反馈阵 $\boldsymbol{K} = (1 \quad 0.091)$。

(2) $\boldsymbol{Q}_o = \begin{pmatrix} c \\ cA \end{pmatrix} = \begin{pmatrix} 1 & 0 \\ 0 & 1 \end{pmatrix}$，rank$(\boldsymbol{Q}_o) = 2$ 系统可观测。设 $\boldsymbol{G} = \begin{pmatrix} g_1 \\ g_2 \end{pmatrix}$，设全维状态观测器的状态方程：

$$\dot{\hat{x}} = \boldsymbol{A}\hat{x} + \boldsymbol{b}u - \boldsymbol{G}(\hat{y} - y) = \boldsymbol{A}\hat{x} + \boldsymbol{b}u - \boldsymbol{G}c(\hat{x} - x) = (\boldsymbol{A} - \boldsymbol{G}c)\hat{x} + \boldsymbol{b}u + \boldsymbol{G}y;$$

特征多项式 $f_2(s) = \det[s\boldsymbol{I} - (\boldsymbol{A} - \boldsymbol{G}c)] = s^2 + (g_1 + 5)s + (5g_1 + g_2)$。

要求系统的状态观测误差以 e^{-10t} 的速率衰减，可知 $(\boldsymbol{A} - \boldsymbol{G}c)$ 的特征值为 -10，即期望的闭环特征多项式 $f_2(s^*) = (s - s_1^*)^2 = s^2 + 20s + 100$。

令 $f_2(s) = f_2(s^*)$，对应项系数相等得反馈阵 $\boldsymbol{G} = \begin{pmatrix} 15 \\ 25 \end{pmatrix}$。代入全维状态观测器的状态方程为

$$\dot{\hat{x}} = (\boldsymbol{A} - \boldsymbol{G}c)\hat{x} + \boldsymbol{G}y + \boldsymbol{b}u = \begin{pmatrix} -15 & 1 \\ -25 & -5 \end{pmatrix}\hat{x} + \begin{pmatrix} 15 \\ 25 \end{pmatrix}y + \begin{pmatrix} 0 \\ 100 \end{pmatrix}u$$

即 $\begin{cases} \dot{\hat{x}}_1 = -15\hat{x}_1 + \hat{x}_2 + 15y \\ \dot{\hat{x}}_2 = -25\hat{x}_1 - 5\hat{x}_2 + 25y + 100u \end{cases}$，填上参数后系统如图 9.25 所示。

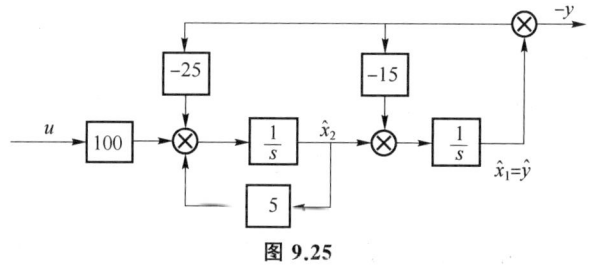

图 9.25

考点 9 综合设计——含有状态观测器的状态反馈系统设计

基本知识要点

1. 带状态观测器的状态反馈系统

(1) 观测器 $\begin{cases} \dot{\hat{x}} = (\boldsymbol{A} - \boldsymbol{G}c)\hat{x} + \boldsymbol{B}u + \boldsymbol{G}y \\ y = c\hat{x} \end{cases}$ 观测器误差及反馈 $\begin{cases} \bar{y} = \hat{y} - y \\ 观测器反馈量 -\boldsymbol{G}\bar{y} \end{cases}$

观测器的状态误差方程：$\dot{\bar{x}} = (\boldsymbol{A} - \boldsymbol{G}c)\bar{x}$

利用观测器的状态变量构成反馈控制律：$u = v - \boldsymbol{K}\hat{x}$

(2) 闭环系统的状态方程: $\dot{x} = Ax - BK\hat{x} + Bv = (A-BK)x + BK(x-\hat{x}) + Bv$

定义误差 $\bar{x}(t) = x(t) - \hat{x}(t)$

闭环系统的状态方程变为 $\dot{x} = (A-BK)x + BK\bar{x} + Bv$。

(3) 上两式合并:

$$\begin{pmatrix} \dot{x} \\ \dot{\bar{x}} \end{pmatrix} = \begin{pmatrix} A-BK & BK \\ 0 & A-Gc \end{pmatrix} \begin{pmatrix} x \\ \bar{x} \end{pmatrix} + \begin{pmatrix} B \\ 0 \end{pmatrix} v$$

特征方程 $\begin{vmatrix} \lambda I - A + BK & -BK \\ 0 & \lambda I - A + Gc \end{vmatrix} = 0$

$|\lambda I - A + BK| \cdot |\lambda I - A + Gc| = 0$

* 分离原理: 若受控系统 $\sum_0 (A, B, C)$ 状态完全能控能观, 用状态观测器重构状态形成状态反馈时, 其系统的极点配置和观测器的设计可分别独立设计。

即 $A-BK$ 的极点和 $(A-Gc)$ 极点两者相互独立, 互不影响, 可分别设计。

设计步骤 $\begin{cases} ① \text{分别判能控\能观性。} \\ ② \text{设 } K = (k_n \cdots k_1), \text{令 } f_1(s) = |sI - (A-BK)| = f_1(s^*), \text{得 } K \text{ 阵。} \\ ③ \text{设 } G = (g_1 \cdots g_n)^T, \text{令 } f_2(s) = |sI - (A-Gc)| = f_2(s^*), \text{得 } G \text{ 阵。} \end{cases}$

注意: 分离原理的推导证明考生需要会。

* 传递函数不变性原理: 用观测器构成的状态反馈系统和状态直接反馈系统具有相同的传递函数阵。

2. 设计反馈极点

(1) 控制器极点选择: 按系统的性能指标要求 ⇒ 由产生的期望闭环极点, 选择状态反馈阵。

(2) 观测器极点选择: 观测器的响应要设计得比系统的响应快得多。

【例 9-31】

已知系统的传递函数为 $G(s) = \dfrac{1}{s(s+6)}$, 试将系统的闭环状态反馈将极点配置为 $-4 \pm j6$; 并设计实现上述反馈的全维观测器, 极点设置为 $-10, -10$。

解答:

(1) 由 $G(s)$ 知, 传递函数无零极点相消, 系统能控且能观, 可分离设计状态观测器和状态反馈控制器。

(2) 状态反馈: 原开环系统的状态空间方程为

$$\dot{x} = \begin{pmatrix} 0 & 0 \\ 1 & -6 \end{pmatrix} x + \begin{pmatrix} 1 \\ 0 \end{pmatrix} u = Ax + bu, \quad y = (0 \quad 1)x = cx$$

设 $K = [k_2 \quad k_1]$, 则闭环系统的状态空间方程为

$$A - bK = \begin{pmatrix} 0 & 0 \\ 1 & -6 \end{pmatrix} - \begin{pmatrix} 1 \\ 0 \end{pmatrix}(k_2 \quad k_1) = \begin{pmatrix} -k_2 & -k_1 \\ 1 & 6 \end{pmatrix}$$

系统特征多项式为

$$f_1(\lambda) = |\lambda I - (A-bK)| = \begin{vmatrix} \lambda + k_2 & k_1 \\ -1 & \lambda + 6 \end{vmatrix} = \lambda^2 + (6+k_2)\lambda + (6k_2 + k_1)$$

状态反馈后期望的特征多项式: $f_1^*(\lambda) = (\lambda + 4 - 6j)(\lambda + 4 + 6j) = \lambda^2 + 8\lambda + 52$

$$\text{令}\, f_1(\lambda)=f_1^*(\lambda)\,\text{得}\begin{cases}6+k_2=8\\6k_2+k_1=52\end{cases}\Rightarrow \boldsymbol{K}=(2\quad 40)$$

(3) 观测器：令 $\boldsymbol{G}=[g_2\quad g_1]^T$，则系统的状态空间方程为

$$\boldsymbol{A}-\boldsymbol{G}c=\begin{pmatrix}0 & 0\\1 & -6\end{pmatrix}-\begin{pmatrix}g_2\\g_1\end{pmatrix}(0\quad 1)=\begin{pmatrix}0 & -g_2\\1 & -6-g_1\end{pmatrix}$$

系统特征多项式：$f_2(\lambda)=|\lambda\boldsymbol{I}-(\boldsymbol{A}-\boldsymbol{G}c)|=\begin{vmatrix}\lambda & g_2\\-1 & \lambda+6+g_1\end{vmatrix}=\lambda^2+(6+g_1)\lambda+g_2$

期望的系统特征多项式：$f_2^*(\lambda)=(\lambda+10)^2=\lambda^2+20\lambda+100$

$$\text{令}\, f_2(\lambda)=f_2^*(\lambda)\,\text{得}\begin{cases}6+g_1=20\\g_2=100\end{cases}\Rightarrow \boldsymbol{G}=\begin{pmatrix}g_2\\g_1\end{pmatrix}=\begin{pmatrix}100\\14\end{pmatrix}$$

(4) 系统实现结构图：

原系统状态方程 $\begin{cases}\dot{x}_1=u\\\dot{x}_2=x_1+(-6)x_2\\y=x_2\end{cases}$，系统实现结构图如图 9.26 所示。

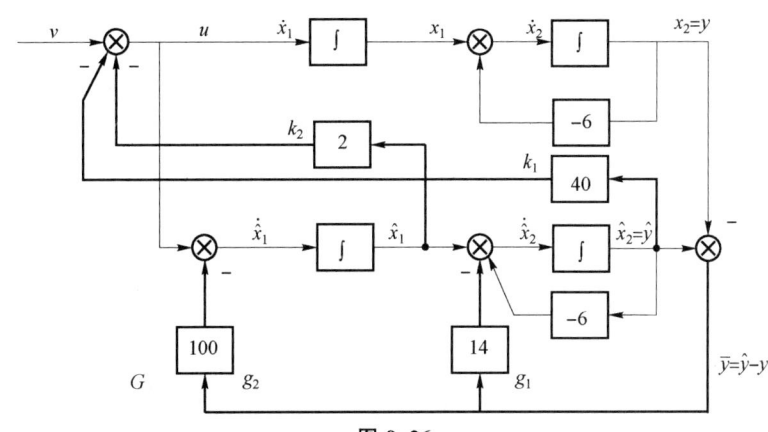

图 9.26

知识点：

(1) 图中，状态反馈引出点要在比较点之前引出，即微分输出后面引出；

(2) 状态反馈阵元素与状态变量的对应关系为

$$\begin{array}{cc}2\quad 40 & 100\quad 14\\\boldsymbol{K}=(k_2\quad k_1) & \boldsymbol{G}=(g_2\quad g_1)\\\downarrow\quad \downarrow & \downarrow\quad \downarrow\\x_1\quad x_2 & \hat{x}_1\quad \hat{x}_2\end{array}$$

【例 9-32】

给定系统 $\boldsymbol{G}(s)=\dfrac{1}{s(s+1)(s+2)}$，

(1) 确定一个状态反馈增益阵 K,使闭环极点为 $-3, -\frac{1}{2} \pm j\frac{\sqrt{3}}{2}$。

(2) 确定一个全维状态观测器,使观测器的特征值均为 -5。

(3) 画出闭环系统的结构图(带观测器的状态反馈闭环系统)。

(4) 求闭环传递函数。

解答：

(1) $f(s) = s(s+1)(s+2) = s^3 + 3s^2 + 2s$

系统按能控标准型实现：

$$\dot{x} = \begin{pmatrix} 0 & 1 & 0 \\ 0 & 0 & 1 \\ 0 & -2 & -3 \end{pmatrix} x + \begin{pmatrix} 0 \\ 0 \\ 1 \end{pmatrix} u = Ax + bu$$

$$y = (1 \quad 0 \quad 0)x = cx$$

系统能控,可任意配置极点。

期望的系统特征多项式为

$$f_1^*(s) = (s+3)\left(s + \frac{1}{2} - j\frac{\sqrt{3}}{2}\right)\left(s + \frac{1}{2} + j\frac{\sqrt{3}}{2}\right) = s^3 + 4s^2 + 4s + 3$$

引入状态反馈控制器：设反馈阵 $K = (k_1 \quad k_2 \quad k_3)$,则状态反馈后的闭环系统特征多项式为

$$f_1(s) = |sI - (A - bK)| = s^3 + (3+k_3)s^2 + (2+k_2)s + k_1$$

令 $f_1(s) = f_1^*(s)$,则有 $\begin{cases} k_1 = 3 \\ k_2 + 2 = 4 \\ k_3 + 3 = 4 \end{cases} \Rightarrow k = (3 \quad 2 \quad 1)$。

(2) 设计状态观测器

期望的系统特征多项式为 $f_2^*(s) = (s+5)^3 = s^3 + 15s^2 + 75s + 125$。

设反馈阵 $G = (g_1 \quad g_2 \quad g_3)^T$,则系统特征多项式：

$$f_2(s) = |sI - (A - Gc)| = \begin{vmatrix} s+g_1 & -1 & 0 \\ g_2 & s & -1 \\ g_3 & 2 & s+3 \end{vmatrix}$$

$$= s^3 + (g_1 + 3)s^2 + (3g_1 + g_2 + 2)s + (2g_1 + 3g_2 + g_3)$$

比较两个多项式系数得 $\begin{cases} g_1 + 3 = 15 \\ 3g_1 + g_2 + 2 = 75 \\ 2g_1 + 3g_2 + g_3 = 125 \end{cases} \Rightarrow G = \begin{pmatrix} 12 \\ 37 \\ -10 \end{pmatrix}$。

全维观测器状态方程为

$$\dot{\hat{x}} = (A - Gc)\hat{x} + Bu + Gy$$

$$= \left\{ \begin{pmatrix} 0 & 1 & 0 \\ 0 & 0 & 1 \\ 0 & -2 & -3 \end{pmatrix} - \begin{pmatrix} 12 \\ 37 \\ -10 \end{pmatrix} [1 \quad 0 \quad 0] \right\} \hat{x} + \begin{pmatrix} 0 \\ 0 \\ 1 \end{pmatrix} u + \begin{pmatrix} 12 \\ 37 \\ -10 \end{pmatrix} y$$

$$= \begin{pmatrix} -12 & 1 & 0 \\ -37 & 0 & 1 \\ 10 & -2 & -3 \end{pmatrix} \hat{x} + \begin{pmatrix} 0 \\ 0 \\ 1 \end{pmatrix} u + \begin{pmatrix} 12 \\ 37 \\ -10 \end{pmatrix} y$$

（3）系统输入 $u = v - \boldsymbol{K}\hat{x}$，状态反馈 $\boldsymbol{K} = (k_1 \quad k_2 \quad k_3) = (3 \quad 2 \quad 1)$；

观测器反馈阵 $\boldsymbol{G} = \begin{pmatrix} g_1 \\ g_2 \\ g_3 \end{pmatrix} = \begin{pmatrix} 12 \\ 37 \\ -10 \end{pmatrix}$。带全维观测器的闭环系统结构如图 9.27 所示。

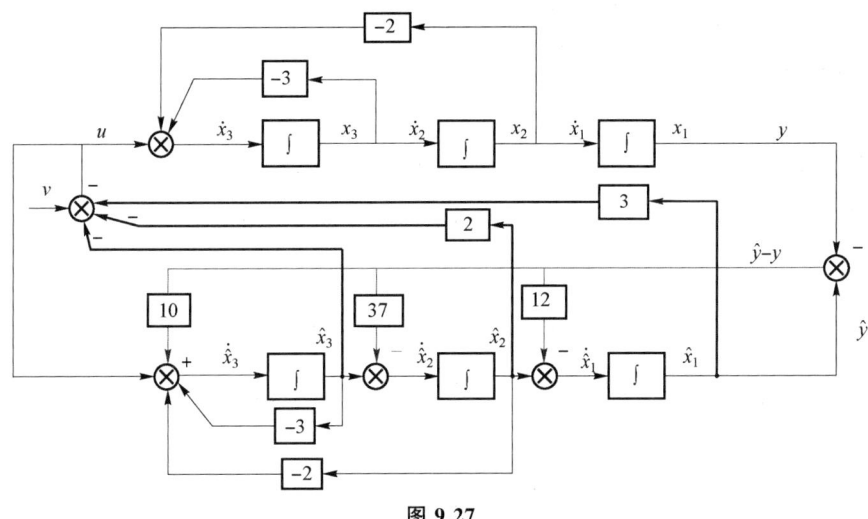

图 9.27

（4）由于观测器不改变原闭环系统传递函数（组合系统传递函数不变性），

所以
$$\boldsymbol{G}(s) = \boldsymbol{c}[s\boldsymbol{I} - (\boldsymbol{A} - \boldsymbol{b}\boldsymbol{K})]^{-1}\boldsymbol{b} = \frac{1}{s^3 + 4s^2 + 4s + 3} = \frac{1}{f_1^*(s)}$$

 考点 10　系统李雅普诺夫稳定性分析法

基本知识要点

1. 李雅普诺夫（Lyapunov）第一方法

1) 线性系统的稳定性

（1）BIBO 稳定性的判别

BIBO 稳定性（有界输入有界输出稳定）也称为输出稳定、外部稳定。

定义：若所有的有界输入引起的零状态响应的输出是有界的，则称系统为 BIBO 稳定的（有界输入有界输出稳定）。

BIBO 稳定性判别：

线性定常系统 $\sum(\boldsymbol{A}, \boldsymbol{b}, \boldsymbol{c}) \begin{cases} \dot{x} = \boldsymbol{A}x + \boldsymbol{b}u \\ y = \boldsymbol{c}x \end{cases}$ 的传递函数为 $\boldsymbol{G}(s) = \boldsymbol{c}(s\boldsymbol{I} - \boldsymbol{A})^{-1}\boldsymbol{b}$，当且仅当其极点都在 s 左半平面内，系统才是输入输出稳定的。

(2) 渐近稳定性的判别

渐近稳定也称为状态稳定、内部稳定。定义:若平衡状态 x_e 在李雅普诺夫意义下是稳定的,并且当 t 趋近于无穷大时, $x(t)$ 趋近于 x_e ,即 $\lim\limits_{t \to \infty} \|(x-x_e)\| = 0$,则称平衡状态为渐近稳定的。

渐近稳定的充分必要条件是系统矩阵 A 的所有特征值都具有负实部。

注意:两个结论的差别,一个是用传递函数的极点,另一个是用特征值判别,当系统出现零极点相消的情况时,则系统的两个稳定性判别结果有差别。

结论 $\begin{cases} \text{系统是渐近稳定的} \Rightarrow \text{也是 BIBO 稳定的} \\ \text{若系统 BIBO 稳定,且能控能观} \Rightarrow \text{渐近稳定的} \end{cases}$

2) 非线性系统的稳定性

(1) 线性化

非线性系统 $\dot{x} = f(x)$,在平衡状态 x_e 附近展开成泰勒级数:

$$\dot{x} = \frac{\partial f(x)}{\partial t^T}\bigg|_{x=x_e}(x-x_e) + \Delta(x-x_e),\text{近似为一阶系统线性系统} \dot{\bar{x}} = A\bar{x},\text{其中:}$$

$$A = \frac{\partial f(x)}{\partial t^T}\bigg|_{x=x_e} = \begin{pmatrix} \frac{\partial f_1}{\partial x_1} & \frac{\partial f_1}{\partial x_2} & \cdots & \frac{\partial f_1}{\partial x_n} \\ \frac{\partial f_2}{\partial x_1} & \cdots & \cdots & \frac{\partial f_2}{\partial x_n} \\ & \cdots & \cdots & \\ \frac{\partial f_n}{\partial x_1} & \cdots & \cdots & \frac{\partial f_n}{\partial x_n} \end{pmatrix} \text{称为雅可比阵。}$$

(2) 非线性系统稳定性判别

① 若 A 阵的所有特征值都具有负实部,则原非线性系统的平衡状态 x_e 是渐近稳定的,且稳定性与高阶项无关;

② 若 A 阵的特征值中至少有一个正实部的,则原非线性系统的平衡状态 x_e 是不稳定的;

③ 若 A 阵没有正实部的特征值,但有实部为零的特征值,则原非线性系统的平衡状态 x_e 的稳定性不能由线性化后系统得到。

判别步骤:求 A 阵,解 $|\lambda I - A| = 0$ 得特征值,判别特征值实部是否为负。

2. 李雅普诺夫第二方法

(1) 判别

系统 $\dot{x} = f(x)$,设平衡状态 $x_e = 0$,如果存在一个连续的一阶偏导的标量函数 $V(x)$,如果满足: $V(x)$ 正定, $\dot{V}(x)$ 负定,则平衡状态 x_e 是渐近稳定的。

如果 $\|x\| \to \infty$, $V(x) \to \infty$,则平衡状态 x_e 是大范围渐近稳定的。

如果满足: $V(x)$ 正定, $\dot{V}(x)$ 半负定,则平衡状态 x_e 是稳定的。

如果对任意的初态 $t_0, x_0 \neq 0$,在 $t \geqslant t_0$ 时,除了 $x_0 = 0$ 时 $\dot{V}(x) = 0$ 外, $\dot{V}(x)$ 不恒等于零,则系统平衡状态 x_e 是大范围渐近稳定的。

(2) 说明

李雅普诺夫第二方法只是充分条件,如果 $\dot{V}(x)$ 不是负定的,并不能判定系统不稳定,可能没找到合适的 $V(x)$ 。

$V(x)$ 选取不唯一,最简单的形式是二次型函数 $V(x)=x^{\mathrm{T}}\boldsymbol{P}x$(李雅普诺夫函数)($\boldsymbol{P}$ 是对称正定阵)。

(3) 线性定常系统的李雅普诺夫稳定性分析方法——李雅普诺夫方程求解法

线性定常系统 $\dot{x}=\boldsymbol{A}x$ 在平衡状态 $x_e=0$ 处渐近稳定的充要条件:给定一个正定对称矩阵 $\boldsymbol{Q}$,存在一个正定对称矩阵 $\boldsymbol{P}$ 满足李雅普诺夫方程:$\boldsymbol{A}^{\mathrm{T}}\boldsymbol{P}+\boldsymbol{P}\boldsymbol{A}=-\boldsymbol{Q}$。标量函数 $V(x)=x^{\mathrm{T}}\boldsymbol{P}x$ 是系统的一个李雅普诺夫函数。

判别步骤:一般取 $\boldsymbol{Q}=\boldsymbol{I}$,由方程 $\boldsymbol{A}^{\mathrm{T}}\boldsymbol{P}+\boldsymbol{P}\boldsymbol{A}=-\boldsymbol{Q}$ 解出对称矩阵 $\boldsymbol{P}$,判别对称矩阵 $\boldsymbol{P}$ 是正定的,则系统稳定,否则系统不稳定。

【例 9-33】

已知线性系统状态方程:$\dot{x}=\begin{pmatrix}0&6\\1&-1\end{pmatrix}x+\begin{pmatrix}-2\\1\end{pmatrix}u$,$y=(0\ \ 1)x$,试判别系统是否 BIBO 稳定,是否渐近稳定?

解答:

系统传递函数 $G(s)=(0\ \ 1)\begin{pmatrix}s&6\\-1&s+1\end{pmatrix}^{-1}\begin{pmatrix}-2\\1\end{pmatrix}=\dfrac{1}{s+3}$,极点 $s=-3<0$,系统 BIBO 稳定。

系统特征多项式 $f(\lambda)=|\lambda\boldsymbol{I}-\boldsymbol{A}|=\lambda(\lambda+1)-6=(\lambda-2)(\lambda+3)=0$,解得 $\lambda_1=2,\lambda_2=-3$,所以系统不是渐近稳定的。

原因:系统 $G(s)$ 中存在零极点对消,系统不是能控能观的。

【例 9-34】

已知系统状态方程:
$$\begin{cases}\dot{x}_1=f_1(x)=-x_1+x_2+x_1(x_1^2+x_2^2)\\\dot{x}_2=f_2(x)=-x_1-x_2+x_2(x_1^2+x_2^2)\end{cases}$$
判断系统平衡点的稳定性。

解答:

令 $\begin{cases}\dot{x}_1=f_1(x)=-x_1+x_2+x_1(x_1^2+x_2^2)=0\\\dot{x}_2=f_2(x)=-x_1-x_2+x_2(x_1^2+x_2^2)=0\end{cases}$ ⇒ 只有一个实平衡点 $x_e(0,0)$。

在 x_e 处线性化得 $\boldsymbol{A}=\begin{pmatrix}\dfrac{\partial f_1}{\partial x_1}&\dfrac{\partial f_1}{\partial x_2}\\\dfrac{\partial f_2}{\partial x_1}&\dfrac{\partial f_2}{\partial x_2}\end{pmatrix}\bigg|_{x_e}=\begin{pmatrix}-1&1\\-1&-1\end{pmatrix}$

特征方程 $\det(\lambda\boldsymbol{I}-\boldsymbol{A})=\begin{vmatrix}\lambda+1&-1\\1&\lambda+1\end{vmatrix}=(\lambda+1)^2+1=\lambda^2+2\lambda+2=0$

解得 $\lambda=-1\pm\mathrm{j}$,为负实部特征值,所以系统在平衡点附近渐近稳定。

【例 9-35】

已知系统状态方程:$\begin{cases}\dot{x}_1=x_2-x_1(x_1^2+x_2^2)\\\dot{x}_2=-x_1-x_2(x_1^2+x_2^2)\end{cases}$,试判别系统唯一平衡点 $x_e(0,0)$ 的稳定性。

解答：

注意： 此题用第一方法得到，线性化的 $A = \begin{pmatrix} \dfrac{\partial f_1}{\partial x_1} & \dfrac{\partial f_1}{\partial x_2} \\ \dfrac{\partial f_2}{\partial x_1} & \dfrac{\partial f_2}{\partial x_2} \end{pmatrix}\bigg|_{x_e} = \begin{pmatrix} 0 & 1 \\ -1 & 0 \end{pmatrix}$，解得 $\lambda = \pm j$。

A 阵的特征值实部为零，则此非线性系统的平衡状态 x_e 的稳定性不能由线性化后系统得到。下面用李雅普诺夫第二方法：

取标量函数 $V(x) = x_1^2 + x_2^2 > 0$，$V(x)$ 正定的。

$\dot{V}(x) = 2x_1\dot{x}_1 + 2x_2\dot{x}_2 = 2x_1[x_2 - x_1(x_1^2 + x_2^2)] + 2x_2[-x_1 - x_2(x_1^2 + x_2^2)] = -2(x_1^2 + x_2^2)^2$

$\dot{V}(x)$ 负定的；所以系统平衡点 $x_e(0,0)$ 是渐近稳定的。

$\|x\| \to \infty$ 时，$V(x) \to \infty$，所以系统平衡状态 x_e 是大范围渐近稳定的。

【例 9-36】

设二阶系统状态方程为 $\dot{x} = \begin{pmatrix} 0 & 1 \\ -1 & -1 \end{pmatrix} x$，试用李雅普诺夫方法确定系统原点的稳定性。

解答：

方法 1： 李雅普诺夫第一方法：

特征方程 $\det(\lambda I - A) = \begin{vmatrix} \lambda & -1 \\ 1 & \lambda+1 \end{vmatrix} = \lambda(\lambda+1) + 1 = \lambda^2 + \lambda + 1 = 0$

解得 $\lambda = \dfrac{-1 \pm \sqrt{1-4}}{2} = -\dfrac{1}{2} \pm j\dfrac{\sqrt{3}}{2}$，为负实部特征值，所以系统在平衡点附近渐近稳定。

方法 2： 李雅普诺夫第二方法

设函数 $V(x) = x^T P x$，其中 P 为正定对称阵，由式 $A^T P + PA = -I$ 确定：

即 $\begin{pmatrix} 0 & -1 \\ 1 & -1 \end{pmatrix} \begin{pmatrix} p_{11} & p_{12} \\ p_{12} & p_{22} \end{pmatrix} + \begin{pmatrix} p_{11} & p_{12} \\ p_{12} & p_{22} \end{pmatrix} \begin{pmatrix} 0 & 1 \\ -1 & -1 \end{pmatrix} = \begin{pmatrix} -1 & 0 \\ 0 & -1 \end{pmatrix}$

解得：$\begin{cases} -2p_{12} = -1 \\ p_{11} - p_{12} - p_{22} = 0 \\ 2p_{12} - 2p_{22} = -1 \end{cases} \Rightarrow P = \begin{pmatrix} \dfrac{3}{2} & \dfrac{1}{2} \\ \dfrac{1}{2} & 1 \end{pmatrix}$

系统的一个李雅普诺夫函数 $V(x) = x^T P x = \dfrac{1}{2}(3x_1^2 + 2x_1 x_2 + 2x_2^2)$。

检验 P 的正定性：

$\Delta_1 = \dfrac{3}{2} > 0$，$\Delta_2 = \begin{vmatrix} \dfrac{3}{2} & \dfrac{1}{2} \\ \dfrac{1}{2} & 1 \end{vmatrix} > 0$，所以 P 是正定的。

因此，系统在原点处的平衡状态是渐近稳定的。

【例 9-37】

已知系统动态方程：

$$\dot{x} = \begin{pmatrix} 0 & 1 \\ 4 & -3 \end{pmatrix} x + \begin{pmatrix} 0 \\ 1 \end{pmatrix} u$$

$$y = \begin{pmatrix} -1 & 1 \end{pmatrix} x$$

(1) 判断系统是否渐近稳定,是否 BIBO 稳定?

(2) 若初始条件 $x(0) = (1 \quad -1)^T$, $u(t) = 1(t)$, 求状态响应 $x(t)$。

(3) 是否可用状态反馈, 将 $A + bK$ 的特征值配置到 $(-3, -3)$? 若可以, 求出状态反馈增益向量 K。

(4) 说明系统的可观测性是否由于引入(3)中的状态反馈而改变?

解答:

(1) 稳定性判别: $|\lambda I - A| = \begin{vmatrix} \lambda & -1 \\ -4 & \lambda+3 \end{vmatrix} = \lambda(\lambda+3) - 4 = (\lambda+4)(\lambda-1)$

得 $\lambda_1 = -4, \lambda_2 = 1$, 系统在 s 右半平面有极点, 故系统不是渐近稳定。

系统传递函数为

$$G(s) = c(sI-A)^{-1}b = \begin{pmatrix} -1 & 1 \end{pmatrix} \begin{pmatrix} s & -1 \\ -4 & s+3 \end{pmatrix}^{-1} \begin{pmatrix} 0 \\ 1 \end{pmatrix}$$

$$= \begin{pmatrix} -1 & 1 \end{pmatrix} \begin{pmatrix} \dfrac{s+3}{(s-1)(s+4)} & \dfrac{1}{(s-1)(s+4)} \\ \dfrac{4}{(s-1)(s+4)} & \dfrac{s}{(s-1)(s+4)} \end{pmatrix} \begin{pmatrix} 0 \\ 1 \end{pmatrix}$$

$$= \dfrac{s-1}{(s-1)(s+4)}$$

$$= \dfrac{1}{s+4}$$

约简后, 传递函数的极点位于 s 左平面, 故系统 BIBO 稳定。

(2) 求状态响应 $x(t)$: 先求状态转移阵。

$$e^{At} = \mathscr{L}^{-1}[(sI-A)^{-1}] = \mathscr{L}^{-1} \begin{pmatrix} \dfrac{s+3}{(s-1)(s+4)} & \dfrac{1}{(s-1)(s+4)} \\ \dfrac{4}{(s-1)(s+4)} & \dfrac{s}{(s-1)(s+4)} \end{pmatrix}$$

$$= \mathscr{L}^{-1} \begin{pmatrix} \dfrac{0.8}{s-1} + \dfrac{0.2}{s+4} & \dfrac{0.2}{s-1} - \dfrac{0.2}{s+4} \\ \dfrac{0.8}{s-1} - \dfrac{0.8}{s+4} & \dfrac{0.2}{s-1} + \dfrac{0.8}{s+4} \end{pmatrix} = \begin{pmatrix} 0.8e^t + 0.2e^{-4t} & 0.2e^t - 0.2e^{-4t} \\ 0.8e^t - 0.8e^{-4t} & 0.2e^t + 0.8e^{-4t} \end{pmatrix}$$

状态响应为

$$x(t) = e^{At}x(0) + \int_0^t e^{At}bu(t-\tau)d\tau$$

$$= \begin{pmatrix} 0.8e^t + 0.2e^{-4t} & 0.2e^t - 0.2e^{-4t} \\ 0.8e^t - 0.8e^{-4t} & 0.2e^t + 0.8e^{-4t} \end{pmatrix} \begin{pmatrix} 1 \\ -1 \end{pmatrix} +$$

$$\int_0^t \begin{pmatrix} 0.8e^\tau + 0.2e^{-4\tau} & 0.2e^\tau - 0.2e^{-4\tau} \\ 0.8e^\tau - 0.8e^{-4\tau} & 0.2e^\tau + 0.8e^{-4\tau} \end{pmatrix} \begin{pmatrix} 0 \\ 1 \end{pmatrix} d\tau$$

$$= \begin{pmatrix} 0.8e^t + 0.45e^{-4t} - 0.25 \\ 0.8e^t - 1.8e^{-4t} \end{pmatrix}$$

(3) 由 $\boldsymbol{P}_c = (b - \boldsymbol{A}b) = \begin{pmatrix} 0 & 1 \\ 1 & -3 \end{pmatrix}$, rank $\boldsymbol{P}_c = 2$, 故系统完全可控, 可以任意配置极点。

令状态反馈增益阵 $\boldsymbol{K} = (k_1 \quad k_2)$,

$$\text{由 } \boldsymbol{A} + b\boldsymbol{K} = \begin{pmatrix} 0 & 1 \\ 4 & -3 \end{pmatrix} + \begin{pmatrix} 0 \\ 1 \end{pmatrix} (k_1 \quad k_2) = \begin{pmatrix} 0 & 1 \\ 4+k_1 & -3+k_2 \end{pmatrix}$$

得系统闭环特征多项式为

$$\det(\lambda \boldsymbol{I} - (\boldsymbol{A} + b\boldsymbol{K})) = \det \begin{pmatrix} \lambda & -1 \\ -(4+k_1) & \lambda+3-k_2 \end{pmatrix} = \lambda^2 + (3-k_2)\lambda - (4+k_1)$$

期望的特征多项式 $(\lambda+3)^2 = \lambda^2 + 6\lambda + 9$, 故 $\begin{cases} 3-k_2 = 6 \\ 4+k_1 = -9 \end{cases} \Rightarrow \boldsymbol{K} = (-13 \quad -3)$。

(4) 分析状态反馈与可观测性：

状态反馈前, 系统可观测矩阵 $\boldsymbol{Q}_O = \begin{pmatrix} c \\ cA \end{pmatrix} = \begin{pmatrix} -1 & 1 \\ 4 & -4 \end{pmatrix}$, rank $\boldsymbol{Q}_O = 1$, 原系统不可观测。

状态反馈后, 系统可观测矩阵 $\boldsymbol{Q}'_O = \begin{pmatrix} c \\ c(\boldsymbol{A}+b\boldsymbol{K}) \end{pmatrix} = \begin{pmatrix} -1 & 1 \\ -9 & -7 \end{pmatrix}$, rank $\boldsymbol{Q}'_O = 2$, 系统可观测了, 故状态反馈不一定保持系统的可观测性。

9.3 真题强化训练

【题 9-1】

已知系统微分方程 $\dddot{y} + 5\ddot{y} + 4\dot{y} + 7y = \ddot{u} + \dot{u} + 3\dot{u} + 2u$, 求系统能控标准型状态方程。

【题 9-2】

(上海大学 2003 年)已知系统微分方程：$\dddot{y} + 5\ddot{y} + 7\dot{y} + 3y = \ddot{u} + 6\dot{u} + 8u$, 且初态为零, 求：

(1) 传递函数 $G(s) = \dfrac{Y(s)}{U(s)}$;

(2) 用并联分解法, 建立状态空间表达式。

(3) 画出状态变量结构图。

【题 9-3】

(上海大学 2002 年)如图 9.28 所示, x_1、x_2、x_3 为状态变量, 求：

①系统状态方程；②画出状态变量图。

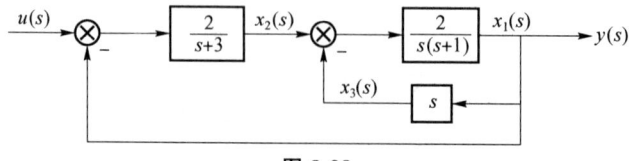

图 9.28

【题 9-4】

已知系统传递函数：
$$G(s) = \frac{5}{(s+1)^2(s+2)}$$

试求约当型（$\boldsymbol{A}$ 为约当阵）动态方程，并验证。

【题 9-5】

（华南理工大学 2004 年）如图 9.29 所示为电枢控制的直流电动机示意图，其中，R、L 分别电枢回路的电阻和电感，J 为机械旋转部分的转动惯量，B 为旋转部分的黏性摩擦系数。若给定其转矩常数 C_e 及反电势常数 C_m，请列出直流电动机在电枢电压作用下：

(1) 以转矩为输出的状态方程；
(2) 以转角为输出的状态方程。

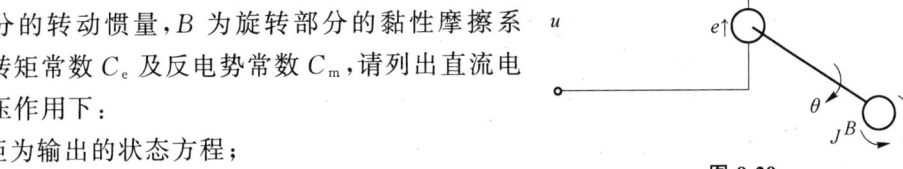

图 9.29

【题 9-6】

（东南大学 2004 年）已知系统的状态方程：$\begin{cases} \dot{x} = \begin{pmatrix} 0 & 1 \\ -a & -b \end{pmatrix} x + \begin{pmatrix} 0 \\ d \end{pmatrix} u \\ y = 10x_1 \end{cases}$，知该系统的对角型为

$\begin{cases} \dot{z} = \begin{pmatrix} -3 & 0 \\ 0 & -1 \end{pmatrix} z + \begin{pmatrix} 1 \\ 1 \end{pmatrix} u(t) \\ y = (-5 \quad 5) z \end{cases}$，求 a、b、d。

【题 9-7】

（上海交通大学 2004 年）某线性定常系统 $\dot{x} = \boldsymbol{A} x$，当 $x(0) = \begin{pmatrix} 2 \\ 1 \end{pmatrix}$ 时，$x(t) = \begin{pmatrix} 2e^{-t} \\ e^{-t} \end{pmatrix}$；当 $x(0) = \begin{pmatrix} 1 \\ 1 \end{pmatrix}$ 时，$x(t) = \begin{pmatrix} e^{-t} + 2te^{-t} \\ e^{-t} + te^{-t} \end{pmatrix}$，求：

(1) 系统的状态转移矩阵 $\boldsymbol{\Phi}(t)$；(2) 系统矩阵 $\boldsymbol{A}$。

【题 9-8】

（大连海事大学 2002 年）设线性定常系统的状态方程：$\dot{x}(t) = \begin{pmatrix} 0 & 1 \\ -1 & -2 \end{pmatrix} x(t)$，求初态为 $x(0) = \begin{pmatrix} 0 \\ 1 \end{pmatrix}$ 时的方程解。

【题 9-9】

（杭州电子科技大学 2016）已知某系统的齐次状态方程为

$$\dot{x}(t) = \begin{pmatrix} 0 & 1 \\ 2 & -1 \end{pmatrix} x(t)$$

当系统的时域响应为 $x(t) = \begin{pmatrix} 2 \\ 5 \end{pmatrix}$,试计算系统的初始状态 $x(0)$。

【题 9-10】 ▊▊▊

已知连续系统动态方程

$$\dot{x} = \begin{pmatrix} 0 & 1 \\ 0 & 2 \end{pmatrix} x + \begin{pmatrix} 0 \\ 1 \end{pmatrix} u, \quad y = (1 \quad 0) x$$

设采样周期 $T=1$ s,试离散化动态方程。

【题 9-11】 ▊▊▊

(华北电力大学 2006 年)某连续系统如下:

$$\dot{x}(t) = \begin{pmatrix} 0 & 1 \\ 0 & 0 \end{pmatrix} x(t) + \begin{pmatrix} 0 \\ 1 \end{pmatrix} u(t)$$

$$y = (2 \quad -3) x(t) + 4 u(t)$$

设采样周期为 $T=0.5$ s,求离散化的系统状态空间表达式。

【题 9-12】 ▊▊▊

(西安电子科技大学 2005 年)已知齐次状态方程 $\dot{x}(t) = Ax(t)$,其状态转移矩阵为 $\boldsymbol{\Phi}(t) = \begin{pmatrix} 2e^{-t} - e^{-2t} & e^{-t} - e^{-2t} \\ -2e^{-t} + 2e^{-2t} & -e^{-t} + 2e^{-2t} \end{pmatrix}$,要求:

(1) 计算系统矩阵 A;
(2) 计算系统特征值,确定系统状态的稳定性;
(3) 设初态 $x(0) = \begin{pmatrix} 1 \\ -1 \end{pmatrix}$,计算 $t=1$ s 时的状态 $x(1)$;
(4) 若输入矩阵 $\boldsymbol{B} = \begin{pmatrix} 0 \\ 1 \end{pmatrix}$,输出矩阵 $\boldsymbol{C} = [1 \quad 0]$,计算系统的传递函数 $\dfrac{Y(s)}{U(s)}$。

【题 9-13】 ▊▊▊

(中国科学院、中国科技大学 2008 年)已知线性系统的状态方程为 $\begin{cases} \dot{x}_1 = -16x_1 + 10x_2 + 4u \\ \dot{x}_2 = -21x_1 + 13x_2 + 5u \\ y = 7x_1 - 5x_2 \end{cases}$

求初态为 $x_1(0)=2, x_2(0)=3$ 时,系统在单位阶跃输入作用下:

(1) 系统的状态响应表达式;
(2) 求系统输出范数最小的时刻 t;
(3) 写出系统的传递函数。

【题 9-14】 ▊▊▊

(南京邮电大学 2007 年)已知线性定常系统:

系统 1：$\dot{x} = \begin{pmatrix} \lambda_1 & 1 & 0 & 0 \\ 0 & \lambda_1 & 0 & 0 \\ 0 & 0 & \lambda_1 & 0 \\ 0 & 0 & 0 & \lambda_1 \end{pmatrix} x + \begin{pmatrix} 0 \\ 1 \\ 1 \\ 1 \end{pmatrix} u$，判别系统的可控性：_____。

系统 2：$\dot{x} = \begin{pmatrix} -1 & 1 & 0 & 0 \\ 0 & -1 & 0 & 0 \\ 0 & 0 & -2 & 1 \\ 0 & 0 & 0 & -2 \end{pmatrix} x$，$y = \begin{pmatrix} 1 & 0 & 0 & 0 \\ 0 & 0 & -1 & 0 \end{pmatrix} x$，判别系统的可观测性：_____。

【题 9-15】

(大连海事大学 2001 年)已知系统状态空间表达式：

$$\dot{x} = \begin{pmatrix} a & b \\ c & d \end{pmatrix} x + \begin{pmatrix} 1 \\ 1 \end{pmatrix} u \qquad y = (1 \quad 0) x$$

试确定使系统为状态完全可控和可观时，参数 a、b、c、d 应满足的条件。

【题 9-16】

(西安交通大学 2005 年)已知系统结构如图 9.30 所示，试：
(1) 建立系统状态空间表达式；
(2) 确定使系统其能控和能观时的参数 k 取值范围；
(3) 由系统状态空间表达式求传递函数，分析使系统不能控或能观的原因。

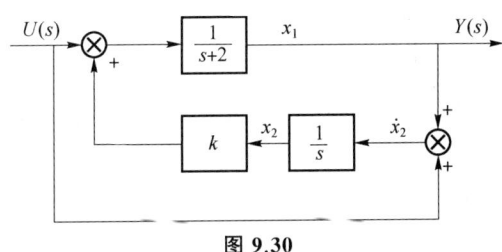

图 9.30

【题 9-17】

(哈尔滨工业大学 2006 年)控制系统 A 如图 9.31(a)所示，控制系统 B 如图 9.31(b)所示。
(1) 分别求系统 A、系统 B 的传递函数 $\dfrac{Y(s)}{U(s)}$。
(2) 判断系统 A、系统 B 的能控性和能观性，并对判断结果进行比较和解释。

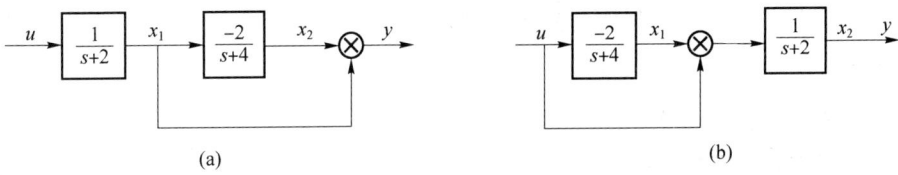

图 9.31

【题 9-18】

系统状态方程为

$$\dot{x} = \begin{pmatrix} 0 & 1 \\ -1 & a \end{pmatrix} x + \begin{pmatrix} 1 \\ b \end{pmatrix} u$$

设系统状态可控，试求参数 a、b 值。

【题 9-19】

设系统传递函数为

$$G(s) = \frac{s+a}{s^3 + 7s^2 + 14s + 8}$$

设系统状态可控，试求参数 a 值。

【题 9-20】

（杭州电子科技大学 2016 年）设控制系统的结构如图 9.32 所示，试判别该系统的可控性和可观测性。

【题 9-21】

（杭州电子科技大学 2017 年）系统框图如图 9.33 所示。

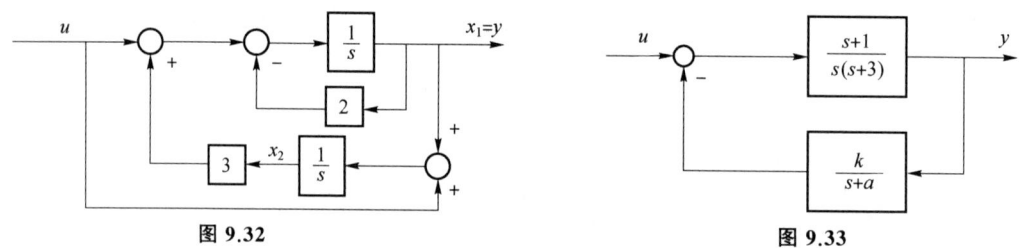

图 9.32　　　　　　　　　　图 9.33

（1）给出这个系统状态变量的实现；

（2）试选出合适的参数 k 和 a，分别使这个实现丧失能控性，丧失能观性，同时丧失能控性和能观性。

【题 9-22】

（大连海事大学 2003 年）已知系统的微分方程为

$$\ddot{y} + 4\dot{y} + 3y = \ddot{u} + 6\dot{u} + 8u,$$

试分别求出满足下列要求的状态空间表达式，

（1）系统为能控能观的对角标准型；

（2）系统为能控不能观实现；

（3）系统为能观但不能控实现；

（4）系统不能控也不能观实现。

【题 9-23】

(上海大学 2003 年)已知系统传递函数 $G(s)=\dfrac{2s^2+3s+4}{s^3+3s^2+5s+5}$,试求使闭环极点配置为$\{2,-2,-1\}$时,状态反馈增益阵 K 值,并画出实现图。

【题 9-24】

(哈尔滨工业大学 2006 年)系统如图 9.34 所示,其中 a_1、a_2、a_3 为状态反馈系数。
(1) 写出对象的状态方程;
(2) 若要求闭环系统的极点为 $-1,-2,-3$,求 a_1、a_2、a_3。

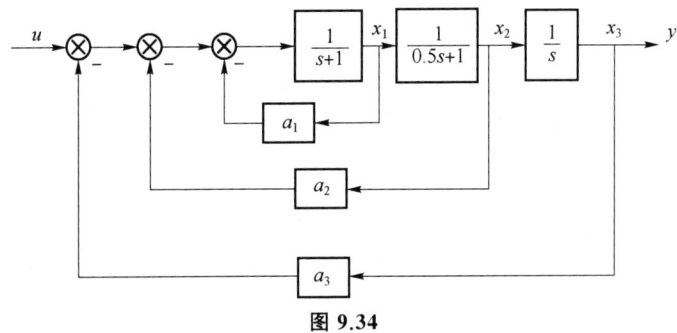

图 9.34

【题 9-25】

(北京航空航天大学 2003 年)某系统传递函数 $G(s)=\dfrac{5}{2s^3+4s^2-10s-12}$,
(1) 请作出系统能控标准型实现和可观测标准型实现,并说明两个实现之间是否代数等价。
(2) 对上述系统能控标准型设计状态反馈,求反馈阵 K,要求闭环系统阶跃响应满足 $\sigma\%=4.3\%$,调节时间 $t_s=3.5s(\Delta=5\%)$,且其中一个闭环极点为 $s=-7$。

【题 9-26】

设系统传递函数为

$$\frac{(s-1)(s+2)}{(s+1)(s-2)(s+3)}$$

试问,能否利用状态反馈将传递函数变成 $\dfrac{(s-1)}{(s+2)(s+3)}$?若有可能,求出一个满足要求的状态反馈阵,并画出状态变量图(提示:状态反馈不改变原传递函数的零点)。

【题 9-27】

(哈尔滨工业大学)设连续系统为

$$\dot{x}=\begin{pmatrix}0 & 1\\ 0 & 0\end{pmatrix}x+\begin{pmatrix}0\\ 1\end{pmatrix}u(t)$$
$$y=(1\ \ 0)x$$

要求闭环系统的动态响应相当于 $\xi=0.5, \omega_n=3.6$ rad/s 的二阶连续系统,采用计算机进行状态反馈配置极点,采样周期 $T=0.1$ s,试确定反馈阵 $\boldsymbol{K}$。

【题 9-28】

(河北工业大学 2009 年)设控制系统结构如图 9.35 所示,要求在单位阶跃函数作用下,最大超调量 $M_P \leqslant 5\%$,峰值时间 $t_P=0.5$ s,试用状态反馈综合此系统,极点配置在 $(-2\pm j)$,试设计反馈矩阵 $(k_1 \quad k_2)$,绘制系统结构图。

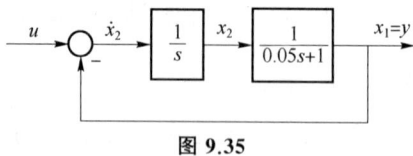

图 9.35

【题 9-29】

(杭州电子科技大学 2010 年)系统开环传递函数为 $\dfrac{s+1}{s^2(s+3)}$。

(1) 求使系统极点配置到 $-1,-2,-3$ 的状态反馈阵 $\boldsymbol{K}$;

(2) 求出状态反馈后的闭环传递函数,并说明其配置新极点后的状态可控性及可观性。

【题 9-30】

(河北工业大学 2009 年)设某控制系统的状态空间表达式如下式所示,试设计状态观测器,要求观测器的极点为 $(-3,-1)$,求 $\boldsymbol{G}=(g_1 \quad g_2)^\mathrm{T}$,并画出系统的结构图。

$$\begin{pmatrix} \dot{x}_1 \\ \dot{x}_2 \end{pmatrix} = \begin{pmatrix} 0 & 1 \\ -1 & 0 \end{pmatrix} \begin{pmatrix} x_1 \\ x_2 \end{pmatrix} + \begin{pmatrix} 0 \\ 1 \end{pmatrix} u$$

$$y = \begin{pmatrix} 0 & 1 \end{pmatrix} \begin{pmatrix} x_1 \\ x_2 \end{pmatrix}$$

【题 9-31】

(上海理工大学 2016 年)系统状态空间表达式为

$$\dot{x}(t) = \boldsymbol{A}x(t) + \boldsymbol{B}u(t)$$
$$y(t) = \boldsymbol{C}x(t)$$

式中,$\boldsymbol{A} = \begin{pmatrix} -5 & -1 \\ 6 & 0 \end{pmatrix}, \boldsymbol{B} = \begin{pmatrix} 0 \\ 2 \end{pmatrix} C = (0 \quad 1)$。

(1) 求系统的传递函数;
(2) 判断系统的可控性和可观性;
(3) 判断系统的稳定性;
(4) 设计全维状态观测器,使观测器的极点配置在 $-10\pm10j$;
(5) 画出系统的总体状态变量图。

【题 9-32】

已知控制系统状态方程

$$\dot{x} = \begin{pmatrix} -1 & -2 & -3 \\ 0 & -1 & 1 \\ 1 & 0 & -1 \end{pmatrix} x + \begin{pmatrix} 2 \\ 0 \\ 1 \end{pmatrix} u, y = (1 \quad 1 \quad 0)x。$$

① 设计一个具有特征值为 $-3,-4,-5$ 的全维状态观测器；
② 画出系统结构图。

【题 9-33】

(中国科技大学 2007 年)已知系统的动态方程为
$$\begin{cases} \dot{x}_1 = 2x_1 + x_2 + 3u \\ \dot{x}_2 = -x_1 - x_2 + 2u \\ y = x_1 + 3x_2 \end{cases}$$
当系统的状态不直接可量测时，问能否通过构造状态观测器来获取状态变量？若可能，试设计一个极点均位于 -2 处的全维状态观测器；若不可能，请说明理由。

【题 9-34】

(浙江大学 2003 年)由单变量的对象、观测器和状态反馈组成的闭环系统框图如图 9.36 所示，其中观测器的方程为 $\dot{\hat{x}} = (A - Hc)\hat{x} + bu + Hy$，
(1) 建立闭环系统的状态模型；
(2) 求出闭环系统的传递函数 $Y(s)/V(s)$。

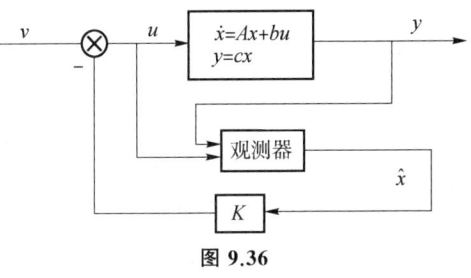

图 9.36

【题 9-35】

(哈尔滨工业大学 2010 年)某线性定常系统的传递函数为 $\dfrac{Y(s)}{U(s)} = \dfrac{1}{s(s+1)(s+2)}$。设计一个全维的状态观测反馈系统，使闭环系统的极点为 $s_1 = -2, s_2 = -1+\text{j}, s_3 = -1-\text{j}$，状态观测器的特征值均为 -5。要求：给出状态反馈增益矩阵以及状态观测器方程。

【题 9-36】

(杭州电子科技大学 2014 年)控制对象的状态空间表达式如下：
$$\dot{x} = \begin{pmatrix} 0 & 1 \\ 0 & -5 \end{pmatrix} x + \begin{pmatrix} 0 \\ 1 \end{pmatrix} u$$
$$y = (1 \quad 0) x$$
请设计带状态观测器的状态反馈系统，使反馈系统的极点配置在 $\lambda_{1,2} = -2 \pm \text{j}$ 处，状态观测器的极点为 $s_{1,2} = -5$。

【题 9-37】

(北京航空航天大学 2004 年)系统的状态方程如下：
$$\dot{x} = \begin{pmatrix} -1 & 0 & 0 \\ 0 & 0 & 1 \\ 0 & 1 & 0 \end{pmatrix} x + \begin{pmatrix} -2 \\ 0 \\ 1 \end{pmatrix} u, \quad y = (0 \quad a \quad 1) x$$
式中 a 为实常数，请问：
(1) 判断系统是否渐近稳定？为什么？
(2) 参数 a 取何值时，系统 BIBO 稳定？为什么？

【题 9-38】

（北京航空航天大学 2003 年）系统的状态方程如下：

$$\dot{x}=\begin{pmatrix} 0 & 1 & 0 \\ 0 & 0 & 1 \\ -a & -b & -2 \end{pmatrix}x+\begin{pmatrix} 0 \\ 0 \\ 1 \end{pmatrix}u, \quad y=(1 \quad -2 \quad 1)x$$

式中 a,b 为实常数，试写出系统 BIBO 稳定时 a、b 应满足的取值条件（要写明理由）。

【题 9-39】

（天津大学 2002 年）某二阶系统如图 9.37 所示，图中的 $r(t)$ 为单位阶跃输入，请用李雅普诺夫稳定性理论分析其平衡状态的稳定性，并指出稳定的范围。

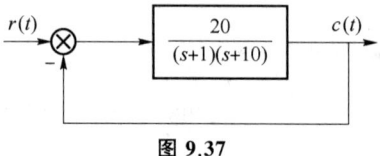

图 9.37

【题 9-40】

（北京理工大学 2007 年）设非线性系统的数学描述为

$$\ddot{x}+\dot{x}+x^2-1=0。$$

（1）写出系统的状态方程；

（2）求系统的所有平衡点；

（3）判断每一个平衡点在李雅普诺夫意义下的稳定性，并说明理由。

【题 9-41】

（浙江大学 2006 年）线性系统的状态方程为 $\dot{x}=\begin{pmatrix} 0 & 6 \\ 1 & -1 \end{pmatrix}x+\begin{pmatrix} -2 \\ 1 \end{pmatrix}u$，分析系统平衡状态的稳定性。

【题 9-42】

用李雅普诺夫第二方法（直接法）判别下列系统原点的稳定性：

（1）$\begin{cases} \dot{x}_1=-x_1+x_2 \\ \dot{x}_2=2x_1-3x_2 \end{cases}$； （2）$\begin{cases} \dot{x}_1=x_2 \\ \dot{x}_2=2x_1-x_2 \end{cases}$

【题 9-43】

（天津理工大学 2018 年）设系统的状态方程 $\begin{cases} \dot{x}_1=-2x_2+x_2^3 \\ \dot{x}_2=3x_1-x_2^3 \end{cases}$，试选择李雅普诺夫函数并判断该系统平衡状态的稳定性。

【题 9-44】

设系统的状态方程 $\begin{cases} \dot{x}_1=x_2 \\ \dot{x}_2=-x_1^3-x_2 \end{cases}$，用李雅普诺夫第二方法（直接法）分析系统的稳定性。

【题 9-45】

(天津理工大学 2016 年)确定下列系统的平衡状态,并用李雅普诺夫稳定理论分析系统的稳定性。

$$\begin{cases} \dot{x}_1 = x_2 - kx_1(x_1^2 + x_2^2) \\ \dot{x}_2 = -x_1 - kx_2(x_1^2 + x_2^2) \end{cases}$$

【题 9-46】

(河北工业大学 2009 年)设某控制系统结构如图 9.38 所示,试用李雅普诺夫函数判别系统的稳定性。

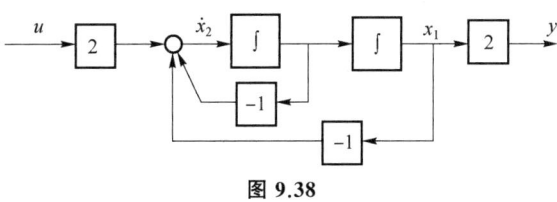

图 9.38

9.4 真题强化训练答案

【题 9-1】

答案:

在零初始条件下,由微分方程取拉普拉斯变换,得

$$Y(s)[s^3 + 5s^2 + 4s + 7] = U(s)[s^3 + s^2 + 3s + 2]$$

$$\frac{Y(s)}{u(s)} = \frac{s^3 + s^2 + 3s + 2}{s^3 + 5s^2 + 4s + 7} = 1 + \frac{-4s^2 - s - 5}{s^3 + 5s^2 + 4s + 7}$$

能控标准型状态方程

$$\dot{x} = \begin{pmatrix} 0 & 1 & 0 \\ 0 & 0 & 1 \\ -7 & -4 & -5 \end{pmatrix} x + \begin{pmatrix} 0 \\ 0 \\ 1 \end{pmatrix} u$$

$$y = \begin{pmatrix} -5 & -1 & -4 \end{pmatrix} x + u$$

【题 9-2】

答案:

(1) 在零初始条件下,取拉普拉斯变换

$$(s^3 + 5s^2 + 7s + 3)Y(s) = (s^2 + 6s + 8)U(s)$$

传递函数 $G(s) = \dfrac{Y(s)}{u(s)} = \dfrac{s^2 + 6s + 8}{(s+1)^2(s+3)}$

(2) 并联分解

方法 1:

$$G(s) = \frac{s^2 + 6s + 8}{(s+1)^2(s+3)} = \frac{c_1}{s+3} + \frac{c_2}{(s+1)^2} + \frac{c_3}{s+1}$$

$$c_1 = \lim_{s \to -3}[G(s)(s+3)] = \lim_{s \to -3}\frac{s^2+6s+8}{(s+1)^2} = -0.25$$

$$c_2 = \lim_{s \to -1}[G(s)(s+1)^2] = \lim_{s \to -1}\frac{s^2+6s+8}{s+3} = 1.5$$

$$c_3 = \lim_{s \to -1}\frac{\mathrm{d}}{\mathrm{d}s}[G(s)(s+1)^2] = \lim_{s \to -1}\frac{\mathrm{d}}{\mathrm{d}s}\left[\frac{s^2+6s+8}{s+3}\right] = 1.25$$

$$Y(s) = \left[-\frac{0.25}{s+3} + \frac{1.25}{s+1} + \frac{1.5}{(s+1)^2}\right]U(s)$$

取变量 $\begin{cases} x_1(s) = \dfrac{1}{s+3}u(s) \\ x_2(s) = \dfrac{1}{s+1} = u(s) \\ x_3(s) = \dfrac{1}{s+1}x_2(s) \end{cases} \Rightarrow \begin{cases} \dot{x}_1 = -3x_1 + u \\ \dot{x}_2 = -x_2 + u \\ \dot{x}_3 = x_2 - x_3 \end{cases}$

$$y = -0.25x_1 + 1.25x_2 + 1.5x_3 \quad y = -0.25x_1 + 1.25x_2 + 1.5x_2$$

状态空间表达式为

$$\dot{x} = \begin{pmatrix} -3 & 0 & 0 \\ 0 & -1 & 0 \\ 0 & 1 & -1 \end{pmatrix} x + \begin{pmatrix} 1 \\ 1 \\ 0 \end{pmatrix} u \text{（非标准约当型）}$$

$$y = (-0.25 \quad 1.25 \quad 1.5)x$$

方法 2：也可改为标准约当型的并联分解。

$$G(s) = \frac{s^2+6s+8}{(s+1)^2(s+3)} = \frac{c_1}{(s+1)^2} + \frac{c_2}{s+1} + \frac{c_3}{s+3}$$

$$c_1 = \lim_{s \to -1}[G(s)(s+1)^2] = \lim_{s \to -1}\frac{s^2+6s+8}{s+3} = 1.5$$

$$c_2 = \lim_{s \to -1}\frac{\mathrm{d}}{\mathrm{d}s}[G(s)(s+1)^2] = \lim_{s \to -1}\frac{\mathrm{d}}{\mathrm{d}s}\left[\frac{s^2+6s+8}{s+3}\right] = 1.25$$

$$c_3 = \lim_{s \to -3}[G(s)(s+3)] = \lim_{s \to -3}\frac{s^2+6s+8}{(s+1)^2} = -0.25$$

取变量 $\begin{cases} x_1(s) = \dfrac{1}{(s+1)^2}u(s) = \dfrac{1}{s+1}x_2(s) \\ x_2(s) = \dfrac{1}{s+1}u(s) \\ x_3(s) = \dfrac{1}{s+3}u(s) \end{cases} \Rightarrow \begin{cases} \dot{x}_1 = -x_1 + x_2 \\ \dot{x}_2 = -x_2 + u \\ \dot{x}_3 = -3x_3 + u \end{cases}$

$$y = 1.5x_1 + 1.25x_2 - 0.25x_3$$

状态空间表达式为

$$\dot{x} = \begin{pmatrix} -1 & 1 & 0 \\ 0 & -1 & 0 \\ 0 & 0 & -3 \end{pmatrix} x + \begin{pmatrix} 0 \\ 1 \\ 1 \end{pmatrix} u$$

$$y = (1.5 \quad 1.25 \quad -0.25)x$$

(3) 系统状态变量结构(图 9.39)

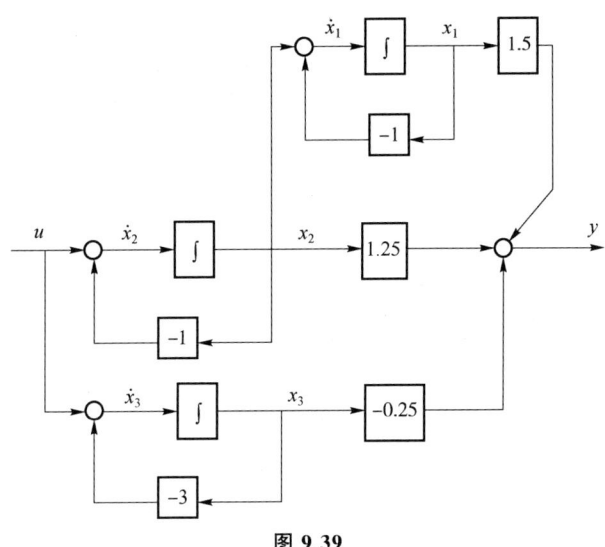

图 9.39

【题 9-3】
答案：

由图知：$s \cdot x_1(s) = x_2(s) \Rightarrow \dot{x}_1 = x_3$

$$(u - x_1)\frac{2}{s+3} = x_2 \Rightarrow \dot{x}_2 = -2x_1 - 3x_2 + 2u$$

$$(x_2 - x_3)\frac{2}{s(s+1)} = x_1 \Rightarrow \ddot{x}_1 + \dot{x}_1 = 2x_2 - 2x_3 \Rightarrow \dot{x}_3 = 2x_2 - 3x_3$$

系统的状态方程为

$$\dot{x} = \begin{pmatrix} 0 & 0 & 1 \\ -2 & -3 & 0 \\ 0 & 2 & -3 \end{pmatrix} x + \begin{pmatrix} 0 \\ 2 \\ 0 \end{pmatrix} u, \quad y = (1 \ \ 0 \ \ 0) x$$

系统状态变量图如图 9.40 所示。

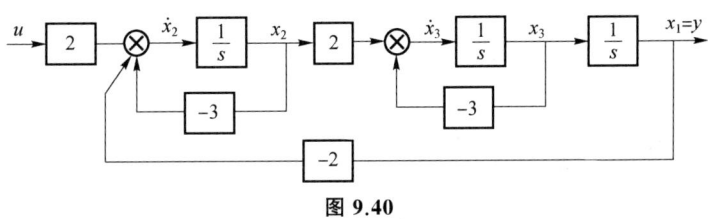

图 9.40

【题 9-4】
答案：

将系统传递函数分解为部分分式

$$G(s) = \frac{Y(s)}{U(s)} = \frac{5}{(s+1)^2(s+2)} = \frac{5}{(s+1)^2} - \frac{5}{(s+1)} + \frac{5}{(s+2)}$$

令
$$X_1(s) = \frac{1}{(s+1)^2}U(s) = \frac{1}{(s+1)}X_2(s)$$

$$X_2(s) = \frac{1}{(s+1)}U(s), X_3(s) = \frac{1}{(s+2)}U(s)$$

得
$$Y(s) = 5X_1(s) - 5X_2(s) + 5X_3(s)$$

因此有
$$\dot{x}_1 = -x_1 + x_2, \dot{x}_2 = -x_2 + u, \dot{x}_3 = -2x_3 + u$$
$$y = 5x_1 - 5x_2 + 5x_3$$

将上式写成向量矩阵形式,可得约当标准型实现:

$$\begin{pmatrix} \dot{x}_1 \\ \dot{x}_2 \\ \dot{x}_3 \end{pmatrix} = \begin{pmatrix} -1 & 1 & 0 \\ 0 & -1 & 0 \\ 0 & 0 & -2 \end{pmatrix} \begin{pmatrix} x_1 \\ x_2 \\ x_3 \end{pmatrix} + \begin{pmatrix} 0 \\ 1 \\ 1 \end{pmatrix} u$$

$$y = (5 \quad -5 \quad 5) \begin{pmatrix} x_1 \\ x_2 \\ x_3 \end{pmatrix}$$

由系统传递函数 $G(s) = c(s\mathbf{I} - \mathbf{A})^{-1}b$,验证可得

$$G(s) = (5 \quad -5 \quad 5) \begin{pmatrix} s+1 & -1 & 0 \\ 0 & s+1 & 0 \\ 0 & 0 & s+2 \end{pmatrix}^{-1} \begin{pmatrix} 0 \\ 1 \\ 1 \end{pmatrix}$$

$$= (5 \quad -5 \quad 5) \begin{pmatrix} \frac{1}{s+1} & \frac{1}{(s+1)^2} & 0 \\ 0 & \frac{1}{s+1} & 0 \\ 0 & 0 & \frac{1}{(s+2)} \end{pmatrix} \begin{pmatrix} 0 \\ 1 \\ 1 \end{pmatrix}$$

$$= \frac{5}{(s+1)^2(s+2)}$$

【题 9-5】

答案:

(1) 以转矩为输出时:

$$\begin{cases} Ri + L\dfrac{di}{dt} + C_e\dfrac{d\theta}{dt} = u \\ T = C_m i \\ T = J\dfrac{d^2\theta}{dt^2} + B\dfrac{d\theta}{dt} \end{cases}, \text{选定状态变量为} \begin{cases} x_1 = i \\ x_2 = \dot{\theta} \end{cases}, \text{则有}$$

$$Rx_1 + L\dot{x}_1 + C_e x_2 = u \Rightarrow \dot{x}_1 = \frac{1}{L}(u - Rx_1 - C_e x_2)$$

$$\begin{cases} T = J\dot{x}_2 + Bx_1 \\ T = C_m x_1 \end{cases} \Rightarrow \dot{x}_2 = \frac{1}{J}[T - Bx_2] = \frac{1}{J}[C_m x_1 - Bx_2]$$

得系统的状态空间方程为

$$\dot{x} = \begin{pmatrix} \dot{x}_1 \\ \dot{x}_2 \end{pmatrix} = \begin{pmatrix} -\dfrac{R}{L} & -\dfrac{C_e}{L} \\ \dfrac{C_m}{J} & -\dfrac{B}{J} \end{pmatrix} x + \begin{pmatrix} \dfrac{1}{L} \\ 0 \end{pmatrix} u$$

$$T = (C_m \quad 0) x$$

(2) 以转角为输出时，令 $x_1 = \theta, x_2 = \dot{x}_1 = \dot{\theta}, x_3 = i$

$$\begin{cases} Rx_3 + L\dot{x}_3 + C_e x_2 = u \Rightarrow \dot{x}_3 = \dfrac{1}{L}(u - Rx_3 - C_e x_2) \\ T = C_m x_3 \\ T = J\dot{x}_2 + B x_2 \end{cases} \Rightarrow \dot{x}_2 = \dfrac{1}{J}(C_m x_3 - B x_2)$$

得系统的状态空间方程为

$$\begin{pmatrix} \dot{x}_1 \\ \dot{x}_2 \\ \dot{x}_3 \end{pmatrix} = \begin{pmatrix} 0 & 1 & 0 \\ 0 & -\dfrac{B}{J} & \dfrac{C_m}{J} \\ 0 & -\dfrac{R}{L} & \dfrac{C_e}{L} \end{pmatrix} x + \begin{pmatrix} 0 \\ 0 \\ \dfrac{1}{L} \end{pmatrix} u$$

$$y = \theta = (1 \quad 0 \quad 0) x$$

【题 9-6】
答案：
状态方程变换前后，$G(s)$ 不变，特征根不变，因此有

$$D(s) = |s\boldsymbol{I} - \boldsymbol{A}_1| = |s\boldsymbol{I} - \boldsymbol{A}_2|, \text{即} \begin{vmatrix} s & -1 \\ a & s+b \end{vmatrix} = \begin{vmatrix} s+3 & 0 \\ 0 & s+1 \end{vmatrix}$$

$$s(s+b) + a = (s+3)(s+1) = s^2 + 4s + 3$$

所以 $b = 4, a = 3$。

再由传递函数不变性：$C_1(s\boldsymbol{I} - \boldsymbol{A}_1)^{-1}\boldsymbol{B}_1 = C_2(s\boldsymbol{I} - \boldsymbol{A}_2)^{-1}\boldsymbol{B}_2$

$$\dfrac{10d}{s^2 + 4s + 3} = \dfrac{10}{s^2 + 4s + 3} \quad \text{得 } d = 1。$$

【题 9-7】
答案：

(1) $\boldsymbol{\Phi}(t) = \begin{pmatrix} e^{-t} - 2te^{-t} & 4te^{-t} \\ -te^{-t} & e^{-t} + 2te^{-t} \end{pmatrix}$

(2) $\boldsymbol{A} = \begin{pmatrix} -3 & 4 \\ -1 & 1 \end{pmatrix}$

【题 9-8】
答案：
属于线性定常齐次状态方程，其解为 $x(t) = e^{\boldsymbol{A}t} x(0)$，首先求解 $e^{\boldsymbol{A}(t)}$

方法 1：采用拉普拉斯变换：$s\boldsymbol{I} - \boldsymbol{A} = \begin{pmatrix} s & -1 \\ 1 & s+2 \end{pmatrix} \Rightarrow |s\boldsymbol{I} - \boldsymbol{A}| = s(s+2) + 1$

$$|s\bm{I}-\bm{A}|^{-1}=\frac{(s\bm{I}-\bm{A})^*}{|s\bm{I}-\bm{A}|}=\frac{\begin{pmatrix}s+2 & 1\\-1 & s\end{pmatrix}}{s^2+2s+1}=\begin{pmatrix}\dfrac{s+2}{(s+1)^2} & \dfrac{1}{(s+1)^2}\\-\dfrac{1}{(s+1)^2} & \dfrac{s}{(s+1)^2}\end{pmatrix}$$

$$=\begin{pmatrix}\dfrac{1}{(s+1)^2}+\dfrac{1}{(s+1)} & \dfrac{1}{(s+1)^2}\\ \dfrac{-1}{(s+1)^2} & \dfrac{1}{(s+1)}-\dfrac{1}{(s+1)^2}\end{pmatrix}\Rightarrow \mathrm{e}^{\bm{A}t}=\mathscr{L}^{-1}(s\bm{I}-\bm{A})^{-1}$$

所以 $\mathrm{e}^{\bm{A}t}=\mathscr{L}^{-1}[(s\bm{I}-\bm{A})^{-1}]=\begin{pmatrix}t\mathrm{e}^{-t}+\mathrm{e}^{-t} & t\mathrm{e}^{-t}\\ -t\mathrm{e}^{-t} & \mathrm{e}^{-t}-t\mathrm{e}^{-t}\end{pmatrix}$

方法 2：

采用待定系数法：$\bm{A}=\begin{pmatrix}0 & 1\\-1 & -2\end{pmatrix}$，求特征值

$$|\lambda \bm{I}-\bm{A}|=\begin{vmatrix}\lambda & -1\\ 1 & \lambda+2\end{vmatrix}=\lambda(\lambda+2)+1=(\lambda+1)^2$$

所以 $\lambda_1=\lambda_2=-1$

用待定系数法得

$$\begin{pmatrix}a_0\\a_1\end{pmatrix}=\begin{pmatrix}0 & 1\\ 1 & \lambda_1\end{pmatrix}^{-1}\begin{pmatrix}t\mathrm{e}^{\lambda_1 t}\\ \mathrm{e}^{\lambda_1 t}\end{pmatrix}=\begin{pmatrix}1 & 1\\ 1 & 0\end{pmatrix}\begin{pmatrix}t\mathrm{e}^{-t}\\ \mathrm{e}^{-t}\end{pmatrix}=\begin{pmatrix}t\mathrm{e}^{-t}+\mathrm{e}^{-t}\\ t\mathrm{e}^{-t}\end{pmatrix}$$

所以有

$$\mathrm{e}^{\bm{A}t}=a_0\bm{I}+a_1\bm{A}=(t\mathrm{e}^{-t}+\mathrm{e}^{-t})\begin{pmatrix}1 & 0\\ 0 & 1\end{pmatrix}+t\mathrm{e}^{-t}\begin{pmatrix}0 & 1\\ -1 & -2\end{pmatrix}$$

$$=\begin{pmatrix}t\mathrm{e}^{-t}+\mathrm{e}^{-t} & t\mathrm{e}^{-t}\\ -t\mathrm{e}^{-t} & \mathrm{e}^{-t}-t\mathrm{e}^{-t}\end{pmatrix}$$

所以 $x(t)=\mathrm{e}^{\bm{A}t}x(0)=\begin{pmatrix}t\mathrm{e}^{-t}\\ \mathrm{e}^{-t}-t\mathrm{e}^{-t}\end{pmatrix}$。

【题 9-9】
答案：

$$\bm{\Phi}(t)=\mathscr{L}^{-1}[(s\bm{I}-\bm{A})^{-1}]=\begin{pmatrix}\dfrac{2}{3}\mathrm{e}^{t}+\dfrac{1}{3}\mathrm{e}^{-2t} & \dfrac{1}{3}\mathrm{e}^{t}-\dfrac{1}{3}\mathrm{e}^{-2t}\\ \dfrac{2}{3}\mathrm{e}^{t}-\dfrac{2}{3}\mathrm{e}^{-2t} & \dfrac{1}{3}\mathrm{e}^{t}+\dfrac{2}{3}\mathrm{e}^{-2t}\end{pmatrix}$$

$$\bm{\Phi}(-t)=\begin{pmatrix}\dfrac{2}{3}\mathrm{e}^{-t}+\dfrac{1}{3}\mathrm{e}^{2t} & \dfrac{1}{3}\mathrm{e}^{-t}-\dfrac{1}{3}\mathrm{e}^{2t}\\ \dfrac{2}{3}\mathrm{e}^{-t}-\dfrac{2}{3}\mathrm{e}^{2t} & \dfrac{1}{3}\mathrm{e}^{-t}+\dfrac{2}{3}\mathrm{e}^{2t}\end{pmatrix}$$

$$\bm{\Phi}(t)x(0)=x(t)$$

所以 $x(0)=\bm{\Phi}(t)^{-1}x(t)=\bm{\Phi}(-t)x(t)=\begin{pmatrix}3\mathrm{e}^{-t}-\mathrm{e}^{2t}\\ 3\mathrm{e}^{-t}+2\mathrm{e}^{2t}\end{pmatrix}$

【题 9-10】
答案：
首先需要求出连续系统的状态转移矩阵，之后再将系统离散化。

（1）采用拉普拉斯变换法求取连续系统的状态转移矩阵 $\boldsymbol{\Phi}(t)$

$$(s\boldsymbol{I}-\boldsymbol{A}) = \begin{pmatrix} s & -1 \\ 0 & s-2 \end{pmatrix}, \det(s\boldsymbol{I}-\boldsymbol{A}) = s(s-2)$$

$$(s\boldsymbol{I}-\boldsymbol{A})^{-1} = \frac{1}{s(s-2)}\begin{pmatrix} s-2 & 1 \\ 0 & s \end{pmatrix} = \begin{pmatrix} \dfrac{1}{s} & \dfrac{1}{s(s-2)} \\ 0 & \dfrac{1}{(s-2)} \end{pmatrix}$$

$$\boldsymbol{\Phi}(t) = e^{At} = \mathscr{L}^{-1}[(s\boldsymbol{I}-\boldsymbol{A})^{-1}] = \mathscr{L}^{-1}\begin{pmatrix} \dfrac{1}{s} & -\dfrac{1}{2}\left(\dfrac{1}{s}-\dfrac{1}{s-2}\right) \\ 0 & \dfrac{1}{s-2} \end{pmatrix} = \begin{pmatrix} 1 & -\dfrac{1}{2}+\dfrac{1}{2}e^{2t} \\ 0 & e^{2t} \end{pmatrix}$$

（2）离散化状态方程为
$$x(k+1) = \boldsymbol{\Phi}(T)x(k) + \boldsymbol{G}(T)u(k)$$

式中，$\boldsymbol{\Phi}(T) = \boldsymbol{\Phi}(t)|_{t=T} = \begin{pmatrix} 1 & -\dfrac{1}{2}+\dfrac{1}{2}e^2 \\ 0 & e^2 \end{pmatrix} = \begin{pmatrix} 1 & 3.1945 \\ 0 & 7.3891 \end{pmatrix}$

$$\boldsymbol{G}(T) = \int_0^T \boldsymbol{\Phi}(t)b\,dt = \int_0^T \begin{pmatrix} 1 & -\dfrac{1}{2}+\dfrac{1}{2}e^{2t} \\ 0 & e^{2t} \end{pmatrix} dt = \begin{pmatrix} -\dfrac{1}{4}(2T+1-e^{2T}) \\ \dfrac{1}{2}(e^{2T}-1) \end{pmatrix} = \begin{pmatrix} 1.0973 \\ 3.1945 \end{pmatrix}$$

由此得
$$x(k+1) = \begin{pmatrix} 1 & 3.1945 \\ 0 & 7.3891 \end{pmatrix} x(k) + \begin{pmatrix} 1.0973 \\ 3.1945 \end{pmatrix} u(k)$$

【题 9-11】
答案：
取 $\boldsymbol{G}(T) = e^{AT}$，$\boldsymbol{H}(T) = \int_0^T e^{At}\boldsymbol{B}\,dt$

先求 e^{AT}：
$$(s\boldsymbol{I}-\boldsymbol{A}) = \begin{pmatrix} s & -1 \\ 0 & s \end{pmatrix}, \quad (s\boldsymbol{I}-\boldsymbol{A})^{-1} = \begin{pmatrix} \dfrac{1}{s} & \dfrac{1}{s^2} \\ 0 & \dfrac{1}{s} \end{pmatrix}$$

$$e^{At} = \mathscr{L}^{-1}((s\boldsymbol{I}-\boldsymbol{A})^{-1}) = \begin{pmatrix} 1 & t \\ 0 & 1 \end{pmatrix}$$

$$\boldsymbol{G}(T) = e^{At}|_{T=0.5} = \begin{pmatrix} 1 & 0.5 \\ 0 & 1 \end{pmatrix}$$

$$\boldsymbol{H}(T) = \int_0^T e^{At}\boldsymbol{B}\,dt = \int_0^{0.5} \begin{pmatrix} 1 & t \\ 0 & 1 \end{pmatrix}\begin{pmatrix} 0 \\ 1 \end{pmatrix} dt$$

$$= \int_0^{0.5} \begin{pmatrix} t \\ 1 \end{pmatrix} dt = \int_0^{0.5} \begin{pmatrix} \dfrac{1}{2}t^2 \\ t \end{pmatrix} = \begin{pmatrix} \dfrac{1}{8} \\ \dfrac{1}{2} \end{pmatrix}$$

离散化后的系统状态空间表达式为

$$X((k+1)T) = \begin{pmatrix} 1 & 0.5 \\ 0 & 1 \end{pmatrix} X(kT) + \begin{pmatrix} 0.125 \\ 0.5 \end{pmatrix} U(kT)$$

$$Y(kT) = (2 \quad -3) X(kT) + 4U(kT)$$

【题 9-12】
答案：

(1)
$$\left. \begin{array}{l} \dot{\boldsymbol{\Phi}}(t) = A\boldsymbol{\Phi}(t,0) \\ \boldsymbol{\Phi}(0,0) = I \end{array} \right\} \Rightarrow A = \dot{\boldsymbol{\Phi}}(0,0) = \begin{pmatrix} -2e^{-t} + 2e^{-2t} & -e^{-t} + 2e^{-2t} \\ 2e^{-t} - 4e^{-2t} & -4e^{-2t} + e^{-t} \end{pmatrix} \bigg|_{t=0} = \begin{pmatrix} 0 & 1 \\ -2 & -3 \end{pmatrix}$$

(2) 根据 A 阵，得系统特征多项式 $f(\lambda) = \lambda^2 + 3\lambda + 2$，解得 $\lambda_1 = -1, \lambda_2 = -2$，特征根均为负实数，系统稳定。

(3) $x(1) = \boldsymbol{\Phi}(t-t_0)x(t_0)\big|_{t=1}$
$$= \begin{pmatrix} 2e^{-t} - e^{-2t} & e^{-t} - e^{-2t} \\ -2e^{-t} + 2e^{-2t} & -e^{-t} + 2e^{-2t} \end{pmatrix} \begin{pmatrix} 1 \\ -1 \end{pmatrix} \bigg|_{t=1} = \begin{pmatrix} e^{-1} \\ -e^{-1} \end{pmatrix}$$

(4) 系统的传递函数 $\dfrac{Y(s)}{U(s)} = C(s\boldsymbol{I} - \boldsymbol{A})^{-1}\boldsymbol{B} = \dfrac{1}{s^2 + 3s + 2}$。

【题 9-13】
答案：

(1) 由系统的状态方程知 $\boldsymbol{A} = \begin{pmatrix} -16 & 10 \\ -21 & 13 \end{pmatrix}, \boldsymbol{B} = \begin{pmatrix} 4 \\ 5 \end{pmatrix}, \boldsymbol{C} = (7 \quad -5)$。

方法 1：$e^{\boldsymbol{A}t} = \mathscr{L}^{-1}((s\boldsymbol{I} - \boldsymbol{A})^{-1}) = \begin{pmatrix} -14e^{-t} + 15e^{-2t} & 10e^{-t} - 10e^{-2t} \\ -21e^{-t} + 21e^{-2t} & 15e^{-t} - 14e^{-2t} \end{pmatrix}$。

方法 2：待定系数法，首先，求系统特征方程的解

$$f(\lambda) = |\lambda \boldsymbol{I} - \boldsymbol{A}| = \begin{vmatrix} \lambda + 16 & -10 \\ 21 & \lambda - 13 \end{vmatrix} = \lambda^2 + 3\lambda + 2 = (\lambda+1)(\lambda+2) = 0$$

解得系统特征值 $\lambda_1 = -1, \lambda_2 = -2$。令 $e^{\boldsymbol{A}t} = a_0 \boldsymbol{I} + a_1 \boldsymbol{A}$，由 $e^{-t} = a_0 + a_1(-1)$，$e^{-2t} = a_0 + a_1(-2)$，可得 $a_0 = 2e^{-t} - e^{-2t}$，$a_1 = e^{-t} - e^{-2t}$。

$$e^{\boldsymbol{A}t} = a_0 \boldsymbol{I} + a_1 \boldsymbol{A} = (2e^{-t} - e^{-2t})\begin{pmatrix} 1 & 0 \\ 0 & 1 \end{pmatrix} + (e^{-t} - e^{-2t})\begin{pmatrix} -16 & 10 \\ -21 & 13 \end{pmatrix}$$

$$= \begin{pmatrix} -14e^{-t} + 15e^{-2t} & 10e^{-t} - 10e^{-2t} \\ -21e^{-t} + 21e^{-2t} & 15e^{-t} - 14e^{-2t} \end{pmatrix}$$

系统的状态响应为

$$x(t) = e^{\boldsymbol{A}t}x(0) + \int_0^t e^{\boldsymbol{A}\tau}\boldsymbol{B}u(t-\tau)d\tau$$

$$= \begin{pmatrix} -14e^{-t} + 15e^{-2t} & 10e^{-t} - 10e^{-2t} \\ -21e^{-t} + 21e^{-2t} & 15e^{-t} - 14e^{-2t} \end{pmatrix}\begin{pmatrix} 2 \\ 3 \end{pmatrix} +$$

$$\begin{pmatrix} -14(1-e^{-t}) + 7.5(1-e^{-2t}) & 10(1-e^{-t}) - 5(1-e^{-2t}) \\ -21(1-e^{-t}) + 10.5(1-e^{-2t}) & 15(1-e^{-t}) - 7(1-e^{-2t}) \end{pmatrix}\begin{pmatrix} 4 \\ 5 \end{pmatrix}$$

$$= \begin{pmatrix} -14e^{-t} + 15e^{-2t} & 10e^{-t} - 10e^{-2t} \\ -21e^{-t} + 21e^{-2t} & 15e^{-t} - 14e^{-2t} \end{pmatrix}\begin{pmatrix} 2 \\ 3 \end{pmatrix} + \begin{pmatrix} -6(1-e^{-t}) + 5(1-e^{-2t}) \\ -9(1-e^{-t}) + 7(1-e^{-2t}) \end{pmatrix}$$

$$= \begin{pmatrix} 8e^{-t} - 5e^{-2t} - 1 \\ 12e^{-t} - 7e^{-2t} - 2 \end{pmatrix}$$

(2) $y(t) = \boldsymbol{C}x(t) = (7 \quad -5)\begin{pmatrix} 8e^{-t} - 5e^{-2t} - 1 \\ 12e^{-t} - 7e^{-2t} - 2 \end{pmatrix} = 3 - 4e^{-t}$,显然,当 $t = \ln\frac{4}{3} = 0.2877$ s 时,系统的输出为零,此时输出范数最小。

(3) 系统的传递函数为

$$\boldsymbol{G}(s) = \boldsymbol{C}(s\boldsymbol{I} - \boldsymbol{A})^{-1}\boldsymbol{B} = (7 \quad -5)\begin{pmatrix} s+16 & -10 \\ 21 & s-13 \end{pmatrix}^{-1}\begin{pmatrix} 4 \\ 5 \end{pmatrix} = \frac{3s+6}{s^2+3s+2}。$$

【题 9-14】
答案:
系统 1:因为 λ_1 为 4 重的特征根,用约当标准型判断失效。

$$\text{rank}\boldsymbol{Q}_c = (b \quad \boldsymbol{A}b \quad \boldsymbol{A}^2 b \quad \boldsymbol{A}^3 b) = \text{rank}\begin{pmatrix} 0 & 1 & 2\lambda_1 & 3\lambda_1^2 \\ 1 & \lambda_1 & \lambda_1^2 & \lambda_1^3 \\ 1 & \lambda_1 & \lambda_1^2 & \lambda_1^3 \\ 1 & \lambda_1 & \lambda_1^2 & \lambda_1^3 \end{pmatrix} = \text{rank}\begin{pmatrix} 0 & 1 & \lambda_1 & \lambda_1^2 \\ 1 & 0 & 0 & 0 \\ 1 & 0 & 0 & 0 \\ 1 & 0 & 0 & 0 \end{pmatrix}$$

$\text{rank}(\boldsymbol{Q}_c) = 2$,所以系统状态不可控。

系统 2:可直接判别,每个不同特征值 λ_i 对应 $\boldsymbol{C}$ 阵的第一列为非全零列,所以系统状态是可观测的。

【题 9-15】
答案:

由已知得 $\boldsymbol{A} = \begin{pmatrix} a & b \\ c & d \end{pmatrix}, \boldsymbol{B} = \begin{pmatrix} 1 \\ 1 \end{pmatrix}, \boldsymbol{C} = (1 \quad 0)$

若系统状态完全可控:

$$\text{rank}(\boldsymbol{B} \quad \boldsymbol{AB}) = \text{rank}\begin{pmatrix} 1 & a+b \\ 1 & c+d \end{pmatrix} = \text{rank}\begin{pmatrix} 1 & a+b \\ 0 & c+d-a-b \end{pmatrix} = 2 \Rightarrow a+b \neq c+d。$$

若系统状态完全可观:

$$\text{rank}\begin{pmatrix} \boldsymbol{c} \\ \boldsymbol{cA} \end{pmatrix} = \text{rank}\begin{pmatrix} 1 & 0 \\ a & b \end{pmatrix} = 2 \Rightarrow b \neq 0。$$

【题 9-16】
答案:

(1) 由图得 $\begin{cases} x_1 = \dfrac{1}{s+2}(kx_2 + u) \\ \dot{x}_2 = x_1 + u \end{cases} \Rightarrow \begin{cases} \dot{x}_1 = -2x_1 + kx_2 + u \\ \dot{x}_2 = x_1 + u \end{cases} \Rightarrow \begin{cases} \dot{\boldsymbol{x}} = \begin{pmatrix} -2 & k \\ 1 & 0 \end{pmatrix}\boldsymbol{x} + \begin{pmatrix} 1 \\ 1 \end{pmatrix}u = \boldsymbol{Ax} + \boldsymbol{b}u \\ y = (1 \quad 0)\boldsymbol{x} = \boldsymbol{cx} \end{cases}$

(2) 若要求系统能控:

$$\text{rank}(\boldsymbol{b} \quad \boldsymbol{Ab}) = \text{rank}\begin{pmatrix} 1 & -2+k \\ 1 & 1 \end{pmatrix} = 2 \quad \Rightarrow \quad k \neq 3$$

若要求系统能观:

$$\text{rank}\begin{pmatrix} \boldsymbol{c} \\ \boldsymbol{cA} \end{pmatrix} = \text{rank}\begin{pmatrix} 1 & 0 \\ -2 & k \end{pmatrix} = 2 \quad \Rightarrow \quad k \neq 0$$

使系统其能控和能观时的参数 k 取值范围为 $k \neq 3$ 且 $k \neq 0$。

(3) 系统的传递函数为

$$\frac{Y(s)}{U(s)} = c(s\boldsymbol{I}-\boldsymbol{A})^{-1}\boldsymbol{b} = \frac{s+k}{s^2+2s-k} = \frac{s+k}{s(s+3)-(s+k)}$$

分析：由传递函数表达式可知，当 $k=3$ 或 $k=0$ 时，传递函数会出现零极点相消的情况，系统不完全能控能观。

【题 9-17】
答案：

(1) 系统 A：$Y(s) = X_1(s)\left(1-\dfrac{2}{s+4}\right) = U(s)\dfrac{1}{s+2}\dfrac{2}{s+4}$，

则系统 A 的传递函数为 $\dfrac{Y(s)}{U(s)} = \dfrac{1}{s+4}$。

系统 B：$Y(s) = [X_1(s)+U(s)]\dfrac{1}{s+2} = U(s)\left(1-\dfrac{2}{s+4}\right)\dfrac{1}{s+2}$，

则系统 B 的传递函数为 $\dfrac{Y(s)}{U(s)} = \dfrac{1}{s+4}$。

(2) 系统 A $\begin{cases} sX_2(s)+4X_2(s) = -2X_1(s) \\ sX_1(s)+2X_1(s) = U(s) \end{cases}$，取拉普拉斯反变换得

$\begin{cases} \dot{x}_1 = -2x_1+u \\ \dot{x}_2 = -2x_1+4x_2 \end{cases}$，$y = x_1+x_2$，即 $\boldsymbol{A} = \begin{pmatrix} -2 & 0 \\ -2 & -4 \end{pmatrix}$，$\boldsymbol{B} = \begin{pmatrix} 1 \\ 0 \end{pmatrix}$，$\boldsymbol{C} = (1 \ \ 1)$。

能控阵 $\boldsymbol{Q}_{AC} = \begin{pmatrix} 1 & -2 \\ 0 & -2 \end{pmatrix}$，rank $\boldsymbol{Q}_{AC} = 2$，系统 A 能控。

能观阵 $\boldsymbol{Q}_{AO} = \begin{pmatrix} 1 & 1 \\ -4 & -4 \end{pmatrix}$，rank $\boldsymbol{Q}_{AO} = 1$，系统 A 不能观测。

系统 B：$\begin{cases} sX_2(s)+2X_2(s) = X_1(s)+U(s) \\ sX_1(s)+4X_1(s) = -2U(s) \end{cases}$，取拉普拉斯反变换得

$\begin{cases} \dot{x}_1 = -4x_1-2u \\ \dot{x}_2 = x_1-2x_2+u \end{cases}$，$y = x_2$，即 $\boldsymbol{A} = \begin{pmatrix} -4 & 0 \\ 1 & -2 \end{pmatrix}$，$\boldsymbol{B} = \begin{pmatrix} -2 \\ 1 \end{pmatrix}$，$\boldsymbol{C} = (0 \ \ 1)$。

能控阵 $\boldsymbol{Q}_{BC} = \begin{pmatrix} -2 & 8 \\ 1 & -4 \end{pmatrix}$，rank $\boldsymbol{Q}_{BC} = 1$，系统 B 不能控。

能观阵 $\boldsymbol{Q}_{BO} = \begin{pmatrix} 0 & 1 \\ 1 & -2 \end{pmatrix}$，rank $\boldsymbol{Q}_{AO} = 2$，系统 A 能观测。

综上分析可知，系统存在传递函数零极点对消，所以不可能既能控又能观测。

【题 9-18】
答案：

本题可用采用秩判据求解状态可控条件。

由题意 $\boldsymbol{A} = \begin{pmatrix} 0 & 1 \\ -1 & a \end{pmatrix}$，$\boldsymbol{B} = \begin{pmatrix} 1 \\ b \end{pmatrix}$，系统的可控判别阵为

$$\boldsymbol{S} = (\boldsymbol{B} \ \ \boldsymbol{AB}) = \begin{pmatrix} 1 & b \\ b & ab-1 \end{pmatrix}$$

若系统可控,应有

$$\operatorname{rank} \boldsymbol{S} = \operatorname{rank}\begin{pmatrix} 1 & b \\ b & ab-1 \end{pmatrix} = 2 = n$$

$$\det\begin{pmatrix} 1 & b \\ b & ab-1 \end{pmatrix} = ab-1-b^2 \neq 0$$

因此,得系统可控的条件为 $b^2 \neq ab-1$。

【题 9-19】
答案:
本题首先需将系统传递函数改写成零极点形式,再根据系统的零基点情况讨论系统的可控性。

系统传递函数改写为

$$G(s) = \frac{s+a}{s^3+7s^2+14s+8} = \frac{s+a}{(s+1)(s+2)(s+4)}$$

(1) 当 $a=1,2,4$ 时,传递函数可简约,出现零极点对消,系统不可控或不可观测。当系统采用可控性实现时,系统状态完全可控;反之,系统状态不完全可控。

(2) 当 $a \neq 1,2,4$ 时,传递函数不可简约,在任意三阶实现情况下,系统状态均完全可控。

(3) 由上述分析可知,不可简约型传递函数只能描述系统中可控且可观测部分,是对系统结构的一种不完全描述。

【题 9-20】
答案:
由图得

$$\begin{cases} \dot{x}_1 = -2x_1 + 3x_2 + u \\ \dot{x}_2 = x_1 + u \\ y = x_1 \end{cases} \Rightarrow \dot{x} = \begin{pmatrix} -2 & 3 \\ 1 & 0 \end{pmatrix} x + \begin{pmatrix} 1 \\ 1 \end{pmatrix} u$$

$$y = (1 \quad 0) x$$

系统能控阵判别:$\boldsymbol{Q}_C = (\boldsymbol{b} \quad \boldsymbol{Ab}) = \begin{pmatrix} 1 & 1 \\ 1 & 1 \end{pmatrix}$,$\operatorname{rank} \boldsymbol{Q}_C = 1$,系统状态不能控。

系统能控阵判别:$\boldsymbol{Q}_O = \begin{pmatrix} \boldsymbol{C} \\ \boldsymbol{CA} \end{pmatrix} = \begin{pmatrix} 1 & 0 \\ -2 & 3 \end{pmatrix}$,$\operatorname{rank} \boldsymbol{Q}_O = 2$,系统状态可观测。

【题 9-21】
答案:
(1) 原系统结构图分解为图 9.41 所示。

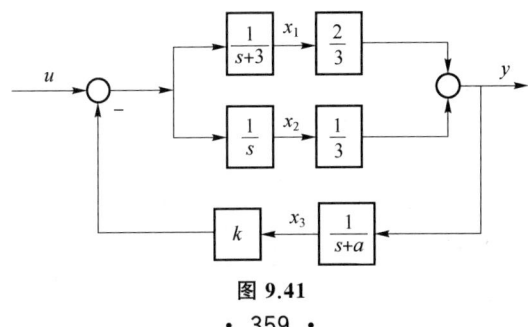

图 9.41

由图得变量关系式
$$\begin{cases} x_1 = \dfrac{1}{s+3}(u-kx_3) \\ x_2 = \dfrac{1}{s}(u-kx_3) \\ \dot{x}_3 = \dfrac{1}{s+a}\left(\dfrac{2}{3}x_1+\dfrac{1}{3}x_2\right) \end{cases} \Rightarrow \begin{cases} \dot{x}_1 = -3x_1 - kx_3 + u \\ \dot{x}_2 = -kx_3 + u \\ \dot{x}_3 = \dfrac{2}{3}x_1 + \dfrac{1}{3}x_2 - ax_3 \end{cases}$$

$$y = \dfrac{2}{3}x_1 + \dfrac{1}{3}x_2 \qquad y = \dfrac{2}{3}x_1 + \dfrac{1}{3}x_2$$

得到系统状态变量的实现为

$$\dot{x} = \begin{pmatrix} -3 & 0 & -k \\ 0 & 0 & -k \\ \dfrac{2}{3} & \dfrac{1}{3} & -a \end{pmatrix} x + \begin{pmatrix} 1 \\ 1 \\ 0 \end{pmatrix} u$$

$$y = \begin{pmatrix} \dfrac{2}{3} & \dfrac{1}{3} & 0 \end{pmatrix} x$$

（2）系统能控阵: $\boldsymbol{Q}_C = (\boldsymbol{b} \quad \boldsymbol{A}\boldsymbol{b} \quad \boldsymbol{A}^2\boldsymbol{b}) = \begin{pmatrix} 1 & -3 & 9-k \\ 1 & 0 & -k \\ 0 & 1 & -2-a \end{pmatrix} \rightarrow \begin{pmatrix} 1 & 0 & -k \\ 0 & 1 & -3 \\ 0 & 0 & 1-a \end{pmatrix}$,当 $a=1$ 时,系统状态不可控;当 $a \neq 1$ 时,系统状态可控。

系统能控阵判别: $\boldsymbol{Q}_o = \begin{pmatrix} \boldsymbol{C} \\ \boldsymbol{CA} \\ \boldsymbol{CA}^2 \end{pmatrix} = \begin{pmatrix} \dfrac{2}{3} & \dfrac{1}{3} & 0 \\ -2 & 0 & -k \\ 6-\dfrac{2}{3}k & \dfrac{k}{3} & -2k+ak \end{pmatrix} \rightarrow \begin{pmatrix} \dfrac{2}{3} & 0 & 0 \\ -2 & 1 & 0 \\ -6 & 0 & (a-1)k \end{pmatrix}$

当 $k=0$ 或 $a=1$ 时,系统状态不可观测,当 $k \neq 0$ 且 $a \neq 1$ 时,系统状态可观测。
综上所述,当 $k=0$ 或 $a=1$ 且 $a=1$ 时,即只要 $a=1$,系统状态不可控不可观测。

【题 9-22】
答案：
由系统的微分方程得到其传递函数为

$$G(s) = \dfrac{s^2+6s+8}{s^2+4s+3} = 1 + \dfrac{2s+5}{s^2+4s+3} = 1 + \dfrac{1.5}{s+1} + \dfrac{0.5}{s+3}$$

（1）无零极点相消,传递函数改写为

$$Y(s) = U(s) + \dfrac{1.5}{s+1}U(s) + \dfrac{0.5}{s+3}U(s)$$

设 $\begin{cases} X_1(s) = \dfrac{1}{s+1}U(s) \\ X_2(s) = \dfrac{1}{s+3}U(s) \end{cases}$,得对角标准型为

$$\dot{x} = \begin{pmatrix} -1 & 0 \\ 0 & -3 \end{pmatrix} x + \begin{pmatrix} 1 \\ 1 \end{pmatrix} u, \quad y = (1.5 \quad 0.5)x + u$$

(2) 加一对偶极子，传递函数变为

$$G(s)=1+\frac{s(2s+5)}{s(s^2+4s+3)}=1+\frac{2s^2+5s+0}{s^3+4s^2+3s+0}$$

能控不能观实现：

$$\dot{x}=\begin{pmatrix}0 & 1 & 0\\ 0 & 0 & 1\\ 0 & -3 & -4\end{pmatrix}x+\begin{pmatrix}0\\ 0\\ 1\end{pmatrix}u, y=(0\quad 5\quad 2)x+u$$

能观不能控实现（能控不能观实现的对偶）：

$$\dot{x}=\begin{pmatrix}0 & 0 & 0\\ 1 & 0 & -3\\ 0 & 1 & -4\end{pmatrix}x+\begin{pmatrix}0\\ 5\\ 2\end{pmatrix}u, y=(0\quad 0\quad 1)x+u$$

不能控不能观实现：

$$\dot{x}=\begin{pmatrix}-1 & 0 & 0\\ 0 & -3 & 0\\ 0 & 0 & 0\end{pmatrix}x+\begin{pmatrix}1\\ 1\\ 0\end{pmatrix}u, y=(1.5\quad 0.5\quad 0)x+u$$

【题 9-23】
答案：
(1) 系统的能控型实现如下：

$$\dot{x}=\begin{pmatrix}0 & 1 & 0\\ 0 & 0 & 1\\ -5 & -5 & -3\end{pmatrix}x+\begin{pmatrix}0\\ 0\\ 1\end{pmatrix}u=\boldsymbol{A}x+\boldsymbol{b}u$$

$$y=(4\quad 3\quad 2)x$$

$f(\lambda)=s^3+3s^2+5s+5$，参数 $a_1=3, a_2=5, a_3=5$

(2) 设 $\boldsymbol{K}=(K_3\quad K_2\quad K_1)$，期望极点配置在 $\{2,-2,-1\}$ 上，
由 $\dot{x}=(\boldsymbol{A}-\boldsymbol{bK})x+\boldsymbol{b}u$ 得

$$f(\lambda)=|\lambda\boldsymbol{I}-(\boldsymbol{A}-\boldsymbol{bK})|=\lambda^3+(3+K_1)\lambda^2+(5+K_2)\lambda+(5+K_3)$$

$$f(\lambda^*)=(\lambda-2)(\lambda+2)(\lambda+1)=\lambda^3+\lambda^2-4\lambda-4$$

令 $f(\lambda)=f(\lambda^*)$ 得 $\begin{cases}3+K_1=1\\ 5+K_2=-4\\ 5+K_3=-4\end{cases}\Rightarrow \boldsymbol{K}=(-9\quad -9\quad -2)$

注意： 反馈阵 $\boldsymbol{K}$ 的 3 个系数为负值，说明三个状态变量反馈均是正反馈。
此时状态空间表达式为

$$\dot{x}=\begin{pmatrix}0 & 1 & 0\\ 0 & 0 & 1\\ 4 & 4 & -1\end{pmatrix}x+\begin{pmatrix}0\\ 0\\ 1\end{pmatrix}v$$

$$y=(4\quad 3\quad 2)x$$

系统状态反馈实现图如图 9.42 所示。

【题 9-24】
答案：
(1) 状态方程：$\begin{cases}\dot{x}_1=-(1+a)x_1-ax_2-ax_3+u\\ \dot{x}_2=2x_1-2x_2\\ \dot{x}_3=x_2\end{cases}$，$y=x_3$

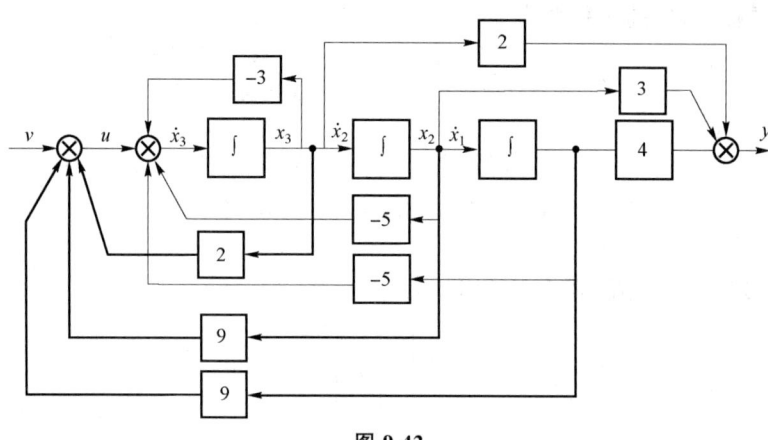

图 9.42

系统矩阵：$A = \begin{pmatrix} -(1+a_1) & -a_2 & -a_3 \\ 2 & -2 & 0 \\ 0 & 1 & 0 \end{pmatrix}, B = \begin{pmatrix} 1 \\ 0 \\ 0 \end{pmatrix}, C = (0 \quad 0 \quad 1)$。

(2) 由图知闭环系统的特征方程为

$$f(s) = \begin{pmatrix} s+(1+a_1) & a_2 & a_3 \\ -2 & s-2 & 0 \\ 0 & -1 & s \end{pmatrix} = s^3 + (3+a_1)s^2 + (2+2a_1+2a_2)s + 2a_3 = 0$$

若要求闭环系统的极点为 $-1,-2,-3$，则系统期望的特征方程为

$$f^*(s) = (s+1)(s+2)(s+3) = s^3 + 6s^2 + 11s + 6 = 0$$

比较两式得 $a_1 = 3, a_2 = 1.5, a_3 = 3$。

【题 9-25】
答案：

① $G(s) = \dfrac{2.5}{s^3 + 2s^2 - 5s - 6}$ 的能控标准型为

$$\dot{x} = \begin{pmatrix} 0 & 1 & 0 \\ 0 & 0 & 1 \\ 6 & 5 & -2 \end{pmatrix} x + \begin{pmatrix} 0 \\ 0 \\ 1 \end{pmatrix} u, \quad y = (2.5 \quad 0 \quad 0)x$$

$G(s)$ 的可观测标准型为

$$\dot{x} = \begin{pmatrix} 0 & 0 & 6 \\ 1 & 0 & 5 \\ 0 & 1 & -2 \end{pmatrix} x + \begin{pmatrix} 2.5 \\ 0 \\ 0 \end{pmatrix} u, \quad y = (0 \quad 0 \quad 1)x$$

能控标准型和可观测标准型两个实现是对偶系统，因此两个实现是代数等价的。

② 系统特征多项式：

$$f(s) = s^3 + 2s^2 - 5s - 6, \text{系数 } a_1 = 2, a_2 = -5, a_3 = -6。$$

③ 由系统希望的性能指标得参数：

$$e^{-\frac{\xi \pi}{\sqrt{1-\xi^2}}} \% = 4.3\% \Rightarrow \xi = 0.707, \quad t_s = \frac{3}{\xi \omega_n} = 3.5s \Rightarrow \omega_n = 1.21$$

故系统希望的特征多项式为

$$f(s)=(s+7)(s^2+2\xi\omega_n s+\omega_n^2)=s^3+8.714s^2+13.46s+10.25$$

系数 $a_1^*=8.714, a_2^*=13.46, a_3^*=10.25$

④ 反馈阵 $\boldsymbol{K}=(16.25 \quad 18.46 \quad 6.71)$

系统状态反馈实现如图 9.43 所示。

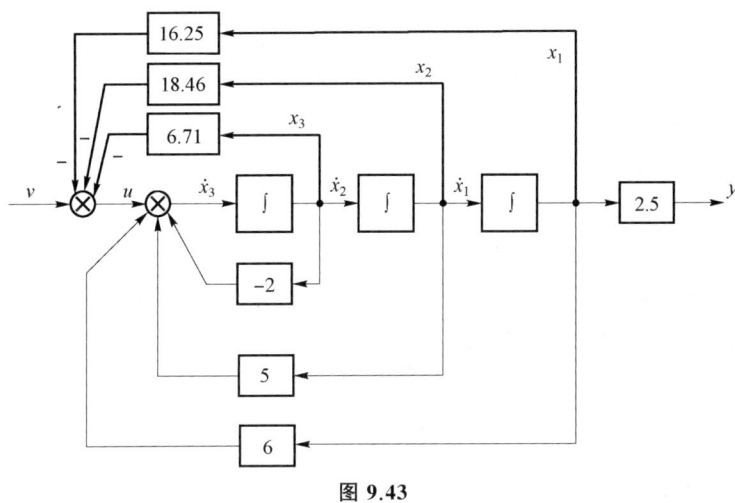

图 9.43

【题 9-26】

答案：

首先根据传递函数判断系统的可控性，得到系统的向量矩阵形式，再利用状态反馈不改变原传递函数零点的性质，进行期望极点的配置，改变闭环传递函数。

(1) 由系统传递函数为

$$\frac{Y(s)}{U(s)}=\frac{(s-1)(s+2)}{(s+1)(s-2)(s+3)}=\frac{s^2+s-2}{s^3+2s^2-5s-6}$$

上式不可简约，无零极点对消，因此系统完全可控，可通过状态反馈任意配置系统极点。

(2) 根据系统的传递函数写出系统的可控标准型实现：

$$\dot{\boldsymbol{x}}=\boldsymbol{A}x+\boldsymbol{b}u=\begin{pmatrix}0 & 1 & 0\\ 0 & 0 & 1\\ 6 & 5 & -2\end{pmatrix}x+\begin{pmatrix}0\\ 0\\ 1\end{pmatrix}u$$

$$y=\boldsymbol{c}x=(-2 \quad 1 \quad 1)x$$

验证系统的可控性矩阵

$$\text{rank}(\boldsymbol{b} \quad \boldsymbol{A}\boldsymbol{b} \quad \boldsymbol{A}^2\boldsymbol{b})=\text{rank}\begin{pmatrix}0 & 0 & 1\\ 0 & 1 & -2\\ 1 & -2 & 9\end{pmatrix}=3=n$$

系统完全可控。

(3) 由于状态反馈不改变原传递函数的零点，因此要求状态反馈将传递函数变化为

$$\frac{Y(s)}{U(s)}=\frac{(s-1)(s+2)}{(s+2)^2(s+3)}=\frac{s^2+s-2}{s^3+7s^2+16s+12}$$

(4) 设状态反馈阵 $\boldsymbol{K}=(k_1 \ k_2 \ k_3)$，求解系统特征方程：

$$\lambda \boldsymbol{I}-(\boldsymbol{A}-\boldsymbol{bK})=\begin{pmatrix} \lambda & 0 & 0 \\ 0 & \lambda & 0 \\ 0 & 0 & \lambda \end{pmatrix}-\begin{pmatrix} 0 & 1 & 0 \\ 0 & 0 & 1 \\ 6 & 5 & -2 \end{pmatrix}-\begin{pmatrix} 0 \\ 0 \\ 1 \end{pmatrix}(k_1 \ k_2 \ k_3)$$

$$=\begin{pmatrix} \lambda & -1 & 0 \\ 0 & \lambda & -1 \\ k_1-6 & k_2-5 & \lambda+k_3+2 \end{pmatrix}$$

系统特征方程为 $|\lambda \boldsymbol{I}-(\boldsymbol{A}-\boldsymbol{bK})|=\lambda^3+(k_3+2)\lambda^2+(k_2-5)\lambda+k_1-6$

期望特征方程为 $(\lambda+2)^2(\lambda+3)=\lambda^3+7\lambda^2+16\lambda+12$

令两特征方程同次项系数相等，可得

$$k_1=18, k_2=21, k_3=5$$

(5) 状态反馈后的系统传递函数可简约，出现零极点对消，系统不完全可控或不完全可观测，由于状态反馈不改变系统的可控性，因此状态反馈后系统不可观测。

(6) 加入状态反馈后，系统的状态变量如图 9.44 所示。

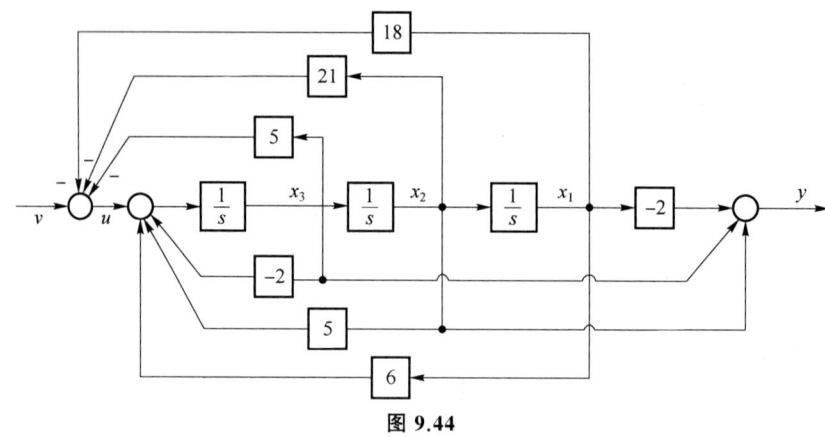

图 9.44

【题 9-27】
答案：
(1) 由系统的 $\boldsymbol{A}$ 阵得

状态转移阵 $e^{\boldsymbol{A}t}=\mathscr{L}^{-1}[(s\boldsymbol{I}-\boldsymbol{A})^{-1}]=\mathscr{L}^{-1}\left[\begin{pmatrix} s & -1 \\ 0 & s \end{pmatrix}^{-1}\right]=\mathscr{L}^{-1}\begin{pmatrix} \dfrac{1}{s} & \dfrac{1}{s^2} \\ 0 & \dfrac{1}{s} \end{pmatrix}=\begin{pmatrix} 1 & t \\ 0 & 1 \end{pmatrix}$

所以 $\boldsymbol{G}(T)=\begin{pmatrix} 1 & 0.1 \\ 0 & 1 \end{pmatrix}$, $\boldsymbol{H}(T)=\int_0^T e^{\boldsymbol{A}t}\boldsymbol{B}\,dt=\int_0^{0.1}\begin{pmatrix} 1 & t \\ 0 & 1 \end{pmatrix}\begin{pmatrix} 0 \\ 1 \end{pmatrix}dt=\begin{pmatrix} 0.005 \\ 0.1 \end{pmatrix}$

离散状态方程为

$$X((k+1)T)=\begin{pmatrix} 1 & 0.1 \\ 0 & 1 \end{pmatrix}X(kT)+\begin{pmatrix} 0.005 \\ 0.1 \end{pmatrix}U(kT)$$

(2) 判系统能控性：

$$\text{rank}(\boldsymbol{H} \ \boldsymbol{GH})=\text{rank}\begin{pmatrix} 0.005 & 0.015 \\ 0.1 & 1 \end{pmatrix}=2=n，系统能控。$$

(3) 确定期望的闭环极点：
$$s_{1,2}=-\xi\omega_n\pm j\sqrt{1-\xi^2}\omega_n=-1.8\pm j3.12$$

由 $z=e^{sT}$,可以得到 z 平面上期望的闭环极点：
$$z_{1,2}=e^{(-1.8\pm j3.12)T}=e^{-0.18}e^{\pm j0.312}=0.835(0.952\pm j0.307)$$
$$=0.79\pm j0.256$$

注意：上式中应用了欧拉公式 $e^{jx}=\cos x+j\sin x$,单位为弧度(rad)。

因此,得到期望的特征多项式：$\lambda(z)=(z-z_1)(z-z_2)\approx z^2-1.6z+0.7$。

(4) 设反馈阵 $\boldsymbol{K}=(k_0 \quad k_1)$,闭环反馈系统的特征多项式
$$\det(z)=|z\boldsymbol{I}-(\boldsymbol{G}-\boldsymbol{H}\boldsymbol{K})|$$
$$=\left|\begin{pmatrix}z & 0\\ 0 & z\end{pmatrix}-\begin{pmatrix}1 & 0.1\\ 0 & 1\end{pmatrix}+\begin{pmatrix}0.005\\ 0.1\end{pmatrix}(k_0 \quad k_1)\right|$$
$$=z^2+(0.1k_1+0.005k_2-2)z+(1+0.005k_0-0.1k_1)$$

令上述两个特征多项式相等得
$$\begin{cases}0.1k_1+0.005k_0-2=-1.6\\ 1+0.005k_0-0.1k_1=0.7\end{cases}\Rightarrow \boldsymbol{K}=[k_0 \quad k_1]=(10 \quad 3.5)$$

【题 9-28】
答案：

(1) 由结构图得
$$\begin{cases}x_2\left(\dfrac{1}{0.05s+1}\right)=x_1\\ sx_2=-x_1+u\\ y=x_1\end{cases}\Rightarrow\begin{cases}\dot{x}_1=-20x_1+20x_2\\ \dot{x}_2=-x_1+u\\ y=x_1\end{cases}$$

所以
$$\begin{pmatrix}\dot{x}_1\\ \dot{x}_2\end{pmatrix}=\begin{pmatrix}-20 & 20\\ -1 & 0\end{pmatrix}x+\begin{pmatrix}0\\ 1\end{pmatrix}u=\boldsymbol{A}x+\boldsymbol{b}u$$
$$y=(1 \quad 0)x=\boldsymbol{c}x$$

(2) $\boldsymbol{Q}_C=(\boldsymbol{b}\quad\boldsymbol{A}\boldsymbol{b})=\begin{pmatrix}0 & 20\\ 1 & 0\end{pmatrix}$,$\operatorname{rank}\boldsymbol{Q}_C=2$,系统可控。

(3) 取 $u=v-\boldsymbol{K}x$,$\boldsymbol{K}=(k_1 \quad k_2)$,系统状态方程：$\dot{x}=(\boldsymbol{A}-\boldsymbol{b}\boldsymbol{K})x+\boldsymbol{b}u$

系统特征多项式：
$$f(\lambda)=\det(\lambda\boldsymbol{I}-\boldsymbol{A}+\boldsymbol{b}\boldsymbol{K})=\begin{vmatrix}\lambda+20 & -20\\ 1+k_2 & \lambda+k_1\end{vmatrix}$$
$$=\lambda^2+(20+k_1)\lambda+20k_2+20k_1+20$$

(4) 期望极点：最大超调量 $M_P\leqslant 5\%$,即 $e^{-\frac{\xi\pi}{\sqrt{1-\xi^2}}}\leqslant 0.5$,得 $\xi\geqslant 0.7$。

取期望多项式 $f^*(\lambda)=(\lambda+2+j)(\lambda+2-j)=\lambda^2+4\lambda+5$,令 $f^*(\lambda)=f(\lambda)$,得
$$\begin{cases}20+k_1=4\\ 20k_1+20k_2+20=5\end{cases}\Rightarrow\begin{cases}k_1=\dfrac{61}{4}=15.25\\ k_2=-16\end{cases}\Rightarrow \boldsymbol{K}=(k_1 \quad k_2)=(15.25 \quad -16)$$

系统结构如图 9.45 所示。

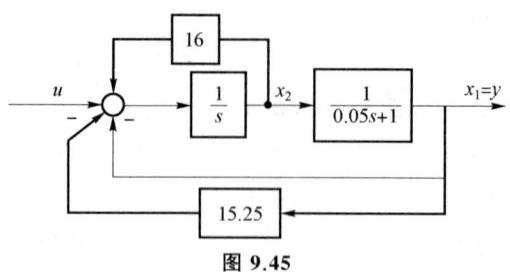

图 9.45

【题 9-29】

答案：

(1) 由于系统传递函数式中没有零极点对消的情况，因此系统可控，可用状态反馈配置闭环极点，可用可控标准型来实现：

$$\dot{x} = Ax + bu = \begin{pmatrix} 0 & 1 & 0 \\ 0 & 0 & 1 \\ 0 & 0 & -3 \end{pmatrix} x + \begin{pmatrix} 0 \\ 0 \\ 1 \end{pmatrix} u$$

$$y = cx = \begin{bmatrix} 1 & 1 & 0 \end{bmatrix} x$$

设状态反馈阵 $K = (k_1 \ k_2 \ k_3)$，要求系统极点配置到 $-1, -2, -3$，令闭环特征多项式：

$$|sI - (A - bK)| = |s^3 + (3+k_3)s^2 + k_2 s + k_1|$$
$$= (s+1)(s+2)(s+3)$$
$$= s^3 + 6s^2 + 11s + 6$$

得 $\begin{cases} k_1 = 6 \\ k_2 = 11 \\ k_3 = 3 \end{cases} \Rightarrow K = (k_1 \ k_2 \ k_3)$。

(2) 状态反馈后的闭环传递函数：$\Phi(s) = \dfrac{s+1}{(s+1)(s+2)(s+3)}$

状态反馈不改变系统的零点不改变系统的可控性，然而反馈后系统在 $s = -1$ 处出现零极点对消，所以闭环系统必不可观测。

【题 9-30】

答案：

(1) 判系统的可观测性，$Q_0 = \begin{pmatrix} c \\ cA \end{pmatrix} = \begin{pmatrix} 0 & 1 \\ -1 & 0 \end{pmatrix}$，rank $Q_0 = 2$，系统状态变量完全可观测。

(2) 设观测器的增益阵 $G = (g_1 \ g_2)^T$，状态方程：

$$\dot{\hat{x}} = A\hat{x} + Bu - G\bar{y} = (A - Gc)\hat{x} + Bu + Gy$$

式中，$(A - Gc) = \begin{pmatrix} 0 & 1 \\ -1 & 0 \end{pmatrix} - \begin{pmatrix} g_1 \\ g_2 \end{pmatrix} (0 \ 1) = \begin{pmatrix} 0 & 1 \\ -1 & 0 \end{pmatrix} - \begin{pmatrix} 0 & g_1 \\ 0 & g_2 \end{pmatrix} = \begin{pmatrix} 0 & 1-g_1 \\ -1 & -g_2 \end{pmatrix}$

特征多项式 $f(\lambda) = |\lambda I - (A - Gc)| = \begin{vmatrix} \lambda & g_1 - 1 \\ 1 & \lambda + g_2 \end{vmatrix} = \lambda(\lambda + g_2) + (1 - g_1)$

期望的多项式 $f^*(\lambda) = (\lambda + 1)(\lambda + 3) = \lambda^2 + 4\lambda + 3$

令 $f^*(\lambda) = f(\lambda)$，得 $\begin{cases} g_2 = 4 \\ 1 - g_1 = 3 \end{cases} \Rightarrow G = \begin{pmatrix} g_1 \\ g_2 \end{pmatrix} = \begin{pmatrix} -2 \\ 4 \end{pmatrix}$

(3) 带状态观测器的系统结构图如图 9.46 所示。

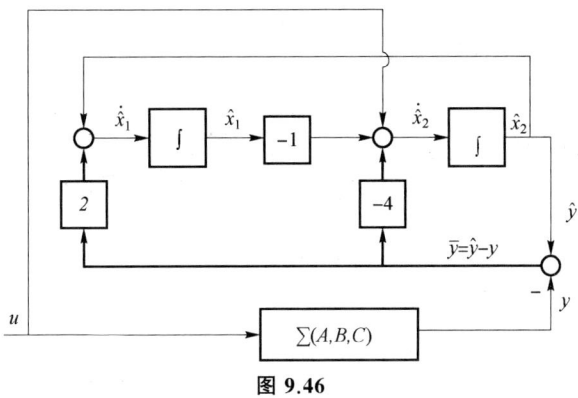

图 9.46

【题 9-31】
答案：
(1) 系统的传递函数：
$$G(s) = C(sI-A)^{-1}B$$
$$= (0 \quad 1) \begin{pmatrix} \dfrac{s}{s^2+5s+6} & \dfrac{-1}{s^2+5s+6} \\ \dfrac{6}{s^2+5s+6} & \dfrac{s+5}{s^2+5s+6} \end{pmatrix} \begin{pmatrix} 0 \\ 2 \end{pmatrix}$$
$$= \dfrac{2(s+5)}{(s+2)(s+3)}$$

(2) 判断性：

方法 1：$Q_C = (B \quad AB) = \begin{pmatrix} 0 & -2 \\ 2 & 0 \end{pmatrix}$，rank $Q_C = 2$，系统状态完全可控；

$Q_O = \begin{pmatrix} C \\ CA \end{pmatrix} = \begin{pmatrix} 0 & 1 \\ 6 & 0 \end{pmatrix}$，rank $Q_O = 2$，系统状态完全可观。

方法 2：因系统的传递函数无零极点相消，故系统状态完全可控可观。

(3) 求系统特征值：
$$|\lambda I - A| = \begin{vmatrix} \lambda+5 & 1 \\ -6 & \lambda \end{vmatrix} = \lambda^2 + 5\lambda + 6 = 0 \Rightarrow \lambda_1 = -2, \lambda_2 = -3$$

系统特征值都具有负实部，故系统渐近稳定。

(4) 令系统状态观测器增益阵：$H = \begin{pmatrix} h_1 \\ h_2 \end{pmatrix}$，带观测器的系统特征多项式为

$$f(s) = |sI - (A - HC)| = (s+5)(s+h_2) + 6(h_1+1)$$
$$= s^2 + (5+h_2)s + 5h_2 + 6h_1 + 6$$

若使观测器的极点配置在 $-10 \pm 10\mathrm{j}$，则期望的系统特征多项式为

$$f^*(s) = (s+10+10\mathrm{j})(s+10-10\mathrm{j})$$
$$= s^2 + 20s + 200$$

令 $f(s) = f^*(s)$，得 $\begin{cases} 5+h_2 = 20 \\ 5h_2 + 6h_1 + 6 = 200 \end{cases} \Rightarrow \begin{cases} h_1 = 19.8 \\ h_2 = 15 \end{cases}$

因此,状态观测器增益阵:$\boldsymbol{H}=\begin{pmatrix}19.8\\15\end{pmatrix}$。

(5) 系统的总体状态变量图如图 9.47 所示。

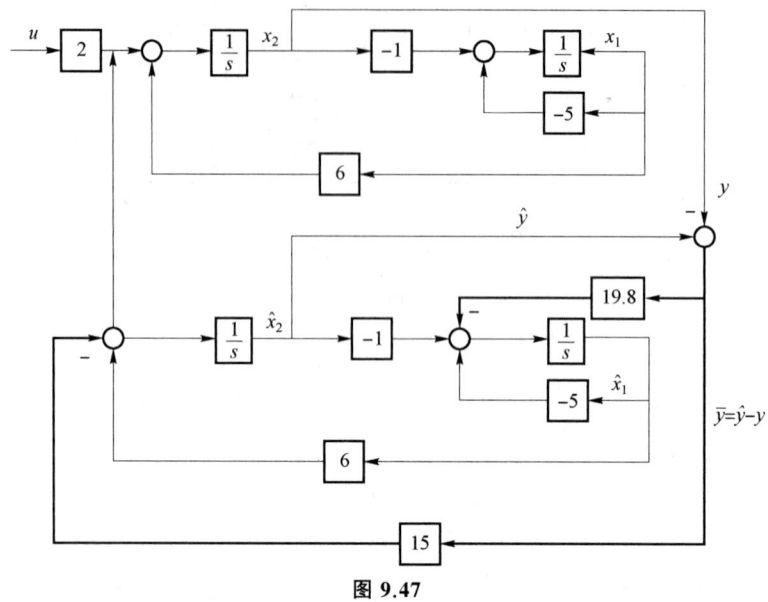

图 9.47

【题 9-32】

答案:

(1) $\boldsymbol{Q}_c=\begin{pmatrix}\boldsymbol{c}\\\boldsymbol{cA}\\\boldsymbol{cA}^2\end{pmatrix}$ rank $\boldsymbol{\theta}_c=3$,系统可观测。

(2) 设反馈阵 $\boldsymbol{G}=(g_1\ \ g_2\ \ g_3)^{\mathrm{T}}$,特征方程多项式为

$$f(s)=[s\boldsymbol{I}-(\boldsymbol{A}-\boldsymbol{Gc})]=\begin{pmatrix}s+1+g_1 & 2+g_1 & 3\\g_2 & s+1+g_2 & -1\\g_3-1 & g_3 & s+1\end{pmatrix}$$

$$=s^3+(g_1+g_2+3)s^2+(2g_1-2g_3+6)s+(2g_1+2g_2-4g_3+6)$$

(3) 期望特征方程多项式 $f(s^*)=(s+3)(s+4)(s+5)=s^3+12s^2+47s+60$

令 $f(s)=f^*(s)$,得 $\begin{cases}g_1+g_2+3=12\\2g_1-2g_3+6=47\\2g_1+2g_2-4g_3+6=60\end{cases}\Rightarrow\begin{cases}g_1=\dfrac{23}{2}\\g_2=-\dfrac{5}{2}\\g_3=-9\end{cases}$,即 $\boldsymbol{G}=\begin{pmatrix}\dfrac{23}{2}\\-\dfrac{5}{2}\\-9\end{pmatrix}$

(4) 状态观测器的状态方程

$$\dot{\hat{x}}=(\boldsymbol{A}-\boldsymbol{Gc})\hat{x}+\boldsymbol{B}u+\boldsymbol{G}y=\begin{pmatrix}-\dfrac{25}{2}&-\dfrac{27}{2}&-3\\\dfrac{5}{2}&\dfrac{3}{2}&1\\10&9&-1\end{pmatrix}\hat{x}+\begin{pmatrix}2\\0\\1\end{pmatrix}u+\begin{pmatrix}\dfrac{23}{2}\\-\dfrac{5}{2}\\-9\end{pmatrix}y$$

系统结构如图 9.48 所示。

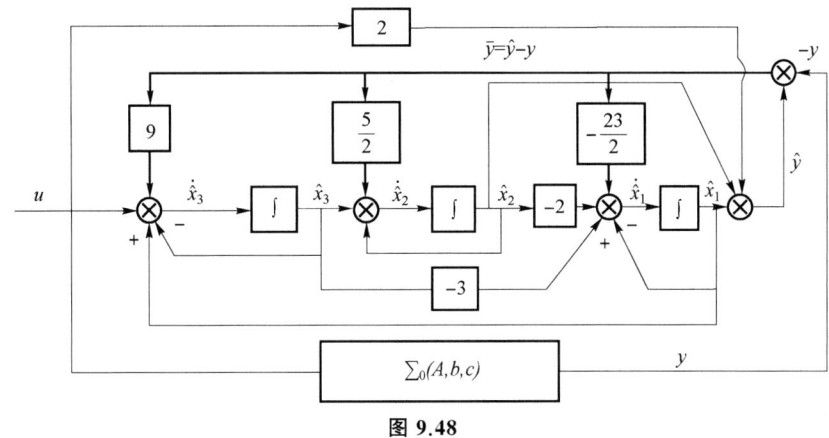

图 9.48

【题 9-33】
答案：

原系统状态方程为 $\dot{x} = \begin{pmatrix} 2 & 1 \\ -1 & -1 \end{pmatrix} x + \begin{pmatrix} 3 \\ 2 \end{pmatrix} u = \mathbf{A}x + \mathbf{b}u$。

$$y = (1 \quad 3)x = \mathbf{c}x$$

$\mathbf{Q}_\circ = \begin{pmatrix} \mathbf{c} \\ \mathbf{cA} \end{pmatrix} = \begin{pmatrix} 1 & 3 \\ -1 & -2 \end{pmatrix}, \text{rank}(\mathbf{Q}_\circ) = 2$　系统可观测，可构造状态观测器。

设观测器的反馈系数阵 $\mathbf{G} = \begin{pmatrix} g_1 \\ g_2 \end{pmatrix}$，全维状态观测器的状态方程：

$$\dot{\hat{x}} = \mathbf{A}\hat{x} + \mathbf{b}u - \mathbf{G}(\hat{y} - y) = \mathbf{A}\hat{x} + \mathbf{b}u - \mathbf{G}\mathbf{c}(\hat{x} - x) = (\mathbf{A} - \mathbf{Gc})\hat{x} + \mathbf{b}u + \mathbf{G}y$$

特征多项式 $f(s) = \det[s\mathbf{I} - (\mathbf{A} - \mathbf{Gc})] = s^2 + (-1 + g_1 + 3g_2)s + (-1 - 2g_1 - 5g_2)$。
期望的闭环特征多项式 $f(s^*) = (s+2)^2 = s^2 + 4s + 4$。

令 $f(s) = f(s^*)$，对应项系数相等得反馈阵 $\mathbf{G} = \begin{pmatrix} -40 \\ 15 \end{pmatrix}$。因此有

$$\dot{\hat{x}} = (\mathbf{A} - \mathbf{Gc})\hat{x} + \mathbf{G}y + \mathbf{b}u = \begin{pmatrix} 42 & 121 \\ -16 & -46 \end{pmatrix} \hat{x} + \begin{pmatrix} -40 \\ 15 \end{pmatrix} y + \begin{pmatrix} 3 \\ 2 \end{pmatrix} u$$。

【题 9-34】
答案：

（1）由图知 $u = v - \mathbf{K}\hat{x}$，代入被控对象方程为

$$\dot{x} = \mathbf{A}x + \mathbf{b}u = \mathbf{A}x + \mathbf{b}(v - \mathbf{K}\hat{x}) = \mathbf{A}x + \mathbf{b}v - \mathbf{bK}\hat{x}$$
$$y = \mathbf{c}x$$

观测器方程可写为

$$\dot{\hat{x}} = (\mathbf{A} - \mathbf{Hc})\hat{x} + \mathbf{b}u + \mathbf{H}y = (\mathbf{A} - \mathbf{Hc})\hat{x} + \mathbf{b}(v - \mathbf{K}\hat{x}) + \mathbf{Hc}x = (\mathbf{A} - \mathbf{Hc} - \mathbf{bK})\hat{x} + \mathbf{Hc}x + \mathbf{b}v$$

于是闭环系统的动态方程为

$$\begin{pmatrix} \dot{x} \\ \dot{\hat{x}} \end{pmatrix} = \begin{pmatrix} A & -bK \\ Hc & A-Hc-bK \end{pmatrix} \begin{pmatrix} x \\ \hat{x} \end{pmatrix} + \begin{pmatrix} b \\ b \end{pmatrix} v$$

$$y = (c \quad 0) \begin{pmatrix} x \\ \hat{x} \end{pmatrix} = cx$$

(2) 闭环传递函数与状态观测器无关,由状态反馈决定,状态反馈系统为

$$\dot{x} = (A - bK)x + bv$$
$$y = cx$$

闭环传递函数为

$$\Phi(s) = \frac{Y(s)}{V(s)} = c(sI - A + bK)^{-1}b$$

【题 9-35】
答案:
由传递函数可知,系统没有零极点相消的情况,因此系统完全能控能观,可以设计状态反馈以及状态观测器,并且根据分离定理可以分别设计。

(1) 求反馈矩阵。可以直接写出能控型:

$$\dot{x} = \begin{pmatrix} 0 & 1 & 0 \\ 0 & 0 & 1 \\ 0 & -2 & -3 \end{pmatrix} x + \begin{pmatrix} 0 \\ 0 \\ 1 \end{pmatrix} u = Ax + bu, \quad y = (1 \quad 0 \quad 0)x$$

令状态反馈增益矩阵为 $K = (k_1 \quad k_2 \quad k_3)$,则 $A + BK = \begin{vmatrix} 0 & 1 & 0 \\ 0 & 0 & 1 \\ k_1 & k_2-2 & k_3-3 \end{vmatrix}$,状态反馈后系统的特征方程为

$$f(\lambda) = |\lambda I - (A+BK)| = \begin{vmatrix} \lambda & -1 & 0 \\ 0 & \lambda & -1 \\ -k_1 & -k_2+2 & \lambda-k_3+3 \end{vmatrix}$$
$$= \lambda^3 + (3-k_3)\lambda^2 + (2-k_2)\lambda - k_1$$

期望的特征方程为 $f^*(\lambda) = (s+2)(s+1-j)(s+1+j) = s^3 + 4s^2 + 6s + 4$

比较上述两式得 $k_1 = -4, k_2 = -4, k_3 = -1$,即 $K = (-4 \quad -4 \quad -1)$

(2) 状态观测器:令 $G = (g_1 \quad g_2 \quad g_3)^T$,带状态观测的系统的特征方程为

$$f(\lambda) = |\lambda I - (A+GC)| = \begin{vmatrix} \lambda + g_1 & -1 & 0 \\ g_2 & \lambda & -1 \\ g_3 & 2 & \lambda+3 \end{vmatrix}$$
$$= \lambda^3 + (3+g_1)\lambda^2 + (2+3g_1+g_2)\lambda + 2g_1 + 3g_2 + g_3$$

期望的特征方程为 $f^*(\lambda) = (s+5)^3 = s^3 + 15s^2 + 75s + 125$

比较上述两式得 $G = (12 \quad 37 \quad -10)^T$,则系统状态观测器方程为

$$\dot{\hat{x}} = (A-GC)x + Gy + Bu = \begin{pmatrix} -12 & 1 & 0 \\ -37 & 0 & 1 \\ 10 & -2 & -3 \end{pmatrix} \dot{x} + \begin{pmatrix} 12 \\ 37 \\ -10 \end{pmatrix} y + \begin{pmatrix} 1 \\ 0 \\ 0 \end{pmatrix} u$$

【题 9-36】
答案：
(1) 判断系统的可控性：

$$Q_C = (b \quad Ab) = \begin{pmatrix} 0 & 1 \\ 1 & -5 \end{pmatrix}, \text{rank } Q_C = 2, \text{系统状态可控，可以配置极点。}$$

设系统状态反馈 $u = r - Kx$，状态反馈阵 $K = (k_1 \quad k_2)$，令系统特征多项式为

$$|sI - (A - bK)| = |s^2 + (5 + k_2)s + k_1|$$
$$= (s - (-2 + j))(s - (-2 - j)) = s^2 + 4s + 5$$

得 $K = (k_1 \quad k_2) = (5 \quad -1)$。

(2) 判断系统的可观测性：

$$Q_O = \begin{pmatrix} C \\ CA \end{pmatrix} = \begin{pmatrix} 1 & 0 \\ 0 & 1 \end{pmatrix}, \text{rank } Q_O = 2, \text{系统状态可观测，可以配置极点。}$$

设状态观测器 $\dot{\hat{x}} = (A - HC)\hat{x} + Bu + HCx$，其中 $H = (h_1 \quad h_2)^T$，则状态观测器特征多项式为

$$|sI - A + HC| = s^2 + (5 + h_1)s + (h_2 + 5h_1)$$
$$= (s + 5)^2 = s^2 + 10s + 25$$

得 $H = \begin{pmatrix} h_1 \\ h_2 \end{pmatrix} = \begin{pmatrix} 5 \\ 0 \end{pmatrix}$。

【题 9-37】
答案：
(1) 首先求矩阵 A 的特征值：

$$\det(\lambda I - A) = \begin{vmatrix} \lambda + 1 & 0 & 0 \\ 0 & \lambda & -1 \\ 0 & -1 & \lambda \end{vmatrix} = (\lambda - 1)(\lambda + 1)^2, \lambda_{1,2} = -1, \lambda_3 = 1$$

因为有特征根在复平面的右半面，故系统不是渐近稳定的。

(2) 求系统传递函数：

$$G(s) = c(sI - A)^{-1}b = \frac{(s+1)(s+a)}{(s+1)^2(s-1)} = \frac{(s+a)}{(s+1)(s-1)}$$

若要使系统 BIBO 稳定，必须使系统的极点在全部在左半复平面，因此 $a = -1$。

【题 9-38】
答案：
系统传递函数为

$$G(s) = c(sI - A)^{-1}b = \frac{(s-1)^2}{s^3 + 2s^2 + bs + a}$$

若要使系统 BIBO 稳定，必须使系统的极点在全部在左半复平面，特征方程为

$$D(s) = s^3 + 2s^2 + bs + a = 0$$

分为下面几种情况：
(1) 无零极点相消情况：列劳斯表为

$$\begin{array}{c|cc}
s^3 & 1 & b \\
s^2 & 2 & a \\
s & \dfrac{2b-a}{2} & \\
s^0 & a &
\end{array} \Rightarrow \begin{cases} 2b-a>0 \\ a>0 \\ b>0 \end{cases} \Rightarrow 0<a<2b$$

(2) 传递函数分子分母相消极点：

即 $s=1$ 代入分母 $=1+2+b+a=0 \Rightarrow a+b=-3$

相消一个极点：当 $a+b+3=0$，长除法得

$$D(s)=s^3+2s^2+bs+a=(s-1)(s^2+3s+b+3)$$

$$\begin{array}{c|cc}
s^2 & 1 & b+3 \\
s & 3 & \\
s^0 & b+3 &
\end{array} \Rightarrow b+3>0 \Rightarrow b>-3$$

相消两个极点：长除法得

$$D(s)=s^3+2s^2+bs+a=(s-1)^2(s+4), a=4, b=-7$$

结论：当 $0<a<2b$ 时，或当 $a+b=-3$ 且 $b>-3$ 时，或当 $a=4, b=-7$ 时，系统 BIBO 稳定。

【题 9-39】

答案：

系统传递函数 $G(s)=\dfrac{C(s)}{R(s)}=\dfrac{\dfrac{20}{(s+1)(s+10)}}{1+\dfrac{20}{(s+1)(s+10)}}=\dfrac{20}{s^2+11s+30}$

能控标准型实现为 $\dot{x}=\begin{pmatrix} 0 & 1 \\ -30 & -11 \end{pmatrix}x+\begin{pmatrix} 0 \\ 1 \end{pmatrix}u, y=(20 \quad 0)x$

根据李雅普诺夫稳定判别方法，只需判断 $A=\begin{pmatrix} 0 & 1 \\ -30 & -11 \end{pmatrix}$ 的特征值是否在复平面左半面。

求 $\det(\lambda I-A)=\lambda^2+11\lambda+30=0$，得 $\lambda_1=-5, \lambda_2=-6$，系统稳定，且为线性系统大范围渐近稳定。

【题 9-40】

答案：

(1) 令 $\begin{cases} x_1=x \\ x_2=\dot{x} \end{cases}$，则系统的状态方程 $\begin{cases} \dot{x}_1=x_2 \\ \dot{x}_2=-x_1^2-x_2+1 \end{cases}$。

(2) 令 $\begin{cases} \dot{x}_1=x_2=0 \\ \dot{x}_2=-x_1^2-x_2+1=0 \end{cases} \Rightarrow \begin{cases} x_1=1 \\ x_2=0 \end{cases}$ 或 $\begin{cases} x_1=-1 \\ x_2=0 \end{cases}$，即系统的所有平衡点为 $(1,0)^T, (-1,0)^T$。

(3) 将系统线性化为 $\begin{pmatrix} \dot{\hat{x}}_1 \\ \dot{\hat{x}}_2 \end{pmatrix}=A\begin{pmatrix} \hat{x}_1 \\ \hat{x}_2 \end{pmatrix}$，其中 $A=\begin{pmatrix} \dfrac{\partial f_1}{\partial x_1} & \dfrac{\partial f_1}{\partial x_2} \\ \dfrac{\partial f_2}{\partial x_1} & \dfrac{\partial f_2}{\partial x_2} \end{pmatrix}\Bigg|_{x_e}$。

当 $\begin{cases} x_1=1 \\ x_2=0 \end{cases}$ 时，$A=\begin{pmatrix} 0 & 1 \\ 2 & -1 \end{pmatrix}$，特征方程 $\det(sI-A)=s^2+s+2=0$，得特征值 $s_{1,2}=-0.5\pm1.3j$，在左复平面上，此平衡点是渐近稳定的；

当 $\begin{cases} x_1=-1 \\ x_2=0 \end{cases}$ 时，$A=\begin{pmatrix} 0 & 1 \\ -2 & -1 \end{pmatrix}$，特征方程 $\det(sI-A)=s^2+s-2=0$，得特征值 $s_1=1, s_2=-2$，有一个特征根在右复平面上，此平衡点不是渐近稳定的。

【题 9-41】

答案：

根据系统稳定的充要条件，对任意正定阵 Q，求出满足 $A^T P + PA = -I$ 的 P 阵，判定 P 阵是否正定，可以分析系统平衡状态的稳定性。选取 $Q = I$，则有

$$\begin{pmatrix} 0 & 1 \\ 6 & -1 \end{pmatrix} \begin{pmatrix} p_{11} & p_{12} \\ p_{12} & p_{22} \end{pmatrix} + \begin{pmatrix} p_{11} & p_{12} \\ p_{12} & p_{22} \end{pmatrix} \begin{pmatrix} 0 & 6 \\ 1 & -1 \end{pmatrix} = \begin{pmatrix} -1 & 0 \\ 0 & -1 \end{pmatrix}$$

解得：$\begin{cases} 2p_{12} = -1 \\ 6p_{11} - p_{12} + p_{22} = 0 \\ 6p_{11} + 6p_{12} - 2p_{22} = -1 \end{cases} \Rightarrow P = \begin{pmatrix} \dfrac{1}{9} & -\dfrac{1}{2} \\ -\dfrac{1}{2} & -\dfrac{7}{6} \end{pmatrix}$。

检验 P 的正定性：

$\Delta_1 = \dfrac{1}{9} > 0, \Delta_2 = \dfrac{1}{9}\left(-\dfrac{7}{6}\right) - \dfrac{1}{4} < 0$，所以 P 不是正定的。因此系统在平衡点 x_e 不稳定。

【题 9-42】

答案：

(1) 方法 1：显然原点 $x_1 = x_2 = 0$ 是唯一的平衡点。选取正定标量函数为

$$V(x) = \dfrac{1}{2} x_1^2 + \dfrac{1}{4} x_2^2$$

则有

$$\dot{V}(x) = x_1 \dot{x}_1 + \dfrac{1}{2} x_2 \dot{x}_2 = x_1(-x_1 + x_2) + \dfrac{1}{2} x_2 (2x_1 - 3x_2)$$

$$= -x_1^2 + 2x_1 x_2 - \dfrac{3}{2} x_2^2 = -(x_1 - x_2)^2 - \dfrac{1}{2} x_2^2$$

由上可知，对于状态空间中的一切非零 x 满足条件：$V(x)$ 正定，$\dot{V}(x)$ 负定，所以系统的原点是大范围渐近稳定。

方法 2：系统表达式改写成

$$\dot{x} = \begin{pmatrix} -1 & 1 \\ 2 & 3 \end{pmatrix} x$$

由系统状态阵 A 得 $\det A = 1$，即 A 是非奇异的，故原点 $x_e = 0$ 是系统唯一的平衡状态。

设李雅普诺夫函数及其导数分别为

$$V(x) = x^T P x, \dot{V}(x) = -x^T Q x, P > 0, Q > 0$$

则 $$A^T P + PA = -Q$$

取 $Q = I$，上式即为

$$\begin{pmatrix} -1 & 2 \\ 1 & -3 \end{pmatrix} \begin{pmatrix} p_{11} & p_{12} \\ p_{21} & p_{22} \end{pmatrix} + \begin{pmatrix} p_{11} & p_{12} \\ p_{21} & p_{22} \end{pmatrix} \begin{pmatrix} -1 & 1 \\ 2 & -3 \end{pmatrix} = -\begin{pmatrix} 1 & 0 \\ 0 & 1 \end{pmatrix}$$

式中，$p_{12} = p_{21}$，解矩阵方程得 $P = \begin{pmatrix} p_{11} & p_{12} \\ p_{21} & p_{22} \end{pmatrix} = \dfrac{1}{8} \begin{pmatrix} 14 & 5 \\ 5 & 3 \end{pmatrix}$。

可知 $p_{11} > 0, \det P = \dfrac{17}{64} > 0$，对称矩阵 P 正定，系统原点 $x_e = 0$ 是大范围渐近稳定的。

(2) 系统表达式改写成

$$\dot{x} = \begin{pmatrix} 0 & 1 \\ 2 & -1 \end{pmatrix} x$$

原点 $x_e = 0$ 是唯一的平衡状态。设 $V(x) = x^T P x$，$\dot{V}(x) = -x^T Q x$，$P > 0, Q > 0$，解李雅普诺夫方程 $A^T P + PA = -Q$，取 $Q = I$，得

$$P = \begin{pmatrix} p_{11} & p_{12} \\ p_{21} & p_{22} \end{pmatrix} = \begin{pmatrix} -\dfrac{3}{4} & -\dfrac{1}{4} \\ -\dfrac{1}{4} & -\dfrac{1}{4} \end{pmatrix}$$

P 阵既非正定，也非负定，难以判定系统的稳定性。

由于系统状态方程的解 $x(t) = e^{At} x(0)$，$x(0) = x_0$，A 的特征方程为

$$\det|\lambda I - A| = \begin{vmatrix} \lambda & -1 \\ -2 & \lambda+1 \end{vmatrix} = \lambda^2 + \lambda - 2 = 0$$

解得 A 的特征值为 $\lambda_1 = -2, \lambda_2 = 1$，可见，系统的原点平衡状态是不稳定的。

【题 9-43】
答案：
选择李雅普诺夫函数为

$$V(x) = \frac{3}{2} x_1^2 + x_2^2$$

平衡点为 $(0,0)$，则有

$$\begin{aligned}
\dot{V}(x) &= \frac{3}{2} 2 x_1 \dot{x}_1 + 2 x_2 \dot{x}_2 = 3 x_1 \dot{x}_1 + 2 x_2 \dot{x}_2 \\
&= 3 x_1 (-2 x_2 + x_1^2) + 2 x_2 (3 x_1 - x_2^3) \\
&= -6 x_1 x_2 - 3 x_1^4 + 6 x_1 x_2 - 2 x_2^4 \\
&= -(3 x_1^4 + 2 x_2^4)
\end{aligned}$$

所以，对于一切非零的 x 满足条件：$V(x)$ 正定，$\dot{V}(x)$ 负定，所以系统的平衡状态是大范围渐近稳定。

【题 9-44】
答案：
设正定向量函数 $V(x) = x_1^4 + 2 x_2^2$，其导函数为

$$\begin{aligned}
\dot{V}(x) &= 4 x_1^3 \dot{x}_1 + 4 x_2 \dot{x}_2 = 4 x_1^3 x_2 + 4 x_2 (-x_1^3 - x_2) \\
&= -4 x_2^2
\end{aligned}$$

显然，$\dot{V}(x)$ 为负半定函数，故为了讨论该系统的稳定性，还需考查 $\dot{V}(x) = 0$ 的自由运动轨迹。由系统的状态方程，可导出：$x_2 \equiv 0$，由 $\dot{x}_2 = -x_1^3 - x_2$ 得 $x_1 \equiv 0$，故 $x \equiv 0$。

若 $\dot{V}(x) = 0$，则 $x_2 \equiv 0$ 得 $x_1 \equiv 0$，因而 $x \equiv 0$，也就是说 $\dot{V}(x) \equiv 0$，不可能维持在 $x \neq 0$ 的地方。由李雅普诺夫第二方法(直接法)可知，该系统是大范围渐近稳定的，且 $V(x) = x_1^4 + 2 x_2^2$ 是系统的一个李雅普诺夫函数。

【题 9-45】
答案：
应用李雅普诺夫第一判稳方法：求出系统的特征根为 $\lambda_{1,2} = \pm j$，无法判别。只能应用李雅普诺夫第二方法(直接法)，设正定向量函数 $V(x) = x_1^2 + x_2^2$，其导函数为

$$\dot{V}(x) = 2x_1\dot{x}_1 + 2x_2\dot{x}_2$$
$$= 2x_1(x_2 - kx_1^3 - kx_1x_2^2) + 2x_2(-x_1 - kx_2x_1^2 - kx_2^3)$$
$$= -2(kx_1^4 + kx_2^4) - 4kx_1^2x_2^2$$
$$= -2k(x_1^4 + x_2^4) - 4kx_1^2x_2^2$$
$$= -2k(x_1^2 + x_2^2)^2$$

对于 $k > 0$，$\dot{V}(x)$ 负定，所以该系统是大范围渐近稳定的。

【题 9-46】

答案：

方法 1：由结构图得

$$\begin{cases} \dot{x}_1 = x_2 \\ \dot{x}_2 = -x_1 - x_2 + 2u \\ y = 2x_1 \end{cases} \Rightarrow \dot{x} = \begin{pmatrix} 0 & 1 \\ -1 & -1 \end{pmatrix}x + \begin{pmatrix} 0 \\ 2 \end{pmatrix}u$$

$$y = (2 \quad 0)x$$

$$\boldsymbol{A} = \begin{pmatrix} 0 & 1 \\ -1 & -1 \end{pmatrix}, f(\lambda) = |\lambda \boldsymbol{I} - \boldsymbol{A}| = \begin{vmatrix} \lambda & -1 \\ 1 & \lambda+1 \end{vmatrix} = \lambda^2 + \lambda + 1 = 0$$

解得 $\lambda_{1,2} = -\dfrac{1}{2} \pm \dfrac{\sqrt{3}}{2}$，具有负实部，所以系统渐近稳定。

方法 2：令 $\boldsymbol{A}^{\mathrm{T}}\boldsymbol{P} + \boldsymbol{P}\boldsymbol{A} = -\boldsymbol{Q} = -\boldsymbol{I}$，$\boldsymbol{P} = \boldsymbol{P}^{\mathrm{T}} = \begin{pmatrix} p_{11} & p_{12} \\ p_{12} & p_{22} \end{pmatrix}$

则

$$\begin{pmatrix} 0 & 1 \\ 1 & -1 \end{pmatrix}\begin{pmatrix} p_{11} & p_{12} \\ p_{12} & p_{22} \end{pmatrix} + \begin{pmatrix} p_{11} & p_{12} \\ p_{12} & p_{22} \end{pmatrix}\begin{pmatrix} 0 & 1 \\ -1 & -1 \end{pmatrix} = \begin{pmatrix} -1 & 0 \\ 0 & -1 \end{pmatrix}$$

展开得

$$\begin{pmatrix} -2p_{12} & p_{11} - p_{12} - p_{22} \\ p_{11} - p_{12} - p_{22} & 2p_{12} - 2p_{22} \end{pmatrix} = \begin{pmatrix} -1 & 0 \\ 0 & -1 \end{pmatrix}$$

$$\begin{cases} -2p_{12} = -1 \\ 2p_{12} - 2p_{22} = -1 \\ p_{11} - p_{12} - p_{22} = 0 \end{cases} \Rightarrow \begin{cases} p_{11} = \dfrac{3}{2} \\ p_{12} = \dfrac{1}{2} \\ p_{22} = 1 \end{cases}，所以 \boldsymbol{P} = \begin{pmatrix} \dfrac{3}{2} & \dfrac{1}{2} \\ \dfrac{1}{2} & 1 \end{pmatrix}$$

因为 $p_{11} = \dfrac{3}{2} > 0$，$\det \boldsymbol{P} = \dfrac{5}{4} > 0$，所以 $\boldsymbol{P}$ 正定，系统渐近稳定。

第10章 考研真题套题训练及参考答案

哈尔滨工程大学
2018年硕士研究生入学考试初试试题

一、已知某系统结构(如图10.1所示,需列写计算步骤)
(1) 绘制信号流图;
(2) 求传递函数 $\dfrac{C(s)}{R(s)}$ 和 $\dfrac{E(s)}{R(s)}$。

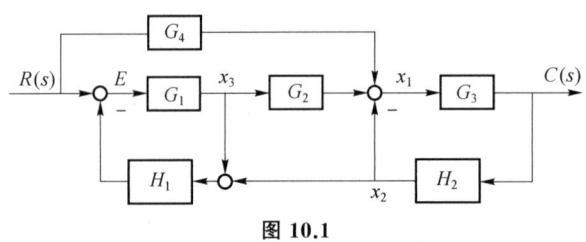

图10.1

二、系统如图10.2(a)所示,其阶跃响应如图10.2(b)所示,系统的稳态误差 $e_{ss}=0$,求 K、v、T 的值。

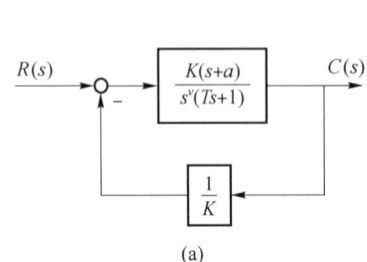

(a)

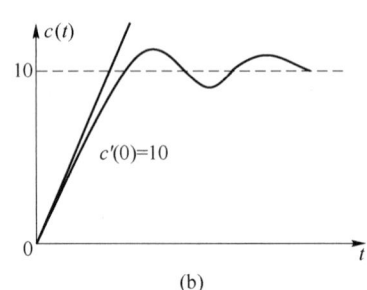

(b)

图10.2

三、系统结构如图 10.3 所示。
(1) 求扰动 $n(t)=t$ 引起的稳态误差；
(2) 设计 K_c，使系统在 $r(t)=t$ 作用下无稳态误差。

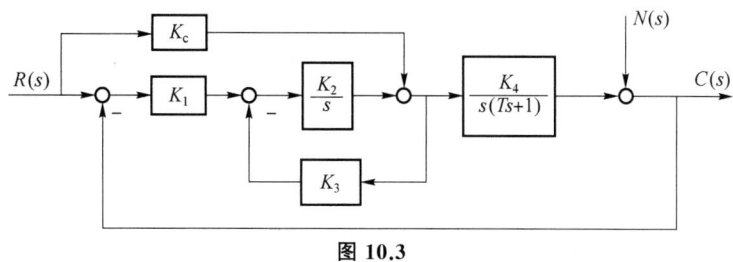

图 10.3

四、系统结构如图 10.4 所示。

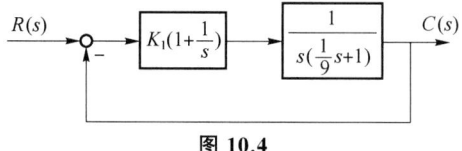

图 10.4

(1) 绘制参数 K_1 从 $0\to\infty$ 变化时，系统的根轨迹；
(2) 确定使闭环系统呈现有阻尼振荡时 K_1 的取值范围；
(3) 求当 $r(t)=t^2$，$K_1=\dfrac{1}{3}$ 时的稳态误差。

五、已知单位负反馈系统的开环传递函数为

$$G(s)=\dfrac{K}{(s+1)(0.1s+1)(0.5s+1)}$$

(1) 试用奈奎斯特判据确定闭环系统稳定的 K 值范围；
(2) 如果系统闭环极点全部位于 $s=-1$ 轴左侧，用奈奎斯特判据确定系统 K 值的取值范围（其他无效）。

六、系统如图 10.5 所示，控制器 $G_c(s)=K_2+\dfrac{K_1}{s}$。

(1) 确定控制器系数 K_1、K_2 的值，使闭环系统稳定，根轨迹平面经过闭环极点 $-1.52\pm j3.48$；
(2) 闭环极点 $-1.52\pm j3.48$ 是否为主导极点？
(3) 分析该控制器对稳态精度的影响。

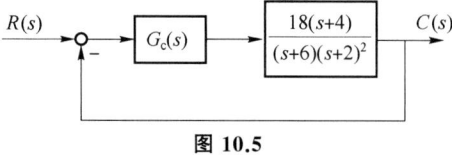

图 10.5

七、系统如图 10.6 所示，采用非线性反馈改善系统性能，求 $e\text{-}\dot{e}$ 平面上的相轨迹方程，等倾线，确定奇点位置及类型，绘制系统阶跃输入 $r(t)=K\cdot 1(t)$ 相轨迹图（$K=-0.1$）。

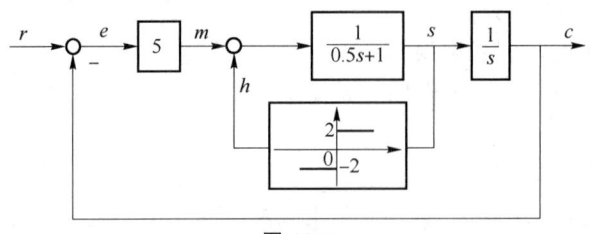

图 10.6

八、采样控制系统结构如图 10.7 所示。

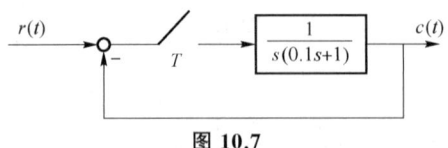

图 10.7

(1) 若 $r(t)=t$ 时,稳态误差为 0.1,求采样周期的值;
(2) 分析采样系统的稳定性;
(3) 求上述周期下的单位阶跃响应 $c^*(t)$(写前两项)。

九、对图 10.8 所示的组合系统,其子系统 S_1、S_2 的状态空间描述分别为

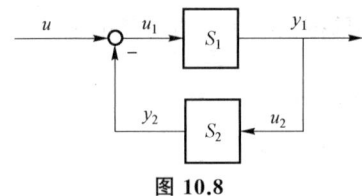

图 10.8

$S_1: \boldsymbol{A}_1=\begin{pmatrix}0 & 1 \\ 0 & 0\end{pmatrix}, \boldsymbol{B}_1=\begin{pmatrix}0 \\ -1\end{pmatrix}, \boldsymbol{C}_1=(-6 \quad -11)$

$S_2: \boldsymbol{A}_2=(-6), \boldsymbol{B}_2=(1), \boldsymbol{C}_2=(1)$

(1) 求整个系统一个具有对角线标准状态空间;
(2) 判断整个系统是否为 BIBO 稳定。

十、(1) 已知线性定常系统转移矩阵 $\begin{pmatrix}4e^{-2t}-3e^{-3t} & e^{-2t}-e^{-3t} \\ -12e^{-2t}+12e^{-3t} & -3e^{-2t}+4e^{-3t}\end{pmatrix}$,计算系统矩阵 $\boldsymbol{A}$。

(2) 线性定常系统 $\boldsymbol{A}=\begin{pmatrix}1 & 1 \\ -4 & -3\end{pmatrix}, \boldsymbol{B}=\begin{pmatrix}1 \\ 0\end{pmatrix}, \boldsymbol{C}=(0 \quad 1)$,初始值 $x(0)=(0 \quad 1)^T, u(t)=\delta(t)$,求系统输出 $y(t)$。

十一、受控对象的状态空间描述为

$$\dot{x}=\begin{pmatrix}0 & 1 & 0 \\ 0 & 0 & 1 \\ 1 & 0 & 0\end{pmatrix}x+\begin{pmatrix}0 \\ 0 \\ 1\end{pmatrix}u \qquad y=(0 \quad 0 \quad 1)x$$

系统增益矩阵 $\boldsymbol{K}=(1 \quad 1 \quad 3)$,求系统传递函数,并判断系统能控能观性。

参考答案

一、解答

(1) 绘制信号流图,如图 10.9 所示。

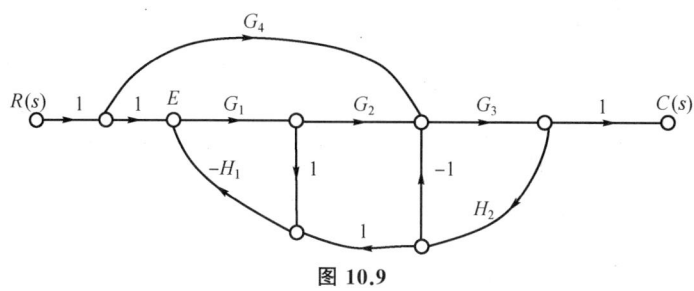

图 10.9

(2) 由梅森公式求传递函数

三条独立回路为 $L_1=-G_1H_1$,$L_2=-G_3H_2$,$L_3=-G_1G_2G_3H_1H_2$。

一条两两不接触回路为 $L_1L_2=G_1G_3H_1H_2$。

特征式为 $\Delta=1-L_1-L_2-L_3+L_1L_2=1+G_1H_1+G_3H_2+G_1G_2G_3H_1H_2+G_1G_3H_1H_2$。

以 $R(s)$ 为输入,$C(s)$ 为输出:

前向通路:$\begin{cases}P_1=G_1G_2G_3\\\Delta_1=1\end{cases}$ $\begin{cases}P_2=G_3G_4\\\Delta_2=1+G_1H_1\end{cases}$

所以 $\dfrac{C(s)}{R(s)}=\dfrac{P_1\Delta_1+P_2\Delta_2}{1-L_1-L_2-L_3+L_1L_2}=\dfrac{G_1G_2G_3+G_3G_4(1+G_1H_1)}{1+G_1H_1+G_3H_2+G_1G_2G_3H_1H_2+G_1G_3H_1H_2}$。

以 $R(s)$ 为输入,$E(s)$ 为输出:

前向通路:$\begin{cases}P_1=1\\\Delta_1=1+G_3H_2\end{cases}$ $\begin{cases}P_2=-G_3G_4H_1H_2\\\Delta_2=1\end{cases}$

所以 $\dfrac{E(s)}{R(s)}=\dfrac{P_1\Delta_1+P_2\Delta_2}{1-L_1-L_2-L_3+L_1L_2}=\dfrac{1+G_3H_2-G_3G_4H_1H_2}{1+G_1H_1+G_3H_2+G_1G_2G_3H_1H_2+G_1G_3H_1H_2}$。

二、解答

由系统图 10.2(a)得:系统闭环传递函数 $\Phi(s)=\dfrac{K(s+a)}{s^v(Ts+1)+(s+a)}$;

由系统图 10.2(b)可知:$c(\infty)=10$,$c'(0)=10$;

则有 $c(\infty)=\lim\limits_{s\to 0}sC(s)=\lim\limits_{s\to 0}sR(s)\Phi(s)=K=10$,可得 $K=10$。

因为 $c'(0)=\lim\limits_{s\to\infty}sL[c'(t)]=\lim\limits_{s\to\infty}s^2R(s)\Phi(s)=10$;

所以 $\lim\limits_{s\to\infty}s^2\dfrac{1}{s}\dfrac{10(s+a)}{s^v(Ts+1)+(s+a)}=10\Rightarrow\lim\limits_{s\to\infty}\dfrac{s(s+a)}{Ts^{v+1}+s^v+s+a}=1$。

因为系统阶跃响应的稳态误差为 0;

所以系统为 Ⅱ 型或以上系统,即 $v\geq 1$。

综上所述,$v=1$,$T=1$,$K=10$。

三、解答

由图 10.3 可知,结构图有 2 条独立回路:$L_1 = -\dfrac{K_2 K_3}{s}$,$L_2 = -\dfrac{K_1 K_2 K_4}{s^2(Ts+1)}$。

(1) 以 $N(s)$ 为输入,$E(s)$ 为输出:

前向通路:$\begin{cases} P_1 = -1 \\ \Delta_1 = 1 + \dfrac{K_2 K_3}{s} \end{cases}$

则 $\dfrac{E(s)}{N(s)} = \dfrac{-s^2(Ts+1) - K_2 K_3 s(Ts+1)}{s^2(Ts+1) + K_2 K_3 s(Ts+1) + K_1 K_2 K_4}$;

所以 $e_{ssn} = \lim\limits_{s \to 0} sE(s) = \lim\limits_{s \to 0} s \dfrac{E(s)}{N(s)} \cdot N(s) = -\dfrac{K_3}{K_1 K_4}$;

故,由扰动引起的稳态误差为 $-\dfrac{K_3}{K_1 K_4}$。

(2) 以 $R(s)$ 为输入,$E(s)$ 为输出:

前向通路 $\begin{cases} P_1 = 1 \\ \Delta_1 = 1 + \dfrac{K_2 K_3}{s} \end{cases}$ $\begin{cases} P_2 = -\dfrac{K_c K_4}{s(Ts+1)} \\ \Delta_2 = 1 \end{cases}$

则 $\dfrac{E(s)}{R(s)} = \dfrac{s^2(Ts+1) + K_2 K_3 s(Ts+1) - K_c K_4 s}{s^2(Ts+1) + K_2 K_3 s(Ts+1) + K_1 K_2 K_4}$;

所以 $e_{ssr} = \lim\limits_{s \to 0} sE(s) = \lim\limits_{s \to 0} s \dfrac{E(s)}{R(s)} R(s) = \dfrac{K_2 K_3 - K_c K_4}{K_1 K_2 K_4}$;

$e_{ssr} = 0$ 即 $\dfrac{K_2 K_3 - K_c K_4}{K_1 K_2 K_4} = 0 \Rightarrow K_c = \dfrac{K_2 K_3}{K_4}$;

故,使系统在 $r(t) = t$ 作用下无稳态误差,应有 $K_c = \dfrac{K_2 K_3}{K_4}$。

四、解答

(1) 由图 10.4 得系统的开环传递函数为
$$G_k(s) = \dfrac{9K_1 \cdot (s+1)}{s^2(s+9)} = \dfrac{K^*(s+1)}{s^2(s+9)} \quad (K^* = 9K_1)$$

起点:$p_1 = p_2 = 0$,$p_3 = -9$,终点:$z_1 = -1$。

实轴上的根轨迹为 $[-9, -1]$ 渐近线 $\begin{cases} \delta_a = \dfrac{0+0-9-(-1)}{3-1} = -4 \\ \varphi_a = \dfrac{(2k+1)\pi}{3-1} = \pm\dfrac{\pi}{2} \end{cases}$

分会点:令 $\dfrac{2}{d} + \dfrac{1}{d+9} = \dfrac{1}{d+1} \Rightarrow d_1 = d_2 = -3$。此点在实轴根轨迹区间内,说明是根轨迹上的会合点。对应点的参数值为

$d = -3$ 代入:$\dfrac{K^* |-3+1|}{(-3)^2 |-3+9|} = 1 \Rightarrow K^* = 27$,则 $K_1 = 3$

参数 K_1 从 $0 \to \infty$ 变化的闭环系统根轨迹如图 10.10 所示。

(2) 因为有阻尼振荡时,即 $0 < \zeta < 1$,系统有一对共轭复数根;

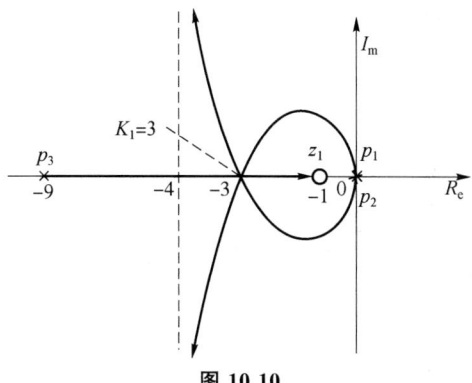

图 10.10

所以由根轨迹可知此时 K_1 的取值范围为 $0<K_1<3$ 和 $3<K_1<+\infty$。

(3) 当 $K_1=\dfrac{1}{3}$ 时,系统开环传递函数为 $G_k(s)=\dfrac{3(s+1)}{s^2(s+9)}$。

所以 $k_a=\lim\limits_{s\to 0}s^2\times\dfrac{3(s+1)}{s^2(s+9)}=\dfrac{1}{3}$;

所以 $r(t)=t^2$ 时 $e_{ss}=\dfrac{2}{k_a}=6$。

五、解答

(1) 开环传递函数为 $G(s)=\dfrac{K}{(s+1)(0.1s+1)(0.5s+1)}=\dfrac{K}{(s+1)\left(\dfrac{1}{10}s+1\right)\left(\dfrac{1}{2}s+1\right)}$;

绘制系统的奈奎斯特曲线 $\begin{cases}\omega\to 0^+ 时:G_k(j\omega)=K\angle 0°\\ \omega\to\infty 时:G_k(j\omega)=0\angle -270°\end{cases}$;

由 $\varphi(\omega_g)=-\arctan\omega_g-\arctan\dfrac{1}{10}\omega_g-\arctan\dfrac{1}{2}\omega_g=-180°\Rightarrow\omega_g=4\sqrt{2}\,\text{rad/s}$;

对应的 $A(\omega_g)=\dfrac{K}{\sqrt{\omega_g^2+1}\sqrt{\left(\dfrac{1}{10}\omega_g\right)^2+1}\sqrt{\left(\dfrac{1}{2}\omega_g\right)^2+1}}=\dfrac{5}{99}K$;

所以奈奎斯特曲线与虚轴的交点为 $\left(-\dfrac{5}{99}K,j0\right)$。

其奈奎斯特曲线如图 10.11 所示。

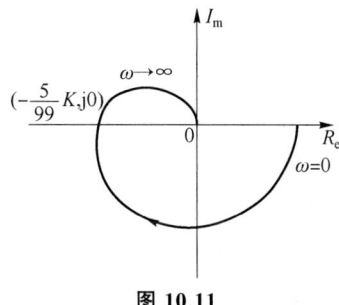

图 10.11

因为要使闭环系统稳定,已知 $P=0$;

所以曲线不包围 $(-1,j0)$ 点,即 $-\frac{5}{99}K>-1 \Rightarrow K<\frac{99}{5}=19.8$;

故,使系统稳定的 K 值范围为 $K<19.8$。

(2) 令 $s=s_1-1$,则开环传递函数为

$$G_1(s)=\frac{K}{s_1(0.1s_1+0.9)(0.5s_1+0.5)}=\frac{K}{0.45s_1\left(\frac{1}{9}s_1+1\right)(s_1+1)}$$

绘制系统的奈奎斯特曲线 $\begin{cases}\omega\to 0^+ \text{时}:G_1(j\omega)=\infty\angle-90°\\ \omega\to\infty \text{时}:G_1(j\omega)=0\angle-270°\end{cases}$;

由 $\varphi(\omega_g)=-90°-\arctan\frac{1}{9}\omega_g-\arctan\omega_g=-180° \Rightarrow \omega_g=3 \text{ rad/s}$;

对应的 $A(\omega_g)=\dfrac{K}{0.45\omega_g\sqrt{\left(\dfrac{1}{9}\omega_g\right)^2+1}\sqrt{(\omega_g)^2+1}}=\dfrac{K}{4.5}$;

即奈奎斯特曲线与虚轴的交点为 $\left(-\dfrac{K}{4.5},j0\right)$,其奈奎斯特曲线如图 10.12 所示。

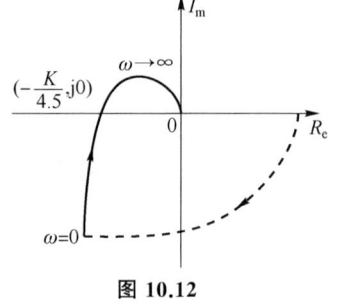

图 10.12

因为要使系统稳定,则奈奎斯特曲线不包围 $(-1,j0)$ 点

所以 $-\dfrac{K}{4.5}>-1 \Rightarrow K<4.5$

系统闭环极点全部位于 $s=-1$ 轴左侧,则 K 的取值范围为 $K<4.5$。

六、解答

(1) 由图 10.5 得

开环传递函数为 $G(s)=\dfrac{K_2s+K_1}{s}\cdot\dfrac{18(s+4)}{(s+6)(s+2)^2}=\dfrac{18(K_2s+K_1)(s+4)}{s(s+6)(s+2)^2}$;

闭环特征方程为 $D(s)=s(s+6)(s+2)^2+18(K_2s+K_1)(s+4)=0$。

因为根轨迹经过点 $-1.52\pm j3.48$,即该点是特征方程的根;

所以有 $D(-1.52+j3.48)=0 \Rightarrow K_1=2.02, K_2=0.98$。

则 $D(s)=s^4+10s^3+45.64s^2+130.92s+145.44=0$

列劳斯表为

s^4　　1　　　45.64　　145.44

s^3　　10　　　130.92

s^2　　32.548　　145.44

s^1　　86.235

s^0　　145.44

第一列的系数均大于零,则系统稳定。

故,使系统稳定,且根轨迹通过点 $-1.52\pm j3.48$ 的 K_1 值为 2.02,K_2 的值为 0.98。

(2) 由前可知:$D(s)=s^4+10s^3+45.64s^2+130.92s+145.44=0$。

且 $-1.52\pm j3.48$ 是特征方程,则有

$D(s)=s^4+10s^3+45.64s^2+130.92s+145.44=Q(s)(s+1.52+\mathrm{j}3.48)(s+1.52-\mathrm{j}3.48)$ 可得 $Q(s)=s^2+6.96s+10.06$，则系统另外两个特征根为 $s_3=-4.91, s_4=-2.05$。

因为这两个根的实部与 $-1.52\pm\mathrm{j}3.48$ 的实部相比较，相差不多；

所以 $-1.52\pm\mathrm{j}3.48$ 不能看做主导极点。

(3) 校正前：$G(s)=\dfrac{18(s+4)}{(s+6)(s+2)^2}$

$$e_{ss}=\lim_{s\to 0}s\cdot\dfrac{E(s)}{R(s)}\cdot R(s)=\lim_{s\to 0}s\cdot\dfrac{(s+6)(s+2)^2}{(s+6)(s+2)^2+18(s+4)}\cdot R(s)$$

校正后：$G(s)=\dfrac{18(0.98s+2.02)(s+4)}{s(s+6)(s+2)^2}$

$$e'_{ss}=\lim_{s\to 0}s\cdot\dfrac{E(s)}{R(s)}\cdot R(s)=\lim_{s\to 0}s\cdot\dfrac{s(s+6)(s+2)^2}{s(s+6)(s+2)^2+18(0.98s+2.02)(s+4)}\cdot R(s)$$

当输入为单位阶跃信号时：$e_{ss}=0.25, e'_{ss}=0$。

当输入为单位斜坡信号时：$e_{ss}=+\infty, e'_{ss}=0.165$。

当输入为单位加速度信号时：$e_{ss}=+\infty, e'_{ss}=+\infty$。

综上所述，控制器的加入，提高了系统在单位阶跃和单位斜坡信号输入时的控制精度。

七、解答

由图 10.6 可知：$m=5e, m-h=0.5\ddot{c}+\dot{c}$。

$h=\begin{cases}2, & \dot{c}>0\\-2, & \dot{c}<0\end{cases}$ 　　$e=r-c=-0.1\cdot 1(t)-c\Rightarrow\begin{cases}c=-0.1-e\\\dot{c}=-\dot{e}\\\ddot{c}=-\ddot{e}\end{cases}$

故 $e-\dot{e}$ 平面相轨迹方程为 $\begin{cases}\ddot{e}+2\dot{e}+10e-4=0, & \dot{e}<0\quad(1)\\\ddot{e}+2\dot{e}+10e+4=0, & \dot{e}>0\quad(2)\end{cases}$

令 $\alpha=\dfrac{\mathrm{d}\dot{e}}{\mathrm{d}e}$（斜率）可得等倾线方程为 $\begin{cases}(\alpha+2)\dot{e}+10e-4=0, & \dot{e}<0\quad(1)\\(\alpha+2)\dot{e}+10e+4=0, & \dot{e}>0\quad(2)\end{cases}$

(1) 区：令 $\ddot{e}=\dot{e}=0$，则 $e=0.4$，奇点 $(0.4,0)$。

(2) 区：令 $\ddot{e}=\dot{e}=0$，则 $e=-0.4$，奇点 $(-0.4,0)$。

特征方程：$s^2+2s+10=0$ 其根 $s_{1,2}=-1\pm\mathrm{j}3$，奇点均为稳定的焦点。

概略相轨迹如图 10.13 所示。

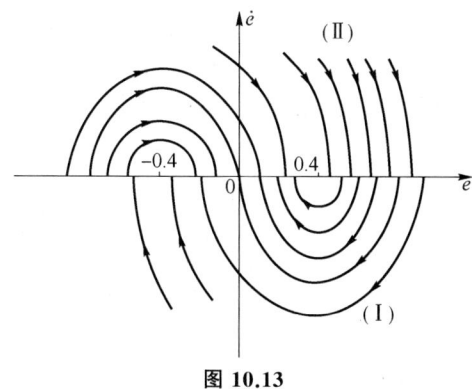

图 10.13

由图 10.13 可见,系统阶跃响应过程是收敛的,无论初值为何值,最终收敛于 $[-0.4, 0.4]$ 之间的某一点。

八、解答

(1) 由图 10.7 得:开环脉冲传递函数为

$$G(z) = Z\left[\frac{1}{s(0.1s+1)}\right] = \frac{z}{z-1} - \frac{z}{z-e^{-10T}} = \frac{z(1-e^{-10T})}{(z-1)(z-e^{-10T})}$$

$$\frac{E(z)}{R(z)} = \frac{1}{1+G(z)} = \frac{(z-1)(z-e^{-10T})}{(z-1)(z-e^{-10T})+z(1-e^{-10T})}$$

$$e_{ss} = \lim_{z \to 1}(z-1)\frac{E(z)}{R(z)}R(z) = \lim_{z \to 1}(z-1) \cdot \frac{(z-1)(z-e^{-10T})}{(z-1)(z-e^{-10T})+z(1-e^{-10T})} \cdot \frac{Tz}{(z-1)^2} = T = 0.1 \text{ 故,系}$$

统的采样周期 $T=0.1\text{s}$。

(2) 闭环特征方程为 $D(z) = z^2 - 2e^{-10T} \cdot z + e^{-10T} = 0$;

其根为 $z_{1,2} = e^{-10T} \pm j\sqrt{e^{-10T} - e^{-20T}}$,则 $|z_1| = |z_2| = e^{-5T} < 1$;

即闭环特征方程的根在单位圆内,故系统稳定。

(3) $C(z) = \frac{G(z)}{1+G(z)}R(z) = \frac{0.632z^2}{z^3 - 1.736z^2 + 1.104z - 0.368} = 0.632z^{-1} + 1.097z^{-2} + \cdots$

所以 $c^*(t) = 0.632 \cdot \delta(t-0.1) + 1.097 \cdot \delta(t-0.2) + \cdots$

九、解答

(1) 由题可知:S_1 系统的传递函数为 $G_1(s) = C_1(sI-A_1)^{-1}B_1 = \frac{11s+6}{s^2}$;

S_2 系统的传递函数为 $G_2(s) = C_2(sI-A_2)^{-1}B_2 = \frac{1}{s+6}$;

故,系统的闭环传递函数为 $\Phi(s) = \frac{G_1(s)}{1+G_1(s)G_2(s)} = \frac{11s^2+72s+36}{s^3+6s^2+11s+6}$;

特征方程为 $D(s) = s^3+6s^2+11s+6 = 0 \Rightarrow \lambda_1 = -1, \lambda_2 = -2, \lambda_3 = -3$;

则 $\Phi(s) = \frac{11s^2+72s+36}{s^3+6s^2+11s+6} = \frac{-12.5}{s+1} + \frac{64}{s+2} + \frac{-40.5}{s+3}$。

故其对角型实现为

$$\begin{cases} \dot{X} = \begin{pmatrix} -1 & 0 & 0 \\ 0 & -2 & 0 \\ 0 & 0 & -3 \end{pmatrix}x + \begin{pmatrix} 1 \\ 1 \\ 1 \end{pmatrix}u \\ y = (-12.5 \quad 64 \quad -40.5)x \end{cases}$$

(2) 由 1 知:$\Phi(s)$ 的 3 个特征值 -1、-2、-3 均在左半平面,故系统 BIBO 稳定。

十、解答

(1) $\phi(t) = e^{At}$ $\dot{\Phi}(t) = A \cdot \Phi(t)$ $\Phi(0) = I$

令 $t=0$,则上式变为 $A \cdot I = \dot{\Phi}(0) = \begin{pmatrix} -8e^{-2t}+9e^{-3t} & -2e^{-2t}+3e^{-3t} \\ 24e^{-2t}-36e^{-3t} & 6e^{-2t}-12e^{-3t} \end{pmatrix}_{t=0} = \begin{pmatrix} 1 & 1 \\ -12 & -6 \end{pmatrix}$

(2) $e^{At} = L^{-1}(sI-A)^{-1} = \mathscr{L}^{-1}\begin{pmatrix} s-1 & -1 \\ 4 & s+3 \end{pmatrix}^{-1} = \mathscr{L}^{-1}\begin{pmatrix} \dfrac{s+3}{(s+1)^2} & \dfrac{1}{(s+1)^2} \\ \dfrac{-4}{(s+2)^2} & \dfrac{s-1}{(s+1)^2} \end{pmatrix} =$

$$\begin{pmatrix} e^{-t}+2te^{-t} & te^{-t} \\ -4te^{-t} & e^{-t}-2te^{-t} \end{pmatrix}$$

$$x(t)=e^{At}x(0)+\int_0^t e^{A(t-\tau)}Bu(\tau)d\tau=e^{At}x(0)+e^{At}B=\begin{pmatrix} e^{-t}+3te^{-t} \\ e^{-t}-6te^{-t} \end{pmatrix}$$

故：$y(t)=Cx(t)=(0\ \ 1)\begin{pmatrix} e^{-t}+3te^{-t} \\ e^{-t}-6te^{-t} \end{pmatrix}=e^{-t}-6te^{-t}$。

十一、解答

设状态反馈 $K=(1\ \ 1\ \ 3)$，$u=v-Kx$；

则 $\begin{cases} \dot{x}=Ax+B(v-Kx)=(A-BK)x+Bv \\ y=Cx \end{cases}$；

即 $\begin{cases} \dot{x}=\begin{pmatrix} 0 & 1 & 0 \\ 0 & 0 & 1 \\ 0 & -1 & -2 \end{pmatrix}x+\begin{pmatrix} 0 \\ 0 \\ 1 \end{pmatrix}v \\ y=(0\ \ 0\ \ 1)x \end{cases}$；

$G(s)=C[sI-(A-BK)]^{-1}B=\dfrac{s^2}{s^3+2s^2+s}=\dfrac{s}{(s+1)^2}$

系统为能控标准型，所以能控。

能观矩阵：$Q_O=\begin{pmatrix} C \\ C\overline{A} \\ C\overline{A}^2 \end{pmatrix}=\begin{pmatrix} 0 & 0 & 1 \\ 0 & -1 & -2 \\ 0 & 2 & 3 \end{pmatrix}$，$\text{rank}(Q_O)=2<3$，系统不能观。

或者由 $G(s)$ 分子分母可约分，知系统不同时能控能观，因为是能控标准型，故不能观。

南京航空航天大学
2017 年硕士研究生入学考试初试试题(A 卷)

一、(本题 15 分)试确定图 10.14 所示系统的输出 $C(s)$。

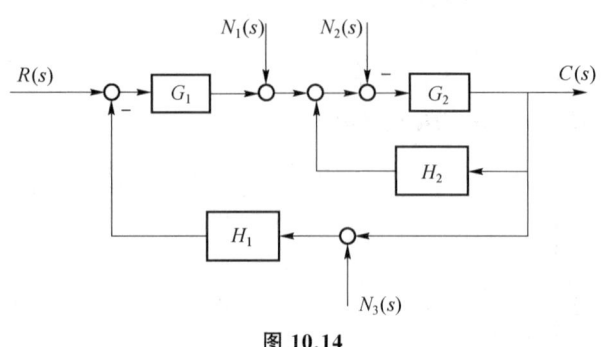

图 10.14

二、(本题 15 分)系统结构图如图 10.15 所示,已知未加测速反馈时,系统在单位阶跃信号作用下的稳态输出为 1,而过渡过程的瞬时最大值为 1.4,要求:
(1) 确定系统结构参数 K、a,并计算单位阶跃响应下的峰值时间 t_p,调节时间 t_s,超调量 $\sigma\%$;
(2) 为了改善系统性能,引入测速反馈 bs,若 $b=0.82$,再计算超调量 $\sigma\%$;
(3) 在该测速反馈情况下,若此时系统的输入为 $r(t)=2+1.38\sin t$,计算稳态输出 c_{ss}。

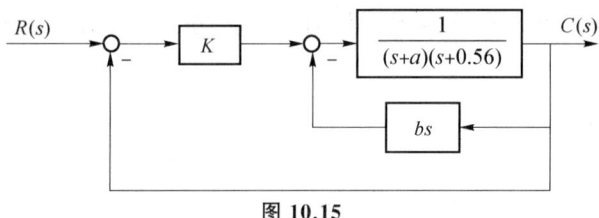

图 10.15

三、(本题 15 分)已知单位反馈系统的开环传递函数为 $G(s)=\dfrac{K}{s(Ts+1)(s+1)}$,其中 $K>0$,$T>0$。试确定使闭环系统稳定时,参数 K、T 应满足的关系;并计算在输入 $r(t)=t\cdot 1(t)$ 作用下系统的稳态误差。

四、(本题 15 分)已知某系统结构图如图 10.16 所示,其中 K、T 均大于 0。在输入 $r(t)$ 作用下,具有如图 10.17 所示的输出 $c(t)$ 曲线。

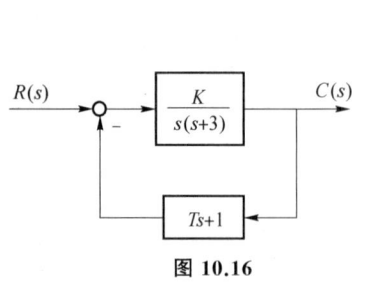

图 10.16

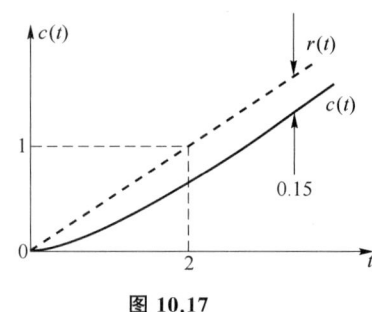

图 10.17

试求：
(1) 此时的 K 值；
(2) 试绘制 T 从 $0 \to \infty$ 变化的闭环系统根轨迹；
(3) 系统在临界阻尼时的 T 值。

五、(本题15分)某单位负反馈系统为最小相角系统，其开环频率特性如图10.18所示，其中 $B(-3,-\sqrt{3}j)$ 点对应的频率 $\omega = \dfrac{\sqrt{3}}{2}$：

(1) 求系统的开环传递函数；

(2) 若增加校正装置 $G_c(s) = \dfrac{K(s+a)}{s+b}$ 以使系统的相角裕度达到45°且在斜坡输入时的稳态误差降低为原来的0.5倍，并要求系统型别和阶数不变，确定参数 a、b ($a>0$、$b>0$)；并概略绘制出此时的开环 Bode 图。

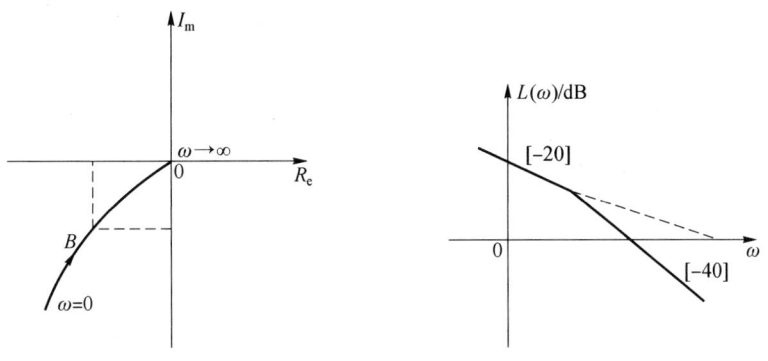

图 10.18

六、(本题15分)已知某最小相位系统的开环对数幅频渐近线如图10.19所示，用奈奎斯特判据判断系统稳定性，并求系统的相角裕度。

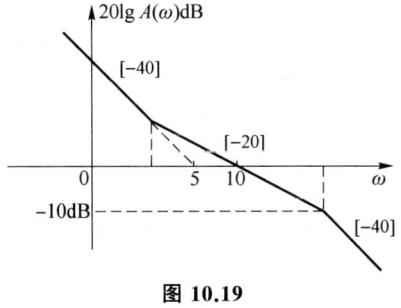

图 10.19

七、(本题15分)采样控制系统结构如图10.20所示，采样周期 $T=1$ s，$H_0(s)$ 为零阶保持器。试确定使系统稳定时的 K 值范围，图中 $D(k): e_2(k) = e_2(k-1) + 10[e_1(k) - 0.5 e_1(k-1)]$。

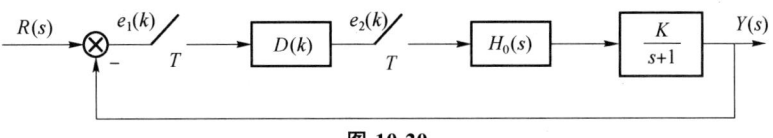

图 10.20

$$\left(\text{附 } Z \text{ 变换表:} Z\left[\frac{1}{s+a}\right]=\frac{z}{z-e^{-aT}}, Z\left[\frac{1}{s}\right]=\frac{z}{z-1}, Z\left[\frac{1}{s^2}\right]=\frac{Tz}{(z-1)^2}\right)$$

八、(本题 15 分)非线性系统结构如图 10.21 所示,$M=1$,$N(A)=\dfrac{4M}{\pi A}$。

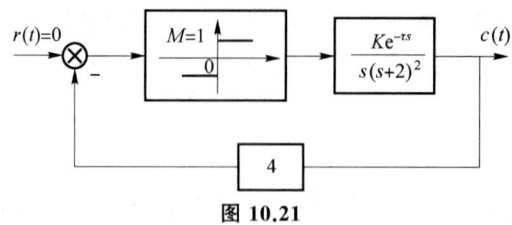

图 10.21

(1) $\tau=0$ 时,确定系统受扰动后最终的运动形式(稳定/自振/发散);

(2) $\tau=0$ 时,要在系统输出端产生一个振幅 $A_c=\dfrac{1}{\pi}$ 的近似正弦信号,试确定参数 K 和相应的输出信号频率 ω;

(3) 定性分析当延迟环节系数 τ 增大时,自振参数 A 和 ω 的变化趋势(增加/不变/减少)。

九、(本题 15 分)已知两个能控能观系统 S_1、S_2 为

$$S_1:\begin{pmatrix}\dot{x}_1\\ \dot{x}_2\end{pmatrix}=\begin{pmatrix}0 & 1\\ -3 & -4\end{pmatrix}\begin{pmatrix}x_1\\ x_2\end{pmatrix}+\begin{pmatrix}0\\ 1\end{pmatrix}u_1;\, y_1=(2\ \ 1)\begin{pmatrix}x_1\\ x_2\end{pmatrix}$$

$S_2:\dot{x}_3=-2x_3+u_2;\, y_2=x_3$

(1) 当两系统串联(S_1 在前,S_2 在后)时,求 $x=(x_1\ \ x_2\ \ x_3)^T$ 为状态向量时的状态空间表达式;

(2) 分析串联系统的能控性和能观性;

(3) 求串联系统的传递函数。

十、(本题 15 分)已知系统结构图如图 10.22 所示,其中 2 个状态变量都可测量。

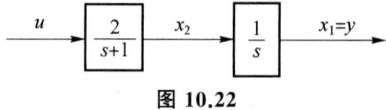

图 10.22

(1) 建立系统的状态空间表达式;

(2) 设计状态反馈控制律,使闭环系统对单位阶跃输入的稳态输入为 1,超调量为 2.835%。

参考答案

一、解答

用梅森公式求解,分别求各个输入信号时的输出,再叠加。

绘制信号流图如图 10.23 所示。

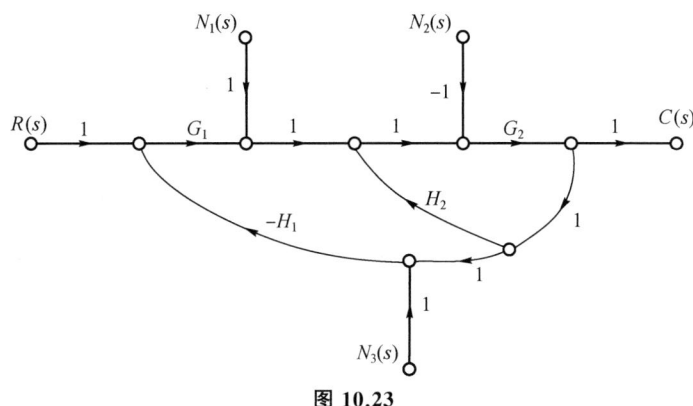

图 10.23

(1) 当 $N_1(s)$、$N_2(s)$、$N_3(s)$ 为零时,求 $\dfrac{C_1(s)}{R(s)}$。

两条回路为 $L_1=G_2H_2$,$L_2=-G_1G_2H_1$ 特征式为 $\Delta=1-G_2H_2+G_1G_2H_1$;

前向通路 $\begin{cases} P_1=G_1G_2 \\ \Delta_1=1 \end{cases}$;

所以 $\dfrac{C_1(s)}{R(s)}=\dfrac{G_1G_2}{1-G_2H_2+G_1G_2H_1}$,则 $C_1(s)=\dfrac{G_1G_2}{1-G_2H_2+G_1G_2H_1}\cdot R(s)$。

(2) 当 $R(s)=0$ 时,分别求 $\dfrac{C_2(s)}{N_1(s)}$,$\dfrac{C_3(s)}{N_2(s)}$,$\dfrac{C_4(s)}{N_3(s)}$;

其中所有回路和特征式都一样,不同的是前向通路。

对于 $N_1(s)$ 输入:前向通路 $\begin{cases} P_1=G_2 \\ \Delta_1=1 \end{cases}$;

所以 $\dfrac{C_2(s)}{N_1(s)}=\dfrac{G_2}{1-G_2H_2+G_1G_2H_1}$,则 $C_2(s)=\dfrac{G_2}{1-G_2H_2+G_1G_2H_1}\cdot N_1(s)$。

对于 $N_2(s)$ 输入:前向通路 $\begin{cases} P_1=-G_2 \\ \Delta_1=1 \end{cases}$;

所以 $\dfrac{C_3(s)}{N_2(s)}=\dfrac{-G_2}{1-G_2H_2+G_1G_2H_1}$,则 $C_3(s)=\dfrac{-G_2}{1-G_2H_2+G_1G_2H_1}\cdot N_2(s)$。

对于 $N_3(s)$ 输入:前向通路 $\begin{cases} P_1=-G_1G_2H_1 \\ \Delta_1=1 \end{cases}$;

所以 $\dfrac{C_4(s)}{N_3(s)}=\dfrac{-G_1G_2H_1}{1-G_2H_2+G_1G_2H_1}$,则 $C_4(s)=\dfrac{-G_1G_2H_1}{1-G_2H_2+G_1G_2H_1}\cdot N_3(s)$。

综上所述,$C(s)=C_1(s)+C_2(s)+C_3(s)+C_4(s)$
$$=\frac{G_1G_2 \cdot R(s)+G_2 \cdot N_1(s)-G_2 \cdot N_2(s)-G_1G_2H_1 \cdot N_3(s)}{1-G_2H_2+G_1G_2H_1}$$

二、解答

(1) 未加测速反馈环节时:

$$开环传递函数为 G_k(s)=\frac{K}{(s+a)(s+0.56)}$$

$$闭环传递函数为 \Phi(s)=\frac{K}{s^2+(a+0.56)s+0.56a+K}$$

① 由 $c(\infty)=\lim_{s\to 0}sC(s)=\lim_{s\to 0}sR(s)\Phi(s)=\frac{K}{0.56a+K}=1$,可得 $a=0$。

② 由题可得 $\sigma\%=\frac{c(t_p)-c(\infty)}{c(\infty)}=\frac{1.4-1}{1}=40\%$。

③ 由 $\sigma\%=e^{\frac{-\xi\pi}{\sqrt{1-\xi^2}}}\times 100\%=40\%$,可得 $\xi=0.28$。

④ 由 $\begin{cases}2\xi\omega_n=0.56\\K=\omega_n^2\\\xi=0.28\end{cases}$,得 $\begin{cases}\omega_n=1\\K=1\end{cases}$。

⑤ $\begin{cases}t_p=\dfrac{\pi}{\omega_n\sqrt{1-\xi^2}}=3.27\\t_s=\dfrac{3.5}{\xi\omega_n}=12.5\end{cases}$。

综上所述,未加测速反馈时 $K=1$,$a=0$,峰值时间 $t_p=3.27$ s,调节时间 $t_s=12.5$ s,超调量 $\sigma\%=40\%$。

(2) 引入测速反馈后,$K=1$,$a=0$,$b=0.82$ 时,闭环传递函数为

$$\Phi(s)=\frac{1}{s^2+1.38s+1}$$

有 $\begin{cases}2\xi\omega_n=1.38\\\omega_n^2=1\end{cases}\Rightarrow\begin{cases}\omega_n=1\\\xi=0.69\end{cases}$,则 $\sigma\%=e^{\frac{-\xi\omega_n}{\sqrt{1-\xi^2}}}\times 100\%=5\%$。

(3) ① 当 $r(t)=2$ 时:

$c_1(\infty)=\lim_{s\to 0}sC(s)=\lim_{s\to 0}sR(s)\Phi(s)=2$

② 当 $r(t)=1.38\sin t$ 时:$\omega=1\text{rad/s}$

由 $\Phi(j1)=-j\dfrac{1}{1.38}$,得 $\begin{cases}A(\omega)=\dfrac{1}{1.38}\\\varphi(\omega)=-90°\end{cases}$

所以 $c_2(t)=\sin(t-90°)$。

综上所述,当 $r(t)=2+1.38\sin t$ 时,$c_{ss}=c_1(t)+c_2(t)=2+\sin(t-90°)$。

三、解答

由题得闭环传递函数为 $\Phi(s)=\dfrac{K}{s(Ts+1)(s+1)+K}$。

特征方程为 $D(s)=Ts^3+(T+1)s^2+s+K=0$。

劳斯表为

s^3	T	1
s^2	$T+1$	K
s	$1-\dfrac{KT}{T+1}$	
s^0	K	

要使系统稳定,则有 $\begin{cases} T+1>0 \\ 1-\dfrac{KT}{T+1}>0 \end{cases} \Rightarrow \begin{cases} T>0 \\ 0<K<\dfrac{T+1}{T} \end{cases}$

当 $r(t)=t \cdot 1(t)$ 时,由误差系数法知:$K_v=\lim\limits_{s \to 0}sG(s)=\lim\limits_{s \to 0}s\dfrac{K}{s(Ts+1)(s+1)}=K$,

所以稳态误差 $e_{ss}=\dfrac{1}{K_v}=\dfrac{1}{K}$。

四、解答

(1) 由图 10.16、图 10.17 可知:$G_k(s)=\dfrac{K(Ts+1)}{s(s+3)}$, $r(t)=\dfrac{1}{2}t$, $e_{ss}=0.15$;

又 $E(s)=R(s)-B(s)=R(s)-E(s)\dfrac{K(Ts+1)}{s(s+3)}$;

所以 $E(s)=\dfrac{s(s+3)}{s(s+3)+K(Ts+1)}R(s)$。

由 $e_{ss}=\lim\limits_{s \to 0}sE(s)=\lim\limits_{s \to 0}s \times \dfrac{s(s+3)}{s(s+3)+K(Ts+1)} \times \dfrac{1}{2s^2}=\dfrac{3}{2K}=0.15$;

得 $K=10$。

(2) 由前得 $G_k(s)=\dfrac{10(Ts+1)}{s(s+3)}$,则 $D(s)=s^2+3s+10Ts+10=0$;

构造新的开环传递函数为 $G'_k(s)=\dfrac{10Ts}{s^2+3s+1}=\dfrac{K^*s}{s^2+3s+1}$,$(K^*=10T)$。

起点:$p_{1,2}=\dfrac{-3\pm\sqrt{31}j}{2}=-1.5\pm2.78j$,终点:$z_1=0$。

实轴上的根轨迹为 $(-\infty,0)$ 渐近线 $\begin{cases} \delta_a=-3 \\ \varphi_a=\pm\pi \end{cases}$

分会点:$s^2+3s+10-s(2s+3)=0 \Rightarrow s=\pm\sqrt{10}$,$(s=\sqrt{10}$ 舍去$)$。

且 $s=-\sqrt{10} \Rightarrow T=0.33$,

综上所述,T 从 $0 \to \infty$ 变化的闭环系统根轨迹如图 10.24 所示。

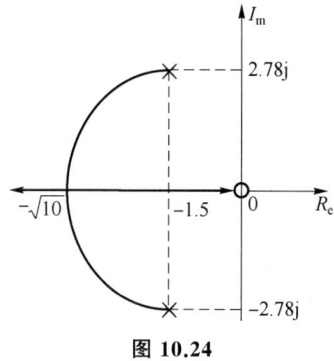

图 10.24

(3) 因为临界阻尼时系统有一对相等的负实根，即 $s_{1,2}=-\sqrt{10}$；
所以临界阻尼时 $T=0.33$。

五、解答

(1) 由图 10.18 可知系统的开环传递函数可设为 $G_k(s)=\dfrac{K}{s(Ts+1)}$；

且由图中 B 点可知 $\omega=\dfrac{\sqrt{3}}{2}$ 时：$\begin{cases}A(\omega)=\dfrac{K}{\omega\sqrt{(\omega T)^2+1}}=2\sqrt{3}\\ \varphi(\omega)=-90°-\arctan\omega T=-150°\end{cases}$

得：$T=2, K=6$。

综上所述，系统的开环传递函数为 $G_k(s)=\dfrac{6}{s(2s+1)}=\dfrac{3}{s\left(s+\dfrac{1}{2}\right)}$。

(2) 要使增加校正环节后，系统的型别和阶数不变，$a=\dfrac{1}{2}$；

则校正后系统的开环传递函数为 $G'_k(s)==\dfrac{3K}{s(s+b)}$。

又因为原系统的速度误差系数 $K_V=\lim\limits_{s\to 0}sG_k(s)=6$，稳态误差 $e_{ss}=\dfrac{1}{K_v}=\dfrac{1}{6}$；

校正后系统的稳态误差为 $e'_{ss}=\dfrac{1}{K_v}=\dfrac{b}{3K}$；

要使校正后系统的稳态误差减小一半，即 $\dfrac{b}{3K}=\dfrac{1}{12}$，则 $K=4b$；

则校正后系统的开环传递函数为 $G'_k(s)==\dfrac{3K}{s(s+b)}=\dfrac{12b}{s(s+b)}=\dfrac{12}{s\left(\dfrac{1}{b}s+1\right)}$；

由相角裕量 $\gamma=180°+\varphi(\omega_c)=180°-90°-\arctan\dfrac{1}{b}\omega_c=45°\Rightarrow\omega_c=b$；

又 $A(\omega_c)=\dfrac{12}{\omega_c\sqrt{\left(\dfrac{1}{b}\omega_c\right)^2+1}}=1\Rightarrow b=6\sqrt{2}$；

则 $\omega_c=6\sqrt{2}\,\text{rad/s}, K=24\sqrt{2}$。

综上所述，满足要求时，$a=\dfrac{1}{2}, b=6\sqrt{2}, K=24\sqrt{2}$。校正后系统开环传递函数 $G'_k(s)=\dfrac{12}{s\left(\dfrac{1}{6\sqrt{2}}s+1\right)}$，对应开环 Bode 图如图 10.25 所示。

六、解答

由图 10.19 可设系统开环传递函数为

$$G_k(s)=\dfrac{K\left(\dfrac{1}{\omega_1}s+1\right)}{s^2\left(\dfrac{1}{\omega_2}s+1\right)}$$

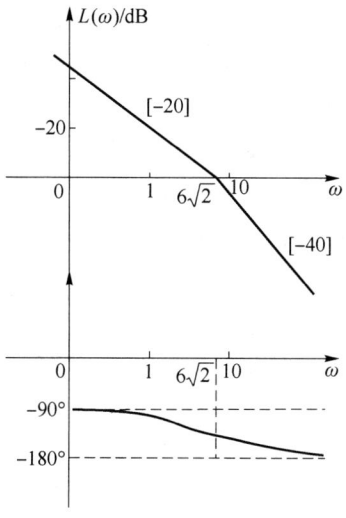

图 10.25

且有 $\begin{cases} \sqrt{K}=5 \Rightarrow K=25 \\ \dfrac{-10-0}{\lg\omega_2-\lg 10}=-20 \Rightarrow \omega_2=10\sqrt{10}\ \text{rad/s} \end{cases}$

又由图 10.19 可知：$\omega_c=10$ rad/s，则由 $A(\omega_c)\approx\dfrac{25\cdot\dfrac{1}{\omega_1}\omega_c}{\omega_c^2}=1 \Rightarrow \omega_1=\dfrac{25}{\omega_c}=2.5$ rad/s；

所以系统的开环传递函数为 $G_k(s)=\dfrac{25\left(\dfrac{1}{2.5}s+1\right)}{s^2\left(\dfrac{1}{10\sqrt{10}}s+1\right)}$

绘制系统的奈奎斯特曲线 $\begin{cases} \omega\to 0^+ \text{时}:G_k(j0^+)=\infty\angle-180° \\ \omega\to\infty \text{时}:G_k(j\infty)=0\angle-180° \end{cases}$

且由 $\varphi(\omega_g)=-180°+\arctan\dfrac{1}{2.5}\omega_g-\arctan\dfrac{1}{10\sqrt{10}}\omega_g=-180°$ 知，曲线与虚轴无交点

则系统的奈奎斯特曲线如图 10.26 所示。

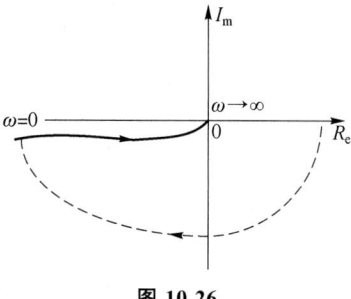

图 10.26

由图 10.26 可知：$N=0$，且 $P=0$，$Z=P-N=0$。
所以系统稳定。

$$\gamma = 180° + \varphi(\omega_c) = 180° - 180° + \arctan\frac{1}{2.5}\omega_c - \arctan\frac{1}{10\sqrt{10}}\omega_c = 58.4°$$

七、解答

由 $e_2(k) = e_2(k-1) + 10[e_1(k) - 0.5e_1(k-1)]$ 得

$$e_2(k) - e_2(k-1) = 10e_1(k) - 5e_1(k-1)$$

等式两边取 Z 变换得 $E_2(z) - z^{-1}E_2(z) = 10E_1(z) - 5z^{-1}E_1(z)$；

所以 $D(z) = \dfrac{E_2(z)}{E_1(z)} = \dfrac{10z - 5}{z - 1}$。

又 $Z\left[H_0(s)\dfrac{K}{s+1}\right] = K(1 - z^{-1})Z\left[\dfrac{1}{s(s+1)}\right] = K\dfrac{z-1}{z}\left(\dfrac{z}{z-1} - \dfrac{z}{z - e^{-T}}\right) = \dfrac{0.632K}{z - 0.368}$。

所以采样系统的开环脉冲传递函数为

$$G_k(z) = \frac{0.632K(10z - 5)}{(z - 0.368)(z - 1)} = \frac{6.32Kz - 3.16K}{z^2 - 1.368z + 0.368}$$

闭环脉冲传递函数为 $\Phi(z) = \dfrac{6.32Kz - 3.16K}{z^2 + (6.32K - 1.368)z + 0.368 - 3.16K}$。

特征方程为 $D(z) = z^2 + (6.32K - 1.368)z + 0.368 - 3.16K$

由 $\begin{cases} |D(0)| = |0.368 - 3.16K| < 1 \\ D(1) = 3.16K > 0 \\ D(-1) = 2.736 - 9.48K > 0 \end{cases} \Rightarrow 0 < K < 0.228$

所以使系统稳定的 K 值范围为 $0 < K < 0.228$。

八、解答

(1) 线性部分：$G(s) = \dfrac{4K e^{-\tau s}}{s(s+2)^2}$。

当 $\tau = 0$ 时：$G(s) = \dfrac{4K}{s(s+2)^2}$，则 $G(j\omega) = \dfrac{4K}{j\omega(j\omega+2)^2} = \dfrac{-16K}{[(4-\omega^2)^2 + 16\omega^2]} + j\dfrac{4K(\omega^2 - 4)}{\omega[(4-\omega^2)^2 + 16\omega^2]}$

$\begin{cases} \omega \to 0^+ \text{ 时}: G(j0^+) = -\dfrac{K}{4} - j\infty \\ \omega \to \infty \text{ 时}: G(j\infty) = -0 + j0 \end{cases}$

与负实轴交点：实部为零 $\Rightarrow \omega^2 = 4$，代入虚部得与虚轴交点为 $-\dfrac{k}{2}$。

非线性部分：$N(A) = \dfrac{4M}{\pi A}$ 则 $-\dfrac{1}{N(A)} = -\dfrac{\pi A}{4M} = -\dfrac{\pi A}{4}$。

$\begin{cases} A \to 0 \text{ 时}: -\dfrac{1}{N(A)} \to 0 \\ A \to \infty \text{ 时}: -\dfrac{1}{N(A)} \to -\infty \end{cases}$

所以，当 $\tau = 0$ 时，系统受扰动后最终的运动形式为自振。

(2) 由 $A_c = \dfrac{1}{\pi}$，则 $A = \dfrac{4}{\pi}$，$N(A) = \dfrac{4}{\pi A} = 1$，$-\dfrac{1}{N(A)} = -1$；

所以 $G(j\omega) = -1, \omega = 2 \text{ rad/s}$；

所以 $-\dfrac{K}{4}=-1 \Rightarrow K=4$；

综上所述，满足条件时 $K=4, \omega=2$ rad/s。

(3) 线性部分：$G(s)=\dfrac{4K\mathrm{e}^{-\tau s}}{s(s+2)^2}$

则 $A(\omega)=\dfrac{4K}{\omega(\omega^2+4)}$，$\begin{cases}\omega\to 0^+ 时：A(\omega)\to\infty, \varphi(\omega)\to -90°\\ \omega\to\infty 时：A(\omega)\to 0, \varphi(\omega)\to -\infty\end{cases}$

且 $\varphi(\omega)=-90°-2\arctan 0.5\omega-57.3\omega\tau°=-180°$；

若 τ 增加：则 $\arctan 0.5\omega$ 减小，则 ω 减小，$A(\omega)$ 增加，即 $-\dfrac{1}{N(A)}$ 增加，A 增加；

所以，当延迟环节系数 τ 增大时，自振参数 A 应增加，ω 的值应减小。

九、解答

(1) 由题：$S_1\begin{cases}\dot x_1=x_2\\ \dot x_2=-3x_1-4x_2+u_1\\ y_1=2x_1+x_2\end{cases}$ $S_2\begin{cases}\dot x_3=-2x_3+u_2\\ y_2=x_3\end{cases}$

则 S_1、S_2 结构分别如图 10.27 和图 10.28 所示。

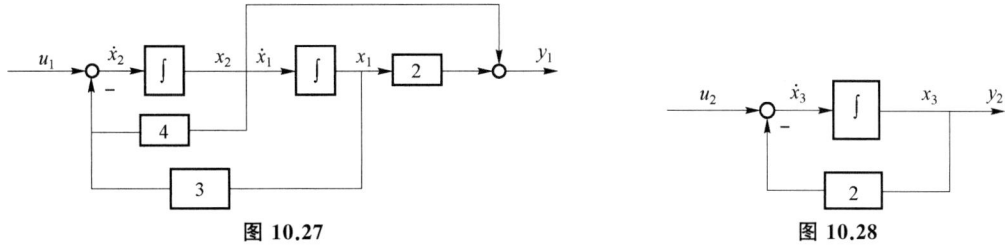

图 10.27　　　　图 10.28

两系统串联后结构如图 10.29 所示。

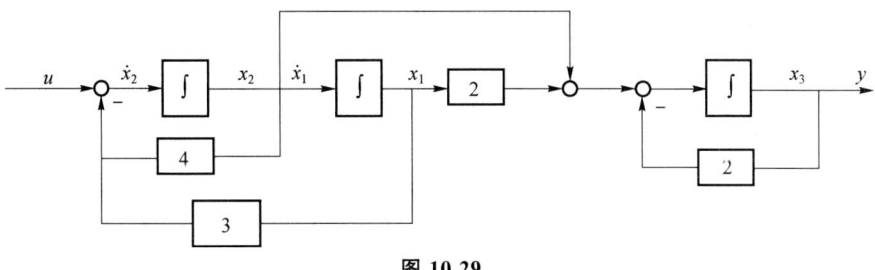

图 10.29

所以 $\begin{cases}\dot x_1=x_2\\ \dot x_2=u-4x_2-3x_1\\ \dot x_3=-2x_3+2x_1+x_2\\ y=x_3\end{cases}$ $\Rightarrow \dot x=\begin{pmatrix}0&1&0\\-3&-4&0\\2&1&-2\end{pmatrix}x+\begin{pmatrix}0\\1\\0\end{pmatrix}u,\qquad y=(0\ \ 0\ \ 1)x$

(2) ① 能控性判断

$AB=\begin{pmatrix}0&1&0\\-3&-4&0\\2&1&-2\end{pmatrix}\begin{pmatrix}0\\1\\0\end{pmatrix}=\begin{pmatrix}1\\-4\\1\end{pmatrix}\qquad A^2B=\begin{pmatrix}0&1&0\\-3&-4&0\\2&1&-2\end{pmatrix}\begin{pmatrix}1\\-4\\1\end{pmatrix}=\begin{pmatrix}-4\\13\\-4\end{pmatrix}$

所以 $\boldsymbol{Q}_c = (\boldsymbol{B} \quad \boldsymbol{AB} \quad \boldsymbol{A}^2\boldsymbol{B}) = \begin{pmatrix} 0 & 1 & -4 \\ 1 & -4 & 13 \\ 0 & 1 & -4 \end{pmatrix}$ rank$(\boldsymbol{Q}_c) = 2 < 3$

所以不能控

② 能观性判断

$\boldsymbol{CA} = (0 \quad 0 \quad 1) \begin{pmatrix} 0 & 1 & 0 \\ -3 & -4 & 0 \\ 2 & 1 & -2 \end{pmatrix} = (2 \quad 1 \quad -2)$

$\boldsymbol{CA}^2 = (2 \quad 1 \quad -2) \begin{pmatrix} 0 & 1 & 0 \\ -3 & -4 & 0 \\ 2 & 1 & -2 \end{pmatrix} = (-7 \quad -4 \quad 4)$

所以 $\boldsymbol{Q}_o = \begin{pmatrix} \boldsymbol{C} \\ \boldsymbol{CA} \\ \boldsymbol{CA}^2 \end{pmatrix} = \begin{pmatrix} 0 & 0 & 1 \\ 2 & 1 & -2 \\ -7 & -4 & 4 \end{pmatrix}$ rank$(\boldsymbol{Q}_o) = 3$

所以，能观。

(3) $S_1: (s\boldsymbol{I} - \boldsymbol{A}) = \begin{pmatrix} s & -1 \\ 3 & s+4 \end{pmatrix}$ $(s\boldsymbol{I} - \boldsymbol{A})^{-1} = \frac{1}{s(s+4)+3} \begin{pmatrix} s+4 & 1 \\ -3 & s \end{pmatrix}$;

所以 $G_1 = \boldsymbol{C}(s\boldsymbol{I} - \boldsymbol{A})^{-1}\boldsymbol{B} = (2 \quad 1) \frac{1}{s^2+4s+3} \begin{pmatrix} s+4 & 1 \\ -3 & s \end{pmatrix} \begin{pmatrix} 0 \\ 1 \end{pmatrix} = \frac{s+2}{s^2+4s+3}$。

$S_2: G_2 = \frac{1}{s+2}$;

所以 $G(s) = G_1 \cdot G_2 = \frac{1}{s^2+4s+3}$。

十、解答

(1) 由图 10.22 可知 $\begin{cases} x_2 = u \dfrac{2}{s+1} \\ x_1 = x_2 \dfrac{1}{s} \\ y = x_1 \end{cases}$ $\Rightarrow$ $\begin{cases} \dot{x}_1 = x_2 \\ \dot{x}_2 = -x_2 + 2u \\ y = x_1 \end{cases}$

所以 $\dot{x} = \begin{pmatrix} 0 & 1 \\ 0 & -1 \end{pmatrix} x + \begin{pmatrix} 0 \\ 2 \end{pmatrix} u$ $y = (1 \quad 0)x$。

(2) 反馈控制系统如图 10.30 所示。

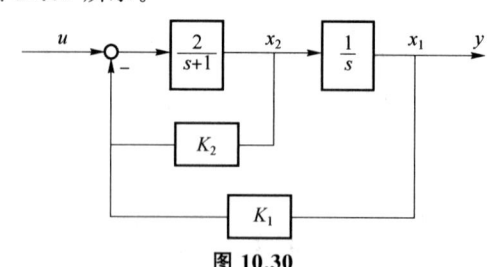

图 10.30

所以 $\Phi(s)=\dfrac{2}{s^2+(2K_2+1)s+2K_1}$ $c(\infty)=\lim\limits_{s\to 0}s\cdot C(s)=\lim\limits_{s\to 0}s\cdot R(s)\cdot \Phi(s)=\dfrac{1}{K_1}=1$;

所以 $K_1=1$ $\Phi(s)=\dfrac{2}{s^2+(2K_2+1)s+2}$;

$\sigma\%=2.835\% \Rightarrow \xi=0.75$

所以 $\begin{cases} 2K_2+1=2\xi\omega_n \\ \omega_n^2=2 \\ \xi=0.75 \end{cases} \Rightarrow K_2=0.56$

所以状态反馈矩阵为 $(1\quad 0.56)$,$u=v-Kx$。

华北电力大学
2018年硕士研究生入学考试初试试题

一、(15分)如图10.31所示是两个串联的单容水箱构成的双容水箱。其输入量为调节阀V_1产生的阀门开度变化Δu,而输出量为第二个水箱的液位增量Δh_2。试绘制系统的控制结构框图,并简要说明该系统的控制原理。

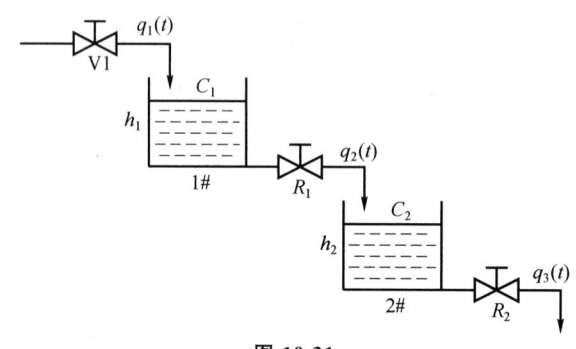

图 10.31

二、(15分)已知某点位负反馈系统的开环传递函数为$G_k(s)=\dfrac{4}{s^2+2.4s}$,试求该系统的参数阻尼比和相角频率,并求闭环系统单位阶跃响应的各性能指标:上升时间t_r、峰值时间t_p、调节时间t_s、超调量$\sigma\%$(其中$\Delta=\pm 2\%$或$\pm 5\%$)。

三、(20分)试解决以下问题。

(1)(10分)已知某单位负反馈系统的开环传递函数为$G(s)=\dfrac{4}{(s+1)^3}$,计算系统的截止频率ω_c和相角穿越频率ω_g,以及相角裕度γ和幅值裕度K_g。

(2)(10分)某最小相位系统的开环传递函数为$G_k(s)=\dfrac{200}{s^2(10s+1)(s+1)}$,试绘制系统的对数幅频特性曲线。

四、(15分)已知某系统的闭环特征方程为
$$D(s)=s^6+4s^5-4s^4+4s^3-7s^2-8s+10$$
试用劳斯稳定判据判断系统的闭环稳定性,并确定左半平面、右半平面、虚轴上的闭环特征根个数。

五、(15分)已知某单位负反馈系统的开环传递函数为$G_k(s)=\dfrac{K}{s^2(s+2)(s+5)}$,任选一种方法分析系统的稳定性,并指出系统稳定时$K$的取值范围。

六、(20分)已知某系统的结构框图如图10.32所示,其中$G_1(s)=\dfrac{50}{s}$,$G_2(s)=\dfrac{1}{(0.1s+1)(s+5)}$,$H(s)=1$,试求:

(1)(8分)系统的闭环传递函数,并判断系统的稳定性;

(2)(12分)若系统稳定,求输入分别为 $r(t)=2t$ 和 $r(t)=2+t+t^2$ 时,系统的稳态误差;若系统不稳定,选用一种改进方法,使得系统稳定。

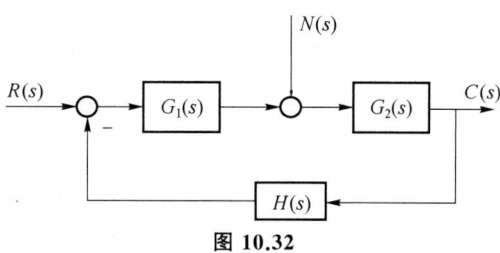

图 10.32

七、(15分)已知某控制系统的状态空间表达式为

$$\begin{cases} \dot{x} = \begin{pmatrix} -1 & 1 \\ -2 & -4 \end{pmatrix} x + \begin{pmatrix} 1 \\ 0 \end{pmatrix} u \\ y = (1 \quad 2)x \end{cases}, 其中 \begin{pmatrix} x_1(0) \\ x_2(0) \end{pmatrix} = \begin{pmatrix} 0 \\ 1 \end{pmatrix}, u = 1(t)$$

(1)(7分)计算系统的输出响应 $y(t)$;

(2)(8分)试求系统的传递函数 $G(s) = \dfrac{Y(s)}{U(s)}$。

八、(15分)线性定常系统的状态空间表达式为

$$\begin{cases} \dot{x} = \begin{pmatrix} 1 & 0 & 2 \\ 2 & 1 & 1 \\ 1 & 0 & -2 \end{pmatrix} x + \begin{pmatrix} 1 \\ 2 \\ 1 \end{pmatrix} u \\ y = (0 \quad 1 \quad 1)x \end{cases}$$

试确定系统的能控标准型和能观标准型。

九、(20分)已知某控制系统的状态空间表达式为

$$\begin{cases} \dot{x} = \begin{pmatrix} 2 & 1 \\ 0 & 2 \end{pmatrix} x + \begin{pmatrix} 0 \\ 1 \end{pmatrix} u \\ y = (1 \quad 0)x \end{cases}$$

(1)(5分)设计状态反馈矩阵使得闭环极点配置在 $-1,-2$ 处;

(2)(5分)设计全维状态观测器使得闭环极点同样配置在 $-1,-2$ 处;

(3)(10分)在(1)、(2)的基础上,绘制系统的状态变量图。

参考答案

一、解答

由题可知,系统输入量为 Δu,输出量为第二个水箱的液位增量 Δh_2,为使水箱液位高度保持稳定,控制系统结构框图如图 10.33 所示。

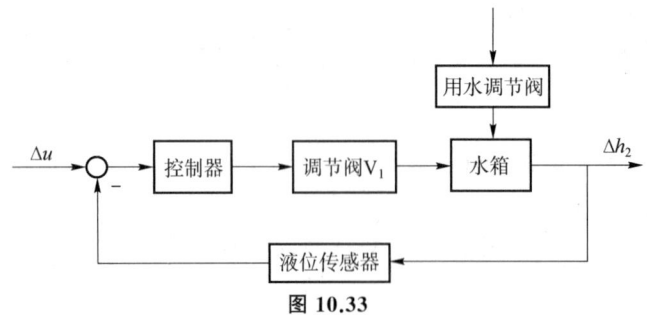

图 10.33

系统控制原理:通过控制调节阀 V_1 的开度,给定给水量,两个水箱中的水在重力和用水调节阀 R_1 和 R_2 液阻之间建立平衡,使第二个水箱的液位高度保持稳定。当用水调节阀门发生变化时,例如阀门开度增加,用水量增大,则水箱中的水位会降低,液位传感器检测到水位的变化,与给定给水量进行比较,从而增加调节阀 V_1 的开度,从而使水箱中的水位重新达到新的平衡状态。

二、解答

由系统开环传递函数可得 $\begin{cases} \omega_n^2 = 4 \\ 2\xi\omega_n = 2.4 \end{cases} \Rightarrow \begin{cases} \omega_n = 2 \\ \xi = 0.6 \end{cases}$;

$\beta = \arccos \xi = 53.1°$;

则:上升时间 $t_r = \dfrac{\pi - \beta}{\omega_n \sqrt{1-\xi^2}} \approx 1.38 \text{ s}$;

峰值时间 $t_p = \dfrac{\pi}{\omega_n \sqrt{1-\xi^2}} \approx 1.96 \text{ s}$;

调节时间 $\begin{cases} t_s = \dfrac{3.5}{\xi\omega_n} \approx 2.92 \text{ s}(\Delta = \pm 5\%) \\ t_s = \dfrac{4.4}{\xi\omega_n} \approx 3.67 \text{ s}(\Delta = \pm 2\%) \end{cases}$;

超调量:$\sigma\% = e^{\frac{-\xi\pi}{\sqrt{1-\xi^2}}} \times 100\% \approx 9.5\%$。

三、解答

(1) 由题得系统开环频率特性为

$$G(j\omega) = \dfrac{4}{(j\omega+1)^3} = \dfrac{4(1-3\omega^2)}{(1+\omega^2)^3} - j\dfrac{4\omega(3-\omega^2)}{(1+\omega^2)^3}$$

由幅频特性 $A(\omega_c) = \dfrac{4}{(\sqrt{\omega_c^2+1})^3} = 1$ 得 $\omega_c \approx 1.233 \text{ rad/s}$;

令 $G(j\omega)$ 的虚部为零,得 $\omega_g = \sqrt{3} \text{ rad/s}$;

则:相角裕度为 $\gamma = 180° + \varphi(\omega_c) = 180° - 3\arctan \omega_c \approx 27.1°$;

幅值裕度为 $K_g = \dfrac{1}{|A(\omega_g)|} = \dfrac{(\sqrt{\omega_g^2+1})^3}{4} = 2$。

(2) 由系统开环传递函数 $G_k(s) = \dfrac{200}{s^2(10s+1)(s+1)}$ 得

$v=2, \omega_1 = \dfrac{1}{10} = 0.1, \omega_2 = 1, 20\lg K \approx 46.02 \text{ dB}$;

由 $\dfrac{20\lg 200 - L(0.1)}{\lg 1 - \lg 0.1} = -40 \Rightarrow L(0.1) \approx 86.02 \text{ dB}$;

即：低频段过点 $(0.1, 86.02)$，且斜率为 -40 dB/dec。

由 $\dfrac{L(1) - L(0.1)}{\lg 1 - \lg 0.1} = -60 \Rightarrow L(1) \approx 26.02 \text{ dB}$;

即：中频段过点 $(1, 26.02)$，且斜率为 -60 dB/dec；

高频段斜率为 -80 dB/dec，且由 $L(\omega_c) = 0 \Rightarrow \omega_c = \sqrt[4]{20} \approx 2.115 \text{ rad/s}$。

系统的幅频特性曲线如图 10.34 所示。

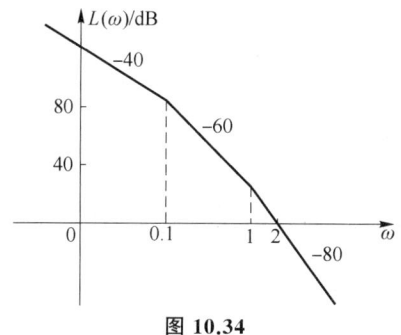

图 10.34

四、解答

由闭环特征方程 $D(s) = s^6 + 4s^5 - 4s^4 + 4s^3 - 7s^2 - 8s + 10$

列劳斯表为

s^6	1	-4	-7	10
s^5	4	4	-8	
s^4	-5	-5	10	$P(s) = -5s^4 - 5s^2 + 10$
s^3	-20	-10		$P'(s) = -20s^3 - 10s$
s^2	-2.5	10		
s^1	-90			
s^0	10			

由劳斯表可见，第一列的系数变化 2 次，所以有 2 个右半平面的根；出现全零行，故有一对纯虚根；六阶方程共有 6 个根，故还有 2 个根在左半平面。

综上所述，该系统不稳定，在右半平面有 2 个特征根，虚轴上有 2 个特征根，左半平面有 2 个特征根。

五、解答

方法一：直接用劳斯判据。

系统闭环特征方程为 $D(s) = s^4 + 7s^3 + 10s^2 + K = 0$。

可见，特征方程缺少一次项，所以系统不稳定。

方法二：画根轨迹（180°根轨迹，图略）。

由根轨迹可见，当 K 从 $0 \to \infty$ 变化时，有两条分支始终在右半平面，所以系统不稳定。

六、解答

(1) 系统闭环传递函数为

$$\Phi(s) = \frac{G_1(s)G_2(s)}{1+G_1(s)G_2(s)H(s)} = \frac{50}{s(0.1s+1)(s+5)+50} = \frac{50}{0.1s^3+1.5s^2+5s+50}$$

则闭环特征方程为 $D(s)=0.1s^3+1.5s^2+5s+50=0$。

列劳斯表得

$$\begin{array}{ll} s^3 & 0.1 \quad 5 \\ s^2 & 1.5 \quad 50 \\ s^1 & \dfrac{5}{3} \\ s^0 & 50 \end{array}$$

⇒ 第一列的系数全部大于零,所以系统稳定。

(2) 系统开环传递函数为 $G_k(s) = \dfrac{50}{s(0.1s+1)(s+5)}$。

当输入为 $r(t)=2t$ 时:$K_v = \lim\limits_{s\to 0} sG_k(s) = \lim\limits_{s\to 0} \dfrac{50}{(0.1s+1)(s+5)} = 10$;

则稳态误差为 $e_{ss} = \dfrac{2}{K_v} = 0.2$。

当输入为 $r(t) = 2+t+t^2$ 时:

$$K_p = \lim_{s\to 0} G_k(s) = \infty, \quad K_v = \lim_{s\to 0} sG_k(s) = 10, \quad K_a = \lim_{s\to 0} s^2 G_k(s) = 0$$

则稳态误差为 $e_{ss} = \dfrac{2}{1+K_p} + \dfrac{1}{K_v} + \dfrac{2}{K_a} = \infty$。

七、解答

(1) 由 $\det(s\boldsymbol{I}-\boldsymbol{A}) = (s+2)(s+3) = 0$ 可知:$s=-2, s=-3$。

系统的状态转移矩阵为

$$\varphi(t) = e^{\boldsymbol{A}t} = \mathscr{L}^{-1}((s\boldsymbol{I}-\boldsymbol{A})^{-1}) = \begin{pmatrix} 2e^{-2t}-e^{-3t} & e^{-2t}-e^{-3t} \\ -2e^{-2t}+2e^{-3t} & -e^{-2t}+2e^{-3t} \end{pmatrix}$$

系统的零输入响应为

$$x_0(t) = \phi(t)x(0) = \begin{pmatrix} e^{-2t}-e^{-3t} \\ -e^{-2t}+2e^{-3t} \end{pmatrix}$$

系统的零状态响应为

$$x_1(t) = \int_0^t \phi(t-\tau)\boldsymbol{B}u(\tau)d\tau = \begin{pmatrix} \dfrac{2}{3}-e^{-2t}+\dfrac{1}{3}e^{-3t} \\ -\dfrac{1}{3}+e^{-2t}-\dfrac{2}{3}e^{-3t} \end{pmatrix}$$

则系统的状态响应为

$$x(t) = x_0(t)+x_1(t) = \begin{pmatrix} \dfrac{2}{3}-\dfrac{2}{3}e^{-3t} \\ -\dfrac{1}{3}+\dfrac{4}{3}e^{-3t} \end{pmatrix}$$

故,系统的输出为

$$y(t) = Cx(t) = \dfrac{2}{3}-\dfrac{2}{3}e^{-3t} + 2\left(-\dfrac{1}{3}+\dfrac{4}{3}e^{-3t}\right) = 2e^{-3t}$$

(2) $G(s) = \boldsymbol{C}(s\boldsymbol{I}-\boldsymbol{A})^{-1}\boldsymbol{B} = \begin{pmatrix} 1 & 2 \end{pmatrix} \dfrac{1}{(s+2)(s+3)} \begin{pmatrix} s+4 & 1 \\ -2 & s+1 \end{pmatrix} \begin{pmatrix} 1 \\ 0 \end{pmatrix} = \dfrac{s}{s^2+5s+6}$

则：$G(s) = \dfrac{Y(s)}{U(s)} = \dfrac{s}{s^2+5s+6}$。

八、解答

由题可得

$$\boldsymbol{Q}_\text{C} = (\boldsymbol{B} \quad \boldsymbol{AB} \quad \boldsymbol{A}^2\boldsymbol{B}) = \begin{pmatrix} 1 & 3 & 1 \\ 2 & 5 & 10 \\ 1 & -1 & 5 \end{pmatrix} \Rightarrow \text{rank}(\boldsymbol{Q}_\text{c}) = 3$$

故，系统完全能控。

又 $|\lambda\boldsymbol{I}-\boldsymbol{A}| = \lambda^3 - 5\lambda + 4 \Rightarrow G(s) = \dfrac{3s^2+4s}{s^3-5s+4}$

即 $a_0 = 4, a_1 = -5, a_2 = 0$。

$$\bar{\boldsymbol{A}} = \begin{pmatrix} 0 & 1 & 0 \\ 0 & 0 & 1 \\ -a_0 & -a_1 & -a_2 \end{pmatrix} = \begin{pmatrix} 0 & 1 & 0 \\ 0 & 0 & 1 \\ -4 & 5 & 0 \end{pmatrix}$$

$$\bar{\boldsymbol{C}} = \boldsymbol{C}(\boldsymbol{A}^2\boldsymbol{B} \quad \boldsymbol{AB} \quad \boldsymbol{B}) \begin{pmatrix} 1 & 0 & 0 \\ a_2 & 1 & 0 \\ a_1 & a_2 & 1 \end{pmatrix} = (-3 \quad 4 \quad 3)$$

系统的能控标准型为

$$\dot{\boldsymbol{x}} = \begin{pmatrix} 0 & 1 & 0 \\ 0 & 0 & 1 \\ -4 & 5 & 0 \end{pmatrix} \boldsymbol{x} + \begin{pmatrix} 0 \\ 0 \\ 1 \end{pmatrix} u \qquad y = (-3 \quad 4 \quad 3)\boldsymbol{x}$$

又因为 $\boldsymbol{Q}_\text{o} = \begin{pmatrix} \boldsymbol{C} \\ \boldsymbol{CA} \\ \boldsymbol{CA}^2 \end{pmatrix} = \begin{pmatrix} 0 & 1 & 1 \\ 3 & 1 & -1 \\ 4 & 1 & 9 \end{pmatrix} \Rightarrow \text{rank}(\boldsymbol{Q}_\text{o}) = 3$

故，系统完全能观测。

由对偶性原理可知，系统的能观标准型为

$$\dot{\boldsymbol{x}} = \begin{pmatrix} 0 & 0 & -4 \\ 1 & 0 & 5 \\ 0 & 1 & 0 \end{pmatrix} \boldsymbol{x} + \begin{pmatrix} -3 \\ 4 \\ 3 \end{pmatrix} u \qquad y = (0 \quad 0 \quad 1)\boldsymbol{x}$$

九、解答

(1) 由题：$\boldsymbol{Q}_\text{c} = (\boldsymbol{B} \quad \boldsymbol{AB}) = \begin{pmatrix} 1 & 1 \\ 0 & 2 \end{pmatrix} \Rightarrow \text{rank}(\boldsymbol{Q}_\text{c}) = 2$

故，系统完全能控，可任意配置极点。

设状态反馈阵 $\boldsymbol{K} = (k_1 \quad k_2)$

$f(\lambda) = |\lambda\boldsymbol{I} - (\boldsymbol{A}-\boldsymbol{BK})| = \begin{vmatrix} \lambda-2 & -1 \\ k_1 & \lambda+k_2-2 \end{vmatrix} = \lambda^2 + (k_2-4)\lambda + k_1 - 2k_2 + 4$

又因为 $f^*(\lambda) = (\lambda+1)(\lambda+2) = \lambda^2 + 3\lambda + 2$；

比较系数可得 $\begin{cases} k_2 - 4 = 3 \\ k_1 - 2k_2 + 4 = 2 \end{cases} \Rightarrow \begin{cases} k_1 = 12 \\ k_2 = 7 \end{cases}$；

则状态反馈阵 $\boldsymbol{K} = (12 \quad 7)$。

(2) 由 $\boldsymbol{Q}_\text{o} = \begin{pmatrix} \boldsymbol{C} \\ \boldsymbol{CA} \end{pmatrix} = \begin{pmatrix} 1 & 0 \\ 0 & 1 \end{pmatrix} \Rightarrow \text{rank}(\boldsymbol{Q}_\text{o}) = 2$；

故，系统完全能观，可任意配置观测器极点。

设观测器 $G = \begin{pmatrix} g_1 \\ g_2 \end{pmatrix}$；

$f(\lambda) = |\lambda I - (A - GC)| = \begin{vmatrix} \lambda + g_1 - 2 & -1 \\ g_2 & \lambda - 2 \end{vmatrix} = \lambda^2 + (g_1 - 4)\lambda + g_2 - 2g_1 + 4$

又因为 $f^*(\lambda) = (\lambda + 1)(\lambda + 2) = \lambda^2 + 3\lambda + 2$；

比较系数可得 $\begin{cases} g_1 - 4 = 3 \\ g_2 - 2g_1 + 4 = 2 \end{cases} \Rightarrow \begin{cases} g_1 = 7 \\ g_2 = 12 \end{cases}$；

则观测器 $G = \begin{pmatrix} 7 \\ 12 \end{pmatrix}$。

(3) 原系统的状态变量图如图 10.35 所示。

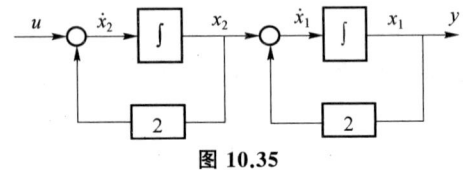

图 10.35

状态反馈后的系统状态变量图如图 10.36 所示。

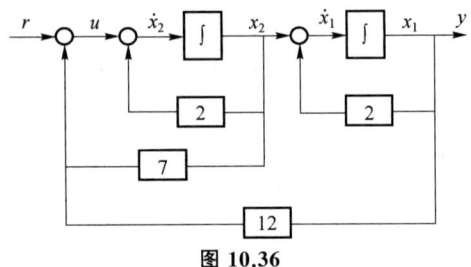

图 10.36

带观测器的系统状态变量图如图 10.37 所示。

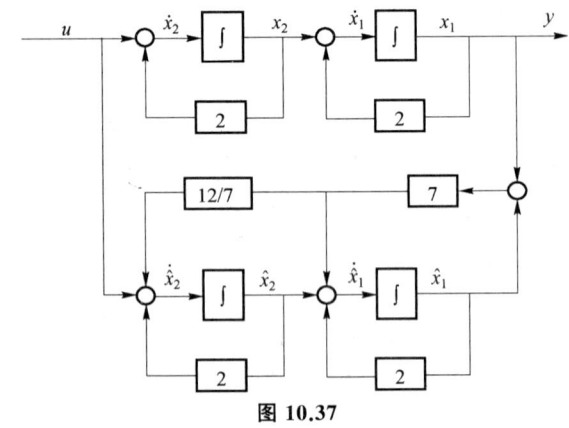

图 10.37

上海理工大学
2018年硕士研究生入学考试试题

一、(10分) 已知线性系统的信号流图如图10.38所示,试求传递函数:
(1) $\dfrac{C(s)}{R_1(s)}$; (2) $\dfrac{C(s)}{R_2(s)}$。

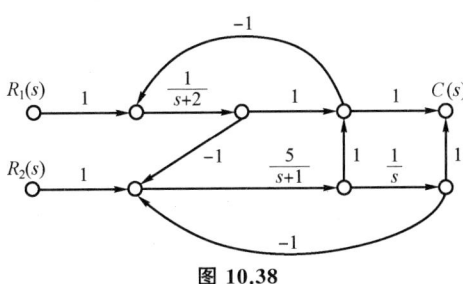

图 10.38

二、(20分) 单位负反馈系统的开环传递函数为
$$G(s) = \dfrac{K(s+1)}{s^3 + as^2 + 2s + 1}, K>0, a>0$$
(1) 若系统单位阶跃响应以 $\omega_n = 2$ rad/s 的频率振荡,试确定振荡时 K 和 a 的值;
(2) 当 $a = 4$,试求闭环系统极点全部位于 $s = -1$ 的左边时 K 的取值范围。

三、(25分) 已知图10.39所示反馈控制系统中,$G(s) = \dfrac{K}{s^2(s+2)(s+5)}$,$H(s) = 1$。

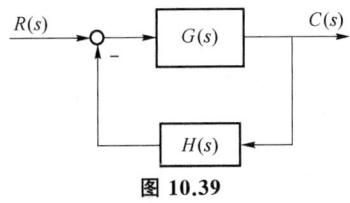

图 10.39

(1) 概略绘制根轨迹图,判断闭环系统的稳定性;
(2) 如果改变反馈通路传递函数,使 $H(s) = 2s+1$,试判断 $H(s)$ 改变后系统的稳定性,定性说明由于 $H(s)$ 改变所产生的效应。

四、(25分) 已知单位负反馈系统的开环对数幅频渐近线如图10.40所示。

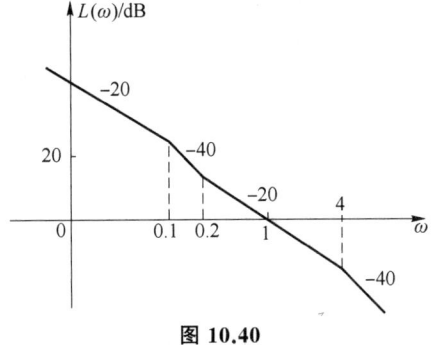

图 10.40

(1) 写出系统的开环传递函数;
(2) 求相角裕度,并据此判断闭环系统的稳定性;
(3) 试求输入 $r(t)=\frac{1}{2}t$ 时系统的稳态误差 $e_{ss}(\infty)$。

五、(20 分)系统结构如图 10.41 所示,采样周期 $T=1$ s:
(1) 试求系统的开环脉冲传递函数和闭环脉冲传递函数;
(2) 判断系统的稳定性。

(附:$Z\left[\dfrac{1}{s}\right]=\dfrac{z}{z-1}$,$Z\left[\dfrac{1}{s^2}\right]=\dfrac{Tz}{(z-1)^2}$,$Z\left[\dfrac{1}{s+a}\right]=\dfrac{z}{z-\mathrm{e}^{-aT}}$)

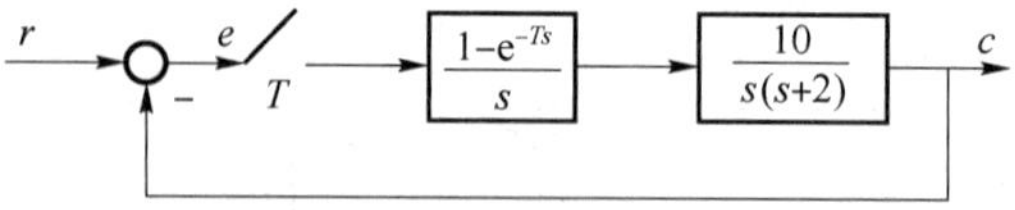

图 10.41

六、(20 分)已知非线性系统如图 10.42 所示,非线性特性的描述函数为 $N(A)=\dfrac{4}{\pi A}$。
(1) 概略绘出负倒数描述函数 $-\dfrac{1}{N(A)}$ 曲线和等效线性部分的幅相特性曲线 $G(\mathrm{j}\omega)$;
(2) 用描述函数法判断系统是否存在自激振荡。若存在,试确定自振的振幅和频率。

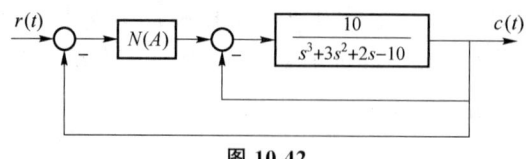

图 10.42

七、(30 分)已知线性定常系统的状态空间表达式为
$$\dot{x}(t)=\begin{pmatrix}0 & 1 & 0\\ 0 & 0 & 1\\ 0 & -6 & -5\end{pmatrix}x(t)+\begin{pmatrix}0\\ 0\\ 1\end{pmatrix}u(t)$$

$$y(t)=(1\ \ 0\ \ 0)x(t)$$

(1) 判断系统的可控性和可观测性;
(2) 设计状态观测器,使观测器极点配置到 $\lambda_1=\lambda_2=\lambda_3=-3$,并写出观测器方程;
(3) 利用状态观测器进行状态反馈,使系统的极点配置到 $\bar{\lambda}_1=-6$,$\bar{\lambda}_{2,3}=-3\pm\mathrm{j}3$,求满足要求的状态反馈增益矩阵 K。
(4) 分析系统在平衡状态的李雅普诺夫稳定性和李雅普诺夫渐近稳定性。

参考答案

一、解答

由信号流图得

回路为 $L_1 = -\dfrac{1}{s+2}$，$L_2 = -\dfrac{5}{s(s+1)}$，$L_3 = \dfrac{5}{(s+1)(s+2)}$；

两两不接触回路为 $L_1 L_2 = \dfrac{1}{s(s+2)} \dfrac{5}{(s+1)}$；

特征式为

$$\Delta = 1-(L_1+L_2+L_3)+L_1L_2 = 1+\dfrac{1}{s+2}+\dfrac{5}{s(s+1)}-\dfrac{5}{(s+1)(s+2)}+\dfrac{1}{s(s+2)}\dfrac{5}{(s+1)}。$$

(1) 以 $R_1(s)$ 为输入，$C(s)$ 为输出

前向通道为 $\begin{cases}P_1=\dfrac{1}{s+2}\\ \Delta_1=1-\left(-\dfrac{5}{s(s+1)}\right)\end{cases}$，$\begin{cases}P_2=-\dfrac{5}{s(s+1)(s+2)}\\ \Delta_2=1\end{cases}$，$\begin{cases}P_3=-\dfrac{5}{(s+1)(s+2)}\\ \Delta_3=1\end{cases}$；

所以 $\dfrac{C(s)}{R_1(s)} = \dfrac{P_1\Delta_1+P_2\Delta_2+P_3\Delta_3}{\Delta} = \dfrac{s^2-4s}{s^3+4s^2+3s+15}$。

(2) 以 $R_2(s)$ 为输入，$C(s)$ 为输出

前向通道 $\begin{cases}P_1=\dfrac{5}{s+1}\\ \Delta_1=1\end{cases}$，$\begin{cases}P_2=\dfrac{5}{s(s+1)}\\ \Delta_2=1-\left(-\dfrac{1}{s+2}\right)\end{cases}$；

所以 $\dfrac{C(s)}{R_2(s)} = \dfrac{P_1\Delta_1+P_2\Delta_2}{\Delta} = \dfrac{5(s^2+3s+3)}{s^3+4s^2+3s+15}$。

二、解答

(1) $G(s) = \dfrac{K(s+1)}{s^3+as^2+2s+1}$，闭环传递函数 $\Phi(s) = \dfrac{K(s+1)}{s^3+as^2+(2+K)s+K+1}$；

特征方程为 $D(s) = s^3+as^2+(2+K)s+K+1 = 0$；

因为系统单位阶跃响应以 $\omega_n = 2$ rad/s 的频率振荡；

所以 系统含有一对纯虚根 $s_{1,2} = \pm j\omega_n = \pm j2$。

带入特征方程得 $\begin{cases}K+1-4a=0\\ 2(2+K)-8=0\end{cases} \Rightarrow \begin{cases}K=2\\ a=\dfrac{3}{4}\end{cases}$；

故系统单位阶跃响应以 $\omega_n=2$ rad/s 的频率振荡时，$K=2$，$a=\dfrac{3}{4}$。

(2) $a=4$ 时，$G(s) = \dfrac{K(s+1)}{s^3+4s^2+2s+1}$；

特征方程为 $D(s) = s^3+4s^2+(2+K)s+K+1 = 0$；

令 $s=s_1-1$，带入特征方程得 $D(s_1) = s_1^3+s_1^2+(K-3)s_1+2 = 0$；

列劳斯表为

$$\begin{array}{cc} s^3 & 1 \quad K-3 \\ s^2 & 1 \quad 2 \\ s^1 & K-5 \\ s^0 & 2 \end{array} \Rightarrow 系统稳定时 K>5$$

故使闭环系统极点全部位于 $s=-1$ 的左边的 K 的取值范围是 $K>5$。

三、解答

(1) 开环传递函数 $G(s)H(s) = \dfrac{K}{s^2(s+2)(s+5)}$;

开环零极点:$p_1=p_2=0, p_3=-2, p_4=-5$;

实轴上的根轨迹为$[-5,-2]$,渐近线 $\begin{cases} \delta_a = \dfrac{0-2-5}{4} = -\dfrac{7}{4} \\ \varphi_a = \dfrac{(2k+1)\pi}{4} = \pm\dfrac{\pi}{4}, \pm\dfrac{3\pi}{4} \end{cases}$;

分会点为 $4s^3+21s^2+20s=0 \Rightarrow s_1=0, s_2=-4, s_3=-\dfrac{5}{4}(舍)$。

综上所述,当参数 K 从 $0\to\infty$ 变化的闭环系统根轨迹如图 10.43 所示。由图可见,系统是不稳定的。

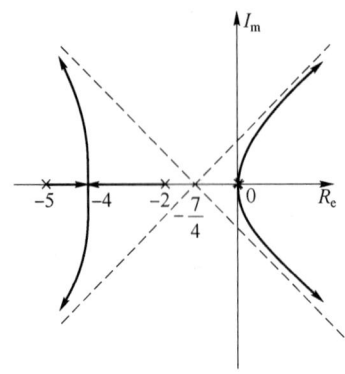

图 10.43

(2) 改变反馈通路后,开环传递函数 $G(s)H(s) = \dfrac{K(2s+1)}{s^2(s+2)(s+5)}$;

闭环传递函数为 $\Phi(s) = \dfrac{K}{s^2(s+2)(s+5)+K(2s+1)}$;

特征方程为 $D(s) = s^4+7s^3+10s^2+2Ks+K = 0$;

列劳斯表为

$$\begin{array}{cccc} s^4 & 1 & 10 & K \\ s^3 & 7 & 2K \\ s^2 & \dfrac{70-2K}{7} & K \\ s^1 & 2K-\dfrac{49K}{70-2K} \\ s^0 & K \end{array} \Rightarrow \begin{cases} K>0 \\ 70-2K>0 \\ 2K-\dfrac{49K}{70-2K}>0 \end{cases} \Rightarrow 0<K<22.75$$

故 $H(s)$ 改变后,当 $0<K<22.75$ 时系统的稳定性。可见 $H(s)$ 改变后,系统的稳定性变好。因为 $H(s)$ 改变后,相当于给开环传递函数增加了一个零点,根轨迹向左移动,则稳定性会变好。

注意:第二问也可以用根轨迹法求出稳定的 K 值范围。

四、解答

(1) 由图 10.40 可知:$v=1, \omega_1=0.1, \omega_2=0.2, \omega_3=4, \omega_c=1$;

则可设系统的开环传递函数 $G(s)=\dfrac{K\left(\dfrac{1}{0.2}s+1\right)}{s\left(\dfrac{1}{0.1}s+1\right)\left(\dfrac{1}{4}s+1\right)}$;

由 $A(\omega_c) \approx \dfrac{K \cdot \dfrac{\omega_c}{0.2}}{\omega_c \cdot \dfrac{\omega_c}{0.1} \cdot 1}=1 \Rightarrow K=2\omega_c=2$;

故系统开环传递函数 $G(s)=\dfrac{2(5s+1)}{s(10s+1)(0.25s+1)}$。

(2) $\varphi(\omega_c)=-90°-\arctan 10\omega_c-\arctan 0.25\omega_c+\arctan 5\omega_c=-109.63°$;

所以 $\gamma=180°+\varphi(\omega_c)=70.37°>0$。

故系统稳定。

(3) 输入 $r(t)=\dfrac{1}{2}t$ 时:$K_v=\lim\limits_{s \to 0} s \cdot G(s)=\lim\limits_{s \to 0} s \cdot \dfrac{2(5s+1)}{s(10s+1)(0.25s+1)}=2$;

所以 $e_{ss}=\dfrac{1}{2} \cdot \dfrac{1}{K_v}=\dfrac{1}{4}$。

故输入为 $r(t)=\dfrac{1}{2}t$ 时,系统的稳态误差 $e_{ss}=\dfrac{1}{4}$。

五、解答

(1) 开环脉冲传递函数为

$G(z)=10 \cdot (1-z^{-1}) \cdot Z\left[\dfrac{1}{s^2(s+2)}\right]$

$=\dfrac{10(z-1)}{z} \cdot Z\left[\dfrac{1}{4}\dfrac{1}{s+2}+\dfrac{1}{2}\dfrac{1}{s^2}-\dfrac{1}{4}\dfrac{1}{s}\right]=\dfrac{2.84z+1.49}{(z-1)(z-0.135)}$

闭环脉冲传递函数为

$\Phi(z)=\dfrac{G(z)}{1+G(z)}=\dfrac{2.84z+1.49}{(z-1)(z-0.135)+2.84z+1.49}=\dfrac{2.84z+1.49}{z^2+1.705z+1.625}$

(2) 特征方程为 $D(z)=z^2+1.705z+1.625=0$

由 $\begin{cases} |D(0)|=1.625>1 \\ D(1)=4.33>0 \\ D(-1)=2.33>0 \end{cases}$ 可知:系统不稳定。

六、解答

(1) 线性部分的传递函数为

$$G(s)=\dfrac{\dfrac{10}{s^3+3s^2+2s-10}}{1+\dfrac{10}{s^3+3s^2+2s-10}}=\dfrac{10}{s(s+1)(s+2)}$$

则 $G(j\omega) = \dfrac{10}{j\omega(j\omega+1)(j\omega+2)} = \dfrac{-30}{(4+\omega^2)(1+\omega^2)} - j\dfrac{10(2-\omega^2)}{\omega(4+\omega^2)(1+\omega^2)}$

$\begin{cases} \omega \to 0^+ \text{时}: G(j\omega) = -\dfrac{30}{4} - j\infty \\ \omega \to \infty \text{时}: G(j\omega) = -0 + j0 \end{cases}$

令 $G(j\omega)$ 虚部为零，得 $\omega = \sqrt{2}$，代入实部得 $R_e(\omega) = -\dfrac{5}{3}$。

其幅相特性曲线如图 10.44 所示。

非线性部分：$N(A) = \dfrac{4}{\pi A}$，$-\dfrac{1}{N(A)} = -\dfrac{\pi A}{4}$。

$\begin{cases} \text{当 } A \to 0 \text{ 时}: -\dfrac{1}{N(A)} \to -0 \\ \text{当 } A \to \infty \text{ 时}: -\dfrac{1}{N(A)} \to -\infty \end{cases}$，曲线如图 10.44 所示。

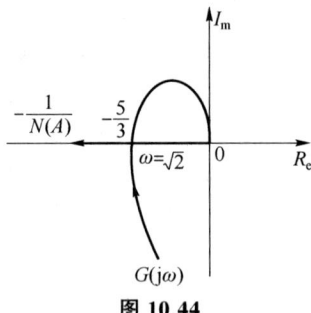

图 10.44

(2) 由图 10.44 可知，负倒数描述函数从幅相特性曲线穿出，存在自激振荡。

令 $-\dfrac{1}{N(A)} = G(j\omega)$，即 $-\dfrac{\pi A}{4} = -\dfrac{5}{3} \Rightarrow A = \dfrac{20}{3\pi} = 2.12$；

故：振荡的振幅 $A = 2.12$，振荡频率 $\omega = \sqrt{2}$ rad/s。

七、解答

(1) 由题知 $\boldsymbol{A} = \begin{pmatrix} 0 & 1 & 0 \\ 0 & 0 & 1 \\ 0 & -6 & -5 \end{pmatrix}$，$\boldsymbol{B} = \begin{pmatrix} 0 \\ 0 \\ 1 \end{pmatrix}$，$\boldsymbol{C} = (1 \ 0 \ 0)$

则 $\boldsymbol{AB} = \begin{pmatrix} 0 \\ 1 \\ -5 \end{pmatrix}$，$\boldsymbol{A}^2\boldsymbol{B} = \begin{pmatrix} 1 \\ -5 \\ 19 \end{pmatrix}$，$\boldsymbol{CA} = (0 \ 1 \ 0)$，$\boldsymbol{C}^2\boldsymbol{A} = (0 \ 0 \ 1)$

所以 $\mathrm{rank}(\boldsymbol{B} \ \boldsymbol{AB} \ \boldsymbol{A}^2\boldsymbol{B}) = 3$，故系统完全可控。

$\mathrm{rank}\begin{pmatrix} \boldsymbol{C} \\ \boldsymbol{CA} \\ \boldsymbol{CA}^2 \end{pmatrix} = 3$，故系统完全可观。

(2) 设状态观测阵：$\boldsymbol{G} = \begin{pmatrix} g_1 \\ g_2 \\ g_3 \end{pmatrix}$

则 $f(\lambda) = |\lambda \boldsymbol{I} - (\boldsymbol{A} - \boldsymbol{GC})| = \lambda^3 + (5+g_1)\lambda^2 + (6+5g_1+g_2)\lambda + 6g_1 + 5g_2 + g_3$

期望特征多项式：$f^*(\lambda)=(s+3)^3=s^3+9s^2+27s+27$，得

$$\begin{cases} 5+g_1=9 \\ 6+5g_1+g_2=27 \\ 6g_1+5g_2+g_3=27 \end{cases} \Rightarrow \begin{cases} g_1=4 \\ g_2=1 \\ g_3=-2 \end{cases}$$

故状态观测器 $\boldsymbol{G}=\begin{pmatrix} 4 \\ 1 \\ -2 \end{pmatrix}$

观测器方程为

$$\begin{cases} \dot{x}(t)=(\boldsymbol{A}-\boldsymbol{GC})x(t)+\boldsymbol{B}u(t)+\boldsymbol{G}y(t)=\begin{pmatrix} -4 & 1 & 0 \\ -1 & 0 & 1 \\ 2 & -6 & 5 \end{pmatrix} x(t) + \begin{pmatrix} 0 \\ 0 \\ 1 \end{pmatrix} u(t) + \begin{pmatrix} 4 \\ 1 \\ -2 \end{pmatrix} y(t) \\ y(t)=(1\ \ 0\ \ 0)x(t) \end{cases}$$

(3) 设反馈矩阵 $\boldsymbol{K}=(k_1\ \ k_2\ \ k_3)$

则特征多项式为

$f(\lambda)=|s\boldsymbol{I}-(\boldsymbol{A}-\boldsymbol{BK})|=\lambda^3+(5+k_3)\lambda^2+(6+k_2)\lambda+k_1$

期望特征多项式为 $f^*(\lambda)=\lambda^3+12\lambda^2+54\lambda+108$

得 $\begin{cases} 5+k_3=12 \\ 6+k_2=54 \\ k_1=108 \end{cases} \Rightarrow \begin{cases} k_1=108 \\ k_2=48 \\ k_3=7 \end{cases}$

故反馈矩阵 $\boldsymbol{K}=(108\ \ 48\ \ 7)$

(4) $|\lambda\boldsymbol{I}-\boldsymbol{A}|=\begin{vmatrix} \lambda & -1 & 0 \\ 0 & \lambda & -1 \\ 0 & 6 & \lambda+5 \end{vmatrix}=\lambda(\lambda+2)(\lambda+3)=0$

得 $\lambda_1=0, \lambda_2=-2, \lambda_3=-3$，可知系统临界稳定。

江南大学
2017年硕士研究生入学考试初试试题

一、简述题(每题5分,共25分)

(1) 如果把图 10.45 简化为图 10.46 所示结构形式,求图 10.46 中的 $G(s)$ 和 $H(s)$。

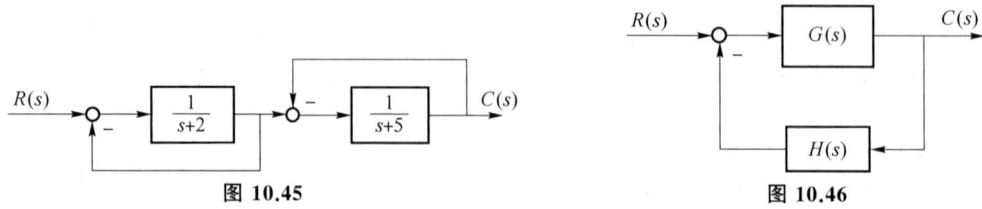

图 10.45　　　　图 10.46

(2) 单位负反馈系统开环传递函数为 $G(s)=\dfrac{K}{s(s^2+2\xi s+4)}$(其中,$K$ 和 ξ 均为正实数),试分析系统稳定且单位斜坡响应稳态误差 $e_{ss}\leqslant 1$ 时 K 和 ξ 应满足什么关系。

(3) 设单位负反馈控制系统的开环传递函数为 $G_k(s)=\dfrac{1}{s+1}$,当系统的输入信号为角频率 $\omega=2$ rad/s 的单位正弦信号时,试求系统的稳态输出。

(4) 比例反馈系统结构图如图 10.47 所示,试分析加入比例反馈后,反馈系数 K_0 对一阶系统动态响应快速性的影响情况。

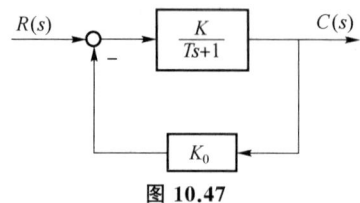

图 10.47

(5) 已知二阶非线性系统的微分方程为 $\ddot{x}+2\dot{x}+4x=0$,零初始条件。
① 求其奇点并确定奇点类型;
② 试概略绘出系统的相平面并分享系统运动规律。

二、(15 分)已知无零点二阶系统的单位阶跃响应 $c(t)=1-0.697\mathrm{e}^{-0.707t}\sin(0.707t+45°)$,试求:

(1) 系统单位阶跃响应的调节时间和超调量(允许误差带为 $\pm 2\%$);

(2) 系统的闭环传递函数 $\dfrac{C(s)}{R(s)}$;

(3) 系统静态速度误差系数和单位斜坡响应的稳态误差。

三、(20 分)已知单位负反馈系统的开环传递函数为 $G(s)H(s)=\dfrac{K^*}{s(s+2)(s+4)}$,试求:

(1) 绘制闭环系统的根轨迹;
(2) 求系统动态过程为衰减振荡时 K^* 的取值范围,以及等幅振荡时的振荡频率;

(3) 判断闭环极点 $s_{A,B}=-0.6\pm j1$ 是否为主导极点。如果是,试估算其对应的阻尼比 ξ、单位阶跃响应调节时间 $t_s(\Delta=\pm 2\%)$,以及系统开环增益 K。

四、(20分)已知单位负反馈系统的开环传递函数为 $G(s)H(s)=\dfrac{K(s+1)}{s^2(0.1s+1)}$,试求:

(1) 绘制系统开环奈奎斯特图,并判断系统闭环稳定性;

(2) 根据频率特性曲线确定使系统具有最大的相角裕度 $\gamma_{\max}$ 时的 K 值,绘制该 K 值下的对数频率特性图,并在对数频率特性图中标出 $\gamma_{\max}$。

(3) 若要减小系统在单位加速度信号作用下的稳态误差,又要保持相位裕量不变,应采取何种串联校正装置,说明理由,并指出校正后对系统性能有什么影响。

五、(15分)如图10.48所示的非线性控制系统,其中带死区继电器的描述函数为 $N(A)=\dfrac{4M}{\pi A}\sqrt{1-\left(\dfrac{\Delta}{A}\right)^2}$,$(A\geqslant\Delta)$,设 $M=3$,$\Delta=1$,$K=\dfrac{\pi}{3}$,求系统产生自激振荡时的振荡值和振荡频率。

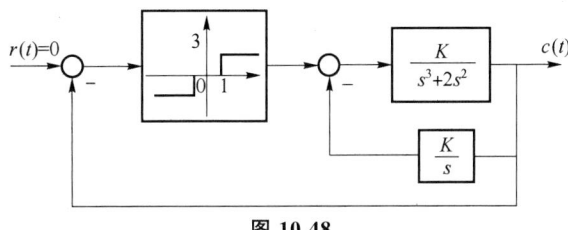

图 10.48

六、(20分)已知某离散闭环控制系统如图10.49所示,试求:

(1) 使得系统稳定的 K 值范围。

(2) 当 $K=2$ 时,求系统在单位斜坡输入下的稳态误差 e_{ss}。

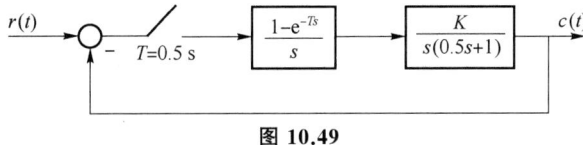

图 10.49

七、(15分)已知系统的状态方程及输出方程为

$$\dot{x}=\begin{pmatrix}1 & 2 & 0\\ 3 & -1 & 1\\ 0 & 2 & 0\end{pmatrix}x+\begin{pmatrix}2\\ 1\\ 1\end{pmatrix}u,\quad y=(0\ \ 0\ \ 1)x$$

试求:

(1) 判断系统的能控性和能观测性;

(2) 求系统的闭环传递函数 $\dfrac{C(s)}{R(s)}$;

(3) 设计状态反馈控制器 $u=-Kx$,使闭环系统期望极点为 -1、-2、-3。

八、(20分)复合控制系统结构图如图10.50所示,图中 $G_d(s)$ 为顺馈补偿装置的传递函数;$D(s)$ 为可测量的干扰量,试求:

(1) 确定 $G_d(s)$，使干扰 $D(s)$ 对系统输出无影响；

(2) 当 $D(s)=0$ 时，确定 K_1、K_2 的值，使系统在单位阶跃输入下超调量 $\sigma=16.3\%$，峰值时间 $t_p=2s$；

(3) 当 $D(s)=0$ 时考虑(2)中确定的 K_1、K_2 的值，计算系统输入 $r(t)=2+3t$ 作用下的稳态误差 e_{ss}。

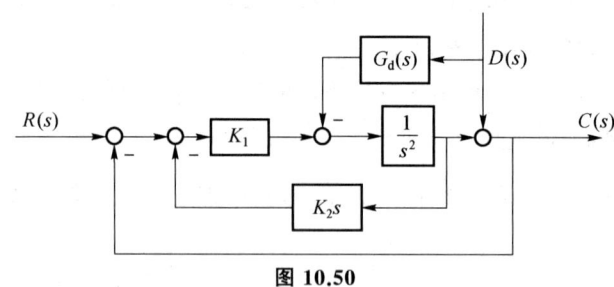

图 10.50

参考答案

一、解答

(1) 将图 10.45 进行结构图变换,如图 10.51 所示。

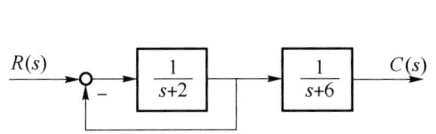
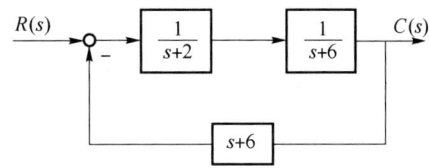

图 10.51

与图 10.46 对照可知：$G(s)=\dfrac{1}{(s+2)(s+6)}$，$H(s)=s+6$；

注：由于结构图变换方式不同,答案还可以是 $G(s)=\dfrac{1}{(s+3)(s+5)}$，$H(s)=s+3$。

(2) 由开环传递函数得特征方程为 $D(s)=s^3+2\xi s^2+4s+K=0$。

列劳斯表为

$$
\begin{array}{ll}
s^3 & 1 \quad 4 \\
s^2 & 2\xi \quad K \\
s^1 & \dfrac{8\xi-K}{2\xi} \\
s^0 & K
\end{array}
\Rightarrow \begin{cases} \xi>0 \\ K>0 \\ 8\xi-K>0 \end{cases} \quad \text{时系统稳定}
$$

又因为 $K_v=\lim\limits_{s\to 0} s\cdot G_k(s)=\lim\limits_{s\to 0}\dfrac{K}{s^2+2\xi s+4}=\dfrac{K}{4}$；

$e_{ss}=\dfrac{1}{K_v}=\dfrac{4}{K}\leqslant 1 \quad \Rightarrow K\geqslant 4$

综上所述，K 和 ξ 应满足的条件为 $\begin{cases} K\geqslant 4 \\ 8\xi-K>0 \end{cases}$。

(3) 由题知输入信号为 $r(t)=\sin 2t$，闭环传递函数为 $\Phi(s)=\dfrac{1}{s+2}$；

所以 $A(\omega)=|\Phi(j\omega)|_{\omega=2}=\left.\dfrac{1}{\sqrt{\omega^2+4}}\right|_{\omega=2}=\dfrac{1}{2\sqrt{2}}$；

$\varphi(\omega)=-\arctan\dfrac{1}{2}\omega\bigg|_{\omega=2}=-45°$。

则稳态输出为 $c(t)=\dfrac{1}{2\sqrt{2}}\sin(2t-45°)$。

(4) 未加比例反馈时"闭环"传递函数为 $G_1(s)=\dfrac{K}{Ts+1}$；

加入比例反馈后闭环传递函数为 $G_2(s)=\dfrac{K}{Ts+KK_0+1}=\dfrac{\dfrac{K}{KK_0+1}}{\dfrac{T}{KK_0+1}s+1}$；

由此可见,加入比例反馈后,时间常数由 T 减小为 $\dfrac{T}{KK_0+1}$;

故加入比例反馈后,一阶系统响应的快速性变好。

(5) ① 由 $\ddot{x}+2\dot{x}+4x=0$ 得 $\begin{cases} f(x,\dot{x})=2\dot{x}+4x \\ \dot{x}=0 \end{cases} \Rightarrow \begin{cases} \dot{x}=0 \\ x=0 \end{cases}$

所以奇点为 $(0,0)$。

在奇点 $(0,0)$ 处线性化 $f(x,\dot{x})=f(0,0)+\dfrac{\partial f}{\partial x}\bigg|_{\substack{x=0\\\dot{x}=0}} x+\dfrac{\partial f}{\partial \dot{x}}\bigg|_{\substack{x=0\\\dot{x}=0}} \dot{x}=2\dot{x}+4x$;

所以 $\ddot{x}+2\dot{x}+4x=0$

$r^2+2r+4=0 \Rightarrow r=-1\pm\mathrm{j}\sqrt{3}$

所以为稳定的焦点。

② 相平面图如图 10.52 所示。

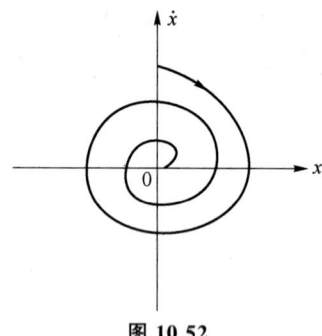

图 10.52

二、解答

(1) 由题可知:系统单位阶跃响应可表示为

$$c(t)=1-\dfrac{1}{\sqrt{1-\xi^2}}\mathrm{e}^{-\xi\omega_n t}\sin(\omega_d t+\beta)$$

所以有 $\begin{cases} \omega_d=0.707=\omega_n\sqrt{1-\xi^2} \\ \beta=\arccos\xi=45° \end{cases} \Rightarrow \begin{cases} \xi=\dfrac{\sqrt{2}}{2} \\ \omega_n=1\ \mathrm{rad/s} \end{cases}$

所以 $\begin{cases} t_p=\dfrac{3}{\xi\omega_n}=4.24 \\ \sigma\%=\mathrm{e}^{\frac{-\xi\pi}{\sqrt{1-\xi^2}}}\times 100\%=4.3\% \end{cases}$

(2) 闭环传递函数为 $\varPhi(s)=\dfrac{C(s)}{R(s)}=\dfrac{\omega_n^2}{s^2+2\xi\omega_n s+\omega_n^2}=\dfrac{1}{s^2+\sqrt{2}s+1}$

(3) 由 (2) 可知:开环传递函数 $G(s)=\dfrac{1}{s(s+\sqrt{2})}$。

所以 $K_v=\lim\limits_{s\to 0} s\cdot G(s)=\lim\limits_{s\to 0}\dfrac{1}{s+\sqrt{2}}=\dfrac{\sqrt{2}}{2}$;

所以 $e_{ss}=\dfrac{1}{K_v}=\sqrt{2}$。

三、解答

(1) 开环传递函数 $G(s)H(s) = \dfrac{K^*}{s(s+2)(s+4)}$；

起点为 $p_1=0, p_2=-2, p_3=-4$；

实轴上的根轨迹为 $(-\infty,-4], [-2,0]$　　渐近线为 $\begin{cases} \delta_a = \dfrac{0-2-4}{3} = -2 \\ \varphi_a = \dfrac{(2k+1)\pi}{3} = \pm\dfrac{\pi}{3} \end{cases}$；

分会点为 $3s^2+12s+8=0 \Rightarrow s_1=-0.85, s_2=-3.2$（舍）。

$s_1=-0.85$ 对应的根轨迹增益 $K^* = |s(s+2)(s+4)| = 3.1$；

与虚轴的交点为 $D(s) = s^3+6s^2+8s+K^* = 0$；

列劳斯表为

s^3　　1　　　　8

s^2　　6　　　　K^*

s^1　　$\dfrac{48-K^*}{6}$　　　　$\Rightarrow 48-K^* = 0 \Rightarrow K^* = 48$

s^0　　K^*

由 $6s^2+48=0 \Rightarrow s=\pm j2\sqrt{2}$。

则参数 K^* 从 $0 \to \infty$ 变化的闭环系统根轨迹如图 10.53 所示。

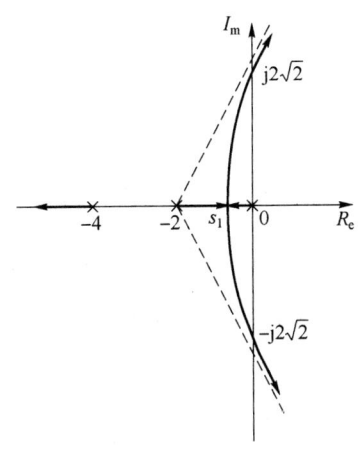

图 10.53

(2) 由根轨迹图 10.53 可知：

衰减振荡 K^* 的取值范围为 $3.1 < K^* < 48$。

等幅振荡时：$s = \pm j2\sqrt{2}$，则 $\omega_n = 2\sqrt{2}$ rad/s。

(3) 由 $s_{A,B} = -0.6 \pm j1$，设第 3 个极点为 s_C，根据根之和条件有

$$s_A + s_B + s_C = p_1 + p_2 + p_3 = -6 \Rightarrow s_C = -4.8。$$

可见，s_C 到虚轴的距离是 $s_{A,B}$ 到虚轴距离的 5 倍以上。

故可以将 $s_{A,B} = -0.6 \pm j1$ 看成主导极点。

当 $s_{A,B} = -0.6 \pm j1$，带入特征方程 $D(s) = s^3+6s^2+8s+K^* = 0$

对应的 K^* 值为 $K^*=7$。

则系统闭环传递函数可近似为

$$\Phi(s) = \frac{7}{(s+4.8)(s+0.6+\mathrm{j}1)(s+0.6-\mathrm{j}1)} \approx \frac{7}{4.8(s+0.6+\mathrm{j}1)(s+0.6-\mathrm{j}1)} = \frac{1.458}{s^2+1.2s+1.36}$$

所以 $\begin{cases} \omega_n^2 = 1.36 \\ 2\xi\omega_n = 1.2 \\ K\omega_n^2 = 1.458 \end{cases} \Rightarrow \begin{cases} \omega = 1.166 \\ \xi = 0.5 \\ K = 1.072 \end{cases}$

所以调节时间 $t_s = \dfrac{4}{\xi\omega_n} = 6.86$，开环增益 $K = 1.072$。

四、解答

(1) 开环传递函数为 $G(s)H(s) = \dfrac{K(s+1)}{s^2(0.1s+1)}$；

绘制系统的奈奎斯特曲线 $\begin{cases} \omega \to 0^+ \text{时}: G(\mathrm{j}\omega)H(\mathrm{j}\omega) = \infty\angle -180° \\ \omega \to \infty \text{时}: G(\mathrm{j}\omega)H(\mathrm{j}\omega) = 0\angle -180° \end{cases}$；

由 $\varphi(\omega_g) = -180° + \arctan\omega_g - \arctan 0.1\omega_g = -180°$，得系统与虚轴无交点。

其奈奎斯特曲线如图10.54所示。

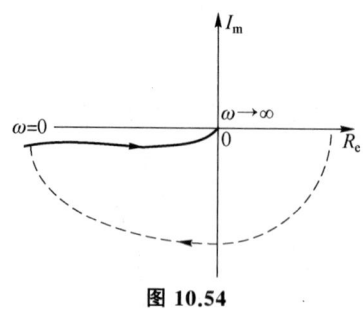

图 10.54

已知 $P=0$，由图10.54得 $N=0$。

所以由奈奎斯特稳定判据知，$z=P-2N=0$，故系统稳定。

(2) 由 $\gamma = 180° + \varphi(\omega_c) = 180° - 180° - \arctan 0.1\omega_c + \arctan\omega_c$

等式两边对 ω_c 求导得 $\gamma' = \dfrac{1}{1+\omega_c^2} - \dfrac{0.1}{1+0.01\omega_c^2}$；

令 $\gamma' = 0$ 得 $0.9 - 0.09\omega_c^2 = 0 \Rightarrow \omega_c = \sqrt{10}$ rad/s；

则 $A(\omega_c) = \dfrac{K\sqrt{\omega_c^2+1}}{\omega_c^2\sqrt{(0.1\omega_c)^2+1}} = 1 \Rightarrow K = \omega_c = \sqrt{10}$；

此时系统具有最大相角裕度：$\gamma_{\max} = 180° + \varphi(\omega_c) = 55°$。

故当 $K = \sqrt{10}$ 时，系统具有最大相角裕度 $\gamma_{\max} = 55°$，对应的截止频率 $\omega_c = \sqrt{10}$ rad/s，其对数频率特性图如图10.55所示。

(3) 要减小稳态误差，而保持相角裕度不变，则应采用串联滞后校正装置。因为串联滞后校正装置，可以通过附加放大器，使系统低频段幅值升高，且保持截止频率 ω_c 不变，从而减小稳态误差，而保持相角裕度不变。

校正后：系统的稳态误差会减小，控制精度提高；ω_c 不变，相角裕度不变，响应的快速性及相对稳定性基本不变；高频段不受影响，所以抗干扰能力不变。

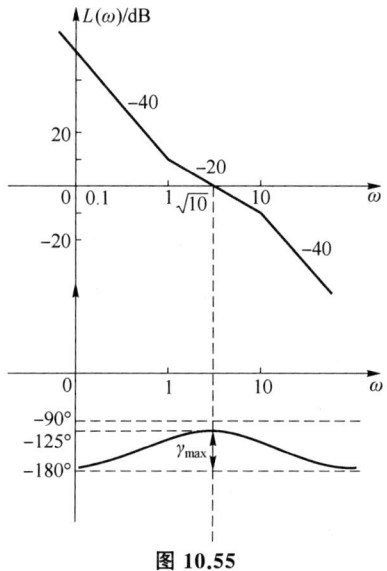

图 10.55

五、解答

线性部分的传递函数为 $G(s)=\dfrac{Ks}{s^4+2s^3+K^2}$；

则 $G(\mathrm{j}\omega)=\dfrac{-2K\omega^4}{(K^2+\omega^4)^2+(2\omega^3)^2}+\mathrm{j}\,\dfrac{K^3\omega+K\omega^5}{(K^2+\omega^4)^2+(2\omega^3)^2}$；

$\begin{cases}\omega\to 0^+\text{时}:G(\mathrm{j}\omega)=-0+\mathrm{j}0\\ \omega\to\infty\text{时}:G(\mathrm{j}\omega)=-0+\mathrm{j}0\end{cases}$。

非线性部分：$N(A)=\dfrac{4M}{\pi A}\sqrt{1-\left(\dfrac{\Delta}{A}\right)^2}\qquad A\geqslant\Delta$

$-\dfrac{1}{N(x)}=\dfrac{-\pi x}{4M\sqrt{1-\left(\dfrac{\Delta}{x}\right)^2}}=\dfrac{-\pi x^2}{4M\sqrt{x^2-\Delta^2}}\Rightarrow\begin{cases}\text{当 }x\to\Delta\text{ 时}:-\dfrac{1}{N(x)}\to-\infty\\ \text{当 }x\to\infty\text{ 时}:-\dfrac{1}{N(x)}\to-\infty\end{cases}$

$\dfrac{\mathrm{d}\left(-\dfrac{1}{N(x)}\right)}{\mathrm{d}x}=0\Rightarrow x=\sqrt{2}\Delta$，带入条件得 $-\dfrac{1}{N(x)}=-\dfrac{\pi\Delta}{2M}=-\dfrac{\pi}{6}$。

则系统奈奎斯特曲线与描述函数 $-\dfrac{1}{N(x)}$ 曲线如图 10.56 所示。

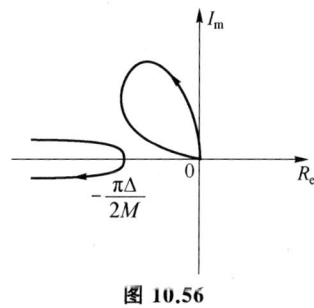

图 10.56

可见，奈奎斯特曲线不包围描述函数曲线，故系统稳定，不产生自激振荡。

六、解答

(1) 由题可知 $G(z) = K(1-z^{-1}) \cdot Z\left[\dfrac{1}{s^2(0.5s+1)}\right]$

$= K \cdot \dfrac{z-1}{z} \cdot \left[\dfrac{0.5z}{(z-1)^2} - \dfrac{0.5z}{z-1} + \dfrac{z}{2(z-0.368)}\right] = K \cdot \dfrac{0.184z + 0.132}{(z-1)(z-0.368)}$

所以 $\Phi(z) = \dfrac{K(0.184z + 0.132)}{z^2 + (0.184K - 1.368)z + 0.132K + 0.368}$。

特征方程为 $D(z) = z^2 + (0.184K - 1.368)z + 0.132K + 0.368$；

要使系统稳定,则有 $\begin{cases} D(0) = |0.132K + 0.368| < 1 \\ D(1) = 0.316K > 0 \\ D(-1) = 2.736 - 0.052K > 0 \end{cases} \Rightarrow 0 < K < 4.79$；

故:使得系统稳定的 K 值范围为 $0 < K < 4.79$。

(2) 当 $K = 2$ 时,$G(z) = \dfrac{2(0.184z + 0.132)}{(z-1)(z-0.368)}$；

$K_v = \lim\limits_{z \to 1}(z-1)G(z) = \lim\limits_{z \to 1}\dfrac{2(0.184z + 0.132)}{(z-0.368)} = 1$；

所以 $e_{ss} = \dfrac{T}{K_v} = 0.5$。

七、解答

由题可知 $\mathbf{A} = \begin{pmatrix} 1 & 2 & 0 \\ 3 & -1 & 1 \\ 0 & 2 & 0 \end{pmatrix}, \mathbf{B} = \begin{pmatrix} 2 \\ 1 \\ 1 \end{pmatrix}, \mathbf{C} = (0 \quad 0 \quad 1)$。

(1) 能控性为

$\mathbf{AB} = \begin{pmatrix} 1 & 2 & 0 \\ 3 & -1 & 1 \\ 0 & 2 & 0 \end{pmatrix}\begin{pmatrix} 2 \\ 1 \\ 1 \end{pmatrix} = \begin{pmatrix} 4 \\ 6 \\ 2 \end{pmatrix} \qquad \mathbf{A}^2\mathbf{B} = \begin{pmatrix} 1 & 2 & 0 \\ 3 & -1 & 1 \\ 0 & 2 & 0 \end{pmatrix}\begin{pmatrix} 4 \\ 6 \\ 2 \end{pmatrix} = \begin{pmatrix} 16 \\ 8 \\ 12 \end{pmatrix}$

所以 $\mathbf{Q}_c = (\mathbf{B} \quad \mathbf{AB} \quad \mathbf{A}^2\mathbf{B}) = \begin{pmatrix} 2 & 4 & 16 \\ 1 & 6 & 8 \\ 1 & 2 & 12 \end{pmatrix} = \begin{pmatrix} 1 & 2 & 8 \\ 0 & 1 & 0 \\ 0 & 0 & 1 \end{pmatrix} \Rightarrow \mathrm{rank}(\mathbf{Q}_c) = 3$

所以系统能控。

能观性为

$\mathbf{CA} = (0 \quad 0 \quad 1)\begin{pmatrix} 1 & 2 & 0 \\ 3 & -1 & 1 \\ 0 & 2 & 0 \end{pmatrix} = (0 \quad 2 \quad 0)$

$\mathbf{CA}^2 = (0 \quad 2 \quad 0)\begin{pmatrix} 1 & 2 & 0 \\ 3 & -1 & 1 \\ 0 & 2 & 0 \end{pmatrix} = (6 \quad -2 \quad 2)$

所以 $\mathbf{Q}_o = \begin{pmatrix} \mathbf{C} \\ \mathbf{CA} \\ \mathbf{CA}^2 \end{pmatrix} = \begin{pmatrix} 0 & 0 & 1 \\ 0 & 2 & 0 \\ 6 & -2 & 2 \end{pmatrix} \Rightarrow \mathrm{rank}(\mathbf{Q}_o) = 3$

所以,系统能观。

(2) $\frac{C(s)}{R(s)} = C(sI-A)^{-1} \cdot B$

$= \frac{s^2 + 2s + 3}{s^3 - 9s + 2}$

(3) 系统能控：$u = -Kx \Rightarrow \begin{cases} \dot{x} = Ax + Bu \\ y = Cx \end{cases} \Rightarrow \begin{cases} \dot{x} = (A-BK)x \\ y = Cx \end{cases}$

设 $K = (k_1 \quad k_2 \quad k_3)$

$A - BK = \begin{pmatrix} 1 & 2 & 0 \\ 3 & -1 & 1 \\ 0 & 2 & 0 \end{pmatrix} - \begin{pmatrix} 2 \\ 1 \\ 1 \end{pmatrix}(k_1 \quad k_2 \quad k_3) = \begin{pmatrix} 1-2k_1 & 2-2k_2 & -2k_3 \\ 3-k_1 & -1-k_2 & 1-k_3 \\ -k_1 & 2-k_2 & -k_3 \end{pmatrix}$

则 $f(\lambda) = |sI - (A-BK)| = \lambda^3 + (3k_1 + k_2)\lambda^2 + (4k_1 + 5k_2 + 2k_3 - 9)\lambda + (5k_3 - 2k_1 + 2)$

$f^*(\lambda) = (\lambda+1)(\lambda+2)(\lambda+3) = \lambda^3 + 6\lambda^2 + 11\lambda + 6$

所以 $\begin{cases} 3k_1 + k_2 = 6 \\ 4k_1 + 5k_2 + 2k_3 = 20 \\ 5k_3 - 2k_1 = 4 \end{cases} \Rightarrow \begin{cases} k_1 = \frac{58}{51} \\ k_2 = \frac{44}{17} \\ k_3 = \frac{64}{51} \end{cases}$

综上所述，$K = \begin{pmatrix} \frac{58}{51} & \frac{44}{17} & \frac{64}{51} \end{pmatrix}$。

八、解答

(1) 令 $R(s) = 0$，以 $D(s)$ 为输入，$C(s)$ 为输出，得 $\frac{C(s)}{D(s)} = \frac{1 + \frac{K_1 K_2 s}{s^2} - \frac{G_d(s)}{s^2}}{1 + \frac{K_1 K_2 s}{s^2} + \frac{K_1}{s^2}}$；

要使 $D(s)$ 对 $C(s)$ 无影响，即 $\frac{C(s)}{D(s)} = 0$；

则 $G_d(s) = s^2 + K_1 K_2 s$。

(2) $D(s) = 0$ 时，闭环传递函数为 $\Phi(s) = \frac{K_1}{s^2 + K_1 K_2 s + K_1}$；

由 $\begin{cases} t_p = \frac{3}{\xi \omega_n} = 2 \\ \sigma\% = \text{EXP}\left(\frac{-\xi\pi}{\sqrt{1-\xi^2}}\right) = 16.3\% \end{cases} \Rightarrow \begin{cases} \xi = 0.5 \\ \omega_n = 1.8 \text{ rad/s} \end{cases}$

则有 $\begin{cases} K_1 = \omega_n^2 = 3.29 \\ K_1 K_2 = 2\xi\omega_n = 1.8 \end{cases} \Rightarrow \begin{cases} K_1 = 3.29 \\ K_2 = 0.55 \end{cases}$。

(3) $D(s) = 0$，$\begin{cases} K_1 = 3.29 \\ K_2 = 0.55 \end{cases}$ 时，开环传递函数为 $G(s) = \frac{3.29}{s(s+1.8)}$。

输入为 $r(t) = 2 + 3t$ 时：

$K_p = \lim_{s \to 0} G(s) = \infty \quad K_v = \lim_{s \to 0} sG(s) = 1.83$

所以 $e_{ss} = \frac{2}{1 + K_p} + \frac{3}{K_v} = 1.64$。

参 考 文 献

[1] 胡寿松.自动控制原理习题解析[M].北京:科学出版社,2007.
[2] 胡寿松.自动控制原理.[M].5版.北京:科学出版社,2007.
[3] 金圣才.自动控制原理名校考研真题详解[M].北京:中国水利水电出版社,2010.
[4] 王建辉,顾树生.自动控制原理[M].北京:清华大学出版社,2010.
[5] 王建辉.自动控制原理习题详解[M].北京:冶金工业出版社,2005.
[6] 卢京潮.自动控制原理[M].北京:清华大学出版社,2013.
[7] 卢京潮,赵忠,等.自动控制原理习题解答[M].北京:清华大学出版社,2013.
[8] 胡玉玲.自动控制原理学习指导与习题解答[M].北京:机械工业出版社,2008.
[9] 高立群,郑艳,井元伟.现代控制理论习题集[M].北京:清华大学出版,2005.
[10] 刘文定,谢克明.自动控制原理[M].3版.北京:电子工业出版社,2013.
[11] 刘坤.自动控制原理习题精解[M].北京:国防工业出版社,2004.
[12] 孟华.自动控制原理[M].北京:机械工业出版社,2007.
[13] 马洁,付兴建.控制工程数学基础[M].北京:清华大学出版社,2010.
[14] 王敏,向农.自动控制原理试题精选题解[M].武汉:华中科技大学出版社,2002.
[15] 网学天地.自动控制原理知识精要与考研真题详解[M].北京:电子工业出版社,2013.
[16] 翁贻方.自动控制理论例题习题集.考研试题解析[M].北京:机械工业出版社,2006.
[17] 胡寿松.自动控制原理习题集[M].2版.北京:科学出版社,2008.